MÉMOIRES

DE LA

SOCIÉTÉ DES ANTIQUAIRES

DE PICARDIE.

DOCUMENTS INÉDITS

CONCERNANT LA PROVINCE.

TOME CINQUIÈME.

AMIENS,

Imprimerie de LEMER aîné, place Périgord, 3.
A Paris, chez DUMOULIN, Libraire, Quai des Augustins, 13.

1865.

MÉMOIRES

DE LA

SOCIÉTÉ DES ANTIQUAIRES

DE PICARDIE.

DOCUMENTS INÉDITS

CONCERNANT LA PROVINCE.

TOME CINQUIÈME.

HISTOIRE

DE LA

VILLE DE DOULLENS

Par M. E. DELGOVE,

curé de Long,

Membre titulaire non résidant de la Société des Antiquaires de Picardie.

Ouvrage couronné par la Société des Antiquaires de Picardie, dans sa Séance publique du 7 décembre 1863.

Meminisse juvabit.
Virgile, En. l. I, v. 203.

AMIENS,

Lemer Aîné, Imprimeur de la Société des Antiquaires de Picardie, place Périgord, 3.

1865.

Au mois d'avril 1858, M. Thélu, de Doullens, fit offrir à la Société des Antiquaires de Picardie, une somme de mille francs pour être délivrée en prix à l'auteur qui présenterait, au concours de 1861, la meilleure histoire inédite de la ville de Doullens. Malgré les délais accordés et la valeur du prix offert, un seul mémoire fut déposé, et encore la commission du concours déclara-t-elle qu'il ne réalisait ni les intentions du donateur ni celles de la Société. C'est alors que, cédant à des voix amies et à des conseils autorisés, encouragé d'ailleurs par les souvenirs d'un séjour de près de quatorze ans dans la cité doullennaise, nous avons mis la main à l'œuvre avec d'autant plus d'activité qu'il ne nous restait que dix-sept mois jusqu'au terme fixé aux concurrents. Nous avons divisé notre travail en deux parties. La lecture de la première suffira à ceux qui, ne s'attachant qu'aux faits généraux, désirent uniquement connaître la participation prise par Doullens aux événements plus importants qui constituent l'histoire, soit de la Picardie, soit même de la France. Celui qui prend intérêt aux faits particuliers, à la monographie pure, qui aime à concentrer sa pensée dans l'enceinte d'une ville pour étudier les divers traits de sa physionomie à toutes les époques, pour en constater l'organisation, les mœurs et les usages dans les siècles passés, pour y contempler les hommes et les choses d'autrefois, trouvera peut-être que nous n'avons pas mal fait d'écrire la seconde partie.

De plus, au début de cette œuvre, nous nous sommes demandé qu'elle avait dû être la pensée si patriotiquement traduite par le prix proposé. Cette pensée devait être recherchée et bien comprise, car elle devenait nécessairement le programme à remplir, la règle à suivre, le but à atteindre. Or évidemment le donateur, en voulant doter la ville de Doullens, sa patrie, de son histoire propre et particulière, a dû désirer qu'elle fût écrite surtout pour ses compatriotes ; partant, la *meilleure histoire de Doullens* sera celle qui, au mérite d'être aussi complète que possible, joindra l'exactitude dans les faits et les dates, sans exclure le charme dans le récit. Si la première de ces qualités est désirable, si la seconde est d'une obligation rigoureuse, il faut reconnaître que la dernière a bien sa raison d'être. Car pourquoi tant d'histoires locales n'obtiennent-elles souvent qu'un faible succès malgré leur mérite réel et intrinsèque? C'est, sans doute, à cause du peu de valeur que les événements retracés doivent aux étroites limites du théâtre sur lequel ils se sont accomplis ; mais ne serait-ce pas aussi à raison du défaut d'enchaînement dans les faits, des lacunes trop visibles qui font solution de continuité dans la tradition, du morcellement, du décousu, et, partant, de l'aridité et de la sécheresse de la rédaction ? Le public, qui a compté sur l'intérêt, puisqu'il s'agit de l'histoire de son pays et de ses ancêtres, trompé dans son attente, trop exigeante peut-être mais bien naturelle au fond, ferme, pour ne plus le rouvrir, un livre qu'on n'a pas eu suffisamment le sens, le tact, la sagacité d'écrire pour lui.

Nous avons essayé d'obvier à cet inconvénient, sans nous flatter toutefois d'avoir entièrement réussi. Laissant aux faits plus importants leur valeur propre et individuelle, nous n'avons cherché à appuyer leur marche d'aucun secours étranger ; mais nous avons cru qu'il ne devait pas nous être interdit de comprendre les autres dans la *trame* générale de l'histoire de la province, afin qu'ils lui empruntassent quelque peu de l'intérêt dont leur isolement les aurait totalement privés. La richesse d'un cadre, toute proportion gardée d'ailleurs, n'a pas d'ordinaire pour effet de nuire au tableau qui y est adapté. Et puis il nous a semblé que le lecteur nous saurait gré de retrouver incidemment dans l'histoire de Doullens le souvenir peut-être oblitéré des principaux événements de la mère patrie. Nous n'avons donc pas visé à faire étalage d'érudition, ni à plaire seulement à la science : nous avons cru remplir mieux le programme en écrivant pour le public.

Nous ignorons si cette histoire, fruit de longues veilles et d'un travail assidu, rencontrera un bon accueil. Quel que puisse être le sort qui lui est réservé, nous affirmons qu'elle a été écrite *con amore*, après avoir été entreprise sous l'inspiration d'heureux souvenirs et pour l'acquit d'une dette de reconnaissance.

N. B. — Au 1er mars 1863, terme de rigueur fixé aux concurrents, nous avions déposé notre manuscrit, pour le soumettre au jugement de la Commission du Concours (1) ; et, nous pouvons l'avouer aujourd'hui, c'était le désir d'une lice sérieuse qui nous faisait choisir pour épigraphe ce vers du poète latin :

Vis ergo inter nos, quis possit uterque, vicissim
Experiamur ? (VIRG. 3e Egl. 28).
Essayons qui de nous racontera le mieux.

Quelques mois plus tard, et avant même que le prix nous fût décerné, une autre *Histoire de la ville de Doullens*, signée Warmé, s'imprimait à Doullens même. Arriver ainsi le premier était, sans doute, un grand avantage. Nous nous consolerions facilement si, malgré la priorité d'impression d'une autre œuvre, la nôtre pouvait obtenir et conserver la bienveillance de l'opinion publique.   E. D.

(1) Cette commission était composée de MM. A. BREUIL, DARSY, G. REMBAULT, M. VION et J. GARNIER, rapporteur.

PREMIÈRE PARTIE.

CHAPITRE I.

Situation de Doullens. — Ses rivières. — Son sol. — Son aspect. — Ses rues et places principales. — Son premier château ou castrum. — Son ancienne étendue. — Traits principaux de sa physionomie intérieure au XIII° et au XIV° siècle. — Ses dernières fortifications; leur entretien, leur démolition. — Ecuries. — Puits et fontaines publiques. — Réverbères. — Télégraphe électrique.

Au confluent des deux rivières d'Authie et de Grouche, à cheval sur celle-ci, et condensée sur la rive droite de la première, qui est aussi la plus importante, s'élève la petite ville de Doullens, chef-lieu d'arrondissement du département de la Somme, ancienne ville frontière et place de guerre. Située au 50°, 9', 17" N de latitude, au 0°, 0', 14" E de longitude (1), et à 60 mètres au-dessus du niveau de la mer, elle est distante de 30 kilomètres N d'Amiens, et de 158 de Paris.

L'Authie (*Alteia*), prend sa source principale à 16 kilomètres de Doullens, entre *Couin et Coigneux*, baigne en amont les villages de Saint-Léger-les-Authie, Authie, Thièvres, Sarton, Orville, Amplier (ces quatre derniers dans le Pas-de-Calais), Authieule, Saint-Sulpice, et dans sa marche irrégulière et sinueuse fait tourner douze moulins ou fabriques. La ville elle-même lui emprunte, à son passage, quatre chutes pour ses usines. A son arrivée à Doullens, cette rivière, qui dort dans son cours, forme un angle obtus à l'intérieur duquel se groupaient autrefois nombre d'habitations que remplace aujourd'hui la verte esplanade de la citadelle. L'extérieur de cet angle, présentant de chaque côté des lignes

(1) La ligne méridienne passe sur le pont d'Authie, entre la citadelle et la ville.

assez régulières, se prête merveilleusement à l'embouchure de la Grouche, qui y verse le tribut de ses eaux bien affaiblies par les différents bassins qu'elles doivent alimenter dans l'intérieur de la ville. L'Authie elle-même ne trouve pas dans cet affluent une compensation égale à la retenue que viennent de lui faire les deux usines voisines ; elle coule alors amaigrie, et a besoin que d'autres ruisseaux lui viennent en aide pour que ses eaux, divisées en deux lits un peu au-delà de la ville, acquièrent la force que réclame d'elles, et quelquefois en vain, la double usine de Rouval. Puis elle s'en va, augmentée çà et là de quelques minces filets d'eau et traçant un peu plus loin par son lit la limite de l'ancien Artois et de l'ancienne Picardie. Depuis Dourier jusqu'à son embouchure, elle coule dans l'ancien Ponthieu ; et, après un cours de 74 kilomètres du sud-est au nord-est, elle se perd dans la Manche. On pourrait, sans trop de peine, la rendre en partie navigable, et on a prétendu même qu'elle l'était au viie siècle. La truite se plaît dans ses eaux fraîches et limpides, habite sous les anfractuosités des rives, et sa chair y emprunte une saveur qui la fait rechercher des gourmets.

La Grouche, autrefois nommée la *Coulle* ou le *Lucheux*, est un des principaux affluents de l'Authie. Prenant sa source au pied de la montagne de Coullemont (Pas-de-Calais), elle passe à Humbercourt, Lucheux, Grouche, Milly, et arrive à Doullens qu'elle traverse, mais diminuée du volume d'eau dont elle se prive pour former la ceinture d'une grande partie de la ville. Comme nous venons de le dire, c'est au pont d'Authie, et presque à angle droit qu'a lieu sa principale embouchure. Dans son cours, qui est de 12 kilomètres, du nord-est au nord-ouest, elle fait mouvoir neuf moulins et usines.

Les vallées arrosées par ces cours d'eau sont d'une riche fertilité. Quelques parcelles de ce terrain privilégié, livrées à la culture, donnent de plantureux produits ; mais la plus grande partie offre d'abondants pâturages, des foins odorants, de vigoureuses plantations. De récentes opérations de drainage et de desséchement y ont encore introduit des améliorations notables. La tourbe ne se rencontre, au fond de ces vallées, qu'à une profondeur presque insondable par les instruments ordinaires, et encore est-elle d'une qualité médiocre et d'une couleur grise et blanchâtre. Nous avons assisté, il y a peu d'années, à une tentative d'extraction qui n'eut d'autre résultat que de faire perdre pour longtemps la pensée d'en renouveler l'essai. Le déblai était de six à sept mètres d'une terre grasse et argileuse, et l'eau qui s'efforçait de reprendre son niveau, remplissait sans cesse la fosse.

Trois montagnes séparées pas les rivières forment autour de Doullens, sans l'étreindre trop étroitement toutefois, une majestueuse couronne. L'une, au midi, se nomme la côte d'Amiens ; l'autre, à l'est, est appelée montagne d'Arras ; et la troisième, au nord, a nom : montagne de Haute-Visée. On aperçoit de loin sur leurs pentes, et tracées dans leurs flancs calcaires, les grandes lignes commerciales du Havre à la Belgique, et de Paris à Lille et à Dunkerque ; larges artères qui, après s'être réunies au sein de la petite cité, s'en vont ensuite dans toutes les directions, comme les rayons vont d'un centre à travers la circonférence. La nature du sol qu'elles sillonnent laisse facilement voir qu'il appartient à l'immense banc de craie qui sert de base au sol des autres départements environnants, et les carrières de chaux qu'on y exploite présentent des éléments identiques, une complète analogie dans la formation, avec le bassin de Paris. On y a trouvé des pyrites, des oursins pétrifiés et divers coquillages qui, d'après certains auteurs, seraient une attestation de l'ancien séjour qu'y firent les eaux de la Manche (1).

Ces montagnes s'abaissent assez lentement, comme pour préparer peu à peu, en l'abritant sans l'étouffer, ce bassin elliptique où la ville est couchée dans une inclinaison presque insensible et tout juste suffisante à l'écoulement des eaux. Sur ces pentes allongées, rien d'abrupt ni de dénudé, mais partout des produits qui paient largement les sueurs de la culture. Seule, la situation de la citadelle au pied de la montagne d'Amiens forme escarpement, et présente des lignes raides, anguleuses, à pic, parce qu'elle est due moins à la nature qu'à la main de l'homme qui, pour augmenter en temps de guerre ses moyens de défense, sut combiner habilement les données de l'art avec les accidents du terrain.

Mais c'est autour de la ville et tout près des belles promenades de ses boulevards, que le sol semble avoir réservé sa plus grande fécondité. Si plus loin, dans la vallée, les arbres à haute tige atteignent une belle élévation, à raison de l'abri qu'ils doivent aux montagnes ; si un demi-siècle suffit souvent à leur complet développement ; ici, dans les vergers, une végétation puissante récompense de soins assidus, fait croître rapidement les arbres fruitiers, les arbustes, les pépinières et même les plantes exotiques. De plus, l'heureuse situation de la cité, malgré la dénomination mal sonnante qu'elle lui a value dans le langage du peuple, la pureté de son atmosphère, toujours exempte de miasmes putrides, l'excellente qualité de ses eaux, la placent dans de bonnes conditions hygiéniques. Les épidémies n'y font de ravages que très-exceptionnellement, et on peut dire que les maladies n'y sont pas réellement endémiques.

Le panorama de Doullens demande à être contemplé des hauteurs de la forteresse ; de là le regard en embrasse complaisamment tous les détails. Et c'est un tableau qui, en effet, offre à l'œil un intérêt réel. La ville est là tout entière, ramassée, compacte et parfaitement groupée ; c'est une multitude de toits, de fenêtres, de lucarnes, où tout se confond, où le regard désorienté se perd, tant les lignes sont dérangées, croisées, emmêlées. Rien d'étagé, rien en amphithéâtre, mais un plan uniforme, très-peu allongé, qui n'en est pas moins pittoresque. Et cette reine de la vallée est ainsi couchée, avec sa ceinture d'eau et de feuillage, sans horizons lointains, comme sans couronne au front, car nous n'osons nommer diadème ni ce dôme grêle en bois revêtu d'ardoises qui surmonte le beffroi, ni cette aiguille maigre, chétive, étroite, qui sert de clocher à l'église. Et sur tout cela le calme, la monotonie, presque le silence ; peu ou point de mouvement ; la vie ne se fait sentir que les jours de marché ; l'industrie ne s'y décèle que par deux ou trois de ces hautes cheminées qui épandent dans l'air les longues spirales de leur fumée noire. Mais, redisons-le, ce n'est pas

---

(1) Labourt. *Essai sur l'origine des villes de Picardie*, p. 290. — Dans ces derniers temps, lorsqu'on a rectifié la route d'Amiens, on a trouvé au-dessus de l'église de Beauval une couche de dents de squales épaisse d'environ 0ᵐ 50.

sans charme qu'on se trouve en face de ce paysage enveloppé par des masses de verdure, et surmonté, tout là-bas, par la forêt de Lucheux, vaste, épaisse, profonde.

Les seuls véritables faubourgs de Doullens sont ceux de *La Varenne* et de *Rouval*, sur la route d'Abbeville ou d'Auxi-le-Château ; l'un, doté d'une belle et importante manufacture mue par les eaux divisées de l'Authie, en aval ; l'autre, fière de ses belles promenades et de son jeu de paume spacieux. Les habitants s'y livrent aux travaux horticoles, quand ils ne sont pas attachés à la filature. *Routequeue* et *Saint-Sulpice*, en amont, sur la même rivière, se composent de quelques maisons d'ouvriers : chaumières isolées, solitaires, auxquelles la fabrique de papier donne du travail et du pain. Plus loin, *la Voie-des-Prés* n'est qu'une rue du village d'Authieule, et *Milly*, sur la Grouche, et *Haute-visée-le-Beau*, sur la route de Saint-Pol, sont plutôt des annexes ou écarts que des faubourgs.

Depuis un demi-siècle, la physionomie de Doullens est bien modifiée : plus de murailles, plus de larges fossés pleins d'eau, plus même une ruine de fortifications; mais au lieu de cette austère ceinture, des promenades ombragées, des vergers, des jardins. A l'intérieur aussi, tout s'est renouvelé, élargi, enjolivé. De belles maisons se sont alignées, les vieilles façades, honteuses de leurs rides et de leur décrépitude, se sont rajeunies ; des boutiques jaunes, vertes, multiformes comme multicolores, étalent leur devanture proprette et quelquefois gentille. De quelque côté qu'on y entre, surtout par les portes d'Amiens et de Saint-Ladre, on a devant soi quelque chose de dégagé, d'ouvert, un aspect qui plaît, qu'on retrouve dans les principales rues, et qui n'est assombri par aucun profil sévère. Ce n'est donc pas une ville belle, remarquable, mais gracieuse et bourgeoise.

L'intérieur renferme plusieurs places ; la principale est celle du marché au blé, toute pavée, d'une belle largeur, grâce aux agrandissements qu'elle reçut dans ces derniers temps. L'église et les maisons qui l'encadrent lui donnent un aspect satisfaisant qui n'a rien de mesquin. Une arrière-place, contiguë au boulevard Saint-Martin, offre un dégagement facile aux voitures, et permet d'éviter l'encombrement. Il est regrettable que les deux rues qui y conduisent n'offrent pas un développement proportionné à l'affluence des véhicules, ni au mouvement d'activité dont à certains jours le marché est le centre. La place de la Liberté (ou de Notre-Dame), située rue du même nom, forme un carré parfait, assez étendu, et non pavé, parce que c'est là que se tient le marché aux vaches. Les rues qui longent deux de ses faces, y laissent un accès facile, et là, les abords sont spacieux, assez spacieux même pour servir de supplément à la place, les jours d'affluence extraordinaire. La petite place Saint-Michel n'est, au contraire, qu'un parallélogramme étroit, en rapport avec les mesquines proportions architecturales du palais de justice auquel elle sert de parvis planté de quelques acacias. Les deux vastes rues de la *Liberté* (1) (ou de Notre-

---

(1) Elle s'appelait, avant 1830, grande rue Notre-Dame, à cause de l'ancienne église de ce nom. Le 12 mai 1586, le roi donna commission au s' de Sainte-Marie, gouverneur de Doullens, de faire amener par les laboureurs de ce gouvernement les pavés nécessaires pour paver cette rue, afin d'y établir le marché aux bêtes.

Dame) et du Bourg sont également affectées à la tenue de différents marchés, et cette dernière, dont une partie en a même la dénomination, est le véritable champ de foire de la ville.

Les deux rues dont nous venons de parler et dont la direction parallèle est du sud-ouest au nord-ouest, sont les deux grandes artères de Doullens, reliées entre elles par les principales rues latérales des Juifs, de Notre-Dame, de Saint-Ladre et de Saint-Michel. La rue du Bourg surtout, qui a sa base au point d'Authie, voit la vie arriver à elle et de là se répandre dans les autres quartiers qu'elle coupe en deux parties à peu près égales. Au point milieu, et à peu près à l'endroit où elle perd son nom pour s'appeler la place, s'ouvre à droite la rue des Boucheries, qui devient elle-même, plus loin, la rue d'Arras ou de Lucheux. Ces rues sont assez bien alignées, mais sans trottoirs. Plusieurs sont ornées de maisons en maçonnerie dans presque toute leur longueur ; dans la plupart, la construction en bois domine ; toutes à peu près sont pavées, à l'exception de trois ou quatre, qui avoisinent les boulevards et sont moins habitées (1).

Telle est la ville de Doullens, dont les dictionnaires de statistique et de géographie font suivre le nom des désignations ci-après : sous-préfecture, tribunal civil, justice de paix, recette particulière des finances, conservation des hypothèques, archiprêtré, recette et vérification d'enregistrement, caisse d'épargne, direction des postes, inspection des écoles primaires, vérification des poids et mesures, gendarmerie, prison centrale, maison de détention, chambre consultative d'agriculture, comice agricole, bureau télégraphique, commerce de grains et de bestiaux, fabrique de papier, filature de coton, huiles, tanneries, etc. Mais, malgré cette énumération, Doullens est une ville qui végète, comme tant d'autres chefs-lieux d'arrondissement, bien déchue de ce qu'elle était au temps où, bonne ville de draperie, elle servait encore de boulevard à la France sur la frontière du nord. Elle comprend aujourd'hui 938 maisons pour une population de 4,382 habitants. Son territoire a une contenance superficielle de 3,214 hectares, 68 ares, 83 centiares.

---

(1) Nous donnons ici les noms des rues de Doullens :

Archers (des) ou des Buts.
Bassée (de la) ou Basse-Boulogne.
Boucheries (des), autrefois des Maiseaux.
Boquet, ou rue Verte.
Bourg (du).
Boulevart de l'Ouest.
    Id.   du Nord.
    Id.   du Levant.
Cailloux (des).
Chevet Saint-Pierre (du).
Colombier (du).
Corbeaux (des).
Ecuries du roi (des).
Impasse Saint-Michel.
Juifs (des).
Lucheux (de), ou d'Arras
Ladre (Saint).
Marjolaine.
Martin (Saint).
Menchon (de).
Michel (Saint).
Pauchet-Goret.
Papillon ou Ménélion.
Petit-Pont (du).
Pierre (Saint).
Plantoirs (des).
Poissonniers (des).
Poterne (de la).
Poulies (des), autrefois de Polys.
Rempart (du).
Sœurs-Grises (des).
Taillie.

Il est bien difficile de dire ce qu'a été l'ancien Doullens, dans l'origine. Ce n'était, dit le P. Daire, d'après Malbrancq, qu'une bourgade qui, depuis la montagne, s'étendait jusqu'à Bretel, hameau voisin, à l'ouest. Quoique peu considérable, il aurait été divisé en haute et basse ville ; mais ce sont des données bien vagues, bien incertaines, et qu'aucun témoignage sorti des entrailles du sol n'est encore venu, que nous sachions, confirmer et établir. D'ailleurs, comment interroger ce sol si étrangement bouleversé par les guerres, si largement remué par la main de l'homme pour élever ce piédestal sur lequel repose la citadelle ? Et dans l'enceinte même actuelle de la ville, à quelle profondeur ira-t-on chercher une attestation d'origine, lorsque, là aussi, le terrain a été exhaussé, au point que sous les caves actuelles se trouvent, en maints endroits, d'autres caves profondes et remplies d'eau (1) ?

Si pourtant, il faut admettre, avec Malbrancq, l'étendue primitive de Doullens jusqu'à Bretel, nous constaterons aussi que la vieille cité ne tarda pas à déserter cette partie de son berceau pour s'asseoir uniformément sur le plateau, non pas sans doute dans les limites actuelles, mais sur l'emplacement qu'il occupait avant le nivellement de l'esplanade. Ses maisons descendirent peu à peu la déclivité et s'arrêtèrent au bas de la côte sur un plan qui ne permettait plus la dénomination de ville haute. Là, elles se rapprochèrent, se condensèrent sur la rivière et alignèrent leurs rues le long de ses bords. Ce rapprochement, qui constituait un tout plus compact, avait sans doute été amené par l'exigence des fortifications ; car plus la cité restreignait son étendue, plus il devenait facile de la ceindre de murailles et d'autres travaux de défense.

Nous exposerons, au chapitre suivant, § V, les raisons que Doullens peut avoir de revendiquer les conditions du *Castrum Donincum* cité par Flodoart, et remontant à l'année 929 ; nous le trouvons encore désigné au xie siècle par le mot *Castellum*, qui implique l'idée d'un lieu fortifié. C'est même le roi Philippe Ier qui le qualifie ainsi dans ses lettres patentes de 1075 en faveur du prieuré de Saint-Pierre d'Abbeville : *Apud quoddam castellum quod dicitur Dourlens* (2). De plus, lorsque les chartes ont à déterminer la situation du prieuré de Saint-Sulpice ou celle de l'église Saint-Sauveur (plus tard Saint-Pierre), elles nous les montrent : *extra castri munitionem*, c'est-à-dire hors des fortifications du château. Mais si, dans l'origine, à Doullens, comme dans la plupart des autres villes, ce château forma la principale défense de la cité, cette enceinte fortifiée ne tarda pas à s'agrandir ; et voici que, dès l'année 1100, Doullens avait déjà une porte qui, plus tard, fut nommée de Saint-Ladre, après l'établissement de la maladrerie : *extra portam de Dourlens* (3). Le Château primitif, le *Castrum*, était donc dans l'intérieur même de la ville, et n'en abritait derrière ses fortifications, qu'une faible partie. Nous n'avons pas d'éléments suffisants d'appréciation pour en déterminer l'étendue ; mais nous savons par une charte de Guillaume III, comte de

(1) Nous n'ignorons pas que ces caves sous d'autres caves se retrouvent assez fréquemment dans les villes de guerre. C'est là que les habitants cherchaient au besoin un refuge.
(2) *Gallia Christiana*, T. X, ch. XI. col. 291.
(3) *Ibid.* col. 296.

Ponthieu, en date de 1213, qu'il enclavait le manoir de Beauval avec sa tour et son four : *furnum quem apud Dullendium habebam in Castellario.* Le reste des habitations, la partie suburbaine, les faubourgs, d'après l'acception que ce mot avait alors, laissés sans défense contre les ravages des ennemis, se rapprochèrent ensuite pour se voir à leur tour ceints de murailles.

C'est plus particulièrement dans les xiii° et xiv° siècles que ces nouvelles conditions de force défensive nous apparaissent dans les titres. Faisons appel à tous ces témoins d'un autre âge, et essayons de reconstituer l'ancienne cité doullennaise. La charte de commune de 1202 nous parle de ses murs : *a muris Dullendii ;* elle nous apprend même que ses fortifications sont à la charge des bourgeois ; et que si les eaux de l'intérieur, qui appartiennent au comte de Ponthieu, viennent à'y porter dommage, les habitants seront indemnisés et pourront les faire écouler pour opérer les réparations devenues nécessaires (1). De plus, le comte s'engage à ce que ni lui, ni personne après lui, ne puisse élever forteresse ou fortification en dehors de celle qui est dans Doullens : *Præter illam munitionem quæ est infra Dullendium.* La ville avait donc alors des éléments de force défensive, elle avait une enceinte fortifiée, elle était close au moins en grande partie.

Mais, quelle était l'étendue de cette enceinte ? Déjà nous venons de voir mentionner, en l'année 1100, la porte qui reçut le nom de Saint-Ladre, et voici moins d'un siècle après, le pape Alexandre III qui, dans la bulle par laquelle il confirme la maladrerie, cite cette porte (1170). Ce point établi, essayons de déterminer la limite opposée. Ce n'est qu'en l'année 1300 que nous trouvons des données suffisantes, mais elles sont explicites. Le roi Philippe IV confirme, par lettres patentes, des cens appartenant à l'abbaye de Saint-Michel, et il donne les désignations suivantes : ici, c'est la porte de Lucheux, *extra portam quæ vocatur de Lucheu ;* là, ce sont les deux portes de Menchon : *Intra duas portas vici de Manchon ;* ailleurs c'est la porte de La Varenne : *Prope portam de la Varenne ;* la porte Hersant : *Versus portam Hersant,* en la voie de *Biaucaisne,* ajoute un titre de 1318 ; la porte Cardonnet : *Versus portam Cardoneti,* dont la position n'est pas déterminée, et qui était peut-être la porte simple donnant accès vers Bretel ; enfin les deux portes Saint-Souplich (Saint-Sulpice) : *Intra duas portas Beati Sulpitii.* Faisons donc converger vers le centre presque tous les points de la circonférence actuelle, et nous aurons, selon une locution reçue, reconstruit les lieux, rétabli l'étendue de la cité, au moins dans sa partie fortifiée.

Si maintenant nous voulons en parcourir l'intérieur, les titres où nous venons de puiser seront encore pour nous le fil conducteur. En venant d'Amiens (2), nous nous trouvons dans cette partie de la ville qu'occupe aujourd'hui l'esplanade de la citadelle, et qui s'appela autrefois la Basse-Ville. Là, non loin du moulin du Biez (xiii° siècle), est le

---

(1) *Si firmitates per detentionem aquarum diruptæ fuerint.... Si Burgenses munitiones voluerint reparare.*

(2) La route d'Amiens n'avait pas alors la même direction qu'aujourd'hui ; elle passait à l'Est de Doullens, traversait la rivière et les praires de Routequeue, pour aller joindre, après de nombreuses sinuosités, le hameau de Beaurepaire.

berceau de l'abbaye de Saint-Michel dont l'origine se confond avec celle de la cité. Et cette donnée est conforme aux usages de ces temps reculés qui rapprochaient presque toujours des forteresses, comme pour les abriter et les défendre, le sanctuaire du Prince de la milice céleste. Peut-être était-ce la même pensée religieuse qui faisait remettre tous les soirs les clefs de la ville à la garde de l'abbesse Adde, qui fut trouvée digne de donner son nom à une rue voisine : *Addæ vicus* (1260), rue d'*Ade* ou *Adain-rue*, devant le *Puich*, auprès de la rue du *Puch*. Toutefois, avant l'année 1300, le monastère, mal à l'aise dans cet espace étroit, avec son *atre* ou cimetière, a déserté la rive de l'Authie pour reporter son siége vers le nord, là où son nom a survécu. Autour du berceau de Saint-Michel sont les rues de Beauquesne, des Cordonnois ou du Cordonnier, du Puits des Marmousets, etc., dont nous chercherions vainement aujourd'hui les traces.

A peine avons-nous passé la porte Hersent *en la voie de Biaucaisne*, et traversé le pont d'Authie, que se présente à droite l'hôpital Saint-Jean, confirmé par le roi Philippe III en 1272. Sa porte principale et sa chapelle sont sur la rue du *Bourc*, en face des deux maisons de Halle, qui possédait la seigneurie d'Orion, sur l'Authie ; la salle des malades est sur la rivière, et le jardin, en arrière, au delà de la Grouche. En remontant la rue, et presque contiguë à cet établissement, l'*hostellerie du Constantin* nous offre sa façade vis-à-vis les maisons de Jéhan Tassiaux et de *Marie la Bathelière : ante hostellariam, ante Constantinum*, dit une charte de 1300. Les communs et écuries du Constantin s'étendent également en arrière, jusqu'au delà du *Mardanchon*, qui paraît se jeter dans la rivière de *Manchon* (1). Quelques pas plus loin, sur la gauche, s'élève la forteresse ou tour de Beauval, antique demeure des comtes de Ponthieu, avec son pourpris, nommé *quai de la tour*, attenant à la rue Notre-Dame : *contiguum vico Beatæ Mariæ*. Les titres la désignent sous le nom de Manoir : *Managium domini de Bellavalle* (2). Tout auprès est le four Colombel, que le comte de Ponthieu, Guillaume III, a acheté de son homme-lige, Jean de Rosière, seigneur d'Authieule et pair de Doullens, pour le céder ensuite, en 1213, à Wallon de Senarpont (3).

Presque en face de la tour de Beauval s'ouvre la rue Saint-Martin : *In vico Beati Martini*, qui conduit à l'église du même nom, et où se voit la maison d'*Isabelle d'Aucoch* (1300). De ce côté, nous touchons à la limite de la cité, et l'église elle-même, avant sa reconstruction, a porté la dénomination de Saint-Martin-hors-des-Murs, c'est-à-dire, hors du *castrum*. Aussi la rue de l'*Espinette* n'est-elle qu'une espèce de sentier au milieu des jardins. Non loin de l'église, et un peu au-dessus du *moëlin Fourmenterech* (depuis Fromentel), sur la

---

(1) Voir aux arch. de l'Hospice, le plan de l'ancien hôpital Saint-Jean.

(2) Olim. t. III, p. 729.

(3) Voir pièces justif., n° 3. En 1216, Robert des *Hosteux* (Auteux), donne à Wallon de Senarpont IX *sous de cens et* XX *cappons, que le dis Robert avoit sur un four à Doullens qui est devant le maison du comte de Ponthieu*. (A. I. Sect. adm. S. 5059, n° 8, f° 9.) L'année précédente, le même Robert avait encore donné XII deniers de rente à ce même Wallon de Senarpont. (Ibid. au verso de la page). Wallon de Senarpont était échevin en 1202. Voir aux signatures de la charte de commune.

Grouche (1), s'élève le *Béfray* de la ville (1275), lequel sera remplacé, en 1363, par la tour de *Beauval*, parce qu'il est de *grand anchienneté et moult empirié*. Puis, voici la rue des *Maiseaux* (2), plus tard des *Boucheries*, avec son petit moulin *Le Molinier*, devant la maison du roi : *ante domum regis* (1219), qu'il faut distinguer sans doute de celle des Templiers, située entre la rue Saint-Martin et la Grouche ; la rue du *Pontel-Gorre*, depuis *Pauchet-Goret* (1312) ; celle du *Pont-Mennées*, ou pont Meurice, qui mettait en communication la ville actuelle et l'ancien quartier occupé aujourd'hui par l'esplanade; celle du *Pont-à-l'Avoine*, au coin de laquelle se trouve le *presbytère des prêtres communs*, c'est-à-dire le logement des trois curés-vicaires de la ville (3) ; là, nous touchons aux deux portes *Saint-Souplich*, hors desquelles se trouve la rue du même nom, qui prend naissance aux *allées et remparts de la forteresse;* plus à gauche, est la rue *Taillée* ou *Taillie*, l'une des plus anciennes de la ville, dans laquelle la plupart des établissements ont des cens, et dont le nom se retrouve dans presque tous les vieux titres. Tout à côté s'élève l'*hôtel des comtes de Saint-Pol*, là où se voit aujourd'hui la *Clef-d'Or*, et comprenant plusieurs maisons voisines tenant à la porte de *Lucheu*.

Nous saluons la nouvelle église Saint-Sauveur (Saint-Pierre), située hors des fortifications, hors du château : *extra castrum Durlendi, juxta Dorlenz, juxta Durlendum* (1202). De son parvis, nous apercevons la rue de *Manchon* : *in vico de Manchon*, aussi ancienne que la ville elle-même, avec son moulin du même nom : *in molendino, in vico de Mencon* (1236) ; avec son four appartenant à l'abbesse de Saint-Michel : *Furno abbatissæ in vico de Manchon* (1300); avec son hôtel de *Beauregard* (4), dont le censitaire est chargé de la fermeture de la porte Saint-Ladre ; rue importante, conduisant à la *porte de Menchon*, et bien habitée, puisqu'on y retrouve les maisons de Simon de Neuf-Moulin, de Martin-Borne, de Jean de Marges et celle de Jean Bétars, à l'extrémité, entre les deux portes. Ces deux portes sont dans le retranchement qui de la porte d'Arras passe en deçà du moulin en ligne droite,

---

(1) Nous sommes peu d'accord avec M. Warmé qui, dans son *Histoire de Doullens*, page 147, place le moulin Fromentel au lieu dit le *Marais sec*, et ne le fait remonter qu'au XVIe siècle. Mais nous préférons nous en tenir aux données du titre que nous citerons et pour la date et pour la situation dudit moulin. Au chapitre du prieuré de Saint-Sulpice, dans la seconde partie, nous donnerons encore d'autres preuves contraires à l'opinion de M. Warmé, opinion qui, du reste, ne paraît être bien établie : car si le moulin Fromentel était le moulin du Marais-Sec, et si la rue de l'Epinette y conduisait, comme il le dit dans son *Histoire de Doullens*, p. 136, cette même rue ne pouvait pas être l'impasse du Grand-Moulin, près le marché aux grains, comme il le prétend, page 82.

(2) Maiseau, locution usitée au moyen-âge, vient de *macellum*, halle du marché à la viande, d'où *macellarius*, boucher ou charcutier, de *mactare*, tuer, massacrer.

(3) Cette maison fut brûlée en 1636; elle était alors occupée par Me Buquet, curé de Saint-Martin.

(4) Le 29 juillet 1449, Jeanne Joly, veuve de Jean Renault, Jean Lefebvre et consorts vendirent à Pierre Gadefar l'hôtel de Beauregard, à la charge, entre autres choses, d'une serrure et d'une clef pour la porte Saint-Ladre, qui doit être attachée de l'ordre de Messieurs de ville. — Cet hôtel de Beauregard appartenait sans doute à la famille de Thouars qui avait la seigneurie de Beauregard et de laquelle vint, par les femmes, le nommé Mauclerc, bienfaiteur de l'église de Saint-Sauveur de Doullens, en 1198.

et se dirige, après avoir fait un léger crochet à gauche, vers Saint-Michel, pour se relier aux travaux d'enceinte.

La rue Saint-Michel : *In vico Beati Michaelis* (1300), a reçu son nom du nouveau monastère qui y a son siège. Cet établissement déjà important y tient une large place avec son âtre ou cimetière ; affecté plus tard à l'usage du marché aux chevaux, il est occupé actuellement par des maisons et des jardins que la rue de la Gendarmerie sépare des anciens bâtiments. Cette rue *Saint-Michel* est continuée par celle dite de *Saint-Ladre* ; entre les deux portes de cette dernière se trouve la maison de Jacques de Hardy : *Domum Jacobi de Hardy inter portas Beati Lazari*, ailleurs, *inter portam B. Lazari et sanctum Petrum*. Voici encore, tout auprès, la porte de *Chercamp*, avec l'hôtel du même nom, dont on retrouve quelques vestiges dans la maison occupée aujourd'hui par M. Mallet. C'est là, *au portier de Chercamp ou à son comant,* que l'échevinage paie *cascun an X lib. parisis en escange de la ségnerie des deux moëlins Battrel et Fromentel* qu'il a achetée des religieux (1275). C'est là aussi, dans cet hôtel, que les religieux de *Chercamp* trouvent un asile lorsqu'ils se voient forcés de quitter leur monastère pour échapper aux ravages et à la cruauté des ennemis (1).

Laissant la rue de *Polys*, qui est hors des fortifications (1312), nous saluons, en passant à gauche, celle de *Notre-Dame* où demeure Jacques de Saint-Sulpice : *In vico Beatæ Mariæ (*1300), l'église qui la termine, sur la grande rue du même nom, et l'*hôtel de Belloy* (2), au-dessous d'elle, vers la tour cornière, sur la rivière ; et, prenant la rue des Juifs en face de la porte de *La Varenne*, nous rejoindrons la tour de Beauval par une ruelle dont il ne reste aujourd'hui aucun indice. C'est la ruelle du *Tripot des Juifs*, ainsi nommée, dit M. Dusevel, des Juifs qui, à l'extrémité de cette ruelle, et dans la rue qui porte leur nom, ont un tripot ou maison de jeu. Revenu dans la rue du Bourg (en 1318 du Bourc), nous jetterons un dernier regard sur les hôtels de l'*Angle*, près la tour de Beauval, de *Bailleul*, de *Solon*, et nous éviterons, à défaut de documents positifs, de déterminer la situation de la *barre de Cherent* (1312), des rues de *Guy-Kréroul* (3), *des Ogrengs, Maneresse, Robert Bélin* (1300), de la rue *as Pareurs* (1318), du *Pont-à-Cart*, du *Pont d'Amour*, du *Marché au beurre*, du *Vieux marché*, et de cette autre grand marché en *Darnétal*, mentionnés tous deux, en 1243, par une chartre de Beaudoin Camp-d'Avesne, et enfin du marché à l'avoine, dans le *castrum, in mercatu avenæ, in castro* (1312).

En 1432, la ville est tout à fait close de murailles, lorsque les bandes de routiers se présentent vainement pour les *écheler*. Mais, voici que les temps sont devenus mauvais ; les habitants ruinés émigrent en grand nombre, abandonnant leurs demeures à demi-écroulées (1463) ; puis vient Louis XI, dont la politique, non moins fatale que la guerre

---

(1) La plupart des maisons religieuses avaient ainsi dans les villes voisines fortifiées des asiles ou maisons de refuge.

(2) Cette famille de Belloy avait la seigneurie de Candas. Elle portait d'argent à quatre bandes de gueules.

(3) Guy Kéroul était échevin en 1202. (Voir aux signatures de la charte de commune.)

étrangère, prononce l'arrêt de mort de la cité ; et des ouvriers envoyés d'Amiens abattent *ses tours et murs et forteresses* (1475). Bientôt rétablies, les fortifications résistent aux efforts et au canon du comte de Bures. Alors nous apparaît la situation de la tour *Cornière* ; elle est *proche l'hôtel de Belloy*, au-dessous de la montagne sur laquelle s'élèvera bientôt le château, puisque c'est de là que l'ennemi *feit batterie près de cette tour qui regarde de vers Auchy-le-Châsteau*.

En 1522, *Doullens* est encore une fois démantelé et livré aux flammes. Ses portes, ses murailles, ses tours tombent sous les coups de l'ennemi. Son brave gouverneur les relève en partie, et François Ier donne ordre d'en achever la restauration. On y introduit diverses modifications ; et les titres ne parlent plus que des trois portes d'Amiens ou de Beauquesne, d'Arras ou de Lucheux et de Saint-Ladre ou d'Hesdin. Le château nouvellement construit touche à la porte d'Amiens, et semble n'être que la continuation de la ville. Telles sont les données qui nous sont fournies par un plan manuscrit déposé à la bibliothèque impériale, le plus ancien connu jusqu'à ce jour ; telles sont par conséquent les conditions de défense matérielle que Doullens opposa en vain aux Espagnols, qui s'en rendirent maîtres en 1595.

Ce furent ceux-ci qui, les premiers, creusèrent autour de la ville les fossés remplis bientôt après par les eaux des deux rivières de l'Authie et de la Grouche. Mais avant de décrire ce nouvel élément ajouté aux fortifications, disons un mot d'une particularité qui nous est signalée dans une *vue de Doullens* prise par *Châtillon* vers 1610.

Nous rapporterons, au chapitre suivant, l'opinion de *Bullet*, qui rattache l'étymologie celtique de Doullens à sa situation sur la rivière d'Authie, laquelle, dit-il, « en se coupant, forme deux îles en cet endroit. » Or, c'est la plus grande de ces deux îles qui figure sur la carte de Châtillon. Elle est formée, comme le dit M. Labourt, par la rivière, entre Doullens et Saint-Sulpice, et couvre une certaine étendue des remparts de la ville. Cette disposition des lieux accuse-t-elle le travail de l'homme, et laisse-t-elle réellement deviner qu'elle est due moins à la nature qu'à un ancien moyen de défense exploité au profit de la place et mis à contribution pour augmenter les difficultés des approches (1) ? Nous voulons bien admettre cette idée comme probable, mais nous n'oserions la donner comme certaine.

Quand à la seconde île dont parle Bullet, beaucoup plus petite que la première, elle existait dans l'intérieur même de la cité, en face du confluent de la rivière de Grouche. « Le pont qui met aujourd'hui en communication la ville avec l'esplanade et la route » d'Amiens, reposait sur la pointe de cette île, qui regardait le couchant : en 1733, on » parvint, à l'aide de procédés très-ingénieux, à faire peu à peu entraîner, par l'eau » comprimée de l'Authie, l'amas de sable et de gravier qui obstruait cette partie de la » rivière (2). »

Quoi qu'il en soit de l'opinion, si plausible soit-elle, qui dans la séparation du cours de

---

(1) Inutile de dire que rien de tout cela n'existe aujourd'hui. L'île signalée par Châtillon a complètement disparu. Le ruisseau dit l'*Agrapin* en traverse l'ancien emplacement.

(2) M. Labourt. *Essai sur l'origine des villes de Picardie*, p. 280.

l'Authie voit un moyen de défense créé par la main de l'homme au bénéfice de la ville, constatons que cet état de choses fit bientôt place à une combinaison dans laquelle les eaux de cette rivière, aussi bien que celles de la Grouche, servirent à remplir au besoin, et à une profondeur de deux mètres, les fossés d'enceinte, au moyen d'écluses qui leur barraient le passage à leur arrivée aux fortifications et les rejetaient hors de leur lit. C'était la Grouche qui versait à la masse des eaux un plus large tribut, car elle avait à fournir la majeure partie de cette ceinture défensive, tandis que l'Authie, se déchargeant d'un seul côté, déviait peu de son cours ordinaire. Seulement, un batardeau servant de digue au point de sortie la faisait refluer sur elle-même, et augmentait son volume dans les fossés.

La carte de Châtillon dont nous venons de parler, nous représente parfaitement ces conditions de défense extérieure qui furent encore améliorées dans la suite. La ville aussi nous y apparait bien dessinée du côté du château ; et d'autres plans postérieurs nous font connaître également tous les détails des fortifications de son enceinte. Ses trois portes étaient défendues par des éperons, ou plutôt par des demi-lunes assez élevées, et on n'y arrivait qu'en suivant une ligne brisée dans l'épaisseur des travaux extérieurs. Auprès de chacune d'elles se dressaient des corps-de-garde. Des tours, placées de distance en distance le long des murs, en rendaient l'approche plus redoutable. Au-dessous de l'entrée de la rivière d'Authie, dans la partie basse de la ville, au lieu où passe aujourd'hui le *Voyeul* Saint-Sulpice, se trouvait la tour du *Corps-de-garde*, à l'angle droit d'un bastion, et celle des *Corneilles* occupait l'angle gauche, pour défendre la porte d'Arras (1). La tour de *Menchon*, qui s'élevait non loin du moulin du même nom, était défendue par une demi-lune qui faisait une saillie considérable, et qu'on appelait demi-lune de *Lucheux*. Elle protégeait et le bastion de Menchon et le bâtiment servant à la manœuvre des trois ventelles qu'on levait ou abaissait, selon qu'on voulait faire passer la rivière dans la ville ou dans les fossés. La demi-lune des *Roseaux* occupait à peu près le point milieu entre celles de Menchon et de la porte Saint-Ladre. La *poterne* de la Varenne, à mi-distance de la porte Saint-Ladre (2) et du lieu nommé l'*Arche*, était également flanquée d'une tour appelée tour de la *Poterne*. Au bout de cette partie de rempart, l'*Arche*, jetée sur la rivière d'Authie, avait ses ailes et ses piles garnies de coulisses, pour former au besoin, comme nous l'avons dit, avec des poutrelles, un batardeau de retenue. Le magasin au-dessus servait à renfermer les dites poutrelles. C'est à deux pas de là que s'élevait autrefois la tour Cornière, au-dessous de la porte de secours du château. Elle fut remplacée par un mur d'enceinte qui, du point de sortie de la rivière, allait se terminer au chemin couvert de la citadelle.

Mais le château lui-même étant devenu cette belle et vaste forteresse qu'on admire encore

(1) La ruelle qui, de la rue d'Arras, conduisait à ce point du rempart, s'appelait : *Fond de la débauche*.

(2) Le 25 janvier 1655, on pratiqua dans le voisinage de ce lieu deux nouvelles rues ; l'une allant de la rue du Colombier au rempart, appelée *rue Neuve* ; l'autre entre la porte Saint-Ladre et la Poterne de la Varenne, nommée *rue du Rempart*.

aujourd'hui, Louis XIV voulut la séparer de la ville par une esplanade, et alors un certain nombre de maisons durent disparaître pour être reportées soit à l'intérieur de la ville, soit à l'extérieur. Les principales furent les couvents des Cordeliers et des Sœurs-Grises et l'hôtel de Belloy (1672) (1). Les fortifications se rapprochèrent sur la rive de l'Authie, depuis son point d'arrivée jusqu'à sa sortie ; et comme elles étaient suffisamment couvertes de ce côté par les hauteurs de la citadelle, il n'était pas nécesssaire de les flanquer de tours. La rivière elle-même, devenue une ligne défensive par son lit naturel, avait reçu de nouvelles proportions de largeur et de profondeur ; et, un peu avant sa sortie au lieu nommé l'Arche, elle faisait mouvoir le moulin du roi. Une vue de Doullens de 1676 signée : Joh. Peeters, nous laisse aussi distinguer un moulin à vent sur le bastion de Menchon.

Telles étaient donc dans les derniers temps de la monarchie les fortifications de Doullens, suffisantes à la défense de la ville contre un coup de main, mais trop faibles pour la protéger efficacement contre un siége en règle et surtout contre le canon. « En 1754, le comte de
» Muy, lieutenant-général au service du roi de France, reçut de Louis XV des instructions
» spéciales pour visiter nos places fortes de Flandre, du Hainaut et de l'Artois. Ayant fait
» de cette tournée d'inspection l'objet d'un volumineux mémoire qu'il adressa au duc de
» Choiseul, l'intérêt qu'il sut répandre dans ses descriptions engagea le premier ministre
» à le faire déposer parmi les manuscrits de la bibliothèque royale, où il se trouve sous le
» nom de *Mémoires sur la Flandre, par le comte de Muy*, et portant le n° 223 supplé-
» mentaire. On y lit, page 209, ce qui suit :

» La ville de Doullens est située entre trois hauteurs, à la rive droite de l'Authie, qui
» sépare la Picardie de l'Artois, et à deux lieues et demie de sa source. La rivière de la
» Grouche la traverse et vient s'y réunir à l'Authie.

» Une simple muraille crénelée, avec quelques rideaux et un fossé qui était plein d'eau,
» mais qui est encombré, de six pieds de hauteur, formait son enceinte. Trois demi-lunes
» couvrent les trois portes d'Amiens, de Saint-Ladre et de Lucheux, par lesquelles on
» arrive de France, de Saint-Pol et d'Arras. Il y a une quatrième demi-lune sur le front,
» qui est entre les deux premières. Ces quatre demi-lunes ne sont pas revêtues : les che-
» mins couverts sont effacés, le tout est dominé, et ne tire de défense que de la citadelle. »

Nous avons été assez heureux pour rencontrer (2) un état estimatif des frais de réparations et d'entretien qui incombaient à la charge de la ville par année commune, au commencement du siècle dernier. Cet état qui renferme des détails intéressants, mérite d'être rapporté. Il est de 1713. (3).

---

(1) Depuis un siècle et demi cet hôtel avait passé à la maison de Monceaux-Hodenc, apporté par Jeanne de Villiers-l'Isle-d'Adam, dame de Belloy-sur-Somme et de Candas, puis il devint la propriété du sieur Moreau, maieur en 1616.

(2) Nous devons cette rencontre à l'obligeance de M. Pouy, commissaire-priseur à Amiens.

(3) « Mémoire des réparations et entretennements
» ordinaires de ladite ville, sans les fortifications dont
» le roy est chargé ; sçavoir l'enceinte des murailles,

Les victoires de Louis XIV ayant reculé les limites de nos frontières, Doullens avait perdu toute importance comme place de guerre. Ses murailles, dans lesquelles on avait ménagé de distance en distance des créneaux pour découvrir la campagne, furent abandonnées sans surveillance ni entretien, et peu à peu laissèrent apparaître de grandes brèches qui donnaient à la ville un aspect négligé et misérable. Les fossés, qu'on ne curait plus, se remplirent de roseaux, de joncs et surtout de vase, ce qui contribua à leur rétrécissement. Il fut alors décidé que ces fossés seraient comblés, que les ouvrages avancés, tels que cavaliers et demi-lunes, seraient aplanis, et que les murailles seraient vendues en détail pour être démolies. Ce fut en 1812 qu'on commença cette démolition ; les particuliers qui s'étaient rendus adjudicataires de quelque pan de muraille enlevèrent ces ruines, vieux témoins d'événements glorieux et portant peut-être de nobles stigmates. Enfin, des promenades successivement plantées remplacèrent murs, bastions, tours et corps-de-garde (1). Félicitons-nous de cet état de choses ; Doullens y a perdu, il est vrai, le personnel d'un état militaire, c'est-à-dire un gouverneur, un lieutenant de roi, un major, un aide-major et un capitaine d'invalides ; plus, divers officiers d'artillerie : un lieutenant provincial, un commissaire, un ingénieur du roi, un garde et deux commissaires de guerre ; mais en compensation, il a une plus large place au soleil, et au lieu de canons sur ses remparts, de l'air, du gazon, du feuillage.

Une charge, pourtant, continua longtemps encore de peser sur les habitants, ce fut celle

» les trois portes simples, chacune ayant un pont sur
» le premier fossé, et un corps de garde, tant en haut
» qu'en bas, plus trois autres corps de garde sur les
» entrées et issues des rivières, faisaint en tout, com-
» pris celuy de l'Hostel-de-Ville, dix corps de garde,
» les cinq ponts dans la ville et trois des remparts
» sur lesdites rivières, ensemble l'Hostel-de-Ville et
» magazins de Menchon et du Biez, et les glands ou
» escluses des Fosséz,

» Dépense annuelle par estimation.
» 1° Au masson entrepreneur, sans les matériaux
» et les accidents imprévues, cy. . . 150 livres.
« 2° Au couvreur entrepreneur. . . 100
» 3° Pour les matériaux de pierres,
» briques, thuilles, ardoises, lattes,
» sangles, cloux, etc. 150
» 4° Aux charpentiers, sans les bois. 180
» 5° Pour les bois. 100
» 6° Aux pailloteurs, plaqueurs et
» manœuvres 100
» 7° Au serrurier. 60
» 8° Au vitrier et plombier. . . . 30
» 9° Au menuisier 40
» 10° Au mercier pour menues parties
imprévues. , ... 50

» 11° Pour le bois, tourbe, huille,
» chandelles et menues nécessitez des
» corps de garde et de l'Hostel-de-Ville,
» cy. . . . . 300 livres.
» 12° Pour le guet entretenu de nuit,
» même en paix, cy. 150
» Et en cas de bruit de guerre, aussi
» durant le jour, autre cy 150
» Somme, 1450 livres.

Plus tard il n'y eut plus dans la ville que six corps-de-garde entretenus par le roi et un septième à la charge de la commune. Ceux que le roi entretenait étaient à la porte d'Amiens, un pour 12 hommes et un vis-à-vis pour l'officier ; à la porte d'Arras, deux dans les mêmes conditions et un à l'avancée de ladite porte, pour 10 hommes ; un à la porte Saint-Ladre sur la voûte, également pour 10 hommes ; le second fut démoli et on en vendit les matériaux par ordre du ministre du 20 juin 1776. Celui à la charge de la ville, et pour 15 hommes, était au rez-de-chaussée de l'Hôtel-de-Ville.

(1) Les habitants de Doullens regrettèrent cependant les belles et ombreuses allées des Soupirs, des Conférences et des Conclusions, qu'on fit disparaître.

du logement des gens de guerre ; et comme elle se représentait fréquemment, elle souleva plus d'une fois les plaintes de la population. La ville eut d'abord des écuries pour les chevaux du roi, le long d'une partie du rempart Saint-Michel, à proximité du *jardin des Arbalétriers ;* mais le feu les ayant détruites vers l'année 1759, et l'imprévoyance ayant fait abattre celles de l'hôtel-de-ville, il fallut en construire de nouvelles, qui existent encore. Elles consistent en deux grands bâtiments en charpente, situés sur l'ancienne place dite des *Marteaux,* formant l'équerre, et dont la principale porte s'ouvre sur la rue du *Chevet de Saint-Pierre.*

L'usage des fontaines publiques à Doullens ne date que de quelques années ; auparavant les rues étaient encore hérissées, de distance en distance, de puits saillants, sans régularité ni uniformité. On trouve dans les titres le *Puich*, ou le puits salé, cité en 1435, devenu plus tard le puits des Marmousets, et comblé par le nivellement de l'esplanade en 1672 ; et, parmi plusieurs autres, celui de la rue du Bourg. La structure de ce dernier était assez singulière ; on lisait sur la corniche en fer les noms des maieur et échevins de la ville en 1640 (1). Peut-être cette corniche venait-elle du puits des Marmousets qui avait été supprimé ; car ce nom rappelle que le sceau du maieur et des échevins s'appelait aussi sceau des Marmousets.

Sur la place Notre-Dame (ou de la Liberté), s'éleva longtemps un vieux témoin des âges passés. C'était la *Croix Salomon* (2), qui fut remplacée par un tilleul planté avant la révolution. En 1825, cet arbre existait encore, et un poète de l'endroit, le prenant pour un ancien arbre de liberté, réclama sa disparition en ces termes :

> Symbole extravagant d'une folle licence,
> N'attriste plus nos yeux par ta longue présence :
> Dérobe enfin, dérobe aux regards des passants,
> Ce tronc tout dépouillé, ces rameaux languissants,
> Indice trop certain de ta triste agonie ;
> Assez longtemps ton règne affligea la patrie.
> Que la hache à l'instant, répondant à tes vœux,
> Abrége de tes jours le destin douloureux.

Le poète se trompait ; c'était un arbre de famille, et il n'avait pas d'autre nom. Planté depuis un demi-siècle, à l'occasion de la naissance d'un fils encore vivant, il était un simple et touchant symbole de tendresse. Tous les ans, au mois de mai, les jeunes garçons et les jeunes filles y venaient suspendre leurs naïves couronnes. Ses rameaux innocents n'avaient

---

(1) « François Boitel, maieur ; Pierre Daitz, lieute-
» nant, Ant.-Jean Gigault, Isaac Pingrel, échevins,
» 1640. » Depuis 1840, cette corniche est placée sur un autre puits dans la cour de la Mairie.

(2) Une charte de 1312 parle aussi d'une terre de la croix Salomon, appartenant à Jean de la Porte.

amais ombragé que des plaisirs purs ; et, quand revenait la Fête-Dieu, il prêtait son appui au blanc reposoir de la rue.

Depuis plus d'un demi-siècle, Doullens jouit de l'avantage d'avoir ses nuits éclairées par des réverbères qui se défient trop peu de l'inconstant secours de la lune. Mais il faut savoir patienter, tout vient à point à qui sait attendre : témoin ce télégraphe électrique qui, pour s'être fait désirer, n'en est pas moins l'une des plus précieuses innovations dont la ville ait été dotée dans ces derniers temps.

CHAPITRE II.

§. I.

Origine et étymologie de Doullens. — Opinions diverses.

La première question que doit aborder tout historien consciencieux d'une ville, comme d'une province, c'est la question de son origine. Tel est le caractère de l'homme, qu'il semble vouloir trouver un dédommagement à la brièveté de sa vie, comme individu, dans l'ancienneté de sa famille, ou dans la date reculée du pays auquel il appartient. Nous prétendons tous descendre de loin, et nous savons toujours gré à qui essaie de démontrer le bien-fondé de nos prétentions.

Encore faut-il pour que l'ancienneté constitue un mérite, qu'elle soit appuyée sur la vérité de l'histoire ; et, nous devons le reconnaitre, le passé est une région souvent obscure et difficile à explorer. Les vestiges qu'on y recherche sont effacés par les pas des générations successives, ou cachés sous la poussière des ruines amoncelées par le travail des siècles. Cette vérité se trouve particulièrement constatée dès la première page de tous les essais d'histoire de la Picardie et du Ponthieu. Sans nous en prendre, avec un ancien auteur, au destin des grandes choses, dont le temps se plait à nous voiler les commencements, nous dirons que la cause en a été surtout dans les modifications subies par les peuples de ce pays, dont les changements successifs de demeures, de gouvernements, et même de noms, déroutent les plus minutieuses investigations de l'historien. Il y a plus, l'étymologie qui est d'un si grand secours pour faire la lumière dans ce qu'on est convenu d'appeler la nuit des temps, n'est parfois elle-même qu'une obscurité ajoutée à tant d'autres. En voici des preuves au début de notre travail.

Le mot *Authie,* nom de la rivière qui longe le Ponthieu jusqu'à la mer et passe à Doullens, donna lieu à divers sentiments. M. Labourt prétend qu'il faut y voir moins un nom propre qu'un mot indicatif d'agglomérations primitivement formées par des pêcheurs aux bords de quelques grands amas d'eau, et veut qu'*Atis, Athis, Athie ou Authie* soient des mots synonymes, d'origine celtique, traduites en latin par : *Atteia, Attegia etc.* Dans cette hypothèse nous trouverions sans peine la raison du nom *Atteiola, Authieule*, village traversé par la rivière d'Authie (1).

Mais c'est sur l'étymologie du nom de Doullens que les opinions les plus divergentes et les plus inconciliables ont été émises. Il n'est point, peut-être, de ville en France dont la dénomination ait été plus diversement modifiée. Selon certains auteurs, ce nom proviendrait des deux mots celtiques : *Dorr*, coupure, et *Lliant* ou *Liens*, rivière, parce que la rivière d'Authie se coupant, se bifurquant à l'endroit où est situé Doullens, formait autrefois deux îles (2). Cette opinion repose sur des bases trop fragiles.

Dans les auteurs latins cette ville est appelée par Flodoart, Sigeber, Meyer, etc. : *Donincum, Donencum, Donengum, Durelinum, Dulengum, Durlensum et Durlendum.* Cette diversité étrange de noms n'a pas empêché Adrien de Valois d'en faire dériver Doullens, par le changement des lettres qui semblent, à première vue, présenter un obstacle insurmontable ; mais ce procédé n'a d'autre mérite que d'être ingénieux (3).

Ceux qui prétendent que le mot Doullens est composé de *dulce alendium*, douce nourriture, parce que, suivant eux, la situation de cette ville au milieu des prairies, des rivières, des bois et des vignes, mettait les habitants à même de passer doucement la vie, ne nous paraissent pas plus heureux ; et, comme ils n'ont d'autre autorité que celle de leur propre parole, nous nous permettons de n'être pas ici de leur avis (4). Citons cependant le cartulaire rouge de la ville : « Et pour sçavoir d'où vient ce nom de Doullens, il
» lui a esté proprement imposé pour ce que la dicte ville est scituée sur deux rivières lune
» desquelles est Authie estant de renom et lautre est de Luchuel, environnée de belles
» praieries et par de bonnes et fructueuses terres labourables et sy avoit à lenviron et
» prochain de belles vingnes et des bois à plantes qui sont toutes choses à la nourriture
» tant des hommes que des bestes, et pour ce se dict en latin *Dullendium, quasi dulce*
» *alendium* qui est à dire doulce nourriture. »

D'après certains mémoires, Doullens devrait son nom à la langue romane, et proviendrait de *Val-Dolens*, vallée de douleurs, parce que c'était autrefois un passage dangereux où les voyageurs qui se rendaient en Flandre, et les Amiénois qui faisaient avec Thérouanne un commerce considérable, étaient souvent arrêtés, dévalisés, et même massacrés par des

---

(1) Labourt. *Essai sur l'origine des villes de Picardie.*

(2) Bullet. *Description étymologique des Gaules.* Verb. Doullens.

(3) *Notitia Galliarum.* P. 75.

(4) *Notice historique placée en tête du Cartulaire rouge de Doullens. — Arch. de la ville.* — Daire. *Hist. du Doyenné de Doullens.*

brigands cachés dans les bois qui couvraient alors le pays (1). Les auteurs qui soutiennent ce sentiment auraient plus de droits à notre reconnaissance, s'ils nous eussent dit le nom que portait Doullens avant les malheurs qui, selon eux, lui valurent cette dénomination.

Le préambule du cartulaire rouge contient dans ce sens des détails tout à fait romanesques ; nous croyons cependant qu'on les lira avec intérêt : « Et fust l'imposition dudit
» nom faicte long tems avant que Julius Cœsar estant en la Gaule Belgique eust destruict
» et ruiné la ville de Abladène à présent nommée Amiens quy fust XLIII ans devant la
» nativité de Jhesus-Christ, et auparavant se nommoit Dollent ou Val Dolent, parce que
» cestoit un passage dangereux d'aller desd. villes de France à Morine dicte depuis The-
» rouenne, estant pour lors ville de grand renom et aultres villes du païs de Flandre, et
» se tenoit aud. Doullens ung geant qui tyrannisoit et commettoit de grandes cruaultez
» sur les passantz par ledit lieu et prenoit de grandz tributs sur eulx qui leur faisoit
» promptement payer ou bien leur faisoit promettre de rappasser et luy paier ce qu'il
» convenoit avec eulx.

» Et autour sont les vestiges des anciens bastiments du chasteau dudit geant et ung
» bois qui s'appeloit le bois de Braistel à présent ruyné, lequel bois estoit lez et touchant
» ladicte ville de Dollent et se nommoit antérieurement le bois de Lideffois, *quasi a fide*
» *ligando.* »

Ces fables imaginées par un historien ignorant du XVIe siècle, dit M. Dusevel, ne méritent pas une plus longue attention. Nous le voulons bien ; peut-être pourrait-on cependant y retrouver le souvenir d'un fait certain, d'une vérité historique. On sait, en effet, que depuis le règne de Charles-le-Chauve jusqu'à celui de Louis-le-Gros, beaucoup d'aventuriers commettaient des vols à main armée sur les grands chemins, et dressaient des embûches aux voyageurs pour les dépouiller. Leur piége ordinaire consistait à se tenir sur les routes avec tout l'attirail de la chasse aux oiseaux, et les passants qui avaient le malheur de s'en approcher sans méfiance, les prenant pour des chasseurs, étaient obligés de se laisser détrousser, ou de se voir égorgés en cas de résistance.

Enfin, postérieurement à ces différents essais étymologiques, M. Labourt voulut tenter de soulever le voile qui couvre l'origine du nom de Doullens. S'appuyant sur la charte de fondation de la célèbre abbaye de Corbie par Clotaire III, en date de 662, dont nous parlerons plus tard, aussi bien que sur la traduction qu'en donne D. Grenier, il prétend que les mots : *Dominicus-Lacus*, exprimés dans ce diplôme, s'appliquent à Doullens, qui aurait ainsi pris son nom du lac domanial sur lequel il a été bâti. Le mot : *Donincum* ne serait donc qu'un abrégé de *Dominicum-Lacum* ; et à force de modifications successives, il serait devenu *Dulingum, Dullendum, Dullendium*, d'où les noms français : *Dollens* et *Dorlens*, au moyen-âge, et plus tard, *Dourlens* et *Doullens* (2).

(1) Roquefort. *Gloss. de la langue romaine.* — (2) Labourt. *Loc. cit.*
Description hist. du dépt. de la Somme.

Les recherches savantes et pleines d'intérêt auxquelles M. Labourt s'est livré sur ce sujet sont certainement dignes d'attention ; et si le résultat obtenu par lui ne tranche pas encore la question, nous croyons du moins qu'il n'est pas permis à l'histoire de Doullens de n'en tenir aucun compte.

Après tant et de si curieux essais sur l'origine de cette ville, le nôtre ne saurait être qu'inutile. C'est pourquoi, à défaut de documents qui nous permettent de dire ce qu'elle a été dans son principe, nous nous contenterons de jeter un coup d'œil rapide sur le pays auquel elle appartient et d'indiquer les différentes phases qu'il a subies dans le passé, jusqu'à ce que Doullens nous apparaisse et que nous puissions constater son existence pour suivre, à travers les siècles, les vicissitudes de sa destinée et les divers traits de sa physionomie historique.

§. II.

ÉPOQUE GAULOISE.

Monuments gaulois. — Dolmen de la forêt de Lucheux, — du buisson le Haravesne, — de Béalcourt.

C'est après les grandes migrations des peuples, bien avant Jésus-Christ, que la Gaule nous apparait dans une situation plus dessinée et assez régulière. Le caractère dominant de ses populations est un état de haine perpétuelle entre les races, les sociétés et les familles ; aussi la guerre parait être leur état normal, mais guerre pleine de férocité, guerre sans pitié ni pardon, dont les lois se résument dans ce mot terrible : Malheur aux vaincus ! *(væ victis !)* Leur organisation domestique et sociale a son unique expression dans la *chose publique*. C'est l'absorption complète de la vie privée, et même de toute la famille par ce que nous osons à peine appeler la patrie, qui n'est elle-même que l'accaparement absolu, la possession exclusive de tous les droits et de tous les biens au profit de quelques hommes. Leur religion, c'est le *druidisme*, sorte de panthéisme dont les principaux dogmes sont l'éternité de la matière et de l'esprit, et la transmigration des âmes. L'habitude de voir les astres du jour et de la nuit se perdre dans les épaisses forêts et en sortir, leur fait croire que celles-ci sont les sanctuaires de la Divinité, et forme dans leur esprit une espèce de consécration de ces lieux. Laissant soupçonner des emprunts faits à la vraie source, ils sont si persuadés que le Grand-Etre ne peut être renfermé dans aucune enceinte, ni représenté sous aucune forme, qu'ils n'ont ni temples ni statues. Il faut aux prêtres druides les forêts pour sanctuaires, de vastes *tumulus* et des *dolmens* pour autels ; le chêne est leur arbre sacré ; le *gui* leur symbole et leur panacée.

Or, l'état géographique et la physionomie territoriale de la province que nous habitons se prêtaient merveilleusement au culte du *druidisme* : de vastes forêts couvraient en grande partie le sol, et offraient un asile favorable aux mystères de la religion qu'il était interdit d'écrire. C'est du sein de ces retraites profondes et silencieuses que les prêtres de *Teutatès* et *d'Esus* rendaient leurs oracles, auxquels les mugissements du vent, la grande voix des tempêtes et les lointains échos de la foudre semblaient parfois donner une solennelle consécration. Malgré le peu d'attrait que nous offrent les recherches étymologiques à raison du vaste champ que ce genre d'étude ouvre aux conjectures, et partant à l'erreur, nous sourions volontiers à l'opinion assez plausible de ceux qui, faisant dériver Lucheux, *Lucetum*, village près de Doullens, de *Lucus*, bois sacré, croient que la vaste forêt qui touche à ce village a été autrefois une sombre retraite du druidisme. Quoiqu'il en soit, il faut admettre que les environs de Doullens conservent des témoignages de l'habitation des anciens Gaulois, et que les bois voisins abritaient naguère encore les vestiges de leurs autels grossiers.

Dans la grande et belle forêt de Lucheux gisent trois grès d'une assez forte dimension, en partie cachés sous des touffes de coudrier. Plusieurs ont cru y reconnaître les ruines d'un ancien monument druidique, c'est-à-dire d'un dolmen, soit par l'inclinaison vers le nord de la pierre superposée qui aurait servi de table à cet autel mystérieux, soit à cause d'une espèce de trou presque bouché par lequel se serait écoulé le sang des victimes. Du reste, aucun caractère particulier n'offre un indice clairement révélateur. M. E. Dusevel y a vu un dolmen, et cependant depuis qu'il l'a signalé à l'attention des savants, l'oubli et l'abandon n'ont pas moins continué à s'y attacher avec la même indifférence que la mousse qui le défigure (1).

Laissons parler maintenant l'*Emancipateur du Nord*, du mois de septembre 1851 : « On » mande d'Avesne : On vient de découvrir au milieu d'un buisson nommé le *Haravesne*, » situé auprès de la forêt de Lucheux, un monument druidique..... La pierre principale » sur laquelle les Gaulois immolaient des victimes à leur dieu Teutatès, a 2^m 37 de » longueur ; 1^m 45 de largeur et 0^m 53 d'épaisseur du côté où on plaçait la tête de la » victime ; 0^m 42, du côté des pieds ; le trou destiné à recevoir le sang à 0^m 22 de profon- » deur et 18 centimètres en superficie..... On a aussi découvert dans le même endroit » plusieurs grosses pierres, ce qui prouve évidemment qu'il a existé là autrefois un » sanctuaire druidique ; car on sait que les Gaulois n'avaient point de temples, mais des » sanctuaires au milieu des forêts, sans autre abri que le feuillage des chênes. Et ces » monuments étaient tous composés de pierres brutes d'une énorme dimension. » M. Labourt a longuement disserté, tant sur ce prétendu monument druidique que sur le mot : *Haravesne* (2).

(1) E. Dusevel. *Mémoire sur les anciens monuments de l'arrondt. de Doullens.* — M. Labourt fait dériver Lucheux de *Luch*, ou *Lux* (lumière), et de *eu* ou *eau thermale*, double objet du culte des druides.

(2) *Lettres archéologiques sur le château de Lucheux, adressées à M. le duc de Luynes*, 1854.

Indiquons enfin, d'après M. Dusevel, le dolmen de Béalcourt qui mesure environ six pieds de longueur, sans dessins ni sculptures, et concluons que le tableau que nous venons de tracer, comme en courant, des anciens Gaulois, nous représente, d'après tous les historiens, les traits principaux de la physionomie sociale, domestique, politique et religieuse des peuples qui habitaient, dans ces temps reculés, cette partie de la Picardie où est situé Doullens, quoiqu'il ne soit nullement dans notre pensée d'affirmer son existence alors, ni comme *oppide*, ni comme *bourgade* (1). Et pour préciser, nous dirons, suivant les mêmes témoignages, que les *Ambiani*, dont la capitale était Amiens, se trouvant séparés des *Morini* par la vallée d'Authie, appartenaient à la subdivision de la Gaule Belgique connue plus tard sous le nom de *Belgium*, et que Doullens, son existence étant donnée, devait être compris dans cette désignation territoriale.

§. III.

ÉPOQUE GALLO-ROMAINE.

Monuments romains. — Voies. — Égout. — Médailles. — Opinions diverses.

A Rome, trois hommes s'étaient partagé l'empire, Pompée, César, Crassus; et cet empire quoique immense était déjà trop restreint pour ces trois maîtres. César comprit qu'il fallait s'éloigner de cette Rome livrée à l'anarchie, y laisser s'user les hommes médiocres, et s'en aller préparer sa destinée ailleurs, dans la Gaule. Il s'en fit donc donner le gouvernement. Aussi habile que courageux, il commence par asservir une partie des peuples galliques sous forme de protectorat, puis, levant le masque, il porte ses armes victorieuses vers le Nord.

En vain toutes les tribus belges se liguent et forment une armée redoutable, César s'avance dans leur pays encore tout sauvage ; et, s'ouvrant un chemin à travers les forêts et les marécages, il détruit en peu de temps ces peuples indigènes. Les Morins, à leur tour, prennent les armes et éprouvent le même sort ; puis le vainqueur comprend que son œuvre n'est pas complète : il lui reste à assouplir le caractère fougueux de ces barbares. Sa politique intelligente se garde bien d'abolir leur culte ; elle place, au contraire, sur les mêmes autels, les images de leurs divinités et celles des divinités de Rome. Cette habileté devait multiplier les fruits de la victoire. Aussi l'heureux maître parvint à se faire aimer ;

---

(1) *D'après D. Grenier*, le terme *en nuit*, encore usité en Picardie, pour dire aujourd'hui, serait un reste de l'usage qu'avaient les anciens Belges de compter par nuits et non par jours, tant il est vrai que nos Picards furent Belges dans l'origine : *Quos hodie Picardos nostra ætas appellat, vere Belge dicondi sunt qui postmodum in Picardorum nomen transmigraverunt. — Cenalis, Descript. Gall. period.* 15.

les vaincus, admirateurs de sa gloire, grossirent ses armées, et on vit les tribus auxquelles appartenaient nos pères lui fournir son infanterie pesante (1). Ses successeurs achevèrent son ouvrage, anéantirent ce qu'il avait conservé, refirent la carte du pays conquis, en modifiant les anciennes circonscriptions territoriales : *provinciæ quoque in frusta concisæ* (2), et ce fut par suite de ces morcellements que les *Bellovaces*, les *Amiénois*, les *Atrébates*, formèrent le *Belgium*.

Puis encore de mauvais jours se levèrent sur ces peuples. La présence des légions romaines, la rapacité des gouverneurs, les impôts exorbitants, et surtout les troubles éclos sous le feu de l'ambition des chefs, y amenèrent la désertion. L'Amiénois eut sa grande part dans ces malheurs, et il se trouva réduit, à la fin du III° siècle de l'ère chrétienne, à une telle extrémité que l'empereur Constance-Chlore le voyant dégarni d'habitants, y fit passer des colons étrangers (3). Au milieu de toutes ces souffrances des vaincus, les Romains continuèrent d'écrire leur histoire sur le sol en caractères permanents par l'établissement de camps ou stations, par ces grandes voies militaires qui, allant d'un bout de la Gaule à l'autre, *à perte de vue par les champs*, comme dit Bergier, se réunissaient à Lyon, pour de là converger, avec les autres chemins de l'empire, vers le fameux milliaire d'or à Rome, centre du monde ; enfin par ces tumulus (4) ou monuments funèbres qui font encore aujourd'hui saillie sur notre sol.

L'examen d'une de ces voies militaires dont nous venons de parler, occupa M. Walckenaer, membre de l'Institut, dans sa *Géographie ancienne, historique et comparée des Gaules cisalpine et transalpine, etc.*, et l'induisit à affirmer l'existence de Doullens du temps des Romains, sous le nom de *Duroicoregum*.

Deux chaussées reliaient Amiens et Boulogne sous ces anciens dominateurs des Gaules ; l'une se dirigeant dans l'intérieur des terres et à travers les bois par *Thièvres (Teucera)*, où elle franchissait l'Authie, passait à *Arras*, à *Thérouanne*, et arrivait à Boulogne ; l'autre avait sa direction vers les côtes de l'Océan.

Or, c'est cette dernière qui a donné lieu à des opinions contradictoires. En voici le tracé d'après l'itinéraire d'Antonin :

AMBIANIS, Amiens ;
PONTIBUS, Ponches (sur l'Authie) ;
GESORIACO, Boulogne.

---

(1) Th. Lavallée. *Hist. des Français.*
(2) Lactant. *De mortibus peccatorum.*
(3) Eumenius. *Panegyr. in Constant.*
(4) D. Grenier croit que ces tombes ou tombelles dont il reste un exemple entre Bernaville et Beaumetz, deux villages de l'arrond¹. de Doullens, étaient les hauts-lieux ou autels des Gaulois, tout en reconnaissant, avec Virgile, que telle aussi était la forme des tombeaux élevés aux chefs guerriers :

Ergo instauramus Polydoro funus, et ingens
Aggeritur tumulo tellus..... (ENÉID. Lib. III. V. 63.)

et avec Procope, p. 647, que les Gaulois avaient bien ce mode de sépulture : *Plurimi visuntur hic mortuorum illorum tumuli, terrâ aggestâ editi.*

La table théodosienne citée par Danville, prenant au contraire Boulogne pour point de départ, indique des stations plus nombreuses :

Gesoriaco ;
Luthomagi ;
Ad Lullia ;
Duroicoregum ;
Ad Samarobrivam.

Malgré ces différences relatives aux stations, Danville, Cuvier, Hornius, de Valois, D. Bouquet et D. Grenier avaient reconnu que ces deux routes n'en formaient qu'une, et ils n'étaient en désaccord que sur le mot *Duroicoregum* (1), *Douriez*, selon Danville, *Domqueur*, d'après D. Grenier, qui déclare avoir vérifié les lieux en personne. Mais voici que M. Walckenaer vient s'inscrire en faux contre les opinions reçues. Il voit dans l'itinéraire d'Antonin un tracé exact de la voie d'Amiens à Boulogne, tandis que celui de la table théodosienne lui paraît erroné ; et il reproche à Danville de s'être laissé tromper par une mauvaise édition de cette table. En conséquence, prétendant rétablir les mesures et les positions, il fait aboutir, non pas à Boulogne, mais à Cassel, cette dernière voie, par les stations intermédiaires :

Samarobriva, Amiens ;
Duroicoregum, Doullens ;
Au Lullia, Saint-Pol ;
Littomagus, Nédonchelles ;
Castello-Menapiorum, Cassel.

Voilà donc une nouvelle autorité en faveur de l'existence de Doullens sous les Romains, et nous croyons sans peine que M. Walckenaer a dû céder à une puissante conviction pour contredire ainsi l'opinion générale. Il avait, certes, à prendre souci de son nom, de sa qualité de membre de l'Institut, et de la confiance que devait lui conquérir le mérite incontestable de son ouvrage plein de science. Toutefois, M. Labourt qui voyait s'écrouler, par le seul fait de l'admission de l'opinion nouvelle, tout le laborieux échafaudage de déductions étymologiques sur lequel il avait établi l'origine de Doullens à une époque de beaucoup postérieure aux Romains, prit chaudement la défense de l'ancien système, abrita de nouveau Danville sous le patronage de la majorité des auteurs ; et, prenant à partie M. Walckenaer, il essaya de lui démontrer qu'il ne faisait aboutir le tracé de la table théodosienne à Cassel plutôt qu'à Boulogne, que pour le besoin de sa cause, c'est-à-dire pour maintenir et justifier la traduction donnée des stations intermédiaires. Puis,

---

(1) Adrien de La Morlière, dans ses *Antiquités de la ville d'Amiens*, etc., p. 441, dit aussi que Sanson semble vouloir désigner St.-Riquier sous le nom de *Duroicorègne*, dans sa carte de l'ancienne Gaule.

M. Labourt affirme qu'aucune chaussée romaine ne passait à Doullens, qui n'aurait jamais été, conséquemment, le *Duroicoregum* dont il s'agit.

Mais voici que pour établir son sentiment, il commet à son tour la faute qu'il vient de reprocher à M. Walckenaer, c'est-à-dire que, négligeant l'autorité des auteurs dont il a excipé tout à l'heure contre son contradicteur, il veut que la confiance ne s'attache qu'à sa seule opinion. Pourtant, Amiens et Thérouanne ayant été, sous les Romains, deux villes capitales (des *Ambiani* et des *Morini*), il faut bien admettre que la chaussée qui les reliait, soit pour les échanges de relations commerciales, soit pour les transports de troupes ou de munitions, devait passer non loin de Doullens, pour peu que le tracé en eût été direct. Oui, dit M. Labourt, elle franchissait l'Authie à Rouval, et non à Doullens qui n'existait pas, et venait d'Amiens par Saint-Maurice, Longpré, Poulainville, Bertangles, Talmas, Vicogne, Beauval, Bagneux, Gézaincourt et Bretel, c'est-à-dire, en suivant le fond des ravins qui se communiquaient pour l'écoulement des eaux pluviales.

Il est juste de reconnaître dans les prétendues preuves apportées à l'appui de cette opinion un travail ingénieux et un rare mérite de patience. Il y a surtout des essais étymologiques remarquables, grâce aux complaisances extrêmes prêtées à la langue celtique. Disons pourtant que M. Labourt rencontre la probabilité, lorsqu'à la suite de Malbrancq, de D. Grenier et même de M. Walckenaer, il fait passer à Bagneux une chaussée romaine venant d'Amiens, à travers l'ancienne forêt de Vicogne, avec le titre de *Via publica* que lui donne la charte de la fondation de Corbie de 662. Bagneux, *lieu destiné à des bains*, dit D. Grenier, a dû être un point stratégique, une station de quelque importance ; mais en dehors de cette probabilité acquise par le concert des historiens, et comme déduction de données certaines, nous devons reconnaître que l'existence de Doullens sous les Romains n'est pas encore établie.

Ce n'est pas tout, il est vrai, et voici venir le P. Daire qui nous apprend, sur la foi d'un ancien manuscrit que, du temps de Jules César, un maître enseignait la nécromancie à Doullens. S'il fallait absolument admettre un reste de vérité dans ce rapport, nous dirions que ce soi-disant maître nécromancien n'était probablement qu'un druide initiant ses disciples aux mystères de son culte ; mais comme le P. Daire n'indique à ce manuscrit ni titre, ni date, ni nom d'auteur, nous passons de suite à la *Notice historique sur Doullens*, dans laquelle M. Binet fait dater d'Agrippa le château de cette ville :

« L'origine du premier château de Doullens, dit-il, remonte aux siècles les plus reculés.
» Les amateurs de la haute antiquité prétendent qu'il avait été construit par ordre
» d'Agrippa, gendre d'Auguste, pour arrêter les incursions d'une troupe de Gésates ou
» cavaliers gaulois qui pillaient fréquemment les convois d'armes qu'on expédiait d'Amiens
» aux légions romaines campées dans l'Artois (1). » Cette prétention des *amateurs de la haute antiquité* nous paraît avoir trop de similitude avec les données fabuleuses du *Cartu-*

---

(1) *Annuaire statistique du département de la Somme*, 1827.

laire rouge de Doullens, qui font dévaliser, sous les Romains, les voyageurs allant d'Amiens à Thérouanne à travers le *Val Dolent*. Et puis, MM. Dusevel, frères se sont chargés de démontrer que les convois d'armes expédiés d'Amiens en Artois étaient dirigés, non par la chaussée passant à Thérouanne, mais par celle qui est mentionnée dans l'itinéraire d'Antonin et qui traversait l'Authie à Thièvres.

Une nouvelle confirmation vient d'être donnée tout récemment à cette opinion, par la découverte qu'on a faite à Marieux, près de Thièvres, d'un certain nombre d'objets romains. Des fouilles pratiquées dans un tout autre but, ont mis au jour des armes qui ont évidemment appartenu aux anciens dominateurs des Gaules, et jusqu'à des squelettes de soldats romains encore tout armés. Or, on sait que ce peuple avait l'usage d'enterrer ses guerriers morts à peu de distance des voies publiques. C'est donc avec raison qu'on traduit par *Thièvres* le *Teucera* de l'itinéraire d'Antonin, et nous croyons que c'est cette voie militaire qui a donné le nom de *Pas* au village voisin.

Il n'est pas pourtant que M. E. Dusevel se refuse à admettre pour Doullens, sa patrie, une date reculée. Selon lui, au contraire, la domination des vainqueurs des Gaules serait attestée dans cette ville par le *Merdinchon*, égout servant à la décharge des immondices et des eaux pluviales dans la rivière d'Authie, et par la découverte de médailles de Constantin-le-Grand, de Gordien-le-Pie, de Gallien, de Marc-Aurèle et de Maximin Ier, trouvées successivement dans des travaux de nivellement ou de démolitions auprès de la citadelle. Citons ses paroles : « Sous la place de Doullens est un ouvrage romain que l'on prétend
» avoir été, du temps des empereurs, un aqueduc... Ayant eu occasion de le voir à
» découvert lors de la construction du nouveau pont d'Authie, en 1825, je reconnus bien,
» à la longueur des briques, et à la forme de la maçonnerie des voûtes, qu'il était romain ;
» mais je demeurai convaincu, en même temps, qu'il n'avait point servi d'aqueduc..... et
» qu'il n'était, dans le principe, qu'un cloaque par lequel les immondices et les eaux
» pluviales de la ville étaient dirigées sur la rivière d'Authie (1). »

Et ailleurs, à propos des médailles dont nous avons parlé, il ajoute : « Les fréquentes
» découvertes de médailles romaines dans la partie du terrain occupé par l'esplanade et la
» citadelle de Doullens viennent à l'appui de la tradition populaire la plus accréditée, qui
» fait remonter l'origine de cette ville à une époque antérieure à la naissance de Jésus-
» Christ (2). »

M. Labourt ne pouvait pas manquer de dénier le caractère romain au Merdinchon : il veut que ce caractère soit accusé autrement que par des dimensions de briques qui, chez les Romains eux-mêmes, étaient essentiellement variables, et il trouve étonnant qu'on puisse inférer, à défaut d'autres preuves, de la découverte de quelques médailles romaines, autre chose que le passage ou la présence de ces anciens maitres des Gaules qui, pendant

---

(1) *Mémoire sur les anciens monuments de l'arrond^t de Doullens*, couronné en 1831 par l'Académie d'Amiens, p. 14.

(2) *Notice sur quelques médailles trouvées dans l'arrondt. de Doullens, depuis* 1831.

plus de quatre cents ans, ont occupé le pays, et répandirent partout leurs monnaies. C'est, selon lui, un fait isolé, sans valeur, et duquel il est impossible de conclure en faveur de de l'existence de Doullens à cette époque (1), Quant à la *tradition populaire accréditée* dont parle M. Dusevel, nous avouons ingénûment qu'ayant habité Doullens pendant près de quatorze ans, nous n'avons pas constaté cette tradition populaire en dehors des données du *Cartulaire rouge* que M. H. Dusevel lui-même appelle des *fables inventées par un historien ignorant.*

En présence de toutes ces divergences d'opinions sur l'origine et l'âge de cette ville, il est évident que nous cheminons dans le champ des conjectures. Nous touchons à la probabilité, peut-être ; nous inclinons même à croire que Doullens avait vie sous César, mais nous sommes loin encore de la certitude.

§. IV.

ÉPOQUE MÉROVINGIENNE. (406-662.)

Invasion barbare.— La Neustrie. — Le Ponthieu.— Diplôme de Clotaire III.— Bagneux.

Quatre siècles ont passé sur la domination romaine dans la Gaule, mais cette domination va prendre fin. Voici que commence une autre époque où, des ruines de la vieille société, surgira la nation française. L'empire des Césars s'affaisse, son organisation se détraque, la vie s'en va par tous les pores, et, pour dépecer le cadavre, des hordes sauvages vomies par la Germanie accourent, pressées comme les flots d'une mer furieuse, irrésistibles comme le vent des tempêtes. C'est une nuée de barbares qui n'ont de passion que pour la vie nomade et pour la guerre. Indépendants comme les animaux des forêts dont ils ont partagé le berceau, ils en auraient les mœurs, s'ils n'obéissaient avec dévouement au chef qu'ils se sont choisi. Leur religion est une mythologie grossière au sommet de laquelle nous apparaît Odin, divinité supérieure qui, souriant au cliquetis du glaive, s'abreuve du sang des combats. Bandes nombreuses, elles ne se répandent sur le territoire de la Gaule que pour le ravager. Leur formidable invasion s'étend jusqu'à la Somme ; tout ce qui se trouve entre l'Océan et le Rhin est dévasté, et les Atrebates, les Ambiani, les Morini vaincus prennent le chemin de l'exil : *Ambiani, Atrebates, extremique hominum Morini.... translati in Germaniam,* 406 (2).

Plusieurs années s'écoulent avant que les bandes errantes des Francs qui étaient venues

(1) On peut en dire autant de la pièce de monnaie de Victorin trouvée récemment dans les fondations d'une maison de la rue du Bourg.
(2) St.-Jérome. *Lettre* 91.

à la suite des autres barbares forment un établissement durable. Parmi eux, les Saliens se distinguent par leurs courses et leurs pillages. Ils sont les plus considérés, non-seulement à raison de leur courage, mais parce que la famille de leurs chefs, appelés Mérovingiens, passe pour la plus noble de toute la confédération. Clodion, leur roi, envoie à Cambrai des espions qui examinent tout, les suit, bat les Romains et s'empare de la ville, agrandit peu à peu la sphère de ses conquêtes et vient établir le siége de son gouvernement à Amiens (445). Toujours debout et armé, il ne veut pas s'éloigner de la Germanie dont il tire sa force. Vaincu auprès du Vieil-Hesdin par Aétius qui défend le reste des possessions romaines, il n'en continue pas moins de s'établir dans les terres qu'il a envahies au nord de la Somme (1). Mérovée lui succède (447), pour se voir obligé, six ans après, de défendre ses conquêtes contre les efforts d'Attila qui saccage, sans désemparer, Beauvais, Arras et toute la région du Nord connue jusque là sous le nom de seconde Belgique ou Belgium.

Des auteurs ont affirmé l'existence de Doullens à cette époque, et ils avancent même qu'il dut à la force de son château protecteur d'échapper au *fléau de Dieu et au marteau de l'univers*. Le défaut de preuves de cette assertion nous ferait presque regretter d'avoir interrompu notre récit analytique, si nous ne retrouvions à Amiens la trace des successeurs de Mérovée. Childéric occupe Paris, et Clovis, son fils, à peine âgé de vingt ans, attaque à son tour la Gaule, bat les romains à Soissons, les Allemands à Tolbiac, les Bourguignons, les Visigoths, vient également à Paris ; et, guidé par l'ambition de se rendre seul maître de la Gaule, tue ou fait tuer tous ses parents, petits rois de Saint-Omer, de Cambrai, etc. Il faut nécessairement se rappeler, sous peine de faire confusion, que ce nom de roi ne signifiait alors que *chef* militaire, appelé en tudesque *Graf* ou comte, « dignité héréditaire » dans quelques districts, plus ancienne même que la royauté et plus généralement » établie. »

Le petit roi de Cambrai immolé par Clovis avait nom Ragnacaire. Il possédait, dit Du Cange, la meilleure partie de la province que nous appelons Picardie, et il était si puissant qu'il allait de pair avec Clovis. Grégoire de Tours le nomme aussi un *roi des Francs*. La plupart des auteurs ont dit et répété qu'il régnait sur la contrée comprise entre la Somme et la mer ; que Alcaire, son fils, ayant recouvré un lambeau du domaine paternel, établit le siège de son gouvernement à Centule (Saint-Riquier), et que ses descendants devinrent les comtes de Ponthieu si connus. Nous croyons, au contraire, que cette page de l'histoire de la Picardie est à recommencer, qu'il faut enfin faire justice de ces fables trop longtemps accréditées et qui paraissent avoir pris naissance dans une chronique manuscrite tout-à-fait fausse de Saint-Riquier ; chronique acceptée sans contrôle par des Bénédictins, par Malbrancq, par le P. Ignace, etc. Il n'est pas rare de rencontrer des religieux biographes ou chroniqueurs qui, pour donner à leur monastère tous les

---

(1) Hincmar. *Vita Sancti Remigii*. — Sirmond. — Daniel.

genres d'illustration, ne respectent guères la vérité historique, et échafaudent, au bénéfice de leur vanité de corporation, les généalogies les plus mensongères.

Les quatre fils de Clovis se partagent son royaume ; et, parmi les choses qui disparaissent sous les morcellements nouveaux, il faut compter la nationalité des Belges et jusqu'au nom de leur pays qui se divise en royaumes d'*Austrasie et de Neustrie*. C'est dans le second que Clotaire recueille une partie de son héritage avec le titre de roi de Soissons. La Neustrie comprenait, dans la seconde Belgique, les diocèses de Soissons, de Beauvais, de Noyon, d'Arras et de Thérouanne. Toutefois, nous reconnaissons que la contrée renfermée entre la Somme et la mer paraît n'avoir été inféodée qu'imparfaitement au royaume de Clotaire. Faut-il admettre que ce territoire avait une existence à part? Nous n'oserions aller jusque là, et nous croyons que la confusion des choses vient ici de la confusion des mots. Le nom de roi, nous venons de le dire, était alors donné aux chefs militaires de différents degrés ; et, parmi ces chefs, on comptait ceux qui, établis au sein des populations maritimes, avaient mission de surveiller le littoral et de le défendre au besoin. Les Romains confièrent même plusieurs de ces grandes charges à des Francs entrés au service des empereurs. Or, la décadence de l'Empire aidant, ces ducs ou comtes de la France maritime, comme on les appelait alors : *Duces Franciæ maritimæ seu Ponticæ*, exploitèrent à leur profit la puissance dont on les avait investis, et se perpétuèrent dans leur gouvernement, au point que, dès l'année 696, le Ponthieu était déjà devenu un comté héréditaire. Les Capitulaires de Charlemagne font aussi mention de ces ducs ou comtes maritimes : *qui ad custodiendam maritimam deputati sunt*.

Parmi les premiers comtes du Ponthieu nous citerons *Aymon*, qualifié de bienheureux, qui donna à saint-Josse le domaine de *Macerias* (Mézerolle), au-dessous de Doullens. Toutefois, d'après Malbrancq, Sigefroy aurait partagé d'abord avec Aymon, puis avec Walbert, que l'Eglise a placé sur ses autels, le gouvernement du Comté. L'exercice simultané de leur autorité ne paraît pas être une difficulté pour Du Cange qui l'explique par l'opinion de ceux qui ont admis deux contrées dans le Ponthieu, l'une vers la mer, et l'autre vers Auxi-le-Château et Doullens. Sigefroy aurait occupé la seconde : *Durlendum Sigifredi sedes*. Enfin Malbrancq cite encore un Rigobert qui avait le commandement dans ce pays en 644, et dont la résidence était à Picquigny ou à Doullens.

Sans nous arrêter plus longtemps à ces assertions que nous croyons erronées parce qu'elles ont été puisées à la source mensongère dont nous avons parlé, et qui ont rencontré déjà des contradicteurs, constatons cependant que la lumière commence à se faire et à dessiner un peu mieux les objets ; que le théâtre sur lequel vont se mouvoir les événements que nous avons à raconter nous est maintenant connu ; son nom est prononcé, ses limites et sa désignation territoriale sont déjà assez distinctement accusées, on pressent que Doullens va nous apparaître.

Pendant que les Francs régularisent leur domination dans la Gaule, le christianisme qui y avait déjà jeté sa semence féconde dans le sang de ses martyrs, germe de toutes parts.

Elément puissant de civilisation et sève de la morale, il inocule à l'ancien monde une vie toute nouvelle. A peine sorti des cachots, il est déjà partout le maître. Les intérêts religieux prennent la place des intérêts politiques et même des intérêts domestiques ; de là l'institution de la vie monastique ; de là des communautés nombreuses, îles de paix sur l'Océan agité du monde, où le travail des mains alterne avec la prière et l'étude.

A l'époque dont nous parlons, les enfants de saint Benoit ont envahi toute l'Europe ; ils fondent à Corbie un monastère appelé à une brillante prospérité. Or, c'étaient bien là ces *hommes utiles* que Charlemagne devait réclamer plus tard pour le défrichement des forêts (1). Tel fut aussi l'avis de Clotaire III, qui donna à ces nouveaux religieux de Corbie une grande étendue de bois à défricher. Le diplôme royal est de l'année 662, et porte la disposition suivante : *Et villam quæ vocatur templum Martis, sitam in pago Ambianense ad integrum, cum pagenâ de silva de foreste nostra Windiconia, hoc est per loca denominata Cartinse usque in Dominico Laco, per ficca siderave, per cervorum marcasio, per Bagusta, per via publica, usque Freudehario exsarto.* Dom Grenier, natif de Corbie, et qui, pour en écrire l'histoire, dut prendre une connaissance toute particulière de cette charte, prétend reconnaitre les lieux désignés dans ce latin barbare. Ainsi il traduit *villam Martis* par village de Talmas ; *foreste Windiconia* par forêt de Vicogne, laquelle, ajoute M. Labourt, s'élargissait jusqu'à L'Etoile, et s'allongeait jusqu'au village d'Outrebois, *ultra silvam;* « *Cartinse* par Catenoy, Carnoy ou Castenoy, deux cantons dans le bois de Naours ; » *Dominico laco* par Dourlens ; *per ficca siderave* par Fieffes, l'Etoile ; *cervorum marcasio* » par Marieux ; *Bagusta* par Bagneux ; *via publica* par la voie publique, c'est-à-dire la » chaussée romaine d'Amiens à Arras ; *Freudehario exsarto* par un endroit qu'un nommé » Freudehaire avait défriché. » Tels sont, selon lui, les bouts et côtés de la forêt de Vicogne indiqués dans le diplôme de 662 (2). Doullens y est exprimé par *Dominico Laco*, ou lac domanial, ainsi nommé de son voisinage du palais de nos rois, à Orville, comme nous le dirons bientôt ; et sa conviction est telle, qu'il y revient plusieurs fois. Dans une note placée à l'article : *Doullens*, 2ᵉ liasse, 4ᵉ paquet, partie intitulée : *Topographie*, il dit : « *Doullens, Dominicus-Lacus*, ville de Picardie, sur l'Authie, dans un diplôme de Clotaire III, » portant fondation de l'abbaye de Corbie, en 662. » Ailleurs, dans son histoire de Corbie, livre I, il dit encore, en parlant de Clotaire : « Il ajouta à ces grands biens..... la forêt de » Vicogne, depuis *Castenoy* jusqu'à *Doullens*, etc. »

Le sentiment de Dom Grenier n'a, il est vrai, d'autorité que celle qui s'attache au nom de cet auteur ; mais comme nous l'avons dit plus haut, M. Labourt est venu l'appuyer sur des raisons qui lui donnent un nouvel appoint, sinon encore de certitude démonstrative, au

---

(1) *Ubicumque invenient utiles homines detur illis sylva ad extirpandum, ut nostrum servitium immelioretur* (Cap. C. M. ann 813.)

(2) *Mss.* 21ᵉ paquet, n° 2. — Vers l'année 1131, les seigneurs de Doullens et d'Orville donnèrent encore à défricher dans la même forêt de Vicogne 300 journaux de bois pour l'établissement de la ferme du Valvion.

moins de vraisemblance et de probabilité (1). Quant à *Bagneux*, que l'historien bénédictin voit dans *Bagusta*; il assure dans un autre endroit de ses œuvres que là se trouvaient des bains publics du temps des Romains (2). L'eau de la source appelée le *Pied-de-Bœuf* était-elle donc douée alors de quelque propriété médicinale? Le pensera qui voudra, nous allons y puiser, nous, des idées d'un autre ordre.

Il est avéré que ce fut lentement et péniblement que les populations du Nord subirent la transformation à laquelle coopérèrent des éléments de nature diverse. Le culte des druides s'y maintint longtemps à côté des divinités de Rome, et le christianisme n'eut pas moins à lutter en Picardie contre les traditions invétérées de la religion gauloise que contre les efforts du paganisme importé par les Romains. Aussi, Saint Eloi, en 640, se voyait-il encore obligé de défendre à son peuple le culte des pierres, des fontaines, des bois sacrés (3). Le christianisme comprit donc que, pour s'élever sur les ruines du vieux monde, il devait avant tout détrôner les fausses divinités. C'est ce qu'il fit partout, en s'emparant au profit du vrai Dieu de leurs temples, de leurs autels, de leurs lieux sacrés. Bagneux *(Balneolum, Balneola, Baigneux, Bagnolet)* dont les sources remarquables avaient dû attirer les hommages des druides, et qui avait acquis une certaine importance stratégique, fut aussi enlevé à l'ancien culte ; et, à la place des bains publics établis par les Romains, la religion nouvelle y érigea, sous le titre de *Notre-Dame*, une chapelle qui devint plus tard le siége d'un prieuré (4).

§. V.

ÉPOQUE CARLOVINGIENNE. (771-1100.)

Doullens, appartenance de la couronne. — Orville. — Invasions normandes. — Discussion sur le castrum Donincum cité par Flodoart. — Doullens pris par le comte de Vermandois, reconquis par le roi de France, fait enfin partie du Ponthieu. — Seigneurs du nom de Dourlens.

Après cinquante ans de discordes civiles entre les Neustriens et les Austrasiens, la lutte allait finir par la ruine des premiers. Ce fut dans les dernières convulsions de leur agonie que saint Léger, déchu de sa dignité de maire du palais, et victime de la persécution de ses ennemis, fut mis à mort par des sicaires, non loin de Doullens, dit la tradition du pays (5),

---

(1) Labourt. *Loc. cit.*
(2) *Introduction à l'hist. de Picardie*, ch. 50.
(3) *Nullus christianus ad fana vel ad petras, vel ad fontes, vel ad arbores aut ad cellos, vel per trivia luminaria faciat, aut vota reddere præsumat (Vita sancti Eligii, apud d'Achery, spicil.)*
(4) Daire. *Loc. cit.*
(5) Tradition que nous croyons erronée.

dans la forêt qui prit son nom. Les deux fils de Charles Martel obtiennent, l'un la Neustrie, et l'autre l'Austrasie, mais bientôt Charlemagne, héritier de l'un et de l'autre, se trouve, en 771, réunir sur sa tête toutes les couronnes de la maison de France.

Alors les anciennes dénominations disparaissent et on n'entend plus parler de *Belgique*, de *Neustrie* ni d'*Austrasie*. L'unité nationale est fondée ; les provinces sont administrées par des magistrats qu'on nomme ducs, comtes, etc., et on commence à dire : les *comtés* de *Boulogne,* de *Vermandois,* de *Ponthieu.* Puis l'édit de Piste vient porter atteinte à cette unité gouvernementale en rendant les charges et les dignités héréditaires, mais il ne confirme, pour le Ponthieu, qu'une hérédité déjà passée en fait et constatée dès l'an 696 (1).

Ce n'est pas, cependant, dans ce dernier comté que nous croyons devoir placer Doullens, malgré le sentiment contraire qui semble avoir prévalu. Sans doute, l'histoire de cette époque est remplie de difficultés et de ténèbres ; le fil conducteur nous échappe dans ce labyrinthe obscur, et on comprend que les historiens, ayant suivi des routes différentes, offrent dans leurs récits tant de diversités et de contradictions. Mais voici un rayon de lumière qui doit éclairer notre marche et nous servir de guide. Il nous vient des coutumes de la prévôté de Doullens. En effet, ces coutumes ont un caractère visiblement distinct de celles qui régissaient le Ponthieu ; il y a même plus que de la variété entre leurs principes réciproques, il y a une opposition bien marquée. Comment donc expliquer ce contraste, s'il faut admettre que Doullens ait été inféodé alors au Ponthieu? Où trouver la clef de ce défaut d'analogie entre le tout et la partie, lorsque l'on se rend bien compte de ce qu'était la coutume d'un pays, de son influence, de son empire comme principe régulateur ? Aussi, M. Bouthors qui s'est posé également cette question dans ses *Coutumes locales*, a-t-il été amené à dire qu'il faut supposer que, dans le principe, la châtellenie de Doullens a dû être plutôt une appendance qu'une appartenance du comté de Ponthieu. Nous serons plus affirmatif, et nous dirons avec M. Pont-Leroy, dans son mémoire, le plus exact de tous ceux qui composent les archives de la citadelle, que « Doullens n'a point appartenu aux » comtes de Ponthieu comme partie de leur comté, mais comme une châtellenie particu- » lière, indépendante dudit comté quant au ressort et quant aux lois coutumières. » C'était une appartenance de la couronne (2).

Ce fait ainsi rétabli, tout s'explique, et on comprend aisément que, en 662, le roi Clotaire III ait concédé aux religieux de Corbie une longue étendue de bois jusqu'à Doullens, si toutefois D. Grenier a eu raison de traduire par ce nom les mots *usque in Dominico-laco*. Ce faisant, il ne disposait que de ce qui appartenait à la couronne. On

---

(1) *Art de vérifier les dates.*

(2) M. Warmé dit dans son *Histoire de Doullens*, page 29, qu'il lui paraît évident que la châtellenie de cette ville *n'appartenait point encore aux comtes de Ponthieu* au viie siècle ; et, à la page 43, il avance que cette châtellenie était dans les premiers temps un fief *faisant partie intégrante du comté de Ponthieu*. Il est difficile de concilier ces deux passages du même auteur.

comprend aussi que plus tard le jeune roi Lothaire ait réclamé Doullens comme une partie de son domaine royal usurpée par Arnould de Flandre,

Il est vrai que S.-X. Masson, dans les *Annales Ardennoises*, page 507, dit que toutes les terres situées entre l'Escaut, la Somme et l'Océan, avaient été données à Beaudoin, premier comte de Flandre, à titre héréditaire, pour en jouir sous condition d'hommage à la couronne, et de s'opposer, comme vassal du roi de France, aux ravages des hommes du Nord. Et ce don n'était autre que l'apport matrimonial de sa femme Judith, fille de Charles-le-Chauve et veuve de deux rois des Angles d'Occident. D'après cet auteur, Arnould de Flandre aurait été héritier et non usurpateur des terres dont il est ici question et dans lesquelles il faut comprendre Doullens. Mais ce n'est plus là qu'une question de détail secondaire.

Nous avons parlé plus haut de la grande étendue de bois concédée aux religieux de Corbie par Clotaire III. Et en effet Doullens gisait au milieu de forêts que les rois de la première et de la seconde race vinrent visiter, attirés par leur nombreux gibier. Le château d'*Audriaca-villa*, *Odreïa-villa*, *Aurea-villa*, Orville, près Doullens, était leur rendez-vous de chasse. C'est de ce palais que Charlemagne data une charte en faveur d'Abdon, abbé de Corbie. Louis-le-Débonnaire y séjourna quelque temps (1) ; Charles-le-Chauve vint y chasser au mois de septembre 860 ; les années 865, 866, 873, l'y revirent encore, et quatre ans après, lors de son passage en Italie, il défendit à son fils Louis-le-Bègue de tuer aucun sanglier à Orville et d'y chasser excepté en passant : *ut in Audriacá-villá porcos non occipiat, et non ibi caccet, nisi transeundo.* Louis-le-Bègue ne montra pas moins d'inclination pour ce palais et la forêt voisine ; il s'y trouvait même quand la mort de son père l'en fit partir pour se rendre à ses funérailles, à Saint-Denis (2). « Il n'est pas » étonnant, ajoute D. Grenier, que nos rois se soient plu dans ce séjour. La terre y est » féconde, les vues y sont belles, les chemins royaux, le pont sur l'Authie et la grande » forêt, autrefois pleine de gibier, y fournissent des plaisirs qu'il serait difficile de trouver » ailleurs. » Dom Michel Germain détermine la position d'Orville à égale distance du village d'Authie et de la ville de Doullens (3).

Les succès de Charlemagne, en rétablissant la sécurité, avaient en même temps protégé le développement des éléments de prospérité et d'abondance. Il y avait là une séduction puissante pour les pirates du Nord ; et la faiblesse du gouvernement, épuisé par les guerres entre Louis-le-Débonnaire et ses fils, faisait miroiter à leurs yeux l'espérance de s'approprier avec facilité toutes ces richesses. Leurs invasions deviennent donc fréquentes et

---

(1) Eginard. *Epist.* 52.

(2) Mabillon. *Dipl. liv.* IV.

(3) *Odreia-villa (quam cum adjacente silva cognomine Orreville etiam nunc vocant) posita est ad dextram Alteiæ ripam æquali duorum millium spatio, media inter Donencum seu Dulendium ad Occidentem, et Alteiam vicum versus Orientem.* N° 107 du liv. IV de la diplom. de Mabillon. — On voit que cet auteur désigne Doullens par Donencum seu Dulendium. C'est un témoignage auquel nous allons bientôt faire appel.

redoutables. Ils s'avanturent avec de frêles barques, et remontent les fleuves jusqu'aux villes accessibles de l'intérieur. Les stations de leurs bateaux sont des asiles de brigandages où ils gardent les troupeaux des captifs. En 844, ils sont dans le Ponthieu et y promènent sur leurs pas, pendant plusieurs années, l'incendie et la mort. Charles-le-Chauve, qui vient d'acheter leur désistement du siège de Paris, se voit encore obligé de payer leur éloignement des rives de la Somme. Mais les brigands, au lieu de faire franchement retraite, se cantonnent sur les terres situées de la Somme à l'Authie ; ils y commencent des établissements. En 879, ils reparaissent plus acharnés que jamais ; et, là où ils passent, la France ressemble à un désert. Tout le pays compris entre Amiens, Arras, Corbie et Saint-Riquier est saccagé sans pitié ni merci pour aucune de ces villes. L'annaliste de Saint-Vaast a prêté sa plume au récit de ces malheurs, et nous cherchons vainement dans sa narration la confirmation du sentiment qui prétend que, « en 881, les Normands remontèrent » l'Authie dans de petites barques, et réduisirent Doullens en cendres (1). »

Après avoir enregistré l'opinion d'un autre auteur qui, au contraire, fait échouer les efforts des Normands contre la résistance de cette ville (2), tenons compte aussi du sentiment de M. Labourt, qui voit dans l'invasion de ces barbares du Nord l'occasion qui seule donna naissance à ses éléments de force militaire. L'histoire de ces tristes temps nous apprend, en effet, que Charles-le-Chauve, pour arrêter le débordement du brigandage ennemi, ordonna, par l'édit de Piste (863), « que partout où il y aurait des forts, on les » les rétablirait, et qu'on en construirait de nouveaux sur les bords des rivières où ils » manquaient. » On se mit donc à élever des fertés *(firmitas)*, pour la sauvegarde des populations et la défense du pays.

L'humble bourgade assise sur les bords de l'Authie était-elle implicitement désignée par cet édit, et en recueillit-elle le bénéfice ? Oui, dit M. Labourt, en invoquant Flodoart. Ce chroniqueur raconte que les commencements du xe siècle furent troublés par la guerre qui éclata entre Herbert II, comte de Vermandois, et Hugues-le-Grand, comte de Paris qui, avec l'aide de Raoul, duc de Bourgogne, s'empara de Péronne, de Laon, d'Amiens et d'autres places, parmi lesquelles l'historien cite *Donincum*, qu'il qualifie de château-fort : *castrum* (931).

Faut-il traduire *Donincum* par Doullens ou par Doingt, village situé près de Péronne ? M. l'abbé Decagny soutient que la seconde de ces deux traductions est la seule vraie, comme la plus conforme à l'étymologie, à la traditionn locale et au récit des historiens (3).

Donincum signifie, dit-il, en langue celtique, un lieu bas et profond. Soit, répondrons-nous ; mais telle est précisément la situation de Doullens (4), au confluent des deux rivières de la Grouche et de l'Authie, avoisiné par de grands amas d'eau dans lesquels M. Labourt,

(1) *Descript. hist. du dépt. de la Somme*, t. I.
(2) *Not. hist. insérée dans l'ann. du dépt. de la Somme* (1827).
(3) *Arrondt. de Péronne*, p. 124.

(4) Doullens est si bien dans un lieu bas et profond, qu'on lui a donné, dans le langage du peuple, l'appellation mal sonnante de *Pot de chambre de la Picardie*.

après D. Grenier, a prétendu reconnaître le lac domanial, *Dominicus-lacus*, cité par la charte de Clotaire III de 662.

La tradition locale a conservé le souvenir du château-fort de Doingt, nous le voulons bien encore ; mais un souvenir semblable s'est également perpétué à Doullens, et les mots *castrum Durlendi*, *castellarium*, *castellum quod dicitur Dorlens*, se retrouvent dans les titres depuis l'année 1075.

L'application à Doullens du fait militaire de l'année 931 en opposition avec les historiens ! ce n'est là qu'une allégation pure et simple ; car enfin, si Raoul, affranchi de toute crainte par la mort de Charles-le-Simple, porta l'ingratitude jusqu'à faire la guerre à Herbert II, qui pourtant avait favorisé son usurpation de la couronne de France ; s'il se rua sur ses terres pour y promener le ravage et la ruine, il ne borna pas son irruption à Péronne et à ses environs, il l'étendit, au contraire, dans tout le comté de son ennemi. Il dut même s'avancer avec toute justice et représailles jusqu'à Doullens, puisque cette ville (ou ce *castrum*) venait d'être récemment usurpée par lui sur la couronne de France. En quoi donc la traduction de *Donincum* par Doullens peut-elle être en contradiction avec le récit du chroniqueur ? De plus, il n'y a pas que l'almanach de Picardie de 1755 qui traduise ainsi ; Adrien de Valois, historiographe du roi, dans sa *Notitia Galliarum*, en 1675, l'avait précédé. Nous avons vu Michel Germain écrire : *Donencum seu Dulendium*, et la plupart des auteurs qui ont parlé du *castrum Donencum* cité par Flodoart, l'ont appliqué à Doullens (1).

Mais cette forteresse prise par Raoul, qu'il dut évacuer quatre ans après l'avoir conquise (936) et raser en la quittant, en quoi consistait-elle ? La réponse à cette question a pris sous la plume de M. Labourt une apparence remarquable de probabilité. Il faut admettre, dit-il, que certaines considérations ont présidé au choix du terrain sur lequel furent élevées les anciennes fertés, et nous avons vu tout à l'heure que l'édit de Piste indiquait le bord des rivières ; or, il y avait pour le *castrum Donencum* un lieu pourvu par la nature de moyens de défense qui en devaient rendre les approches difficiles, et offrir des conditions tout à fait favorables. Ce lieu était l'extrémité de l'angle formé par le confluent des rivières de la Grouche et de l'Authie, et facile à rendre inabordable. Tout porte à croire que là a été le berceau de la première forteresse de Doullens. Cette présomption, ajoute M. Labourt, se trouve confirmée par diverses circonstances postérieures. Soit, jusqu'ici nous sommes d'accord avec cet auteur, car ce qui vient d'être dit peut s'appliquer à la ville dans sa partie fortifiée ; mais telle n'est pas la pensée de M. Labourt. Laissons-le poursuivre son raisonnement :

Les travaux de nivellement de la butte de Saint-Martin, dit-il, ainsi nommée à cause du voisinage de l'église de ce nom (la plus ancienne de la ville, et située au lieu dont nous

---

(1) A l'objection que *Donencum* présente tout d'abord peu d'analogie avec *Dulendium*, on peut répondre que Doingt s'est aussi appelé *Dominium*, *Dodonicus*, deux mots qui n'offrent pas entre eux une grande ressemblance.

parlons), découvrirent en 1821 une masse considérable de maçonnerie et de pierres de taille d'une assez grande dimension, dont les surfaces perforées par l'action du salpêtre, accusaient un enfouissement plusieurs fois séculaire (1). La présence de ces ruines n'était-elle pas l'attestation posthume du lieu où s'élevait, neuf siècles auparavant, le *castrum* rasé par Raoul, duc de Bourgogne ?

De plus, pourquoi la ville se trouva-t-elle, en 1778, dans l'impossibilité de justifier de sa propriété et même de sa jouissance à aucune époque de cette partie de son territoire où gisait ladite butte Saint-Martin, laquelle a gardé le nom de *Pré du Gouverneur*? Et pourquoi encore, après la suppression de cette charge de gouverneur, le domaine du roi conserva-t-il ce pré comme sa propriété? Sinon parce qu'effectivement là s'élevait la forteresse primitive, et que en la déplaçant sous François Ier, l'État n'avait pas cru perdre ses droits sur le terrain où elle avait pris naissance.

Il faut reconnaître que cette argumentation de M. Labourt présente, comme nous l'avons dit, avec le charme de l'intérêt, des apparences de présomption. Cependant nous sommes obligé de lui refuser notre assentiment. Le *castrum Donencum* n'était que la ville elle-même fortifiée. Il est vrai qu'une charte de Guarin de Châtillon-Saint-Pol, évêque d'Amiens, en date de 1138, parle de l'église Saint-Sulpice, située hors des fortifications de la forteresse de *Dorlenz: extra castri munitionem sitam* (2), mais une autre charte de donation émanée de Hugues de Camp-d'Avesne, et confirmée par le comte de Ponthieu en 1202, se sert des mêmes expressions pour désigner la situation de l'église Saint-Sauveur (Saint-Pierre) : *Ecclesia sancti Salvatoris extra castrum Durlendi* (3). De plus, si nous nous reportons à la charte de commune de 1202, nous y trouvons la défense d'élever d'autres fortifications que celles qui sont dans la ville même : *præter illam munitionem quæ est infra Dullendium*. Il s'agit donc bien ici de la partie fortifiée de la cité.

Il est vrai que nous avons trouvé avec date du 30 juillet 1431 *un bail de cens sur une maison sise rue Saint-Sulpice au devant et à l'opposite du prieuré, tenant d'un côté aux allées et remparts de la forteresse de Doullens* (4). Mais cette maison, donnée au prieuré avant l'an 1207, était située dans le *castrum*, c'est-à-dire dans la ville fortifiée : *in castro* (5). Plusieurs maisons chargées de cens sont ainsi désignées, et en particulier dans une charte de Beaudoin de Camp-d'Avesne de 1243 ; celles situées dans la partie fortifiée de la ville, et au nombre de trois, sont indiquées *in castro*, dans le château ; les autres au contraire ont des désignations différentes, c'est-à-dire : proche le Biez, dans Adain-rue, sur le marché, etc., qui se trouvaient hors du château : *extra castrum* (6). Enfin, nous allons entendre tout à l'heure le roi Philippe Ier appeler Doullens *un certain château-fort* :

---

(1) C'est maintenant une place réservée aux voitures les jours de marché.
(2) *Invent. de Corbie.* Liasse 96 et suiv. arm. 3.
(3) *Ibid.*
(4) *Ibid.*

(5) *Arch. imp. sect. hist. JJ.* Reg. 48, n° 126.
(6) *Invent. de Corbie, ibid.* — Sous Philippe-Auguste, Montdidier avait la même désignation dans les chartes : *castrum quod Mons-Desiderii dicitur*. (Hist. de Montdidier par M. de Beauvillé, t. I, p. 8.)

quoddam castellum quod dicitur Dourlens, et nous verrons bientôt aussi le comte de Ponthieu, Guillaume III, modifier, en 1212, la pénalité qui consistait dans la démolition des maisons de certains criminels, parce que ces démolitions enlaidissaient la ville, *son château : super quo magnum damnum in castello meo incurrebat.* M. Labourt s'est donc trompé, et toutes les fois qu'il s'agira du château de Doullens avant 1522, il faudra entendre par cette désignation les fortifications de la ville elle-même.

De ce qui vient d'être dit il faut conclure que Doullens, après avoir appartenu à la couronne, quoique le duc ou comte de Ponthieu Helgaut I eût joui de sa châtellenie en 850, était tombé sous la puissance des comtes de Vermandois. Conquis par Herbert II qui ne put le sauver de la ruine, il eut ensuite pour maître Arnould, comte de Flandre, dont les succès s'étendirent dans le Vimeu et jusqu'à Montreuil. Après plusieurs années de luttes et de représailles sanglantes, les comtes de Ponthieu et de Vermandois cimentèrent la paix entre eux par un mariage. Arnould donna à son rival sa fille Hélise ou Alix, mais conserva une partie de ses conquêtes. Puis parut, sous le nom de Guillaume I, le plus puissant comte qu'ait eu le Ponthieu. Le silence de l'histoire sur son origine ne nous permet pas de dire s'il a recueilli un héritage légitime ou s'il fut usurpateur. Car comment parler de filiation et de droits de naissance dans ces temps de confusion et d'anarchie où la loi du plus fort était la seule reconnue des seigneurs et des princes, toujours prêts à s'attaquer et à s'agrandir sans regarder aux moyens? « Et se trouve (*donc*) que en l'an
» neoufz cent soixante dix ou LXXI, le comte de Ponthieu seigneur viscomte et chastellain
» dudit Doullens se nommoit Guillaume, lequel estoit favorisé et bien aymez de Lothaire
» roy de France, fils de Loys aussi roy quatriesme de ce nom et faisoit toute la conduicte
» de ses affaires, guerres, battailles et armées, où il se porta très bien et entre autres
» en une guerre que avoit ledict Lothaire allencontre de Arnoult le Viel ou le grand,
» comte de Flandre, où il prouflicta et acquist grant honneur, tellement qu'il fist son fils
» aisné, nommé Matthieu, comte de Thérouanne, et le second comte de Boullogne-sur-la-
» mer (1). »

En effet, le jeune roi Lothaire, jaloux de la puissance des comtes de Flandre, résolut de leur enlever leurs dernières conquêtes. En conséquence, il envoya demander à Arnould la restitution des villes, terres et seigneuries situées en deça de la Lys, par la raison qu'elles avaient été enlevées par usurpation à la couronne de France. Sur le refus d'Arnould, le roi se mit en campagne et derrière lui marchait Guillaume, disposé à exploiter cette expédition *pour son profit particulier et pour la réunion de ces terres à son domaine seigneurial* (2). Ce dernier pouvait paraître fondé, dit un auteur, à réclamer ces possessions qui composaient l'ancienne France maritime gouvernée par ses ancêtres : « *Guillelmus*,

---

(1) *Cartulaire rouge de Doullens.* — Il faut se rappeler que ce comte de Ponthieu, désigné ici « comme » seigneur viscomte et chastellain de Doullens, » n'en avait la châtellenie que comme appendance et non comme appartenance.

(2) Oudegent. *Chronique.* — *Contredits touchant Saint-Pol.* 1684.

» ajoute Malbrancq, *anno 965, tum armis cum regis et principum favore Pontivum a
» Flandrensibus occupatum pleno jure sibi revendicat* (1). » Le résultat répondit à ses
désirs ; car Lothaire lui céda généreusement les fruits de sa victoire, et ne garda pour lui
que les villes d'Arras et de Douai, qu'il *prit de son côté,* dit Du Cange. Doullens, compris
dans l'abandon fait par le vainqueur, redevint une appendance du Ponthieu.

Plus tard, Hugues-Capet, roi de France, craignant de nouvelles irruptions, enleva aux
moines de Saint-Riquier, Abbeville, Encre et Domart, qu'il donna en cadeau de noces à
Hugues, comte de Montreuil, son gendre, avec permission de les fortifier et clore de
murailles (2), (990). Ainsi s'établit dans le Ponthieu, avec la reconstruction des fortifications
de Doullens, tout un système de défense que la forteresse de Beauquesne vint compléter
plus tard.

Doullens, en effet, nous réapparait un siècle après comme un lieu fortifié, et c'est le roi
Philippe Ier qui le désigne par le nom de *castellum.* Guy, comte de Ponthieu, venait de
donner au prieuré de Saint-Pierre d'Abbeville des biens situés à Barly, et il désirait que
le roi voulût bien confirmer et approuver la dite donation. Le monarque se prêta à ses
désirs; et dans ses lettres patentes en date de 1075, il s'exprime ainsi : *Est autem donum
istud (quod fecerat Guido) ecclesia de Barly, et ibidem terra ad unam carrucam cum car-
ruca ipsa extructa apud quoddam castellum quod dicitur Dourlens, etc. (Gallia christiana.*
Tom. X, coll. 292, ch. xi*).*

La suite chronologique des possesseurs du comté de Ponthieu n'appartenant pas à notre
histoire, il nous suffira de mentionner qu'il passa par alliance dans la maison d'Alençon,
vers l'année 1100. Le pays n'en fut pas plus tranquille ; il devint même l'arène souvent
ensanglantée où des seigneurs jaloux et rivaux se disputèrent, les armes à la main, les
dépouilles des villes et des abbayes. L'un d'eux, Hugues de Camp-d'Avesne, comte de
Saint-Pol, célèbre dans les annales de Saint-Riquier, et fondateur de l'abbaye de Cercamps
en 1137, donna naissance à Guy (3), seigneur de Ransart, Frévent, etc. Ce dernier épousa
vers l'an 1145 Mahaut, dame de Beauval et du Quint (4) de Dourlens, fille d'Ibert de
Dourlens, et fut l'oncle de Hugues Camp-d'Avesne, sieur de Beauval (5).

Peu de temps après, Jean, premier du nom, comte de Ponthieu, eut des démêlés à vider
avec Bernard de Saint-Valery, qui élevait des châteaux à Domart (Dom Medardus), à
Berneuil (Bernardi oculus), à Bernaville (Bernardi villa). En un mot, les meurtres et les

---

(1) Malbrancq. T. II, p. 313. On voit qu'il y a une différence de date de six années entre cet auteur et le Cartulaire rouge.

(2) Hariulfe. *Chron. centul.* On voit encore à Domart les ruines de la tour bâtie au xe siècle par Hugues II. On croit que le château d'Encre (Albert) existait déjà depuis 879.

(3) Ce Guy était le cadet et avait pour frère aîné Anselme, tige des comtes de Saint-Pol tombée en quenouille dans la maison de Chatillon.

(4) Le *Quint,* droit féodal levé par le seigneur d'un fief qui relevait de ses domaines, était la cinquième partie du prix du fief vendu. Ce droit resta annexé à la terre de Beauval et en faisait encore partie vers la fin du xviie siècle. On le trouve mentionné dans l'article 6 des coutumes locales de la châtellenie de Beauval

(5) *Cart. de Saint-Jean d'Amiens.*

incendies, fruits amers des querelles incessantes des seigneurs, tel était le double fléau qui couvrait de sang et de ruines le pays de Ponthieu.

Nous ne pouvons mieux terminer ce chapitre qu'en rappelant les quelques souvenirs qu'une charte en faveur du prieuré de Saint-Pierre d'Abbeville, en date de 1100, nous a conservés sur Doullens à cette époque. Parmi les libéralités faites au nouvel établissement par Guy, comte de Ponthieu, on remarque une donation foncière hors de Dourlens, et propre à une construction, celle du nouveau moulin du comte auprès de la ville, sur la rivière de Liquet, et la moitié de son droit de pêche dans l'Authie (1). Or il est facile de reconnaitre que ce lieu de culture, propre à une construction, est le futur siége du prieuré de Saint-Pierre-la-Hors, et qu'il s'agit ici de la porte Saint-Ladre. De plus, ce nouveau moulin nous le verrons plus tard désigné sous le nom de *Neuf-moulin*, au-delà de la porte d'Arras. Quant à la rivière de Liquet qui le faisait mouvoir, il est facile d'y reconnaitre, malgré l'altération du mot, le Lucheux plus communément appelé aujourd'hui la Grouche.

La même charte cite au nombre des autres bienfaiteurs Bernard de Saint-Médard (c'est Bernard de Saint-Valery dont nous venons de parler), Bernard le Jeune de Durlens, *Bernardus infans de Durlens*, et Ibert de Durlens, *Isbertus de Durlens*, père de Mahaut dame de Beauval. La Morlière, dans ses *Antiquités de la ville d'Amiens*, nous apprend que ce dernier, qualifié du titre de chevalier, signa comme témoin en 1151, une transaction entre Raoul de Clary et le Chapitre d'Amiens. Il pense que ces seigneurs du nom de Dourlens auraient pu descendre d'une branche cadette des comtes de Ponthieu, à qui cette ville serait échue en partage (2).

---

(1) *Culturam quoque meam extra portam de Dourlens ad villam construendam, et molendinum novum situm juxta eamdem villam de Dourlens super fluvium de Liquet.... et dimidiam partem de piscariis quam habebam super fluvium Alteiœ.* Voir *Gallia christiana*. t. X, ch. XVI, col. 296.

(2) Le Carpentier, dans son *histoire de Cambray*, 3e partie, parle aussi de *Sandrine de Dourlens*, mariée à Beaudoin Rasoir, au XIIIe siècle.

CHAPITRE III.

(1100-1300.)

Vicomté de Doullens. — Philippe d'Alsace et Philippe-Auguste. — Doullens donné en dot à Alix de France. — Établissement de la Commune. — Sceau de la Ville, — de l'Échevinage. — Délimitation des comtés de Ponthieu et de Boulogne. — Entrevue à Doullens de Philippe-Auguste et de Guillaume III, comte de Ponthieu. — Bataille de Bouvines. — Trahison de Simon de Dammartin. Confiscation de son comté. — Traité de Chinon. — Doullens n'appartient plus au Ponthieu. — Prévôté de Doullens. — Le bois de Lideffois. — Exemptions de travers. — Voyage de Philippe-le-Hardi à Doullens. — Caractère dominant de l'histoire de cette Ville.

La vicomté existait à Doullens, dit le P. Daire, longtemps avant la commune; mais il n'a pas pu découvrir, dans les ténèbres d'un passé si éloigné, l'époque de son origine. Le vicomte était tenu au jour de sa prise de possession, de faire serment *de garder bien et léalement les droits de la comté, de n'y introduire aucunes nouvelles coutumes, etc.* Il paraît que l'exercice de sa charge ne l'occupait pas au point d'exiger sa résidence au chef-lieu; car nous voyons que Joubert, seigneur des Autheux, mort en 1145, était vicomte de Doullens sans y être domicilié. Il y venait lorsque l'exercice de ses fonctions réclamait sa présence, et il tenait ses assises dans *l'hôtel de Beauval*, demeure du comte pendant son séjour dans cette ville. Les droits vicomtiers consistaient dans le partage, avec le comte, des exploits de justice, des amendes, des mortes-mains, des forfaitures, des autres produits casuels de la châtellenie et même des impositions. Mais, après leur réunion au corps de ville, à titre de féodalité par les comtes de Ponthieu, ils se réduisirent à une minime importance, c'est-à-dire à quelques légers tributs perçus sur les passants, les marchandises, les chevaux et les charrettes.

La vicomté de Doullens n'était pas seulement utile au comte dont elle tenait la place et défendait les intérêts; elle offrait encore aux habitants quelques conditions de garantie. Sans être un palladium assuré, elle était une autorité tutélaire contre les ennemis du dehors. Or, il a été établi que, jusque-là, Doullens avait eu d'assez mauvais voisins dans les comtes de Vermandois et de Flandre. Bientôt les deux comtés s'étant trouvés réunis par alliance dans une seule main, la ville put craindre encore un instant le retour des anciennes usurpations dont elle avait été la victime. Philippe d'Alsace, comte de Flandre, à qui Elisabeth de Vermandois avait apporté en dot, avec l'Amiénois (1), la terre de Beauquesne, venait

---

(1) Par suite d'un procès-verbal dressé au mois de juin 1186 par des arbitres que Philippe-Auguste, les comtes de Flandre et de Ponthieu et l'abbé de Corbie chargèrent de faire la délimitation de leurs posses-

de construire dans ce lieu qui paraissait lui plaire, un château important qui devint, pendant de longues années, l'une des principales forteresses de l'Amiénois. C'était un nouvel et puissant élément de force chez un voisin si rapproché de Doullens. Mais son humeur belliqueuse allait avoir à s'exercer ailleurs : Elisabeth, sa femme, venait de mourir sans enfants, après l'avoir institué son héritier: Aliénor, sœur de la défunte, loin de souscrire à cette disposition réclama au contraire la restitution des états qui avaient été apportés en dot à Philippe, et qu'il prétendait détenir comme sa propriété. Elle aurait échoué dans ses prétentions sans l'intervention du roi Philippe-Auguste qui, par jalousie de la puissance du comte de Flandre, lui prêta l'appui énergique de ses armes. Les hostilités furent longues et sanglantes. Enfin, le roi de France qui convoitait les états en litige, fit comprendre à Aliénor qu'il ne s'était pas constitué son champion par pur désintéressement, et en obtint bon nombre de seigneuries, entre autres la terre et le château de Beauquesne. Ainsi le Vermandois fut réuni à la couronne de France, et comme le comte de Saint-Pol voulait s'opposer à cette cession sous le prétexte qu'elle impliquait une lésion de ses droits, il reçut une indemnité dans l'abandon qui lui fut fait de quelques autres terres.

Doullens devint bientôt l'objet d'un contrat d'un autre genre. Jean II, comte de Ponthieu, était mort en Palestine où la croisade organisée par Philippe-Auguste l'avait conduit avec Hugues de Camp-d'Avesne, son beau-frère. Guillaume III, jeune encore, qui se disait seigneur de Doullens (1191), lui succéda l'année suivante dans le gouvernement du Ponthieu, et épousa, peu d'années après, la princesse Alix de France, fille du roi Louis-le-Jeune, et sœur de Philippe-Auguste (20 août 1195). Les châtellenies de Rue et de Doullens avec leurs appartenances féodales et domaniales constituèrent ses apports matrimoniaux, comme il appert du contrat passé à Meudon (1). D'après plusieurs chartes de Guy II et de Jean, comtes de Ponthieu, rapportées dans le cartulaire de Saint-Jean d'Amiens, il faut admettre que la châtellenie de Doullens s'étendait alors jusqu'à Talmas.

On raconte que la nouvelle épousée n'aurait pas apporté à son mari une innocence aussi solidement établie que sa dot. Louis VII, désireux d'entretenir avec Henri II, roi d'Angleterre, des rapports d'amitié et de bon vouloir, avait envoyé à sa cour la jeune princesse Alix, dont l'âge encore tendre pouvait à peine excuser l'inconvenance d'un tel voyage. Le monarque anglais, pour témoigner à son tour sa satisfaction de l'honneur qui lui était fait, promet la main de son fils Richard à la fille de France, dans un avenir que ses jeunes

---

sions respectives, la ligne qui sépare au nord-ouest l'Amiénois du Ponthieu, part de l'Etoile sur la Somme et vient aboutir à un saule sur la rivière d'Authie, à Outrebois. Celle qui forme la limite vers le *Pagus Atrebatensis* remonte le cours de l'Authie et de la Grouche, son affluent, jusqu'au delà des sources de ces deux rivières.

(1) *Philippus Dei gratia Francorum Rex. Noverint universi ad quos litteræ præsentes pervenerint, quod nos sororem nostram Aalem dilecto nostro comiti Pontivi damus in uxorem..... Idem vero comes dat in dotalitium sorori nostræ Ruam et Doullens, cum omnibus pertinentiis tam in feodis quam in Dominis.... Actum Medunte, mense augusto, anno millesimo centesimo nonagesimo quinto.*

années pouvaient seules retarder. Mais il a compté sans l'ardeur impatiente de Richard qui s'irrite contre les délais, et plus encore contre le libertinage paternel ; car on assure que l'infâme vieillard a osé souiller de ses embrassements adultères la vierge commise à sa loyale hospitalité. La passion jalouse du jeune prince, quelque temps comprimée, se traduit en révolte ouverte, et lui fait quitter l'Angleterre pour aller offrir au roi de France son cœur et son bras. Il prend la croix avec lui et veut l'accompagner à la croisade. Mais bientôt il oublie ses serments, abdique un amour qui tenait plus en lui de l'imagination que du sentiment, et délaisse pour la sœur du roi de Navarre la pauvre Alix, sa fiancée, hélas! trop compromise. L'éclat de cet abandon eut son douloureux contre-coup dans l'âme de Philippe-Auguste, qui voulut bien ajourner son ressentiment jusqu'après la croisade. Mais la blessure saigna longtemps, et donne la clef des luttes profondes qui divisèrent le roi de France et Richard-Cœur-de-Lion. La princesse revint d'Angleterre, fut accueillie à son passage à Abbeville avec de grands honneurs, et trouva surtout dans la gracieuse réception que lui fit Guillaume une compensation à ses chagrins. Le roi Philippe instruit par elle-même de la belle conduite du comte, la lui offrit en mariage, et Doullens fut l'un des plus beaux joyaux de la dot. Ce fut sans doute alors que cette ville prit les armes de Ponthieu.

Le comte Guillaume trouvait dans son alliance un motif tout naturel d'unir ses armes à celles de Philippe-Auguste, mais on comprend encore qu'il ait souri à toutes les occasions qui se présentèrent de se déclarer contre Richard. On le vit donc jouer un rôle important dans les guerres que le roi de France, son beau-frère, eut à soutenir contre le monarque anglais. Plusieurs fois vainqueur, il ne cessa d'inquiéter cet ennemi par des courses fréquentes et il finit par perdre Saint-Valery, surpris pendant une de ces absences.

Le pouvoir des seigneurs n'était pas resté tempéré de protection et de bienveillance vis-à-vis des vassaux. Il était devenu jaloux, exigeant vis-à-vis des voisins ; il tranchait de l'orgueil et de l'indépendance vis-à-vis du souverain. Aussi Louis-le-Gros, qui voyait périr la nationalité par le morcellement et la monarchie par son isolement, crut-il trouver le remède à ce mal dans l'association du peuple à la royauté contre l'ennemi commun. Partout on était fatigué de cette légion de despotes qui pesaient sur le pays. Leur autorité, usurpée dans son principe, était détestée dans ses excès. Elle avait réveillé le souvenir des anciennes institutions municipales (1), et fait fermenter partout des idées d'affranchissement et d'indépendance. La bourgeoisie, enrichie par l'industrie et le commerce, surtout depuis les croisades, commençait à sentir sa force et à s'apercevoir que ses dominateurs

---

(1) On a tort de rapporter d'une manière trop absolue le grand mouvement d'affranchissement des communes au règne de Louis-le-Gros. Il serait plus historique de dire qu'elles ne firent alors que se raviver. « Dans un grand nombre de villes, dans Paris » même, dit M. Buchez, *Introd. à l'Hist. parl. de la* » *Révolution,* les franchises et les coutumes qui constituèrent la cité, sont antérieures au v° siècle, et » n'avaient cessé de subsister. » Les noms de *major* et de *scabini* étaient en usage depuis longtemps. (*Anno.* 829, *additio quarta apud Baluz,* t. I, p. 1216.)

jalousaient son importance. Ceux-ci, en effet, pour entreprendre les expéditions de la Terre-Sainte, avaient besoin de sommes considérables. Delà, pour eux, la nécessité de pressurer leurs sujets pour en extorquer tout l'argent nécessaire aux pompes de la chevalerie et à l'équipement de leurs hommes d'armes. Alors aussi, les vilains et les serfs cessèrent d'être humbles et résignés dans leur soumission. Assez longtemps ils ont été taillables à merci ; éclairés par les paroles évangéliques et par l'exemple de l'indépendance de leurs maîtres, ils comprennent la dignité de l'homme : de l'argent, ils en donneront, mais en échange de priviléges et de libertés. Cette première conquête sur les seigneurs, accomplie lentement et silencieusement en beaucoup de lieux, n'a été régularisée, inscrite dans les actes publics que peu à peu, à force de luttes et de résistances. Dans les campagnes surtout où les serfs étaient éparpillés, pauvres, plus façonnés au joug, la reconnaissance authentique de leurs libertés obtenues se fit attendre. Aussi la plupart des chartes octroyées par les comtes et les barons ne font-elles que confirmer et garantir des droits déjà acquis (1).

C'est ce que constatent en particulier pour Doullens les mémoires du temps. Guy de Ponthieu, deuxième du nom, avait accordé à cette ville, à prix d'argent, les droits et priviléges de la commune. On présume que ce fut vers le milieu du xii° siècle, c'est-à-dire lorsqu'il fut chargé de l'administration du Ponthieu, pendant que Guillaume II, son père, guerroyait en Normandie. Mais il n'avait eu d'autre but que de se procurer de l'argent ; aussi, après qu'il eut puisé à cette source et exploité cette occasion, son mauvais vouloir ne chercha plus qu'un prétexte pour refuser de délivrer la charte promise. Il le trouva dans on ne sait quels vagues mécontentements que lui auraient causés les principaux habitants. Les courageuses tentatives des corps réunis pour l'y contraindre témoignent de leur énergique tenacité à revendiquer la consécration solennelle de leurs nouveaux droits. En vain ils méconnaissent l'autorité du vicomte et refusent d'acquitter les taxes que le comte prélève ; en vain ils mettent leurs efforts en commun, parce qu'ils comprennent que la commune est l'association de tous ceux qui ont quelque chose à défendre ; en vain ils opposent à leur maître la justice de leur demande, basée sur sa parole et ses engagements, leurs instances sont inutiles et n'ont d'autre effet que de l'irriter davantage.

» Et pource que les dicts de Doullens le poursuyvirent et contraindirent à ce faire ; il
» conceupt telle haine contre eulx qu'il leur fist plusieurs iniures et molestes. » Commune, dit un écrivain du xii° siècle, est un nom nouveau et détestable : *communio novum et pessimum nomen* (Guilbert de Nogent) (2). On comprend qu'il dut mal sonner à l'oreille de Guy, par les allures que prit son ressentiment. Plusieurs bourgeois se virent forcés de dire adieu à leur patrie, et de quitter la terre natale où ils ne trouvaient plus que craintes et dangers, pour aller en d'autres lieux « conduire leurs habits et demeures. » Et d'ailleurs,

(1) Th. Lavallée. *Hist. des Français.*

(2) *Eliminato communiæ nomine, quod semper abominabile extitit*, dit aussi la chronique de Balderic.

la résistance par la force n'eût pas fait triompher la cause de leur émancipation, car ils n'étaient pas en mesure de défier, dans les rues, les armes de leur seigneur, ni d'affronter, derrière les portes de leurs demeures fermées, sa lance et son destrier.

Toutefois, le résultat de tant d'efforts pour se faire attendre, ne devait pas être perdu : « Ledict Guy délaissa deux filz dont l'aisné se nommoit Jéhan et le maisné se nommoit » Guy. »

» Iceluy Jéhan succéda à la dicte comté, seigneurie, ville, viscomté, chastellenie de » Doullens, dont il jouist jusques en l'an mil cent quatre vingtz unze ou douze qu'il alla de » vie à trespas. De son vivant il entendoit bailler ladicte commune, droictz et priviléges » ausdicts de Doullens, selon que le avoit promis Guy, son père, et en chargea de ainssy » le faire son filz et successeur, nommé Guillaume.

» Lequel Guillaume estant comte de Ponthieu, seigneur viscomte et chastellain de » Doullens, et depuis comte de Monstroeul, fut allié par mariaige avec Aélia, fille deuxiesme » de Loys le Josne, VIIe de ce nom, roy de France, et de Aliénor, duchesse d'Acquitaine, sa » première espouse.

» En consentement de la quelle pour acquicter et descharger led. Guy, lequel estoit tenu » vers les dicts de Doullens et accomplir l'intention et volunté dud. Jéhan son père, » octroya auxd. de Doullens la commune qu'ils ont avec plusieurs beaulx priviléges et » droictz au long contenus en sa charte qu'il leur délivra à ceste fin soubz son sceel et en » présences de plusieurs personnes tant de l'estat de l'Église, que de noblesse, de justices » et de qualitez égrégiouses et honnorables (1). »

Ce fut le 7 juin 1202 que Guillaume accorda la charte si désirée (2). Il est à remarquer qu'il n'agit que du consentement d'Alix sa femme, *de assensu uxoris nostræ Aelaïs* ; car cet affranchissement, ce rachat de la servitude, même à titre onéreux, constituait au fond une aliénation de biens et un abandon d'avantages pour lesquels le consentement des femmes et de l'héritier apparent pouvait être jugé nécessaire. De plus, il commence par donner d'importantes garanties contre les empiétements et les exactions des nobles et des nombreux officiers de son comté. Il confirme les priviléges autrefois accordés à prix d'argent par Guy, son aïeul, et octroie des franchises nouvelles ; mais il a grand soin de spécifier que ces

---

(1) *Cartulaire rouge de la ville.*
(2) Les archives de Doullens ne contiennent qu'une copie de cette charte, en date 1202. L'original était une de ces pièces qu'on a appelées *chirographes* ou chartes-parties. Ce nom venait de ce que l'acte avait été fait double sur un même parchemin qu'on divisait entre les parties contractantes, et dont il était facile de reconnaître l'identité de l'exemplaire par le rapprochement des jambages, comme cela se pratique encore de nos jours pour les quittances à souche et les passe-ports. Dans plusieurs chartes, c'était le mot *chirographum* lui-même qui était divisé par la section des deux exemplaires. Le mot : *charte-partie* a été conservé par l'usage et par le code de commerce pour exprimer la convention faite pour le louage d'un vaisseau. Son étymologie provient de *charta partita*, parceque c'était la coutume de couper en long l'original du traité. La copie qui existe aux archives de Doullens a été vérifiée et collationnée sur l'original, par Mallart, greffier de l'Hôtel-de-Ville. Voir pièces justif. n° 13, tome II.

concessions sont faites sous la réserve des droits de la sainte Eglise, de ceux du comte de Ponthieu, de ses héritiers et des principaux seigneurs du comté. On voit que Guillaume cède aussi à une impérieuse nécessité et veut se ménager les moyens d'échapper, quand il le croira bon, à l'engagement contracté. Et, en cela, il n'établissait pas une exception ; car tout ce qui touche à l'affranchissement des communes porte ce caractère. La ruse supplée souvent à la force : on se réserve d'une main ce qu'on donne de l'autre, et tout semble de bon aloi pour mettre un frein à ces tentatives d'émancipation (1).

Semblable à celle d'Abbeville dans ses vingt-cinq premiers articles, la charte accordée aux habitants de Doullens par Guillaume III ne consacre guère que leur sécurité individuelle et la faculté d'acquérir et de conserver ; mais c'était là, ajoute M. Augustin Thierry, le dernier but des hommes de cette époque, et leurs efforts constants pour obtenir et défendre ces garanties restreintes contre tous les pouvoirs jaloux, témoignent suffisamment de l'importance qu'on y attachait (2). En effet, une vie nouvelle allait commencer pour la cité, et elle ne crut pas qu'on mettait à trop haut prix ses premiers éléments de liberté en n'exigeant d'elle que trois aides, chacune de cent livres, savoir : quand le comte ferait son fils chevalier, lorsqu'il marierait sa fille, ou lorsqu'ayant été fait prisonnier lui-même, il devrait une rançon.

Pourtant le comte semble avoir besoin de faire croire à la sincérité de ses actes. On dirait qu'il redoute le souvenir de la mauvaise foi de son aïeul et les impressions pénibles qu'elle a dû laisser dans les esprits, et alors il parle de promesse réciproque d'exécution intégrale et fidèle de tous les articles du contrat : *Ex utrâque parte integre et fideliter debet observari*. Il veut même y joindre le serment de part et d'autre comme une garantie sacrée : *Sub religione jusjurandi*. Enfin, la charte à peine signée, il la confirme de nouveau ; et en preuve de son bon vouloir dans l'avenir comme dans le présent, il s'oblige à en fournir gratuitement une nouvelle copie authentique, si l'original vient à se perdre ; et cet engagement, il le prend pour lui et ses héritiers, de génération en génération, à toujours (3). On voit que les habitants de Doullens avaient gardé souvenance amère de leur première déception, et qu'ils avaient leurs raisons pour s'entourer de tout ce qui peut paraître d'abord un luxe de précautions.

Leur charte de commune les appelle bourgeois : *Burgensibus Durlendii*. L'affranchissement constituait donc une nouvelle classe intermédiaire entre les nobles et les vilains, la bourgeoisie. C'était le tiers-état. Les bourgeois étaient les agrégés de la commune, désignés sous le nom de jurés, *jurati*, pour les distinguer des non-bourgeois, *non-jurati* ou manants, *manantes*, qui habitaient également la ville, quoique de condition libre. Il appert, en effet, de la plupart des chartes, que le caractère principal d'une commune était l'assistance mutuelle. Les bourgeois *juraient* de se défendre réciproquement et de protéger

(1) Roger. *Archives de la Picardie*, t. II, p. 69.
(2) Louandre. *Hist. d'Abbeville*, t. I, p 177
(3) V. Pièces justif. n° I.

leur ville. La cloche communale était le symbole de leur autorité; les armoiries de la cité et son sceau particulier les signes publics, solennels de leur indépendance (1).

« Et fault entendre que lesd. de Doullens eurent permission desdicts comte et comtesse
» (de Ponthieu) de avoir seelz ; et en icelluy est empreint l'effigie dud. comte monté sur
» ung cheval et levé, tenant l'espée au poing et portant ung escusson pour enseignes et
» armoiries ; et lad. commune porte les armoiries du comte de Ponthieu qui sont à ung
» escu d'azur, trois barres d'or, et au milieu pour différence en poincte à ung escusson
» d'argent et une croix de gueulle qu'elle a long temps portée et jusques au tems du
» Roy Charles cinquiesme. »

Le sceau de l'échevinage est connu sous le nom de sceau des *Marmousets*. Plusieurs explications ont été données par les étymologistes sur l'origine de cette appellation, mais d'une manière peu satisfaisante. Il est vraisemblable cependant, dit Rivoire, que ce mot est le diminutif de *marmot*, et qu'il signifie, en général, une figure grotesque ou grimaçante, comme on en voit partout, aux portes des maisons, aux fontaines, sur les chenets, etc. Mais pourquoi le peuple de Doullens a-t-il appelé ainsi le sceau de son échevinage? Nous l'ignorons. Quoiqu'il en soit, le dit sceau représentait, dans un assez grand cercle, les douze têtes des maieur et échevins de la commune, placées sur cinq lignes, savoir : deux fois trois et trois fois deux, avec cette légende :

Hii sunt scabini
Bis terni
Ter quoque bini (2).

Sur l'autre face se voyait un cavalier, l'épée au poing, avec cette légende : *Sigillum majoris et juratorum Dullendii*. Nous ignorons encore si le maieur et les échevins trouvaient de leur goût l'épithète de marmousets ; mais ils devaient se consoler en pensant qu'ils n'étaient pas plus maltraités, après tout, que leurs collègues d'Amiens au sceau desquels le peuple avait donné le même nom.

A l'exemple de son aïeul, le comte Guillaume III réunit les droits de la vicomté à l'échevinage qui exerça toute justice et seigneurie, haute, moyenne et basse, dans l'étendue de la ville et de la banlieue. Nous verrons que le maire et les échevins surent toujours maintenir cette prérogative et la défendre avec énergie et constance contre les empiétements des seigneurs voisins. Nous parlerons ailleurs plus amplement des priviléges octroyés par la charte de commune et de l'étendue de la banlieue.

(1) Doullens portait alors: *d'argent à la croix de gueules*, et non: *d'argent à une feuille de houx d'azur*, comme d'Hozier l'a dit par erreur ou caprice.

(2) Nous devons à l'obligeance de M. Dutilleux de pouvoir reproduire ici ce sceau tel qu'il existe aux archives du département et de donner par là, contrairement à MM. Roger et Warmé, la preuve que le sceau des marmousets ne portait pas pour légende :

Hi sunt duodeni
Nam bis terni
Terque bini
Pares Dullendini.

La plus simple réflexion eût prévenu une telle erreur; il suffisait, en effet, de se rappeler que les échevins n'ont jamais été nommés pairs, mais bien jurés.

Guillaume avait eu, de son mariage avec Alix de France, une fille nommée Marie, qu'il donna pour femme à Simon de Dammartin, comte d'Aumale (1208). Voulant ensuite obvier à toutes difficultés de nature à engendrer des querelles de mauvais voisinage, il traita avec Renaud, comte de Boulogne, de la délimitation de leurs appartenances respectives; et comme la nature semblait avoir elle-même creusé cette limite invariable, ils convinrent que la rivière de Canche serait, à l'avenir, la ligne séparative des deux comtés de Boulogne et de Ponthieu. Quelques mois après, il s'achemina sous la conduite de Simon de Montfort, connétable de France, avec les principaux seigneurs du Ponthieu, contre les Albigeois dont l'hérésie menaçait d'envahir l'Europe entière, et contre laquelle le pape Innocent III avait même fait prêcher une croisade. Il paraît que cette guerre n'était pas de son goût, car avant l'expiration des quarante jours de service exigés par la loi féodale, il déclara qu'il allait abandonner le camp. Il partit, en effet, malgré les supplications de la comtesse de Montfort, prosternée à ses pieds; et l'année 1211 le retrouve à Doullens. Il y confirme, par une charte (1), la concession faite antérieurement par lui aux habitants, des pâturages et marais de la banlieue. Il permet aux bourgeois de donner ces marais à cens pour en faire des jardinages *(cortillagia)* et des prés particuliers, sur lesquels il ne se réserve qu'un cens annuel de six deniers par journal, leur abandonnant les *lods et ventes* (2).

Philippe-Auguste qui avait réuni à la couronne le comté d'Amiens avec le château de Beauquesne, désirant régler les droits qui lui appartenaient dans ce comté à l'encontre du comte de Ponthieu, vint à Doullens, et le lieu choisi pour la conférence fut l'église Saint-Martin. Guillaume s'y rendit, et les deux puissants personnages y convinrent de l'étendue et des limites de leurs possessions respectives (1212) (3). Quelques mois après, le comte de Ponthieu accordait le four banal à Wallon de Sénarpont et à ses héritiers. La charte est en latin, portant sur quatre lacs en soie les vestiges d'un sceau de cire verte (4).

Le roi de France allait avoir à soutenir des intérêts d'une tout autre importance dans la guerre qui s'organisait sur une grande échelle. Il avait sur les bras deux ennemis puissants, l'empereur Othon IV, excommunié, et Jean-sans-Terre, roi d'Angleterre, à peine relevé de son excommunication, mais dont la cause rencontrait des sympathies, même en France, chez les seigneurs qui ne voyaient pas sans peine l'amoindrissement progressif de leur puissance au profit de la royauté. Le comte de Flandre principalement, ami d'Othon, saisit ardemment l'occasion de lui prêter le secours de ses armes. Il entraîna dans sa révolte Simon de Dammartin, comte d'Aumale, son frère, époux de Marie de Ponthieu. Philippe-Auguste fut vainqueur à Bouvines (27 août 1214); mais trop grand pour se venger par la mort du

---

(1) Voir Pièces justif., n° 2.

(2) *Lods et ventes*, droit que l'on payait à la vente d'un héritage censier ou compris dans la censive. (Chéruel, *Dict..*)

(3) Daire.

(4) Le droit de four banal était un privilége féodal par lequel le seigneur pouvait contraindre les habitants de ses domaines *à venir cuire à son four*, expression passée en proverbe. Les boulangers à qui ce droit était inféodé, *moyennant finances*, s'appelaient *fourniers*, et le droit prélevé pour le seigneur se nommait *fournage*. — Voir archives de Doullens, liasse I.

coupable devenu son prisonnier, il se contenta de bannir Simon, après avoir confisqué son comté d'Aumale.

Le comte Guillaume ne devait pas survivre longtemps au déshonneur infligé à sa maison. Il mourut en 1224 regretté de son roi qui l'avait vu combattre à ses côtés à Bouvines et compenser tant par sa bravoure personnelle que par la mort sur le champ de bataille de son fils unique Jean, âgé de 15 ans, la honte d'une rébellion qu'il désavouait. Du Cange, après lui avoir reproché « *d'avoir terni quelque peu sa réputation dans la guerre des Albigeois pour s'en être retiré avec trop de précipitation* », est obligé de reconnaître qu'il l'a réparée à Bouvines. Il avait le commandement de l'aile droite de l'armée française dans cette journée mémorable, et c'était avec joie qu'il faisait face aux Anglais, avec lesquels il avait des comptes à régler. Entouré de ses vassaux et de nombreux Picards, soutenu de son beau-frère Thomas de Saint-Valery qui, à son tour, était excité par le désir de la vengeance, il eut une grande part au succès de la bataille et il dut se sentir fier à juste titre quand après avoir eu son cheval tué sous lui, après avoir vu sa lance, sa dague et son épée se briser dans la mêlée, après s'être battu, à défaut d'armes, à coups de gantelets, il vint remettre à son roi vainqueur un faisceau de bannières ennemies.

Guillaume avait possédé le Ponthieu pendant l'espace de trente-trois ans, et Marie, sa fille, comptait mettre la main sur cet héritage lorsque le roi le fit saisir pour compléter sa vengeance contre Simon. Il ne resta donc aux époux déshérités que les titres honorifiques de comte et de comtesse de Ponthieu qu'ils conservèrent toujours. Pourtant ils purent espérer que leur éviction ne serait pas de longue durée, car le monarque alla lui-même de vie à trépas à peu près dans le même temps. Simon de Dammartin vint à Abbeville et s'efforça de rentrer en possession du fief de sa femme. Malheureusement le souvenir de sa trahison avait passé du cœur du père dans celui du fils ; et le nouveau roi, Louis VIII, envoya un corps de troupes pour repousser l'exilé. Les habitants d'Abbeville se soulevèrent également contre lui et le forcèrent à reprendre par mer le chemin de la terre étrangère. Les instantes sollicitations de sa femme eurent plus de succès sur le cœur de son royal cousin et lui firent recouvrer le Ponthieu (juillet 1225). C'est à Chinon que l'accord fut fait en présence de plusieurs évêques, notamment de celui d'Amiens, Evrard de Fouilloy, et d'autres grands personnages ; accord qui ne laissa pas que d'être onéreux à la comtesse Marie, car elle dut se résigner à des concessions pénibles, entre autres à l'abandon, au profit de la couronne, des châtellenies de Doullens et de Saint-Riquier avec toutes leurs appartenances (1).

Doullens fit, par suite de ce traité, des pertes qui lui furent sans doute sensibles et auxquelles l'honneur d'être ville royale ne pouvait qu'apporter une faible compensation. On le dépouilla du privilège du sel qui rendait grand nombre de paroisses et de hameaux ses tributaires, et il fut assujetti au droit de gabelle quoique sans imposition. Sa châtellenie, jusque là arrière-fief de l'évêché et mouvante du comté d'Amiens, fut réunie à ce comté, mais

(1) Voir pièces justif., n° 4.

ce n'était encore que le prélude des vicissitudes que les destinées de cette ville devaient avoir encore à traverser.

L'exil de Simon de Dammartin durait depuis quinze ans sans avoir pu faire oublier au roi de France l'amer souvenir de sa trahison. La comtesse Marie, fidèle aux exemples de son père, consacrait son veuvage forcé à se faire aimer dans le Ponthieu par une douce et équitable administration. Elle garantissait aux communes les droits acquis, réglait leurs différends, dotait les églises et les monastères. Elle confirma la donation de quatre muids de sel que Guillaume, son père, avait faite aux religieuses bénédictines de Saint-Michel de Doullens (1229). Enfin sa persévérance triompha de la ferme résistance du roi à toutes les prières, et elle vit cesser son long veuvage. Louis IX, âgé de 15 ans, lui accorda le retour de son époux, à condition qu'il confirmerait toutes les dispositions du traité de Chinon. Simon de Dammartin se rendit donc à Saint-Germain-en-Laye où il ratifia (mars 1230) tout ce qu'avait fait la comtesse sa femme. La joie d'être rendu aux douceurs de la liberté et de la patrie lui fit promettre de n'élever dans son comté de Ponthieu aucune forteresse nouvelle et de ne restaurer les anciennes que du consentement royal, de ne marier ni sa fille ainée ni sa cadette avant deux ans, et de ne donner la main d'aucune autre à un ennemi de la couronne de France. Hélas ! Simon n'avait pas l'habitude d'être fidèle : il trahit bientôt ses derniers engagements jurés *super sacro sanctis*, comme il avait trahi son roi à Bouvines. Sans l'aveu du monarque, il fiança sa fille ainée à Henri III, roi d'Angleterre, et le mariage se conclut même par procuration. Mais Louis IX indigné fit rompre cette alliance, déjà pourtant revêtue de la sanction du pape. Cette conduite de Simon n'était pas propre à lui faire recouvrer l'intégralité de son comté ; aussi Doullens resta-t-il séparé du Ponthieu.

Ce ne fut pas le seul amoindrissement que subit ce comté, car vers 1224 la comtesse Marie en aliéna encore, en faveur de Robert, comte d'Artois, plusieurs fiefs situés au delà de l'Authie. Cette rivière et la chaussée de Beaurain à Douriez formèrent définitivement dès lors la limite de la Picardie. Mais cette vente de fiefs et d'arrière-fiefs ayant ouvert une source féconde de débats, Saint Louis, par une charte datée d'Egypte (mars 1249), ordonna que Robert, comte d'Artois, son frère, jouirait de la justice sur la rivière d'Authie (1).

Peut-être avons-nous été au-delà de la vérité quand nous avons dit que, par le traité de Chinon, Doullens avait fait des pertes qui n'avaient pas eu une suffisante compensation dans l'honneur de devenir ville royale. La compensation, au contraire, allait lui arriver dans le précieux avantage de devenir un siège de prévôté. Sa distraction du Ponthieu, en brisant ses rapports administratifs, constituait cette châtellenie dans l'isolement et lui créait une existence à part. C'était une partie détachée d'un tout, quoique son inféodation n'en eût pas fait un élément similaire, à raison du caractère propre et distinct de ses usages et coutumes. Mais cet élément restait plus que jamais sans agrégation. Dans ces nouvelles conditions la châtellenie demandait donc à être un centre plutôt qu'une annexe, et sa situation topogra-

(1) Louandre, *Hist. d'Abbeville*, t. I.

phique à l'extrême limite du Ponthieu et de l'Amiénois, la désignait naturellement comme un chef-lieu de juridiction prévôtale facile à créer par quelques démembrements opérés sur les circonscriptions voisines. Cette considération prévalut ; le bailliage d'Amiens compta à Doullens une prévôté de plus, et celle de Beauquesne se démembra la première en faveur de cette jeune sœur voisine (1).

Mais disons ce que c'était qu'une prévôté.

« Les prévôtés, dit M. Chéruel dans son précieux *Dictionnaire historique des institutions, mœurs et coutumes de la France*, t. II, étaient des circonscriptions territoriales, subdivisions de comtés et bailliages. Elles étaient administrées par des prévôts qui, de même que les baillis, cumulaient les fonctions civiles, militaires et judiciaires. Il est difficile d'indiquer avec certitude leur origine. »

Mais l'échevinage de Doullens tenait de sa charte de commune tous droits de justice dans la ville et dans la banlieue, et cette justice avait emprunté à la réunion de la vicomté le caractère de justice royale. Le maintien de cette prérogative récemment consacrée encore par une reconnaissance authentique de la part du roi, pouvait donc faire craindre des conflits de juridiction. On obvia à cette difficulté en déclarant que la nouvelle prévôté ne serait que foraine, c'est-à-dire qu'elle ne comprendrait ni la ville ni la banlieue, mais que, à cette exception près, elle embrasserait toute l'étendue de sa circonscription extérieure.

Pas n'est besoin de faire ressortir les avantages que la ville de Doullens allait trouver dans l'institution dont on venait de la doter. C'était pour elle un nouvel et puissant élément de prospérité. Malgré l'exception dont elle avait été honorée, elle devenait un point important vers lequel allait converger tout le mouvement judiciaire du ressort, et ce ressort lui-même ne devait pas rester longtemps dans les mesquines limites de son origine. Moins de vingt ans après (1244), elle s'accrut des hommages que le comte d'Artois acquit du comte de Ponthieu ou plutôt de la comtesse Marie, de sorte qu'elle forma un territoire assez compact ayant pour principaux centres de division Doullens, Saint-Pol (2), Hesdin et Auxi-le-Château. Évidemment cette augmentation du ressort prévôtal devait se traduire au chef-lieu par un plus grand développement de vitalité, la prospérité d'un centre étant toujours en raison directe du nombre ou de la masse de ses affluents. De plus, les appels de justice prévôtale qui étaient portés au bailliage d'Amiens n'exigeaient pas d'autre déplacement, car le bailli venait à Doullens même tenir ses assises et y terminait toutes les questions dont était appel.

Pendant que les conséquences du traité de Chinon se traduisaient ainsi d'elles-mêmes en

---

(1) Il en fut de même pour Saint-Riquier qui, comme Doullens, avait été détaché du Ponthieu.

(2) Le comté de Saint-Pol appartint alors à plusieurs ressorts. Une partie de la ville séparée par la rivière et tous les villages en deçà depuis Hesdin jusque vers la ville et châtellenie de Pas, ressortissaient à la prévôté de Doullens. L'autre partie, avec la châtellenie de Pas et d'Orville, resta attachée au siège prévôtal de Beauquesne. Plus tard, à partir de 1530, ce dernier n'étendit plus sa juridiction au delà de l'Authie. — Le Carpentier, *Hist. de Cambrai*, t. I.

éléments de prospérité pour la ville et lui créaient des conditions d'autonomie inconnues jusque là, l'échevinage crut que l'utile ne devait pas faire oublier l'agréable. Or, il y avait là tout près un bois dont l'ombrage n'était pas sans charmes et qui pouvait offrir aux habitants de délicieuses promenades. C'était le bois de Bretel appelé *Li Deffois,* à deux pas de la ville et appartenant à Raoul, seigneur de Bretel. L'occasion se présentait favorable pour en acquérir sinon la propriété, au moins la jouissance : Raoul, pressé par le besoin *ad meam magnam necessitatem*, avait emprunté à la commune de Doullens, sans intérêts, une somme d'argent de quatre livres parisis avec promesse de la rembourser avant le tournoi prochain (1). Une fois ce terme passé, le défaut de remboursement entrainait l'obligation pour lui et ses héritiers dans le présent et dans l'avenir de *n'extirper ni essarter* le dit bois ; obligation qui passerait même au futurs acquéreurs. De plus, si avant la prochaine fête de Noël (on était alors au mois d'avril 1243), la commune de Doullens voulait lui compter seize autres livres parisis, l'obligation ci-dessus commencerait immédiatement pour lui, ses héritiers et tout futur acquéreur (2).

La tentation était vraiment trop forte pour n'y pas succomber. Et puis, les habitants auraient bientôt perdu le souvenir de la dépense par la jouissance de ce bois qu'ils pourraient fréquenter à volonté et où ils auraient la liberté de prendre leurs joyeux ébats, de couper de l'herbage, des baguettes, des roseaux verts, de cueillir des fleurs et des fruits s'il s'en trouvait. Les seize livres parisis furent donc payées en deux termes ; et le 10 novembre de la même année, Beaudoin de Camp-Avesne, seigneur de Beauval, confirma les engagements pris envers les échevins de Doullens par Raoul de Bretel, son frère et son homme lige (3).

Mais qu'on ne croie pas que la prospérité des communes n'était pas alors achetée chèrement. Ce n'est pas, au contraire, sans un véritable intérêt qu'on suit, l'histoire à la main, leur courageuse tenacité dans la conquête lente et graduelle de leur émancipation. A peine avaient-elles fait un pas dans la voie de l'affranchissement, que la tyrannie changeait de formes. Pour une chaîne brisée, mille autres liens étaient formés qui retenaient et comprimaient les essais d'indépendance. Aux redevances en argent, aux services en nature avaient succédé toutes sortes de vexations et d'exigences souvent arbitraires, toujours humiliantes, quelquefois même avilissantes. Il fallait lutter, lutter encore, lutter sans cesse pour la franchise des ponts, des voies publiques, des portes, des marchés ; pour les fours, les moulins, les eaux ; pour le droit de bâtir sa demeure et même de la réparer ; pour le droit d'obtenir justice. Delà, des difficultés sans nombre qui entravaient la marche, mais sans décourager les résistances ni arrêter dans son développement l'expansion progressive de la liberté.

Le seigneur de la Ferté percevait un droit de travers à Saint-Riquier. Il semblait

---

(1) C'était l'escrime, dit *Béhourdis,* le premier dimanche de carême. V. D. Grenier, *Introd. à l'hist. de la Picardie.*

(2) V. pièces justif., n° 5.

(3) Voir pièces justif., n° 6.

naturel que les habitants de Doullens en fussent exempts, car la distraction de ces deux villes du comté de Ponthieu et leur inféodation à la couronne, motivaient entre elles des dispositions particulières et de nouvelles facilités de relations. Appartenant à un maître commun, elles devaient concerter tous leurs moyens pour le bien commun; au moins tout obstacle à leur liaison devait disparaître. Saint-Louis le comprit, et fit preuve d'une paternelle bienveillance envers les bourgeois de Doullens, en leur obtenant du seigneur de la Ferté l'exemption du travers à Saint-Riquier (26 février 1242).

Plus tard, ce monarque interposa encore sa haute médiation entre les Doullennais et Guy de Châtillon-Saint-Pol, devenu par alliance seigneur de Lucheux. Cette châtellenie avait été apportée en dot à Philippe-Auguste par Isabelle de Hainaut; mais ce prince ne tarda pas à s'en dessaisir au profit du comte de Saint-Pol, en augmentation du fief qu'il possédait déjà dans le ressort du Vermandois. C'était poser sans le savoir un principe de difficultés pour l'avenir, et Doullens devait en devenir tôt ou tard la victime. Le comte Guy était trop près voisin pour ne pas jalouser les avantages de la ville, trop altier pour ne pas les méconnaître et violer les limites des deux territoires. La guerre s'alluma donc bientôt entre ces rivaux et réclama l'intervention de Saint-Louis, qui obtint aux habitants de Doullens, en échange d'une concession, l'exemption du travers sur les terres du seigneur de Lucheux (1264). Nous rapporterons ailleurs tous les incidents de cette affaire.

Philippe III, successeur de Saint-Louis, ne se montra pas moins bienveillant lors de la visite qu'il rendit à sa châtellenie de Doullens. Rappelons la circonstance qui motiva son voyage. Eléonore de Castille, petite fille de Marie, comtesse de Ponthieu, épousa en 1272 Edouard Ier, roi d'Angleterre, et lui apporta en dot le Ponthieu. Cette alliance qui posait une cause féconde et fatale de luttes dont l'histoire de la Picardie a enregistré les sanglants épisodes, transportait sur une tête couronnée des obligations délicates qui jusqu'alors avaient été d'une exécution plus facile parce qu'elles n'incombaient qu'à un personnage inférieur en dignité. En un mot, le monarque anglais, à raison du comté de Ponthieu, devenait le vassal du roi de France. Philippe-le-Hardi n'était pas pour cela disposé à faire l'abandon de ses droits : il se rendit même à Amiens, et, dans une entrevue avec Edouard, il en obtint l'engagement solennel de l'hommage. Il était là trop près de Doullens pour n'y pas venir visiter sa châtellenie, nouveau fleuron ajouté à sa couronne par le traité de Chinon. Il est permis de croire qu'il céda aux sollicitations des habitants qui profitèrent du séjour qu'il fit dans leur ville pour lui demander la reconnaissance de leur Hôtel-Dieu (1272). L'année suivante, au mois de décembre, il voulut bien encore confirmer par lettres patentes quelques acquisitions faites par la ville pour doter son hôpital. Il y appelle Doullens sa commune : *majori, scabinis, totique communitati nostræ de Dulendio.*

Philippe-le-Bel, à son tour, voulant devenir seul maître à Doullens, racheta de Guy de Candas, seigneur de Belloy, dix livres parisis de rente sur le travers de cette ville (1287). Nous avons vu que ce Guy de Candas avait son hôtel, dit de Belloy, situé au-dessous de l'église Notre-Dame. C'était le chef-lieu de recette de ses nombreuses redevances. La commune obtint en outre pour elle, pour sa banlieue et l'étendue de ses paroisses, l'exemption de la taille (1).

Mais ce qui domine déjà à cette époque dans l'histoire de Doullens, ce sont les luttes nombreuses de l'échevinage, lesquelles étaient la conséquence des priviléges concédés par la charte de commune ; et peut-être n'avait-on pas entrevu tout d'abord les conflits auxquels on ouvrait la porte. En investissant la commune des droits de justice patrimoniale, c'est-à-dire du droit d'être seule juge dans l'étendue de la ville et de la banlieue, on portait atteinte à l'organisation féodale; on élevait la bourgeoisie à la hauteur des prétentions seigneuriales, et on consacrait même l'infériorité des seigneurs dont les fiefs étaient assis dans les limites de sa juridiction. Que les rois aient travaillé à cet abaissement de la féodalité par la reconnaissance qu'ils firent des chartes de priviléges, on le comprend ; leur intérêt était directement engagé dans la cause. En effet, le pouvoir des seigneurs n'avait grandi qu'aux dépens de l'autorité royale, et l'autorité royale ne pouvait se rétablir qu'aux dépens du pouvoir des seigneurs. Mais comment espérer que les seigneurs accepteraient cet abaissement, accoutumés qu'ils étaient à l'absolutisme et à l'indépendance ? Leur orgueil, leurs idées, leurs traditions devaient repousser dans la commune un ennemi d'autant plus à redouter qu'il avait su exploiter les circonstances pour faire convertir en droits et consacrer solennellement des prétentions jusque là inouïes. Le *delenda Carthago* devint donc le programme de leur politique; et s'il ne put toujours se traduire par le fer et la flamme, il eut du moins son expression dans une résistance de tous les jours.

Doullens érigé en commune, devenu ville de loi et ville d'arrêt, était environné de seigneurs qui durent s'accommoder fort peu des priviléges qu'il avait su conquérir et faire reconnaître. C'étaient autant de rivaux puissants, blessés de se voir dépossédés de droits admis jusque là et exercés sans conteste. Ils jurent de ne point souscrire aux restrictions qui leur sont imposées ; et jamais ils ne consentiront à être les justiciables de la bourgeoisie. Ils ébrèchent donc les limites de la banlieue pour étendre l'action de leur justice seigneuriale jusqu'à leurs fiefs, quelque part qu'il se trouvent. Sans cesse ils envahissent ce territoire privilégié, tantôt pour y saisir les coupables que réclament leurs prisons, tantôt pour y percevoir les amendes dont leur coffre a besoin. Comtes ou barons, seigneurs ecclésiastiques, monastères, tous protestent, et tous successivement joignent les actes aux protestations. Mais ils ne savent pas les trésors de vitalité et d'énergie que la nouvelle commune a déjà amassés au sein de son échevinage. Forts de leurs droits, résolus d'apporter dans la défense la même tenacité qu'ils ont mise dans la conquête, ils sont là toujours debout, les mandataires de la petite cité, veillant aux intérêts qui leur sont confiés, prêts à la lutte et disant à chaque tentative d'empiétement : *tu ne passeras pas*. Et presque toujours la voix des prévôts et les arrêts du parlement sanctionnant les jugements rendus

---

(1) La *taille* primitive était un droit féodal que les seigneurs levaient sur leurs serfs. Plus tard, devenue impôt public, elle ne fut permanente que sous Charles VII, à dater de 1439. (Chéruel., *Diction.*)

au profit du défendeur, répètent sur le ton souverain de la justice, répètent à l'envahisseur : *tu ne passeras pas*. Ce caractère de la petite cité, déjà si accentué dès le XIII° siècle, nous le retrouverons à toutes les époques de son histoire.

CHAPITRE IV.

(1300—1400.)

Doullens prend part aux démêlés de Philippe-le-Bel et de Boniface VIII. — Les Templiers y ont une maison. — Sa châtellenie est inféodée à celle de Lucheux. — Sa prévôté supprimée. — Conséquences des batailles de Crécy et de Poitiers.— Les Doullennais s'opposent aux Anglais.— Jacquerie. — Élection. — La ville contribue à l'entretien des ôtages retenus en Angleterre à la place du roi Jean. — Lettres de ce monarque. — Tour de Beauval. — Doullens fait retour à la couronne. — Nouvelles armoiries de la ville. — Le Ponthieu réuni à la couronne. — Le duc de Bretagne brûle Lucheux. — Beffroi. — Voyage de Charles VI à Doullens. — Causes qui y amènent le duc de Bourgogne.

Les premières années du XIV° siècle furent sérieusement agitées par la querelle qui divisa le pape Boniface VIII et Philippe-le-Bel, et dont les droits de régale furent la première cause. Le roi de France excommunié, et à la veille de voir son royaume placé sous l'interdit, convoqua pour le mois de juin 1303 les trois ordres de l'Etat, afin d'intéresser à sa cause tout ce qu'il y avait de considérable parmi ses sujets. L'assemblée lui accorda tout ce qu'il voulut, et adhéra avec unanimité à l'appel de la conduite du pape au futur concile dont elle approuvait la convocation ; mais afin d'obtenir un concert général des provinces avec la capitale, le roi envoya dans tout le royaume des lettres circulaires, et partout on signa les deux articles proposés : *la convocation du concile et l'appel*. En trois ou quatre mois, plus de sept cents actes d'acquiescement furent donnés par des archevêques, des évêques, des chapitres, des couvents d'hommes et de femmes ; par des villes, des provinces, des princes et des gentilshommes. « Il est a remarquer, dit un historien, qu'en tous les actes
» surtout des villes, on trouve des clauses : nous nous soumettons et ceux qui dépendent
» de nous, à la protection de notre mère sainte Eglise, du concile et autres qu'il appar-
» tiendra en ce qui concerne le spirituel seulement. Le roi a reçu la puissance de Dieu pour
» la défense et l'exaltation de la foi, à quoi les prélats sont appelés par la sollicitude

» pastorale (1). » On voit que l'Eglise gallicane avait déjà un grand amour pour ce qu'on est convenu d'appeler *ses libertés,* amour que l'auteur que nous venons de citer traduit par : *crainte du roi notre maître* (2).

La ville de Doullens réunie à la couronne, suivant d'ailleurs l'exemple de l'évêque d'Amiens, ne pouvait manquer de faire acte d'adhésion aux volontés du monarque. Elle déclara donc en appeler au futur concile de ses droits violés par le pape, et n'oublia pas de limiter sa foi par la clause : *quantum spiritualitatem tangit.* Le même acte d'appel fut fait par l'abbesse et les religieuses de la royale maison de Saint-Michel, dont Philippe-le-Bel venait d'amortir tous les biens (3).

Il fallait que la royauté fût déjà bien puissante alors pour obtenir une telle unanimité ; car l'avarice du monarque avait créé dans tout le royaume un si grand désordre que la valeur du numéraire était devenue à peu près idéale. Il avait donné à chaque pièce une plus value d'un tiers sur les cours des règnes précédents, et cette altération des monnaies avait soulevé des murmures qui se traduisaient même par le nom de *faux-monnayeur* sur les lèvres du peuple, d'accord en cela avec le pontife romain.

Un des événements les plus remarquables et les plus dramatiques du règne de ce monarque fut la destruction de l'ordre des Templiers. On sait les vaines formalités et les démonstrations judiciaires dont on fit étalage dans l'instruction du procès qui précéda. Les villes du royaume furent invitées à envoyer des députés pour l'examen de cette grande affaire. Nous n'avons pas trouvé preuve que Doullens eût été représenté aux états-généraux de Tours, et pourtant, il est incontestable que la ville a possédé dans son enceinte une maison de Templiers. L'historien d'Abbeville, M. Louandre, ne cite, il est vrai, que quatre établissements de cet ordre dans le Ponthieu, à Waben, à Abbeville, à Oisemont et à Domart. M. Michelet, dans son ouvrage qui a pour titre : *Procès des Templiers,* garde aussi sur Doullens un silence absolu ; mais le P. Daire nous apprend formellement qu'il y avait une maison du Temple.

Sans prétendre attribuer à l'existence des Templiers de Doullens une importance que contredirait le silence des historiens, il nous est permis de reconnaître que leur demeure,

---

(1) Dupuy. *Hist. du différent*, p. 19.

(2) *Ne indignationem Domini nostri Regis incurrere..... possitis.* Ibid. p. 163.

(3) *Arch. imp.*, sect. hist., *Trésor. des Ch. J. cart.* 448, n° 564. — Nous avons avons vu aux Archives de l'Empire cette pièce sur parchemin, parfaitement conservée, mais d'une écriture mal faite. Nous ne l'avons pas copiée, parce qu'elle n'est elle-même que la copie d'une formule générale envoyée par le roi à tous les établissements religieux et monastiques de cette époque. Elle commence par ces mots : « *Univer-* » *sis præsentes litteras inspecturis, soror Johanna Dei* » *gracia humilis abbatissa domus sancti Michaelis de* » *Durlendo Ambianensis diœceseos ordinis sti. Bene-* » *dicti etc.,* » et finit par ceux-ci : « *Datum anno* » *Domini M. C. C. C. tercio die veneris post festum* » *Beati Bartholomei apostoli.* » Le lecteur qui voudrait connaître la formule en son entier, peut la lire dans les notes justificatives du 1er volume de l'histoire de Montdidier par M. De Beauvillé. M. Warmé n'a pas compris ce point d'histoire. (Voir son *Hist. de Doullens*, p. 175.)

L'acte d'adhésion de l'échevinage de Doullens n'est plus aux archives impériales. C'était également une formule générale que M. de Beauvillé a insérée. Loc. cit.

n'eût-elle été, après tout, qu'un chef-lieu de recette féodale (1) ou une maison de refuge, offrait certaines conditions d'étendue. Elle était située rue des Maiseaux, depuis la rue Saint-Martin jusqu'à la rivière, le long de laquelle elle s'allongeait en arrière. Le P. Daire qui nous donne les bouts et côtés de cet établissement aurait ajouté à notre reconnaissance s'il nous eût dit ce qu'entendait en 1236 Jean d'Authieule par la maison du Roi en face de laquelle il désignait le moulin des Maiseaux : *Ante domum regis*. Nous voulons bien cependant ne pas voir là de contradiction, s'il nous est accordé de nous représenter cette maison du roi sur l'emplacement ou s'élèvent aujourd'hui les écuries dites du roi,

Enfin, nous abandonnons à l'appréciation du lecteur la valeur du témoignage suivant. C'est le testament sur parchemin du sieur Belleguise qualifié de secrétaire à la recette générale de Paris. Il y est dit que ce Belleguise voulant soustraire aux Espagnols qui avaient fait une invasion en France, un immense numéraire, vint à Doullens dans l'intention d'en confier le dépôt aux souterrains silencieux de la maison du temple. Mais il ne tarda pas à s'apercevoir que d'autres, avant lui, avaient compté sur la sûreté de ce lieu. Il y trouva dans un caveau inconnu, et renfermés dans des tonneaux, des vases sacrés en or et en argent, des lingots de même matière ; un service de table d'une très-grande richesse, également en or et en argent ; treize bagues ornées de diamants ; une médaille à l'effigie de Jules César... C'était le trésor des anciens chevaliers du temple. Belleguise le grossit du sien, ferma soigneusement le caveau, et le silence s'assit de nouveau sur le seuil. Que devinrent ces richesses ? Les ruines amoncelées par les guerres n'auraient-elles servi qu'à les enfouir davantage ?....

Les historiens du pays sont plus explicites lorsqu'ils nous rappellent le riche don que Louis-le-Hutin fit à Guy de Châtillon, comte de Saint-Pol. Nous avons vu que ce comte, grand bouteiller de France (2), l'un des plus puissants seigneurs de son temps, avait été obligé d'accepter la haute méditation de Saint-Louis, dans ses différends avec la commune, et d'accorder aux bourgeois l'exemption du péage et du travers à Lucheux, en échange des droits qu'il réclamait sur son bois de la Prumeroye, enclave de la banlieue. Cette décision arbitrale sous laquelle il avait dû courber son orgueil avait, comme le jugement de Pâris, laissé dans son âme un amer souvenir et un dépit secret :

Manet altâ mente repostum
Judicium Paridis....... (Eneid. liv. I, v. 26).

Aussi, à peine Louis-le-Hutin fut-il monté sur le trône, que le comte exploita en février

---

(1) Par lettres de 1161, Jean, comte de Ponthieu, donna aux Templiers de *Sériel* une rente *percevable* à *Doullens*. (A. I. Sect. hist. S. 5061, n° 62.)

(2) Le grand bouteiller, dit du Tillet, avait assistance et opinion à la cour des pairs ; avait taux et prix particulier de poisson en la ville de Paris pour la provision de sa maison ; prenait cent sols de chacun prélat de fondation royale à sa nouvelle provision, quand il faisait son serment de fidélité ; et estoit à cause de son office, l'un des deux présidents en la chambre des comptes de Paris. — *Recueil des Roys de France*, t. I.

1315, l'inexpérience de ce prince au profit de sa vengeance. Sa cupidité n'était pas moins vivement alléchée par l'appât des revenus prévôtaux. Cédant donc aux désirs de Guy, et pas assez soucieux de l'intérêt de ses justiciables, le jeune monarque le gratifia de la ville et châtellenie de Doullens pour être réunies au fief de Lucheux à titre d'augment, et être tenues héréditairement par un seul et même hommage, sous le ressort du bailliage du Vermandois (1).

« Il aurait été plus rationel, dit très-bien M. Bouthors, de rattacher Lucheux à Doullens, » que Doullens à Lucheux ; mais il y avait pour la première de ces deux châtellenies des » droits d'antériorité qui déterminèrent sa prédominance. Lucheux qui avait été apporté » en dot à Philippe-Auguste par Isabelle de Hainaut fut, en 1198, donné par ce monarque » au comte de Saint-Pol, en augmentation du fief qu'il possédait déjà dans le ressort du » Vermandois. Or, pour rattacher Lucheux à Doullens, il aurait fallu rompre le lien de la » première annexion et constituer deux fiefs au lieu d'un ; Doullens fut donc sacrifié à une » considération toute politique qui ne permettait pas d'imposer au vassal l'obligation d'un » double hommage (2). »

Mais cette inféodation d'une ville, siège de prévôté, à un bailliage soumis à une coutume différente entraînait des inconvénients graves par rapport à l'administration de la justice. Il n'y avait plus d'unité possible ; c'était une Babel véritable et le point de départ de bien des anomalies. Aussi se décida-t-on à l'adoption d'une mesure pénible mais devenue nécessaire. La prévôté de Doullens fut supprimée, et le seigneur de Lucheux, qui en avait convoité les revenus, les vit passer avec les débris de son ressort aux prévôts de Saint-Riquier, de Beauquesne et de Montreuil. Lucheux, après cet acte de désunion, resta seul au milieu du bailliage d'Amiens comme un élément hétérogène soumis à l'empire de la coutume du Vermandois (3). Mais cet isolement de son vainqueur ne pouvait être pour Doullens une compensation suffisante ; car, quoique conservant toujours sa justice patrimoniale, la ville était privée des assises que le bailli d'Amiens y venait tenir pour les appels. Réduite, pour ainsi dire, aux proportions du village auquel elle venait d'être inféodée, elle était en droit de craindre un instant pour ses libertés conquises par tant de persévérance si, l'année suivante (1317), son nouveau maitre n'avait consenti à confirmer sa charte de commune, et après lui le roi Louis, son trop bienveillant protecteur.

Le prieur de Bagneux aurait montré, paraît-il, moins de soumission au seigneur de Lucheux, mais le parlement se mit du côté du plus fort, et un arrêt condamna le récalcitrant au paiement d'une rente annuelle au profit du demandeur. L'abbaye du Gard fut plus heureuse : elle obtint de la comtesse de Saint-Pol des lettres confirmatives d'une donation de cens et autres redevances sur Doullens (1321) : *Nos Maria de Britanniâ, comitissa Sancti-Pauli, et Johannes, filius ejus, comes Sancti-Pauli,* etc.

Toutefois, Doullens dut à sa séparation du Ponthieu d'échapper à toutes les conséquences

---

(1) Brussel, *Usage des fiefs*, t. I, p. 33.
(2) *Coutumes locales*, t. II, p. 5.
(3) *Coutumes locales*, t. II, p. 5.

fâcheuses qui découlèrent du transport par alliance de ce comté aux mains des rois d'Angleterre. De vifs débats s'élevèrent entre les nouveaux maîtres et les communes leurs vassales à l'occasion de leur juridiction et du maintien de leurs priviléges ; mais la querelle devint bientôt plus grave entre les monarques rivaux. Le Ponthieu fut mainte fois confisqué, puis restitué, et ses habitants, forcément intéressés à tant de luttes et de vicissitudes, changèrent de fortune chaque fois que les événements leur amenaient une nouvelle domination.

La haine des prétendants se traduisit enfin par une guerre désastreuse dont les plus sanglants épisodes furent les massacres de Crécy et de Poitiers. Le roi Jean, fait prisonnier à cette dernière bataille, laissa le royaume dans l'anarchie la plus profonde. Les malheurs qui accablèrent le pays prirent de telles proportions que la France paraissait descendre fatalement la pente des abimes. Les villes, privées de l'appui qu'elles devaient trouver dans la royauté, furent contraintes de prendre une courageuse initiative et d'aviser entre elles à leur conservation. Des assemblées convoquées pour délibérer sur les moyens de défendre la Picardie virent arriver à elles les députés des différentes villes de cette province. Le nom de Doullens ne figure pas sur ces listes d'honneur. Hélas ! nous venons de le dire, c'est que cette cité ne comptait plus parmi les éléments de force et de puissance. Sa vie s'en allait absorbée par ses nouveaux maîtres et comprimée sous les entraves de son état de minorité. Paralysée dans son essor, déshéritée de tout mouvement, elle n'acceptait pourtant pas l'immobilité. Incapable de se déshabituer de ses libertés, elle sut toujours lutter pour les défendre et elle eut même pour la patrie des réveils d'énergie qui durent faire regretter l'injustice du sort auquel on l'avait condamnée. Les Anglais, vainqueurs à Crécy, ne voulaient pas s'en tenir à cet unique triomphe dont l'importance devait en effet leur donner l'espoir de nouveaux succès, et une irruption allait peut-être déchaîner sur la Picardie la ruine et la mort, sans la résistance des villes voisines et de Montreuil en particulier, auxquelles Doullens apporta le tribut de courage de ses habitants, récompensé encore, trois siècles après, par le roi Louis XIII. C'est ce monarque lui-même qui, dans sa charte de 1616, déclare s'être inspiré de ces souvenirs pour renouveler la confirmation des priviléges de cette ville.

Le désastre de Poitiers avait bien autrement aggravé la situation du royaume, et en particulier de la Picardie. Car comme un abîme en appelle un autre, aux calamités qui sont les compagnes obligées de la guerre, étaient venues se joindre les odieuses scènes des discordes civiles. La captivité du roi en donna le signal ; et pourtant il avait fallu des flots de sang pour éteindre la terrible insurrection de la Jacquerie qui s'était appesantie principalement sur la basse Picardie. Cette leçon, malgré sa rigueur, fut impuissante à prévenir les conspirations et à décourager les conspirateurs. Il est vrai que ce n'était pas seulement aux richesses de quelques nobles et puissants seigneurs qu'en voulaient les Navarrais ; Charles-le-Mauvais, roi de Navarre, leur chef, portait plus haut ses coupables visées, et il ne fallait rien moins à son ambition que la couronne de France. Pour l'usurper, tous les moyens lui parurent bons : chef d'une nombreuse bande d'aventuriers à sa solde, « *il guerroyait le royaume* » et particulièrement la Picardie. Et c'étaient de redoutables adversaires que ces Navarrais. « *Quand ils avaient avisé un châtel ou une forteresse ne doutaient point de* » *l'avoir.* » « *Jehan de Picquigny, picard, bon Navarrais, contraignait mallement, avec ses* » *gens, ceux d'Amiens et tout le pays de Picardie.* » Déjà, en dédommagement de leur insuccès sur Amiens, ils étaient maîtres de Saint-Valery et de plusieurs autres places. La nécessité d'imposer un terme à leurs ravages se faisait sentir. Un appel fut donc fait aux communes de la province et elles y répondirent par l'envoi de gens d'armes à pied et à cheval. Doullens fut du nombre, et il pouvait d'autant moins s'en dispenser qu'il relevait du comte de Saint-Pol, seigneur de Lucheux, l'un des commandants de l'expédition.

C'est aux difficultés de cette époque que se rattache la création de l'élection de Doullens. La guerre que le roi Jean soutenait avec l'Angleterre avait épuisé les ressources de l'Etat, et la question de finances le préoccupait vivement. Peu enclin à partager avec la bourgeoisie sa souveraineté et l'administration du royaume, il lui fallut céder à la nécessité et convoquer les états généraux pour leur demander le vote d'une *aide suffisante aux frais de la guerre*. Ceux-ci accordèrent le subside, mais à des conditions nettement formulées, c'est-à-dire que l'assemblée voulut régler elle-même la perception et l'emploi des deniers publics, nommer des commissaires généraux pour faire la répartition de l'impôt dans les provinces et en surveiller la perception. Ces receveurs, nommés par les états, et comptables à eux seuls, pouvaient établir des sous-commissaires chargés de la même mission dans les localités moins importantes. Ces derniers s'appelaient *élus* à cause de leur origine, et la circonscription soumise à leur autorité se nomma *élection*. Doullens devint donc le centre et le siège d'une juridiction semblable dont l'étendue fut considérable, puisque Montreuil, Saint-Riquier, Ardres et le comté de Guines y ressortissaient. Cette mesure, qui impliquait une pensée de défiance à l'endroit des officiers royaux, consacra la soustraction de l'administration des finances aux attributions des prévôts (1).

Doullens ne trouvait pas encore là une compensation aux pertes qu'il avait faites, et le régent était trop embesogné au rétablissement de la paix dans le royaume pour songer à rendre à la cité ses anciens éléments de prospérité. Et puis, le concours du comte de Saint-Pol était nécessaire à la cause du roi, et c'eût été l'irriter à contre-temps que d'essayer de détacher cette belle annexe du fief de Lucheux. Sans doute elle se serait volontiers rédimée à prix d'argent ; et sa fierté sous ce rapport était au niveau des plus grands sacrifices. Elle le montra plus tard, mais cette fois elle dut attendre encore et paya tout de même. Laissons parler M. Augustin Thierry :

« L'un des articles du traité de Brétigny qui mit fin à la captivité du roi Jean, portait
» que quarante otages seraient envoyés en Angleterre pour y prendre la place du monarque
» et y demeurer jusqu'à la complète exécution du traité. Une partie de ces otages devait
» être prise parmi les bourgeois des bonnes villes de France. En conséquence, plusieurs

---

(1) Daire. — Chéruel. Dict.

» d'entre elles, sur l'ordre qu'elles en reçurent, envoyèrent deux de leurs citoyens les plus
» notables auprès du roi, à Calais : la ville d'Amiens fut du nombre. Les deux otages
» qu'elle fournit furent envoyés tant en son nom qu'en celui des quatre communes voi-
» sines : Corbie, Saint-Riquier, Montreuil et Doullens. Mais celles-ci refusèrent de s'impo-
» ser pour leur quote-part des tailles extraordinaires destinées à l'entretien des otages. Sur
» la réclamation des Amiénois, le roi Jean *voulant garder égalité entre ses bonnes villes*,
» ordonna que pendant la durée du séjour des otages en Angleterre, les habitants de Corbie
» seraient imposés à deux cents livres par an, Montreuil à la même somme, Saint-Riquier
» et Doullens, chacun à 100 livres. Les quatre villes ne se soumirent pas et en appelèrent
» au Parlement, sur ces deux motifs que, pour aucune dépense, elles n'étaient dans l'usage
» de contribuer avec Amiens, et que si elles y consentaient dans le cas présent, elles y
» seraient grevées outre mesure par les sommes mises à leur charge, attendu qu'elles étaient
» loin de posséder les priviléges dont jouissait la commune d'Amiens. »

Par l'arrêt rendu le 9 août 1361, le parlement maintint le principe de la contribution commune des cinq villes ; mais il réduisit la part de Corbie à 120 livres, celle de Montreuil à 160 ; fixa 60 livres pour Saint-Riquier et pareille somme pour Doullens. Peut-être est-il permis de juger par la différence de ces chiffres de l'importance de ces quatre villes au xiv° siècle (1).

Outre l'entretien de ces otages, il fallait encore payer la rançon du roi, et ce n'était pas chose facile de trouver l'argent nécessaire, car la France était épuisée. Des impôts nouveaux furent établis, des taxes extraordinaires frappèrent les marchandises. « Nous avons encore
» au trésor des chartes, dit M. Michelet, les quittances des payements. Ces parchemins font
» mal à voir ; ce que chacun de ces chiffres représente de sueurs, de gémissements et de
» larmes, on ne le saura jamais. » Et ce n'était pas tout : il y avait dans la Picardie même les *grandes compagnies*, composées d'aventuriers, mais bien commandées, qui désolaient les campagnes. Et le gouvernement était impuissant à empêcher et à soulager ces malheurs.

On comprend qu'en présence de la France en dissolution le roi Jean ait laissé au Dauphin le gouvernement de l'Etat. Mais qu'est-ce donc qui l'obligeait à déserter son peuple appauvri pour sa cause ? Les uns disent qu'il partit pour l'Angleterre dans l'intention de terminer un désaccord survenu par rapport aux clauses du traité de Brétigny ; les autres prétendent qu'il n'y alla que pour son plaisir. Doullens ne le laissa pas partir sans lui présenter une requête. La commune venait d'acheter la tour de Beauval du consentement de Jeanne de Luxembourg, comtesse de Saint-Pol, alors dame de Doullens. Cette acquisition faite « par éclichement et département de paierie, » le roi fut humblement supplié de la confirmer ; et les archives de la ville possèdent encore les lettres de ce monarque datées d'Hesdin (1363).

« Jehan, par la grace de Dieu roi de France et de Navarre ; vu la supplication de nos amez
» les maieur, eschevins et communauté de la ville de Dourlens, représentans que come ils

(1) V. pièces justif., n° 7.

» avoient ville de Loy, cloche, scéel et banlieue, et leur belfroy que ils ont à présent en
» icelle ville est de grant anchienneté et moult empirié et affaibli, et ils avoient naguair
» acheté de nostre amé le s^{gr} de Beauval, cha quy à présent est un manoir et tour que il
» avoit en lad. ville de Doullens, appelé la tour de Beauval, avec tous les droitz et appar-
» tenances d'iceulx, par le gré, accort et consentement de nos chers et amez cousin et cou-
» sine le comte et la comtesse de Sainct-Pol qui lad. ville de Doullens tiennent de nous, et
» desquels le s^{gr} de Beauval tenoit en hommage de leur châtellenie et fief de Doullens lad.
» tour, manoir et appartenances, avec paierie de sa ville de Beauval. En telle manière que
» lad. tour et manoir devant estre séparés, esclissés et départis desd. hommages et paierie
» de Beauval, et désormais estre tenus desd. comte et comtesse, de leurs hoirs et successeurs
» par dix soulz de cens tant seulement par chacun an par les dessus dits de Doullens, et
» par leurs successeurs, à cause de lad. ville à iceulx comte et comtesse, sans autre service
» ou redevance quelconque ; et pour ce que la devant dite tour et manoir et appartenances
» estoient tenus avec ledit fief et paierie de Beauval de nous en arrière fié, comme dit est,
» et que iceulx de Doullens avoient et ont intention de faire belfroy ou tems à venir de
» lad. tour, se faire et supporter pouvoient les coustemens, mises et deppens de ce,.....
» Nous inclinans à leur supplication, considérans les choses dessus dites, et pour contem-
» placion des bons et agréables services que lesd. supplians nous ont faits en plusieurs
» manières, tant au faict de nos guerres comme aultrement dont nous sommes plainement
» informé ; A iceulx avons accordé, octroié et donné licence et par la teneur de ces pré-
» sentes de grace spéciale, certaine science, plain pouvoir et autorité royale, octroions,
» accordons et donnons licence que ils puissent icelle tour, manoir et appartenances
» prendre, posséder et tenir à tousjours, perpétuellement, pour eulx, leurs hoirs et succes-
» seurs au prouffit d'iceulx et de lad. ville de Doullens, par esclissement et département
» de lad. paierie, comme dit est, et que de lad. tour puissent ou temps à venir faire belfroy
» en lieu et pour celui qu'ils ont à présent, mettre cloches, faire prison et tout ce qu'à bel-
» froy de lad. tour peut et doit appartenir, se il leur plaist et belfroy en veullent faire, sans
» qu'eulx ou leurs hoirs ou successeurs soient pour les choses dessus dites tenus à nous ou
» à nos successeurs ou gens, payer, ne faire aucune finance ou solution, laquelle se tenus
» y estoient en aucune manière, nous leur avons donné, quicté et remis, et encores donnons
» quictons et remettons par ces présentes. Si donnons en mandement, etc. Donné à Hesdin
» l'an de grace mil ccc soixante et trois, ou mois de décembre (1). »

Après avoir constaté par ce fait que Doullens ne voulait pas abdiquer le soin de sa défense, ni laisser périmer au milieu des malheurs publics les priviléges de la commune, abordons le récit d'un événement bien autrement intéressant pour la ville et qui rattacha au nom du Dauphin, devenu Charles V, les plus chers souvenirs de sa reconnaissance.

« Si jusque là la main royale avait été toute puissante pour saisir ce qui était à sa con-

---

(1) *Arch. imp.* Sect., hist. JJ. Reg., 95, p^{ce} 140.

» venance, dit M. Bouthors, elle n'avait pas eu la même force pour retenir ce qui avait été
» appréhendé. » Les princes avaient donné à leur politique pour principal ressort une prodigalité ruineuse qui ne trouvait tout au plus son excuse que dans la nécessité où ils se voyaient réduits de n'être fidèlement servis qu'à la condition de rémunérer avec une grande générosité. Mais ces libéralités irréfléchies tarissaient les revenus royaux ; et les embarras de la situation financière multipliés par les malheurs de la guerre se traduisaient ouvertement par des plaintes et des murmures. Déjà les états generaux avaient donné à leurs votes de subsides une couleur de défiance et signalé, comme cause du mal, les dilapidations faites au profit des grands seigneurs. La ruine était au bout d'un pareil système ; et, pour empêcher les rois d'épuiser ainsi plus longtemps les ressources de leur trésor, il fallait enchaîner leur main en posant résolument le principe de l'aliénation du domaine de la couronne. Le remède était violent sans doute, mais la nécessité le fit appliquer immédiatement ; et pour prouver que sa mise à exécution serait chose sérieuse, on lui donna un effet rétroactif. La couronne travailla donc aussitôt à réunir tout ce qui avait été aliéné déjà depuis Philippe-le-Bel.

« La prévôté de Doullens se trouvait précisément dans ce cas depuis cinquante ans.
» Charles V, par ses lettres du mois de septembre 1366 (1), en ordonna la réunion, annu-
» lant ainsi la concession que Louis-le-Hutin avait faite en 1316 au comte de Saint-Pol. »
Toutefois il avait déclaré au mois de juin de l'année précédente (2) que la mesure ne s'accomplirait en fait qu'à l'expiration des baux à ferme passés avec les prévôts qui avaient traité dans la persuasion que l'état de disjonction serait maintenu. « L'édit royal motive la
» réunion non-seulement sur l'intérêt public, mais encore sur l'intérêt particulier des
» habitants de la ville de Doullens qui la réclament comme une réparation du préjudice que
» l'acte de disjonction leur a fait épouver. Ils avaient en effet exposé dans leurs doléances
» que leur ville, depuis qu'elle n'était plus le siège de la prévôté, avait cessé d'attirer une
» foule d'étrangers que la tenue périodique des assises y appelait auparavant. Mais la
» meilleure de toutes leurs raisons fut un présent de 500 florins qu'ils firent au roi pour
» le mieux disposer à la réintégrer sous son obéissance immédiate (3). »

Le proverbe vulgaire : *Payez et vous serez considéré* avait, parait-il, son application au xive siècle ; et, malgré sa vulgarité, il trouvait entrée dans la politique des rois, tant il est vrai qu'en tout temps l'argent a eu son éloquence. Voici, en effet, qu'en présence de 500 écus d'or la mémoire revient à Charles V, et il se souvient *qu'en la ville de Doullens anchiennement souloit avoir moult grand et noble siége royal en chastellenie, prévôsté*, etc. Et puis, le maieur, les échevins et les bourgeois lui redeviennent chers, *dilecti nostri major, scabini, burgenses*

---

(1) P. Daire. Voir pièces justif., n° 8.
(2) On voit dans les archives de la ville l'original sur parchemin de ces lettres. V. aussi Daire et *Arch. imp. S. hist. J. R. 98 p^{ce} 425*. — Une ordonnance royale du 8 février 1362 portait que les prévôtés seraient données à ferme. (Ordon. des rois de France, t. III, p. 609.)

(3) Bouthors. — *Loc. cit.* Les arch. de la ville contiennent la quittance des 500 florins. Voir pièces justificatives, n° 8 (bis).

et habitantes. Il reconnait que la séparation de la ville d'avec la couronne n'a pu être que très-dommageable à l'une et à l'autre : *Non sine nostris magnis et ipsorum gravibus incommodis.* D'ailleurs, de son propre aveu, les Doullennais ont toujours fait preuve d'amour, d'obéissance et de bon vouloir parfaits envers la royauté : *Amore, obedientia et voluntate veris et perfectis.* Mais surtout ils paient comptant et avec tant de générosité cinq cents écus d'or ! *Mediantibus etiam quingentis francis auri quos nobis propter hoc liberaliter dederunt, et quos confitemur recepisse in pecunia numeratos* (1).

Outre ce retour à la couronne, le monarque prescrivit encore une participation plus active des hommes de loi à l'administration de la justice prévôtale qui pouvait exercer ses actes dans les causes civiles sans le concours, autrefois nécessaire, des francs-hommes ou tenanciers féodaux. C'était une heureuse innovation, un progrès réel. La ville, de son côté, sortait de l'état de minorité et d'affaiblissement auquel elle avait été réduite. Elle retrouvait ses anciens titres de gloire, et regardant dans l'avenir avec plus de confiance, se promettait une énergie nouvelle qui ne tarda pas, en effet, à se faire sentir par une plus grande impulsion donnée à son industrie drapière. Le roi satisfait voulut encore lui témoigner sa faveur en l'autorisant à porter : *de France* (c'est-à-dire *d'azur semé de fleurs de lys d'or* sans nombre) *à l'écu d'argent chargée d'une croix de gueules,* avec cette belle devise : *Infinita decus lilia mihi præstant.* Enfin, il confirma ses priviléges, et le bailliage d'Amiens maintint son échevinage dans tous les droits de la vicomté, ne laissant aux seigneurs particuliers qu'une justice foncière nécessaire à la sauvegarde des droits de leur seigneurie. Le bailli lui restitua en particulier le droit d'afforage, c'est-à-dire, de percevoir une certaine taxe sur les vins mis en vente dans toute l'étendue de la ville et de la banlieue.

Charles V fatigué de voir les Anglais faire du Ponthieu dont ils étaient les maîtres, un réceptacle de pillards et le rendez-vous privilégié de tous les ennemis du nom français, résolut d'en finir avec ces éternels brouillons qui, malgré toutes les hontes qu'ils avaient infligées à notre gloire nationale dans le fatal traité de Brétigny, ne se faisaient pas faute d'en violer ouvertement les dispositions. En conséquence, de l'avis des jurisconsultes et des prélats du royaume, ce comté fut réuni à la couronne de France (1369). Le roi anglais ne tarda pas à faire d'incroyables efforts pour relever sa puissance déchue, et le Ponthieu devint, pour longtemps encore, un théâtre de dévastations et de ruines. Vingt fois il revint à la charge; mais ses armées rencontraient tantôt sur mer la tempête qui en dispersait les débris, tantôt sur terre Duguesclin qui les refoulait à la côte. Et pourtant le duc de *Bretagne,* transfuge et partisan d'Edouard III, *moult courroucé du dommage des Anglais,* fit une alliance offensive et défensive avec leur roi, qui lui envoya des troupes. Doullens eut la douleur de le voir passer sous ses murs ne laissant derrière lui que des champs dévastés. « C'est un orage, disait le roi de France ; il se dégâtera de soi-même ; » et en effet, ces

---

(4) Cette charte relative au rétablissement de la prévôté de Doullens, trop longue pour trouver place ici, est aux Arch. imp. f. Gren. t. 232, f° 300, et dans le cartulaire en parchemin aux arch. de Doullens, f° 9.

troupes ne firent pas grand dommage. « Elles vinrent, il est vrai, devant Lucheu, un très-
» bel castel du comte de Saint-Pol, rapporte Froissart ; si ardirent la ville mais le château
» n'eut garde. »

Doullens mit à profit sa non-intervention dans la lutte et se servit des loisirs qui lui étaient faits pour exploiter le bénéfice de sa récente réunion au domaine royal. La ville obtint du monarque de nouvelles lettres patentes confirmatives de son affranchissement du travers à Saint-Riquier (28 août 1368) ; elle ne put reconquérir encore, il est vrai, le privilége du sel, mais la chambre des comptes octroya aux habitants la permission de s'approvisionner aux salines de la sénéchaussée (1383). La question de beffroi lui suscita plus de difficultés : la commune avait bien son beffroi depuis sa création, c'est-à-dire depuis près d'un siècle et demi. C'était à peu près une ruine qu'on avait appropriée au plus vite à cet usage, mais indigne de rester plus longtemps le siége de l'échevinage. Le roi Jean, autorisant le corps de ville à acquérir la tour de Beauval pour la transformer en beffroi, avait même reconnu par ses lettres patentes de 1363, datées d'Hesdin, que l'ancien *estait de grant anchienneté et moult empirié*. Peu s'en fallut que Charles VI ne privât ce projet de son exécution.

Se croyant propriétaire de la dite tour, il se mit en devoir d'en user comme si elle était chose de son domaine. Voici les ordres qu'il dicta à ce sujet, à la date du 16 mai 1386 :

« Charles, par la grâce de Dieu, roy de France, au receveur d'Amiens, salut : Côme nos
» bien améz les manans et habitans de nostre bonne ville de Dourlens pour la très grant
» affection qu'ilz ont toujours eu et encores ont au bien et bon gouvernement de nous et
» de nostre royaume et en augmentation de nostre domaine, nous aient nagair donné
» libérammant et perpétuellement la tour de Beauval séant en nostre ville avec le pourprins
» et les appartenances d'icelle pour en faire nostre bon plaisir à toujours. Si côme par
» nostre amé et féal trésorier et conseiller Régnault de Chappelle a esté rapporté à nous et à
» nos améz et féaulx gens de nostre conseil estant en nostre chambre des comptes, à Paris.
» Nous te mandons et comestons, se mestier est, que veues ces présentes, tu te transportes
» audit lieu de Dourlens ; et illec pour nous et en nostre nom pren et accepte réalement
» et de fait la possession et saisine de la dicte tour avec le pourprins et appartenances
» d'icelle quelconques, et appellez ad ce de nos gens et officiers au lieu et autres personnes
» à ce commises ; et selon leur advis y met nouvelles clefs et serreures. Et l'ordene et
» dispose tout pour nos prisons côme pour y tenir nos plais et jurisdictions. — En faisant
» toutes choses que tu verras estre convenables au bien de nous et de nostre dit domaine. Et
» certifiant de tout ce que fait en auras nos améz et féaulx gens de nos comptes et
» trésoriers, à Paris. Donné à Paris, le xvi° jour de may l'an de grace mil ccc quatre-vins
» et six, et de nostre règne le sisiesme, soubz nostre sceel, ordené en l'absence du grant
» (un mot en blanc) signées par le conseil estant en la chambre des comptes. (Signature
» illisible). Cart. rouge de Doullens, f° 67. »

Evidemment cette lettre renferme une contradiction sur laquelle le monarque ne s'explique pas. Car si les *manans et habitans de sa bonne ville de Dourlens lui ont nagair donné libéramment et perpétuellement la Tour de Beauval pour en faire son bon plaisir à toujours*, d'où vient qu'il craint que la *possession et saisine* ne réclame *ad ce l'aide de ses gens, officiers et autres personnes*? Et pourquoi y mettre *nouvelles clefs et serreures*? Nous ignorons si le corps de ville était déjà en possession des clefs de la tour de Beauval ; mais ses archives renferment encore aujourd'hui l'explication de la contradiction que nous venons de mentionner. Charles VI supposait tout simplement la donation des habitants de Doullens. C'était commode sans doute, mais ce n'était pas du goût du corps de ville, qui forma immédiatement opposition aux desseins du roi.

L'affaire s'arrangea pourtant, et la tour définitivement acquise à l'échevinage devint, avec l'approbation royale, le siége de la justice et une prison (1386). Ce n'était pas assez encore : cette antique demeure des comtes de Ponthieu, malgré sa physionomie féodale et sa couleur sévère, ne flattait pas la fierté municipale. Il lui fallait un hôtel-de-ville, et elle obtint du roi l'autorisation nécessaire (1406). La vieille tour fut mise *jus*, comme on disait alors ; et sur ses ruines on construisit le nouvel hôtel communal avec un empressement qui semblait pressentir l'approche des dangers. La Picardie allait, en effet, devenir le théâtre désolé d'une guerre civile funeste à la France entière, pendant laquelle le guetteur de Doullens aurait plus d'une fois l'occasion de faire entendre, dans sa haute demeure, la cloche d'alarme et le signal qui devait rassembler sur ses murs les habitants en armes.

Et cependant quelques événements heureux avaient fait bien augurer du règne de Charles VI. Après la victoire de Rosbecq où 40,000 Flamands cédèrent à la valeur française (1383), le monarque passa par les villes de la Picardie. Nous ignorons s'il dirigea sa marche triomphale par Doullens ; mais nous savons qu'il y vint six ans après, lorsqu'il se rendit à Lucheux, accompagné du duc de Bourbon, de Pierre de Navarre, de Henri de Bar et des principaux seigneurs de son conseil (1). Il ménageait alors l'établissement des états d'Artois et la formation d'un corps de ville à Arras.

Un autre personnage honora aussi, et même fréquemment à cette époque, Doullens de sa présence ; ce fut Philippe-le-Hardi, duc de Bourgogne qui, quelques années auparavant, avait hérité par sa femme des comtés de Flandre et d'Artois. Le rôle important que ce prince jouait à la cour, rôle grandi par la démence de Charles VI, l'appelait sans cesse auprès du monarque dont il présidait même le conseil. D'un autre côté, la turbulence de ses indomptables sujets de Flandre réclamait également sa présence, de sorte que Doullens qui se trouvait sur son passage, eut plus d'une fois occasion de lui donner l'hospitalité. Ainsi, les 4 août, 1er septembre et 5 octobre de l'année 1396, il y coucha dans ses allées et venues d'Hesdin à Amiens. Mais bientôt ce fut un autre motif qui l'y amena.

En Angleterre, le duc de Lancastre venait de détrôner Richard son cousin, pour prendre

---

(1) Decourt. *Mémoires chronologiques sur Amiens.*

sa place sous le nom de Henri IV. Le duc d'Orléans se déclara aussitôt pour Richard, tandis que le duc de Bourgogne voulait qu'on reconnût le nouveau roi anglais. Philippe fit plusieurs voyages dans l'intérêt de la cause dont il s'était déclaré le protecteur. Les 1ᵉʳ, 17 et 24 juillet 1401, il couchait encore à Doullens. Les 4 et 5 du mois suivant, il était à Domart et étonnait ce bourg par son faste et sa magnificence. Il est vrai qu'il y reçut des hôtes du plus haut rang : la reine d'Angleterre, qui venait sans doute lui témoigner sa reconnaissance; M. de Bourbon et plusieurs autres personnages de distinction. Après cette fête pompeuse qui était dans les mœurs d'une époque appelée par les historiens : *Epoque de bombance*, le duc se rendit en Flandre pour ses propres affaires, et passa de nouveau la nuit à Doullens, le 6 août. Son rival, le duc d'Orléans, profita de son absence pour s'emparer du gouvernement, et ce fut le commencement d'une longue et triste lutte qui souilla le sol de la patrie de crimes, de sang et de ruines. Mais un nouveau champion apparait pour soutenir cette lutte : c'est Jean-Sans-Peur, duc de Bourgogne, qui vient de succéder à son père, Philippe-le-Hardi (1404).

CHAPITRE V.

(1400—1500.)

Message de Jean-sans-Peur au bailli d'Amiens, résidant à Doullens. — Guerre en Picardie. — Henri V d'Angleterre couche à la ferme de Hamancourt. — Doullens se soumet au duc de Bourgogne. — Passages en cette ville du roi anglais. — Philippe-le-Bon. — Château de Domart pris sur les Bourguignons. — Entrevue à Doullens des ducs de Bedfort et de Bourgogne. — Passage de Glocester. — Moutier de Naours repaire de brigands. — Le château de Domart pris de nouveau. — Tentative sur Doullens. — Paix d'Arras. — Messages d'Amiens à Doullens. — Louis XI rachète les villes de la Somme. — Ses lettres-patentes relatives à Doullens. — Edit des postes signé à Lucheux. — Traité de Conflans. — Fréquents passages du duc de Bourgogne. — Prise et ruine de Doullens. — Ses habitants se retirent à Amiens. — Louis XI vient souvent à Lucheux. — Doullens rendu à Louis XI pour la dernière fois. — Rixes de sa garnison avec celle d'Amiens. — On y fête l'avénement du roi Louis XII.

Les espérances dont on s'était bercé à l'avénement de Charles VI furent bientôt démenties, et l'histoire de son règne ne fut que le prélude d'une série de calamités. Le fait qui domine cette malheureuse époque c'est, comme nous l'avons dit, la haine des ducs d'Orléans et de Bourgogne, dont les rivalités, devenues sans frein par la démence du roi, mettent en péril

la couronne des Valois, et font pencher la France vers l'abîme. Pour comble de désolation, la guerre avec l'Angleterre, qui n'avait été que suspendue, se rallume ardente et terrible. Les Anglais toujours habiles à profiter des discordes intestines de la France ne pouvaient manquer cette occasion : ils descendent sur nos côtes et fournissent au Bourguignon le honteux secours de 6,000 hommes. Mais bientôt Jean-Sans-Peur est obligé de rompre cette alliance avec les insulaires pour obtenir le pardon de son roi. « Et alors fut commandé à
» Jean de Moreul, chevalier du duc, qu'il portât deux lettres et mandements royaux en
» deux bailliages, c'est à savoir, au bailliage d'Amiens et au bailliage de Vermandois, et à
» toutes les prévôtés d'iceux bailliages.... Et quand il eut été en plusieurs cités et prévôtés
» des dits bailliages, le lundi seizième jour du mois de juillet 1413, vint à Doullens au
» bailliage d'Amiens (1). Là, en présence des prélats, nobles et ceux des bonnes villes de
» la dite prévôté, les dites lettres lues avec son instruction devant dite, haut et clair, car
» il avait une bonne façon de parler, exposa comment le roi étoit et est moult affecté à la
» paix et union de son royaume..... Et ce fait, leur demanda s'ils étoient et seroient vrais
» et obéissants au roi et qu'ils lui dissent leur intention.

» Lesquels tous, tant prélats, nobles qu'autres, répondirent tantôt qu'ils avoient toujours
» été vrais et obédients au roi, et qu'ils étoient tous prêts et appareillés de le servir,
» croyant qu'il leur disoit la vérité. Et par ainsi au prévôt de la dite prévôté pour ce
» qu'il avoit fait si bonne diligence, il même demanda lettres, lesquelles il eut et s'en
» retourna. » (Monstrelet, liv. I, ch. 112).

Cette paix ne devait pas durer longtemps : l'année suivante, la guerre était déclarée entre le roi de France et le duc de Bourgogne. Chacun des deux rivaux faisait appel aux populations et essayait de recruter des partisans. Mais si beaucoup « se mirent à servir le
» duc contre le roi, et ses favorisants, » il faut dire aussi que « plusieurs étoient en
» grand souci et ne savoient bonnement comment trouver manière à leur honneur de eux
» excuser. » Doullens n'intervint pas tout d'abord dans cette guerre, quoique les environs de la ville eussent pu se ressentir du voisinage des combattants ; car pendant que les gens du roi assiégeaient Arras, « ils firent des courses et chevauchées, prenant et ravissant
« biens sans nombre. Un jour entre autres s'assemblèrent bien douze cents combattants
» lesquels chevauchèrent par devant Lucheu tout fustant jusqu'a la ville de Hesdin. »

Ce fut dans ces circonstances que deux échevins d'Amiens passèrent par Doullens pour se rendre auprès du comte de Saint-Pol, connétable de France, en sa ville de Lucheux. L'appareil de leur *chevauchée*, leur suite, la gravité quelque peu solennelle de leur marche laissaient soupçonner une mission officielle. Ils venaient en effet, au nom de leur ville, s'entretenir avec le comte au sujet de la paix réclamée par toute la population picarde ; et comme dans ce temps là les délégués des villes étaient toujours défrayés par elles, il fut

(1) Le bailli d'Amiens demeurait alors à Doullens et y tenait les plaids du bailliage.

payé aux échevins d'Amiens pour leur dépense personnelle, celle de leurs valets, de leurs chevaux et le *louage* de ces mêmes chevaux, pour deux jours : IIII¹ XVIˢ (1).

Le nouveau traité de paix conclu à Arras fut bientôt rompu. C'était la cinquième tentative de réconciliation qui restait sans résultat. Cette fois ce fut Henri V, roi d'Angleterre, qui commença les hostilités. Irrité du refus que lui a fait Charles VI de lui donner la main de sa fille Catherine, avec le comté de Ponthieu pour dot, il débarque à Harfleur et s'avance dans le pays ; puis effrayé de l'épidémie qui ravage son armée, il ne demande qu'à gagner Calais à la hâte. Trouvant tous les ponts de la Somme coupés sur son passage, il remonte ce fleuve, qu'il franchit vers sa source. Le 19 ou 20 octobre 1415, il est aux portes de Doullens, et couche avec son armée à la cense d'Hamancourt. Cette ferme et les hameaux de Fréchevillers et de Vicogne étaient assujettis au logement des gens de guerre. Le duc de Bourgogne, de son côté, passait la nuit avec les Flamands, non loin de l'*Ost* du monarque anglais. Il vit arriver à lui le connétable Charles d'Albret, qui avait rallié à Péronne les ducs de Bar, d'Alençon et de Vendôme, et amenait aussi les milices de Champagne et d'Artois. « L'armée française se trouva alors au complet. Le connétable la déploya
» dans le triangle décrit par Saint-Pol, Doullens et Hesdin, et la partagea en trois divisions
» qui occupaient chacun de ces trois points ; le centre qu'il commandait à Hesdin, l'aile
» gauche à Saint-Pol, et la droite à Doullens. Puis il attendit l'apparition de l'ennemi,
» dont il n'avait plus aucune nouvelle (2). »

Celui-ci cependant n'était pas loin : il fut même rejoint au point du jour suivant par les hérauts des ducs d'Orléans et de Bourbon, qui vinrent offrir la bataille au roi d'Angleterre. Henri, après une réponse évasive, fit reprendre à son armée la direction du nord, c'est-à-dire que « le 21, il revint vers Albert, dormit à Acheux et à Forceville, son avant-
« garde à Louvencourt.

» A l'aube, au lieu de continuer son mouvement vers le nord, comme on aurait pu le
» supposer, il obliqua, laissa Doullens à une lieue sur sa gauche, traversa Lucheux et se
» rejetant franchement à l'ouest, se logea à Bonnières où devait s'arrêter l'avant-garde, et
» où le roi se rendit par erreur, car ses logements étaient marqués dans un village plus
» bas. Quand on lui en fit l'observation, il répondit : Jà, Dieu ne plaise, entendue que j'aie
» la cotte d'armes vestue, que je doive retourner en arrière, et refusa de revenir sur ses
» pas. Le duc d'Yorck qui devait coucher à Bonnières avec l'avant-garde, alla jusqu'à
» Frévent, sur le bord de la Canche, et les deux ailes se dispersèrent dans les villages
» voisins, Ivregny, Sus-Saint-Léger, Villers-l'Hôpital et le Souich (3). »

Pendant deux jours, le roi anglais poursuivit sa marche jusqu'à Azincourt où l'armée française le força à accepter, le 25 octobre suivant, une bataille qui fut une nouvelle et déplorable édition des journées de Crécy et de Poitiers. Jean de Craon, seigneur de Domart-

---

(1) Reg. de l'échevinage d'Amiens.
(2) M. de Belleval. *La grande guerre aux* XIVᵉ *et* XVᵉ *siècles*, p. 285.
(3) Ibid., p. 288.

en-Ponthieu, s'y distingua et fut fait prisonnier. En punition de ce qu'il ne voulut pas payer l'énorme rançon exigée par les Anglais, ceux-ci ruinèrent le château-fort, œuvre du x⁰ siècle, qu'il possédait dans son domaine (1).

Cette défaite de l'armée française à Azincourt devint la source de vifs mécontentements et le signal de nombreux désordres. « Car fust mise sus une grande taille (2) par tout » le royaume de France de ceux qui gouvernoient le roi, » et cette mesure impopulaire servit merveilleusement les intérêts du duc de Bourgogne. De plus, les deux partis exercèrent en Picardie des ravages « dont le pauvre peuple fut moult oppressé. » Le monarque, qui voyait s'en aller sa popularité, adressa aux principales villes de France des lettres dans lesquelles il retraçait les maux et les pillages à la charge du duc son ennemi, et requérait assistance contre lui.

« Les quelles lettres furent solennellement publiées en la ville d'Amiens, environ le » douzième jour de septembre et puis furent envoyées à tous les prévôts du bailliage » d'Amiens à publier ès lieux de leurs dites prévôtés. Mais pour le doute et crémeur dudit » duc de Bourgogne, les dits prévôts, c'est à savoir de Beauquesne, de Montreuil, de Saint-» Riquier et de Dourlans ne l'osèrent publier, fors tant seulement une fois en leurs plaids, » où étoient peu de gens. »

Jean-Sans-Peur, qui s'était posé comme le représentant de la cause populaire et le champion de la démocratie naissante contre l'aristocratie dégénérée, grandit de tout l'abaissement de la noblesse, qui venait de prouver encore une fois son incapacité pour le salut de la nation. Il fit donc appel à l'opinion publique par un manifeste dans lequel il se déclarait ouvertement le chef du parti national contre les Armagnacs (3), désignés sous le nom d'étrangers et de traîtres. Ce manifeste, daté d'Hesdin, le 24ᵉ jour d'avril 1417, « fut

---

(1) Agneux de Canteleu, écuyer, sieur de Warlincourt en Artois, fut tué dans cette bataille. Son épitaphe se voyait dans l'église Notre-Dame de Doullens.

(2) Le nom de cet impôt vient de la *taille* de bois des marchands détailleurs. *Incisio, incisura*, dit Du Cange, signifient la même chose que *taille* et exaction. Borel ajoute que, de son temps, en Languedoc, on se servait encore de grosses *souches* de bois pour servir de cadastre ou de règle et de pied pour asseoir la *taille*. Ces impôt remonte a Charles VI qui *motu proprio*, et sans le concours des états-généraux tombés alors en désuétude, établit une armée permanente et pourvut à son entretien du même coup, au moyen d'une contribution perpétuelle connue sous le nom de *taille*.

(3) L'apparition des *Armagnacs* dans l'histoire date de Charles VII. La démence de ce monarque, en laissant tomber les rênes de l'État aux mains de ses oncles les ducs de Bourgogne et de Berry, divisa la nation en deux camps. Bientôt cette division se traduisit à ciel ouvert dans les différents survenus entre *Jean-Sans-Peur*, duc de Bourgogne, et le duc d'Orléans. Celui-ci fut assassiné par les séides de l'autre. Après cet assassinat (1407), Bernard d'*Armagnac* se mit à la tête des partisans du duc d'Orléans (dont le fils était son gendre), pour combattre les partisans du duc de Bourgogne. Le pays devint un théâtre ensanglanté par les vengeances affreuses qu'échangèrent à l'envi les *Armagnacs* et les *Bourguignons*. *Jean-Sans-Peur* fut assassiné à son tour par le Dauphin. Philippe le-Bon, son fils, se jeta par représailles dans l'alliance anglaise, qui coûta si cher à la France en général, et au Ponthieu en particulier. Il advint pourtant un jour où le duc de Bourgogne fît des ouvertures de réconciliation que Charles VII accepta et qui aboutirent au traité d'Arras (1435), qui sauva la France.

» envoyé ès villes de Montreuil, Saint-Riquier, Abbeville, Dourlans, Amiens, etc., et par
» ce moyen y eut plusieurs bonnes villes et communautés qui très fort furent émues au
» contraire de ceux qui gouvernoient le roi. » Partout, dit aussi Juvénal des Ursins, les
bourgeois prenaient la croix de Saint-André, « et criaient joyeusement : Vive Bourgogne !
» se persuadant que les intentions du duc n'étaient que pour le bien de la chose pu-
» blique. »

La facilité avec laquelle les cités picardes répondirent à l'appel de Jean-Sans-Peur s'explique par les souffrances qui pesaient alors sur le pays. Tout naturellement on se laissa éblouir par les promesses du manifeste insidieux. L'expérience nous apprend que ce moyen fut toujours couronné de succès, bien qu'elle constate également que le résultat obtenu n'ait jamais été le résultat annoncé. On offrit donc dans l'assemblée tenue à Doullens toute sorte de secours au duc dans lequel on voyait un libérateur ; mais on ne tarda pas à s'apercevoir qu'il ne s'en servit, de concert avec Isabelle de Bavière, reine de France, que pour dépouiller l'infortuné Charles VI de l'autorité souveraine, exciter la guerre civile dans le royaume et y faire diversion en faveur des Anglais.

Ce fut donc d'accord avec les habitants de Doullens que Jean-sans-Peur demanda la réforme du gouvernement. Ses prétentions ne pouvaient être écoutées parce qu'elle s'adressaient à un roi dont toute la politique était pour le moment inféodée aux manœuvres du parti contraire. Aussi « envoya-t-il en plusieurs des bonnes villes du roi ses ambassadeurs,
» c'est à savoir les seigneurs de Fosseux et de Humbercourt, et maître Philippe de Mor-
» villiers lesquels portaient les lettres patentes du dit duc, adressant aux gouverneurs et
» communautés d'icelles bonnes villes. Et premièrement allèrent à Montreuil et de là à
» Saint-Riquier, Abbeville, Amiens et Dourlans.... Finablement toutes icelles bonnes villes
» firent alliances avec lesdits ambassadeurs, jurées solennellement, et de ce baillèrent l'une
» partie à l'autre leurs lettres patentes, desquelles, de celles de Dourlans, la teneur s'en
» suit :

» A tous ceux qui ces présentes lettres verront et orront, Jean de Fosseux, seigneur de
» Fosseux et Muelles ; David de Brimeu, sire de Humbercourt, chevaliers, et Philippe de
» Morvilliers, conseiller, ambassadeurs en cette partie de très-puissant prince et notre très-
» redouté seigneur monseigneur le duc de Bourgogne, d'une part, et le capitaine, mayeur,
» échevins, bourgeois, manants et habitants de ladite ville de Dourlans, d'autre part,
» salut :

» Savoir faisons que nous avons fait traité, accordé, promis et convenancé certains trai-
» tés et accords dont la teneur s'ensuit : Premièrement que lesdits capitaines, échevins,
» bourgeois, manants et habitants de Dourlans aideront à mon dit seigneur le duc, pour
» mettre le roi notre sire en sa franchise et seigneurie, et le royaume en franchise et jus-
» tice, et que marchandise y puisse avoir cours.

» *Item*, qu'ils aideront et conforteront mon dit seigneur le duc de leur pouvoir à ce que
» le roi et son royaume soient bien gouvernés, défendus et gardés ; le recevront lui et les

» siens en ladite ville, et icelle demeurant le plus fort ; et lui bailleront, pour leur argent,
» vivres et toutes autres choses dont ils auront besoin, la ville demeurant garnie ; et le
» défendront et garderont comme eux-mêmes, et souffriront que les marchands de ladite
» ville et tous autres amènent vivres et toutes autres marchandises, après mon dit seigneur
» le duc et son ost, et ils seront tenus sûrs.

» *Item*, que mon dit seigneur le duc étant en la dite ville de Dourlans, il ne fera prendre
» ou empêcher aucuns de la dite ville, de quelque état ou condition qu'ils soient, sinon par
» justice et information précédente. Et aussi si aucuns des gens de mon dit seigneur le fai-
» soient aucune injure ou offense à aucuns de la dite ville, il les punira ou fera punir
» par ceux à qui il appartiendra.

» *Item*, que les dits de Dourlans, de quelque état ou condition qu'ils soient, pourront
» aller, converser et réparer pour leurs marchandises et autres leurs affaires et besognes,
» ès pays de mon dit seigneur, et les habitants et demeurants en la dite ville sûrement et
» sauvement, sans leur donner empêchement en corps ni en biens.

» *Item*, que mon dit seigneur le duc aidera, portera et soutiendra les dessus nommés de
» Dourlans contre tous qui les voudraient empêcher en quelque manière que ce fut, pour
» avoir fait les choses dessus dites en faveur du roi et de mon dit seigneur.

» *Item*, que ce n'est point l'intention de mon dit seigneur le duc de mettre garnison en
» la dite ville de Dourlans, ni d'avoir ou prétendre aucune seigneurie en icelle ville ; mais
» lui souffrir que sous le roi la dite ville se gouverne ainsi comme elle a accoutumé, au bien
» du roi, à l'honneur de tous ceux de la dite ville et au profit de la chose publique d'icelle ;
» et pareillement que ceux de la dite ville ne souffriront que autre garnison que celle soit
» mise en icelle.

» *Item*, que si en la dite ville de Dourlans à aucuns qui vraisemblablement à leur pou-
» voir, de fait, de parole ou autrement, vouloient empêcher le fait de mon dit seigneur, et
» que de ce courût commune renommée contre iceux par information précédente, ils les
» puniront ou feront punir selon toute rigueur de justice, par eux et ainsi qu'il appar-
» tiendra.

» *Item*, pour ce que la dite ville de Dourlans est moult oppressée et travaillée, et en
» labour, et par spécial en la moisson et de ce présent, leur bétail souvent pris et amené
» par aucuns gens d'armes qui se disent être sous monseigneur le duc, dont le pauvre
» peuple et les marchands sont détourbés, et en voie de désertion, si pourvu n'y est briè-
» vement : les dits de Dourlans supplient à vous, nosseigneurs les ambassadeurs, que de
» votre bonne et haute discrétion vous plaise remontrer au dit monseigneur le duc, afin
» que provision y soit mise, car besoin en est. Si, les dits de Dourlans prieront Dieu pour
» vous.

» *Item*, que pour la sûreté des choses dessus dites et chacune d'icelles, les dits ambassa-
» deurs et procureurs au nom que dessus, et les dits capitaine, mayeur, échevins, bour-
» geois, manants et habitants de Dourlans, bailleront leurs lettres scellées de leurs sceaux,

» et signées par le clerc juré de l'échevinage de la dite ville. Laquelle chose, nous, ambas-
» sadeurs et procureurs dessus dits, par la vertu du pouvoir à nous donné par notre très-
» redouté seigneur, et nous, capitaine, mayeur et échevins, bourgeois, manants et habi-
» tants de Dourlans, avons promis, juré et convenancé, et par la teneur de ces présentes
» promettons, jurons et convenançons tenir, entretenir et de point en point paracom-
» plir icelui traité, sans jamais aller au contraire, sous l'obligation de tous nos biens,
» et ès noms et qualités que nous procédons ; et tout sans fraude et mal engin.
» En témoin de ce nous avons mis nos sceaux à ces présentes.
» Ce fut fait en la ville de Dourlans, le septième jour d'août, l'an de grâce mil quatre
» cent et dix-sept (1). »

Après que Jean-sans-Peur se fut ainsi assuré de la fidélité des villes qu'il laissait derrière lui, il marcha sur Paris ; et afin de se rendre les populations favorables, il promit de faire cesser les ravages que ses troupes et les Anglais, ses alliés, commettaient dans tout le pays. Ce moyen lui réussit encore, et la prise de Paris (13 juillet 1418) lui donna une puissance sans bornes. Pendant ce temps là, Henri, roi d'Angleterre, dont les ambassadeurs n'avaient pu arriver à conclure la paix, venait de franchir le détroit et de jeter une armée en Normandie. Il était même arrivé jusqu'à Abbeville et Saint-Valery, « gâtant tout le pays par feu et par épée, et emmenant proies. » Le duc se hâta de traiter avec lui de la neutralité de ses comtés de Flandre et d'Artois. C'est ce qui donna au roi anglais occasion de passer à Doullens, accompagné de la reine et du duc de Clarence, son frère (2).

Les souffrances de la Picardie étaient extrêmes. L'anarchie du royaume augmentée par le désastre d'Azincourt, les rivalités des princes, la présence de l'ennemi avaient déchaîné sur les campagnes des aventuriers sans nombre qui ne vivaient que de larcins et de pillages à main armée. Plus d'autorité nulle part, plus de vigilance, et partant plus de sécurité. Les chemins entre Doullens et Amiens étaient si peu sûrs que cette dernière ville ne trouva personne qui voulût se charger d'aller entendre les communications qu'avaient à faire le seigneur d'Humbercourt (3), bailli d'Amiens, et Robert-le-Jeune (4), conseiller du roi,

(1) Monstrelet.

(2) Daniel. — Continuation de la chronique de Flandre. — Mémoires de J.-B Lefebvre de Saint-Remy.

(3) Le seigneur d'Humbercourt, dont il est ici question, était Denis de Brimeu, chevalier, seigneur d'Humbercourt et de Beauquesne, conseiller et chambellan du roi Charles VI en 1415, devenu, l'année suivante, bailli d'Amiens en résidence à Doullens, résidence qui fut autorisée par le duc de Bourgogne. Il était père de David de Brimeu dont il vient d'être parlé, et que Jean-sans-Peur envoya comme ambassadeur auprès des principales villes de la Picardie. Cette famille portait *d'argent à trois aigles de gueules, membrés et becqués d'azur.*

(4) Ce Robert-le-Jeune, seigneur de Contay, joua un certain rôle dans ces troubles civils. Il fut d'abord avocat au bailliage d'Amiens, puis conseiller d'Etat du roi d'Angleterre, qui l'enrichit de grands biens et le fit chevalier ; puis bailli d'Amiens, gouverneur d'Arras et commandant du château de Beauquesne pour le duc de Bourgogne, en 1425. Cet ambitieux personnage n'eut pas honte de porter pendant quelque temps de gueules frété d'argent, semé de fleurs de lis d'or, faveur qui ne coûta guère à Henri d'Angleterre, couronné roi de France à Paris. Il fut le père de Jean-le-Jeune, évêque d'Amiens. Il mourut en 1463, *divitiis et odio populorum æque spectabilis*, dit le *Gallia christiana.*

qui faisaient leur résidence à Doullens (3 novembre 1418) (1). Quelques jours après, deux échevins d'Amiens tentèrent ce voyage afin de s'entendre pour secourir la ville de Rouen assiégée par les Anglais ; mais ces démarches furent trop tardives, et Henri V d'Angleterre, maître de Rouen, n'avait plus qu'à marcher sur Paris.

Puis, Jean-sans-Peur qui avait fait assassiner son ennemi, le duc d'Orléans, périt de la même manière (20 septembre 1419) sous les coups de Tanneguy-Duchâtel, en présence du seigneur d'Encre qui l'avait suivi avec plusieurs de ses intimes dans le piège tendu à sa bonne foi par sa maîtresse et le Dauphin, devenu peu après Charles VII. Ce prince ne comprit pas que ce meurtre allait grandir encore le parti bourguignon, tourner contre lui et ne profiter qu'aux Anglais. En effet, pour venger la mort de son père, le nouveau duc de Bourgogne, Philippe-le-Bon, s'allia avec ces ennemis du nom français et reconnut même Henri, leur roi, pour régent et héritier de la couronne de France. Alors des jours d'humiliation se levèrent sur la patrie. Des commissaires, porteurs des ordres du roi, partirent pour mettre à exécution les clauses d'un honteux traité de paix. « Ils allèrent à Amiens et » y furent reçus bénignement ; et après allèrent de là à Abbeville, Saint-Riquier, Mon- » treuil, Boulogne, Saint-Omer et autres lieux où ils furent partout obéis et mirent à due » exécution la charge qu'ils avaient de leur faire prêter serment de fidélité. »

Après cet ignominieux traité qui, il faut bien le dire, souriait à la vengeance du nouveau duc de Bourgogne, celui-ci se retira à Lille en passant par Doullens. Derrière lui le roi Henri le traversa pour aller s'embarquer à Calais et rejoindre l'Angleterre, « où il fut reçu comme l'ange de Dieu. » Henri et la reine sa femme couchèrent même à Doullens. Ils avaient avec eux Jacques Ier, roi d'Ecosse, leur prisonnier. Depuis quinze ans cet infortuné monarque était captif en Angleterre ; mais Henri V voyant les Ecossais prêter leur appui au Dauphin de France, depuis roi sous le nom de Charles VII, permit à la reine d'Ecosse d'aller, par congé illimité dans son royaume, à la condition que son mari accompagnerait en France le roi et ordonnerait à ses troupes de rejoindre leur pays. C'était ce traité, fait le 31 mai 1421, que Jacques Ier était venu accomplir en France.

Cependant il se trouva de nobles cœurs qui n'acceptèrent pas l'humiliation de l'étranger ; ils avaient noms : Jacques de Harcourt, de Rambures, de Saveuse, etc. D'une main vigoureuse ils relevèrent le drapeau français et recommencèrent la lutte. Saint-Riquier fut repris. Le duc Philippe y vit un danger pour sa cause. Cédant encore à la haine, il courut à Amiens lever des hommes d'armes, obtint des promesses de secours des villes voisines, et passant par Doullens, s'en alla à Auxi-le-Château où il fut rejoint par Jean de Luxembourg qui venait de s'assurer de la fidélité de Domart-en-Ponthieu.

La prise du château de cette bourgade ne tarda pas pourtant à être l'un des épisodes de cette guerre dont les chances se balancèrent par des succès divers, et que la mort de Charles VI, de Henri d'Angleterre et de la duchesse de Bourgogne fut impuissante à calmer.

(1) Reg. de l'échevinage d'Amiens,

« Le vingtième jour de mars 1423, les François échelèrent et prirent la forteresse de
» Domart-en-Ponthieu, dedans laquelle étoit Le Borgne de Fosseux, chevalier, et Jacques
» de Craon, son beau-fils, lesquels se sauvèrent à petite compagnie secrètement par une
» poterne, quand ils ouïrent l'effroi. Et messire Simon de Boulenviller, Jean de Domqueur
» et plusieurs autres étant au dit châtel furent détenus prisonniers avec la femme du dit
» Fosseux. Et généralement tous les biens d'icelui furent pris, ravis et butinés ; desquels
» biens y avoit grande abondance, tant de la dite ville de Domart comme du pays (1). »

La prise de cette place était regardée comme importante parce qu'elle offrait aux gens du roi dans cette partie de la Picardie un point d'appui contre les Bourguignons, qui commençaient à étendre de ce côté leurs conquêtes. Aussi la ville d'Amiens voulut-elle contracter un emprunt de 90 écus d'or pour aider au paiement des *gens d'arme et de trait* employés devant le château de Domart-en-Ponthieu qui était occupé par les *rebelles et désobéissants du roi* (2).

Les partisans qui couraient la campagne portaient la désolation partout : c'était à qui ferait assaut de brigandages. « Ils étaient plus de 20,000 chevaux conduits par Antoine
» de Chabannes, Blanchefort et aultres renommés capitaines. Ils traversèrent tout le Vimeu
» et le Ponthieu, passèrent par Dourlens, Bray, Cappy, Lihons-en-Santerre et entrèrent
» dans le Cambrésis avec une infinité de domages, brûlant, mangeant, rançonnant d'une
» façon hostile. On les appelait les *Ecorcheux* (3). » La famine et l'épidémie accusaient leur passage, et les riches laboureurs désertant leurs charrues et leurs demeures, fous de misère et de désespoir, vivaient et couchaient dans les bois. La France entière en était là ; et son malheureux roi, chassé de sa capitale, réduit à l'indigence, obligé de faire sa résidence à Bourges, n'avait plus de royal que son nom et sa livrée ; et encore l'appelait-on par dérision *le roi de Bourges*.

« Le duc de Bedfort qui prenait le titre de régent du royaume de France parce qu'il
» était tuteur du jeune héritier du roi d'Angleterre, vint à Amiens au mois d'avril de la
» même année, et dans une entrevue qu'il eut avec le duc de Bourgogne il lui demanda sa
» sœur en mariage, et pour sa dot, Péronne, Montdidier et Roye. Le mariage fut conclu à ces
» conditions. De son côté, le duc stipula que dans le cas ou les châtellenies de ces villes vien-
» draient à être réunies au domaine du roi d'Angleterre, on lui donnerait en compensation
» Amiens, Abbeville, Montreuil, Doullens et Beauquesne. Mais l'affaire était trop sérieuse
» pour recevoir une solution immédiate : il fut répondu au duc qu'on en parlerait au grand
» conseil du roi (4). » Le mariage de Bedfort avec la sœur de Philippe-le-Bon eut lieu, mais Doullens ne changea pas de maître.

Le Bourguignon qui avait fait jusque là la principale force des Anglais en France, sem-

---

(1) Le Borgne de Fosseux tenait cette seigneurie du chef de sa femme Guillote de Longroy, veuve de Jean de Craon, seigneur de Domart et de Bernaville.

(2) Reg. de l'échevinage d'Amiens.

(3) Note de de Serres. *Invent. de l'Hist. de France*, in-f°, t. I, p. 335.

(4) M. de Beauvillé, *Hist. de Montdidier*, t. I, p. 141.

blait donc trouver dans ce mariage un nouveau motif de se dévouer à ses projets de vengeance et à la cause de Henri VI ; mais les seigneurs de son parti commençaient à se lasser de ces ennemis de la patrie, et lui-même, brouillé avec eux pour une injure particulière, sentit faiblir sa haine. De toute part on le sollicitait de mettre enfin ses troupes au service de la France humiliée, et de rejeter hors du royaume ces étrangers orgueilleux qui ne s'agrandissaient que de nos discordes et s'enrichissaient de nos dépouilles. Pour l'aider dans cette œuvre de délivrance, les villes de Montreuil, de Doullens, d'Amiens, d'Abbeville, de Corbie, de Saint-Quentin, de Montdidier, de Roye et de Péronne s'imposèrent jusqu'à 32,000 livres (28 février 1426).

Dans le courant de cette même année, le duc revint à Doullens, et le motif qui l'y amena fut celui-ci : des rivalités s'étaient élevées entre lui et Glocester, frère de Bedfort, autre tuteur du futur roi d'Angleterre, et avaient engendré de mauvais rapports. Il importait aux intérêts du duc Philippe de ne pas laisser prendre à la querelle de trop grandes proportions. C'est pourquoi il consentit à accepter la médiation de Bedfort, son beau frère, dans une entrevue qui eut lieu à Doullens, la veille de la Saint-Pierre, « Et firent iceux princes » grand'révérence et joyeuse chair l'un à l'autre, et par spécial le dit duc de Bourgogne à » sa sœur la duchesse. Et bref, après s'en alla le dit duc de Bourgogne loger à Lucheu où » était le comte de Saint-Pol, son cousin germain. Et le lendemain, environ quatre heures » après midi, retourna avecque lui le dit comte de Saint-Pol en la ville de Dourlans, et » mena la dite duchesse, sa sœur, et tous les gens loger en son hôtel à Hesdin. »

Glocester repassa à Doullens quelques mois après suivi de cinq cents hommes, et alla à Amiens « où il fut par aucuns jours. Durant lesquels étoient sur les champs aucuns saque-» ments jusqu'à mille chevaux desquels étoit chef et conducteur un nommé Sauvage de » Fermanville, lequel n'étoit point aimé du dessus dit duc. Et pourtant le dit Sauvage » sachant le département d'icelui duc allant d'Amiens à Dourlans petitement accompagné, » espérant icelui soudainement envahir et ruer jus, se départit avec ses gens, bien en » hâte, et chevaucha à Beauquesne, et là se logea. Mais le dit duc par avant étoit passé et » logé à Dourlans, et de là à Saint-Pol. »

A son tour le comte de Salisbury « homme expert et très-renommé en armes qui venait » de débarquer à Calais avec un renfort de six mille hommes qu'il conduisait à Paris, pas-» sa par Saint-Pol, Doullens et Amiens, » vers le mois de juin 1428.

Enfin Philippe-le-Bon, lui aussi, traversa bientôt Doullens, mais dans d'autres conditions, le 20 septembre 1429. Il était avec la duchesse, sa sœur, et se rendait à Paris, chevauchant en grande pompe, armé de toutes pièces et suivi de ses pages. L'escorte, composée de plusieurs mille combattants, était digne du plus puissant seigneur de ce siècle : il ne lui manquait que la couronne de France (1).

Mais cette couronne que les Anglais espéraient poser sur la tête du fils de Henri V, leur

---

(1) Continuation de la chronique de Flandre. — Th. Lavallée. — M. de Beauvillé, Loc. cit. — Monstre-let, liv. II, ch. LXXIII.

roi, et dont les plus beaux fleurons avaient été détachés par les succès de la révolte, Charles VII allait la reconquérir avec l'aide de Jeanne-d'Arc. Déjà ses affaires qui semblaient complètement perdues commençaient à se rétablir ; on entrevoyait, on espérait du moins qu'allaient bientôt luire des jours meilleurs.

Toutefois la guerre continuait et la Picardie avait une large part dans les malheurs de cette époque. Aussi les villes d'Amiens, d'Abbeville, de Montreuil, de Saint-Riquier et de Doullens demandèrent-elles au duc de Bourgogne qu'en récompense de leur fidélité il voulut bien « mettre à néant toutes aides et impositions. » Sa réponse fut qu'il les aiderait à obtenir cette faveur du roi anglais. Il fallut se contenter de cette promesse dilatoire et obéir, en attendant, à l'appel fait « à tous ceux qui avoient accoutumé d'eux armer pour être prêts » à marcher. Si furent en peu de temps en très-grand nombre et passèrent à montre à » Beauquesne en faisant serment à messire Jacques de Brimeu, à ce commis comme » maréchal. »

Pendant que des aventuriers de toute espèce infestaient les campagnes et répandaient partout l'effroi, vingt-six d'entre eux, brigands et pillards, s'abattirent sur le village de Naours à peu de distance de Doullens. S'étant rendus maîtres du moutier (1), ils en avaient fait leur place forte et le dépôt de leurs nombreuses rapines. Valéran de Moreuil, seigneur de Poix, le capitaine de Conty et divers autres compagnons résolurent d'aller les attaquer et les prendre. Ils arrivèrent à Amiens, lieu du rendez-vous, le 15 juillet 1431, et furent reçus par l'échevinage qui leur offrit à la taverne du pied de vache xii kannes de vin au prix de xvi d. le lot, au total xlviii^s. Puis, aidés des garnisons de Boves et de Picquigny, ils partirent pour Naours et débarrassèrent son moutier des brigands qu'ils ramenèrent à Amiens (2).

Philippe de Bourgogne comprenait bien qu'une partie des maux publics retomberait à sa charge, et il se lassait de plus en plus d'une guerre à laquelle il ne pouvait que perdre. Il signa donc avec Charles VII une trêve de deux ans qui irrita les Anglais. Alors la domination de ces insulaires devint intolérable et souleva contre eux une haine extrême. Le duc, qui continuait à s'éloigner de leur cause, écrivit de Lille au maréchal de Saint-Sévère pour obtenir de lui *certification* de la déclaration qu'il avait faite que les cités de Doullens, d'Amiens, de Corbie, de Bray-sur-Somme, de Picquigny, de Saint-Riquier, d'Abbeville, de Montreuil, etc., voulaient *garder et tenir les trêves* (16 janvier 1432) (3).

Les gens armés qui guerroyaient le pays ne connaissaient, eux, ni repos, ni trêve. Au mois de février suivant, une bande composée de quatre-vingts Français, véritables routiers, arriva au château de Domart, rentré depuis peu sous la puissance du duc de Bourgogne, le cerna, l'escalada à la faveur des ténèbres, vers les neuf heures et demie du soir, et s'y précipita en criant : *Forteresse gagnée*. Jacques de Craon, le châtelain, quitta précipitamment sa couche pour courir à la défense ; mais il fut fait prisonnier avec plusieurs des

---

(1) C'était un manoir fortifié appartenant à l'abbaye de Corbie.

(2) Registre de l'échevinage d'Amiens, année 1431.
(3) Ibid., année 1432.

siens, pendant que le reste de la garnison se sauvait par-dessus les murailles. Les vainqueurs, chargés de butin, étaient à peine arrivés à Picquigny, que les habitants de Domart, au nombre de deux cents, tombèrent sur eux au moment où ils franchissaient la Somme, en tuèrent une partie, et jetèrent l'autre dans la rivière, laissant toutefois Jacques de Craon aux mains de Renaud de Verseilles, chef de la bande, qui avait déjà gagné la rive opposée.

Au commencement du mois de décembre de la même année, plusieurs capitaines français, suivis de huit cents à mille combattants, passèrent la rivière de Somme et « chevau-
» chèrent toute la nuit jusqu'emprès la ville de Dourlens qu'ils avaient pourguettée par
» leurs espies, pour la prendre et écheler ; mais le seigneur de Humières fut averti de cette
» chevauchée. Si envoya hâtivement certains messages au maire et aux jurés de Dourlens
» eux signifier que les François étoient sur les champs, et avoient intention d'eux porter
» dommage, et qu'ils fussent sur leur garde. Lesquels, oyant ces nouvelles, se préparèrent
» diligemment pour eux défendre, et avec ce mirent dehors leur ville un messager pour
» aller au châtel de Beauval dire à ceux qui le gardoient les nouvelles dessus dites.
» Lequel messager rencontra à un quart de lieue d'icelle ville, environ le point du jour,
» les coureurs d'iceux François, desquels il fut pris et examiné. Si leur reconnut ce pour-
» quoi il alloit. Et adonc se retrahirent vers leurs gens qui les suivoient d'assez près.
» Lesquels sachant, par les moyens dessus dits, leur entreprise être rompue, retournèrent
» tous ensemble en la ville de Beauquesne, et après qu'ils se furent repus et rafraichis
» longuement, courant aucune partie de leurs gens le pays, s'en rallèrent. »

Une seconde alerte porta bientôt encore la terreur à Doullens. D'autres routiers, gens du roi, « chevauchant en bonne ordonnance, » s'étant rendus maîtres de la ville de Rue, « coururent le pays vers Doullens et Hesdin. Si ardirent en plusieurs lieux, et prirent
» foison de bons prisonniers et autres proies, et biens meubles portatifs. » Il fallait donc être tous les jours sur le *qui vive* et l'arme au bras ; et c'était une triste époque, car « alors
» régnoit grand'mortalité tant en bonnes villes, comme en plein pays. Et d'autre part
» étoient les seigneurs et nobles hommes fort divisés les uns contre les autres, et n'étoient
» Dieu, l'Eglise ni justice obéis ni craints, et par ainsi le pauvre et simple peuple étoit en
» plusieurs manières offensé. »

Les chemins surtout étaient toujours impraticables à raison du danger d'y être dévalisé ou égorgé en cas de résistance. Les habitants d'Amiens n'osèrent même pas faire la vendange de leurs vignes, et il fallut, pour les rassurer, que la ville fit prier son bailli, en résidence à Doullens, de vouloir bien demander pour eux au comte de Saint-Pol des lettres de sûreté et de sauf-conduit (12 septembre 1433). Pierre Lecat n'était pas moins effrayé ; car il avait pour mission de transporter à Doullens la somme de 1,000 livres tournois, à compte de celle due au roi par la ville d'Amiens, pour le recouvrement de Saint-Valery. Il lui fallut une escorte d'archers pour se garder des pillards et *rabeurs* (larrons et voleurs) qui infestaient la route (18 octobre) (1).

(1) Registre de l'échevinage d'Amiens, année 1433.

Telle était la situation, sans résultat décisif, lorsque enfin le duc de Bourgogne saisit l'occasion de la mort de sa sœur, épouse de Bedfort, pour rompre son alliance avec les Anglais. Il lui en coûtait de faire cause commune avec ces éternels ennemis de sa patrie, et il ne voulait plus d'une guerre sans profit pour lui. Et puis son ardeur de vengeance allait s'allanguissant : assez de sang avait coulé pour punir la mort de son père; assez de malheurs et de détresse s'étaient accumulés sur le trône pour inoculer au cœur du roi le regret du crime ; il prêta donc l'oreille à des propositions de paix.

C'est à Arras que fut négociée cette paix si désirée, qui devait relever les affaires de la France et ruiner la domination anglaise ; mais de même que la violence d'un incendie ne cède pas aux premiers efforts dirigés pour l'éteindre, de même aussi les préliminaires de la paix furent impuissants à arrêter l'ardeur du pillage dans les campagnes. C'était une habitude prise, c'était le fait de chaque jour ; et les chefs de partis eux-mêmes n'avaient pas conservé une autorité suffisante pour obtenir une obéissance immédiate de ceux qui se donnaient comme leurs mandataires. « Le vingt-cinquième jour du mois d'août, le parle-
» ment étant à Arras, comme dit est, La Hire et Pothon de Xaintrailles, à tout six cents
» combattants, dont il y avoit bien six-vingts lances ou environ, chevauchèrent toute la
» nuit, et s'en allèrent vers Doullens et Beauquesne pour fourrager le pays. »

La paix fut signée à Arras, le 21 septembre 1435, par Philippe de Bourgogne et les députés de Charles VII. Nous ne citerons du traité que la disposition relative à Doullens : « Item, le roi baillera et transportera à mon dit seigneur le duc de Bourgogne, pour lui, ses
» hoirs et ayant cause, à toujours, toutes les cités, villes et forteresses, terres et seigneuries
» appartenant à la couronne de France, dessus la rivière de Somme, de l'un et de l'autre
» côté, comme de Saint-Quentin, Amiens, Corbie, Abbeville et autres ensemble ; toute la
» comté de Ponthieu, deça et delà la dessus dite rivière de Somme, *Dourlens*, Saint-
» Riquier, Crévecœur, Arleux, Mortagne, avec les appartenances et appendances quelcon-
» ques. » Le monarque conservait toutefois sur les dites villes la souveraineté, la foi et l'hommage (1), le ressort, la justice et la liberté de pouvoir les racheter, lui et ses successeurs, moyennant la somme de 400,000 écus d'or (4,734,000 francs de notre monnaie actuelle). Philippe jura, de son côté, en présence de tous et sur le saint-sacrement, comme aussi sur la croix, d'oublier le passé, et de ne plus poursuivre la vengeance de la mort de son père.

Cette paix fut saluée par les acclamations de la France entière : les hérauts chargés de la publier se virent comblés de présents en échange de la bonne nouvelle qu'ils apportaient. Les députés d'Abbeville, qui avaient assisté au traité, en firent la narration aux trois états convoqués en la salle du grand échevinage, où parmi les ecclésiastiques siégeait le prieur de Doullens. Le maire et les échevins de cette dernière ville s'étaient également rendus au

---

(1) L'obligation de la foi et de l'hommage envers le roi ne devait toutefois commencer, aux termes du traité, qu'après la mort du duc Philippe-le-Bon.

congrès, et là, ils avaient obtenu du cardinal évêque de Prénestre, Hugues de Chypre, légat du concile de Bâle, licence d'ériger une chapelle en l'hôtel-de-ville de Doullens, et d'y faire chanter la messe précédée de l'eau bénite les jours de dimanche, réserve faite de l'approbation de l'autorité diocésaine. Cette licence, datée d'Arras, est du dernier jour du mois d'août 1435 (1).

La joie de la France ne fit pas écho en Angleterre. La nouvelle du traité y avait, au contraire, causé une irritation telle que Philippe-le-Bon fut accusé de trahison dans le conseil du roi. Par vengeance, on excita des révoltes dans ses états, et on le força ainsi à sortir de la neutralité dans laquelle il avait espéré se renfermer, pour faire une guerre ouverte aux Anglais, de concert avec le roi de France. Il fallut continuer à tirer l'épée : le Ponthieu redevint un théâtre de ruines et de souffrances; mais ce ne furent plus du moins des luttes ni des discordes civiles qui le ravagèrent. Les de Brimeu, seigneurs d'Humbercourt, vieux amis du Bourguignon, malmenèrent les insulaires et leur firent beaucoup de mal. Doullens aussi fit bonne contenance sous le commandement de Robert Fertel, chevalier, seigneur de Sombrin (1436). L'appui que le duc de Bourgogne apporta au roi ramena la fortune sous ses drapeaux, et bientôt la prise de Paris devint le complément du traité d'Arras. Les Anglais ayant perdu cette capitale, ne furent plus qu'une bande d'étrangers, maîtres encore de quelques villes, mais désormais peu redoutables.

Si la Picardie eut une large part dans ces malheurs publics, il est juste de reconnaître que la ville de Doullens, éloignée du principal théâtre de la guerre, eut moins à gémir. Sans doute elle dut avoir sa part dans les charges qui accablaient les autres cités et que réclamaient les nécessités présentes ; sans doute elle trouva lourdes les aides et les tailles auxquelles le duc de Bourgogne l'assujettit ; sans doute aussi, elle fournit son contingent à l'émigration aussi bien que des victimes à la peste et à la famine qui désolèrent la France ; mais on ne voit pas qu'elle eut encore payé jusque là l'impôt du sang et du pillage. Et pourtant elle devait être grande la désolation du royaume, devenu jusqu'à la Loire, dit M. de Barante, comme une vaste solitude. Saint-Valery n'avait plus d'habitants, et à Abbeville, il *y avait si grand défaut de tous biens,* que non seulement on y trouvait à peine le vin nécessaire à la célébration de la messe, mais qu'on y condamna même au feu une femme qui avait égorgé ses enfants et mis en vente leur chair après l'avoir salée.

Mais si Doullens avait eu peut-être un peu moins à souffrir, l'heure allait sonner plus que jamais pour ses habitants de dire adieu aux beaux jours de la prospérité. Le malheur allait leur arriver sous une autre forme, c'est-à-dire, avec son funèbre cortège de meurtres, d'incendies et de désastres. La petite cité verra s'abattre sur elle toutes les rigueurs de l'infortune. Elle sera l'enjeu des guerres allumées par la cupidité ; elle deviendra l'esclave forcée de maîtres tantôt cruels, tantôt ignobles ; on lui fera subir toutes les phases de la misère, descendre tous les degrés de l'humiliation ; on s'acharnera sur elle, mais on ne tarira pas

(1) Arch. de la ville, v. p. justif., n° 9.

la source de sa vitalité, qui tient au cœur par de trop puissantes attaches ; et alors que, couchée dans son sang ou sur ses débris fumants, on la croira morte, elle se redressera pour protester contre son sort et recommencer la lutte.

Voici venir de nouveau les Anglais ; malgré les leçons sévères qui leur ont été infligées, ils ne peuvent se déshabituer de leurs anciennes allures de vainqueurs. En dépit des trèves qu'ils ont consenties, ils reparaissent les armes à la main, mais ils sont aussitôt signalés, et le mot d'ordre est donné sur toute la ligne. Le 28 mai 1448, l'échevinage d'Amiens fit avertir le maire et les échevins de Doullens d'être sur leurs gardes ; car deux mille Anglais, venus des environs de Rouen, *avaient passé au delà de la rivière de Seine* (1).

Ce n'était qu'une alerte, et on en fut quitte pour la peur et quelques précautions. La ville d'Amiens se mit en devoir de faire fête à ses nouveaux maîtres ; et, pour n'être pas prise au dépourvu dans ses préparatifs, elle envoya Thomas Dubuisson, sergent de nuit, à Doullens, afin de savoir quand très-redoutée dame madame la duchesse de Bourgogne et monseigneur de Charolais viendraient à Amiens. Le voyage fut payé xvi^s (2).

Cette ville, paraît-il, tenait à honneur de bien recevoir ses hôtes. Seize ans après, elle envoya encore le même Thomas Dubuisson à Doullens, pour s'informer du jour où M. le comte d'Eu, le chancelier de France, monseigneur l'évêque de Narbonne et M. de Rambures, ambassadeur du roi, viendraient en la ville d'Amiens, pour qu'on pût aller au devant d'eux et leur faire la révérence. Cette fois le commissionnaire ne reçut que vii^s pour sa course (3).

Louis XI vient de monter sur le trône. Plein d'ambition et d'activité, il jette un œil d'envie sur les parties de la France qui ont encore des maîtres indépendants, et il se promet de faire bientôt du royaume un tout homogène réuni dans une seule main. Et d'abord les conditions du traité d'Arras fait par son père lui pèsent. N'osant toutefois les déchirer avec son épée, à cause des bons offices qu'il a reçus du duc de Bourgogne, et plus encore à raison de la ligue formée contre lui par la noblesse, connue sous le nom de *ligue du bien public*, il entame des négociations pour le rachat des villes de la Somme (janvier 1462). Malgré la pénurie publique, il a déjà réalisé les 400,000 mille écus d'or stipulés au traité comme prix du rachat, et il arrive à Abbeville (27 septembre). Le vieux duc de Bourgogne, qui avait ses raisons pour se montrer peu confiant en la franchise royale, envoie quérir l'argent dont il veut se trouver nanti avant d'effectuer ses engagements. Et puis, il lui en coûte de souscrire à cette reddition, car les villes dont il s'agit sont pour lui d'une utilité majeure : elles lui ouvrent les portes de la France par terre et par mer. Mais le rusé monarque l'a deviné ; doué d'une conversation insinuante, il compte sur les charmes de son esprit, et attend tout le succès d'une entrevue. « Moult subtil en ses affaires, et voyant son plus beau, » il se rend à Hesdin auprès de Philippe, le cajole, le flatte, le fascine tellement par ses belles paroles, que l'affaire est conclue : Amiens, Abbeville, Rue, Saint-Valery, le

---

(1) Reg. de l'échevinage d'Amiens, année 1448. (3) Ibid, année 1464.
(2) Ibid.

Crotoy, Montreuil, Saint-Riquier, Doullens, Corbie, Péronne, etc., sont réintégrés au domaine de la couronne et ont de nouveau le roi pour maître (1).

Charles, comte de Charolais, fils de Philippe, trouvant que les affaires de Louis XI n'étaient pas les siennes, se montra très-irrité de cet arrangement qu'il appelait une spoliation, et dès lors la défiance qu'il avait conçue à l'endroit du monarque se changea en inimitié ouverte et en manœuvres de vengeance. La rupture se traduisit immédiatement par le refus qu'il fit de paraitre aux fêtes données dans la ville d'Hesdin par son père à l'occasion de la réalisation du traité d'Arras. Louis, de son côté, peu scrupuleux, faisait facilement litière de sa parole et de ses promesses : il s'était engagé envers le duc à maintenir en place les gouverneurs des villes rachetées ; et à peine l'eut-il quitté qu'il changea les officiers bourguignons et exigea de nouveaux serments. Philippe de Saveuse, si aimé du duc de Bourgogne, et l'un de ses plus valeureux champions, dut abandonner le commandement de Doullens, et céder la place à Antoine de Croy, gouverneur d'Amiens (2).

Louis XI, à son retour d'Hesdin, séjourna assez longtemps à Abbeville et à Nouvion, retenu par le voisinage de la forêt de Crécy qui lui offrait le plaisir de la chasse. De là il visita les villes de Rue et d'Arras. C'est pendant ce dernier voyage qu'il séjourna à Doullens (18 et 22 janvier 1463). Le jour même de son arrivée, le maire et les échevins lui ayant représenté l'état de ruine et de dépopulation de la ville, tristes conséquences de la guerre, il ordonna de reconstruire les maisons situées dans les rues principales ou qui y aboutissaient, de faire proclamer cet ordre quatre fois, de quinzaine en quinzaine, aux lieux accoutumés, et dans le cas où les propriétaires ne les feraient pas réédifier dans l'année, il autorisa le maire et les échevins à les donner à cens ou rente annuelle et perpétuelle par voie d'enchère, au profit des propriétaires, à la charge de reconstruire. Le monarque ordonna en outre que, en cas de vente des cens, surcens ou rentes dus par des maisons et autres ténements, les possesseurs de ceux-ci restitueraient à l'acheteur, dans un délai fixé, tout ce qu'il aurait payé pour raison dudit achat (3).

Le roi reproduit dans son ordonnance les doléances des Doullennais sur la situation présente de leur ville comparée à son ancienne prospérité, car « elle fut autrefois fort peuplée, « habitée et fournie de maisons et habitations, tellement qu'à l'occasion du grant peuple qui « y estoient lors, les maisons estoient en grant requeste, tenues chières et baillées a grant « cens et surcens. »

Louis XI, après avoir flatté la vanité doullennaise en enregistrant dans un acte public le souvenir d'une ancienne prospérité peut-être un peu exagérée, s'occupa aussi de la riche abbaye de Cercamps, et confirma en sa faveur les différents priviléges que plusieurs rois ses prédécesseurs avaient accordés à l'ordre de Citeaux en général. Ses lettres portent : *Datum in Dullendio die vicesimâ primâ Januarii, anno domini M^{mo} $CCCC^{mo}$ sexagesimo ter-*

---

(1) Monstrelet. Olivier de la Marche, liv. I, ch. 35
(2) Daire.
(3) Arch. Imp. sect. hist. 77. Reg. 199, n° 84.— Voir pièces justif. n° 10.

tio (1). Le 19 juin suivant, il signa aussi à Lucheux, où il chassait parfois, l'édit relatif à l'établissement des postes sur toutes les routes du royaume, et le fit mettre à exécution immédiatement sur la route de Doullens à Amiens. Nous ne croyons pas devoir rapporter ici cet édit, qui est d'ailleurs suffisamment connu.

L'un des motifs qui portait le monarque à prolonger son séjour en Picardie, était le désir de conserver l'amitié du duc Philippe, qui résidait toujours à Hesdin, dans le château que Jean-Sans-Peur y avait fait construire. Il espérait contrecarrer par ses bons rapports avec le père, les mauvais desseins du fils. La haine du comte de Charolais, vive et profonde, n'avait pas besoin en effet d'aliment. Elle en trouva cependant dans les perfides conseils d'un grand nombre de seigneurs mécontents des imprudentes colères et des voies tortueuses du roi. Il apporta donc à la *Ligue du bien public* toute l'énergie de son ressentiment soutenue par de puissantes alliances. Les ducs de Bretagne, de Berry et autres princes étaient aussi à la tête de cette guerre civile, appelée du *bien public*, sans doute parce que partout où ils pénétraient avec leur armée, tous ces grands seigneurs faisaient publier une abolition générale des impôts, avec déclaration qu'ils n'avaient en vue que la réforme du gouvernement et le bien public. Grands mots illusoires, à l'aide desquels ils s'efforçaient de séduire le peuple !

Le comte de Charolais commença par ruiner le monarque dans l'opinion publique, en l'accusant hautement d'avoir voulu attenter à sa vie par l'infâme ministère du bâtard de Rubempré, dont il prétendait avoir découvert et surpris les manœuvres. Ces bruits jetèrent le trouble à la cour de Philippe. En vain le roi de France lui écrivit d'Abbeville, le 9 octobre 1464, pour lui annoncer sa visite ; celui-ci, loin de l'attendre, se hâta de quitter la ville ; et, malgré les dénégations du monarque, il n'hésita plus à se joindre à la coalition formée contre lui. Le comte obtient donc de son vieux père une armée ; des états de Flandre, un subside, et il s'avance sans résistance jusqu'à Saint-Denis, pour se joindre aux autres confédérés. Louis reconnaît alors ses fautes ; il dissimule sa colère, et la crainte succède à sa téméraire confiance. La bataille de Montlery laisse pour lui la victoire indécise ; et, prévoyant de plus grands malheurs, il signe le traité de Conflans qui rend au comte de Charolais et à ses successeurs les villes rachetées des mains de son père, à la condition qu'il pourra les retirer encore moyennant la somme de 200,000 écus d'or (29 octobre 1465). Doullens repassa donc sous la domination bourguignonne.

Il en fut de même de Beauquesne : le 1ᵉʳ décembre de la même année, les commissaires du roi en firent la délivrance à ceux du comte de Charolais, en ces termes : « Nous bail-
» lasmes auxdits commis et députéz de mondit seigneur de Charolais la possession de la
» place et de la chastellenie de Beauquesne, en faisant commandement au lieutenant et
» autres illec venus de la dite chastellenie, à quoy eux firent réponse qu'ils étoient prests
» d'obeyr au roy nostre sire, et en ce faisant donnoient toute obeyssance à mondit

(1) *Ordonnances des Rois de France*, t. XVI, p. 159.

» seigneur de Charolais, et l'acceptoient leur seigneur naturel, sous le ressort et souve-
» raineté du roy nostre dit sire (1). »

La fidélité à la foi jurée n'était pas la vertu dominante du roi Louis XI. Il le prouva encore par la violation du nouveau traité. On comprend que les revers et les insuccès n'entraient pas dans le programme qu'il avait tracé à son ambition ; aussi les châtiments imposés de temps en temps à sa politique tortueuse et perfide furent impuissants à le corriger, et il montra tout ce que peut obtenir l'obstination de la persévérance aidée de cette maxime que tous les moyens sont bons. A l'exemple du roi, le comte de Charolais, devenu duc de Bourgogne par la mort de Philippe son père et désigné dès lors sous le nom de Charles-le-Téméraire, oublia aussi ses engagements, et refusa de recevoir les 200,000 écus d'or stipulés pour le rachat des villes de la Somme. C'était donc encore une fois la guerre ; et le rusé monarque, peu habitué à mettre les droits de son côté, dut faire sonner bien haut cette violation flagrante du traité de Conflans. Pourtant il préféra la voie des négociations ; et, dans ce but, il se rendit à Péronne, où il fut pris comme dans un traquenard. Prisonnier, c'était un rôle qu'il n'avait pas prévu, il se hâta de conclure un traité nouveau sur les bases de ceux d'Arras et de Conflans ; et Charles-le-Téméraire, plus riche de douze ou quinze cents écus, redevint aussi plus maître que jamais des villes de la Somme. Le roi sortit de Péronne avec une blessure au cœur qui lui fit rompre immédiatement les engagements de la veille et rallumer la guerre (1468). La pensé lui en fut en outre inspirée par le duc de Guyenne, et surtout par le connétable de Saint-Pol, qui s'était brouillé avec le duc de Bourgogne.

« L'an mil quatre cens septante prit donc vouloir au roy de se venger du duc de
» Bourgogne, et lui sembla qu'il en estoit heure ; et secretement traictoit et souffroit
» traicter que les villes séans sur la rivière de Somme se tournassent contre ledit duc, et
» qu'ils appelassent ses gens d'armes, et les missent dedans ; car toujours les grands
» seigneurs, et au moins leurs sages, veulent chercher quelque bonne couleur et un peu
» apparente. Le duc de Bourgogne voyant donc que le roy s'enforçoit de ainsy reprendre
» les villes qu'il luy avoit baillié, se partist de Hesdin, et s'en alla à Dourlens, et fist à
» celle fois la plus grande assemblée de gens d'armes qu'il auoit oncques fait et les fist
» tirer vers Bappeaulme ; aulcuns en enuoia vers Amiens, vers Corbie et faulxbours
» d'Abbeville, etc. (2). »

Charles fut encore prévenu en particulier qu'à Amiens « ses besognes alloient mal, » que les habitants avaient chassé les Bourguignons, fait serment au roi de France entre les mains du comte de Dammartin, et offert l'entrée de leur ville à deux mille Français. Il écrivit aussitôt au corps de ville pour lui annoncer son arrivée, « et lors estant à Dourlens
» il partist dillec incontinent, et y laissa en garnison le s[gr] de Roussi, et s'en ala à

---

(1) M. de Beauvillé. *Hist. de Montdidier*, t. I, p. 166,

(2) Chronique de Pierre Le Prêtre, abbé de Saint-Riquier.

» Bappeaulme cuidant illec entour trouuer son armée preste, ce qu'il ne trouua pas,
» pourquoi il n'y arrêta qu'une nuit, et le lendemain V° jour de feburier (1470), s'en ala
» à Arras, en grande diligence et grande peur (1). »

Dix jours après, reprenant courage, il revient en Picardie, passe à Hébuterne; à Toutencourt le 16; à Daours, le 18; à Allonville, le 21 ; à Vignacourt, le 23; à Belloy-sur-Somme, le 24, et s'empare de Picquigny, qu'il brûle entièrement. Arrivé auprès d'Amiens, et voyant ses chariots interceptés par les Français, « il manda par tous ses pays que dès
» lors en auant nul ne passat menant vivres oultre la ville d'Arras ou de Dourlens, et que
» esdictes villes il enuerroit gens d'armes pour les conduire iusques en son ost. » Toutefois, il n'osait tenter l'assaut d'Amiens, et ce fut dans cette incertitude, « le XXVIII° jour de
» mars, que une compagnie de ceulx d'Amiens furent issus pour aler courre vers Abbe-
» ville. Ceulx de la garnison de Dourlens où estoit le s^{gr} de Rauestain, et ceulx de
» Beauquesne les trouuèrent sur les champs au reunir, et les assaillirent si durement
» qu'ils en prindrent XXIX et XX en tuèrent ; les autres le gaignièrent par bien courre.
» Le darrain jour dudict mois de mars, le comte de Nassau qui se tenoit à Doullens avec
» le s^{gr} de Rauestain en rencontra une aultre route quy estoit issue d'Amyens pour quérir
» leur adventure, et les rua jus, trois en tuèrent et XXII en prindrent, et se gaignèrent
» XXV cheuaulx qu'ils ramenèrent à Doullens. »

Quelques jours après, « le samedy VI° jour d'auril, un grant nombre de François issirent
» d'Amiens pour aler fourager et piller le pays vers Dourlens, dont quant ceulx de la
» garnison de Dourlens en furent aduertiz, ils issirent aux champs en grand nombre de
» gens de guerre, lesquelz trouuèrent les François entre Beauquesne et Amiens, et les
» ruèrent jus. Ils en tuèrent de L à LX, et en prindrent IIII^{xx} à cent, et rechassèrent les
» aultres iusques es portes d'Amiens, et le lundy ensieuuant ils issirent d'Amiens bien III^{m}
» combattants, et coururent iusques du costé de Dourlens et prindrent à celle fois plusieurs
» prisonniers de guerre de l'abé^{e} qu'ils trouuoient par les champs et plusieurs biens de
» bonnes gens de par les villages, et menèrent tout à Amiens sans encombrier, ils gaigniè-
» rent beaucop oudit voyage (2). »

Le duc ayant enfin levé le siége, passa à Doullens, où il laissa bonne garnison. Après une trêve de plusieurs mois, il y reparut l'année suivante, et y séjourna depuis le 18 avril jusqu'au 20, et du 11 juin au 14. Nous ignorons si la fidélité de cette ville commençait à chanceler et nécessitait ainsi plus fréquemment sa présence. Mieux vaudrait-il dire peut-être, qu'il ne la traversait que dans ses nombreux voyages d'Abbeville dont les habitants « cuidoient faire le semblable qu'à Amiens, » et du Vimeu où l'on commençait à se fatiguer de sa domination. Irrité à l'excès par la résistance qu'il rencontre, il ne connait plus, en effet, de modération, et sur ses pas il ne laisse que des ruines. Le roi, de son côté, croyant

(1) Chronique de Pierre Le Prêtre, abbé de Saint-Riquier.

(2) Ibid.

qu'il est plus sage de ne pas pousser son ennemi au désespoir et de s'y prendre à plusieurs fois pour le renverser, consent à une trêve qui est signée dans le château du Crotoy (3 octobre), et par laquelle Charles-le-Téméraire rentre en possession d'Amiens, de Saint-Quentin, et de la prévôté du Vimeu (1).

C'est en vain pourtant que le duc se flatte de voir des jours plus tranquilles : Louis XI n'a eu en vue que de gagner du temps, et il refuse de ratifier le traité. Alors la colère de Charles ne connait plus de bornes, et elle se traduit par les horribles représailles d'une armée de quatre-vingt mille hommes. Des bourgs, des villages sont brûlés sans pitié, et le pillage et l'effusion du sang prennent d'épouvantables proportions. Dégoûté des affaires de France et des trahisons sans cesse renouvelées, il accepte une nouvelle suspension d'armes (12 novembre 1472), et se retire en Flandre, en passant le 26 par Doullens, qui le revit encore le 24 avril de l'année suivante.

Cette trêve dura deux ans. Le duc de Bourgogne refusant de la renouveler, Louis XI, qui se trouvait sur les frontières de la Picardie avec une belle armée, prend et saccage Montdidier, Roye et Corbie. Charles, ruiné par tant de guerres, en brouille avec le roi d'Angleterre, regagne ses États et couche en passant à la cense d'Hamancourt (27 juillet 1475). Derrière lui, l'armée française s'empare de Doullens qu'elle convoitait depuis longtemps. Le roi, mécontent de la longue fidélité de cette ville au parti bourguignon et voulant la réduire à l'impossibilité de servir désormais de refuge à son ancien maitre, donne immédiatement l'ordre de la brûler et d'en raser les fortifications. N'eût-elle pas été coupable de fidélité au duc, qu'elle se serait vue également désignée comme victime ; car le sort éprouvé par Montdidier, Roye et Corbie, fait assez comprendre qu'il entrait dans la politique royale de diminuer le nombre et l'importance des places fortes, devenues effectivement moins nécessaires depuis que les Anglais avaient été chassés du royaume.

La lettre qui portait les ordres sévères du monarque à Labellière, est datée de Beauvais, et conçue en ces termes : « Monsieur le gouverneur, je vous baille et vous prie que vous » dites à M. Torcy que si ceulx qui sont venus à Dourlens sont délogés, que incontinant » on y face mettre le feu, et *que tout soit bien bruslé*, réservé les *églises*, et s'ils ne sont » partis que incontinant qu'ils le seront, *qu'on le face bien brusler*, et qu'il n'y ait point » défaut. Escript à Beauvais, le 28e jour de juillet. *Loys* (2). » Messire d'Estouteville, sire de Torcy, lieutenant-général pour sa Majesté en Picardie, fit exécuter ces ordres, et Doullens vit ses fortifications détruites par des ouvriers envoyés d'Amiens aux frais de l'échevinage de cette dernière ville. Ces ouvriers, au nombre de 190, y compris des prisonniers, étaient venus de Beauvais. La ville d'Amiens leur paya la somme de xxix^l iiii^s pour leurs *peines et salaires* d'avoir abattu les *tours, murs et forteresses* de la ville de Doullens (3).

(1) Daire. — MSS. de Pagès.
(2) Ibid. — Dusevel.
(3) Reg. de l'échevinage d'Amiens, année 1475.

Nous n'ignorons pas que plusieurs auteurs ont nié l'accomplissement du mandat royal dans toute sa cruauté. Selon eux, les murs de la ville auraient été démantelés, mais on aurait fait grâce aux maisons du supplice du feu. Nous ne demandons pas mieux que de décharger la mémoire de Louis XI de cette barbarie, quoique sa lettre reste pour attester qu'il l'a voulue et ordonnée. Assez d'actes de cette nature se rattachent à son inhumaine politique, sans qu'il soit besoin de lui imputer des faits incertains. Doullens aussi a dans le passé assez de titres à notre commisération pour que l'histoire de ses malheurs ne réclame pas cette page de plus. Qu'il nous soit permis cependant de résumer les motifs qui ont laissé planer le doute sur l'entière exécution des ordres du roi ; ce sera encore faire l'histoire de cette ville, à cette époque de calamités.

Ecoutons d'abord Philippe de Commines, liv. IV, chap. III. Deux jours après la prise de Corbie, « la pauvre ville fut pillée ; et mit-on le feu dedans, tout ainsi comme aux deux » autres. Le roy cuida retirer son armée et espéroit gaigner le duc de Bourgogne à cette » trêve, vu la nécessité en quoy il estoit ; » mais par suite d'un conseil mystérieux qui lui fut donné, « le roy envoya monseigneur l'admiral, bastard de Bourbon, accompagné » de bon nombre de gens, lesquels bruslèrent grande quantité de leurs villes, commençans » vers Abbeville jusques Arras. »

Ce récit concorde avec la lettre suivante de Louis XI à son lieutenant-général de Picardie : « Il me semble que pour parvenir à rompre le propos qu'ont les Anglais de venir » en Normandie, je devais envoyer mes gens courir en Picardie, afin de détruire tout le » pays d'où les vivres auraient pu leur venir. Je les ai envoyés par le Pont-Remy, parce que » le passage de la Blanquetaque n'est pas sûr pour une grande compagnie. Ils ont tout » brûlé depuis la Somme jusqu'à Hesdin, et delà sont venus faisant toujours leur métier » jusqu'à Arras. »

Voici un témoignage non moins explicite recueilli par M. de Beauvillé, *Histoire de Montdidier*, t. I, p. 175 : « Une partie des habitants de Doullens s'étaient retirés à Amiens, » et comme cette ville appartenait au roi, on délibéra si on leur donnerait asile ; la com- » passion engagea à les admettre. Par délibération du 29 mai 1475 : « Sur ce qu'il a esté » parlé audict échevinage des gens et habitans de Montdidier, Corbie, Roye et Doullens » qui estoient venus à refuge en la ville d'Amiens, à cause de ce que leurs villes avoient » esté démolies, arses et abatues de par le roi, pour ce qu'elles tenoient parti contraire du » roy nostre dict sire, et murmuroient aucuns que c'estoit grant dangier de tenir les dictes » gens et souffrir demourer en ladicte ville, fust de bouter feux ou autres meschiefs, et » les autres disoient qus c'estoient bonnes gens qui estoient détruis et chassés hors de leur » astre, et ne se savoient où bouter et s'ils estoient venus à refuge en ladicte ville, ils n'y » estoient pas venus pour mal, et y avoient amené leurs femmes et leurs enfants ; finale- » ment, tout considéré, M^{rs} ont ordonné qu'ils laisseront encore la chose en l'estat qu'elle » est, sans en parler ni en faire esclande, et sera sçu par les paroisses quelles gens se sont » et comment ils se gouvernent, et ce sçu, il y sera pourvu comme il appartiendra. »

La conduite que tinrent les réfugiés, continue M. de Beauvillé, ayant satisfait les plus exigeants, la ville d'Amiens se montra généreuse envers eux : elle permit à tous les ouvriers « d'ouvrer de leurs mestiers qu'ils avoient esté maistres et tenu leurs ouvriers esdictes » villes dont par fortune de guerre et destrusion de leurs villes, ils se seroient partis ; et » ne feront aucuns chiefz-d'œuvre, mais ils paieront les bienvenues et droix des mestiers » selon la teneur des briefs de ladicte ville d'Amiens. »

D'après ce témoignage, un certain nombre d'habitants de Doullens auraient donc été chercher un refuge à Amiens, loin de leur ville *démolie, arse et abatue de par le roy*. Et cependant cette délibération de l'échevinage Amiénois est antérieure de deux mois à la lettre par laquelle le monarque ordonne que Doullens *soit bien brûlé*. Faut-il admettre ici une erreur de date? soit, mais cette hypothèse elle-même ne servirait pas à prouver que Doullens a partagé tout à fait le sort de Montdidier, de Roye et de Corbie ; car, dit Philippe de Commines, parmi « les choses qui pressoient extrêmement le duc de Bourgogne de se » lever, c'estoit la guerre que le roy lui faisoit en Picardie; il lui avoit bruslé trois belles » petites villes et un quartier de plat païs d'Artois et de Ponthieu. » Pourquoi le chroniqueur, qui cite plus d'une fois Doullens comme une place de quelque importance, l'aurait-il passé sous silence, si la complète exécution du cruel mandat de Louis XI en eût fait un monceau de ruines fumantes? De plus, nous devons reconnaitre que ce silence se retrouve dans les différents auteurs contemporains qui ont écrit l'histoire si souvent sanglante et sans pitié des guerres du roi de France et du duc de Bourgogne. D'où il faut conclure que Doullens ne vit s'accomplir que la moitié du programme qui le vouait à la ruine ; et que si plusieurs de ses habitants cherchèrent un refuge à Amiens, ce fut parce que leur ville avait été *démolie et abatue,* quant à ses fortifications, sans que ses maisons eussent été *arses*. C'est en effet ce qui est confirmé par la *Chronique* de Pierre Le Prêtre (1), qui dit qu'après la prise de Corbie « le roi s'en ala deuant Dourlens, laquelle luy fut rendue, puis » pareillement *fist brusler et démolyr les portes* et abatre les murs jusques aux fon- » demens. »

Le roi put s'en assurer bientôt par lui-même ; car, l'année suivante (1476), il traversa cette cité pour se rendre à Lucheux, où il avait encore séjourné en 1468 (2). Qu'avait donc de si intéressant pour lui cette bourgade? Quels motifs pouvaient déterminer de si fréquents voyages? Sans doute il y avait à Lucheux une belle forêt, du gibier à foison ; tout y invitait à des distractions bruyantes, à des chasses vraiment royales ; mais le monarque n'y venait pas chercher d'amusements, à moins qu'on ne dise qu'il les faisait entrer dans sa politique comme moyens de dissimulation. Les préoccupations de la guerre et les difficultés avec lesquelles il était aux prises lui créaient d'autres manœuvres à

---

(1) Pierre Le Prêtre, abbé de Saint-Riquier, était contemporain des événements, puisqu'il ne mourut qu'en 1480.

(2) Louis XI séjourna à Doullens dans ce voyage, car Colart-Delattre, sergent royal à Amiens, reçut XX* pour lui avoir servi de guide dans la ville de Doullens.

surveiller que les méandres du cerf ou du sanglier chassés par sa meute ; et son regard exercé cherchait une piste bien différente : il voulait ne pas perdre de vue la conduite du connétable de Saint-Pol, dont il désirait faire, à raison de ses trahisons multipliées, un gibier de potence.

« Il l'avait pris en effet, en grande hayne, et les plus prochains de luy semblablement.
» Le duc de Bourgogne le haïssait encore plus ; chacun le disoit occasion de la guerre, et
» se commencèrent à descouvrir toutes paroles et tous traictés menés par luy, tant d'un
» côté que d'autre. » Ce malheureux connétable « se voyant donc situé aux confins de ses
» deux princes ennemis, » voulut chercher un appui dans le roi d'Angleterre ; mais le monarque français disposé à tous les sacrifices pour jeter les Anglais hors du royaume, *à mettre toutes choses en péril et en hasard plutôt que de consentir jamais qu'ils aient terre, et avant qu'il ne le souffre,* conclut avec Edouard, leur roi, à Picquigny, une trêve de sept ans. Charles-le-Téméraire fut forcé, à son tour, de signer pour neuf ans un traité de paix dont la disposition principale était la perte du connétable, Louis de Luxembourg. Celui-ci, victime enfin de ses propres ruses, crut que Charles serait plus indulgent, parce qu'il avait été moins trahi, et il se retira dans ses Etats. Il y fut arrêté aussitôt, et le roi réclama l'exécution du traité. Le duc voulant tirer parti de sa capture et exploiter la haine royale à son profit, ne livra le prisonnier qu'en échange des villes qu'il avait perdues dans la Somme. Doullens, devenu le prix du sang, repassa encore une fois entre les mains du Bourguignon (1476) (1). *Sic toties versa est fortuna locorum* (Ovide).

Ce devait être pour peu de temps, car l'histoire de ses péripéties politiques allait prendre fin. Le duc Charles-le-Téméraire fut tué au siége de Nancy (5 janvier 1477), et la joie qu'en ressentit Louis XI fit tellement trembler tous les seigneurs que *oncques puis ne trouva le roy de France homme qui osast lever la tête contre lui ni contredir à son*

---

(1) *Supplément à l'histoire de Louis XI.* — Daire. — Le connétable de Saint-Pol qui possédait, comme nous l'avons dit, la baronnie de Lucheux, avait encore un autre ennemi dans son voisin Guy de Brimeu, seigneur d'Humbercourt, vaillant chevalier, qui par ses exploits militaires avait gagné la confiance du duc de Bourgogne dont il devint l'intime conseiller. Déjà ce duc avait reconnu ses loyaux services en le décorant du collier de la Toison d'or (1473). Il venait encore de le charger du maintien de la trêve conclue avec Louis XI, et ne devait pas tarder à le faire passer des fonctions de chambellan à celles de gouverneur et lieutenant-général de ses pays de Liége et d'Outre-Meuse. La haine de Guy de Brimeu pour le connétable, née, dit-on, de contestations relatives aux limites de leurs propriétés respectives, trouva sans doute un aliment dans les fréquentes trahisons de ce dernier envers le duc. Mais ce qui y mit le comble, ce fut une scène violente qui se passa à Roye, et dont le seigneur d'Humbercourt conserva le vif et juste ressentiment. « Pendant une assemblée tenue dans cette ville, et
» où il s'agissait de régler les droits du roi et ceux du
» duc de Bourgogne, le connétable s'oublia jusqu'à
» donner un *démenti sec* à Guy de Brimeu, devant les
» ambassadeurs des deux princes. Le seigneur de
» Humbercourt ne répondit à cette insulte qu'en
» faisant remarquer au connétable qu'il la regardait
» comme adressée directement au duc son maître,
» qu'il représentait dans cette assemblée, et qu'il ne
» manquerait pas de lui en faire un rapport à son
» retour auprès de lui, etc. Ce moment de vivacité
» coûta cher depuis au connétable ; car lorsque
» proscrit et fugitif, il cherchait un asile sur les terres
» du duc de Bourgogne, il fut livré aux émissaires
» de Louis XI, par le seigneur d'Humbercourt, qu'il
» avait si gravement offensé. (M. Dusevel. *La Picardie,* n° de Janvier 1864.) »

vouloir (1). Doullens, comme les autres villes de la Somme, ne fit aucune difficulté de se soumettre au roi à la première sommation qui lui en fut faite par l'amiral Matthieu de Bourbon, lieutenant-général de Picardie et le célèbre historien Philippe de Commines, lequel jetant quelques mots d'éloges sur la tombe de Charles, déclare l'avoir *veu grand prince et autant qu'aucun de ses voisins u temps avoit esté, que nul autre qui fut en la chrestienté ou par aventure plus.*

Un sentiment de profonde pitié mêlé d'indignation contre les vainqueurs s'empare de l'historien, au récit des calamités de cette époque. Etaient-ils donc si coupables ces malheureux habitants de Doullens, en violant les engagements divers qu'on leur imposait à chaque instant, le fer et la flamme à la main ? Lorsqu'ils promettaient d'être fidèles, ne savaient-ils pas que le lendemain peut-être, apparaîtrait un nouveau vainqueur qui leur dicterait d'autres lois ? Et puis, les trahisons des grands, la désertion de la foi jurée, étalées chaque jour sur les hauteurs sociales et jusque sur le trône, n'étaient-elles pas des exemples contagieux, des enseignements puissants, féconds, funestes ? Une ville qui, plusieurs fois dans la même année, apprend en s'éveillant qu'elle a changé de maître et qu'elle doit imposer une volte face à son obéissance, n'est-elle pas excusable de laisser s'oblitérer chez elle les habitudes de la fidélité et du dévouement ? Et que lui importe tel dominateur de préférence à tel autre, s'il ne peut lui donner des conditions de garantie que par la ruine de ses murailles et l'incendie de ses maisons ?

Le roi Louis XI, devenu maître absolu, revint à Lucheux, soit pour faire diversion par les plaisirs de la chasse aux préoccupations de la politique, soit plutôt encore pour en cacher les calculs. Car, de toutes les provinces qui composaient les Etats de Bourgogne, l'Artois seul refusait de faire sa soumission; et le comte de Saint-Pol, qui avait à venger la mort de son père, soufflait le feu de la résistance. C'est de là que le monarque data les lettres par lesquelles il nommait de rechef son lieutenant et gouverneur des pays de Bourgogne, Georges de La Tremoille, sire de Craon et comte de Ligny (24 février 1477). Le surlendemain, d'autres lettres datées également de Lucheux ordonnèrent la démolition des vieilles murailles de la ville d'Amiens, et le nivellement de ses anciens fossés.

Le désir d'établir la paix sur une base durable avait fait demander la main de Marie de Bourgogne (2), héritière de Charles-le-Téméraire, pour le Dauphin, enfant de douze ans.

---

(1) Philippe de Commines. — M. Bouthors fait un récit un peu différent. « Pendant les guerres de » Louis XI contre Charles-le-Téméraire, dit-il, Louis » de Luxembourg, comte de Saint-Pol, crut, à cause » des fiefs considérables qu'il possédait dans les » États des deux princes rivaux, qu'il était de son » intérêt de ne prendre ouvertement parti ni pour » l'un ni pour l'autre. Ce fut là précisément ce qui le » perdit... il n'osa jeter son épée dans la balance. Il » fut décapité pour avoir manqué, sinon de courage, » du moins de résolution. (Cout. loc., t. I, p. 240). »

(2) Ce fut encore Guy de Brimeu, seigneur d'Humbercourt, qui se chargea de la lettre que Marie de Bourgogne écrivit à Louis XI pour lui notifier son consentement à l'alliance projetée entre elle et le Dauphin de France. Les Gantois firent un crime à Guy de Brimeu de cette démarche, et l'ayant accusé en outre, quoique faussement, d'avoir, ainsi que Guillaume Hugonet, chancelier de Bourgogne, reçu de l'argent du roi de France pour mander à Philippe de

Cette alliance aurait mis fin aux rivalités de famille, et fait disparaître la cause de tant de guerres. Mais le désir du feu duc avait indiqué depuis longtemps Maximilien d'Autriche, fils de l'empereur. Il fut préféré, et « de ce mariage sont sortis plusieurs grandes guerres » tant de là que de ça, ce qui n'eust possible pas esté, si Marie eust espousé le seigneur » d'Angoulême, » dit P. de Commines.

Après la mort du duc de Bourgogne, Louis XI, « qui avait juré la trêve de neuf ans, « n'en tint rien, mais assembla grosse armée et print des biens de Marie de Bourgongne ce « qu'il en pouvoit prendre... entr'autres Arras, dont il changea le nom et qu'il appela « Franchise. » Cette ville expia sa résistance dans des flots de sang, et la rigueur avec laquelle elle fut traitée déshonora encore une fois la victoire de Louis, qui fut forcé pour la repeupler, de faire venir du Limousin et du Poitou un grand nombre de ménagers. Tous ces émigrants passèrent par Doullens, qui était gardé à vue à raison de son voisinage de Lucheux et de l'Artois.

C'étaient plusieurs compagnies de Suisses qui devaient tenir garnison à Doullens. Elles arrivaient par la route de Paris, lorsque la ville d'Amiens, inquiète de leur passage, envoya son sergent royal à Breteuil pour obtenir de l'huissier d'armes du Roi qu'il ne fit pas passer par Amiens les compagnies qu'il conduisait. Dans ce voyage, la verge d'argent du sergent royal fut dérobée par un de ces Suisses, et la ville alloua 33^d pour la remplacer. Cet incident ne promettait pas de bons rapports de voisinage.

En effet, des rixes sanglantes ne tardèrent pas à s'élever entre les garnisons des deux villes. Nous ignorons si la lutte fit des victimes ; mais nous savons que les frais furent en grande partie supportés par la ville d'Amiens, qui paya à plusieurs hommes de la garnison de Doullens III^l I^s VII^d, pour remplacer trois javelines, deux dagues (poignard à deux arêtes outre les tranchants), une sangle, un chapeau, une cornette de drap noir et un tabart de drap tanné (manteau court), perdus près d'Amiens dans la bataille. M. Tanneguy de Villeneuve commandait à Doullens la garnison avec les capitaines suisses. Le prévôt des maréchaux y vint bientôt après, et y reçut un message de la ville d'Amiens, qui demandait d'être exemptée de l'obligation de recevoir les gens de guerre (1479) (1).

Louis XI avait dit en mourant (30 août 1483) : « Cinq ou six ans d'une bonne paix sont « bien nécessaires au royaume pour le soulagement du peuple », et voilà que son jeune fils, qui allait s'appeler Charles VIII, se trouvait à l'intérieur en face de l'empereur Maximilien d'Autriche, prêt à recommencer la lutte. Bientôt, celui-ci, après divers échecs, reprit Arras, et jeta la frayeur en Picardie. Doullens craignit, en effet, lorsqu'il le vit passer avec son armée non loin de ses murs à peine rétablis, pour aller tenter, à la faveur des ténèbres, une surprise sur Amiens (1492). A cette crainte succéda, l'année suivante, une joie bien

---

Crévecœur, seigneur des Querdes, de rendre Arras à ce monarque, ils obtinrent sa mort sur l'échafaud en 1477, malgré les supplications et les larmes de la duchesse de Bourgogne. (M. Dusevel. — *La Picardie* n° de Janvier 1864.)

(1) Reg. de l'échevinage d'Amiens.

vive, lorsqu'un héraut du roi vint y apporter la bonne nouvelle de la paix, signée le 25 mars entre la France et la maison d'Autriche.

Quatre ans après, Charles VIII avait déjà cessé d'être roi, et laissé la couronne de France à Louis XII. Doullens fêta l'avénement du nouveau monarque avec une confiance d'autant plus entière que l'horizon politique était pur de tout nuage. *Sire Pasquier de Béthembos, Nicolle Cappeion, Philippe Marchant, prebtres,* furent autorisés par l'échevinage à représenter les mystères alors si en vogue de *la passion et de la résurrection de Jésus-Christ.* Ce spectacle dura trois jours ; et, pour loger la foule des curieux, il fallut faire, selon l'usage, des tentes et des terrasses hors de la ville. Il paraît que la représentation eut un tel succès que les acteurs s'en prévalurent pour demander l'autorisation à l'échevinage d'Amiens d'en faire aussi l'essai dans leur ville, comme il appert d'une délibération en date du 28 janvier 1499 : « Et à ces causes requéroient qu'il nous plust leur permettre et accorder qu'ils » peussent jouer ledit mystère, qui contenoit trois journées, et tel qu'il avoit esté joué à » Doullens. »

CHAPITRE VI.

(1500-1594.)

Rédaction de la coutume. — Rivalité de François 1er et de Charles-Quint. — François 1er traverse Doullens. — La garnison défait un corps de lansquenets. — Abandon du siége de la ville. — Les Parisiens y envoient une garnison. — Ses fortifications détruites. — Incendie de la ville. — L'ennemi n'ose plus y entrer à cause du nouveau château. — Robert de Mailly relève ses fortifications. — Doléances des Doullennais à François 1er. — Voyage de ce monarque. — On fortifie le château et on augmente la garnison. — Événements militaires autour de Doullens que le roi donne ordre de fortifier. — Édit de paix. — Henri II à Doullens. — Combat auprès de Beauquesne. — Ravitaillement de Doullens. — Récit d'Ambroise Paré. — La châtellenie donnée au gouverneur. — Nouvelles doléances des Doullennais. — Cocqueville se rend maître de la ville. — Son supplice. — Les Doullennais ne veulent pas du prince de Condé. — Ils adhèrent à la Ligue. — Lettres de priviléges. — Tentative sur Doullens. — Bureau des traites. — Le duc d'Aumale s'empare de la ville et le Sr de Saveuse du château. — Lettres du roi. — Édit d'union. — Nouvelle tentative sur Doullens. — Défaite du Sr de Saveuse près de Chartres. — Démolition du château de Beauquesne. — Malgré les efforts du duc d'Aumale, Doullens fait sa soumission à Henri IV.

Le seizième siècle commença dans des conditions fâcheuses pour le pauvre peuple : le blé valait 16 sous le setier ; la livre de pain blanc de douze onces, quatre deniers ; et le pain bis pesant trois livres un quart, douze deniers. C'étaient à peu près les prix de 1461, époque de guerres et de ravages. Les revers que l'armée française éprouva en Italie et qui annulèrent les résultats des premiers succès, n'étaient pas faits pour améliorer la situation ; des tailles extraordinaires imposées au commerce et à l'industrie pour défrayer les ambitieuses tentatives de Louis XII, avaient compliqué la crise alimentaire d'une crise financière. Mais la guerre ayant choisi un théâtre éloigné, laissait repos au foyer domestique et liberté aux travaux des champs ; et c'en était assez pour faire donner au monarque le nom de *Père du Peuple*.

Cette tranquillité de l'intérieur fut mise à profit pour la rédaction des coutumes des provinces, œuvre importante commencée sous les derniers rois. Déjà la coutume du Ponthieu était publiée ; il convenait de s'occuper de celle du bailliage d'Amiens. Dès qu'il en fut question, le prévôt de Doullens, comme ses autres collègues, « fut mandé d'avoir à faire
» publier en ses mettes les lettres du Roy, en faisant sçavoir à tous prélats, gens d'église,
» nobles, praticiens, etc., d'eulx se trouver à l'assemblée générale préfigée et assignée au
» 25 d'août, leur enjoignant d'y apporter leurs coustumes locales en forme deübs, et mesme
» ledit prévost de mettre et rédiger par escrit les coustumes de sa prévôté, sous peine de
» 400 livres parisis d'amende, applicables au Roy, et d'être privé de pouvoir jamais alléguer
» aucune coustume locale et particulière. »

Le prévôt de Doullens rencontrait quelques difficultés dans ce travail à cause de la diversité des divisions territoriales et de l'hétérogénéité de sa circonscription ; car, indépendamment de la châtellenie qui était le chef-lieu de sa juridiction, la prévôté en contenait trois autres qui avaient chacune leurs coutumes particulières. « Nonobstant lesdites coustumes
» générales de ladite prévosté, fait advertir que es mettes d'icelle, sont enclavées aucunes
» parties des villes et villages de la comté d'Artois, sénescauchie et comté de St-Pol et bail-
» liage de Hesdin, esquels lieux l'on use d'aucunes coustumes locales desrogeant aux géné-
» rales de ladite prévosté (1). » On comprend en effet que les châtellenies qui confinaient à des bailliages différents aient emprunté quelque chose à leurs coutumes et se les soient même assimilées insensiblement. Cette influence de voisinage s'établit en fait par la seule force des circonstances, sans idée préconçue ni volonté déterminée.

La coutume de la prévôté de Doullens a été rédigée dans l'Hôtel-de-Ville par les officiers de ce siége, au nombre de six, savoir : J. Brunet, garde de la prévôté et échevin de Doullens ; J. Leboin, procureur du roi en l'élection et greffier de la ville ; J. Berthe ; L. Leboin, maïeur en exercice ; J. Papin, procureur du roi à Abbeville et bailli d'Harponville ; N. de Maisons, bailli de la châtellenie de Beauval.

Ce fut le 15 septembre 1507 que la ville de Doullens rédigea la coutume locale de l'échevinage et de la banlieue. D'après les termes formels de l'édit de Grenoble, du 2 avril 1506, il était interdit de faire figurer parmi les coutumes les priviléges des villes de loi. Nonobstant cette prohibition, bon nombre d'échevinages les ont insérés dans leurs cahiers, en

---

(1) Art. 7 des coutumes de la prévôté de Doullens, 1ʳᵉ rédaction rapportée par M. Bouthors, t. II, p. 55.

totalité, comme Gézaincourt, ou en partie, comme Doullens. L'échevinage de cette ville qui avait eu tant à lutter pour le maintien et la défense de ses priviléges, voulut en consigner les principales dispositions dans la rédaction de sa coutume, et leur donner par là une nouvelle consécration. Et puis, il était bien difficile de ne pas céder à la tentation de rappeler « Que de grant antiquité lesdits maires et échevins sont noblement fondez, douez et « amortis soubs le roi nostre sire, et ont loy, mairie et échevinage, cloche à ban, banlieue « grande et spacieuse, et en oultre ont plusieurs beaux droits, prévilléges, prérogatives et « prééminenches (1). »

La coutume de l'échevinage de Doullens contient quarante-cinq signatures, parmi lesquelles se trouvent les noms de douze ecclésiastiques, c'est-à-dire de l'abbé de Cercamps, du prieur de Saint-Sulpice, des curés de la ville et des environs. Les autres signataires sont le maïeur et les échevins et les principaux baillis et lieutenants des justices seigneuriales du voisinage.

Pendant que le roi Louis XII fait admirer en Italie la valeur des soldats français ; pendant que les grandes familles de la Picardie se font glorieusement représenter à la sanglante bataille de Ravennes par les seigneurs de Chepy, d'Humbercourt, de Créquy, etc., la ville de Doullens profite des quelques années de tranquillité qui lui sont données pour relever ses murailles, et reprendre son rang dans le réseau de défense que le pays peut être appelé à opposer prochainement à une nouvelle invasion étrangère.

Déjà, en effet, la sécurité de son avenir est ébranlée, car le roi de France vient de la promettre à l'empereur comme arrhes de sa parole ; mais on sait ce que pèsent les engagements dans la balance de la politique des rois. Par le traité de Paris du 24 mars 1514, Louis XII assurait à Charles-Quint la main de sa fille cadette, Rénée de France, et faisait cession des villes de la Somme dans le cas où ce mariage n'obtiendrait pas son effet : « Que s'il avenoit « que ledit mariage ne sortit effet, en ce cas ledit sieur roi et reine, et chacun d'eux en « tant qu'il lui peut toucher, consentent dès maintenant pour lors et dès lors pour mainte-« nant, que le comté de Ponthieu, villes de Péronne, Montdidier, Abbeville, Dourlens, etc., « les châteaux d'icelles, leurs appartenances et dépendances, demeurent et appartiennent « à mondit sieur le prince d'Espagne ; et dès maintenant, en ce cas, le roi cède et trans-« porte audit sieur prince lesdits comtéz, villes et châteaux, seigneuries, châtellenies, avec « toutes leurs appartenances et dépendances, droits et actions qu'ils prétendent et pour-« roient avoir sur icelles (2). »

Ce mariage qui avait pour but de détacher l'Espagne de l'alliance des ennemis du royaume, n'eut pas lieu ; mais, comme nous l'avons dit, les paroles royales engagent rarement. Le roi et la reine se firent relever de leur serment par une bulle du pape, et Doullens leur resta.

---

(1) Arch. de Doullens, exemplaire imprimé. V. pièces justif. n° 21 (bis) du tome II.

(2) *Corps diplomatique de Dumont.* T. IV, p. 201.

La France ne peut pas espérer que le théâtre de la guerre sera longtemps placé hors de ses frontières : elle va, au contraire, ressentir les tristes conséquences de la rivalité de François Iᵉʳ, son nouveau monarque, et de Charles-Quint qui vient d'être élu empereur. C'est François Iᵉʳ qui commencera la lutte : la Picardie sera l'un des premiers champs du combat ; et Doullens, comme avant-poste, recevra de terribles coups.

Mais le roi de France a eu le tort de ne rien préparer pour faire face aux dangers. Son trésor est épuisé par de folles prodigalités ; ses villes sont mal fortifiées ; ses frontières, sans garnisons ; ses troupes, peu nombreuses. Il accourt visiter à la hâte la Picardie, et bat monnaie par la vente des charges judiciaires. De nouvelles tailles lui ouvrent une source de produits, et les communautés religieuses essaient vainement de se retrancher derrière leurs priviléges. La royale abbaye de Saint-Michel de Doullens oppose aussi aux exigences du fisc les lettres patentes par lesquelles les rois précédents ont amorti ses revenus. Un acte de l'intendant général du bailliage d'Amiens lui retire le bénéfice des dites lettres patentes, et lui fait comprendre que l'Etat a besoin du concours de tous en présence des événements qui se préparent (19 mars 1521).

François Iᵉʳ, qui venait d'ordonner l'heureux coup de main par lequel la ville d'Hesdin tomba en son pouvoir vers le commencement de mars 1521, put s'assurer par lui-même du peu de garnisons que renfermaient les villes frontières. Il traversa Doullens avec son armée victorieuse ; et, l'ayant conduite à Amiens, il en employa une partie à la garde des places voisines sous le commandement des gentilshommes qui l'accompagnaient, et licencia le reste. La compagnie du duc de Vendôme, lieutenant du roi en Picardie, fut envoyée à Doullens. Puis, apprenant l'extrémité à laquelle se trouvait réduite la ville de Tournai et se voyant dans l'impuissance de la secourir pendant l'hiver, le monarque imprévoyant manda au seigneur de Champeroux, qui commandait les assiégés, de capituler le plus honorablement qu'il lui serait possible ; « ce qu'il fit, et sortit en armes, ses bagues
» sauves, enseignes déployées et tabourins sonnans, et fut conduit en seureté jusques
» à Dourlan. »

« Pendant tout l'hiver se faisoit cependant la guerre guerroyale par toutes les garnisons
» dudit pays, aujourd'hui au prouffit des Français, autre jour au prouffit des Bourguignons.
» Et entr'autres entreprises, le jour de Nostre-Dame de mars 1521, avant Pasques, douze
» cents Huguenots partans de la garnison d'Arras passèrent la rivière d'Othie près Dourlan,
» et vindrent piller Bernaville et autres villages circonvoisins. » Chargés de l'important produit de leurs rapines et emmenant nombre de chevaux, ils se dirigeaient vers la rivière pour la franchir ; mais « ceux de la compagnie de M. de Vendôme qui estoient en garnison
» audit Dourlan, dont estoit chef le seigneur d'Estrée, advertys du passage desdits lans-
» quenets environ minuict, montèrent à cheval pour les attendre au passage de la rivière,
» à leur retraite, ayant avecques eux trois cents hommes de pied sans soulde. Encore
» qu'en ladite compagnie ils ne feussent que trente hommes d'armes et environ cinquante
» archers, se confians à leursdits gens de pied qui promettoient combattre, et ayant trouvé

» les ennemys déjà repassé l'eau, délibérèrent les charger ; ce qu'ils firent si furieusement
» qu'ils les rompirent. A ceste charge furent tués des nostres le seigneur de Ricamé et le
» bastard de Dampont, et le cheval du seigneur d'Estrée, chef de l'entreprise..... Après
» laquelle charge nos gens pensoient estre suivis de leursdits gens de pied ; mais ce fust au
» contraire, car ils s'en estoient fuis sans combattre ; par quoy, au lieu de recharger,
» furent contraints de tenir bride ; si est-ce qu'ils leur firent abandonner le butin. Et des
» lansquenets y moururent cens cinquante, tant à ladite charge que sur leur retraitte, et
» entre autres un de leurs principaux capitaines (1). »

C'est ainsi que la stérile bravade des villageois qui avoisinaient Doullens exposait à une défaite la courageuse garnison. Sans cette offre de secours et la promesse formelle de prendre part à la bataille, ces quatre-vingts hommes n'eussent pas osé attaquer un corps de douze cents ennemis. La victoire, il est vrai, n'en fut que plus glorieuse, et nous sommes heureux de constater qu'une grande part en revient aux archers doullennais. Nous allons voir que les habitants de la cité furent aussi gens de cœur.

Les ennemis devaient être humiliés d'une si honteuse défaite : « Après s'être retirés à
» Arras, malcontens de leur mauvaise fortune, ils conclurent de se venger, et venir
» surprendre ladite ville de Dourlan estant dépourveue d'hommes ; car il n'y avoit un seul
» homme de pied. Et pour cest effect le comte de Bure, lieutenant général pour l'empereur
» en ses Pays-Bas, assembla toutes les garnisons de la frontière, tant de cheval que de pied,
» avecque six pièces d'artillerie, et arriva devant Dourlan le samedi vingt-neuviesme jour
» de mars, environ demie heure devant le jour ; et vint camper au-dessus de la ville où du
» présent est le chasteau, du costé devers Amiens, espérant que ceux de la garnison estant
» en si petit nombre ne se voudraient opiniastrer d'attendre le canon. Mais ayant déjà faict
» une autre folie de charger douze cens lansquenets, en voulurent encores esprouver une
» autre avecque vingt-cinq hommes d'armes qui restoient. Laquelle opiniastreté voyant
» iceluy de Bure, planta son artillerie et feit batterie près de la tour cornière qui regarde
» devers Auchy-le-Chasteau ; puis après feit donner un assault de tous costés tant par
» eschelles qu'autrement. Mais Dieu fut si favorable aux assiégés, que les ennemys
» furent repoussés à l'aide des habitants, et demoura bon nombre desdits ennemys morts
» dedans le fossé.

» Pendant cela, monseigneur de Vendôme, qui estoit à Amiens, envoya le comte de
» Saint-Pol, son frère, à Abbeville, pour faire marcher deux mille Suisses qui estoient là
» en garnison (lesquels Suisses refusèrent de marcher, quelque persuasion que ledit comte
» de Saint-Pol leur sceust faire ; parquoy après furent cassés et renvoyés en leur pays),
» aussi pour faire marcher mille hommes qui estoient à Hesdin soubs la charge de Hutin de
» Mailly et de la Barre. Quand et quand manda la gendarmerie qui estoit à Montreuil, à
» Corbie, à Péronne et autres lieux, délibérant de lever le siège des Bourguignons ou de

(1) *Mémoires de du Bellay*, liv. 1.

» combattre ; de quoy les Bourguignons advertys et la nuict qui approchoit, voyans n'avoir
» riens prouffité, se retirèrent droit à Arras avec leur courte honte, laissans les échelles
» dedans les fossés de Dourlan (1). »

On se demande pourquoi les assiégeants, au lieu de tenter un second assaut, levèrent le siége avec tant de précipitation ? Ils furent nécessairement mus par quelque grave raison, puisque l'arrivée du comte de Saint-Pol n'était pas encore signalée. Notre chroniqueur du Bellay nous donne le mot de l'énigme : « Pour vous faire, dit-il, l'occasion principale qui meut les
» Bourguignons de ne donner l'assaut, fut que l'entreprise s'estoit faicte pour venger l'ou-
» trage faict aux lansquenets, le mardy précédent, où ils avoient perdu des gens de bien ;
» par quoy les Walons vouloient que lesdits lansquenets donnassent l'assaut, dont sourdit
» une mutinerie entre eux. Les assiégés, se voyant hors d'espérance de secours, sinon des
» Suisses, afin de temporiser, et cependant remparer leurs portes et une saillie d'eau,
» envoyèrent par sauf-conduit le capitaine Montbrun dehors pour parlementer, non pas
» pour rien conclure, mais les amuser, et veoir ce qu'il pourroit cognoistre de leur délibé-
» ration, et sentir s'ils avoient vivres pour séjourner, pour suivant cela se gouverner (2). »

Le capitaine Montbrun avait mis dans l'accomplissement de sa délicate mission de l'adresse et de l'intelligence. Son regard avait vu et sa pensée compris le côté faible des ennemis. Heureux intérieurement du succès de son mandat, il retournait vers la ville sans avoir rien conclu, lorsque sur ses pas la mutinerie éclata. C'était une complication qui pouvait devenir dangereuse. Les chefs y mirent fin immédiatement en levant le siége à la hâte, et en emmenant avec eux Montbrun et quelques-uns de ceux qui l'accompagnaient. A leur arrivée à Arras, les habitants de la ville et les Wallons qui s'y trouvaient crurent que Doullens avait capitulé, et virent des otages dans Montbrun et son escorte. Dans l'ardeur de leur vengeance, ils forcèrent les portes du logis où on les avait déposés, et leur auraient fait un mauvais parti si les lansquenets eux-mêmes n'eussent pris les armes pour leur défense.

On comprit l'imprudence qu'on avait commise de laisser Doullens sans garnison suffisante. Les Parisiens eux-mêmes ne se trouvaient pas en assurance ; car la prise de cette place aurait ouvert à l'ennemi un accès sur la capitale. C'est pourquoi « voyans le hazard
» où Dourlan avoit été par faulte d'hommes, souldoyèrent mille hommes pour mettre
» dedans, desquels eurent la charge le seigneur de Bourbarré et le capitaine Sansonne sous
» le seigneur de Lorges. »

De son côté le duc de Vendôme « adverty de plusieurs châteaux voisins lesquels faisoient
» beaucoup d'ennuy à nostre frontière, » marcha sur eux avec les garnisons dont il put disposer, s'en rendit maître, et après les avoir rasés, y compris celui de Pas, il se retira à Doullens.

Cependant le danger auquel cette ville vient d'échapper n'est que le prélude d'un autre

---

(1) *Mémoires de du Bellay*, liv. 2.   (2) Ibid.

bien autrement sérieux, et dont les conséquences vont encore se traduire par les ruines de ses fortifications : Henri VIII, roi d'Angleterre, le plus inconstant de tous les princes de son siècle en politique comme en religion, s'est tout à coup tourné du côté des Impériaux : il s'arme, descend à Calais, et vient apporter l'appoint de ses troupes au comte de Bures, qui se voit ainsi à la tête de 35,000 combattants. A l'instigation d'Adrien de Croy, comte de Rœux, seigneur de Beaurain, Long, Longpré, Hangest et autres lieux, et sur l'assurance qu'il en reçut que la ville d'Hesdin était la plus vulnérable de toute la frontière, il en forma le siége. Pendant quinze jours il fit battre en brèche, endommagea même gravement « les deffences d'amont » vers Saint-Pol, mais n'osant tenter l'assaut, parce que « de » jour en autre ils avoient l'alarme en leur camp, et journellement se faisoient entreprises » sur leurs logis tant par ceux de Thérouanne, de Montreul que de Dourlan, et nul ne » s'osoit escarter hors leur camp. »

Le duc de Vendôme se sentant trop faible pour se mesurer en rase campagne avec un ennemi si nombreux, dépêcha le comte de Saint-Pol, avec les trois cents hommes de pied que commandait le seigneur de Lorges, pour se renfermer dans Doullens, tandis que lui, avec le reste de son armée sous les ordres de Guise et de la Trimoille, aurait la charge de côtoyer les troupes ennemies et de les harceler sur leur passage. Celles-ci venaient, en effet, de renoncer à la prise d'Hesdin, car « vindrent les pluies si grandes que le flux de ventre se » meit entre les Anglois; en sorte qu'après avoir tenu le siége six semaines ou deux mois, » ils furent contraints de le lever avec leur courte honte. »

» De Hesdin, ils vindrent loger à Auxi-le-Chasteau, sur la rivière d'Othie, mi-chemin » dudit Hesdin et de Dourlan. Le comte de Saint-Pol voyant la ville de Dourlan n'estre » tenable, pour n'y avoir point alors de chasteau (1), et que là où est maintenant situé le » chasteau est une montagne dont on voit de tous costés ladite ville, de sorte qu'il n'y avoit » moyen audit Dourlan de se mettre à couvert ; à ceste occasion ledit comte de Saint-Pol » ayant gasté les vivres qui estoient dedans à ce que l'ennemy ne s'en pût prévaloir, et » faict abattre les portes de la ville, se retira à Corbie, pour là faire teste à l'armée de » l'ennemy. »

Derrière lui, les comtes de Suffolk et de Bures arrivent à Beauquesne « en espérance » d'assaillir Corbie ; mais considérant la provision de ladite ville, voyant le temps si plu- » vieux, et tant de malades en leur armée, et l'hyver qui les pressoit (car c'estoit environ la » Toussaincts 1522), » ils livrent aux flammes tous les villages qu'ils rencontrent ; ils entrent dans Doullens abandonné sans défense, achèvent de détruire le peu de fortifications qui sont restées debout, brûlent et saccagent entièrement la ville, dont les habitants en grand nombre sont allés chercher un refuge à Amiens et à Abbeville où on les emploie aux

---

(1) Nouvelle preuve qu'il n'y avait à Doullens, avant 1522, d'autre château que la ville elle-même dans sa partie fortifiée. M. Warmé a donc tort de dire que Antoine de Créquy reçut de François Ier l'ordre de réparer les ouvrages qui existaient déjà. (*Hist. de Doullens.* p. 61-213).

travaux publics. Les églises ne sont pas épargnées ; ils les détruisent en partie par le feu et en emportent les cloches ; tout offre l'image de la ruine, à l'exception du couvent des Cordeliers. Pendant que l'armée ennemie congédiée se retire, laissant derrière elle ces débris fumants, « les comtes de Saint-Pol et de Guise advertys que, à Pas en Artois, y avoit bon nombre » d'Anglois pour se refreschir, » se chargent d'aller leur donner une camisade ; et environ six cents d'entre eux surpris *inter pocula et dapes*, trouvent une mort honteuse.

L'incendie auquel l'aveugle rage des Impériaux voua la ville de Doullens est d'autant plus regrettable que le chartrier de l'église Saint-Michel et de précieux documents disparurent à jamais dans les cendres. Peut-être faut-il y chercher la cause du silence des historiens sur les premiers âges de cette ville, sur l'origine de ses anciens monuments, sur les principaux faits de sa vie politique et sociale d'autrefois, sur les différentes phases de son évolution à travers les siècles passés. L'église de Notre-Dame qui avait reçu sa consécration de la main du saint archevêque de Cantorbery, eut sa grande part dans ce sinistre dont un psautier manuscrit nous a conservé la date et le souvenir en ces termes :

Sœcula centuplici fluxu labentia quinque
Sumito; cyliadem jungito, bisque decem,
Tu Dullendinæ cognosces tempora flammæ,
Et Mariæ templi nota ruina tibi
Sacraque post Mariæ natalia clarificabit
Horam sol fervens, ogdoas una diem (1).

L'année suivante, au sortir de l'hiver, les Impériaux et les Anglais ayant réuni leurs forces formèrent une armée de 5 à 6000 chevaux, et de 25 à 30,000 hommes de pied, avec quantité d'artillerie. Ils s'avancèrent vers Thérouanne pour l'assiéger ; mais le duc de la Trémoille avait déjà pourvu au danger en renforçant la garnison, qui sous « le capitaine » Pierre Pont, homme de grant hardiesse, fist plusieurs saillies sur eulx à leur dommage et » perte. »

« De Thérouanne, les ennemys allèrent à Dourlans, où ils furent douze ou treize jours » sans approcher leur artillerie, parce que, en le cuidant faire, on y avoit occis tout plain de » leurs gens a coups de canon, d'un chasteau de terre que avoit faict faire le seigneur de » Pont-de-Remy, et au moyen de ce qu'il n'y avoit assez de gens dedans la ville de Dour- » lans pour la deffendre, le seigneur de la Trimoille y envoya deux bandes et enseignes de » gens de pié, lesquels y entrèrent de plain jour à enseignes desployées à la veue de » l'armée des ennemys. Et quant les ennemys partoient d'une place pour aller à l'autre,

---

(1) Daire.— In-8°, *MSS. de St.-Michel*, aux archives départementales.

Quinze siècles comptés, ajoutez vingt-deux ans,
Et vous aurez l'époque où fut brûlé Doullens ;
Où, le seize septembre, atteinte par la flamme,
S'écroula, vers midi, l'église Notre-Dame.

On voit que la date donnée par le poète est quelque peu antérieure à celle qui vient d'être fixée par le chroniqueur (« c'estoit environ la Toussaincts »)

» ledit seigneur de la Trimoille estoit contrainct à faire partir et aller toute la nuyt ceulx de
» la place que les ennemys avoient abandonnée, pour eulx mettre en celle où alloyent, à
» raison de ce qu'il n'avoit assez de gens pour garder si grant frontière (1).

» Les ennemys, ajoute du Bellay, estans donc à Dourlan, délibérés de l'assiéger, trou-
» vèrent un chasteau de terre que le seigneur de Pont-Dormy, par le commandement du
» duc de Vendosme, l'an précédent, avait faict édifier sur la montagne tirant vers Amiens,
» bien pourveu d'hommes et de munitions ; auquel, après l'avoir bien recogneu, ne furent
» d'advis de l'attaquer. Et y ayans séjourné quatre jours pour refreschir leur camp, prin-
» drent le chemin de Corbie tout le long de la rivière de Somme. » La chasse leur fut donnée
par Antoine de Créquy-Pont-Dormy, à qui la ville venait de devoir son salut, et qui n'avait
eu cependant que 150 lances et 200 fantassins à opposer à 3000 ennemis. Aussi reçut-il, à
l'occasion de ce brillant combat, de la bouche même de François Ier, et en présence de Bayard,
le surnom de Hardi. Il est vrai qu'il avait su tirer parti de la hauteur qui domine le plateau sur
lequel la ville est assise, et le *chasteau de terre* élevé à la hâte par ses soins donna naissance
à la citadelle qu'on admire aujourd'hui. L'humble cité, couverte par le canon de ce château,
salua avec reconnaissance ce protecteur de sa faiblesse et se repeupla avec plus de sécurité.

Ce n'était pas assez pour le brave Robert de Mailly, au courage duquel la défense de la
ville était confiée : il entreprit d'en faire rétablir à ses frais les murailles, et son patriotique dévouement, la religion le décora, vu les circonstances, du nom de charité. L'hiver
avait été très-rigoureux ; les blés gelés presque partout ne promettaient qu'une récolte bien
insuffisante, et la disette arrivait avec son cortège de souffrances multipliées par les ravages
de la guerre. Ce fut donc au milieu des bénédictions des indigents que Robert prit à sa solde
trois cents ouvriers pour la reconstruction des fortifications. Il surveillait lui-même les
travaux et leur imprimait toute l'activité possible. Mais sa fortune qui ne se composait que
des dix mille écus d'or donnés à son père par Louis XI, à titre de récompense, fut épuisée
avant qu'il eût parachevé son œuvre. Alors ce grand homme dont le cœur était supérieur
à tout calcul d'intérêt propre, s'adressa à François Ier, sûr de rencontrer dans ce monarque,
la plus haute personnification de la chevalerie, une fibre vibrant à l'unisson de son dévouement. Il lui écrivit « qu'il demandoit la mort si la cour l'exposoit à recevoir un affront en
» lui refusant les sommes nécessaires pour mettre cette place à l'abri des insultes des Espa-
» gnols. » Hélas ! il n'eut pas le temps de voir le succès de sa noble entreprise, car, l'année suivante, la mort qu'il préférait à l'humiliation vint le frapper au champ d'honneur.

La perte de la bataille de Pavie terrifia la France ; il semblait que cet échec dût faire
craindre au royaume sa ruine et son partage. François Ier était prisonnier et la nation exposée à payer la liberté de son chef par de douloureux sacrifices ; et pourtant les impôts
avaient déjà atteint des proportions qui pesaient lourdement sur la bourgeoisie et paraly-
saient toute activité industrielle et commerciale. Heureusement, une ligue se forma contre

(1) Jean Bouchet. *Panégyric de Loys de La Trimoille.*

la domination envahissante de la maison d'Autriche ; et le 20 août 1525, il fut arrêté expressément que la régente ne démembrerait pas la France pour la délivrance du roi. Doullens reçut alors, comme les autres villes frontières, l'ordre de faire bonne garde afin de ne se laisser pas surprendre par l'ennemi, et cet ordre était d'autant mieux motivé que les fortifications de la place restaient inachevées, et qu'il n'y avait aucune discipline parmi les soldats chargés de les défendre.

En effet, les gens de guerre des villes de Thérouanne, Hesdin et Doullens n'étaient pas souvent à leur poste. Pour se dédommager de l'impuissance où se voyait alors le gouvernement de leur payer régulièrement leur solde, ils sortaient de leurs garnisons, se répandaient dans les campagnes où ils causaient beaucoup de dommages et exposaient ainsi par leur absence les villes à tomber au pouvoir de l'ennemi. Mgr de Vendôme, lieutenant-général du roi et gouverneur de Picardie, essayait en vain de remédier à ces désordres, l'argent manquait toujours ; l'Etat était à bout de ressources ; il demanda, en conséquence, que les bonnes villes de la province fussent assujetties à payer 4,000 livres, ce qui fut ordonné par l'échevinage d'Amiens (2 septembre 1525). Outre ce secours, l'échevinage amiénois arrêta encore qu'on enverrait par chaque semaine aux gens de guerre de Doullens, 24 douzaines de pains, et à ceux de Beauquesne, 10 douzaines (11 novembre).

Le traité de Madrid, qui rendit la liberté à François Ier (14 janvier 1526), imposait à la patrie plus d'une humiliation et brisait encore une fois son autonomie. Le royal captif n'avait accepté cette honte qu'en protestant secrètement, il est vrai, contre la violence qui lui était faite : aussi, à peine rendu à la liberté, il déclara hautement n'être pas engagé par ce traité, œuvre de la force, entaché par cela même de nullité, disait-il, et de plus contraire à la volonté de la France. En conséquence, il se prépara de nouveau à la guerre.

Les habitants de Doullens, qui ne trouvaient dans leur ville aucune condition de résistance sérieuse, s'adressèrent au monarque, et essayèrent de l'apitoyer sur les dangers auxquels l'état de leurs murailles les exposait sans défense. Le triste tableau qu'ils firent de leur situation prouve que les lourds sacrifices que s'était imposés naguère le généreux Robert de Mailly avaient été bien insuffisants. Leurs doléances parlent de remparts délabrés, de château démoli, de digues rompues, d'envahissement des travaux extérieurs par les eaux sauvages, d'inondation de la ville, de misère extrême, de maladrerie brûlée, d'absence de toutes ressources. Partout la destruction, partout le deuil, l'indigence, un affreux désastre, fruits amers des dernières guerres. L'échevinage termine par une demande en décharge ou réduction d'impôts.

Le monarque ne resta pas indifférent aux souffrances des Doullennais : il leur fit remise pour dix ans de tous dons et octrois ; mais quant aux secours qu'ils sollicitaient pour les aider à reconstruire leurs murailles, ils n'obtinrent que des promesses, sincères en apparence, puisque le roi donna immédiatement l'ordre d'envoyer sur les lieux pour constater la gravité du mal et l'urgence d'y porter remède. Le nouveau château attira d'une manière plus efficace son attention, et ce n'était que justice, car la protection qu'il avait donnée à la ville dans une circonstance toute récente, en décimant par son canon les ennemis prêts à s'en emparer, faisait ressortir son importance. On se mit donc en mesure d'en augmenter la force par la construction de nouvelles terrasses qu'on revêtit de grès.

Dans le courant de l'année suivante (1527), François Ier comprenant que son refus d'exécuter le traité de Madrid pouvait donner à la reprise de la guerre un caractère plus redoutable, vint visiter les places fortes de la Picardie. Il avait à cœur de s'assurer par lui-même du degré de résistance qu'elles offriraient, le cas échéant. Doullens eut l'honneur de lui donner l'hospitalité, et il y fit, pendant son séjour, plusieurs ordonnances. Il y reçut l'hommage d'Antoine de Bayencourt pour la châtellenie dont il l'avait gratifié depuis quelques mois; et Jean de Mailly, surnommé le Boiteux, qui venait d'obtenir le gouvernement de la place, se chargea de plaider auprès du monarque la cause des fortifications de la cité que le généreux dévouement de son père avait été impuissant à relever complètement.

Un traité de paix signé à Cambrai, le 3 août 1529, vint apporter à Doullens l'espoir de quelques années de tranquillité. Il y fut salué par des feux de joie, des fêtes et des réjouissances. Charles-Quint renouvela dans ce traité, comme dans celui de Madrid, la renonciation expresse aux droits qu'il pouvait avoir en Picardie « sur les citez, villes et seigneuries » assises sur la rivière de Somme d'un côté et d'autre, soit par titre d'engager ou autre-» ment. » On comprit bientôt que cette paix ne serait pas de longue durée, « et bien » jugeoient tous personnages de bon esprit qu'à l'un né à l'autre des deux rivaux ne res-» toit plus, sinon le moyen et couleur de se couvrir envers le monde du blasme de la pre-» mière invasion. »

Et cependant la Picardie avait grand besoin de calme pour panser ses blessures et réparer ses pertes ; car aux dévastations de la guerre étaient venus se joindre les ravages de la peste. La mortalité fut grande et l'effroi général; la circulation commerciale s'était prodigieusement ralentie ; on évitait les nombreuses réunions, et plusieurs villes fermèrent leurs portes aux habitants de la même province. La famine menaçait d'apporter au fléau sa terrible complication, et il fallut une ordonnance de François Ier pour défendre aux fermiers de vendre leurs blés ailleurs que dans les marchés et les places publiques (7 octobre 1535). Doullens avait reçu un nouvel affranchissement de tailles pour dix ans.

On comprend que dans des circonstances aussi pénibles les travaux de fortifications du château aient éprouvé des lenteurs et subi un temps d'arrêt. Le récent traité de paix avait, en outre, ôté au projet tout caractère d'urgence et d'impérieuse nécessité. Aussi, ce ne fut qu'en 1534 que l'exécution en fut reprise d'une manière sérieuse. Le devis consenti pardevant Nicolas Pappin et Arthus Buteux, notaires royaux en la ville et prévôté de Doullens, est en date du 19 novembre. Furent présents, messire Antoine de Bayencourt, chevalier, seigneur de Bouchavesne, capitaine de la ville et du château ; messire Pierre Faure, conseiller du roi et receveur général de ses finances au pays de Picardie ; Gaspart de Lauzeray, contrôleur général des réparations et fortifications ; Florent Planchon, maitre des ouvrages, d'une part ; et Hugues Fournel, bourgeois de Doullens, d'autre part. Ce dernier,

preneur des travaux, s'engage « à faire les desblais des fondacions en telle profondeur et
» largeur qui sera trouvé raisonnable pour fonder la maçonnerye et vuider les fosséz en
» telle profondeur et largeur qui luy sera devisé, en lui livrant deux engins pour tirer les
» terres dedans le chasteau... Et le résidu des terres proceddans d'iceulx fosséz seront
» menés ès fosses plus prochaines d'icelluy chasteau, et jusques aussi loing dudit chasteau
» que de soixante toizes ou environ, affin que les canonniers des avans murs puissent des-
» couvrir et veoir le fond desdicts fosséz affin qu'on ne s'y puisse cacher, mener les douves
» des dicts fosséz en telle roideur que les terres ne puissent tumber dedans le fons desd.
» fosséz. »

Le sieur Fournel a traité à raison de « seize solz tournois par chacune toise quarrée telle
» que de deux cens seize piedz pour toize. » On devait, en outre, lui avancer « sur et en
» tant moins desdicts ouvraiges » la somme de 600 livres tournois pour l'aider à commencer
les travaux. Les parties contractantes s'engagèrent « soubz l'obligacion de tous leurs biens
» quelzconques ; » Fournel y joignit celle « de son corps emprisonner. » (1).

Trois ans après, la guerre recommençait : « Le roy fut adverty comme les ennemys ayans
» renforcé leurs garnisons en la frontière de Picardie, commençoient à faire quelques
» légères entreprinses ; et entres autres sçachant que les chevau-légers du vidame d'Amiens
» estans en garnison à Dourlens, avoient dressé une entreprinse pour piller Avesne-le-Comte,
» lesdits ennemys s'estoient embusqués dans ledit village, et à l'arrière des dits chevau-
» légers, les avoient deffaicts non sans souspeçon d'avoir esté vendus par leurs guides. Le
» roy, adverty de ce, envoya audit Dourlens le capitaine Martin du Bellay, avecques deux
» cents chevau-légers estans sous sa charge, et peu de temps après y envoya le capitaine
» Georges Capucement, albanais, qui avoit également le commandement de deux cents
» chevaux. »

Les autres garnisons de la frontière furent aussi renforcées, et « tout l'hyver se passa en
» guerre guerroyable, sans faire grandes ni mémorables choses, à cause des glaces et exces-
» sives neiges. » Pourtant, à l'horrible avait succédé le ridicule : François Ier fit citer au
parlement Charles, comte de Flandre et d'Artois, comme ayant fait la guerre à son seigneur. L'empereur se moqua de la citation et n'y répondit que par le siége de Thérouanne
« qui estoit très mal fournie de vins et que de gens de guerre y avoit assez peu. » Le roi
ordonna à Martin du Bellay « avec sa bande estans à Dourlens, » d'aller s'enfermer dans
la ville ; commission assez difficile parce que 7 à 800 hommes barraient le passage, mais
qui fut heureusement remplie à la faveur de la nuit. Georges Capucement, à la tête de ses
deux cents chevau-légers en garnison à Doullens, fut ensuite chargé, avec les autres commandants des places voisines, de faire parvenir des vivres aux assiégés.

« Environ la fin du mois de mars, le roy commença de mettre ses forces ensemble et,
» partant d'Amiens, vint loger à Fliscourt, de là à Pernoy. Le seigneur de Montmorency.

(1) Voir pièces justif. n° 11.

» grand-maitre de France, adverty que la place d'Auchy-le-Chasteau qui est assise sur la
» rivière d'Othie, my-chemin de Dourlens à Hesdin, portoit grand dommage aux vivres et
» aux allans et venans des garnisons des villes de Montreuil et de Dourlens, délibéra de
» passer par là. » Il partit de Pernoy avec l'avant-garde et vint se présenter avec son artillerie sous les murs d'Auxi-le-Château « et ceux dedens se rendirent à leurs bagues sauves. »

Le roi le suivit à peu de distance avec le gros de l'armée. Thérouanne échappa à la ruine;
Hesdin fut pris et Saint-Pol fortifié, pas assez promptement toutefois pour rassurer la ville
contre les préparatifs que l'ennemi faisait en Artois. Le roi promit un renfort et fit partir,
en effet, le commissaire des guerres avec de l'argent, des vivres et des munitions. Au devant
d'eux fut envoyé « escorte de ceux de Saint-Pol, jusque près de Cercamps; car jusque-là
» furent conduits par ceux de Dourlens. » Il était temps, les ennemis arrivaient « pillant
» le pays, amenant butin et prisonniers. »

« Il fault noter cependant que la délibération du comte de Bure n'estoit de sitost assaillir
» Saint-Pol, mais d'aller chercher le comte Guillaume de Furstemberg qui estoit logé près
» de la ville de Dourlens ; car il lui sembla bien qu'ayant deffaict le régiment d'Allemans
» dudit comte, il auroit bon marché de Dourlens et de Saint-Pol. » Pourtant il laissa
« un guet de mille ou douze cents chevaux et de deux mille hommes de pied sur le chemin
» qui vient entre Hesdin et Dourlens, car il doutait toujours que la garnison de Dourlens
» qui estoit forte, tant de gens de cheval que de pied, jointe à celle de Hesdin, leur vinct
» donner une estroitte et mettre leur camp en désarroy. »

Saint-Pol fut pris et brûlé ; Montreuil se rendit, et les Impériaux recommencèrent le
siége de Thérouanne. Le dauphin et le grand-maitre de Montmorency « ayans nouvelles
» comme dedans la ville on avoit grande nécessité, » envoyèrent à son secours une
compagnie de chevau-légers, « et joignant leurs troupes se mirent eux-mêmes en marche.
» D'Abbeville où ils étaient, s'en vindrent loger à Ham, petit village entre Dourlens et
» Auxi-le-Château, sur la rivière d'Authie ; puis à Fervens (Frévent) sur la rivière de
» Canche, pour aller loger au-dessus de Thérouanne. » Mais Montmorency, dont la science
militaire consistait à ne jamais combattre pour ne pas perdre de bataille, conclut à
Bommy, village du comté de Saint-Pol, une trève pour cette frontière (1537).

Cette fois, la nécessité de fortifier la ville de Doullens était trop urgente pour qu'on ne
songeât pas à mettre la main à l'œuvre. La guerre qui se localisait autour d'elle faisait
prévoir qu'elle ne tarderait pas à devenir le point de mire de l'ennemi. Le triste état dans
lequel on avait trop longtemps abandonné ses murailles encourageait l'attaque, tandis que
de bonnes fortifications, protégées encore par le château construit sur la hauteur voisine,
pouvaient assurer à cette place des conditions de sécurité et de résistance contre toute
irruption. Les habitants qui avaient fait preuve de courage, méritaient de voir leurs réclamations fixer l'attention royale et obtenir succès. Le monarque céda à leurs prières ; et le
2 août 1540, il donna des ordres pour commencer les fortifications. Voici sa lettre :

« Françoys, par la grâce de Dieu, roy de France, à notre amé et féal conseiller, trésorier

» et receveur général de nos finances extraordinaires et parties casuelles, M° Jéhan Laguette,
» salut et dillection. Nous voulons et vous commandons que des premiers et plus clairs
» deniers de votre dicte recepte générale provenus et qui proviendront de la vente et compo-
» sition des offices ou autres finances extraordinaires et parties casuelles, vous paiez,
» baillez et délivrez comptant à notre cher et bien amez M. Pierre Lagrange, par nous
» commis à tenir le compte et faire le paiement des réparacions et fortifficacions des villes
» et places fortes de nostre pays de Picardye, la somme de quatre mil livres tournois,
» auquel nous l'avons ordonné et ordonnons par ces présentes pour convertir et employer
» ou faict de sa dicte commission, et mesmement es réparacions et fortificacions de la
» ville de Dourlens, et en oultre les autres sommes que nous luy avons cy devant et pourrons
» encores cy après ordonner pour semblable cause....

» Donné à Wateville, le deuxiesme jour d'aoust, l'an de grace mil cinq cens quarante,
» et de nostre règne le vingt-sixiesme.
» FRANÇOYS.

» Par le roy, BOCHETEL (1). »

Le 10 juillet 1542, la reprise des hostilités fut proclamée, quoique l'empereur eût été obligé de dégarnir sa frontière d'Artois pour faire tête au duc de Clèves dans le Brabant. Le moment était favorable à l'armée française : le duc de Vendôme voulut en profiter et demanda au roi la solde d'un mois pour ses troupes ; mais le monarque désirant se mettre lui-même en campagne, il fallut attendre ; et le duc, retiré à Frévent, allait licencier son armée, lorsque des ordres lui arrivèrent de la disséminer dans les garnisons voisines. Doullens en reçut une partie.

Au mois de mai suivant, la lutte menaçait de prendre des proportions effrayantes. Ce qui devait la rendre plus dangereuse, c'était, d'une part, l'alliance de Henri VIII, roi d'Angleterre, avec les ennemis de la France, et d'autre part l'épuisement du trésor. Les ressources de l'Etat étaient tellement obérées qu'il fallait sans cesse vendre les charges de judicature et aliéner les domaines royaux pour subvenir à la solde des troupes. Le monarque se vit forcé en outre de fixer l'intérêt de l'argent au denier quinze, et de défendre par ordonnance, aux hôteliers d'exiger des gens à cheval plus de 10° tournois par jour, savoir : pour dîner, cavalier et cheval, 3° 6^d ; pour le souper, 6° 6^d (17 septembre 1542). Partout il y avait souffrance, et cependant les frontières de la Picardie étaient menacées. Les habitants d'Amiens vinrent alors au secours du monarque, et déposèrent à Doullens trois cents muids de farine, pour faire face aux nécessités les plus urgentes. La guerre était donc la grande, la seule préoccupation du moment ; c'était l'objet de toutes les pensées, le fantôme terrible entrevu dans tous les rêves.

Non seulement l'on manquait d'argent, l'on manquait aussi de canons ; c'est pourquoi l'on enleva de chez M. Martin Vignier, curé de Saint-Pierre, à Doullens, 1,046 livres

(1) M. de Beauvillé. *Documents inédits concernant la Picardie.*

de métal de cloche devant servir à faire artillerie pour la défense de la ville d'Amiens (1).

Les événements militaires furent moins graves toutefois que les craintes auxquelles leur approche avait donné lieu, et un nouveau traité de paix fit succéder aux appréhensions la joie et l'allégresse. Les habitants de Doullens, malgré les éléments de force qu'avaient apportés à leur ville les récents travaux de fortifications, accueillirent par des fêtes et des réjouissances l'édit de paix qu'un héraut du roi vint y publier en ces termes : « De par le » roy, on faict assavoir que bonne, sincère, parfaicte et perpétuelle paix et amytié est » faicte et concluté entre très-haulx, très-excellens et très-puissans princes, Charles V*, » empereur des Romains, et François I*r de ce nom, par la grace de Dieu roy de France, » par laquelle entr'autres choses est dict que dès maintenant et à tousjours, toutes causes » et occasions d'ignimitié démoureront estaintes, et du tout abbolyes, et porront les subjectz » de leur royaulme, pays, terres et seigneuries, hanter, négocier et converser marchande-
» ment, librement et paisiblement les ungs avec les autres, et seront portés et favoriséz, » maintenus et deffenduz comme propres subjectz de l'un de l'autre des-d. princes.

» Faict à Folleville, le vingt-cinquiesme jour de septembre, l'an mil cincq cens quarante-» quatre.

» Signé : FRANÇOYS (2). »

Malgré cette suspension d'armes, il fallut payer encore, car le roi d'Angleterre voulut continuer la guerre. Il s'empara même de Boulogne, et ce fut dans ces circonstances que l'échevinage d'Amiens ordonna que 1,500 pains seraient chaque jour transportés à Doullens, d'où on les ferait parvenir au camp des Italiens, établi à Bonnières (9 décembre 1544).

Les sacrifices que les Doullennais s'étaient imposés pour la reconstruction de leurs murailles, leur résistance à l'ennemi dans des circonstances difficiles, le concours qu'ils avaient prêté aux troupes du roi pour le bien de la patrie, étaient autant de titres qui les recommandaient à la faveur du monarque. Aussi n'eurent-ils aucune difficulté à obtenir la reconnaissance de leurs priviléges et la concession de quelques nouveaux bienfaits (1546). Puis la mort atteignit les deux principaux rivaux : Henri VIII et François I*r se suivirent de très-près dans la tombe (29 janvier et 31 mars 1547).

Mais la mort du père n'a point éteint dans le cœur du fils la haine contre les Impériaux : à peine couronné roi de France, Henri II s'apprête à continuer la guerre qui lui a été léguée, et met tout en œuvre pour tenir tête à l'empereur. Il comprend que la vraie ligne

---

(1) Pareille quantité de métal provenant d'une grosse pièce d'artillerie, nommée Saint-Jean, fut rendue en échange, l'année suivante (23 avril 1545). — Reg. de l'échevinage d'Amiens.

(2) Cette paix paraît avoir donné lieu aux vers suivants, que M. Warmé, *Hist. de Doullens*, p. 222, a extraits d'un recueil de chants historiques français, par Leroux de Lincy, ancien élève pensionnaire à l'école des Chartes, en date de 1544 :

Quiconque pert est de tous assailly
On a failly aussi dessus mes rens.
Ne me a ton point premier brulé Hailly
Douvres et Mailly, et pillé Carteigny,
Vervins, Sailly et puis aussi Doullens ;
Mais gens prudens avoit mis dedans
Pour accidens éviter à l'assault ;
A fort archier il faut ferme bersault.

de défense en Picardie étant la Somme, couverte par l'Authie, Doullens, qui se relie aux châteaux de Beauquesne et d'Encre (Albert), mérite son attention à raison du voisinage de la frontière d'Artois. Il vient donc en personne en visiter les fortifications et se rendre compte de l'appui qu'il peut en espérer. Puis il confie le commandement du château à Pierre de Bayencourt, seigneur de Bouchavesne, et la lieutenance dans la ville, successivement à Florent de Mailly et à Pierre de la Chapelle. Il lui faut dans ce poste, exposé aux premiers efforts de l'invasion, des hommes sûrs et courageux (1). Les munitions de guerre y sont renouvelées, ainsi que celles des villes voisines (6 octobre 1550). Bientôt après, Msr le duc de Vendôme et de Beaumont, gouverneur et lieutenant-général pour le roi « ès pays de » Picardie, fait et donne ordre, de Doullens où il vient d'arriver du camp d'Auxi-le- » Château, à toutes femmes résidant dans le gouvernement de Picardie ayant leurs maris » au service de l'empereur, d'en sortir en dedans huit jours, » sous peine de voir abattre et ruiner leurs maisons (13 septembre 1552).

Voici en effet que le danger devient sérieux : le comte de Rœux (2) et ses Flamands ont livré aux flammes plusieurs villes et plus de sept cents villages de la Picardie, entre autres ceux qui sont situés entre Rue et Doullens. Thérouanne, cette ancienne capitale des Morins, siège des comtes d'Artois, si souvent détruite et reconstruite, tombe cette fois, pour ne plus se relever (20 juin 1553). La guerre continue, et la démolition d'Hesdin indique à Doullens le sort qui lui est réservé. Sa ruine est, en effet, jurée ; mais le duc de Vendôme, connétable de France, et commandant pour le roi en Picardie est là, sur les bords de la Somme, avec une armée de 40,000 hommes, Allemands, Français, Suisses, Anglais et Italiens.

En présence de forces si importantes, les Impériaux conduits par le duc de Savoie n'osent plus exécuter leur projet, et se résolvent à passer la Somme pour tenter une attaque sur le camp même de l'armée française. Dans ce dessein, leur avant-garde, forte d'environ quatre à cinq mille hommes de cavalerie, commandée par la plupart des princes, grands seigneurs et principaux capitaines de toutes leurs troupes, va se poster dans le village de Beauquesne (2 août). Le connétable, instruit de leur approche, veut les prévenir, et jette au-delà de la Somme 9,000 hommes d'infanterie et 1,200 hommes d'armes, avec bon nombre de chevau-légers, véritable troupe d'élite qu'il place en embuscade dans un lieu couvert assez rapproché des ennemis (19 août). Il donne ensuite ordre à Sansac, colonel de la cavalerie légère, de s'avancer avec un détachement pour simuler une escarmouche et attirer insensiblement l'ennemi dans le piége. Cet officier, suivi du prince de Condé, Louis

---

(1) Daire.

(2) Le comte de Rœux, Adrien de Croy, possédait le château de Beaurain en Artois. « On dit que toutes » les démolitions, ruines et ravages de la Picardie.... » furent faits et causés par lui, en vengeance de ce » que les Français de la garnison de Montreuil » avaient méprisé la sauvegarde qu'il avait obtenue » du roi pour son château de Beaurain, pour la per- » sonne de Madᵉ Lamberde de Brimeu, sa mère.... et » signamment en punition de ce que lesdis Français » avaient violé les demoiselles de la dite dame en sa » présence, etc.... (Louandre. *Hist. d'Abbeville.* » Nous avons dit que Adrien de Croy était le seigneur de Long, Longpré, Hangest et autres lieux.

de Bourbon, du duc de Nemours, du marquis d'Elbeuf, de Créquy-Canaples, de Danville, fils cadet du connétable de Rendumet et autres seigneurs jeunes et ardents, s'acquitte avec intelligence de cette commission délicate et périlleuse. Après quelques essais d'escarmouche, sa troupe se laisse rompre, lâche pied peu à peu, en résistant faiblement, puis se met à fuir, poursuivie vigoureusement par les ennemis qui en font prisonniers un grand nombre et les mettent en croupe pour les conduire plus facilement à leur camp. La compagnie d'embuscade s'élance alors sur eux, rapide et légère, délivre les prisonniers, en fait cinq cents autres aux fuyards, et leur tue un nombre égal d'hommes, avec le prince d'Epinoy; Créquy-Canaples et Silly de la Roche-Guyon restent cependant aux mains des Impériaux.

D'un autre côté, le gros de l'armée ennemie, attiré sans doute par ce combat d'avant-garde, arrive à la poursuite de quelques fuyards de la première escarmouche et se voit enveloppé à son tour par les soldats de l'embuscade. Alors la mêlée devient plus sérieuse : chargés à coups d'arquebuses, d'épées et de lances, les gens du duc de Savoie sont renversés, et bientôt mis en déroute complète; s'ils n'eussent découvert la grosse troupe du connétable qui s'avançait pour prendre part à la bataille, ils auraient tous été tués ou faits prisonniers. Ils cherchèrent donc leur salut dans une fuite rapide, laissant plus de six cents des leurs parmi les morts, presque tous seigneurs de distinction. On leur fit aussi des prisonniers qui n'étaient pas de moindre qualité, entre autres le duc d'Arscot, et on envoya au roi neuf étendards ramassés sur le champ du combat. Après cette victoire, le Vidame de Chartres courut s'enfermer dans Doullens pour faire face aux ennemis qui, profitant de la leçon qu'on venait de leur donner, se contentèrent de ravager les environs (1).

Ce succès du 19 août n'était, à le bien prendre, que de peu de valeur, et impuissant à compenser les pertes de Thérouanne et d'Hesdin. Aussi on murmura fort en France contre la lenteur et la négligence du connétable, qui ne sut pas mieux tirer parti de sa belle armée, assemblée avec tant de dépenses. Doullens avait, il est vrai, échappé à la ruine; mais Beauquesne était brûlé. Et cependant, l'armée ne demandait qu'à marcher; car le roi l'ayant passée en revue (23 août), fut accueilli par les troupes au cri de : Bataille ! Les ennemis, en se retirant vers Cambrai, furent si peu inquiétés qu'ils eurent même le temps de brûler la ville d'Encre sur leur passage, le 26 du même mois (2).

L'année suivante, après quelques tentatives restées sans résultat, le roi de France reprit l'offensive dans l'Artois, et n'y fut pas heureux : Vendôme, qui commandait l'avant-garde, dut se retirer sur l'Authie, à Dompierre. Le passage de cette rivière forcé par l'ennemi laissant libre l'accès d'Abbeville et de Doullens, on se hâta de jeter du renfort dans ces deux villes, pour courir à la défense des bords de la Somme. Mais les conséquences de tous

(1) *MSS. de Pagès*, t. III.— Daire, p. 45. — Daniel, *Hist. de France*.   (2) Ibid.

ces événements militaires pesaient lourdement sur la province de Picardie qui devait fournir à l'entretien des troupes. La ville d'Amiens, surtout, avait bien de la peine à se faire indemniser de ses avances. Le 20 septembre 1554, son échevinage prit un arrêté portant qu'on s'adresserait au roi lui-même pour obtenir le paiement des blés et munitions qu'il avait envoyés pendant l'année à Doullens et à Montreuil par ordre de Mgr de Saint-André, maréchal de France.

Le 3 janvier de l'année suivante, le connétable, qui devait pourvoir au ravitaillement de Doullens, n'en adressa pas moins encore à la ville d'Amiens une demande afin qu'elle eût à lui fournir tout ce qui serait requis pour la guerre. Et le 8 octobre, le sieur de Dampont, commissaire-général, fit marché avec son échevinage pour la livraison de 350 muids de blé dans les villes de Doullens et de Montreuil.

La France n'était pas moins lasse que la Picardie ; le trésor était à sec, le commerce ruiné, et cependant ce n'était là qu'une guerre de surprises et de coups de main, qui aboutit, le 5 février 1556, à la paix de Vaucelles près de Cambrai, trève de cinq ans qui ne dura pas même cinq mois. Témoin la perte de Gravelines, qui ramena les ennemis dans le Ponthieu avec une contenance de victorieux et des forces supérieures. Ils s'avancèrent jusque près de Doullens, et obligèrent le duc de Guise, qui commandait l'armée française, à s'approcher d'Amiens. Les deux monarques étaient là, chacun dans son camp ; une sanglante bataille paraissait imminente entre les deux plus grandes armées qu'on eût vues dans ce siècle, lorsque, contre toute attente, on commença à parler sérieusement de paix. Les Espagnols, retranchés sur la rivière d'Authie, et les Français sur la Somme, restèrent près de trois mois en présence, et ne furent congédiés que le 15 octobre 1558, jour où commencèrent les conférences d'accommodement, dans l'abbaye de Cercamps (1).

Mais quoiqu'il n'y eût pas eu en cette circonstance de bataille proprement dite entre les deux armées, il n'est pas moins vrai que la garnison de Doullens fit des pertes sensibles. Ambroise Paré, médecin ordinaire du roi Henri II, et son ami, fut même envoyé par le monarque pour donner ses soins aux blessés. Laissons-le raconter lui-même les circonstances de son voyage. C'est un témoin intéressant.

« Le Roy m'envoya à Dourlan, et me feit conduire par le capitaine Gouast, avec
» cinquante hommes d'armes, de peur que je ne fusse pris des ennemis : et uoyant que
» par chemin étions toujours en allarmes, je feis descendre mon homme et le feis estre
» maistre pour ce coup-là, car je montay sur son cheual qui portoit ma malle et alloit bien
» du pied s'il eut fallu gaignier le haut, et pris son manteau et chappeau et lui baillay ma
» monture, qui estoit une belle et petite haquenée. Mon homme estant dessus, on l'eust
» pris pour son maistre et moy pour mosieur son valet. Ceux de Dourlan nous uoyans de
» loin, pensoient que fussios ennemis et nous tirèrent des coups de canon. Le capitaine
» Gouast, mon conducteur, leur feit signe auec son chappeau que n'estions ennemis ; telle-

(1) *MSS. de Pagès*, t. III. — Daire, p. 45.]— Daniel, *Hist. de France*.

» ment qu'ils cessèrent de tirer et entrasmes à Dourlan auec une grand'joie. Ceux de
» Dourlan auoient fait vne sortie sur l'ennemy cinq ou six jours auparauāt : lesquels
» tuèrēt et blessèrēt plusieurs de nos capitaines et bons soldats, et entre les autres le
» capitaine Sainct-Aubin, vaillāt comme l'espée que Mōsieur de Guise aimoit fort et pour
» lequel principalemēt le Roy m'enuoyoit là, lequel estant en accès de fieure quarte, uoulut
» sortir pour commander à la plus grande partie de sa compagnie. Vn Espagnol uoyant qu'il
» commandoīt, apperceut estre vn capitaine et luy tira vn coup d'arquebusse tout au travers
» du col. Nō capitaine Sainct-Aubin pensoit de ce coup estre mort, et de la peur je proteste
» à Dieu qu'il perdit sa fieure quarte et en fust du tout déliuré. Je le pansay avec Antoine
» Portail, chirurgien ordinaire du Roy, et plusieurs autres soldats, les vns mouroient, les
» autres reschappoient, quittes pour vn bras ou vne jābe, ou perte d'vn œil, et ceux-là, disoit-
» on, estre quittes à bon marché ; eschappe qui peut. Lorsque les ennemis eurent rompu
» leur camp, je m'en retournai à Paris. Icy je me tais sur mon petit maistre qui estoit plus
» aise en sa maison que moy à la guerre (1). »

 La châtellenie de Doullens avait été donnée, comme nous l'avons dit, par François Ier à Antoine de Bayencourt, en 1536. Les finances de ce monarque, épuisées par les nombreuses guerres qu'il eut à soutenir, ne lui permirent pas toujours de rémunérer par argent ses serviteurs. Il retomba donc dans les errements déplorables de ses prédécesseurs ; et, malgré le blâme maintes fois renouvelé par les assemblées du royaume, il aliéna plusieurs domaines de la couronne pour encourager et récompenser le zèle de ses créatures. La châtellenie de Doullens avait été ainsi donnée en paiement de services. Henri II mit fin à cet abus qui, au tort de n'être qu'un expédient momentané, joignait l'inconvénient bien grave assurément, d'appauvrir le trésor royal en tarissant une source de revenus. Le procureur du roi fit saisir la dite châtellenie qui retourna, avec la vicomté, au domaine de la couronne (1559).

 La même année, le monarque accorda aux bourgeois une nouvelle faveur, en les exemptant du péage à Saint-Riquier. Déjà, depuis Saint-Louis, ils avaient cessé d'être assujettis au *travers* sur les terres du seigneur de la Ferté. L'échevinage avait également traité avec Abbeville pour se rédimer des mêmes obligations ; et, de cette manière, les communications entre ces deux villes ne rencontraient plus d'entraves.

 Sur ces entrefaites, les Doullennais virent arriver dans leurs murs un convoi mystérieux, accompagné d'une escorte armée, fournie par le prévôt des maréchaux de France, à la requête de l'échevinage d'Amiens. La curiosité publique fut tenue en éveil, et on se demandait s'il fallait voir dans cet incident quelque secret préparatif de guerre, malgré les probabilités d'une paix prochaine. Ce n'était autre chose qu'un transport de 30,000 écus envoyés de Beauvais par le cardinal de Châtillon, pour payer la rançon de son frère, plus connu sous le nom d'amiral de Coligny, prisonnier de guerre en Flandre (2).

 Les espérances de paix avaient, en effet, ralenti l'activité des approvisionnements de

---

(1) Edition de 1640, in-f° p. 1220.   (2) Reg. de l'échevinage d'Amiens.

guerre. Pourtant, il fut décidé à l'échevinage d'Amiens que le traité en vertu duquel 150 muids de blé devaient être fournis à Doullens pour son ravitaillement, ne serait pas annulé, par la raison que cette ville était dénuée de vivres, que par sa position de ville frontière elle était plus menacée de l'ennemi, que sa résistance importait grandement à la sûreté du royaume, et que d'ailleurs on était en droit de craindre que les députés des rois de France et d'Espagne, assemblés à Cateau-Cambrésis, ne pussent traiter de la paix (16 mars 1559).

Malgré cette paix, qui fut réellement signée le 3 avril, le jeune et nouveau roi de France, François II, avait recueilli avec la couronne un laborieux héritage. La guerre civile allait secouer sur la patrie ses haines, ses conjurations, ses vengeances, et la Picardie aurait horriblement à souffrir. Aussi, une lettre royale, en date du 30 septembre, vint-elle informer l'échevinage d'Amiens de n'apporter aucun retard dans l'entretien des blés et vivres de la munition de Doullens (1).

Le zèle et l'activité qu'Antoine de Bayencourt-Bouchavesne, gouverneur de cette dernière ville, mettait au service du roi, justifiaient la haute confiance dont il avait été investi dans la garde et, au besoin, dans la défense de ce poste important. Sa sollicitude semblait pressentir les dangers, et par conséquent le rôle qui allait incomber à Doullens. Un jour, il reconnaît que le magasin aux vivres a trop de lucarnes, notamment du côté des champs, et que leur mauvais état donne passage aux eaux pluviales qui y sont violemment chassées par le vent. De plus, il a remarqué que lorsqu'on tire l'artillerie du rempart du château, la bourre qui sort avec le boulet vole avec lui tout embrasée par l'explosion, et tombe dans ce magasin, en sorte qu'il y a danger et *inconvénient de feu*. Il fait asssitôt son rapport à l'échevinage d'Amiens chargé de l'*entretènement* de tout ce qui peut servir à la défense du château (20 juin 1560). Mais ce n'est que dix ans après que ses réclamations portent fruit et obtiennent que le magasin aux vivres soit réparé « afin que les munitions » de blé et autres choses ne s'y gâtent plus. »

Un autre jour encore, il a des soupçons ; il craint que la trahison et d'occultes manœuvres n'étendent leurs ramifications jusque dans le poste confié à sa vigilance. Il écrit en conséquence au maire et aux échevins d'Amiens pour leur mander qu'il ne veut plus désormais que le commis chargé en leur nom de la garde des munitions du château de Doullens entre dans ce château, ayant, ajoute-t-il, mauvaise opinion de M. C. (5 juillet 1561). Il avait raison ; le danger, cette fois, ne venait pas du dehors.

Le protestantisme, importé d'Allemagne, exploitant les factions puissantes qui agitaient la France, et même la protection que lui accordait publiquement le roi, faisait chaque jour de nouveaux progrès. Les Guise, soutenus par le pape et le roi d'Espagne, s'étaient posés comme les principaux champions du catholicisme, tandis que les deux princes de Bourbon, Antoine de Navarre et Louis, prince de Condé, les trois Châtillon, dont le premier est plus

---

(1) Reg. de l'échevinage d'Amiens.

connu sous le nom de Coligny, étaient à la tête du calvinisme. La royauté venait de passer des débiles mains de François II en celles de Charles IX ; et la guerre civile, acharnée, terrible, comme toutes les guerres de religion, ensanglantait la France. Doullens et ses environs souffrirent horriblement. Les habitants de l'élection présentèrent au roi une requête dans le but d'obtenir une exemption momentanée des tailles et subsides ordinaires, à cause « des grandes ruines à eulx advenues et pertes par eulx souffertes durant les » guerres, tant par les courses ordinaires de l'ennemi sur leurs terres, bruslement de leurs » maisons, ransons des prisonniers, que aultres inconveniens provenans de la dite guerre. » La requête, en date du 27 novembre 1561, fut renvoyée par le monarque au général de ses finances à Amiens, avec mission « de commettre et depputer un commissaire et person- » nage suffisant et favorable sur les lieux ès villages de la dite élection, veoir et visiter la » ruine et pauvreté d'iceulx. » L'enquête établit la vérité des faits énoncés ; c'est pourquoi le roi « en considération desd. ruines, désolation, bruslemens et saccagemens par eulx » soufferts » octroya la remise demandée, avec restriction toutefois de quotité et de durée. Cette lettre de Henri III, « donnée au château du bois de Vincennes » porte la date du 16 juin 1563.

L'hérésie avait gagné le Ponthieu, et la situation y était des plus graves. Le gouverneur d'Abbeville venait d'être tué par la populace pour avoir insulté les catholiques au sortir de l'église de Sainte-Catherine ; et s'il faut en croire M. Rossier dans son *Histoire des protestants de Picardie*, une douzaine de protestants avaient été jetés dans l'Authie, à Doullens, sans que l'autorité en eût pris souci (1). Chaque jour les partis entraient en lutte et se livraient à d'affreuses représailles. Les réformés ravageaient les campagnes, renversaient les autels et dévouaient à une mort certaine les prêtres qui tombaient entre leurs mains. Un de leurs chefs, frère du prieur de Lucheux (2), François Cocqueville, gentilhomme normand et calviniste enragé, se faisait surtout redouter par ses sacrilèges brigandages. Il avait été, quelques années auparavant, major de la place de Doullens, et méditait de se rendre maître du château. Son audace l'y fit entrer, le 29 octobre 1567, et il réussit à s'y maintenir pendant six mois, jusqu'au mercredi de la semaine sainte de l'année suivante. Misérable traître, affublé du titre de lieutenant, il faisait de la forteresse l'entrepôt de ses rapines, et n'en sortait que pour dévaster les environs, abattre les églises, à la tête d'un vil ramassis de 1,800 hommes tant à pied qu'à cheval. Doullens dut battre des mains lorsque l'édit de pacification (ou paix de Longjumeau) du 23 mars 1568, lui fit quitter la place pour se retirer à Lucheux (3).

Cocqueville ne fut maître que de la citadelle et n'osa pas tourner ses efforts contre la ville.

---

(1) Il venait d'être statué que les communautés des villes et des villages auraient le droit de s'armer contre ceux qui troubleraient les prêtres catholiques et feraient des assemblées publiques ou privées.

(2) Le prieuré de Lucheux, réuni au séminaire d'Amiens par l'abbé de Halluin en 1662, fut affermé pour 3,500 livres.

(3) Daire. — H. Dusevel. — *MSS. de Pagès.* — *MSS. de Saint-Michel*, aux archives départementales.

Son gouverneur était absent, mais elle avait dans le commandant La Chapelle un homme énergique et résolu à défendre courageusement le poste qui lui était confié. Le partisan le comprit et fut prudent de ce côté.

Après un court intervalle de temps, Cocqueville profitant de ce que la guerre civile s'était rallumée, essaya de s'introduire dans Doullens. Quoiqu'à la tête de troupes numériquement plus fortes, puisqu'elles s'élevaient à 3,000 hommes, il préféra d'abord la surprise et les voies de trahison à une attaque ouverte. En conséquence, le mercredi de Pâques, il s'aboucha avec La Chapelle pour en obtenir l'entrée ; mais il n'y trouva que le refus du mépris, et alors il tenta un coup de main sur la ville. Il en fut encore pour ses frais et sa bravade ; car les habitants, catholiques et protestants, dit M. Rossier, secondés par le brave commandant, l'obligèrent à se retirer avec honte. Ils avaient conservé un trop pénible souvenir des rigueurs de son autorité, et n'étaient plus disposés à recommencer l'épreuve. Le châtiment du traître ne se fit pas attendre : s'étant emparé de Saint-Valery, qu'il avait livré au pillage, désavoué même par les chefs de son parti, il fut pris par le maréchal de Cossé, seigneur de Brissac qui, après avoir passé au fil de l'épée les aventuriers, ses soldats, le conduisit à Abbeville, où il paya de sa vie son crime de lèse-majesté (27 juillet). Sa tête fut envoyée à Paris pour y être exposée en place de grève, et l'une de ses cuisses fut attachée à un poteau sur la plate-forme de Saint-Ladre à Doullens. On chassa de la ville tous les huguenots ; et en mémoire du danger auquel on venait d'échapper, comme aussi en témoignage de reconnaissance envers Dieu, on y fit une procession générale, suivie d'une prédication et d'une messe solennelle (3 août), qui restèrent en usage jusqu'à la révolution (1).

Un octroi de privilèges (14 décembre) prouva aux habitants que le roi savait être reconnaissant ; et par lettres du 10 octobre de l'année suivante, les seigneuries que la commune possédait sur Hem et sur Hardinval furent exemptées de service et contribution de ban et d'arrière-ban (2).

Le mouvement religieux, qui avait pris une extension redoutable dans quelques parties de la Picardie, particulièrement dans celles qui avoisinent le berceau de Calvin, ne paraît pas avoir gagné à Doullens beaucoup d'adhérents à la secte des réformés (3). La manière dont s'y traduisit l'invasion du calvinisme n'était pas de nature à l'y faire prendre racine.

---

(1) Le 24 mai 1583, le roi Henri III « *fit don par lettres patentes à Jehan de Rimbert, enseigne du gouverneur de Doullens, d'une maison avec ses appartenances, scise en la dite ville, qui appartenait à feu Jacques de Cocqueville*, lesquelles lettres ont été vérifiées pour jouir par led. impétrant de lad. maison et héritages ainsi qu'il est porté par icelles, lesquels demeureront chargés d'un escu sol par an payable à la recette ordinaire du lieu, et à la charge que au prochain compte de lad. recette sera faite entière recette desd. maison et héritage ou de la valeur d'icelles et dépens sous le nom de l'impétrant. » (Copie du *plumitif de la chambre des comptes de Paris. Arch. imp. s. ad.* A 1538).

(2) Daire. — *Archives imp. sect. jud.* U 630. Le ban (proclamation) appelait sous les drapeaux tous les propriétaires de fiefs ; l'arrière-ban, les milices communales. Cette exemption fut renouvelée pour 10 ans, le 27 juin 1573.

(3) Il y avait un ministre aux Autheux, Michel de Montescot, qui se réfugia à Londres.

Rien de vivace ne germe sur des ruines, et Cocqueville avait été un étrange prédicant. Sa doctrine et sa violence à l'imposer quand même, avaient rencontré la répulsion de nos ancêtres, qui n'admettaient pas que les incendies, les ravages, les meurtres devinssent aux mains de ces apôtres d'un nouveau genre des moyens efficaces de prosélytisme. Ce n'est point par la force qu'on s'empare des consciences ; on ne pénètre en elles que par la raison qui éclaire l'esprit et par la persuasion qui touche le cœur. Aussi le catholicisme, loin de souffrir des attaques furieuses dont il était l'objet, se raffermit de plus en plus à Doullens qui, en vertu d'une réaction naturelle, devint bientôt un point d'appui pour la sainte-union, connue sous le nom de *Ligue*. La ville avait donc joui de quelques années de calme pendant que la bataille de Jarnac et les massacres de la Saint-Barthélemi faisaient ailleurs de larges brèches dans les rangs des huguenots. Mais voici qu'une nouvelle guerre civile devient imminente : « Le roy d'Espagne ayant résolu de mettre la France dans une
» confusion qui tint le nouveau roy Henri IIIe hors d'état de rien entreprendre au dehors,
» se lia de plus en plus de correspondance avec le duc de Guise, et le poussa à faire éclore
» cette ligue abominable qui mit la maison de Bourbon à deux doigts de la perte de sa
» couronne (1). » Jacques d'Humières, seigneur d'Encre, de Bray, etc., le plus puissant seigneur de Picardie, lieutenant-général pour le roi, en fut le promoteur dans la province. Enfantée à Péronne (2), elle s'étendit dans tout le pays avec d'autant plus de facilité que les catholiques étaient irrités des avantages qui venaient d'être accordés aux huguenots.

En effet, un édit de pacification avait été signé (6 mai 1576). C'était le cinquième depuis quatorze ans ; mais c'était le plus favorable que les huguenots eussent encore obtenu (3). Le catholicisme y était trahi par la royauté, et le parti protestant restauré ; de plus, l'un des articles secrets donnait au prince de Condé la pleine jouissance du gouvernement de Picardie, avec les villes de Péronne et de Doullens pour places de sûreté ; c'était sacrifier d'Humières qui était le gouverneur de Péronne : c'est pourquoi il refusa de livrer cette place au chef des réformés ; et comme protestation, il fit appel à la Ligue.

C'était également mécontenter les habitants de Doullens qui redoutaient les huguenots. Aussi, le 19 juillet suivant, l'échevinage d'Amiens reçut-il avis que plusieurs gentilshommes « se liguoient et taschoient par tous moyens de praticquer ceulx des villes de
» Péronne et de Doullens. » Et peu après, M. de Sainte-Marie, chevalier de l'ordre du roi, capitaine et gouverneur du château, leur ayant donné avis que cette place devait être mise sous l'autorité du prince de Condé, y souleva une vive opposition. On ne s'en tint même pas aux protestations, car Gargan, le prévôt, Roger-Petit, ancien maieur, Monsergent, grenetier, Antoine Leclerc, lieutenant du maieur, Jean Boitel, échevin, et Arthus Fournel, greffier, se rendirent à l'échevinage d'Amiens, et lui firent part qu'ils allaient trouver Henri III en personne pour le prier de ne point mettre *les ville et château de Doullens es-*

---

(1) *MSS. de Pagès.*
(2) Au château d'Applaincourt, près Péronne.
(3) Il déclarait que le calvinisme serait expressément désigné sous le nom de *religion prétendue réformée*. Réserve chimérique qui ne voilait pas la défaite.

mains du prince de Condé, parce que les étrangers des Pays-Bas de la religion prétendue réformée viendraient en grand nombre habiter cette ville pour y faire, sous ce haut patronage, le libre exercice de leur culte (1).

Toute la Picardie, avec la noblesse à sa tête, se leva pour déclarer qu'elle ne voulait pas du prince de Condé pour gouverneur. Il y eut des troubles sérieux, des résistances organisées par les villes de la province, auxquelles Doullens ne manqua pas de s'associer ; et le roi Henri III, dominé par ses mignons et par sa mère, heureuse de pouvoir tirer du sein du désordre un surcroît d'autorité qui mettait en relief le besoin de son intervention, s'entendit dire par toute une province soulevée *qu'il n'était plus assez fort pour défendre ni la religion, ni la monarchie de France.*

Le monarque était trop mal conseillé pour ne pas commettre faute sur faute. Il commença par la menace, afin d'effrayer les résistances ; puis il eut peur lui-même, révoqua l'édit de pacification, signa la Ligue et voulut en être reconnu le chef (1er janvier 1577). Quelque temps auparavant, il avait répondu aux envoyés des villes de Picardie que cette association ayant été faite pour son service, il les priait de *continuer en icelle*. Doullens n'avait pas besoin de cette invitation du roi pour rester fidèle à la sainte-union. Les convictions des habitants étaient arrêtées à ce sujet, et leur parti pris depuis plusieurs mois ; mais comme l'occasion se présentait favorable, ils la saisirent pour en faire leur profit ; ils signèrent la Ligue, jurèrent de la servir ; et, en échange de ces serments faciles, ils obtinrent que l'échevinage recouvrerait l'exercice de la justice civile qui avait été momentanément distraite de ses attributions, malgré les garanties contraires énoncées en la charte de commune et une possession plusieurs fois séculaire.

Qu'on dise, si l'on veut, que cet acte des Doullennais est marqué au coin de l'égoïsme, qu'il porte le cachet de l'intérêt privé, que la religion n'y entre que pour la forme, comme prétexte, et comme manteau destiné à recouvrir une revendication de privilèges. Leurs sentiments religieux n'ayant pas fait naufrage sous le débordement du calvinisme, n'avaient pas à s'affirmer avec étalage ni manifestation bruyante ; il leur suffisait d'en faire la déclaration publique par l'acte d'adhésion demandé en faveur de la Ligue ; et puisque le monarque faisait fausse route, ils avaient bien le droit d'en profiter en bénéficiant de ses erreurs. Si celui-ci, par la volte-face imprimée tout à coup à sa politique, prétendait, comme on l'assure, vouloir jouer de finesse avec la Ligue, pourquoi les habitants de Doullens, zélés ligueurs, seraient-ils blâmables d'avoir réussi à retirer leur gain de ce jeu du roi ?

Ce fut au tour du prince de Condé à se montrer irrité ; il en appela « à Dieu et à ses » armes victorieuses » de l'injuste violation des traités. Ce fut donc encore la guerre, guerre de châteaux et de pillages, guerre que ne put suspendre le traité de Bergerac (17 septembre 1577), et que menaça de compliquer le duc d'Anjou, tant par l'appui qu'il

---

(1) Reg. de l'échevinage d'Amiens, année 1576.

prêta à la Flandre, que par le mariage qu'il projetait de faire avec Elisabeth d'Angleterre. Ce prince passa à Doullens, en se rendant à l'appel des Belges.

Toutes ces agitations politiques avaient eu pour effet, comme toujours, de grever d'impôts la bourgeoisie et d'appauvrir le pays. A leur ancienne prospérité, les habitants de Doullens avaient vu succéder des jours de gêne et de misère. L'incendie qui avait couvert la cité de ruines, les alertes incessantes dues à son voisinage de la frontière, la tyrannique rapacité de Cocqueville et de sa troupe, les ravages des partis, les troubles du présent, les inquiétudes d'un avenir dont on n'entrevoyait pas la solution, avaient comprimé l'essor de l'industrie et tari la source du bien-être privé. Et cependant il fallait encore répondre aux exigences pécuniaires imposées par le roi et renouvelées sous toutes les formes. Mais si les dépenses royales étaient sans bornes, les ressources des habitants avaient leurs limites. Aux demandes d'argent, ils répondirent par un appel à la pitié, et le monarque voulut bien se laisser toucher : il leur délivra des lettres de priviléges portant décharge à leur profit d'une somme de 358 écus d'une part, et de 250 de l'autre (12 août 1579).

Henri III, malgré son indolence, se voyait embarrassé : tantôt il faisait des concessions aux huguenots, tantôt il donnait de nouvelles garanties aux chefs ligueurs, qu'il voulut réunir à lui par une sorte de confédération en établissant l'ordre du Saint-Esprit ; mais il fut impuissant à faire déposer les armes. Le prince de Condé était maître de La Fère avec une garnison dévouée. Plusieurs des soldats qui la composaient, aventuriers décidés, n'avaient pas mis en oubli la résistance de Doullens à la cause de leur maître, et ils résolurent de s'en emparer. Réunis au nombre de 400 fantassins et de 200 cavaliers, ils arrivèrent de grand matin sous les murs avec des échelles pour tenter l'escalade par surprise (20 avril 1580). Des amis et coréligionnaires accoururent d'Amiens pour leur prêter main-forte ; mais ils eurent beau envelopper leur projet de mystère et de ténèbres, la découverte, opérée à temps, fit succéder chez eux la crainte à l'audace. Décimée par l'arquebusade, leur infanterie courut cacher sa honte, ses échelles et ses armes dans le bois de Beauquesne, et la cavalerie regagna La Fère (1).

Le concours que donnèrent à ce coup de main les calvinistes d'Amiens ouvrit les yeux sur leurs mauvais desseins. On comprit qu'il y avait danger à leur laisser des armes dont ils ne manqueraient pas de faire usage à la première occasion ; en conséquence l'échevinage ordonna, le lendemain même de l'affaire, le désarmement immédiat de tous les partisans de la nouvelle religion. La ville d'Amiens trouva, en outre, dans cette tentative sur Doullens de la part des gens du prince de Condé un nouveau motif de se tenir sur ses gardes et de n'accorder aux paroles de ce prince qu'une faible confiance. Aussi différa-t-elle de répondre à la missive par laquelle il offrait d'envoyer un gentilhomme pour exposer ses intentions.

Le duc d'Anjou ayant profité d'une nouvelle tentative de pacification pour enrôler à sa

---

(1) Reg. de l'échevinage d'Amiens, année 1580. — *MSS. de Pagès*.

solde la plupart des chefs calvinistes, la Picardie retrouva quelque relâche aux maux des luttes civiles ; elle en avait grand besoin pour panser ses blessures. Et cependant, le roi demanda encore des contributions pécuniaires. Le budget de la guerre était un gouffre toujours béant où la plus grande partie des recettes de l'Etat allait s'engloutir. Aussi le besoin d'argent se faisant sentir de jour en jour, il fallait demander à l'impôt de nouvelles ressources. Déjà les douanes ou traites prélevaient des droits fixés par Henri II sur les marchandises, à l'entrée comme à la sortie d'une province ou du royaume ; mais pour rendre cet impôt plus fécond, Henri III institua des bureaux de douane et de traites dans un grand nombre de villes (1581). Doullens, comme ville frontière, ne pouvait échapper à la mesure, et devint le siége d'une juridiction des traites (1).

La mort du duc d'Alençon, frère du roi, et le défaut de postérité de Henri III avaient fait germer dans l'âme du duc de Guise des pensées d'ambition. Sous le prétexte d'empêcher que la couronne passât sur le front d'un hérétique, il se mit à la tête de la Ligue. Beau, bien fait, vaillant, plein d'intelligence et d'audace, il sentait sa supériorité personnelle sur le monarque, et devint le plus dangereux adversaire de la royauté. Les partis se dessinèrent alors plus que jamais, et la guerre civile reprit des proportions inquiétantes : c'était à qui soulèverait la province pour augmenter le nombre de ses adhérents. La faction des Guise dominait toutefois, et son chef n'était pas désintéressé, puisque par les dissensions intestines qu'il avait fomentées, il se frayait un chemin au trône. La ligue, dont on a dit avec tant de raison qu'elle fut une croisade catholique pour le peuple, mais une entreprise politique pour les grands — les grands qui sont presque en tout temps, presque en tout lieu, les propulseurs intelligents des masses, instruments aveugles, trop souvent, des volontés qu'ils ignorent, — la ligue avait enrôlé sous sa bannière presque tous les prêtres, les moines et le plus grand nombre des habitants de la campagne qui ne voyaient dans les hérésiarques que les destructeurs de la religion de leurs pères à laquelle ils voulaient rester attachés.

La politique de Henri III se retrouvait encore une fois aux prises avec de sérieuses perplexités. Les ducs de Guise et de Mayenne se retirèrent dans leurs départements pour y lever des troupes. Le duc d'Aumale, leur cousin et chaud partisan de leur cause, était, par provision, gouverneur de la Picardie pour le service de la Ligue. Il n'eut pas de peine à réchauffer le zèle de la sainte-union dans un pays où elle avait pris naissance. En vain le monarque écrivit aux maieurs des villes de la province de lui fermer leurs portes ; en vain il signa le traité de Nemours qui rétractait tous les avantages accordés aux réformés, le duc d'Aumale n'en souleva pas moins la Picardie. Il entraîna à sa suite un certain nombre de paysans dont la fidélité lui était connue, et s'empara de Doullens, au mois de juin 1586.

Il n'était pas toutefois maître du château, mais il ne tarda pas à le devenir. L'année

(1) Daire.

suivante, le 17 mars, Charles de Saveuse, profitant de l'absence momentanée de M. de Sainte-Marie, gouverneur, s'en empara par surprise et y fit entrer pour le compte de la Ligue près de deux cents arquebusiers décidés à garder leur conquête. Aussitôt, et le jour même, le maieur et les échevins de la ville dépêchèrent au roi leur greffier pour le prévenir de cet événement, et l'assurer qu'ils n'y avaient pris aucune part. Voici la lettre que le greffier avait mission de remettre en leur nom à Sa Majesté :

« Sire,

» Nous n'avons voulu faillir de faire advertissement à votre Majesté de ce que ce matin
» avons été mandés au chasteau par Monsieur de Prouville, lieutenant de Monsieur de
» Sainte-Marie, où nous y avons trouvé Monsieur de Saveuse avecq quatre vingts ou cent
» soldats, lequel nous a fait entendre que pour esviter, à ce que l'on dit, que ceux de la
» religion prétendue réformée se veulent emparer des villes de Picardie, il y étoit entré par
» les commandemens des princes catholiques, et consentement de la plupart des commu-
» nautés de ce royaume, pour les conserver sous l'autorité de vostre Majesté ; laquelle nous
» supplions très-humblement vouloir être assurée qu'il n'y a eu en son entreprise aucune
» intelligence de nostre part, et que pour la parfaite confiance que M. de Sainte-Marie nous
» a donnée à cause de sa fidélité au service de Dieu et de votre Majesté, nous n'eussions
» jamais voullu y donner consentement ; supplions très-humblement qu'il plaise à
» vostre Majesté ne concevoir de nous aucune mauvaise opinion, et croire que nous
» demeurerons à toujours vos très-humbles et très-obéissants subjects, qui supplions le
» Créateur.....

» Escrit de Dourlens ce 17 mars 1587 (1). »

Le monarque répondit aux échevins huit jours après. Sa lettre se plaint des troubles qui agitent le pays, désapprouve fortement la prise du château, et blâme la conduite de ceux qui, se disant catholiques, ne s'emparent pas moins des villes où il a des gouverneurs de même religion.

La perte du château de Doullens avait réellement mécontenté Henri III, car c'était une nouvelle complication qui compromettait sa politique de bascule et enhardissait les ligueurs en leur donnant pour point d'appui une place fortifiée. M. de Sailly, conseiller du roi et commissaire surintendant général des vivres du royaume, vint lire à l'échevinage d'Amiens des lettres missives du monarque, par lesquelles Sa Majesté déclarait *être fâchée et déplaisante* de l'exécution qui s'était faite sur Doullens, et engageait tous les habitants de la province à persévérer dans la fidélité dont ils avaient toujours fait preuve (31 mars). Le roi passa aussi vers la même époque, avec le maieur et les échevins d'Amiens, un contrat pour l'*entretènement* des munitions de Doullens (2).

---

(1) *Bibl. imp., coll. Béthune*, n° 8901, p. 125.
(2) *Bibl. imp., coll. Béthune*, n° 8912, p. 87. Le contrat fut passé par-devant J. Jourdain et C.-J. Charon, notaires du roi, en son chastelet de Paris, entre les commissaires, conseillers de sa Majesté, d'une part, et M° Jehan Martin, l'un des échevins de la ville d'Amyens, au nom des maieur et autres échevins et prévôt de ladite ville, lesquels prirent pour six ans la

« Dès le mois d'avril, le roi Henry III° voyant que la province de Picardie, l'une des plus
» importantes de ce royaume, estoit sur le point d'entrer en de très-grandes divisions et
» séditions, par les menées et suscitations faites par aucuns, et connaissant la valeur de
» M. le duc de Nevers, sa prudence et son intelligence dans les affaires, l'estima seul capable
» de contenir cette province dans son obéissance; c'est pourquoy il lui en donna le gouver-
» nement (1). » Mais celui-ci trouva, à son arrivée, d'assez grandes difficultés. Averti que
les députés d'Amiens avaient demandé la distraction de son gouvernement des villes de
Doullens et de Montreuil, il requit, à cet égard, une explication de l'échevinage amiénois
qui répondit que les dits députés n'avaient « ni requis, ni pourchassé la distraction des-
» dictes deux places. »

Quoi qu'il en soit, le nouveau gouverneur reçut, un mois après, un mémoire qui trahissait
le mécontentement du roi et l'embarras de sa politique « ...pour le regard des fortiffications
» qui se font, y était-il dit, par ceulx qui tiennent les places de Doullens, Crotoy et Pont-
» Dormy, encore que sa Majesté ayt occasion d'interpréter cela plustost à mal que à bien,
» néantmoins elle a jugé qu'il falloit encores patienter et veoir ce que produira le voyage
» que va faire la Royne, sa mère, à Montceaux, pour conférer avec les sieurs de Guise et du
» Maine. Aussy bien, les moyens d'y appliquer la force sont aultant malaisez et difficiles
» à sa dite Majesté qu'ils pourroient estre désagréables à meilleure partie de ceulx dud.
» pays de Picardye (2). »

A toutes les difficultés de cette triste époque se joignit la famine ; et l'affreux spectre de
la misère vint s'asseoir au foyer du peuple. Le blé qui, au commencement de l'année précédente, ne valait que 30 ou 40 sous le setier, avait renchéri progressivement, et atteint, en
juillet 1587, le taux de 14 à 15 livres tournois le setier (31 fr. 50); c'était un prix excessif
pour ce temps-là; aussi « la nécessité estoit si grande que l'on voyoit le pauvre peuple
» de la campagne et un grand nombre des villes tout pasle et défiguré mourir de faim et de
» nécessité. »

La journée des barricades (13 mai 1588), mit le comble aux troubles civils : c'était une
révolution. Le roi, vaincu par ses sujets, se retira à Rouen, et la vieille reine Catherine
négocia avec les rebelles. Un traité fut signé, le 15 juillet, par elle, au nom du roi, et par
Guise et le cardinal de Bourbon, puis publié, le 21 du même mois, sous le nom d'*Edit
d'union*. Il contenait trente-deux articles dont le onzième portait : « Que pour sureté de
» l'observation des présents articles, la garde des villes délaissées par ceux de Nemours
» seroit encores aux princes et seigneurs de la Ligue pour quatre ans, outre et par dessus
» les deux termes qui restoient à expirer du terme à eux accordé, et pareillement la ville
» de Dourlans. »

Le peuple accueillit l'édit d'union avec des transports de joie ; il était vainqueur, et la

---

garde et entretien des magasins de la ville et du chasteau de Doullens. Ils devaient fournir 190 muids, 3
setiers et 2 minots de blé, froment et méteil, 43 pièces
de vin et d'eau-de-vie; 4 muids de sel gris, etc.

(1) *MSS. de Pagès*, t. IV, p. 12.
(2) *Bibl. imp., anc. f. fr. Béth.* vol. 8901.

royauté avilie, humiliée. Henri le comprit bien, et pourtant il lui fallut encore faire serment à la Ligue, et s'en déclarer le chef dans la seconde séance des états de Blois. Ce même serment venait d'être exigé de nouveau des villes de la province de Picardie; et les habitants de Doullens, fidèles aux ordres qu'ils reçurent à cet égard, s'étaient réunis à l'échevinage pour jurer la sainte-union, la main sur l'Evangile, et signer leur adhésion. Ils étaient trop inféodés à la conjuration pour se montrer difficiles; et puis, le duc d'Aumale était là pour surveiller leur fidélité.

Il fallait que l'humiliation subie par le roi lui eût laissé au cœur une profonde blessure, car la vengeance fut hardie. Voici, en effet, que l'assassinat du duc de Guise et de son frère le cardinal, assassinat ordonné par Henri, est jeté à la Ligue comme un défi suprême; mais l'indigne monarque qui, après ce crime odieux, s'était écrié : Maintenant je suis roi! apprit immédiatement qu'il l'était moins que jamais. Le défi fut accepté, et l'irritation des esprits portée à sa plus haute puissance. Elle se traduisit par une déclaration de guerre publiée à Amiens contre le royal assassin. Cette ville envoya même des hommes à Paris, Doullens, Corbie et Péronne.

Le gouvernement de la province tomba ainsi aux mains des ligueurs dans la personne du duc d'Aumale, à l'exclusion du duc de Longueville qui ne put s'y maintenir au nom du roi. Une chambre du conseil, chargée de régler les affaires de la Picardie, et composée des représentants des trois ordres, fut établie à Amiens. Les députés de Doullens s'y rendirent et jurèrent, au nom de leurs concitoyens, d'être fidèles à la Ligue. Puis, l'organisation s'établit, le réseau embrassa jusqu'aux plus petits villages pour y envelopper tout ce qui était capable de résistance. Les gentilshommes, sans exception, durent s'enrôler à un jour fixé, sous peine d'être déclarés ennemis de l'Eglise, et de voir leurs châteaux pillés et ravagés. Ils avaient à jurer fidélité à la sainte-union; et, en cas d'infirmités, à les faire constater officiellement. Ceux qui tenaient à conserver leurs fonctions en faisaient autant. C'est ainsi que Jean Parent, receveur à Doullens, prêta le serment de l'union avec Paris, le 27 décembre, par devant MM. les Maire et Echevins d'Amiens.

Voici un modèle de certificat d'un autre serment rapporté par Pagès : « Les mayeur, pré-
» vost et eschevins de la ville et cité d'Amiens, certifions à tous qu'il appartiendra, que
» Ferry de la Houssoye, escuier, seigneur de la Motte, demeurant à Baubergue (Boisbergue),
» près Doullens, depuis trois mois, a juré et signé l'union des catholiques par devant nous,
» dont il a requis le présent acte à luy expédié pour luy servir ce que de raison. Fait ce 13
» may 1589. Signé : Delesseau. »

La faculté de théologie de Paris légitima elle-même la révolte en déclarant que « les
» François étoient déliés du serment de fidélité envers Henri de Valois, et qu'ils pouvoient
» en seureté de conscience prendre les armes contre luy. » Cette décision acheva de ruiner les affaires du monarque, qui venait de s'abaisser jusqu'à essayer de justifier son crime dans ses lettres aux villes du royaume. Puis, n'ayant pas réussi à faire assassiner, à son tour, le duc de Mayenne, il tenta de le gagner à sa cause. L'insuccès de cette démarche lui fit

faire une déclaration, à Tours, au mois d'avril 1589, par laquelle le duc et les villes de son parti devaient être tenus pour coupables de lèze-majesté, avec confiscation de leurs biens, de tous droits, exemptions et franchises. De plus, ordre était donné à tous Français de leur courir sus.

Doullens était du nombre de ces villes, et les habitants prouvèrent encore une fois, d'une manière nette et claire, leur dévouement à la Ligue. Le vidame d'Amiens, voulant tenir tête à l'émotion populaire, se présenta devant la place pour l'enlever; mais son zèle royaliste ne fut pas plus heureux là qu'à Amiens où la violence publique le força de faire serment à haute voix que désormais il servirait aussi la sainte-union (1).

Toutefois, racontons ce fait d'après les détails mentionnés au registre de l'échevinage d'Amiens, sous la date du 13 avril 1590. Le maieur y déclare avoir reçu avis de son collègue de Doullens et du sieur de Villencourt, gouverneur du château « que le vidame, du parti » contraire à l'union, a pensé surprendre, la nuit précédente, le chasteau, de ses eschelles, » occupé par les habitants du lieu, lesquels ont blessé aux murs des gens d'armes dudit » sieur, et firent trois ou quatre prisonniers, déclarant ne les vouloir rendre que sur le com- » mandement de l'eschevinage d'Amiens. » Afin de ne donner aucune occasion de « mal- » contentement aux dits sieurs les vidame et gouverneur de Doullens, » il fut délibéré qu'on enverrait vers le premier pour s'informer de ce qui s'était passé, et vers le sieur de Villencourt pour lui dire que l'échevinage cherchait à se bien éclairer et l'assurer de la bonne volonté du corps de ville. Finalement, on écrivit à M. de Balagny, lieutenant du duc d'Aumale, avec prière d'arranger l'affaire.

C'était en prévision de ces tentatives qu'on faisait bonne garde à Doullens. Le 17 janvier 1589, il avait été décidé que la garnison serait fixée au chiffre de deux cents hommes, dont partie pourrait, au besoin, être prise aux champs et partie dans les forts environnants. Puis, pour maintenir la fidélité de ces troupes, on s'occupa de régler la solde qui devait leur être payée par mois; celle du capitaine, à 33 écus 20 sols; du lieutenant, à 16 écus deux tiers; de l'enseigne, à 11 écus 40 sols; du sergent, à 5 écus; du caporal, à 4 écus; de chaque soldat, à 3 écus 20 sols. M. de Saveuse, le gouverneur, devait toucher 400 écus par an (24 janvier).

Le duc d'Aumale était devenu tout-puissant en Picardie; c'était le héros du moment, couronné aux yeux du peuple d'une double auréole, celle de la religion dont il se déclarait le champion, et celle d'une touchante pitié qu'appelait naturellement sur lui l'assassinat de ses deux cousins de Guise. Il avait à Doullens un chaud partisan dans Charles de Tiercelin, sieur de Saveuse, gouverneur de la place. Ce zélé ligueur, à la tête de quelques centaines de cavaliers picards, en grande partie d'Amiens, qu'il conduisait au duc, rencontra, non loin de Chartres, la troupe beaucoup plus nombreuse du comte de Châtillon. Après un combat acharné où presque tous les siens périrent au cri de vive la Ligue, le brave chef fut mortellement blessé, et le roi de Navarre, « grand amateur de vaillants hommes, » ne put

(1) *MSS. de Pagès*, t. IV.

s'empêcher de lui apporter le tribut de son admiration. Le gouverneur doullennais refusa toute consolation comme tout remède, et sur ses lèvres mourantes se retrouva une dernière malédiction pour les meurtriers du duc de Guise (18 mai 1589 (1).

L'assasinat de Henri III (1er août) vint ajouter encore au fanatisme religieux et grandir l'influence du duc d'Aumale. Le sieur de Balagny, lieutenant général en Picardie, et les membres des états de la province assemblés à Amiens, enjoignirent à toute personne, sous peine d'être traitée comme rebelle, de se réunir à eux contre le roi de Navarre. Ce prince venait de se déclarer roi de France, sous le nom de Henri IV; mais, comme calviniste et ennemi de la Ligue, il avait à conquérir son royaume. La guerre allait donc recommencer plus vive qu'auparavant, et la Picardie devait en être encore l'un des premiers théâtres.

Beauquesne avait également associé ses destinées à celles de la Ligue. Les partisans de Henri IV, convoitant cette forteresse, l'une des plus importantes de l'Amiénois, la prirent bientôt, et de là vinrent jusqu'aux portes de Doullens, sans oser tenter toutefois, un coup de main sur la place. Ce succès eut assez d'importance pour jeter l'alarme dans le pays; on adressa une demande de secours à la ville d'Amiens qui, comprenant la gravité du danger, donna jusqu'à 3,500 écus pour faire le siège du château perdu (15 avril 1590). C'était le sieur de Belleforière qui l'assiégeait; il y entra le 25 du même mois, au nom du duc de Mayenne. Trois ans après, le château fut attaqué de nouveau, ainsi que celui d'Humbercourt, par le prince Charles de Mansfeld, et ce fut pour aider au succès que l'échevinage d'Amiens demanda au gouverneur de Doullens, le sieur Villencourt, la fourniture pendant cinq jours de 6,000 pains d'une livre, de 16 barriques de bière et de 2,000 livres de poudre (25 avril 1593). Le château de Beauquesne fut emporté, en effet, et démoli ; mais ce fut encore l'échevinage amiénois qui fit les frais de démolition, moyennant un emprunt de 300 écus demandé au gouverneur de Doullens, sur les 1,500 que coûtèrent le siège et la destruction du château (2).

L'abjuration du calvinisme que le roi de Navarre venait de faire à Saint-Denis (25 juillet 1593), son couronnement à Chartres et son entrée à Paris (22 mars 1594), avaient jeté des principes de dissolution au sein de la Ligue, dont les ressources étaient d'ailleurs épuisées. Et puis, on était fatigué de tant de guerres, de malheurs et de ravages. Les campagnes, aussi bien que les villes, souffraient : plus de commerce, plus de sécurité à l'industrie, plus de garanties à l'agriculture. De là, disette, famine, contagion. Le nombre des mécontents était grand, et de toutes parts des cris de détresse réclamaient la paix. Le monarque, jaloux de profiter de ces dispositions heureuses, triompha de toutes les difficultés de la situation par sa sagesse, sa fermeté, sa bravoure et surtout par une bienveillance pleine d'aménité pour tous et de générosité pour ses ennemis.

Ce qui pouvait retarder encore la soumission des villes de la Picardie, c'était la présence du duc d'Aumale, ses prières et ses menaces. Le 24 mars 1594, il fait écrire à Doullens

---

(1) *MSS. de Pagès*, t. IV.   (2) Reg. de l'échevinage d'Amiens, année 1593.

qu'il a reçu avis de la délivrance de la ville de Paris au roi de Navarre, Henri IV, mais qu'il n'en sera pas moins fait bonne garde de la ville d'Amiens, et il engage vivement Doullens à ne pas agir au préjudice de l'Union. Le surlendemain, l'échevinage d'Amiens écrit à son tour que « sa résolution est de ne jamais recongnoistre le roy de Navarre, qu'il ne soit ab-
» soubz par nostre S. P. le pape, quelque prospérité quy luy puisse advenir. » Doullens est prié d'adopter cette même résolution.

Mais cette résistance ne devait plus être de longue durée, et la cause de la Ligue était, à Doullens même, une cause perdue. Le 2 juin, les habitants réunis à Antoine de Blottefière, s^r de Villencourt, leur gouverneur, déclarèrent vouloir se soumettre, et ils obtinrent quelques jours après du roi Henri IV, en échange de leur soumission, des lettres de rémission par lesquelles ils étaient déclarés « quictes et deschargés de la prinse, port d'armes par eulx
» faite durant les présens troubles....., et généralement de toutes autres choses par eulx
» faites et commises durant et à l'occasion d'iceulx troubles, et les dites choses estaintes,
» assoupies et abbolies pour la mémoire, demeurant mortes comme non faictes et advenues,
» sans que les dicts s^r de Villencourt et les sieurs ses serviteurs et domestiques, et ceulx
» qui l'ont suivi, manans et habitans de la ville de Doullans ne puissent être ores ni à l'ad-
» venir inquiétés, poursuivis, molestés et recherchés en quelque sorte et manière que ce
» soit. » (1). La ville d'Amiens, à son tour, ne tarda pas à faire sortir de ses murs le duc d'Aumale, pour y donner entrée à Charles de Humières, lieutenant général du roi en Picardie, en témoignage de l'abandon que les habitants faisaient de la Ligue, et de leur disposition à obéir au roi de France, dans la personne de Henri de Navarre (9 août 1594).

De son côté, le duc de Mayenne voyant, dit Sully dans ses *Mémoires,* le roi Henri IV devenu maître de presque toute la Picardie, se rendit dans la Bourgogne, après avoir laissé de bonnes garnisons dans Doullens, La Fère et Soissons ; mais « les habitants de la ville de
» Dourlens qui avoit été la première place de seureté donnée au duc d'Aumale pour le roy
» au commencement de la Ligue, voyant que ledit duc ne vouloit reconnaître le roy, en-
» voyèrent par le consentement de leur gouverneur vers sa Majesté, à Amiens, qui voulut
» qu'ils fussent compris dans l'édit de ladite réduction, et leur remit aux uns et aux autres
» tout ce qu'ils devoient des arrérages de toutes tailles, et de la moitié de celles qu'ils pou-
» voient devoir durant les trois autres années suivantes. » (2)

(1) V. pièces justif., n° 12.   (2) Palma-Cayet. *Chronol. novennaire.*

CHAPITRE VII.

(1595.)

Articles présentés au roi Henri IV par les Doullennais. — Lettres de ce monarque. — Destitution du gouverneur du château par le duc de Longueville. — Mort de ce duc. — Amiens fournit les munitions en prévision du siége de Doullens. — Combat près de Beauquesne. — Défaite des Français. — Siége du château et de la ville. — Victoire des Espagnols, leur cruauté. — Incendie de la ville. — Plusieurs de ses habitants se réfugient à Amiens.

Henri IV était entré à Amiens, le 18 août, escorté de plusieurs princes et de beaucoup de noblesse pour prendre, en personne, possession de cette capitale de la Picardie. Ce fut deux jours après qu'il rendit l'édit de réduction de la ville sous son obéissance, et que les députés doullennais, admis à son audience, lui entendirent prononcer de nobles paroles d'oubli et de pardon. L'édit ne fut vérifié qu'au mois d'octobre suivant, et encore, beaucoup de promesses n'avaient été faites que verbalement. Aussi, deux mois après, les habitants de Doullens, renouvelant leur soumission, présentèrent au roi une série d'articles, qui furent presque tous approuvés (6 décembre).

« Articles que les maieur, eschevins, manans et habitans de la ville de Doullens
» supplient très-humblement au Roy leur voulloir accorder.

» Premièrement, qu'en la ville, faulxbourgs et banlieue de Doullens il ne se face aucun
» exercice de la religion que de la catholique, appostolique et romaine. *(Accordé conformé-*
» *ment à l'édit de l'an mil cinq cens 77, lequel sera sur ce observé avec les déclarations faites*
» *sur l'exécution et observations d'iceluy).*

» II. Qu'il plaise à sa Majesté remettre auxdits maire, eschevins, manans et habitans
» tout ce qu'ilz peuvent avoir faict et commis durant ces troubles contre sa dite Majesté
» sans que cy-après il en soit faict aucune recherche par ses procureurs généraux ni tous
» autres, tant pour prinses et levées de deniers, vivres et munitions de guerre, ordon-
» nances de paiement des gens de guerre entretenus en la dicte ville et cytadelle, et autres
» choses généralement quelzconques par eux faictes et commises durant les présens
» troubles tant en général comme en particullier. *(Accordé pour ce qui s'est faict durant et*
» *à l'occasion des présens troubles).*

» III. Que lesdits habitans soient entretenus ès priviléges, franchises et exemptions,
» auctorités antiens, comme loi, mairie, eschevinage, collége, justice et seigneurie tant

» criminelle que civile, usance et coustume dont ils ont joui paravant lesdicts troubles en
» la dicte ville, faulxbourgs et banlieue ; et iceulx privilléges confirmés, auctorisés et
» approuvés. (*Accordé comme ils en ont bien et düement jouy auparavant les présens
» troubles*).

» IV. Que la dicte ville et chasteau de Doullens demeurent unis à la couronne de France
» sans en pouvoir estre tiréz, aliénéz ny délaisséz pour quelque cause et occasion que ce
» soit. (*Le roy loue la bonne volonté qu'ont les suppliants de demeurer inséparablement
» soubz l'obéissance et protection de la couronne de France, ce que sa Majesté désire et en
» aura autant de soin qu'eux-mêmes.*)

» V. Accorder auxdicts habitans de la ville et banlieue de Doullens l'affranchissement
» des tailles, corvées et autres levées extraordinaires quelzconques, quatriesmes, vingties-
» mes et autres impositions pour en jouyr comme ilz en ont faict par le passé, durant le
» tems de vingt ans, en payant par chacun an pour suployer aux réparations et fortifica-
» cions de la dicte ville pareille somme qu'ils ont faict par cy-devant. (*Accordé conformé-
» ment aux précédens affranchissemens et comme ils en ont bien et düement jouy avant les
» présens troubles, durant dix ans seulement.*)

» VI. Voulloir permettre aussi auxdicts habitans de lever et faire lever sur chacun lot
» de vin qui se vend à broche et détail en lad. ville et banlieue, trois deniers ; deux solz
» parisis sur chacun tonneau de bierre, et pareille somme de deux solz parisis sur chacun
» mynot de sel qui se vend et distribue au magazin à sel du dict Doullans et chambres qui
» en deppendent, et ce durant le temps de vingt ans, pour les deniers en proceddans estre
» employéz tant au paiement des gaiges des maire et eschevins, officiers et pensionnaires
» de lad. ville, que pour l'entretènement de toutes portes, murailles de ladicte ville, comme
» ilz ont faict par le passé. (*Accordé conformément aux précédens octroys, et pour en
» jouyr comme ilz en ont cy-devant bien et düement faict, durant dix ans seulement.*)

» VII. Et d'aultant que depuis ces troubles, signamment depuis que lesd. habitans se
» se sont remis en l'obéissance de sa Majesté, il leur a convenu faire de grands frais, et
» pour y parvenir prendre jusques à la somme de mille cinquante escus, pourquoy ilz
» auroient constitué rentes de plusieurs particuliers ; et lad. somme employée en achapt
» de pouldres et munitions de guerre et aultres affaires de lad. ville ; supplient lesd.
» habitans voulloir accorder et permettre de lever et faire lever sur chacun lot de vin qui
» se vendra à broche et détail en lad. ville et banlieue, neuf deniers tournois oultre les
» trois deniers cy-dessus, pour les deniers qui proviendront de lad. levée estre employés
» au paiement et remboursement de lad. somme avec le courant des rentes. (*Feront
» apparoir par devant les président et trésoriers généraux de France à Amyens de l'estat
» desdicts frais, debtes et empruntz, suivant lequel leur est mandé faire percevoir les neuf
» deniers requis par le présent article, ainsi qu'il appartiendra, auxd. ville et banlieue jusques
» à la concurrence des sommes portées par led. estat*).

» VIII. De voulloir accorder aussy auxd. habitans deux foires par an oultre les

» franches festes Saint-Michel, Saint-Martin, dixiesme novembre, à la charge que chacune
» desd. foires dureront quinze jours, pendant lequel tems tous marchans estrangers et
» aultres s'y pourront trouver, et emmener et emporter toutes sortes de marchandises,
» sans charge d'aucune imposition. (*Sa Majesté accorde lesd. foires, sans préjudice toutesfois*
» *de ses droits et impositions.*)

» IX. Qu'il plaise à sa dicte Majesté descharger lesd. habitans de ce qui peuvent avoir
» esté cottisez pour les tailles, taillon, crues et aultres deniers extraordinaires quelzconques
» durant les présens troubles sans qu'ilz puissent estre poursuyvis ny contraincts d'en
» paier aucune chose, avec deffence aux receveurs de les pousuivre, ni contraindre, mesme
» lever et oster les assignations qui peuvent avoir esté baillées sur lesd. deniers. (*Attendu*
» *la réduction volontaire desd. supplians, sa Majesté veut qu'ilz jouissent de la descharge*
» *généralle accordée par arrest de son conseil à tous les bons et loyaulx subjets jusques au*
» *jour de l'expiration de leur affranchissement desd. tailles; et sera vériffié si depuis il a*
» *esté baillé aucune quictance en paiement aux gens de guerre estant au service de sa Majesté,*
» *et si aucunes sont demeurées à acquicter, et ce par les président et trésoriers généraux de*
» *France susdicts qui en donneront advis pour estre pourvueu aux supplians ainsi que de*
» *raison.*)

» X. Supplient aussy sa Majesté avoir pour agréable la levée qui a esté faicte sur les
» subjets d'élection de Doullens en vertu des lettres du s^r duc du Maine de la somme de
» six cens soixante-cincq livres 10 solz, à quoy ont esté évalluéz les vivres, munitions
» fournis par lesd. maire et eschevins à la prinse des chasteaux de Beauquesne et Im-
» bercourt en l'année mil cincq cens quatre-vingt-treize, et ce faisant ordonner que lad.
» somme soit paiée auxd. maire et eschevins suivant lesd. lettres attendu qu'ilz en ont
» respondu en leur propre et privé nom ; et envers les particuliers dud. Doullens qui
» ont faict les avances desd. vivres et munitions, nonobstant qu'ilz ne rapportent les
» originaulx du récépissé du garde qui a receu leurs deniers et munitions avec une copie
» collationnée seulement pour avoir lesd. récépissés esté perdus, adhiréz durant les présens
» troubles. (*Le roy a agréable lad. levée, et sera mandé aux trésoriers généraulx susdits*
» *de la faire poursuyvre soubz le nom et auctorité de sa Majesté, pourvueu que ses*
» *deniers n'en soient retardés, et sy jà n'a esté faite.*)

» XI. Que les officiers de l'Eslection, bureau de la recepte des aydes, tailles et taillon
» dud. Doullens soient tenus d'y résider et exercer le deub de leurs charges et offices en
» personne. (*Accordé*).

» Les présens articles ont esté veus et respondeus par le Roy estant à Sainct-Quentin, le
» sixiesme jour de décembre mil cincq cens quatre-vingt-quatorze. Signé : HENRY. Et plus
» bas : POTIER. »

Par lettres-patentes du même mois, enregistrées au parlement, le 3 mars suivant, le
monarque reproduisit la concession gracieuse et détaillée qu'il venait de faire en réponse

à ces articles ; et le maire, les échevins et les habitants de sa bonne ville de Doullens durent être satisfaits (1).

Cependant, cet heureux retour vers le roi Henri IV ne se faisait pas sans que les derniers partisans de la Ligue tentassent quelques efforts désespérés pour s'y opposer. Le 29 décembre, il arriva à Humbercourt plusieurs compagnies de gens de chevaux dans le dessein d'inquiéter les places voisines. Doullens était sur ses gardes, et d'ailleurs le maieur d'Amiens écrivit immédiatement à l'échevinage pour lui donner avis du passage secret de ces compagnies et de leur présence dans les environs. Une fois signalées, elles n'étaient plus à craindre ; et leurs desseins, s'ils étaient hostiles, ne purent être mis à exécution.

La guerre civile était donc terminée ; mais la guerre étrangère allait reprendre une nouvelle vigueur ; elle venait d'être déclarée aux Espagnols, motivée par le concours qu'ils avaient prêté à la Ligue ; et la publication en avait été faite dans Amiens, le 11 février 1595. Cette fois, elle allait sortir des mesquines proportions de luttes intestines pour revêtir un caractère pleinement national. Et cependant la France était épuisée par de longues discordes ; elle n'avait pour ainsi dire pas d'armée, et paraissait déshabituée de la guerre avec les ennemis du dehors, depuis quarante ans.

Dix à douze mille hommes de troupes espagnoles ravageaient la frontière de Picardie, sur l'Artois. Le comte de Fuentès, qui les commandait, songeait à aller attaquer Cambrai ; mais auparavant, il ne voulait laisser derrière lui aucun passage facile à l'armée française, et il trouvait l'espoir du succès dans la pénurie des forces militaires qui gardaient, de ce côté, les avant-postes de la France. Il parut donc tout à coup devant Lucheux, et un coup de main heureux le rendit maître du château.

A cette nouvelle, le duc de Longueville, gouverneur de la Picardie, part d'Amiens avec quelques troupes de cavalerie, et arrive au château de Doullens pour en examiner l'état (15 avril). Le premier acte d'autorité qu'il y exerce est de destituer de ses fonctions le gouverneur, Antoine de Blottefière, seigneur de Willencourt, dont il ordonne en outre l'arrestation. Cette brusque destitution est diversement expliquée. Selon les uns, elle aurait eu pour motifs des soupçons d'infidélité sur les sentimens de cet ancien ligueur ; c'est-à-dire que, quoique nommé par le roi en récompense de son abandon de la sainte-union, il n'aurait pas donné, au jugement du duc, de preuves suffisantes de son royalisme. Sa nomination régulière ne remontait, en effet, qu'à l'année précédente. D'autres ne veulent voir dans ce brutal affront qu'un acte de vengeance particulière, pour faire expier au sieur de Willencourt le dommage notable causé antérieurement par lui à la forêt de Lucheux, dont Mme d'Estouteville (2), belle-mère du duc de Longueville, était propriétaire. Ecoutons Jéhan Patte dans son journal manuscrit :

(1) Voir pièces justif. n° 13.
(2) Vers le milieu du xiv° siècle, la baronnie de Lucheux, tombée en quenouille, avait été apportée en dot par Mahaut de Châtillon à Guy de Luxembourg. Environ deux siècles après, elle appartenait à François de Bourbon-Luxembourg, qui avait épousé Adrienne

« Les Espagnols estant près de Doulens, et mesme aiant pris le chastieau de Lucheu,
» M. de Longueville partist d'Amiens pour aller à Doulens avecq quelque nombre de
» chevaulx. Estant dans le chastieau, il se saisit du gouverneur et le meist hors de son
» gouvernement pour quelque soupechon ou bien par quelque vindication, pour le tort
» qu'il avoit faict, durant qu'il tenoist pour les princes, en la forest de Lucheu quy
» appartient à Madamme d'Etouteville, sa mère, à laquelle forest il avoit faict abbastre
» plusieurs arbres, et faict grand tort, et meist à sa place M. de Ronsoy, fils de M. de
» Pienne, »

Cette dernière explication est donc la plus probable ; et la première pourrait bien n'avoir été inventée que pour déguiser ce qu'il y avait de personnel et de peu avouable dans la mesure prise. Le roi lui-même paraît en avoir jugé ainsi ; car « en estant adverty, il » commanda à M. de Longueville de remettre cesthuy qu'il avoist mis hors dudit gouver- » nement, et que cesthuy quy y estoit, sortit. » L'ordre du monarque ne put toutefois recevoir son exécution immédiate, parce que Blottefière, prévenu qu'on en voulait à sa vie, s'était promptement réfugié à Amiens (1). Cet incident, à quelque cause qu'il faille le rattacher, n'eut pas moins pour conséquence le grave inconvénient de priver le château de la présence d'un gouverneur habile, dans les circonstances critiques où il se trouvait, et il ne fut pas sans influence sur les malheurs qui suivirent.

Le duc de Longueville, après s'être rendu compte de l'état du château, en descendait « environ sur les nœuf heures du soir, le mercredy V° jour d'apvril, » pour aller visiter la ville : il était à cheval, et s'entretenait à l'oreille, avec le sieur du Ramel, ingénieur du roi, lorsque d'une décharge « d'escopetterie qui s'esmeut à la bordée pour le saluer, » par les les soldats de la garnison, s'échappa une balle qui après avoir frappé l'ingénieur, alla blesser grièvement le duc à la tête. Celui-ci, par une sorte de pressentiment, avait fait défense de tirer ; mais sa voix s'était perdue dans le bruit de la pluie et du vent.

Ici encore les sentiments diffèrent pour expliquer l'événement ; les uns n'y voient qu'un accident imprévu et involontaire, sans se demander comment une balle s'était trouvée « dans une escopette chargée pour une décharge d'honneur ; » les autres prétendent que la balle était à l'adresse de Blottefière, mais bien à tort, puisque nous avons constaté, d'après les historiens, l'absence de ce gouverneur. Il en est enfin qui rattachent ce fait à une intrigue d'amour, et veulent que le coup ait été monté par le marquis d'Humières, mari peu endurant, et qu'un excès de jalousie rendait furieux.

La princesse de Conti met, au contraire, cet assassinat sur le compte de la maîtresse de

---

d'Estouteville, en 1534. A défaut d'héritiers directs, sa sœur Marie de Bourbon, devenue propriétaire de Lucheux, épousa d'abord Jean de Bourbon, mort sans enfants, puis François de Clèves qui ne laissa pas non plus de postérité, et enfin Léonor d'Orléans, en 1563. De ce dernier mariage naquit Henri d'Orléans-Longueville.

(1) Pagès. *MSS*. t. IV. — Le récit de Jéhan Patte diffère un peu. Il dit que ce fut à son retour à Doullens pour remettre en place le gouverneur évincé, que le duc de Longueville fut blessé à mort.

Henri IV, et raconte ainsi les circonstances qui l'auraient amené. Le duc de Longueville, homme aux bonnes fortunes, qui s'était épris de la belle Gabrielle, craignant la jalousie du roi, voulut rompre avec elle, mais de manière à rester nanti des preuves de leurs anciennes relations, pour se faire redouter au besoin de la favorite, et exploiter son crédit. Celle-ci, se reposant sur la bonne foi de son complice, avait accepté un rendez-vous, dans le but d'un échange de toutes les lettres compromettantes. Gabrielle, s'exécutant la première, s'était dessaisie de la seule lettre qu'elle possédait du duc, tandis que lui, moins sincère, feignit d'avoir oublié celles qu'on lui réclamait, précisément les plus dangereuses ; elle conçut de cette fourberie un si violent dépit, que sa vengeance seule aurait armé la main du soldat qui blessa son ancien amant ; et l'innocent du Ramel ne serait devenu le point de mire du coup d'escopette, que parce qu'il était revêtu d'un manteau d'écarlate semblable à celui que le duc avait coutume de porter.

Le duc de Longueville mourut des suites de sa blessure, trois « sepmaines après la nuit » d'entre le mercredy et le jeudy, qui estoit le 27 dudit mois d'apvril, en son logis des trois » cailloux, » à Amiens (1). Sa femme, à la première nouvelle de l'événement, était accouchée prématurément d'un fils, à qui Henri IV, qui en voulut être le parrain, donna son nom avec le gouvernement de la province de Picardie, dont l'intérim, jusqu'à sa majorité, fut confié au comte de Saint-Pol, oncle de l'enfant (2).

Trois mois se sont à peine écoulés, que le comte de Fuentès, irrité de la perte de la ville de Ham, « après avoir pris le chasteau de Cléry-lez-Péronne, » fait tourner tête à son armée vers les frontières de l'Artois. M. de Ronsoy, gouverneur du château de Doullens, s'inquiète aussitôt, et envoie demander à l'échevinage d'Amiens des poudres et autres munitions de guerre pour s'en servir lors du siége dont il se croit menacé (28 juin.) Les députés doullennais et le greffier, porteurs du mémoire de M. de Ronsoy, sont introduits le jour même dans la chambre de l'échevinage, où on leur demande s'ils veulent s'obliger à payer les munitions qui seraient achetées pour Doullens. Soit que les députés n'eussent pas eu mission de conclure le traité, soit que les conditions faites leur eussent paru devoir être soumises à la délibération de leurs commettants, l'affaire ne reçut pas de solution immédiate (3).

La réponse ne se fit toutefois pas longtemps attendre, car les circonstances devenaient pressantes. Aussi, le 10 juillet, MM. de Ronsoy, d'Haraucourt et de Gribeauval s'étant obligés à payer dans les six mois les munitions réclamées, l'échevinage d'Amiens arrêta qu'il serait envoyé à Doullens deux milliers de poudre, mille piques de guerre, mille pelles, cinq cents pics, cinq cents hottes, cinquante louchets et deux cents mannes (10 juillet).

---

(1) L'épitaphe de son tombeau, aux Célestins de Paris, se terminait ainsi : *Cumque Durlanensi præsidio honorifice exciperetur, fortuitâ improvidi militis glande trajectus, in flore juventutis ac rerum occubuit, anno Domini 1595. ætatis XXXVII.*

(2) Pagès. *MSS.* — Daire. — Dusevel. — Lamorlière, (*Antiquités d'Amiens*). — *Hist. des amours de Henri IV.*

(3) Reg. de l'échevinage d'Amiens.

Il était temps, car le comte de Fuentès arrivait le 14 « vers Doullens pour y planter le
» siége dans laquelle ville, au bruit du danger, se jettèrent plus de quinze cents François
» tant de pied que de cheval. A son arrivée, la garnison sortit plusieurs fois hors la ville et
» escarmoucha contre les Espagnols avecq perte d'un côté et d'autre. » (1).

« Aux approches, le 16 de juillet, comme le sieur de la Motte, gouverneur de Gravelines
» et grand maître de l'artillerie pour le roy d'Espagne aux Pays-Bas, vaillant et renommé
» capitaine, alloit du soir recognoistre les remparts et faire dresser la batterie, il reçut une
» harquebuzade en l'œil gauche, laquelle luy traversa la teste dont il mourut tost après.
» Ce seigneur de la Motte s'appeloit Valentin de Pardieu. » Il était Français d'origine,
mais son père s'était engagé au service du roi d'Espagne, Charles-Quint (2).

Le comte de Fuentès avait eu connaissance d'un différend survenu entre Antoine de Longueval-Haraucourt et Léonor de Halluin, sieur de Ronsoy, qui avaient le commandement, le premier, de la ville et l'autre, du château. Il espérait que cet incident, toujours grave au moment du danger, lui ménagerait les facilités de la victoire ; mais le bruit de sa marche avait suffi au contraire pour les rapprocher et leur faire sacrifier des intérêts d'amour propre aux intérêts bien autrement importants dont la défense allait incomber à leur honneur et à leur courage. Fuentès comprit donc qu'il avait à faire un siége en règle.

De leur côté, les Etats d'Artois, intéressés à soutenir l'Espagne contre la France, avaient à cœur de voir réussir cette entreprise, car c'était par Doullens que les Français entraient en Artois. Aussi accordèrent-ils vingt mille livres pour la solde de vingt mille hommes de pied et de cinq cents ouvriers employés au siége (3).

On comprit aussi à Amiens que ce siége serait sérieux et qu'il fallait tout faire pour l'empêcher. En conséquence, plusieurs habitants, désirant porter secours à Doullens déjà investi, demandèrent à leur échevinage la permission de lever et de solder des hommes de pied pour joindre l'armée de M. le comte de Saint-Pol, gouverneur de la province. Mais le maieur et les échevins qui, à la nouvelle de l'approche de l'ennemi, s'étaient déjà inquiétés pour la sûreté de leur propre ville, arrêtèrent que ce secours ne pouvait être fourni, attendu que la ville n'avait le droit de faire aucune levée de gens de guerre que du consentement et avec la permission expresse du roi (19 juillet). Le moment était mal choisi pour se montrer si sévères observateurs d'une règle qui, certes, n'avait pas été faite pour les circonstances. Du reste, les scrupules de MM. les maire et échevins d'Amiens furent bientôt levés ; car, le jour même, Mᵍʳ le comte de Saint-Pol leur écrivait que les ville et château de Doullens étant investis par l'ennemi, il avait besoin, pour aller les défendre, du pont de bâteaux renfermé au magasin d'Amiens. Il reçut réponse que le dit pont allait être réparé et mis à sa disposition.

Deux jours après, nouvelle lettre du comte de Saint-Pol qui réclame des hommes de pied pour son armée, et prie la ville d'Amiens de lui en envoyer le plus grand nombre possible.

---

(1) *Discours de la bataille, siége et prise des ville et chasteau de Dourlens*, 1595, imprimé à Arras.

(2) Palma-Cayet. *Chron. nov.*, t. VI.

(3) *Tit. des guerres.* — *Revue des sociétés savantes des départ.*, 2ᵉ série, t. IV, p. 186. — *Histoire des Etats d'Artois*, par M. Filon.

Le maire convoque immédiatement l'échevinage et lui communique la lettre reçue. L'assemblée, considérant le grand dommage qui pourrait résulter de la prise de Doullens pour toute la province, revient sur son premier refus et déclare, au contraire, que Mgr le comte de Saint-Pol sera secouru et aidé d'un bon nombre de gens de pied, le plus qu'il s'en pourra trouver pour un mois seulement, et qu'il sera accordé une paie à ceux qui voudront s'enrôler, savoir : aux arquebusiers quatre écus, et aux lanciers cinq écus. Doullens paraissait donc devoir être sérieusement défendu.

Disons de suite cependant que les quatre cents volontaires amiénois ne purent contribuer à la défense de la place ni au combat livré aux Espagnols. L'histoire ne doit pas moins enregistrer le souvenir d'une tentative qui fut aussi courageuse dans les efforts déployés qu'elle avait été spontanée dans sa résolution.

Après quelques jours d'escarmouches et de légers combats, les Espagnols attaquèrent avec succès un ravelin qui était hors du château « et dont les assiégés receurent par après plu- » sieurs incommoditéz par continuelles harquebuzades et cannonades. » Mais ce ne fut pas sans de vaillants efforts qu'ils parvinrent à s'en rendre maîtres. Les assiégés avaient eu soin de le faire réparer avec la demi-lune, pour fortifier de ce côté les approches. Aussi l'ennemi rencontra-t-il tout d'abord sur ce point une résistance énergique qui le découragea un instant, ou du moins lui fit changer sa tactique. Malgré le feu que vomissait la place, il ouvrit deux tranchées à la contrescarpe et creusa ainsi un débouché par lequel des troupes italiennes et walonnes s'élancèrent en forçant les obstacles. Des échelles, immédiatement appliquées à la demi-lune, en permirent l'escalade ; et, après un combat sanglant et opiniâtre, le parapet fut emporté. Cette attaque avait été dirigée par les ordres du baron de Rosne, gentilhomme français de grande valeur qui, à l'exemple du duc d'Aumale, avait suivi le parti de l'Espagne à la chute de la Ligue, indigné de ce que Henri IV avait paru le mépriser, en lui refusant le bâton de maréchal de France.

Les Espagnols établirent aussi immédiatement quatre forts autour du château : deux pour garder la rivière du côté de la ville, et deux autres sur le versant opposé de la colline, vers Beauval. Ils construisirent en outre un retranchement sur la côte voisine, du haut de laquelle on aurait pu gêner, par le canon, l'ensemble de leurs opérations. Ainsi les hauteurs étaient occupées, et toute tentative pour introduire du secours dans la ville et le château devenait difficile et dangereuse.

« Cependant le roy qui s'estoit douté que ses ennemys ne faudroient point d'entrer en
» Picardie, avoit mandé à l'admiral Villars qu'il assemblast le plus de noblesse qu'il pour-
» roit en la Normandie, et qu'il se trouvast en l'armée qu'il vouloit dresser sur la frontière
» de Picardie ; ce qu'il fit et s'y rendit comme firent plusieurs gouverneurs des villes de ce
» pays-là (cependant que M. de Nevers à qui le roy avoit donné la lieutenance générale de
» ceste armée s'y acheminoit avec trois cens chevaux et six ou sept cens hommes de pied
» du régiment de Champagne) tellement que toutes les trouppes jointes à celles de M. le

» comte de Saint-Pol et du maréchal de Bouillon estoient bastantes d'empescher le comte de
» Fuentes d'assiéger aucune place (1). »

Comme complication fâcheuse au milieu des dangers qui aggravaient la situation et menaçaient Doullens, nous devons dire qu'une mésintelligence existait entre les généraux de l'armée française chargés de la défense des frontières. « Quoiqu'ils eussent moins de
» troupes que les Espagnols, dit le P. Daniel, leur activité et leur expérience pouvaient
» beaucoup traverser ce siège, et le comte de Fuentes n'était pas sans inquiétude sur le suc-
» cès de son entreprise, mais le sieur de Rosne le rassura par le peu d'intelligence qu'il y
» avait entre ces généraux, et l'expérience montra bien qu'il ne se trompait pas. »

De leur côté, les ennemis mettaient tout en œuvre pour grossir leurs forces. « Plusieurs
» garnisons furent mandéz au camps de divers endroits, et pareillement tous les villages
» d'Arthois sommés de livrer certain nombre de soldats et pionniers. Et le 23 de juillet
» furent emmenéz hors la ville et cité d'Arras sept longues couleuvrines pour munir les
» tranchées et passages du camp (2). »

Le duc de Nevers, qui avait le commandement de toutes les troupes de Picardie, ayant reçu la nouvelle du siège, écrivit à Amiens pour demander à la ville deux ou trois milliers de poudre (l'échevinage ne lui en accorda que quatorze cents livres), et partit immédiatement pour se rendre à la tête de l'armée. Mais les autres généraux, désirant se signaler avant son arrivée par quelque initiative hardie, convinrent entre eux d'introduire dans la place « sept charettes de poudre et belles et bonne quantité de vivres » et six cents hommes d'infanterie choisis dans tous les régiments. Le maréchal de Bouillon, le comte de Saint-Pol et l'amiral de Villars escortèrent eux-mêmes ce convoi dans le dessein de reconnaître, du plus près qu'il serait possible, la situation du camp des Espagnols. « Ils espéroient passer le long
» du camp, estimant qu'on ne sortiroit point, pour ce que l'on s'y estoit fortifié et tran-
» chizé. » Ils prirent avec eux douze ou quinze cents chevaux seulement. Le maréchal marchait le premier avec quatre cents, l'amiral suivait avec une troupe à peu près égale, et le comte de Saint-Pol, à la tête de cinq cents autres, formait comme l'arrière-garde de cette cavalerie. Le convoi et l'infanterie destinés au ravitaillement de la place étaient à la queue. Il paraît que les assiégés avaient eux-mêmes réclamé ce secours. Voici comment le maréchal de Bouillon raconte le fait dans sa lettre au prince de Conty :

« Vous avez sceu le siége de Dourlans où M. le comte de Sainct-Pol a été soigneux de
» mander des nouvelles aux assiégéz, et d'apprendre des leurs, par lesquelles ils nous man-
» doyent de les secourir promptement et mesme par un gentilhomme du dit sieur comte,
» nommé Beauuillier, qu'ils ne cuidoyent pas pouuoir attendre iusques au ieudy vingt sep-
» tiesme. Ayant sceu aussi que M. de Nevers estoit arrivé à Neeśle et qu'il s'en venoit à
» Amiens, désirant scavoir le chemin que l'on deuoit tenir pour aller aux ennemys, l'assiette

---

(1) Palma-Cayet. *Chron. nov.* t. VI.

(2) *Discours de la bataille, siége et prise des ville et chasteau de Dourlens*, 1595, imprimé à Arras.

» de leur camp, et le logis que l'on pourroit prendre auprès d'eux, ne pouuant entreprendre
» que cela ne fust sceu, qui donna occasion d'assembler tous les capitaines. Il fut résolu
» (pour l'en pouuoir informer à son arriuée), que nous partirions auec la cavallerie de
» Saint-Riquier, où nous auons pris nostre premier logis, après auoir passé la riuière de
» Somme pour nous aller présenter à vn quart de lieuë des ennemys à vne pleine entre le
» village de Beauquesne et Dourlans, proche d'une cense nommée Husleu, que l'on aduiseroit
» si on pourroit faire parler quelqu'vn à ceux de la dicte ville, ou pour le moins de faire
» paroistre quelques trouppes en lieu d'où ceux du chasteau peussent veoir ; fust aduisé de
» mener trois cents hommes de pied, afin que s'ils en avoient besoin, ils y fussent tous por-
» tés : ou que si nous voyions à l'œil quelques logis propres qu'ils nous seruissent pour nos
» gardes. Attendant qne M. de Neuers fust venu, qui ioindroit les Suisses et le reste de l'in-
» fanterie, nous disposames nostre ordre, et fust ordonné que le sieur de Seseval meneroit
» la teste, que le sieur commandant de Chaste, avec le sieur du Bois-de-Neuf-Bourg auroyent
» la troupe de réserve (1). »

On voit par ce passage de sa lettre comment le maréchal s'excuse d'avoir pris cette initiative avant l'arrivée du commandant en chef. Trop adroit pour laisser percer le moindre soupçon du peu d'intelligence qui existait entre lui et le duc de Nevers, il fait entendre, au contraire, qu'il n'a voulu qu'être utile à ce dernier et se mettre en mesure de pouvoir le renseigner à son arrivée. C'est tout au plus s'il ne rattache pas au retard de sa marche la responsabilité des événements dont seul pourtant, dans sa rivalité orgueilleuse, il a posé la cause fatale.

Les assiégeants ne s'endormaient pas non plus dans une fausse sécurité. Le 24 juillet, veille de saint Jacques, patron des Espagnols, le comte de Fuentès, bien averti par ses espions de l'approche des Français, donna ses ordres au camp de bonne heure selon les résolutions arrêtées la veille au soir. « Premièrement les forts dressés aux environs de Dourlens
» furent pourveus d'hommes et d'artillerie. Et la garde des tranchées près la ville fut aug-
» mentée de cincq cens homes de pied avec deux gros corps de garde. Outre autres cincq
» cens homes de pied furent députéz pour garder l'artillerie. Et du surplus de l'infanterie
» de l'armée furent dressez deux bataillons par M. du Rhosne, mareschal de camp, lesquels
» comme on mettoit en ordre, les François parurent avec toute leur cavalerie et huits cents
» hommes de pied (2).

Ceux-ci, en effet, arrivés près du village de Beauval, furent informés par quelques traînards qu'on avait aperçu deux cents chevaux. Le maréchal y envoya immédiatement le sieur de Trigny, suivi de l'amiral, qui devait le soutenir avec son gros de cavalerie. « Le
» reste des trouppes ne laissoit s'aduancer, d'autant qu'il y auoit vn vallon cauain à pas-
» ser, ce que l'on ne pouuoit faire en ordre. » Le sieur de Plainville, dépêché en éclaireur

---

(1) *Lettre du duc de Bouillon au prince de Conty*, 1595, imprimée à Lyon.

(2) *Discours de la bataille*, etc. loc. cit.

avec vingt chevaux, n'eut pas plutôt passé le vallon, qu'il vit soixante cavaliers ennemis dont il donna avis à Sesseval. Le maréchal, informé à son tour de cette découverte, crut qu'il ne fallait pas laisser aux cavaliers signalés le temps de porter la nouvelle de leur arrivée au camp des Espagnols : il se joignit donc à Sesseval pour les repousser. « Nous pas-
» sâmes, dit-il, le dit vallon diligemment et commençons à rechasser ceste trouppe des
» ennemys, desquels il en paroissoit encores deux trouppes, qui me donna occasion de man-
» der que l'on me fist aduancer mon escadron : nous nous mettons au trot. Comme nous
» fusmes proche de la dite sense de Husleu, Monsieur le comte de Sainct-Pol m'envoya le
» sieur d'Osquerque pour sçavoir ce qui me faisoit tant aduancer : je luy montre les enne-
» mys à deux cens pas de nous qui s'en alloyent, et luy dit de dire à M. le comte que ie le
» prioy de faire mettre tout le monde en bataille derrière la sense comme il auoit esté
» résolu (1) »

On avait eu beau se hâter, l'alarme avait été donnée au camp des Espagnols par le maréchal du Rhosne lui-même qui, s'étant avancé à la découverte, avait aperçu les Français en marche directe sur la ville, et tirant à gauche du camp ennemi assis sur la pente de la montagne du château. « Le comte de Fuentès, assisté du duc d'Aumale, du prince de Chi-
» may, du marquis de Vuarembon, des comtes de Bossu et de Varras et de plusieurs autres
» chefs de cavallerie, résolut sortir dudict champ de bataille avec ses forces et six pièces
» d'artillerie pour leur couper chemin et rompre leurs desseins. » Il ne laissa dans les tranchées qu'autant de troupes qu'il en fallait pour repousser au besoin les sorties des assiégés. Malgré la diligence qu'il apporta à faire mouvoir tout ce monde, les derniers soldats n'étaient pas encore sortis du camp que la tête de la cavalerie fut chaudement chargée par le duc de Bouillon et Sesseval, soutenus des comtes de Saint-Pol et de Belin. Le premier, avec cent vingt chevaux, attaquait à droite; et le second, avec quatre-vingts, chargeait à gauche ; le sieur de Trigny n'avait pas encore pu les joindre (2).

« Or ceste première charge feit plier d'abordée quelques trouppes de la cavallerie espa-
» gnole. » Plus de six cents chevaux furent renversés, quatre cornettes restèrent aux mains des Français, « mais le dit sieur Sesseval y fut tué, qui est vne grande perte, pour
» estre gentilhomme doué d'aussi belles parties qu'autre que i'aye cogneu, ajoute le maré-
» chal. Ayant faict cela, ce fust à nous de nous retirer, ne nous pouvant plus maintenir là.
» Ledit sieur de Trigny me venant retrouuer, trouue que les ennemys nous ramenoient,
» qui leur fit vne charge et les ramena en leur gros. Quelques-uns commencèrent à crier
» que l'on aduançast, qui donna occasion à M. le comte et à toute la cauallerie de s'aduancer,
» et passèrent la dicte sense à demy-chemin de là où nous auions faict ladicte charge. »

En effet, le premier succès des Français ne fut pas de longue durée, car don Charles Colonne, capitaine de lances, les chargea en tête avec ses troupes et les arquebusiers de son Excellence, pendant que don Sanche de Luna les attaquait de flanc avec sa cavalerie

(1) *Lettre du duc de Bouillon au prince de Conti*, loc. cit.   (2) *Discours de la bataille*, etc., loc. cit.

légère. « Ce quy se trouva entre ces deux troupes dont la pluspart estoit noblesse, fut taillé
» en pièces et le surplus prit soudain le trot pour regagner le gros de leur cavallerie,
» laquelle commença songer à la retraicte, tenant néanmoins assez bon ordre, et perdant
» tousjours quelques-uns des leurs. » Sept charettes restèrent aussi aux mains des Espagnols qui firent peu de prisonniers (1).

« Cependant les ennemys firent venir sur le haut quatre canons et quelque infanterie :
» nous commençons nostre retraicte durant laquelle ils nous tirent quelques coups de
» pièces, mais sans effect. Nous fismes retirer nostre infanterie qui estoit à la sense, et
» marcher droict à Beauquesne. Monsieur l'admiral, qui auoit son gros entier, commence
» d'entreprendre de faire la retraicte, ayant près de trois cens chevaux. Nous estans retirés près de demy-lieüe, leur artillerie nous voyans plus, il aduance deux gros de lances
» et vn carabins et quelques mousquetaires qui estoyent le long d'un rideau : toutes nos
» trouppes estoyent passées vn vallon, et montoyent vn costeau, sauf ledict sieur admiral
» qui estoit encore au fond. »

« Ces deux gros et leurs carabins commencèrent à paroistre sur le haut de la coste et
» tirèrent quelques arquebuzades audict sieur admiral, lequel tourne et commence à monter ceste montagne. Monsieur le comte, qui estoit à la main gauche, en se retirant, redressant passe ce vallon, monte ce costeau, où estant au haut est salué de ces mousquetaires
» qui n'auoient esté recogneus : qui firent vne salue qui tua peu ou point d'hommes, mais
» ne laissa de diminuer bien fort son esquadron. Toutes les trouppes tournèrent par
» pièces, sans ordre, et par exemple de ces deux premiers gros redressèrent ce vallon. Pour
» moy ie venoy de parler à M. l'admiral et voyoy si peu d'apparence de plus combattre
» que j'auoy laissé ma salade. »

Ce récit du maréchal n'est pas complet ; et en lisant les autres auteurs qui ont fait la narration de cette malheureuse affaire, on comprend tout de suite les motifs qui l'ont engagé à passer sous silence plusieurs détails. Il faut bien le dire, le désaccord des chefs a encore joué ici son triste rôle. N'ayant pas les mêmes raisons de nous taire, nous allons reproduire les particularités omises.

Le duc de Bouillon, se trouvant en face de toutes les forces ennemies, vit bien qu'il n'y avait d'autre parti à prendre que celui de la retraite. Comme il la jugea très-difficile, il en chargea l'amiral de Villars, qui l'exécuta pendant quelque temps « avec un bel ordre, cheminant vers Beauquesne, et faisant souvent prendre la fuite à la cavalerie légère qui le
» poursuivoit, et qui estoit renforcée de quatre compagnies d'ordonnance et d'une quantité
» de mousquetaires tirés du régiment d'Augustin Mendozze. »

Le duc de Bouillon envoya en outre un aide de camp dire au comte de Saint-Pol de faire retourner l'infanterie sur ses pas avec les chariots du convoi qu'on avait voulu essayer d'introduire dans la ville, et de gagner un bois qui était sur le chemin du retour, où il ne

(1) *Discours de la bataille*, etc., et Palma-Cayet. *Chron. nov.*, t. VI.

tarderait pas à le suivre ; il fit ensuite savoir à l'amiral de Villars, qui avait déployé sa troupe sur la gauche, qu'il n'était pas prudent de s'engager, et qu'il valait mieux se contenter de tenir en échec le corps de cavalerie qu'il avait en tête. Pour lui, ajoutait-il, trop près de l'ennemi pour se retirer, il allait tenter une charge après laquelle il irait rejoindre une hauteur, près d'un moulin qu'il indiquait pour faire son ralliement ; pendant le combat, l'amiral devait le devancer sur la hauteur et l'attendre pour se retirer ensemble avec l'infanterie.

Cet ordre fut exactement suivi par le comte de Saint-Pol, qui achemina l'infanterie vers le bois indiqué ; mais Villars, qui n'avait encore pris qu'une faible part à la bataille et avait sa troupe entière, répondit brusquement à l'aide de camp que, puisque le maréchal voulait charger, il chargerait aussi de son côté. Et avant d'avoir reçu cette réponse, dans la confiance qu'on exécuterait ses ordres, le duc de Bouillon s'était rué vigoureusement sur les escadrons ennemis les plus rapprochés de lui, les avait culbutés, et à l'aide de la fumée et de la poussière s'était empressé de faire sa retraite vers le lieu où il croyait être attendu par l'amiral : il était malheureusement engagé trop loin. Le maréchal voulut le faire avertir de se dégager au plus tôt, mais ce fut inutilement ; car pendant l'action « l'armée espagnole s'estoit aduancée et l'infanterie auoit gagné le deuant, tellement que ledit admiral se » trouua comme entouré et salué d'un nombre infini d'arquebuzades et mousquetades par » les costez, et en teste chargé par les compagnies d'ordonnance des Pays-Bas (1). »

Le maréchal de Bouillon avait espéré « quelque saillie des assiegez pour favoriser l'entrée » dans la ville du convoi qu'il escortoit, » et prendre, au besoin, l'ennemi entre deux feux. Il est vrai que « ceulx de la ville, suivant leur compromission, taschèrent de faire vne » saillie et en donnèrent signal par trois cannonades, mais ce fust en vain par le bon ordre » laissé aux tranchées. Vn cas admirable aduint en ce même temps, car les assiegez veirent » paroistre de loing vne grosse trouppe, pensant que ce fust leur secours ou pour le moins » venant d'Arras. Et de fait sortirent hors la ville pour le recevoir ou attaquer, cependant » que l'armée estoit occupée à repousser l'ennemi. Mais ils trouuèrent vn bataillon d'envi- » ron sept cens hommes de pied qui venoit de Flandres et marchoit en bon ordre, ce qui les » feit retirer plutost qu'ils n'estoient venus (2). »

Cependant l'amiral était en grand danger ; la mêlée devint affreuse et dans sa troupe « se mit l'espouuante telle qu'il ne fust possible de rallier cinquante cheuaux, le mareschal » s'estant trouué lui-mesme sans estre auec son esquadron, » parce que la déroute avait gagné toute la cavalerie française qui se sauva au galop « qui de ça, qui de là, » et sans ordre, jusqu'à Picquigny. Quelques chefs de compagnies ne voulurent cependant pas abandonner l'amiral et continuèrent à combattre auprès de lui. Le maréchal vint se joindre à eux, et on essaya une dernière charge avec quinze cheuaux, à laquelle prirent part les sieurs de la Boissière et de Trigny. Ce suprême effort arrêta un peu les ennemis, « mais ne conuia

---

(1) Palma-Cayet, loc. cit.   (2) *Discours de la bataille*, etc.

» point les nostre à retourner, dit le duc de Bouillon, et nous fallut suiure nostre chemin. »
Pendant qu'il se retirait blessé, l'amiral « voulant secourir vn de quy le cheual auoit
» esté tué, pria le sieur de la Boissière de l'aider, mais sentit le sien fondre soubz luy et
» luy casser la jambe. Contrainct de se rendre aux victorieux, il demeura le prisonnier
» du sieur de la Chapelle, lieutenant du vicomte d'Estauges. » La plupart des quelques
seigneurs qui n'avaient pas voulu l'abandonner tombèrent aussi aux mains des ennemis ; et
en ce jour-là, la France perdit plus de vaillants hommes, ajoute Sully dans ses *Mémoires*,
qu'il n'en avait péri aux trois grandes batailles ensemble livrées par Henri IV à Coutras,
à Arques et à Ivry.

Après cette défaite complète, une grande partie de l'armée victorieuse se débanda pour
poursuivre les fuyards pendant l'espace d'environ trois heures. Ils rencontrèrent le convoi
qu'on avait destiné au ravitaillement de la place, et qui était composé de sept charrettes de
poudre, de munitions « et de belle et bonne quantité de vivres. » Ils s'en emparèrent ;
et, tombant sur l'infanterie qui l'escortait, ils la massacrèrent presque tout entière.

Les vainqueurs se mirent aussitôt en devoir de faire la reconnaissance des prisonniers et
des morts de l'armée française, « dont s'ensuyuent les noms d'aucuns. Entre les prisonniers :
» M. de Belin, jadis gouverneur de Paris, M. de Perdrier, capitaine de cauallerie et
» lieutenant de l'admiral ; M. de la Trenchée, M. d'Aubigny, chef des trouppes de
» Normandie ; le capitaine Rose ; M. de Bavay, M. de Longchamps et plusieurs autres.
» Entre les morts : M. de Villars, gouverneur de Rouen, le sieur de la Boissière, gouver-
» neur de Corbie, Haqueville, gouverneur de Pont-Eau-de-Mer ; d'Argenvillers, gouverneur
» d'Abbeville ; Liéramont, jadis gouverneur du Chastelet ; Damy, gouverneur de Roye ; le
» vidame d'Amiens (1), le commandeur de Chastre, gouverneur de Dieppe ; le capitaine
» Sesseval, maréchal de camp ; les capitaines de cavallerie : Gamaches, Guytry, Verly,
» Thoys (2), Canonville, Neufbourg avec son frère, Blangy, Bésieu, Lussien, Buisson,
» Chaussée, La Chapelle, Rambures, Chaulnes et autres. Le seigneur de Saint-Denys,
» maistre de camp, général de cinq cens hommes, mourut à la teste de ses gens, et plus de
» quatre cens avec luy. »

Il est bon de faire remarquer ici que les narrateurs ne s'accordent pas sur la fin du brave
Sesseval, gentilhomme picard, quoique d'après les différents récits, elle nous soit donnée
comme honorable et courageuse. L'auteur espagnol que nous venons de citer se contente
de le compter parmi les morts tombés sur le champ de bataille ; et il avait raison, quoique
témoin oculaire, de passer sous silence ce qu'il pouvait y avoir d'odieux dans cette mort
pour ses compatriotes. Le duc de Bouillon, dans sa lettre au prince de Conty, dit également
que Sesseval fut tué à la première charge ; mais il a pu arriver que celui-ci n'ait été
d'abord que blessé et mis hors de combat, sans que le duc eût appris les particularités

---

(1) C'est une erreur, dit M. Darsy (*Picquigny et ses seigneurs*) de faire figurer le vidame d'Amiens parmi les morts.

(2) C'était le seigneur de Gouffier. Thoix était alors un marquisat érigé par Henri III.

postérieures de sa mort, puisqu'il a dû lui-même prendre la fuite après la défaite, le 24 juillet, et que sa lettre a été écrite presque immédiatement, c'est-à-dire le 27, trois jours après. Quoi qu'il en soit, d'après d'autres auteurs, Sesseval, ayant survécu à la défaite de l'armée française, aurait été, comme l'amiral de Villars, fait prisonnier. Disons cependant que s'il y a incertitude sur ce point, on ne peut malheureusement élever de doute sur la barbarie qui souilla la victoire des Espagnols. Laissons d'abord parler Palma-Cayet dans sa *Chronologie novennaire*, t. 6°.

« Quant audit admiral et au sieur de Sesseval, après auoir esté recognus, leur ayant
» esté reproché d'auoir quicté le party de l'union, et respondu par Sesseval qu'il estoit
» gentilhomme françois, qu'il auoit serui au party, durant qu'il en auoit esté, fort fidelle-
» ment ; que s'estant remis au seruice de son Roy, il n'auoit receu pour ce faire aucune
» récompense de sa Majesté, mais qu'il l'auoit faict pour son deuoir, étant né son subject,
» et que l'ennuy d'estre prisonnier ne luy estoit point tant qu'il trouuoit estrange de veoir
» des François armés contre leur patrie, portant la livrée de leur ennemy ; quelques chefs
» françois qui estoient là portant l'écharpe rouge, luy repartirent mille injures ; mais les
» Espagnols et eux faisant vne feinte querelle à quy ces seigneurs demoureroient prison-
» niers, ils les tuèrent tous deux de sang-froid. »

Ecoutons maintenant l'Etoile, qui a perdu son fils au siège de Doullens : « Quant à
» l'admiral de Villars, estant en ceste rencontre tombé prisonnier entre les mains de
» quelques Néapolitains auxquels il auoit promis cinquante mille escus de ransson pour
» auoir la vie sauve ; après qu'ils luy eurent donné la foy, le bruit s'estant respandu par
» l'armée que l'admiral des François estoit prisonnier, suruint un capitaine espagnol fort
» suiuy, nommé Contraire, quy estant entré tout exprès en dispute auec les Néapolitains
» pour l'auoir, se seruant de leurs refus pour le tuer, se prist à crier en hespagnol : Mata !
» mata ! quy est à dire : tués, tués, et au mesme instant luy donna le premier coup, quy
» fust suiui de plus de cinquante autres quy l'estendirent mort sur la place. »

Jehan Patte, qui raconte aussi dans son journal manuscrit la sanglante catastrophe des Français, va plus loin, et ne craint pas de nommer l'auteur de l'assassinat : « Et le dit
» sieur de Villars estant prisonnier, M. d'Aumale, quy estoit au camp, le voyant, le feit
» daguer, nonobstant qu'il offrit cinquante mille escus pour sa rançon. »

Et la preuve que le récit de cette barbarie n'a pas été exagéré par les récriminations des vaincus, c'est que les historiens eux-mêmes qui ont écrit en faveur de l'Espagne, sont forcés de convenir que l'amiral de Villars « volea rendersi à M. della Ciapella, luogote-
» nente del visconte d'Estauges, egli fu da altri, che sopraggiunsero, ucciso..... *(voulait se
» rendre à M. de la Chapelle, lieutenant du vicomte d'Estauges; mais fut tué par d'autres
» Espagnols qui survinrent)* (1). » Le vicomte d'Estauges était fils de du Rosne, maréchal de camp espagnol (2),

(1) Palma-Cayet. loc. cit. (2) Hardouin de Péréfixe dans son *Histoire de*

Ecoutons encore Gérard Van Loon, dans son *Histoire métallique des Pays-Bas*, t. I, page 454 de l'édition française de 1732, in-f°. « Les Espagnols environnèrent Villars lui-
» même avec quinze ou vingt gentilshommes qui l'accompagnaient, le forcèrent à se rendre
» et le tuèrent de sang-froid. C'est la coutume de cette nation de donner rarement la vie
» à ceux qui, comme Villars, abandonnent leur parti pour se ranger du côté de leurs
» ennemis. »

Tous ces témoignages suffisent pour réfuter victorieusement l'accusation grave que M. Deville, de Rouen, académicien, fait peser sur les habitants de Doullens. Il dit en effet, dans sa *description des tombeaux de la cathédrale de Rouen*, que le brave amiral de Villars aurait été lâchement assassiné *par la populace de Doullens*. Cette assertion est démentie par tous les historiens, et contraire d'ailleurs au bon sens. Doullens était étroitement bloqué par les Espagnols, et on se demande comment les habitants auraient pu en sortir pour assassiner un Français qui, au péril de sa vie, marchait à leur secours. L'erreur de M. Deville n'a son excuse que dans le défaut de réflexion.

Cette cruauté des Espagnols dans la victoire était déjà horrible, on la rendit ignoble ; et les assassins qui avaient refusé la rançon offerte par l'amiral prisonnier, se ruèrent sur son cadavre et n'eurent pas honte de lui couper le doigt qui portait un anneau de quelque valeur, pour s'approprier cette sanglante épave. On raconte, il est vrai, que Fuentès, s'indignant lui-même d'une telle inhumanité, fit immédiatement passer par les armes ces misérables crocheteurs de la mort. Puis s'abandonnant à sa joie, d'autant plus vive qu'elle n'avait pas été précisément préparée par l'espérance, il voulut faire connaître sa victoire au Conseil d'Etat des Pays-Bas, par la lettre suivante :

MESSIEURS,

« Dieu nous a fait ceste grâce à tous, qu'estans le duc de Bouillon avec le comte de Saint-
» Pol, le sieur de Villars, admiral de France, et toutes les trouppes qu'ils ont peu joindre,
» venu nous chercher et combattre, nous avons eu la victoire, je dis ce jourd'hui après-
» midi, où toute leur infanterie a esté taillée en pièces, et les meilleurs et principaux de
» leur cavallerie, s'estant le reste saulvé à la fuyte. Ledict Villars y est demeuré mort,
» comme est Saisseval, le lieutenant dudict Villars, le sieur de Liéramont, qu'estoit gou-
» verneur de Chastelet, et plusieurs aultres dont je vous envoïeray les noms et qualitéz.
» Le sieur de Bélin est prisonnier, mais si fort blessé qu'il y a peu d'espoir de vie ; et de
» nostre costé, je ne pense y avoir perdu cinq ou six hommes et peu de blessés. Ceste

Henri IV, met l'assassinat du maréchal de Villars sur le compte de du Rosne, qui avait conseillé à Fuentès de faire le siège de Doullens, et d'aller au devant des Français qui venaient secourir la place.

Du Rosne avait été fait gouverneur de Paris et maréchal de la Ligue pour le duc de Mayenne. Effrayé de l'arrêt qui avait condamné le duc d'Aumale, parti-san des Espagnols, à être écartelé, et désireux de la vengeance, il poussa le comte de Fuentès à assiéger Cambrai ; et pour empêcher les Français d'y porter secours, il l'engagea à leur barrer le passage. C'est à lui qu'il faut faire remonter la première pensée du siége de Doullens.

» victoire nous vient de la puissante main de Dieu, et à l'intercession du glorieux apostre
» saint Jacques : je vous prie en rendre et faire rendre grâces à Dieu, avec la démonstra-
» tion d'allégresse que ceste nouvelle mérite.

» Espérant que moyennant sa saincte grâce nous viendrons bientôt à chief de ceste place,
» je le prie vous avoir, Messieurs, en sa grâce. »

« Du camp à Dourlens, le 24ᵉ de juillet 1595.

» Votre bon ami,

» Le comte DE FUENTÈS. »

Deux jours après cette honteuse défaite, Mʳ le duc de Nevers vint à Amiens avec son commissaire d'artillerie demander pour l'armée du roi deux moyennes pièces de canon, afin de secourir la ville de Doullens ; mais le maire et les échevins décidèrent qu'il n'en serait pris qu'une moyenne au magasin et quelques balles nécessaires.

« Au mesme temps on sonnoit le tambour avant ceste ville (d'Amiens) pour cœuller, dit
» Jéhan Patte, quelque nombre de gens de pied pour aller aussy au secours de ladite ville
» de Doulens, lesquels gens furent paiés pour ung mois au despens des previlliegez, et
» partirent jusque au nombre de quatre cens. Les gens d'église en prirent aussy ung
» cent qui firent cincq cens (1).

» Le vingt-sept de juillet, le capitaine Lambert arriva au camp espagnol, mandé par le
» comte de Fuentès, pour gouverner l'artillerie et dresser la batterie. Le même iour au soir
» Monseigneur de Marles, gouverneur des ville et cité d'Arras, retournant du camp,
» emmena à Arras M. de Belin, blessé, avec quelques autres gentilshommes françois, pri-
» sonniers, et enuiron cinquante ou soixante soldats qui restoit de l'infanterie françoise.
» Le 28 juillet, aucunes trouppes sortirent de rechef du camp en bel ordre et équipage
» pour rencontrer l'ennemy, lequel n'osa approcher plus près (2). »

En effet, « après la déroute des François deuant Dourlens, M. de Neuers alla à Picquigny
» où s'estoient retirés M. le comte de Sainct-Pol et le maréchal de Bouillon ; et sur l'aduis
» que les assiégéz leur donnèrent qu'ils pourroient tenir encore quatre iours, M. le comte
» de Sainct-Pol envoya dans Dourlens le sieur de Saint-Rauy, lequel y estant entré avec
» quelques capitaines, luy manda le lendemain que si l'on ne secouroit la place, qu'elle
» estoit en danger de se perdre, et que les assiégés auoient faict des retranchements tout au
» contraire de ce qu'il falloit faire, faute de n'auoir des hommes entendus en telles affaires,
» et que le comte de Fuentès faisoyt ses préparatifs de bastre la ville et le chasteau tout
» ensemble. Ils recognoissoyent tous bien que le sieur de Haraucourt, gouverneur dans
» Dourlens, estoit plus propre pour faire la charge de maréchal de camp, que pour deffendre
» une ville assiégée, mais personne ne s'offrit pour y aller s'enfermer en sa place (3). »

Au contraire, la division éclata de nouveau parmi les chefs de l'armée française, car le

---

(1) C'était la levée de volontaires dont nous avons parlé à la page 131.

(2) *Discours de la bataille*, etc.
(3) Palma-Cayet, *loc. cit.*

duc de Nevers, commandant supérieur, tout en voulant dissimuler les fautes commises par le maréchal de Bouillon et le comte de Saint-Pol, « ne put s'empêcher de leur dire » qu'ils avoient esté trop hardis en leur conseil de guerre et trop advisés en leur retraite. » Ce rapprochement du résultat d'avec la témérité du début déplut à l'humeur susceptible de ces Messieurs qui, comme Achille, se retirèrent pour bouder sous leurs tentes ; mais ils oublièrent qu'ils n'avaient pas été des Achilles. Tous ces incidents formaient une triste préface au siége de Doullens.

Le duc de Nevers trouva moyen cependant de faire entrer dans la ville le sieur de Rinseval, avec un convoi de soixante cuirassiers et de vingt mulets chargés de poudre ; et lui, à la tête de sa petite armée composée de 1,600 chevaux et de 2,500 hommes de pied, s'achemina jusqu'à deux lieues de la place. C'est à Beauquesne qu'il vint se loger avec ses gens augmentés de cinq cents hommes de pied d'Amiens, qui étaient allés le joindre à Picquigny. Il s'aperçut bientôt que ce poste n'était pas convenable, parce que l'eau manquait ; et d'ailleurs les Espagnols n'avaient pas voulu sortir de leurs retranchements. « Puis, ne trouvant par seur de hazarder la bataille, ils renvoyèrent l'infanterie à Pic-
» quigny, pour éuiter un pareil malheur qui estoit aduenu le lundi d'auparauant, et réso-
» lurent de se faire voir seulement aux assiégez pour les encourager, et aller loger au
» village d'Authie, afin d'attaquer le régiment de la Barlotte qu'ils auoient eu aduis de
» venir en l'armée espagnole, et puis, qu'ils iroient en Artois pour incommoder ce pays-
» là, et empescher les viures qui venoient de là à leurs ennemis ; aussi que l'on renvoye-
» roit le sieur de Perthuis dire aux assiégez que s'ils se trouuoient si pressez, qu'ils remet-
» toient à leur discrétion de faire vne composition honorable, en sauuant l'artillerie et les
» munitions ; ou bien s'ils ne pouuoient obtenir cette capitulation, qu'ils fissent creuer les
» canons, missent la poudre dans les casemates des bastions et portaux pour les faire
» sauter, rendissent la ville inutile aux ennemis, et en sortissent en armes, et qu'en
» donnant aduis de leur résolution, la cavallerie françoise se rendroit près des portes de
» Dourlens pour les recueillir (1).

» Mais il aduint tout au contraire de cette proposition, car le 30 de juillet, plusieurs
» chariots chargés de viures pour trois à quatre jours, avec munitions et argent, sortirent
» d'Arras sur les trois heures du matin, pour arriver au camp de bonne heure, et préparer
» toute chose nécessaire à la batterie. Et le même jour, enuiron cent cheuaux sortirent
» hors Dourlens pour faire une salte, lesquels furent taillés en pièces ; puis la nuit sui-
» uante, le gouverneur de la ville dépescha dix-huit cheuaux et deux hommes de pied au
» camp des François, les aduertir du péril auquel ils étoient, et demander secours.

» Au lundy 31 juillet, qui estoit le dernier jour du mois et pareillement de ceux qui
» estoient dans la ville, le comte de Fuentes ayant donné la charge de la batterie au
» capitaine Lambert, dès l'aube du jour, il fist battre la pointe d'un bastion du chasteau

(1) Palma-Cayet, *loc. cit.*

» qui auoit esté estimé le plus fort endroit, et l'ayant faict continuer assez furieusement,
» le comte de Fuentes disposa quelques trouppes, non pour donner l'assault, mais seule-
» ment pour se loger à la pointe dudict bastion, lesquelles s'efforcèrent d'y loger (1). »

Les coups les plus terribles des assiégeants venaient toutefois de la demi-lune prise depuis quinze jours, et où la Barlotte s'était logé ; il en avait fait une espèce de fort, parfaitement retranché, et pourvu de tous les engins de destruction. Six canons y étaient pointés contre les murs de la ville, et sept couleuvrines braquées sur le château y vomissaient continuellement la mort et la ruine. Son feu convergeant avec celui de la batterie commandée par Lambert, vers le bastion indiqué pour la brèche, ne cessant « de tonner et
» foudroyer avec vne terrible furie, continua son jeu depuis quatre heures du matin
» jusques à deux ou trois heures d'aprés midy, auec un merueilleux esbranlement des
» assiégéz, voyans leurs murs tomber de tous costéz. Et de faict, ce fust sur les trois ou
» quatre heures que les Espagnols se présentèrent à la brèche, et taschèrent par voye
» d'armes l'affranchir. Là, fust valeureusement combattu d'une part et d'autre l'espace
» d'une bonne heure ou mieux, jusqu'à ce que les François perdant leur première furie
» auec le courage furent contraincts d'abandonner la brèche et la place pour se sauuer
» hastiuement dans la ville (2). »

Ce récit d'un auteur espagnol, témoin oculaire, néglige une particularité qu'il est convenable de mentionner, parce qu'elle n'a pas été sans influence sur la prise du château.
« Après un long combat, les Espagnols qui estoient sur la contrescarpe crièrent à ceulx
» qui combattoient audict bastion que les François se retiroient parce qu'ils n'avoient
» point esté assez rafraichis, comme on leur auoit promis, et se trouuoient las, harassés et
» blessés, de sorte qu'ils ne pouuoient plus se soustenir, ce qui donna occasion aux Espa-
» gnols de monter sur le haut dudict bastion, et puis de les suivre, comme ils firent, de si
» près qu'ils les attrapoient au fossé qui auoit esté fait entre le dict bastion et le chasteau
» où ils en tuèrent beaucoup ; ce qui donna une telle épouuante aux autres assiégéz qui
» estoient sur la courtine du chasteau, voyans ainsy maltraicter leurs compagnons qui
» estoient sur le dict bastion où fust tué le comte de Dinan et plusieurs gentilshommes,
» qu'ils quittèrent la défense du chasteau et se retirèrent vers la ville, pensant y estre en
» plus grande seureté, et laissèrent M. de Ronsoy tout seul sur la courtine dudict chasteau,
» où il fust assailly par les ennemis qui montèrent dans le chasteau à la queue des François,
» et fust par eulx bien blessé et pris prisonnier (3).

De plus, comme l'admiration qui s'attache naturellement au courage guerrier doit faire abstraction de toute rivalité de patriotisme, il est juste de dire aussi qu'une belle part de l'honneur de cette journée est acquise à Hernando Teillo-Porto-Carrero, brave soldat espagnol qui, le premier pendant l'assaut, monta sur la brèche, frayant la route à ses compa-

(1) *Discours de la bataille*, etc. Palma-Cayet, *loc. cit.*
(2) Ibid.

(3) Palma-Cayet. — C'est par le front de l'ancienne porte de secours que les assiégeants entrèrent dans le château.

gnons d'armes. Debout sur la pointe du bastion emporté, il s'y logea avec quelques hommes, fit un feu meurtrier qui combla le fossé de cadavres, et balaya les défenseurs de la courtine avec leur valeureux chef, le comte de Dinan, qui y succomba percé de coups et de blessures.

« Comme ceux qui ne savent pas garder les places ignorent quand il faut les rendre, » dit Météren dans son *Histoire des Pays-Bas*, les assiégés qui se battaient bien et se » défendaient mal, se laissèrent forcer. » Cette insinuation quelque peu accusatrice à l'adresse des chefs vaincus, paraît fondée, d'après le témoignage des historiens. Léonor de Halluin, sieur de Ronsoy, à qui la défense du château était confiée, fit preuve de peu d'intelligence. Créature du feu duc de Longueville, il avait dû sa position moins à sa valeur personnelle qu'à l'esprit de parti. Ses qualités militaires ne furent pas à la hauteur des graves circonstances où il se trouva ; et pour comble de malheur, l'absence du sieur de Willencourt concentra en ses débiles mains une autorité supérieure à ses forces. Nous voudrions avoir pu atténuer la responsabilité qui incombe à sa mémoire, en rappelant les derniers efforts de son courage, puisque seul et blessé, alors que tous les défenseurs du château cherchaient leur salut dans la fuite, il resta debout sur la courtine, attendant noblement les insultes, et peut-être même la mort de l'ennemi triomphant.

« Du chasteau, les Espagnols entrèrent dans la ville, où, comme victorieux ils commen-
» cèrent à faire un horrible carnage, poursuivant chaudement l'ennemy qui taschoit de se
» sauver en vain par les maisons et hayes des jardins. Durant ces entrefaites, il n'est
» possible coucher par escrit le bruit et tintamarre des armes, le cry des naurez, le
» pitoyable hurlement des femmes et des enfants, le clameur effroyable de ceux qu'on faisoit
» passer par le trenchant de l'espée. Les gens d'église et de religion cependant, estoient
» retirez aux églises, prians et invoquans la miséricorde de Dieu, auxquels il ne fut faict
» aucun tort. Plusieurs pensèrent se jeter hors la ville par une certaine porte, mais à grands
» coups de canons et mousquettes furent contraincts reculer hastiuement et rentrer dedans.
» Les autres esperdus de fraieur se jectèrent des remparts aux fossez, où ils furent tués par
» harquebuzades, ou arriuans à la riue enfondrés de piques, hallebardes et espées. Bref,
» de 2,000 hommes de guerre qui estoient en la ville, sans compter les bourgeois, peu se
» sont échappez, mais ont couru la fortune qui ordinairement accable les obstinez qui se
» laissent forcer en quelque place (1). »

Ce tableau, tracé par une main espagnole, comme la dernière phrase le fait assez entendre, n'a pas dû être chargé. C'est un témoin oculaire qui rapporte ce qu'il a vu, qui a intérêt à atténuer la vérité des faits, et à dégager le triomphe auquel il a pris part de tout nuage capable d'en ternir l'éclat. Elle est donc certaine et parfaitement établie l'affreuse inhumanité des vainqueurs. Elle est avouée par leurs propres historiens, qui ont écrit que « le spectacle du sang et les embrasements auraient excité la pitié des peuples les plus

(1) Palma-Cayet, *loc. cit.*

» barbares. Les vainqueurs crurent excuser leur cruauté en disant que c'était par repré-
» saille de ce qui s'était passé à Ham ; ils avaient eu depuis une ample revanche ; mais le
» soldat aime à exercer ses vengeances par ses mains. »

Que les Espagnols aient rougi eux-mêmes des scènes barbares qui furent comme le déshonorant corollaire de leur victoire ; qu'ils aient cherché à les justifier en leur prêtant la couleur d'une légitime vengeance ; à les excuser par les entraînements d'une juste représaille, c'est ce qui est mis hors de doute par le concert des historiens : « Ils se jettèrent sur
» la ville, dit Wagnart, dans son manuscrit, de telle furie qu'ils n'eurent aucun respect ni
» de sexe ni d'aage, et n'ayant autre raison de leurs épouuantables cruautés que la fraîche
» mémoire de leurs compagnons ; c'est cryoyent-ils, pour exemple et vengeance de ceux de
» Han (1). »

Wagnart prétend encore que « les Espagnols emportèrent la ville d'assaut, non par faute
» d'hommes et de munitions, mais par le peu d'ordre et l'intelligence qu'auoient avec
» l'ennemi les chefs qui commandoient en ladite ville. » Nous avons mentionné l'incapacité de ces chefs, constatée par tous les historiens ; nous avons donné à comprendre que la prise de Doullens et de son château n'avait été que le fruit amer et déplorable de leur mésintelligence ; mais leur mémoire a encouru devant la postérité une assez lourde responsabilité dans les malheurs advenus, sans qu'il faille encore la charger de l'odieuse imputation d'une trahison nullement justifiée, et dont l'apparence même est démentie par la barbarie de ceux au bénéfice desquels elle aurait été tramée et accomplie.

« Sur le soir, le feu se prist en quelque maison, lequel continua toute la nuit. » L'incendie dévora une partie des édifices publics, et l'église Notre-Dame eut particulièrement à souffrir, à raison du siége qu'y soutinrent, avant de se rendre, les malheureux qui y avaient cherché un refuge contre la barbarie des Wallons. « Puis la ville fut pillée comme
» il aduient en telle occurence. En icelle fut trouuée une grande quantité de froument et de
» vin auec force armes, comme harnois, piques, crochetz et autres bastons offensiues et
» déffensiues, et outre ce, plus de 20 pièces de canons auec 2 à 300 cheuaux de guerre.
» Entre les morts furent trouués le comte de Dinan, de Chalency et d'Argenvillers (Louis de
» l'Etoile, fils ainé de l'auteur du journal de Henri IV); six capitaines de cauallerie, et
» tous ceulx de l'infanterie ; des blessés et prisonniers, le sieur de Haraucourt (gouverneur
» de la ville), de Ronsoy (commandant du chasteau), frère du comte de Dinan ; de Griboual,
» de Sainct-Rauy, Villeray et Prouuille, et une vingtaine de personnes de qualité.....
» Voilà comment cette ville fut emportée en peu d'espace par force, sur les cincq à six
» heures du soir, la veille de Sainct-Pierre-aux-Liens, laquelle auparauant estoit estimée
» imprenable à cause de son chasteau et situation (2). »

Les Espagnols eurent sujet de faire sonner bien haut cette victoire. Aussi « il serait

---

(1) Le manuscrit de Wagnart est à la bibliothèque d'Abbeville. — Les Français, commandés par le maréchal de Bouillon, avaient tué à Ham 8 à 900 hommes, et fait 3 à 400 prisonniers.

(2) *Discours de la bataille*, etc. — Palma-Cayet, *loc. cit.*

» impossible, » dit un historien, « d'avoir une juste idée des transports d'allégresse qu'elle » leur causa. Ils allumèrent partout des feux de joie pour la célébrer et ne tardèrent pas à la » faire valoir auprès du pape, afin qu'il n'admît point à son audience les deux envoyés de » Henri IV. » La prise de Doullens, avec son triste complément de massacres et de cruautés, fut donnée comme un châtiment de la justice divine. C'était le ciel lui-même qui avait armé le bras du vainqueur, dirigé ses coups et voulu les atrocités commises, pour punir les Français de leur abandon de la Ligue et de leur soumission à un roi huguenot. Ainsi se justifiaient aux yeux du peuple espagnol les abominables excès de la victoire, et on bénissait le Dieu des armées de la visible intervention de sa vengeance. Pendant que la joie du triomphe faisait écho dans toutes les Espagnes, elle se traduisait sous la plume de l'historien en pages resplendissantes, et sous celle du poète en vers destinés à fixer dans la mémoire des hommes une date devenue célèbre, brillante étape de la gloire espagnole :

Carmen chronologicum de urbis dorlendiæ expugnatione.

ArtesIIs Infesta diV DorLendIa CessIt
CathoLICo regno qVando LVX VLtiMa IVLI (1).

Quelques heures après la prise de la ville, M. de la Corbinière, commissaire et intendant des vivres, informait le maire, les prévôt et échevins d'Amiens de la « furieuse batterie qui » fut faite du château de Doullens », et immédiatement on décida qu'un courrier serait envoyé vers Sa Majesté pour la supplier de secourir cette ville au plus tôt, afin d'éviter la ruine de la Picardie. Il était trop tard, et l'écho de la joie des Espagnols dut retentir à Paris avant l'arrivée du courrier amiénois.

---

(1) Palma-Cayet, *loc. cit.*
Vers chronologiques sur la prise de Doullens.

Des peuples de l'Artois redoutable voisine
La ville de Doullens, à son tour aux abois,
Le trente et un juillet succomba dans sa ruine
Sous les coups de l'Espagne aux catholiques rois.

Gérard Van Loon, dans son *Histoire métallique des Pays-Bas*, t. I, p. 455, édit. franç. de 1732, in-f°, reproduit aussi un jeton qui a été frappé à l'occasion de ce siège. Ce jeton ne porte au droit que l'inscription suivante, tirée du ps. XIX. v. 8 : *Hi in curribus — hi in equis — nos — autem in nomine — Jehovæ Dei nostri* — 1595. Au revers, un lion issant de l'onde, dans un écu couronné, placé sur deux ancres en croix. Autour, la légende — *Luctor et emergo*.

Un autre jeton fut encore frappé à l'occasion de la prise de Doullens. Laissons Van Loon en détailler le motif : « Ce massacre (de Doullens) jetta dans la » France une horrible consternation et fit craindre » aux Hollandais que Henri, peu de temps après avoir » déclaré la guerre, si vigoureusement attaqué de » toutes parts par ses sujets et par les étrangers, ne » perdît courage et ne fît sa paix particulière avec les » Espagnols, au grand désavantage des Provinces-» Unies. Ce fut apparemment pour empêcher ce » malheur, et pour inspirer un nouveau courage à cet » auguste allié, que le jetton que voici fut frappé par » les Zélandois ». Nous ne reproduisons pas ce jeton, mais nous croyons que sa description ne sera pas déplacée ici. D'un côté, l'écu de Zélande; de l'autre, le roi Henri attaqué par un ours, un loup, un renard et un serpent. L'inscription, qu'on lit en partie sur la tête et en partie sur le revers, est une sentence du prophète David, et très-propre à porter le Roi à mettre sa confiance en Dieu, dont on voit le nom (en hébreu) dans une nuée éclatante.

« *Expecta Dominum, viriliter age, et ille roborabit*
« *cor tuum.* 1595.

« Atten-toi au Seigneur, agi vigoureusement, et il fortifiera
« ton cœur. 1595.

Le lendemain matin, 1er août, on apprit à Amiens « à la porte ouvrant » les événements accomplis la veille, c'est-à-dire la prise presque simultanée de la ville et du château de Doullens. « Alors, dit Jéhan Patte, on fut fort triste de voir une telle place prise en sy peu
» de temps et à la barbe des princes François, quy estoient à une lieue près avecq leur
» champs, et d'ouïr parler que tant de brave hommes de tout la fleur de la noblesse de
» Picardye, qui estoient dedens, estoient tué. »

Cependant, la petite armée du duc de Nevers, composée, comme nous l'avons dit, de quelques troupes de cavalerie, et placée en observation au village d'Authie, n'avait plus, en présence de la joie insultante des Espagnols, qu'à rejoindre son infanterie à Picquigny. Elle était sous les ordres de chefs divisés et en querelle les uns avec les autres. Le commandant supérieur, blessé de ce qu'on avait compromis le succès de l'expédition par les imprudences du début, avait refusé de prendre aucune autorité dans l'armée, et même de donner le mot. Il ne se souciait pas d'endosser la responsabilité des événements qu'il entrevoyait. Mais, comme il fallait pourtant faire face au danger, on tint conseil de guerre ; et après bien des contestations, on prit le parti de séparer les troupes « pour entreprendre de
» contre-lutter les armes espagnoles. » Le comte de Saint-Pol et le maréchal de Bouillon allèrent couvrir le Boulonnais, et le duc de Nevers se retira à Amiens, le 2 août.

Il était temps de « rassurer cette place à qui la prinse de Doullens avoit bien fort donné
» l'espouvante, et dont les bourgeois accoururent à lui pêle-mêle..... Cette prinse avoit, en
» effet, effrayé les villes qui sont sur la rivière de Somme. Les cruautés exercées dans
» Doullens estonnèrent toutes les villes frontières de Picardie, et la cause de tous ces
» malheurs fut attribuée aux François qui estoient dans l'armée espagnole, et à leurs chefs,
» qui estoient le duc d'Aumale et le seigneur de Rhosne, lesquels sçachant les aduenues
» du pays de Picardie, et y ayant des intelligences, faisoient faire des courses, prenoient
» langue et donnoient aduis aux Espagnols de ce qui se passoit et de ce qu'il falloit
» faire (1). »

Doullens n'était plus qu'une lugubre nécropole, pleine de débris fumants; le sang avait rougi l'eau de ses rivières, ses jardins, ses rues, ses places publiques ; le silence de la mort planait sur les maisons restées debout au milieu des ruines ; et, s'il faut en croire une tradition locale, un de ses habitants, nommé Tabart, qui s'était caché dans le Merdenchon avec un pain de huit livres, encouragé par la cessation du bruit, sortit de son asile infect et se trouva seul un instant dans la ville. Ses malheureux habitants étaient allés chercher ailleurs un asile et d'autres foyers. Les registres de l'échevinage d'Amiens nous apprennent qu'une partie d'entre eux s'étaient retirés dans cette ville. Dès le 4 août, Claude Pillon et Thomas Blanchart, tailleurs, demandaient la permission d'y exercer leur métier, « attendu la prinse
» de Doullens par l'ennemy » ; puis ce fut Pierre et Jean de Houssoy, maîtres gantiers, qui firent la même demande. Puis encore, les jours suivants, Valentin et Adam Guilleur, maîtres cordonniers; Jean Hardi, pâtissier; Jean Leroux et Jean Jovelet; Jean Monasse,

(1) Palma-Cayet, *loc. cit.*

maître chirurgien, et Louis Monasse, barbier et chirurgien ; ces deux derniers se plaignaient en outre de rencontrer de l'opposition de la part de leurs confrères d'Amiens. Mais bientôt cette affluence de Doullennais, outre qu'elle était une charge, parut encore dangereuse et compromettante pour la sûreté de la ville. L'échevinage ordonna donc qu'il ne serait plus permis aux hommes, femmes ou laquais de Doullens de venir à Amiens sans passe-port de monseigneur le comte de Saint-Pol, gouverneur et lieutenant général de la province de Picardie (1). C'était deviner, ce semble, le danger qui planait aussi sur Amiens ; mais si la mesure était bonne, il fut bientôt prouvé qu'on eut tort de ne pas la faire exécuter (2).

CHAPITRE VIII.

(1596—1642.)

Impression produite par les cruautés des Espagnols à Doullens. — Confiscation des biens et revenus du domaine et de la ville. — Détails d'administration sous le nouveau gouverneur. — État misérable des villages circonvoisins. — On se prépare à la guerre. — Projets d'Hernand-Teillo. — Il s'empare d'Amiens. — Tentative sur Doullens par le maréchal de Biron. — Siége d'Amiens par Henri IV. — L'archiduc passe à Doullens avec une armée de secours. — Prise d'Amiens. — Sa garnison se retire sur Doullens, dont le siége est commencé et aussitôt abandonné. — Paix de Vervins. — Lettres du Roi. — Charles de Rambures, gouverneur. — Incendie. — Lettres de Louis XIII. — Reprise de la guerre. — On fortifie le château. — Inondation. — Peste. — Jéhan de Rambures. — Trahisons. — Richelieu à Doullens. — Le seigneur de St.-Preuil. — Mme Deshoulières.

Les Espagnols, après cinq jours de pillage et de meurtres, quittèrent Doullens pour aller continuer ailleurs le programme que leur ambition s'était tracé. Mais, avant de partir, Fuentès crut que la reconnaissance lui faisait un devoir de confier le gouvernement du

(1) Reg. de l'échevinage d'Amiens, année 1595.

(2) Note. Les sources où nous avons puisé les détails du siége de Doullens sont, après le P. Daire, Daniel, Palma-Cayet, dans sa *Chronologie novennaire*, tome 6e, l'Etoile, etc. La *lettre du duc de Bouillon au prince de Conty, contenant le discours au vrai du combat fait devant la ville de Dourlans, le 24 du mois de juillet 1595*, imprimé à Lyon, et le discours de la *bataille, siége et prise des ville et chasteau de Dourlans emportez par assaut le dernier iour de juillet 1595, par un Espagnol, témoin oculaire*, imprimé à Arras. Ces deux derniers documents, devenus extrêmement rares, nous ont été communiqués par M. V. de Beauvillé. Nous saisissons cette occasion de remercier une fois encore l'érudit et consciencieux auteur de l'*Histoire de Montdidier*.

château et de la ville à Hernand Teillo, dont la valeur avait si puissamment contribué à s'en rendre maître. Celui-ci, prenant à cœur sa nouvelle position et comprenant la gravité de ses devoirs, se mit à réparer immédiatement les brèches, à creuser autour de la ville des fossés doubles pour fortifier davantage les approches, et à justifier, par sa prudence autant que par son courage, la confiance dont il venait d'être investi.

Ivres d'orgueil, les vainqueurs s'en allèrent faire une excursion jusqu'aux portes d'Amiens, d'autant plus hardis qu'ils entretenaient de secrètes correspondances avec de traîtres habitants de la ville; puis ils marchèrent sur Cambrai, croyant que le bruit de leur récent triomphe y aurait porté le découragement et la terreur ; et en effet, « le piteux » estat de Dourlens estonnoit le peuple » dit Wagnart. Une lettre de Henri IV nous apprend cette particularité : « Estant éloigné de la Picardie, ils m'ont assailly par là, où mes ser- » viteurs n'ont si bonne adventure que moy, car ils m'ont enlevé les chasteaux de Dour- » lens et Castelet ; de quoy ils ont esté si insolents qu'ils ont attaqué la ville de Cam- » brai (1). » Hélas ! le monarque en ne disant qu'un mot de la prise de Doullens, ajoute M. Dusevel, craignait sans doute d'effrayer les populations voisines par le détail de l'horrible massacre qui venait d'ensanglanter cette ville. Et il avait raison, car le bruit n'en était déjà que trop répandu : « Aussitôt que le mareschal de Balagny se vit assiégé dans Cam- » brai, il supplia M. de Nevers par lettres des 11, 12, 13 et 14 d'août de le secourir promp- » tement, pource que le peuple estoit estonné de ce qui estoit advenu à Dourlens (2). »

Et pourtant si le lugubre écho des cruautés dont Doullens fut victime produisait au loin l'épouvante, on comprendra quelle dut être celle des villages d'alentour. L'Espagnol ! telle était la frayeur de chaque jour, le cauchemar des nuits, le fantôme qui passait dans tous les rêves. La garnison du château de Dompierre, trop voisine pour conserver l'assurance, voyant de loin une troupe de paysans armés, « quitta cette forteresse au grand galop, » persuadée que c'était l'armée ennemie qui venait l'attaquer (3).

Mais que se passait-il dans l'intérieur même de la ville ? Qu'y faisaient les vainqueurs, et quel était le sort des habitants qui, plus que décimés par le fer ennemi, avaient préféré la domination étrangère à l'abandon de leurs demeures? Cette question était trop intéressante pour ne pas motiver de notre part des recherches actives et minutieuses dans le but d'y trouver une réponse. Evidemment la lumière ne pouvait nous venir que des Espagnols, aussi est-ce à eux que nous nous sommes adressé; c'est aux documents qu'ils ont laissés que nous avons fait appel, et nous avons été assez heureux pour y trouver d'utiles renseignements.

Aidé du bienveillant concours de M. Leglay, archiviste du département du Nord, nous avons rencontré aux Archives de Lille deux fardes, dont l'une est intitulée : *Doullens. Con-*

---

(1) *Lettres missives de Henri IV*. Paris, 1848, t. IV, p. 406.

(2) Palma-Cayet, *loc. cit.*

(3) *Discours contenant les choses mémorables advenues au siége des ville et citadelle de Cambrai.*

fiscations, 1595, C., n° 197, et l'autre : *Déclaration des biens appartenant à la ville de Doullens,* 1596, D., n° 222. C'est dans ces titres que nous avons puisé les données suivantes.

Les vainqueurs, maîtres de Doullens, après avoir mis fin à la joie de leur triomphe, voulurent régulariser leur conquête et en retirer tout le bénéfice qu'ils avaient droit d'en attendre. Ils commirent sans délai le sieur Philippe Flameng à la recette des deniers de la ville, « tant au respect du domaine que du revenu des biens des Français tenant le parti » du prince de Béarn. » Le 23 mars 1596, la chambre des comptes de Lille fut chargée, à son tour, par lettres du conseil des finances de Bruxelles, de recevoir les comptes du dit sieur Flameng, et d'envoyer à Doullens un député pour informer sur la valeur et qualité de ses biens, et rédiger le tout par déclaration pertinente. L'auditeur Antoine Téret reçut mission, le 26 avril suivant, de faire les devoirs ordonnés. Mais on avait compté sans le nouveau gouverneur, qui forma opposition.

Le député s'en revint donc vers la chambre, et rapporta que Porto-Carrero lui avait déclaré avoir ordre du comte de Fuentès de ne laisser prendre connaissance et administration des dits biens et deniers en procédant par autres que ceux « ja y entrevenant, » lesquels étaient Pierre Nicole, français, pour la recette, et le sieur Royssieu pour ordonner la distribution des deniers, avec l'intervention et sous la *superintendance* du gouverneur. Ce refus d'obtempérer à des ordres supérieurs est assez étrange et laisse soupçonner que les vainqueurs voulaient se faire la part belle dans les fruits de la conquête, et se rémunérer à leur gré et sans contrôle de leurs services, si mieux l'on n'aime dire qu'ils avaient pour but de conserver les ressources nouvelles pour l'affermissement de leur conquête.

En effet, aux deux personnages qui avaient la charge des deniers à percevoir et à distribuer à l'encontre du sieur Flameng, il convient d'ajouter Joan Alonzo Cerez, commissaire contrôleur, préposé par le comte de Fuentès aux montres et à l'enrôlement des troupes, ainsi qu'à la surveillance des recettes et ordonnances de paiement, sous les ordres du gouverneur. L'article suivant de ses instructions peut offrir quelque intérêt : « Comme la ville
» se refait du naufrage passé, entendons qu'il y aura passaige de marchandises, et que les
» villes circonvoisines de l'ennemy les demanderont audit gouverneur, pour vins et autres
» chozes qu'ils vouldront transporter en ce pays, de quoy ils auront à payer les droits que
» telles marchandises ont accoustumé par le passé, lesquels doibvent venir au bénéfice de
» sadite Majesté.... de quoy vous tiendrez compte et raison à Nicole, et au gouverneur la
» demanderez. »

Cependant la cour des comptes de Lille entendait bien avoir le dessus avec le gouverneur récalcitrant, et elle eut recours contre lui au conseil des finances. Voici la réponse qu'elle en reçut le 18 juin : « Sur ce que la dernière fois nous avez écrit que Hernan-Tello-Porto-Carrero,
» gouverneur de Dourlens, nauroit voulu admettre l'auditeur Teret pour y besogner sur le
» domaine et administration des biens des Français tenant le parti du prince de Béarn,
» sans préalable ordonnance de son Altesse (le gouverneur général des Pays-Bas) nous en

» avons écrit à icelle et obtenu les lettres à iceluy gouverneur que vous envoyons ici
» jointes, avec lesquelles et celles que lui écrivons aussi de notre part, ferez incontinent
» retourner ledit Téret audit Dourlens pour satisfaire à tout ce qui convient pour l'ordre à
» donner sur lesdits domaine et biens particuliers des Français tenant le susdit parti, tant
» au regard de l'administration, distribution de deniers, caution du receveur et autres offi-
» ciers, reddition de leurs comptes et autrement, nous assurant que du côté dudit gouverneur
» n'y aura plus aucune difficulté ; enchargeant aussi audit Teret de dextrement informer
» sur les contributions que ledit gouverneur fait lever sur le plat pays jusqu'aux portes
» d'Amiens, et s'il est vrai qu'il les lève comme l'on dit, et surtout sur le mémoire ici-joint
» et les fermes y mentionnées, et si la perte et dommage de sa Majesté est telle comme il
» contient. »

Le conseil des finances espagnoles avait été bien informé. Hernand Tello frappait le plat pays de lourdes contributions, et le compte de Pierre Nicole fait preuve qu'il leva jusqu'à 3,000 écus tant pour achats de lits que pour autres affaires nécessaires de la garnison. Mais le conseil avait puisé ses renseignements particuliers, comme il vient d'être dit, dans un mémoire secret ou note assez brève, puisqu'elle ne contient que trois pages, dans laquelle on s'était plaint de ce que le receveur Nicole était parent de M. de Royssieu, que ce dernier était le véritable receveur, et que les officiers français de Doullens avaient affermé nombre de biens et d'impôts au-dessous de leur valeur à des favoris français. Ainsi les trois moulins de la ville, dont on tirait cinq cents écus, n'avaient été donnés que pour cent vingt au boulanger de M. d'Aumale ; et les droits des vins consommés dans la ville avaient été affermés deux cents écus, tandis qu'ils en valaient plus de douze cents. Nous avons donc eu raison de dire plus haut que ceux qui avaient contribué à la prise de Doullens voulaient se faire la part belle dans les fruits de la victoire, et il est regrettable de constater que le duc d'Aumale, qui n'avait pas eu honte de porter les armes contre sa patrie ni de tremper ses mains dans le sang français, ait encore eu l'impudeur de les salir dans d'ignobles trafics au préjudice de l'Espagne dont il trahissait les intérêts.

Antoine Teret retourna donc à Doullens muni des lettres qui devaient accréditer sa mission, et peu de jours après, dans son rapport du 17 juillet, il annonça à ses mandants qu'il trouvait sa charge pesante et de plus longue durée qu'il n'avait d'abord estimé, « pour avoir
» été le tout démené et régi confusiblement et sans ordre. » Il ajoutait : « M⁰ Pierre Nicole
» ayant eu jusques ores l'administration de tous les biens dévolus à sa Majesté, par com-
» mission du gouverneur de ce lieu à la dénomination et requête du sieur de Royssieu,
» auquel la superintendance en avait été donnée par Monseigneur le comte de Fuentès,
» prétend n'être responsable en notre chambre, ains devant lesdits sieurs gouverneur et
» de Royssieu. »

Nouveau recours de la chambre des comptes au conseil des finances de Bruxelles pour se plaindre de l'impertinence de maitre Pierre Nicole : nouvel ordre aussi d'insister pour obtenir les comptes (lettre du 22 août), avec promesse d'être soutenu auprès de son Altesse.

En effet, le surlendemain, Nicole renonça au maniement des fonds qu'il avait entrepris le 31 juillet 1595, jour de la prise de Doullens, et qui était attribué depuis longtemps à Philippe Flameng. Les comptes de son administration furent déposés au greffe de la Chambre. Il est à remarquer que les chapitres des recettes (qui toutes ont pour objet la garnison et les remparts) sont arrêtés par Alonzo Cerez; quant aux dépenses, aucun article n'est visé, aucun chapitre arrêté. Faut-il en conclure qu'en remettant la gestion des finances aux gens de robe, le gouverneur Porto-Carrero sût du moins obtenir qu'on ne soumettrait pas à leur contrôle les frais du service militaire? On pourrait être porté à le croire par l'examen d'un autre compte où les recettes sont critiquées par la Chambre, tandis que les dépenses faites en partie pour l'entretien des gens de guerre ne sont critiquées par personne. Il est intitulé : « Etat et déclaration de la recette et dépense faite par les commissaires établis au
» bien et revenu de la seigneurie de Beauquesne, de l'autorité du gouverneur de Dour-
» lens. » Mais peut-être faut-il chercher le dernier mot de cet incident dans les papiers du conseil des finances, aux Archives du royaume de Belgique?

Quoi qu'il en soit, on ne trouve dans le compte que nous venons de mentionner d'autre objet un peu digne d'attention que le nom de l'ingénieur Matthieu Volin, appelé d'Arras pour les travaux du siége et la reconstruction des remparts, ainsi que les deux articles suivants : « Ledit jour (7 juin) au sieur de Durannelle, naguère cappitaine des chevaulx
» légers de la Ligue, la somme de soixante escus qui par ordonnance de mondit sieur le
» gouverneur, suyvant celle qu'il avoit de son Excellence qui luy avoit commandé les luy
» faire donner à bon compte de ce qu'il prétendoit luy estre deu pendant que ladite ville de
» Doullens estoit de la Ligue.

» Le cinquiesme de mars, audit an, à Gille Delauche, tambour de la compaignie de mestre
» de camp don Allonce de Mandoce, cinq escus pour aultant de jours qu'il a employez par
» ordre de Monsieur le gouverneur à porter lettres de luy aux villes Damyens, Abbeuille,
» Corbie et aultres, pour faire cesser la prinse qu'ils faisoient de laboureurs et paysans de
» ceste jurisdiction, aultrement qu'il feroit brusler leurs forbourgs. »

Pendant le premier semestre de l'année 1596, la juridiction en matière d'impôts ou de biens confisqués avait appartenu soit au gouverneur, assisté des officiers de sa Majesté à la prévôté de Doullens, soit à Pierre de Guines, procureur de la prévôté, tenant le siège en l'absence du prévôt. Dans les six derniers mois, les contestations furent portées devant la chambre des comptes ou son commissaire, Antoine Teret. De nombreux procès s'élevèrent sur la validité des baux antérieurs à la confiscation (notamment au sujet des moulins à blé, huile et draps (1), appelés les grands moulins de Doullens), sur l'exécution des fermes passées depuis la saisie, et sur bien d'autres questions. Un affreux désordre s'introduisit dans tous les détails de l'administration; l'ancien état de choses, aussi bien que le nouveau, était

---

(1) M. Warmé s'est donc trompé en disant, page 220 de son *Histoire de Doullens*, que l'industrie drapière de cette ville avait pris fin vers 1545.

poursuivi jusque dans les baux et les contrats, celui-ci à cause du favoritisme qui avait faussé la base des transactions, celui-là en haine du régime sous lequel ils avaient été consentis. Partout et dans tout l'arbitraire, l'incertitude, le chaos.

Teret envoya aussi à la chambre des comptes un relevé des terres et seigneuries particulières affermées pour six années par le gouverneur et les officiers de sa Majesté, contenant plus de quatre-vingts articles ; — Un état des terres à adjuger au quartier de Doullens, confisquées et vacantes, et comprenant vingt et un articles ; — Un cahier de mains-levées de saisies après confiscation, accordées par le gouverneur et la prévôté, quinze articles ; — Un « registre des dépositions, affirmations et déclarations faictes pardevant Antoine Teret, » auditeur ordinaire en la chambre des comptes du Roy à Lille, commis sur le fait des » annotations et saississement des biens de ceulx tenans le party contre sa Majesté Catho- » lique au quartier de Doullens, et maitre Mathieu Lemerchier, procureur du Roy illecq, » prins pour adjoint. » Ces déclarations, concernant le revenu des biens confisqués à des particuliers, s'étendent à plus de cent trente articles. Mais ce n'était pas assez pour les Espagnols de confisquer les biens des particuliers adhérant au prince de Béarn ; ils avaient là sous la main ceux qui appartenaient, soit au domaine du roi, soit à la ville, et c'était un riche supplément qu'ils n'étaient pas hommes à dédaigner. Aussi le sieur Teret mit-il tous ses soins à dresser deux états détaillés qui ne sont pas les moins intéressants de la liasse C, n° 197 des Archives de Lille. Nous n'en donnerons que le sommaire : Le premier, qui est un cahier des charges des domaines ayant appartenu au roi de France, comprend trente et une feuilles, et se divise en quatre sections : 1° taille avec la quote-part des villages de l'élection de Doullens ; 2° gabelle ; 3° aides ; 4° droits seigneuriaux. Le second est la *déclaration des biens et revenus de la ville de Doullens et de leur emploi*, neuf feuillets. Voici le sommaire du premier chapitre : *plusieurs cens et rentes affermés en temps de paix, vingt écus, — terrage, seize ou dix-huit septiers de blé ; — cinq journaux de bois ; — fermesmuables : mesurage des grains, aulnage des toiles et draps ; — une pièce de terre dite le camp des vignes, affermée vingt livres ; une rente en blé sur la terre d'Outrebois ; le sixiesme denier de la vente des héritages ; — droits de réception à bourgeoisie ou à maîtrise ; — amendes.*

Mais ces revenus étaient insuffisants pour les circonstances, et plus d'une source de produits avait été ou tarie par l'anéantissement de l'industrie ou du commerce, ou amoindrie par la rapacité ou le favoritisme des conquérants. Il fallait donc battre monnaie d'une autre manière ou exploiter un autre filon. Le chapitre deuxième de l'Etat du sieur Téret nous apprend comment s'y prit le gouverneur. C'est l'énumération des autres biens et revenus procédant des impositions ordonnées par Porto-Carrero « pour l'année finie à la Sainct- » Remy 1596. »

Un écu sur chaque pièce de vin entrant dans la ville, affermé. .	510 écus.
Second écu sur le même objet id. . .	250
Quatre sols sur chaque tonneau de bierre entrant id. . .	213
Impôt sur les bestiaux vendus dans la ville et banlieue id. . .	80

— 153 —

| Impôt sur les bestiaux tués dans la ville, | affermé. . . | 64 écus 42 sols. |
| Sur chaque chariot et charette y entrant | id. . . . . | 13 écus 39 sols. |

Le chapitre troisième donne le revenu des maisons de Saint-Ladre-les-Doullens et de Nœufvillette, dont les maieur et échevins de la ville sont gouverneurs et perpétuels administrateurs.

Le sieur Teret ne pouvait pas passer sous silence les charges de la cité; car, puisqu'elles étaient maintenues, il fallait bien les balancer avec les revenus. Nous avons vu avec plaisir dans ces derniers documents que le gouverneur Porto-Carrero avait conservé à Doullens ses usages, ses habitudes, ses fêtes et même ses festins ordinaires. Les charges, nous dit l'auditeur, consistaient d'abord en cens et pensions accoutumés, payables au domaine (10 articles). « Et le surplus des deniers s'employent aux affaires de la dite ville, comme à faire et ins-
» truire les procès criminels.., à fournir aux frais et dépens des procès qui surviennent à
» la ville pour la conservation des droits et priviléges à icelle appartenant ; à payer les vins
» qui se présentent par chacun an pour la dite ville. — Quant aux deniers procédant des
» impositions avant dites, se payent ès-mains du receveur et argentier de la dite ville, qui
» les distribue suivant et en vertu des ordonnances des maire et échevins pour le payement
» des gages et pensions des gouverneur et autres officiers, fortifications et réparations de
» tous remparts et forteresses, voyages requis et nécessaires pour le service de S. M., avec
» le banquet ou festin qui se fait après le renouvellement qui se fait par chacun an de la
» loi, mairie et échevinage, comme l'on a accoutumé de faire de toute antiquité, et qu'il a
» été aussi ordonné par mondit seigneur le gouverneur, par l'établissement et ordre par lui
» fait sur lesdites impositions. » Le sieur Teret mentionne aussi les charges des maisons de Saint-Ladre et Nœufvillette (1),

Mais si les choses se régularisaient dans la cité; si une nouvelle organisation sortait de son douloureux enfantement; si, comme l'écrivait Alonzo Cerez, la ville se refaisait du naufrage passé, il n'en était pas de même, nous l'avons dit déjà, des villages environnants. Nous en citerons encore un exemple : Les habitants de Humbercourt demandèrent à être déchargés de la taille, à cause de leur profonde misère. Antoine Teret, loin de se laisser toucher par leurs plaintes, fut d'avis que cette paroisse ne devait pas être plus exemptée qu'une autre, attendu que toutes étaient également ruinées par les coureurs des deux armées, qui pillaient sans pitié ni merci, et obligeaient souvent les paysans à payer l'impôt aux deux partis. Il fut donc répondu aux malheureux habitants de Humbercourt qu'ils avaient douze soldats pour leur défense, et que le duc d'Arschot, qui en était le seigneur, à

---

(1) On trouve encore dans la liasse indiquée plusieurs documents employés comme pièces justificatives ; ainsi : le brevet de la taille pour la généralité d'Amiens en l'année 1685, montant à 117,093 livres (10,700 de moins que l'année précédente), la part de l'élection de Doullens est de 23,100 livres ; une estimation officielle du prix du blé, à Doullens, de septembre 1595 à août 1596 ; un mémoire sur les mesures de capacité de Doullens et d'Amiens.

cause de sa femme, pouvait demander l'exemption au gouverneur général, mais que la chambre n'avait pas le droit de la lui accorder.

Le nouveau gouverneur de Doullens grandissait de toute la terreur que le succès des armes espagnoles avait répandue dans cette partie de la Picardie, et il était trop actif pour ne pas profiter de cette disposition générale des esprits. « Il faisait des courses fréquentes » jusques aux portes de la ville d'Amiens, principalement du costé de la porte Montrescu, » par où il ne venoit plus de vivres dans cette ville, ce qui fut cause que l'on commença de » construire un ravelin au dehors... d'autant plus que ces Espagnols entretenoient de » secrètes correspondances avec des traitres de la ville, où ils envoyoient de temps en » temps des émissaires et des espions qui en gagnoient encor d'autres dans leur par- » ty (1). » Hernand fut moins hardi au mois d'août de l'année suivante, lorsque la prise du marquis de Varembon, gouverneur de l'Artois, eut jeté l'alarme dans le parti Espagnol. La ville de Saint-Pol fut forcée et pillée ; le maréchal de Biron et le comte de Saint-Pol firent de là des courses dans tout l'Artois, qu'ils traitèrent avec rigueur, et le nouveau gouverneur de Doullens eut peur un instant, à son tour, que le succès n'amenât les vainqueurs sous les murailles confiées à sa garde.

Il n'eût pas été plus rassuré, s'il avait su que le roi Henri IV songeait à reconquérir Doullens par les armes. En effet, le 7 septembre 1596, le sieur Guillon, secrétaire et mandataire de Mgr le comte de Saint-Pol, confia à l'échevinage d'Amiens que sa Majesté était disposée à faire le siége de Doullens, si les Amiénois, comprenant l'importance de chasser l'ennemi de leur voisinage, voulaient contribuer à la nourriture de l'armée. L'assemblée décida, séance tenante, qu'elle était prête à fournir aux soldats du roi six cents muids de blé convertis en pains de munition, aussitôt que le siége de Doullens serait réellement commencé (2).

Mais, pendant que les échevins d'Amiens votaient des rations de pain contre Hernand Teillo, celui-ci se procurait du vin malgré eux. Il en avait fait venir du franc marché de Picquigny douze pièces qui lui étaient parvenues sans encombre. Le maieur d'Amiens en fit aussitôt part à l'échevinage, qui ordonna que M. le Vidame serait prié de ne plus permettre la sortie d'aucun vin en destination pour l'ennemi. Puis, dans la même séance, on déclara qu'il était à propos d'avoir quelqu'un à Doullens et dans les villages voisins, entre Abbeville et Amiens, pour surveiller et tâcher de découvrir les desseins des Espagnols (3).

Ces desseins, c'était la guerre à continuer ; et le cardinal d'Autriche, archiduc Albert, venait même d'arriver aux Pays-Bas afin de prendre le gouvernement que le comte de Fuentès n'avait eu que par intérim. Jaloux de signaler à son tour les armes de l'Espagne, que son prédécesseur avait rendues si glorieuses, il ne songeait qu'à renouveler la guerre en Picardie ; et, pour la faire bonne et sérieuse, il avait apporté beaucoup d'argent et amené de

---

(1) MSS. de Pagès, t. IV. (2) Reg. de l'échevinage d'Amiens, 55e reg., f° 28.
(3) Ibid.

nouvelles troupes. De son côté, « le Roy, pour acheminer le rétablissement de ses affaires et
» pouruoir à l'aduenir, résolut de ne laisser enueillir les nouvelles colonies de Dourlens, la
» Capelle, Cambray, etc.; et renoueler auec l'année vne mortelle guerre à l'Espagnol, qui
» ne se pouuoit intenter sans une puissante armée, ni l'armée se leuer sans finances, les-
» quelles il ne pouuoit recouvrer sans le secours de son peuple (1). »

De nouveaux impôts furent donc établis ; les tailles augmentèrent dans des proportions effrayantes et occasionnèrent une grande misère. Dans une adjudication faite à Amiens, le 7 août 1596, la ferme des droits sur le vin « es lieux d'élection d'Amiens, d'Abbeville et » Doullens, » atteignit le chiffre de 14,600 écus. On exigeait 3 écus 18 sols pour chaque tonneau de vin ; un écu 6 sols pour chaque muids déchargé, vendu et consommé, et 33 sols de sortie quand le muid était vendu et enlevé pour être consommé ailleurs, sauf quelques exceptions pour les villes privilégiées. Ces souffrances étaient multipliées par l'indiscipline des gens de guerre, fruit sauvage des discordes civiles ; et comme si les ravages des Espagnols n'avaient pas encore suffi à appauvrir la province, on voyait des soldats français, déshabitués de l'obéissance, piller les campagnes et ruiner les cultivateurs.

Malgré tous ces maux, ou plutôt afin d'y apporter un prompt remède, « le roy Henri IV
» ayant résolu de pousser vigoureusement la guerre dans cette province de Picardie, avoit
» choisi la ville d'Amiens pour y faire son quartier d'assemblée pour la campagne pro-
» chaine, et y avoit déjà envoyé 50 pièces d'artillerie, 800 caques de pouldre, grand nombre
» de boulets et quantité de munitions de bouche, avec une somme considérable d'argent.
» Ce prince sçachant que les garnisons voisines des places occupées par les Espagnols
» estoient fortes, avoit mandé aux bourgeois de cette ville de se tenir sur leurs gardes,
» n'estant pas sans inquiétude pour cette place qui, depuis la prise de Dourlens estoit plus
» exposée (2). » Les bourgeois eux-mêmes n'étaient guère rassurés ; ils avaient à Doullens de mauvais voisins, aussi l'échevinage voulut qu'on écrivit d'abord à M. de Louvencourt pour le prier de pousser le comte de Saint-Pol et le maréchal de Biron à faire le siège de Doullens, et ensuite aux Abbevillois afin de les engager à soutenir leur demande par les mêmes instances (12 décembre). Mais les Amiénois auraient mieux fait encore de veiller à leur propre défense, car il y avait non loin d'Amiens un homme qui veillait aussi : c'était le gouverneur de Doullens pour les Espagnols.

« Hernand-Teillo, homme de petite taille, mais d'un grand cœur, de beaucoup d'esprit
» et d'une vivacité surprenante, » roulait dans sa tête de hardis projets. Il connaissait parfaitement la ville d'Amiens, tant pour l'avoir fréquentée pendant la Ligue, que par les visites récentes qu'il y avait faites à l'aide de divers déguisements. En homme qui sait son métier, il avait reconnu attentivement les dedans et les dehors de la place, afin de pouvoir se servir, le cas échéant, de ces connaissances. Il n'ignorait pas que le roi ayant voulu faire entrer dans les faubourgs une garnison de 800 Suisses, les bourgeois s'y étaient refusés sous le spécieux prétexte de leurs privilèges, et en vertu d'un article formel de leur

---

(1) *MSS. de Wagnart*, Bibl. d'Abbeville.   (2) *MSS. de Pagès*.

réduction sous l'obéissance de sa Majesté en 1594, ajoutant qu'ils sauraient bien se défendre eux-mêmes au besoin. Il avait remarqué en même temps que cette assurance de paroles n'était pas justifiée par les actes, car la garde de la ville se faisait avec assez de négligence. Le rusé gouverneur avait donné avis au cardinal d'Autriche de tous ces détails qui laissaient entrevoir la facilité de s'emparer d'Amiens. Il ne lui manquait donc plus que l'occasion pour tenter l'exécution de son projet. Elle ne tarda pas à se présenter ; et, comme il arrivait fréquemment en ces temps chevaleresques, une intrigue d'amour la fit naître.

Hernand-Teillo, malgré les ans qui avait fané sa jeunesse, était entré en relations avec la dame de Monchy, noble et riche veuve demeurant au château de Talmas, situé entre Amiens et Doullens, et il en avait fait l'objet de ses visées matrimoniales. Mais la prudente châtelaine, qui ne voulait s'engager qu'à bon escient, lui répondait qu'étant sujette du roi de France, et lui soldat du roi d'Espagne, leur union rencontrait un obstacle dans la guerre que se faisaient les deux monarques, et qu'elle ne deviendrait possible qu'après qu'il aurait rendu Doullens au roi de France, ou réduit Amiens, lieu de sa naissance, au pouvoir du roi d'Espagne.

Ces dernières paroles étaient précisément la formule du programme rêvé par Hernand ; il bannit toute pensée de trahison sur Doullens, et le guerrier, doublé de l'amant, décida qu'Amiens serait conquis pour le compte des Espagnols. Fort du consentement de l'archiduc, et secondé par quelques régiments qu'on faisait mouvoir sur la frontière, tant comme mesure de précaution motivée par l'approche de la guerre, que sous le prétexte de châtier la garnison de Saint-Pol à laquelle on avait fait jouer une scène de mutinerie fallacieuse, il s'aboucha, le soir du lundi 10 mars 1597, au village d'Orville, près de Doullens, avec un corps de 5,000 hommes de pied et de 700 chevaux. S'étant mis à leur tête, il partit de là pendant la nuit, et arriva secrètement sous les murs d'Amiens, dont il se rendit maître le lendemain matin par surprise.

A cette nouvelle arrivée à Paris dans la nuit du mercredi 12, Henri IV tint conseil immédiatement ; et malgré l'avis contraire des officiers et des grands de sa cour, il envoya le maréchal de Biron faire le blocus de la place. Il le suivit de près avec les troupes qu'il avait pu rassembler ; et comme premier témoignage de sa présence, il fit tenter un coup de main sur Doullens. Hernand Teillo, devenu gouverneur d'Amiens, n'était plus là pour veiller sur les murs de cette ville, aussi ce ne fut pas la hardiesse des soldats du maréchal de Biron qui fit défaut, puisque l'escalade fut tentée (1) ; mais les échelles s'étant trouvées trop courtes, on se vit contraint de les abandonner dans le fossé en se retirant (25 mars). Cette tentative infructueuse eut cependant pour effet de tenir en éveil l'ennemi, qui venait de renforcer la garnison de dix nouvelles compagnies de cavalerie, avec des munitions et

---

(1) M. Warmé fait erreur en plaçant cette tentative de Biron sur Doullens postérieurement à la reprise d'Amiens. Voir page 249 de son *Hist. de Doullens*.

des vivres. Le lendemain, le roi, qui était logé à Beauquesne, en partit à la tête de 6,700 hommes, et après une marche rapide et secrète, arriva aux portes d'Arras qu'il pensa surprendre, malgré la présence du cardinal d'Autriche dans ses murs.

Une première demande de secours fut adressée, au mois d'avril, par Hernand Teillo à l'archiduc, qui lui envoya, des environs de Cambrai, quatre compagnies d'arquebusiers et 300 chevaux avec de l'argent et des vivres. Ce renfort passa par Doullens, étape naturelle et sûre, y fit halte, et pendant la nuit reprit sa route vers Amiens où il arriva de grand matin, favorisé par un épais brouillard. Il était conduit par don Juan de Gusman qui faillit rendre toute sa troupe victime de sa trop fastueuse imprudence.

Mais ce n'était là qu'un secours insuffisant : aussi, quatre mois après, l'archiduc, informé par Hernand des circonstances du siége, et désireux de conserver une place qui était pour lui la porte de la France et couvrait les Pays-Bas, se mit en marche avec 1,800 fantassins et 4,000 chevaux ; mais les lenteurs que lui imposèrent diverses circonstances, inquiétèrent fort les assiégés qui, en attendant, faisaient des sorties fréquentes et parfois meurtrières, pendant que d'un autre côté le gouverneur de Cambrai, avec un corps de cavalerie qu'il avait rassemblé sous Doullens, donnait au camp de continuelles alarmes.

L'archiduc s'avançait précédé de Contréra, commissaire des troupes d'Espagne qui, avec quelques seigneurs, avait pris les devants pour reconnaître les chemins et la situation du camp. « Pour donner moins d'alarmes, ils ne prirent que 3 ou 400 des meilleurs chevaux
» comme s'ils eussent voulu venir à Dourlens seulement, et cependant donnèrent ordre
» qu'au dict Dourlens se trouuassent avec la garnison de cauallerie qui y estoit, celles de
» Hesdin et de Bapeaume, et qu'elles se trouuassent prêtes quand ils passeroient.... Ils y
» arriuèrent le jeudy 18 août à six heures du soir (1). » Le lendemain, ils partirent de très-bonne heure pour se diriger à la découverte vers le camp ; mais ils rencontrèrent à mi-chemin le roi Henri IV en personne, qui, averti de leur approche, accourut à la tête de 200 chevaux et de 150 carabins, les culbuta près du bois de Querrieux, en jeta une partie dans la rivière d'Encre, en tua 300, et leur prit trois étendards, des chevaux et des prisonniers.

Ce ne fut que le 13 septembre que l'archiduc d'Autriche arriva à Doullens, conduisant une armée de secours de près de 20,000 hommes de pied et de 4,000 chevaux. Le vieux comte Pierre de Mansfeld en était le maréchal de camp général ; et ne pouvant se tenir à cheval à cause de son grand âge et de ses infirmités, il se faisait porter dans une litière. Le fameux duc d'Aumale, vieille connaissance aussi de la ville, avait un commandement dans cette armée. Après avoir fait d'abondantes provisions de vivres, tant pour les troupes qu'il conduisait que pour la garnison d'Amiens qu'il espérait ravitailler, l'archiduc prit, le lendemain, sa route vers le camp des Français (2), pour revenir trois jours après passer l'Authie, près de Doullens, dans sa retraite sur Arras.

(1) Palma-Cayet. Chron. novennaire.
(2) Ce fut en se dirigeant vers l'abbaye de Berteaucourt où ils campèrent, que les Espagnols dévastèrent le prieuré d'Epécamps et le château de Domart.

Le 25 septembre, le roi de France avait reconquis la ville d'Amiens. L'article 3ᵉ du traité de capitulation de la garnison espagnole portait : « Qu'il leur sera baillé des char- » rettes pour emporter les blessés et malades jusques à la ville de Dourlens ou de Bapeaume » auec bonne et seure escorte. » L'article X disait : « Leur sera baillé escorte et seureté » jusques en la ville de Dourlens, et la foy de sa Majesté, en cas qu'ils ne trouuent leur » armée. » De plus, le roi s'engagea à faire respecter le tombeau de Hernand Teillo tué pendant le siége. Toutes ces conditions furent fidèlement remplies. On n'enleva du mausolée de l'ancien gouverneur doullennais qu'une épitaphe peu honorable aux Amiénois ; la « bonne et seure escorte » réclamée par la garnison lui fut donnée jusqu'à Doullens par les ordres du monarque, et sous la conduite du connétable. Cette garnison se composait de 2,600 hommes de pied et de 600 cavaliers, ayant à leur tête le marquis de Monténégro qui avait succédé à Hernand Teillo. Le bagage était de 160 chariots sur lesquels se trouvaient mille femmes, dont quatre cents d'Amiens, et trois cents soldats blessés ou malades.

Le moment paraissait favorable pour faire de la reprise de Doullens l'appendice de celle d'Amiens. Le roi le comprit ; voulant donc profiter de la consternation de ses ennemis, il rassembla un conseil à Amiens, dans lequel le siège de Doullens fut arrêté, afin d'assurer toute cette partie de la Picardie. Il alla même en personne, dans le dessein d'investir la place (19 octobre), établir son camp près de Beauval, dont il occupa le château ; mais trois jours après, les pluies extraordinaires qui survinrent et détrempèrent le terrain, jointes aux fatigues du dernier siège, lui firent ajourner l'entreprise après l'hiver. Et de fait, chacun avait besoin de repos, le roi tout le premier, comme nous l'apprend la lettre qu'il venait d'écrire quelques jours auparavant pour demander des secours : « Mon maistre » d'hostel m'a asseuré que ma marmitte est preste à tomber de nez à terre, » naïves expres. sions pour rendre sa détresse.

Il fit bien de ne se point opiniâtrer à ce nouveau siége, car la paix de Vervins, signée le 2 mai 1598, lui rendit Doullens sans combat, le 2 août suivant. Les Espagnols n'en sortirent toutefois qu'environ cinq semaines après. Des feux de joie et les acclamations du peuple y traduisirent l'allégresse de tous, et une procession solennelle rappela longtemps chaque année le souvenir de cet heureux jour. La France entière fit écho à cette jubilation des Doullennais, car chacun comprit l'immense et décisive portée de la nouvelle paix. Henri IV venait de conquérir le droit de parler haut et ferme ; il se voyait maitre du royaume de France, et la Ligue était anéantie après vingt-deux années d'existence. Le foyer des luttes intestines s'éteignait avec les derniers échos du canon de la guerre étrangère.

Les Espagnols, malgré trois années de jouissance et de domination à Doullens, n'avaient pu réussir à s'assimiler leur conquête. Ceux des habitants qui avaient trouvé leur salut dans la fuite, revinrent peu à peu dans leurs maisons pillées et dévastées ; d'autres se mirent à ramasser, à travers les débris épars, les matériaux susceptibles d'être employés à la reconstruction de leurs demeures. Mais tous, en rentrant, rapportèrent dans leur cœur l'amour du sol natal qui, plus solide que les murs de leurs habitations, n'avait pas fléchi sous les coups de l'ennemi. La cité se releva, mais courbée sous le malheur ; la vie de chaque jour, timide et comprimée, ne retrouvait plus ses allures commerciales ni son mouvement d'industrie. Trop de douleurs s'étaient amoncelées dans les âmes, et trop d'images de deuil fatiguaient les souvenirs et les regards, pour ne point paralyser dans leur source l'initiative et l'énergie. Les âmes découragées n'avaient plus ni élan dans le présent, ni foi dans l'avenir.

Aussi, à peine débarrassés du joug étranger, les habitants firent entendre leurs doléances jusqu'au pied du trône ; et le roi, les prenant en commisération et reconnaissant que lorsque leur ville fut prise d'assaut, « il s'estoit trouvé des morts plus des deux tiers d'iceulx, » leur accorda, au mois d'août 1598, des lettres patentes qui, en rétablissant le maieur et les échevins, corps et communauté de leur ville, confirmaient tous leurs anciens priviléges. Ces lettres portent en outre : « Voullons et nous plaist que maintenant et doresnavant lors
» de la création et renouvellement d'iceulx estre tenus de prester le serment es mains de
» nostre prévost royal de bien et fidellement nous servir et nos successeurs en leurs charges,
» administrer les affaires communes de nostre dicte ville, contenir les habitans d'icelle en
» nostre obéissance, auxquels habitans le mesme prévost fera quant et quant commande-
» ment très exprès de par nous de recongnoistre led. maieur, obéir et fidellement entendre
» à tout ce qu'il leur ordonnera et prescrira de nostre part pour le bien de nostre service,
» bien et repos d'iceulx, et conservation de nostre dicte ville (1). » Ces paroles semblent impliquer une pensée de défiance à l'endroit des Doullennais et de leurs échevins. Rien ne prouve cependant que leur longue soumission aux Espagnols ait motivé ces précautions ; non, trois années de domination étrangère n'avaient atteint leur cœur ni dans ses affections, ni dans ses habitudes.

Le monarque les affranchit ensuite « des 4°, 8° et 20°, et leur donne jouissance de l'octroi
» de 3 deniers sur chacun lot de vin vendu en détail, de neuf deniers d'augmentation, de
» deux sols parisis sur chacun lot de bière et deux sols sur chacun minot de sel vendu et
» distribué au grenier à sel, etc., pendant dix ans, lesquels dix ans commenceront seulement
» à estre comptés et avoir lieu ce jourd'hui seullement, et non du temps intervenu depuis
» le 12° jour de juin de l'an 1595 que cest octroi et affranchissement leur furent renouvelés,
» ayant cependant agréable la jouissance qu'ils en auraient eu depuis jusqu'en le dict
» jour..... Permettant la même liberté que par le passé à tous marchands étrangers et
» autres d'aller audict Doullens, d'achepter les fils de laine qui s'y manufacturent, et en
» l'étendue de sa jurisdiction, ainsy que par le passé.... Donné à Paris, l'an de grace 1598,
» de nostre règne le dixiesme. Signé : Henry (2). »

Les événements qui venaient de s'accomplir étaient un enseignement qui proclamait

(1) *Arch. imp. chamb. des comptes* 2317.   (2) Ibid.

bien haut l'importance de Doullens comme place frontière. Il fallait là désormais une troupe permanente et nombreuse. Aussi, à partir de cette époque, la garnison fut-elle portée au chiffre de mille à douze cents hommes. Il fallait là, surtout, un nouveau gouverneur aussi habile que courageux ; et les qualités qui distinguaient Charles-Jean de Rambures (1), chevalier, si connu sous le nom de Brave Rambures, l'indiquaient naturellement au choix du roi. Henri IV connaissait sa valeur pour l'avoir vu à l'œuvre, récemment encore, au siége d'Amiens ; et de plus, il lui avait voué une amitié particulière. C'est donc à lui qu'il confia le gouvernement de la ville et du château de Doullens, après la sortie des Espagnols. Il le plaçait dans cet avant-poste comme un factionnaire fidèle pour veiller à la sûreté de cette porte de la France, et la défendre vaillamment au besoin ; et en preuve de l'importance de sa mission, il lui fit don de cent deux journaux de prés communaux dans les marais de Doullens, Hem et Occoche, destinés à la nourriture de ses chevaux, à la condition d'entretenir pour le service du roi et la sauvegarde de la frontière, un grand fossé où les paysans et les bestiaux pussent se réfugier en cas d'alarme. Le but évidemment protecteur de cette mesure dut la faire accepter sans murmures par les Doullennais, quoiqu'en définitive elle incombât à leur charge, en les privant du produit de trente-quatre journaux de ces prés.

Mais le roi comprit aussi que la valeur d'un homme, si incontestable fût-elle, n'était pas suffisante pour protéger efficacement la cité doullennaise, et que le château lui-même, quoique construit dans des conditions avantageuses, n'était pas un palladium assez puissant pour rendre invulnérable cet avant-poste de la France. Il fallait donc accumuler sur ce point tous les moyens de résistance et en faire un boulevard capable d'imposer à toute agression étrangère et d'appuyer, par la proximité d'un refuge, les manœuvres militaires dans cette partie de la province. En conséquence, on commença, avec le printemps de 1599, la construction de la partie de la forteresse nommée la vieille citadelle, ainsi que le côté méridional du château ; mais bientôt l'horizon politique s'étant rasséréné, les illusions de la paix, jointes à la pénurie des finances, firent suspendre les travaux.

La paix paraissait en effet assurée pour longtemps ; et le peuple, toujours enclin à voir dans les événements des pronostics conformes à ses désirs, considéra la naissance presque simultanée d'un Dauphin de France (27 septembre 1601) et d'Anne d'Autriche, comme un témoignagne de l'intervention divine pour réunir par une alliance les deux grandes monarchies rivales. Il y avait plus de quatre-vingts ans qu'il n'était né de successeur de la couronne avec la qualité de Dauphin ; aussi l'allégresse fut-elle vive en France. Les Doullennais en accueillirent la nouvelle par des feux de joie et des réjouissances publiques. En fêtant cette naissance, ils croyaient bien, eux surtout, célébrer le retour de la prospérité, douce compagne de la paix.

Nous l'avons dit, le roi Henri IV aimait beaucoup son brave Rambures ; et s'il l'avait

---

(1) Charles de Rambures avait obtenu des lettres de rémission pour son père et lui, au mois de juillet 1594.

éloigné de la cour en lui confiant le gouvernement de la ville et du château de Doullens, c'est parce qu'il avait besoin là des services de sa fidélité. Il gardait trop le culte du souvenir pour oublier qu'il lui avait dû la vie à la journée d'Arques ; et le temps et les incessantes préoccupations de la royauté avaient été impuissants à altérer l'impression de sa reconnaissance. Un jour, il apprend qu'il est engagé dans une affaire d'honneur : aussitôt son amitié s'alarme et lui fait écrire les lignes suivantes :

« Monsieur de Rambures, j'ai esté bien aise d'apprendre par celle que m'a écrite mon
» cousin le sieur comte de Saint-Pol, que le capitaine Arnault, exempt de mes gardes, vous
» ayt trouvé et fay défense de ma part de recevoir aucun appel du sénéchal de Hainaut, et
» parce que je ne veux pas que la querelle que vous avez avec lui passe plus avant, je vous
» fay ce mot pour vous dire que vous ne faciez faute incontinent icelle reçue de me venir
» trouver où je seré...

» Adieu, Monsieur de Rambures. Ce xv septembre, à Paris. (1)

» Signé : HENRY. »

Une telle lettre honore certainement le monarque et le sujet ; et celui-ci, fier du témoignage d'une si haute sollicitude pour la conservation de sa vie, dut y puiser un nouveau zèle pour le service de son royal ami. Disons cependant qu'il n'y puisa pas l'obéissance, tant était grande alors la fureur du duel, tolérée, il faut le reconnaître, par Henri lui-même, chez qui l'homme ne parlait pas toujours comme le monarque, et dont les conversations privées démentaient quelquefois les ordonnances.

C'est Wagnart qui, dans son manuscrit, nous apprend que le sire de Rambures, gouverneur de Doullens, se battit en duel entre Amiens et Picquigny, avec le sieur de Melun, sénéchal de Hainaut, lequel fut tué sur place (25 mars 1606), et dont le cœur fut transporté au couvent des sœurs de Saint-Dominique, à Abbeville. Le sire de Rambures se vit aussitôt poursuivi criminellement par la princesse, mère du défunt, qui obtint un jugement contre lui, avec saisie de tous ses biens immeubles. Mais le roi voulut encore intervenir : il accorda au coupable des lettres de rémission qui furent entérinées au parlement de Paris, et donnèrent main-levée des biens confisqués.

Les habitants, à leur tour, firent encore une fois appel à la faveur royale. Déjà ils en avaient obtenu le renouvellement des privilèges dont ils jouissaient avec tranquillité, mais ils en désiraient la confirmation authentique. L'échevinage aussi, qui avait vu réduire le nombre de ses membres, était bien aise d'acquérir l'assurance formelle que ses prérogatives lui seraient conservées. Le roi les contenta les uns et les autres en leur octroyant la confirmation qu'ils désiraient (2).

Charles-Jean de Rambures n'était pas moins prompt à venger les injures d'autrui que les siennes propres ; et malheur à qui avait affaire à sa justice expéditive. François de Huppy, bourgeois d'Abbeville, créancier à plus d'un titre du comte d'Egmont, herr d'Auxi,

(1) Dusevel, *Notice sur Doullens*.   (2) V. Pièces justif. n° 14.

s'était vu contraint de faire vendre la terre de son débiteur, et s'en était même rendu adjudicataire. Malgré l'appel formé par ce dernier contre le décret et l'adjudication, il continua à se regarder et à agir comme propriétaire ; mais un jour qu'il chassait avec son fils dans les bois en litige, le comte d'Egmont le fit saisir par ses gens et amener dans le bourg où il ordonna de le lier à sa potence patibulaire au milieu des rires de tout le peuple. De Huppy eut recours au comte de Saint-Pol, gouverneur de la province de Picardie, qui envoya le sieur de Rambures s'informer du fait. Celui-ci, pour toute enquête, s'empara du comte d'Egmont et l'emmena prisonnier au château de Doullens. Les archiducs des Pays-Bas virent dans cet acte de justice sommaire une violation du traité de paix, et réclamèrent auprès du roi Henri, qui désavoua la promptitude d'exécution de Rambures, et lui ordonna de reconduire lui-même le comte au lieu d'où il l'avait enlevé, ce qui fut exécuté le 26 mai 1610.

Douze jours auparavant, Henri IV avait été assassiné, et la nation se trouvait de nouveau plongée dans la stupeur. On était en présence d'une régence, et par conséquent d'une nouvelle politique ; les factieux, qui avaient été plutôt découragés que corrigés, relevaient la tête et reprenaient confiance ; mais ces conspirations plus ridicules que dangereuses ne se firent point sentir à Doullens.

Cette ville, d'ailleurs, venait à peine d'achever le frontispice de son hôtel communal, qu'un terrible incendie éclata dans son sein (23 juillet 1613), et dévora soixante-douze maisons, l'Hôtel-de-Ville, les archives, l'église Saint-Pierre et la maladrerie. La consternation fut grande, et plusieurs centaines d'habitants se trouvèrent sans asile et sans pain. Le malheur semblait s'acharner sur eux ; aussi le découragement revint s'asseoir sur ces ruines fumantes. Le soir Nicolas Lenain, commis préposé à la recette des deniers communs de la ville, demanda à l'échevinage décharge de toute comptabilité ; sa maison et ses registres, avec plusieurs titres de la commune, avaient été la proie du feu, et il ne lui restait plus que la misère.

Un autre feu brûlait au cœur des grands, celui de l'ambition et de la cupidité ; or, ce feu desséchait le respect de l'Etat, et la reine régente, pour donner plus de force à son gouvernement, fit déclarer Louis XIII majeur, et convoqua les Etats à Paris. Les élections soulevèrent bien des contestations, à Abbeville surtout, où M. de Longueville, gouverneur général de la Picardie avait à ses ordres une forte cabale en faveur de M. de La Chaussée ; mais ses efforts furent impuissants, et la noblesse de la sénéchaussée de Ponthieu, réunie dans l'abbaye de Saint-Pierre, nomma pour la représenter Charles de Rambures, gouverneur de Doullens (30 juillet 1614), qui, cinq mois après, résigna son gouvernement en faveur de Jehan de Rambures, son fils (25 décembre).

Le résultat ne fut pas toutefois tel qu'on se l'était promis en convoquant les Etats, et les divisions continuèrent à agiter la France. La Picardie n'y resta pas étrangère, et Doullens paraît avoir été du nombre des villes qui restèrent fidèles au roi ; ses habitants obtinrent sans peine, le 3 décembre 1616, des lettres patentes confirmatives de leurs droits et priviléges. Le monarque voulut même y insérer le souvenir flatteur des services que la ville avait rendus à la couronne en s'opposant aux Anglais qui, après la bataille de Crécy, avaient conçu des desseins hostiles à la Picardie.

« Loys par la grâce de Dieu, roy de France et de Navarre, à tous présens et advenir
» salut : nos chers et bien amez, les maieurs, eschevins, manans et habitans de notre
» ville de Doullens, nous ont fait remonstrer qu'en considération de leur fidélité tesmoignée
» en plusieurs occasions signalées, particullièrement du regne de Philippe de Valois, après
» la bataille de Crécy, s'estant opposés courageusement aux desseings des Anglois, lors
» ennemys de ceste couronne, et pour aultres notables services qu'ils ont rendus à icelle,
» nos prédécesseurs..... leur ont accordé plusieurs beaux priviléges, franchises, exemptions
» et immunitéz qui leur ont esté continuez de temps en temps, mesme par le feu roy
» Henri-le-Grand.... A ces causes, mettant en considération l'importance de la ville, la fidé-
» lité, soing et vigilance que lesdits habitants ont de tout temps aportés à la conservation
» d'icelle en nostre obéissance, même en ces derniers mouvemens, avons auxdicts supplians
» continué et confirmé..... continuons et confirmons..... lesdicts priviléges, franchises,
» immunitéz, etc. Donné à Paris au mois de novembre l'an de grâce mil six cent seize, de
» nostre règne le septiesme (1). »

Outre les droits et priviléges anciens, le monarque donne encore par ces lettres une nouvelle consécration à ceux dont les habitants jouissaient depuis 1594, alors que Henri IV les avait déchargés de toutes tailles, crues et levées extraordinaires, du 4e, du 8e, et du 20e de toute imposition, à l'exception des nouveaux droits avec les augmentations.

Cinq ans après, c'est-à-dire le 5 juillet 1621, le sr Jean d'Aumale était nommé major de la place de Doullens, et le surlendemain son installation qui parait avoir été faite avec solennité, amenait dans la ville Charles, marquis d'Albert de Luynes, pair et connétable de France, gouverneur et lieutenant général pour le roi en Picardie.

Toutes les divisions qui avaient exploité la minorité du roi pour agiter la France n'avaient servi qu'à l'abaissement de l'honneur national. Les grands, les princes eux-mêmes s'étaient encore une fois oubliés jusqu'à conspirer dans l'intérêt de l'Espagne, cette vieille rivale de la gloire française. Le roi Louis XIII se décida à secouer le joug d'une noblesse taquine, exigeante ; reprenant la politique du feu roi Henri, il fit ses apprêts contre la maison d'Autriche, et commença la fameuse guerre de trente ans. Par ses ordres, les villes frontières furent mises en état de défense convenable, et pourvues de provisions suffisantes. De grandes quantités de blé y furent emmagasinées pour parer à toute éventualité, et la ville de Doullens en reçut, pour sa part, jusqu'à 1500 setiers (décembre 1624).

Toutefois, les calculs de la politique ajournèrent ces projets guerriers ; et aux craintes qu'ils avaient éveillées, succédèrent des assurances de paix. Le sieur Moreau, maieur de Doullens, voulut en profiter pour aller lui-même à Paris consulter des jurisconsultes sur un

(1) *Arch. imp. sect. jud. Parlem. de Paris.* Ord. AAA. Fol. 477.

procès que la ville soutenait contre le prévôt, en revendication des droits d'exercice de sa justice civile. L'échevinage vota les fonds destinés à indemniser le maieur de ses frais de voyage (15 novembre 1526).

La guerre pourtant n'avait été que différée ; elle se ralluma sur de grandes proportions, et Richelieu était décidé à la pousser avec vigueur en Italie ; mais il fallait, avant de partir, assurer les villes du nord contre toute attaque du côté des Pays-Bas. Doullens reçut donc un renfort de garnison ; et voici la lettre par laquelle le monarque en fit part aux maieur et échevins :

« Chers et bien aymez,

» Aiant résolu pour le bien de nostre service d'envoyer à Dourlens trois compagnies du
» régiment du sieur comte de Cerny pour y tenir garnison, en attendant nos commande-
» ments, nous vous en avons voulu advertir par ces lettres, et vous mandons et ordonnons
» comme nous faisons très-expressément que vous ayez à les recevoir et loger sans diffi-
» cultés, à quoy vous ne ferez faute.

» Donné à Paris, le douzième jour de décembre mil six cent vingt-neuf.

» Loys, — Phélippeaux (1). »

Les travaux des fortifications du château furent aussi repris et poussés avec plus de persévérance. En 1633, on acheva la construction des courtines, les épaulements et les faces de trois bastions, auxquels on donna les noms de *Royal, Dauphin* et *Richelieu*. On termina aussi la palissade du fossé vers la ville, et la place d'armes. Les demi-lunes destinées à protéger les bastions ne furent exécutées que deux ans après, en 1635. Puis on débouya les abords du côté de la ville pour faire place à l'esplanade. Les Cordeliers, qui y avaient leur maison appuyée au grand pont, furent transférés dans un établissement nouveau que le roi leur fit construire ; et les Sœurs-Grises durent émigrer aussi, avec une indemnité de mille livres, en attendant qu'elles pussent se fixer dans la rue qui prit leur nom (1637).

La ville venait également de remettre en meilleur état ses défenses extérieures. Un débordement de l'Authie et d'abondantes eaux sauvages avaient causé autour d'elle de nombreux et importants dégats. Leur masse arrivant sur les murs rompit toutes les digues et déposa dans les doubles fossés creusés par les Espagnols, le limon qu'elle avait charrié dans son cours à travers les terres cultivées. Au sortir de l'hiver, ordre fut donné aux habitants de curer ces fossés *depuis l'arc bâti sur l'Authie jusques au tambour et des deux côtés de la porte de Lucheu.* Les villages et hameaux de la banlieue s'étant refusés à coopérer à ce travail, il fallut une injonction du roi pour les y forcer (mars 1634).

Après l'inondation, ce fut la peste, et les ravages en furent affreux. La population doullennaise, décimée par le fléau, se prit d'une épouvante que ne purent calmer ni les précautions d'hygiène publique ni les prières de la sainte liturgie. Un grand nombre d'habitants se retirèrent à Amiens, où ils retrouvèrent l'ennemi qu'ils voulaient fuir ; d'autres, égale-

(1) *Arch. de Doullens.*

ment affolés de frayeur, coururent chercher une terre moins inhospitalière à Abbeville et à Saint-Valery ; et la ville, ainsi dépeuplée, ne présentait plus qu'une espèce de solitude où régnait le silence de la peur à côté de celui de la mort (1634). Par le jubilé qui eut lieu à cette époque, Dieu lui-même semblait offrir le moyen de fléchir ses rigueurs : le mandement épiscopal désignait à Doullens pour les stations obligées les églises des Cordeliers, des Sœurs-Grises et de l'Hôtel-Dieu.

Dût-on nous accuser de nous arrêter trop complaisamment à ce qui peut donner dans le passé du relief à la petite cité dont nous écrivons l'histoire, disons encore que le fléau qui venait de décimer si cruellement les habitants n'avait point porté atteinte à l'énergie de l'échevinage. Sur sa demande, des lettres-patentes du roi Louis XIII vinrent, l'année suivante, donner une nouvelle consécration aux priviléges et franchises dont jouissait la commune. La ville y est qualifiée de « frontière très-importante de la sûreté de l'Etat ». Les habitants y ont leur mot d'éloges, car, est-il dit, « ils font bonne garde et mêmes fonctions que les » gens de guerre. » On aime à voir le monarque apprécier ainsi leur patriotisme et reconnaître que, pour être rendu nécessaire par le danger continuel qui menaçait leur cité comme place frontière, ce patriotisme n'en était pas moins pénible et laborieux.

La France, débarrassée des difficultés intérieures, était enfin libre de jeter son épée avec plus de vigueur dans la guerre de trente ans. Pourtant les premières années ne répondirent pas encore à son attente, et la Picardie eut à souffrir cruellement. Il faudrait même remonter à l'invasion des Barbares pour trouver un terme de comparaison aux excès dévastateurs que l'armée espagnole commit dans cette province. Ce fut le retour des meurtres, des incendies et du pillage. Afin de repousser cette agression, le duc de Chaulnes, gouverneur d'Amiens, partit de cette ville, le 12 juillet 1635, avec sa compagnie de cavalerie et trois pièces de canon, pour aller à Doullens, rendez-vous désigné à l'armée qu'il conduisait. De là il fit dans les pays voisins diverses excursions sans résultat important, et souleva même les murmures de ceux qu'il avait à défendre.

En réponse à ses conquêtes de parade, une troupe de 8 à 9000 hommes, composée en grande partie de Croates et de Polaques espagnols, s'abattit de Toutencourt sur le bourg de Beauquesne où commandait le seigneur de Franvillers, et le réduisit en cendres, le 10 septembre 1635. Les incendies qui dévorèrent les villages environnants se découvraient de dessus les remparts d'Amiens, où les paysans allaient chercher un asile. « Toute la val-
» leur de ces guerriers consistoit principalement, dit Pagès, à tuer hommes, femmes et
» enfants, brûler, violer, sans épargner les églises et les autres lieux consacrés à Dieu. »

L'hiver avait à peine suspendu ces affreux ravages, que le retour du printemps les vit renaître avec un déploiement de férocité inouïe. Doullens tremblait à son tour, malgré la protection dont le couvrait la vaillante épée de Jean de Rambures, héritier du courage de son père. Chargé par le roi de donner la chasse aux ennemis, ce brave gouverneur se mit à l'œuvre et ne leur laissa guère de repos. D'abord, suivi de quarante hommes et de trois sergents, il court attaquer quelques compagnies d'infanterie espagnole, logées au bourg d'Aubigny, leur tue deux cents soldats et revient avec les drapeaux des vaincus, qui furent ensuite offerts au roi. Puis, avec l'aide de la garnison d'Amiens, il s'empare du fort d'Hébuterne, qu'il détruit et dont il ramène prisonniers à Doullens les quatre cents Espagnols qui le défendaient (3 avril 1636). Un autre jour, son détachement de cavalerie, emprunté à la garnison d'Amiens, fait une sortie et rentre suivi de 75 chevaux, du fauconnier du prince Thomas, général des ennemis, de ses chiens de chasse, de ses épagneuls et de ses oiseaux de proie (13 septembre). Puis il surprend Auxi-le-Château (1), dont il taille en pièces la garnison (20 id.) ; et bientôt après, il disperse une troupe d'Espagnols, avec des pertes sensibles, dans le voisinage de Frévent.

Le plus redoutable des chefs ennemis était Jean de Werth, si connu par ses sanglants brigandages, et dont le nom seul est resté pendant longtemps sur les lèvres des mères et des nourrices un épouvantail pour les enfants. Il commandait avec Piccolomini une armée de 40,000 hommes répandus sur tous les points de la Picardie. Malgré la prise de Corbie et de Roye, cette horde barbare n'osa pas approcher de Doullens à une distance moindre que la portée du canon. Elle s'abattit seulement sur les fermes du prieuré de Saint-Sulpice qu'elle pilla à la hâte et livra ensuite aux flammes. Le lundi 22 septembre, le prince Thomas couchait au village de Naours, et Jean de Werth à celui de Wargnies. Deux jours après, ils attaquèrent, avec des pertes nombreuses, Flesselles ; le jeudi, ils surprirent Vignacourt, qu'ils brûlèrent avec son église ; et le vendredi, ils se dirigèrent vers Bernaville.

Au mois de mars de l'année suivante, ils revinrent encore dans les environs de Doullens et s'emparèrent du village de Talmas où ils ne laissèrent que des ruines. La garnison lancée à leurs trousses leur fit perdre enfin la pensée de reparaître à proximité de la ville, ce qui les obligea de reporter un peu plus loin, sur Mailly et sur Encre, leurs torches incendiaires. Aussi, Jehan de Rambures, devenu plus libre, put-il aller porter l'appoint de sa valeur au siége de La Capelle, où il fut tué (octobre 1637). Son corps fut rapporté à Amiens, et son cœur à Doullens. Cette perte produisit une douloureuse impression sur les habitants, qui aimaient leur brave gouverneur, comme un défenseur au niveau des plus graves dangers.

On eût dit que les Espagnols voulaient faire de Doullens leur place d'armes, tant était grand et réitéré leur acharnement contre cette ville. Peut-être que le souvenir de cette ancienne conquête réveillait dans leur cœur des sentiments de regret et de nouvelle convoitise ? Voici que quatre compagnies wallonnes s'approchent encore de ses murailles ; le brave Rambures n'est plus là pour les défendre, il est vrai, mais la garnison, forte de 1200 hommes, a conservé la tradition de son courage. Vigilante et fidèle, elle fond sur l'ennemi trop confiant et le défait complètement. On ne tarde pas cependant à se rendre compte du motif qui inspire aux Espagnols cette hardiesse persistante. Le mot de trahison est mur-

---

(1) *MSS. de Pagès.* T. IV. — « La garnison d'Auxi-le-Château, dans ses courses continuelles, dit M. Louandre, dans son *Histoire d'Abbeville*, se livrait à de si affreux ravages, qu'on ne trouvait dans la campagne (vers Saint-Riquier, Domart, etc.), ni terres labourées, ni terres semées. »

muré, des soupçons s'élèvent et se répètent ; c'en est assez pour faire arrêter immédiatement plusieurs habitants et quelques soldats dont le défaut de patriotisme est signalé comme dangereux pour la sûreté de la ville (mai).

On avait raison de se montrer sévère dans la vigilance : les périls sans cesse renaissants faisaient une loi impérieuse de la fermeté. Témoin encore la conduite du sieur d'Haucourt. Ce seigneur d'Havernas, calviniste obstiné, avait donné asile à un certain nombre de ses coréligionnaires. Son château, honteux repaire de brigandage où s'entassaient les dépouilles sacrées des églises, était encore un foyer incessant de conspiration. Il venait de nouer des intelligences avec le prince Thomas dans le but ouvertement avoué de lui livrer les villes d'Amiens et de Doullens avec leurs châteaux. Accusé, et bientôt convaincu du crime de trahison, il fut décapité sur l'esplanade de la citadelle d'Amiens, avec le nommé Bigache, son domestique et son complice (11 septembre 1638) (1).

Les Espagnols, tantôt vainqueurs, tantôt vaincus, continuaient toujours la lutte dans les provinces frontières, qui ne présentaient plus que désolation et stérilité. Le roi Louis XIII, pour en finir avec cet état de choses, résolut d'attaquer sérieusement l'ennemi dans Hesdin ; et Doullens fut, au printemps de l'année 1639, le lieu fixé pour le rendez-vous général de l'armée française. Alors la ville, la citadelle, les deux casernes et l'hôpital sont encombrés de troupes. La prise d'Hesdin devint le prélude de celle d'Arras et de la délivrance de la Picardie. Cette dernière ville était regardée comme le boulevard des Pays-Bas ; et Richelieu, qui la convoitait pour la France, vint en personne en surveiller le siége. Il habitait l'Hôtel-de-Ville de Doullens, dont il fit en quelque sorte le centre d'approvisionnement de l'armée assiégeante par l'emmagasinement de plus de 700,000 rations de pain ou de biscuit destinées à la nourriture de 30,000 hommes durant vingt-trois jours. C'est de là qu'il leur fit passer, de la part du roi qui était à Amiens, un important convoi de vivres sous l'escorte de 1500 hommes commandés par du Hallier, gouverneur de Lorraine. C'est de là aussi qu'il dictait ces ordres sévères que l'histoire a enregistrés. Les maréchaux de la Meilleraye, de Chaulnes et de Châtillon lui écrivirent à Doullens pour le consulter sur la question de savoir s'ils devaient quitter leurs lignes pour combattre les Espagnols : « Je » ne suis pas homme de guerre, répondit-il, ni capable de donner mon avis sur ce sujet. Il » est vrai que j'ai beaucoup lu, mais je n'ai jamais trouvé qu'on soit sorti de ses lignes pour » combattre les ennemis, après avoir demeuré si longtemps à les faire. Lorsque le roi vous » donne à tous trois le commandement de ses armées, il vous en juge capables. Il lui importe » fort peu que vous sortiez ou que vous ne sortiez pas de vos lignes ; mais si vous manquez » de prendre Arras, vous en répondrez sur vos têtes (2). » On comprend que la victoire ait répondu à un mandat impératif ainsi formulé (1640).

M. de Saint-Preuil, gouverneur de Doullens, avait en même temps fait savoir au maréchal de la Meilleraye qu'il importait d'assurer la libre circulation des convois, et que, à son

(1) *MSS. de Pagès*, t. IV. (2) *Hist. de Louis XIII*, par Levassor.

avis, la mesure la plus efficace pour atteindre ce but était de s'emparer des petits châteaux qui se trouvaient entre Doullens et Arras, pour en faire bonne garde.

La ville de Doullens étant ainsi devenue l'entrepôt de l'armée française dans l'Artois et dans la Picardie, y gagna un peu de mouvement commercial et de vie industrielle ; c'est dans ces circonstances qu'y fut établi un moulin à poudre, dont le produit était principalement destiné au siége d'Arras. Le siége prit fin, mais le moulin resta. Devenu moulin à farine, connu sous le nom de moulin du Roi, et propriété du domaine, il eut encore quelques années d'existence. Il était assis sur l'Authie, auprès de l'ancienne tour Cornière et de l'hôtel de Belloy, au-dessous du château. Sous ce rapport donc, la ville bénéficia de la guerre et de la présence dans ses murs du cardinal ministre, qui y amena une certaine affluence de courtisans et d'hommes de guerre.

Richelieu, qui voulait élever la France au degré de grandeur qu'il avait rêvé pour elle, ne lésinait pas sur les moyens d'exécution. Il trouvait, comme l'a dit de nos jours un ministre de la monarchie de juillet (1), qu'elle était assez riche pour payer sa gloire ; et cependant les souffrances étaient réelles, les impôts trop lourds, et partant les murmures très-vifs contre le despotisme du cardinal. Les villages surtout offraient l'image de la consternation. L'armée française revenant victorieuse de l'Artois avait tout pillé sur son passage ; l'abbaye de Berteaucourt, les châteaux de Saint-Ouen, Domart, etc., n'avaient pas eu à se réjouir du triomphe. Dans ce dernier bourg, M. de Montéclair fut obligé, pour prévenir une révolte des habitants, de faire publier au prône, par le curé, l'ordre de mettre à mort, sans autre forme de procès, tout soldat qui se livrerait au brigandage (2).

Doullens fut traversé peu de temps après par d'augustes exilés : c'était la reine d'Angleterre, Henriette de France, sœur de Louis XIII, et son fils, le prince de Galles, qui devint plus tard Charles II. Ils fuyaient une terre devenue inhospitalière depuis que les doctrines de la réforme y avaient allumé le flambeau des discordes civiles, et venaient demander à la France un asile contre les fureurs sanguinaires de la révolte.

Dans ces tristes circonstances, Doullens eut aussi à déplorer la fin tragique de son ancien gouverneur, François de Jussac d'Ambleville, seigneur de Saint-Preuil, maréchal de camp, que ses actions d'éclat avaient rendu populaire. « C'était, disent les mémoires de Bussy-» Rabutin, un grand brun qui avait la tête naturellement frisée, et le visage assez agréable, » mais surtout la mine haute et fière autant que le courage ». Les dons de la nature l'aidèrent à faire de frivoles conquêtes ; mais aussi la vanité qu'il en conçut changea un rival humilié en ennemi vengeur. C'était après la prise de Bapeaume : la garnison espagnole était sortie de cette place escortée par un trompette du maréchal de la Meilleraye, contrairement à l'usage qui voulait que l'escorte fût un corps de cavalerie. Saint-Preuil, depuis peu gouverneur d'Arras, qui battait la campagne pour le service du roi, rencontrant cette garnison, la chargea et la défit avant d'avoir vu le trompette. Faute bien involontaire, assurément ! mais la Meilleraye avait à venger ses insuccès d'amour contre le coupable.

(1) M. Guizot.   (2) Louandre. *Hist. d'Abbeville*, t. II.

« M. de Saint-Preuil, arrêté le 24 de septembre 1641, fut mis dans le carosse du grand-
» maître escorté de 60 gardes de Son Eminence qui alloient devant, et d'autant de M. le
» grand-maître qui alloient derrière. Et le grand-maître alloit derrière, accompagné de
» gentilshommes et officiers de son armée. On prit le chemin de Corbie où l'on arriva dans
» les trois heures après-midi. A la sortie du carosse, le grand-maître s'y trouva pour dire
» adieu à son prisonnier, et lui dit : Monsieur de Saint-Preuil, bien que vous croyiez que
» je ne sois pas votre ami, si est-ce que je vous le veux montrer en cette occasion en foi
» d'homme d'honneur. Je vous servirai de très-bon cœur, vous pouvez vous en assurer et
» avoir confiance en moi. A quoi il répondit : Monsieur, je vous en resterai obligé. Le sei-
» gneur de Hodencourt, gouverneur de Corbie, vint saluer le grand-maître, auquel il dit :
» Monsieur, je ne doute point que M. de Saint-Preuil n'ait sujet de concevoir une grande
» espérance de son salut, puisque vous êtes celui qui l'avez arrêté. Car ayant été son pré-
» vôt, vous ne voudriez pas être son bourreau, et je vois que vous serez son intercesseur.
» C'est ce qui me console dans le regret que j'ai de la disgrâce de ce grand guerrier dont je
» déplore le malheur. Mais le roi connaîtra le service qu'il lui a rendu et qu'il est encore
» capable de lui rendre (1). »

Le roi ne connut, au contraire, que ce que la Meilleraye voulut lui dire, et devint, à son insu sans doute, l'exécuteur de ses haines personnelles. Il chargea l'intendant lui-même d'instruire le procès, et déclara avoir « reçu de grandes plaintes... des pernicieux dépor-
» tements dudit sieur de Saint-Preuil... commis par luy, tandis qu'il a eu les gouverne-
» ments de Doullens et Arras. » Puis le monarque ajoute qu'il est disposé « à faire un
» châtiment exemplaire, veu mesmes les obligations que (lui) avoit ledit s^r de Saint-Preuil
» de lui avoir confié le gouvernement de la ville et citadelle de Doullens. »

Le procès dura quatre jours ; on y releva « les concussions de toute nature de l'accusé,
» ses entreprises contre l'honneur et la pudicité des femmes et filles, » et la responsabilité qui lui incombait dans le guet-apens de Bapeaume. Des informations furent faites à Doullens, et on en exploita le résultat contre lui, malgré les lettres d'abolition que ses bons services lui avaient obtenues du roi à ce sujet. En vain l'infortuné gouverneur fit valoir que l'affaire de Bapeaume n'était que le résultat d'une méprise ; en vain il dédommagea le commandant et les soldats espagnols de tout ce que ses gens, emportés par leur ardeur, avaient pillé pendant le combat, il ne put obtenir sa grâce, et fut décapité à Amiens, le 9 novembre 1641. Il apprit ainsi trop tardivement que le rôle de Lovelace a aussi ses dangers, et que le *par pari refertur* est parfois même, dès ici-bas, l'arrêt de la justice suprême, dont nous méprisons les lois. On lui reproche, en effet, parmi plusieurs péchés de jeunesse, d'avoir séduit une meunière des environs d'Arras, qui était sans doute, comme toujours, jeune et belle ; mais comme le roi ne l'avait pas nommé gouverneur pour faire ces sortes de conquêtes, et attendu que le mari pouvait se livrer à des indiscrétions gênantes, il trouva que le meilleur moyen de bâillonner celui-ci était de le faire pendre comme espion de l'Espagne. Nul doute que ce

---

(1) D. Grenier. Paquet IV. p. 247. — *MSS. de Pagès*, t. I.

crime ne lui soit revenu à la mémoire, lorsqu'il comprit le vrai motif qui le conduisait à l'échafaud (1).

Sa sentence portait qu'une partie de ses biens serait appliquée en œuvres pies aux hôpitaux d'Abbeville, d'Amiens, d'Arras et de Doullens.

Comme contraste à ces lugubres souvenirs et aux galanteries tragiques de Saint-Preuil, rappelons que Mme Deshoulières, si connue par ses poésies, habitait alors Doullens, à cause de la lieutenance du château, qui était confiée à son mari. C'est aux environs de la forteresse, aux rives tranquilles de l'Authie, aux frais ombrages de la vallée qu'elle dut, à ce qu'on a dit, l'inspiration de quelques unes de ses idylles si touchantes. Mais ce fut à sa beauté seule et à la grâce qui environnait toute sa personne, qu'elle fut redevable de cette douce influence qui lui gagnait les sympathies de tous, et amenait à ses pieds les gentilshommes des châteaux voisins. Hâtons-nous d'ajouter qu'elle aima mieux mériter leur estime que répondre à leurs hommages (2).

CHAPITRE IX.

(1642—1784.)

Excursions et pillages. — Lettres de priviléges de Louis XIV. — Mazarin à Doullens. — Nouvelles lettres de priviléges. — Citadelle achevée. — Hôtel du Dauphin. — Louis XIV à Doullens. — Querelles entre les habitants et la garnison. — Mesures pour la conversion des Calvinistes. — Octroi de priviléges aux habitants de la banlieue. — La mairie héréditaire. — L'armée de Marlborough à Doullens. — Nouvelle alerte. — Palissades de défense. — Monitoire. — Archives de la ville. — Droit de péage supprimé. — Inondations. — La châtellenie de Doullens donnée au comte d'Artois. — Suppression du titre de gouverneur.

Cependant la guerre avec les Espagnols durait toujours. Le duc d'Enghien, prince de Condé, qui avait fixé à Amiens le rendez-vous de l'armée française destinée à opérer contre

---

(1) Des auteurs récents ont consacré quelques belles pages à redire les actions du chevalier de Saint-Preuil, et à retracer la physionomie de ce capitaine moitié héros, moitié brigand, des commencements du XVIIIe siècle. M. Janvier, vice-président de la Société des antiquaires de Picardie, y a trouvé le sujet d'une étude historique où le charme du récit le dispute à l'élégance. (*François de Jussac d'Ambleville, sieur de Saint-Preuil, maréchal des camps et armées du roi Louis XIII*, par A. Janvier, 1859). M. Lecesne, membre de l'Académie d'Arras, a reproduit aussi cet intéressant épisode, sous le titre : *Un procès criminel au XVIIe siècle* (Mémoires de l'Académie d'Arras, t. XXVII p. 250 et suiv.), et M. Boyer de Sainte-Suzanne, dans son *Etude des Intendants de Picardie*, s'est appliqué à démontrer que Saint-Preuil avait réellement mérité son châtiment, malgré la popularité qui s'est attachée à son nom. (Bulletin de la Soc. des Antiq. de Picardie, année 1862, n° 1er, p. 42 et suiv.)

(2) H. Dusevel. *Notice sur Doullens*.

ces ennemis de longue date, envoya Gassion à Doullens pour les observer plus facilement ; puis, tout à coup, il tomba sur eux à Rocroy et les défit complètement. Plusieurs de leurs bandes n'en continuèrent pas moins leurs ravages dans la Picardie, au point que les habitants de certaines communes, entre autres ceux de Lanches-Saint-Hilaire, se virent obligés de chercher un refuge dans des carrières ; mais un jour (11 mai 1645), ils furent découverts par le colonel Bussu. Du bois et de la paille, allumés à l'entrée du souterrain, forcèrent ces malheureux à en sortir avec leurs bestiaux, qu'ils durent racheter en partie des mains des brigands, à raison d'une *pistole* par tête.

Ce triste état de choses se continua pendant plusieurs années. Des gens de guerre, logés au bourg d'Auxi-le-Château et appartenant au corps d'armée commandé par le général de Camprolent, faisaient de fréquentes irruptions sur les villages les plus rapprochés du lieu de leur garnison. Sortant pendant la nuit, ils suivaient silencieusement le fond des ravins et tombaient à l'improviste, au point du jour, sur les maisons et chaumières dont les malheureux habitants, éveillés en sursaut par leurs cris sauvages, et tremblants de frayeur, se laissaient rançonner sans résistance. C'est ainsi que le village de Barly, situé dans un vallon profond et resserré, fut plus d'une fois, pour ainsi dire, pris d'assaut, pillé et saccagé. Plusieurs villageois furent même tués à coup de fusil sur les ruines de leurs foyers dont ils avaient essayé la défense.

La ville de Doullens, protégée par son château et sa garnison, vit les ennemis se tenir à distance de ses murailles, et ne fut point mêlée à cette guerre dont les Espagnols n'avaient repris l'offensive que pour exploiter la réaction qui s'était opérée après la mort de Richelieu et de Louis XIII. Elle ne paraît pas non plus avoir eu une part exorbitante dans les impôts nouveaux exigés par les circonstances ; car des lettres-patentes en date de 1645, confirmèrent les priviléges des habitants et l'exemption dont ils jouissaient de toute taille, crue, octroi, impositions du 4°, du 8° et du 20°, à l'exception du taillon et de la crue du prévôt des maréchaux (1).

La fronde était venue ajouter ses troubles aux ravages de la guerre étrangère. Les mots : A bas Mazarin ! semblaient être le cri de ralliement de la multitude. Aussi ce ministre dut-il céder un instant au vœu populaire. Il fut exilé, ou plutôt il s'exila lui-même, d'abord au Havre, puis, pour quelques jours, à Doullens (1652), où avait aussi séjourné Richelieu, son maître, douze ans auparavant, mais dans des conditions bien différentes.

Peu de temps après, Charles d'Albert d'Ailly, duc de Chaulnes, prit possession du gouvernement de la ville et de la citadelle ; mais sa mission fut rendue facile par le traité de paix signé avec l'Espagne, le 7 novembre 1659. Il avait fait publier sur le parvis de l'Hôtel-de-Ville une ordonnance portant connaissance de la suspension d'armes qui avait commencé le 10 mai, et faisant défense, *soubz peine de la vie*, de tout acte d'hostilité, de tout com-

---

(1) Les *prévôts des maréchaux* étaient des juges d'é-ée établis pour faire le procès à tous les vagabonds et gens sans aveu et sans domicile. Ils avaient sous leurs ordres la maréchaussée, espèce de gendarmerie.

merce ou communications propres à faire obstacle à la paix. Une autre publication fut également accueillie par les bourgeois de Doullens avec allégresse ; c'était celle d'un arrêté de M. d'Ormesson, conseiller d'Etat, intendant de justice, police et finances en Picardie (27 octobre 1660), portant réduction de 300 livres sur la somme de 1000 livres qui leur était demandée pour le *don gratuit*, à l'occasion du mariage du Roi (1).

Malgré la tranquillité dont jouissait la ville de Doullens en l'année 1665, les élections municipales n'avaient pas eu lieu à l'époque ordinaire et légale. On demanda au roi l'autorisation d'y procéder plus tard ; et des lettres de cachet, en date du 27 août, signées Louis, déterminèrent le jour où devraient être nommés le maieur et les échevins. Le 18 septembre suivant, un arrêt du conseil ordonna que les élections seraient faites en la forme accoutumée. Ledit arrêt fut adressé aux maieurs de bannière. Nous savons par des titres authentiques que les luttes électorales étaient devenues tellement ardentes et passionnées qu'elles menaçaient le repos public et amenaient des collisions dangereuses, quelquefois sanglantes. Les gouverneurs de la ville et de la citadelle, oubliant eux-mêmes leur rôle, s'immisçaient dans les conflits et compromettaient l'autorité dont ils étaient les représentants, en la mettant au service de la faction qui avait leurs sympathies. En un mot, les abus étaient si criants que le roi fut obligé d'intervenir pour y metttre fin, et de donner, à ce sujet, des ordres au marquis de Baule, gouverneur de la place, par lettres du 20 août 1665.

Cinq ans après, le 24 février 1670, Louis XIV s'occupait encore de Doullens ; et dans ses lettres-patentes confirmatives de priviléges et franchises, il ordonnait l'affectation du revenu des octrois « aux réparations et entretènements des murailles, tours, ponts, portaux, pavé, » pont-levis, chaussées et avenues de la ville. » Nous avons déjà vu par un *Estat de la ville de Doullens en l'année* 1713 (pages 15 et 16) que cette dépense de réparation et d'entretènement s'élevait au chiffre de 1450 livres, en dehors de celle des fortifications qui était à la charge du roi (2).

Mais l'événement qui devait offrir aux habitants de Doullens le plus d'intérêt, c'était l'achèvement de la citadelle. Déjà elle présentait d'assez bonnes garanties ; toutefois la seconde partie, ouvrage à couronne, à trois bastions que nous avons vu commencer sous Henri IV et continuer sous Louis XIII, attendait toujours son complément pour former, avec la partie plus ancienne appelée la vieille citadelle, ce pentagone vaste et irrégulier que l'on admire encore aujourd'hui.

C'était Louis XIV qui devait donner à cet important travail son couronnement, et Vauban était digne d'y attacher le souvenir de son nom. Il est à croire que les guerres sérieuses que la France avait à soutenir alors donnèrent occasion à la reprise des travaux. Le roi Louis-le-Grand en était arrivé à tourner contre lui les craintes qu'inspirait jadis à l'Europe la maison d'Autriche. Une coalition à peu près générale s'était organisée contre la France,

---

(1) H. Dusevel. Loc. cit. Le don gratuit fut d'abord un présent fait au roi par l'assemblée du clergé ou les états provinciaux. Il devint plus tard un impôt ordinaire.

(2) M. Pouy. *Recherches sur l'imprimerie et la librairie dans le département de la Somme*, p. 222.

qui se vit menacée sur presque toutes ses frontières. Il fallut pourvoir à la défense des places fortes par tous les moyens que le génie de l'époque pouvait inventer. Le ministre Colbert fut chargé de s'occuper de celles de la Picardie, plus exposée peut-être à raison de son voisinage du théâtre de la guerre dans le Nord. Nous rapporterons dans la seconde partie de cette histoire, au chapitre : *Citadelle*, les différentes lettres de ce ministre relatives à la place de Doullens.

Mais l'attention du monarque ne se portait pas seulement, à Doullens, sur la citadelle. Instruit que la ville n'offrait aux officiers qui y séjournaient que d'assez mauvaises conditions de logement, il donna ordre d'y construire, pour leur usage, l'hôtel du Dauphin, au coin de la rue Notre-Dame, faisant face à l'église du même nom. C'était une assez vaste maison qui avait une seconde façade avec issue sur la place d'armes. Le roi en visita les premiers travaux de construction, lors de son passage à Doullens, dans le courant de l'année 1674.

Il avait raison de presser ainsi les travaux, soit de fortifications, soit de logements militaires, car il avait sur les bras la moitié de l'Europe. L'Angleterre, il est vrai, était restée neutre ; mais elle ne tarda pas à apporter son appoint redoutable à la coalition étrangère qui, après tant de défaites, redevenait presque invincible. Il fallut donc que la France concentrât ses principaux efforts sur la frontière menacée par ce nouveau danger. Le roi lui-même, avant de se porter en Flandre, voulut visiter les places qu'il laissait derrière lui, et Doullens eut l'honneur de le recevoir encore le 13 mars 1678. A son arrivée, on lui présenta les clefs de la citadelle qui lui devait son agrandissement et ses nouveaux éléments de force. Sa Majesté en fit le tour, à cheval, en dedans et en dehors, et sa prédilection pour la guerre de siéges dut être flattée des travaux qu'on venait d'exécuter.

Le registre de catholicité de la paroisse Notre-Dame de Doullens, pour l'année 1678, a conservé en ces termes le souvenir d'un troisième passage de Sa Majesté, à son retour du Nord : « Le roy Louis XIV a passé par Doullens, où il coucha une nuit dans l'Hôtel-de-
» Ville avec le Dauphin. Ils furent tous deux dans notre paroisse entendre la messe le pre-
» mier jour d'avril 1678, et S. M. fut priée de tenir sur les fonts un garçon à Claude
» Fontenille ; mais n'ayant pas le temps de l'accorder, le roi dit que l'on baptizerait l'enfant
» de son nom ; et Louis, fils de Claude Fontenille, et de Charlotte Hubert, fut baptizé le
» 1er avril 1678. Son parrain fut le roy de France et de Navarre, et la marraine, la reine,
» représentés par M. de Leyrault, lieutenant de roy des ville et citadelle de Doullens, et
» Marguerite d'Elbeuf, fille de M. le duc d'Elbeuf. » Suivent les signatures.

L'alarme causée par la coalition étrangère n'eut pas toutefois une longue durée : les ennemis de la France firent successivement la paix, forcés de mettre bas les armes les uns après les autres. Les différents traités furent publiés à Doullens (octobre 1678 et mai 1679), et accueillis par des feux de joie. Le canon de la ville et de la citadelle, au lieu de vomir la mort sur les ennemis comme on avait paru le craindre, ne fut plus que le porte-voix de l'allégresse nationale et le majestueux héraut de la paix.

Cependant, les troupes qui tenaient garnison dans la ville eurent plus d'une fois de mauvais rapports avec les habitants pour qui leur nombre était une charge pesante. Des violences furent commises, des rixes fâcheuses s'élevèrent, et il fallut même faire appel à l'intervention royale. Ce fut d'abord le président du grenier à sel qui s'aheurta au major de la place. Voici la lettre qui nous apprend ce fait ; elle est adressée à l'Intendant de Picardie.

Saint-Germain, 12 avril 1680.

« Monsieur,

» Ces jours passez, le s^r de la Montagne Monteguy, major de Doullens, m'ayant escrit
» contre le s^r Alexandre, président au grenier à sel de ladite ville des violences duquel il se
» plaint, a envoyé un mémoire contre lui. Je n'ai pas manqué d'en rendre compte au Roy,
» qui m'a ordonné de vous envoyer le mémoire pour informer de tout ce qu'il contient, et
» l'information faite, vous donner la peine de me l'envoyer pour en faire rapport à Sa
» Majesté et y estre ensuite par elle pourveue...

Signé : Chateauneuf.

M. de Breteuil (1).

L'année suivante, 25 janvier 1681, le roi informé que le président du grenier à sel vient d'être, à son tour, l'objet de violences regrettables, exige que l'intendant lui fasse un rapport sur le fait, et lui donne son avis « sur ce qui est à faire contre le coupable, Graton
» capitaine au régiment de la reyne. » Le maieur et les échevins qui, de leur côté, avaient gardé rancune au sieur de la Montagne-Monteguy, lui refusèrent un logement dans la ville. Sur la plainte du major, le ministre écrivit à l'intendant de lui faire savoir si le prédécesseur du plaignant « estoit logé par la dite ville, ou si elle lui payait son logement, pour que
» cela serve de préjugé pour ledit sieur de la Montagne. » (Lettres de Châteauneuf, du 5 juin 1681).

Puis, ce fut un habitant de la ville qui s'attaqua aux soldats. Le ministre Louvois, informé du fait, en écrivit en ces termes à l'intendant de Picardie.

« Versailles, 29 juin 1682.

« Monsieur,

» Je vous envoie une lettre du sieur de Rainvillers, capitaine au régiment du Roy, par
» laquelle vous verrez le mauvais traitement qu'un bourgeois de Doullens a fait à un des
» soldats de la recrue qu'il conduisait à sa compagnie. L'intention de Sa Majesté est que
» vous fassiez rendre à cet officier la justice qui lui est deue....

» Signé : de Louvois. »

Un autre jour, 16 août 1680, l'intendant, M. de Breteuil, est chargé d'arranger à l'amiable le différend qui s'est élevé entre le marquis de Baule, gouverneur de la ville, et le sieur de Leyraud, (2) lieutenant de roi « pour le faict de la chasse. » Et ces querelles, à

---

(1) Cette lettre et les suivantes sont extraites du recueil des *Lettres adressées à M. de Breteuil*. (Bibl. com. d'Amiens. Ms. n° 508.).

(2) *D'or à une feuille de houx de sable.*

propos de chasse, se renouvelèrent si fréquemment, qu'il fallut diviser le terroir de Doullens et assigner à chacun ses limites.

Enfin c'est « le Roy qui a receu des plaintes de ce que l'estappe et le fourrage que l'on
» fournit aux troupes à Amiens et à Doullens sont de très-mauvaise qualité, et comme il
» est du service de Sa Majesté d'empêcher un pareil désordre, il est bien à propos qu'on y
» remédie, de manière que cela n'arrive plus, » dit Louvois, dans sa lettre du 5 mai 1682.
C'est aussi une femme de Doullens qui accuse M. le chevalier de Calvimont de lui refuser le paiement de la nourriture qu'elle lui a fournie pendant son séjour en prison dans la citadelle. Le roi veut que l'intendant s'assure de la vérité et mette l'officier en demeure de payer, s'il y a lieu, ou de subir une retenue sur ses appointements (lettre du 29 mai 1681).

Mais l'événement qui agitait le plus la ville, nous l'avons déjà dit, c'était celui qui déplaçait une partie de ses maisons et modifiait sa physionomie. Pour donner à l'esplanade de la citadelle les dimensions qu'elle occupe encore aujourd'hui, il fallut démolir toutes les constructions restées debout dans l'ancien quartier situé au-delà de la rivière, et qui avait été nommé la Basse-Ville. Alors disparurent tout à fait des rues dont les noms n'existent plus que dans les anciens titres, entre autres la rue de Beauquesne avec ses vingt-six maisons et son moulin à tan. La population déplacée reçut une indemnité pour aller planter ses tentes ailleurs, et les fortifications de la ville, de ce côté, furent rapprochées le long de la rivière.

Voici la lettre que le ministre de Louis XIV écrivait à ce sujet à M. de Breteuil, le 1ᵉʳ juillet 1680 :

» Monsieur,

» Je vous envoye un placet qui a esté présenté au Roy par des particuliers de Dourlens,
» par lequel ils demandent le remboursement de leurs maisons démolies pour faire l'espla-
» nade de la citadelle de cette place, en exécution du dessein qui fust pris en l'année 1637.
» Je vous prie d'examiner les prétentions de ces particuliers et de m'en envoyer un
» mémoire avec vostre advis, afin que j'en rende compte à Sa Majesté.

Signé : DE SEIGNELAY.

M. DE BRETEUIL.

L'année suivante, cette question n'était pas encore réglée ; et le roi voulant rembourser les plus pauvres, fit connaître de nouveau ses intentions par la lettre suivante, datée du 25 décembre 1681.

» Monsieur,

» Le Roy a résolu de faire des impositions sur la généralité d'Amiens pour le payement
» des sommes deues aux particuliers à qui l'on a pris des maisons et héritages pour les
» fortiffications des places de Doulens, Péronne et Saint-Quentin, depuis l'année 1774.

Signé : DE SEIGNELAY.

« Monsieur DE BRETEUIL. »

Puis le ministre demande qu'on examine le nombre de réclamations, et qu'on lui envoie « les mémoires de ceux qui, estant tout à fait pauvres, souffrent le plus de ce » retardement. » Ce n'était donc qu'une partie de la dette qu'on voulait payer alors.

L'humeur belliqueuse de Louis XIV n'ayant plus d'aliment dans la guerre étrangère se tourna contre les protestants et se traduisit particulièrement par la révocation de l'édit de Nantes. Il voulait l'unité sous le rapport religieux comme sous le rapport politique ; mais on mêla à l'exécution de ses ordres des violences qu'il n'avait pas commandées. Sincères ou non, les abjurations furent nombreuses, et les évêques se virent obligés de prendre des mesures particulières pour l'instruction des nouveaux convertis. On divisa le diocèse d'Amiens en douze cantons dans chacun desquels une église était assignée comme point de réunion aux nouveaux catholiques des villes et villages d'alentour. A Doullens, ce fut l'église paroissiale de Saint-Pierre qui fut choisie ; et chaque dimanche après les vêpres, des instructions y étaient faites pour les huguenots convertis (1686). L'évêque d'Amiens y vint même en personne présider quelques-unes de ces conférences. L'esprit de mansuétude et de charité dont est empreinte la lettre pastorale de ce prélat relative à cette mission, forme un heureux contraste avec les rigueurs déployées ailleurs par les gens du roi, rigueurs qui compromettaient le but qu'on voulait atteindre, puisque, en employant les arguments de la force, on semblait méconnaître la force des arguments qui seule doit déterminer les conversions, et que, en faisant des victimes, on excitait en leur faveur l'intérêt et la pitié.

Les données manquent pour déterminer les proportions du mouvement religieux de cette époque à Doullens, et le plus ou moins de résistance qu'il y rencontra. Nous croyons qu'il y fut moins important que dans quelques villages voisins, et il faut en chercher la cause plutôt dans l'absence de l'élément calviniste que dans le caractère des habitants. Les Doullennais ont emprunté soit à leurs luttes fréquentes contre les seigneurs et les hommes puissants du voisinage, soit à leur longue inféodation au parti bourguignon, soit à leur active participation à la Ligue, soit enfin à l'amour exagéré, peut-être, de leurs libertés communales, une certaine propension à la résistance. Ce caractère d'opposition, plutôt prime-sautière encore que calculée, qui se décèle à toutes les époques de leur histoire, se traduisit, le 27 octobre 1685, en une véritable sédition populaire ; mais la question religieuse n'en fut ni le but ni la cause, quoiqu'elle y eût été mêlée d'une manière accidentelle. Une femme de mauvaises mœurs, et attaquée d'une maladie honteuse, demanda entrée à l'Hôtel-Dieu ; les religieuses qui dirigeaient l'établissement opposèrent un refus énergique, par la raison qu'elles n'avaient pas dans leurs attributions le soin de ces sortes de maladies, et que la maison hospitalière n'avait pas été créée pour devenir l'asile ignominieux des victimes de la prostitution. Les habitants se soulevèrent, imposèrent leur volonté par la menace, et ne comprirent pas qu'ils mettaient un zèle trop ardent au service d'une cause malencontreuse. C'était, en vérité, trop de bruit pour un but de cette nature. Ils avaient été souvent mieux inspirés !

Le silence complet que garde M. le pasteur Rossier sur Doullens, prouve que la cause du protestantisme y compta peu d'adhérents. Le petit nombre des religionnaires qui s'y trouvaient se transporta d'abord à Havernas pour y assister aux instructions des ministres ; puis, le 23 février 1635, Jean de Lisques, sieur des Autheux, demanda l'autorisation d'établir un prêche dans sa terre, et même dans son château. Non loin de là, sur la terre du Quesnel, David de Brossart de Gromesnil (1) tint aussi des assemblées protestantes, en 1652. Mais rien ne constate que Doullens ait jamais été agité par les menées ou rassemblements des disciples de Luther ou de Calvin.

L'effet de la révocation de l'édit de Nantes se traduisit dans l'élection par l'émigration de soixante particuliers, dont vingt-six laissèrent derrière eux un revenu de 594 livres. Leurs biens vendus produisirent 8,507 livres 4 deniers. Antérieurement à cette révocation, l'élection comptait cent religionnaires environ.

Tout en faisant la part des abus inséparables des choses humaines et de certains excès regrettables qui se retrouvent au fond de toutes les grandes luttes religieuses que l'histoire a enregistrées, il faut reconnaître que le catholicisme traversa de beaux jours dans la seconde moitié du règne de Louis XIV ; il régna sans obstacle ; la pratique en était devenue une institution nationale ; et les observances de l'Eglise, prises au sérieux, étaient une vérité. Le carême, avec les privations qu'il impose, rencontrait une telle soumission qu'il fallut plusieurs ordonnances royales pour permettre à un boucher de s'établir à Doullens pendant l'époque quadragésimale, et de vendre seul de la viande, non-seulement aux bourgeois, mais encore aux infirmes de l'Hôtel-Dieu (1687 à 1722).

Les habitants de la banlieue se plaignaient de leur côté, avec raison, de ce que, supportant les mêmes charges que ceux de la ville, ils ne participaient pas aux mêmes privilèges ; il y avait là, en effet, une exception non moins vexatoire qu'injuste. En conséquence, ils firent parvenir leurs réclamations jusqu'au roi par l'intermédiaire du maire et des échevins ; et, sur l'avis favorable des membres de l'Election, il fut décrété qu'ils jouiraient, à l'avenir, de l'exemption de la taille aussi bien que les bourgeois eux-mêmes, qui étaient en possession de ce privilège depuis leur réduction sous l'obéissance du roi Henri IV (1689). Si cette exemption dont Doullens recueillit le bénéfice pendant de longues années prouve que la répartition des impôts se faisait d'une manière très-inégale, elle témoigne en même temps de l'adresse avec laquelle les mandataires de la cité surent faire maintenir ce privilège si longtemps après la disparition des causes qui lui avaient donné sa raison d'être.

« Le fameux mot : L'Etat, c'est moi, ne fut pas dit dans un mouvement d'orgueil ; il fut
» l'expression sincère d'une croyance, et mieux encore la simple énonciation d'un fait (2). »
Louis XIV croyait bien, en effet, représenter la nation tout entière, et en concentrer de droit toute puissance dans ses mains. Aussi était-il parvenu à abaisser toute hauteur, à tuer toute rivalité et à asseoir son absolutisme sur des fondements solides. Pourtant une autonomie restait debout, c'était celle de la commune, qui nommait ses mandataires et s'administrait

---

(1) *D'argent à une moucheture d'hermine de gueules.* (2) Théophile Lavallée. (*Hist. des Français.*)

elle-même en vertu de ses priviléges séculaires. La main du souverain s'étendit sur cette autorité qui ne lui parut pas être une émanation directe de la sienne, et un édit du mois d'août 1692 érigea à Doullens, comme ailleurs, la mairie en titre d'office héréditaire. C'était, au fond, une mesure fiscale qui plaçait les communes sous le bon vouloir du roi. D'autres édits leur enlevèrent les autres priviléges, et alors l'absorption fut d'autant plus complète à Doullens que le monarque était déjà seigneur de la ville.

Nous parlerons plus au long, dans le chapitre de la Mairie, des pertes successives que Doullens fit de ses libertés et de ses priviléges. Rien ne fut respecté, ni les droits consacrés par une possession plusieurs fois séculaire, ni ceux acquis à titre onéreux. L'élément communal disparut sous l'omnipotence du maitre couronné; son énergie, comme toute initiative, fut comprimée; la chaîne de ses belles traditions rompue; et la magistrature de la cité, jusque là si honorable, ne fut plus qu'une chose vénale et par conséquent amoindrie. La commune fut mise en tutelle, la liberté resta un mot d'autrefois, et l'élection échevinale un jouet pour le peuple. Il appartenait au progrès politique de ces derniers temps d'en faire un moyen de sûreté.

Cependant la fortune trahit les dernières années du grand roi. Le prince Eugène, avec 25,000 Autrichiens, et Marlborough, à la tête de 50,000 Anglais, assiégeaient Lille. Cette armée, fière de son récent triomphe à Oudenarde, mettait à contribution la Flandre, l'Artois et la Picardie maritime. Un corps de 500 hommes détachés du siége, s'en vint roder vers Doullens, dans l'intention de tenter un coup de main sur la ville. Il s'abattit, en passant, sur le village de Lucheux, qu'il brûla, et les fermes de Beaurepaire et de Saint-Sulpice subirent le même sort. L'argent, les hardes, les meubles des fermiers et leurs chevaux grossirent le butin; le feu consuma le reste. La ville elle-même se vit un instant en leur pouvoir; et l'un de ses faubourgs, celui de Routequeue, fut livré aux flammes (30 août 1708) (1). Voici comment M. Dusevel, ancien greffier de l'Election, rapporte le fait dans ses *Notes manuscrites sur Doullens :*

« Déjà le détachement de l'armée du duc de Marlborough, généralissime de la reine
» d'Angleterre, occupait la ville lorsque les bourgeois, réunis à la garnison du château, l'en
» chassèrent et le forcèrent à abandonner, sur la place, une cloche qu'il avait enlevée à
» Auxi-le-Château. Les Doullennais s'étant emparés de cette cloche la firent suspendre
» dans leur beffroy, en signe de victoire, et sans s'inquiéter si elle ne leur serait pas réclamée. Bientôt une députation d'Auxi-le-Château vint la redemander; mais les Doullennais
» s'obstinèrent à la vouloir conserver, ce qui détermina les premiers possesseurs à intenter
» une action contre eux. Pour la faire écarter, les Doullennais soutinrent que cette cloche
» leur appartenant par droit de conquête, ils ne pouvaient être assujettis à la rendre; mais
» ce système de défense fut proscrit, et l'intendant de Picardie les condamna à en payer la

---

(1) Ils causèrent aussi du dommage à Saint-Sulpice, et incendièrent l'un des bâtiments de la ferme d'Hamancourt.

» valeur approximative aux habitants d'Auxi-le-Château. Cette décision fit moins de peine
» aux Doullennais que leur en eût causé l'ordre de rendre la cloche elle-même ; désirant la
» conserver, afin que, par ses sons, elle rappelât sans cesse à leurs descendants le courage
» avec lequel ils avaient repoussé les soldats de Marlborough qui passaient d'ailleurs pour
» très-vaillants. »

Le détachement ennemi, chassé de Doullens, n'en continua pas moins ses ravages dans les environs. Quatre de ces pillards, plus hardis que les autres, passèrent l'Authie et s'avancèrent jusqu'à une *cense* (Huleux), auprès de Beauquesne, qu'ils incendièrent également. L'alarme devint aussitôt générale ; la frayeur s'empara des esprits ; et les habitants des villages voisins s'enfuirent précipitamment, emportant dans leurs charrettes leur chétif mobilier et trainant après eux leurs bestiaux. Dans leur fuite, ils communiquèrent leur épouvante aux autres villages ; et la ville d'Amiens vit arriver à elle cette multitude agitée d'hommes, de femmes et d'enfants qui demandaient un asile. En quatre jours l'alarme avait cessé, et chacun s'en revint dans sa chaumière. (1).

Le parti ennemi, en s'éloignant, s'était rué sur Bouquemaison pour venger sur les habitants son insuccès contre la ville. Il les chassa de leurs demeures auxquelles il mit le feu ; et ces malheureux coururent chercher un refuge derrière les murs de l'abbaye de Cercamps. A l'incendie se joignirent le meurtre et le pillage, et le nom de *Marlborough* est resté jusqu'aujourd'hui au lieu où ces pillards se sont reposés pour concentrer leur butin.

Deux ans après, la gloire française avait pâli de nouveau, et la perte de Douai et de Béthune permettait à l'ennemi de se rapprocher de la Picardie. Les coureurs s'y montrèrent le fer et la flamme à la main. Un jour, une troupe avide de pillage s'avance vers Doullens, marchant avec mystère et prudence. Du haut du beffroi le guetteur l'aperçoit et sonne le tocsin. Charles des Bureaux, échevin plein plein de zèle et de patriotisme, court aux portes et les ferme avec les barrières. Le major Drapier des Fougerais arrive, prétend que ces ennemis qu'on dit avoir vus ne sont autres qu'un régiment français, et veut que les portes demeurent ouvertes. Un bourgeois armé, du nom de Caumartin, s'irrite de cette conduite, et en conséquence lui tire un coup de fusil dont la balle ne traverse que son chapeau. L'officier, quoique naturellement vif, s'approche de lui et lui dit avec sang-froid : « Mon ami, » si demain matin je te retrouve ici, tu auras de mes nouvelles. » Le patriote profita de l'avis, disparut à l'instant et ne revint plus. Pourtant le plus grand tort était à l'officier ; car c'était bien l'ennemi qui avait été signalé et qui, se voyant découvert, rebroussa chemin, non sans avoir pillé et brûlé les environs (2).

L'ennemi restait donc maître de la campagne, et en profitait pour étendre ses ravages. Les jours s'écoulaient au milieu des alertes continuelles qu'occasionnaient ses incursions. La garnison de la ville, qui avait eu à repousser la hardiesse des pillards, venait de se trouver engagée avec eux, vers le hameau de Milly, et y avait perdu quelques hommes. Son

(1) *MSS. de Pagès*, t. IV, p. 419.   (2) Daire, p. 54,

chiffre diminuait même d'une manière sensible. On songea alors à défendre les abords de la place par des palissades (1).

En effet, les murailles de Doullens et ses fossés d'enceinte n'offraient qu'une insuffisante garantie contre une attaque un peu sérieuse soutenue par le canon. Il fut donc résolu que des réquisitions seraient faites auprès de certains seigneurs et de divers établissements religieux, dans le but de se procurer assez de bois pour former une enceinte de palissades au delà de celle des fossés. On en fit de liteaux jusqu'à huit mille et plus de quinze cents toises. La main des soldats abattit une grande partie de ces matériaux dans la forêt de Lucheux et dans le buisson dit le Haravesne (1710).

L'année suivante, le chapitre de Notre-Dame de Paris, à cause de son domaine d'Outrebois (2), l'abbaye du Gard, à raison des cens qu'elle percevait dans la ville, la princesse de Neufchâtel et l'abbé d'Auvergne, à divers titres, fournirent à leur tour leur contingent de palissades (3).

Le triste état de choses causé par la présence des ennemis dans les environs de Doullens se prolongea plusieurs années, pendant lesquelles la ville fut maintes fois traversée par des troupes qui en augmentaient les charges et les souffrances, alors qu'elles se rendaient dans le Nord, où la guerre se portait principalement. L'anxiété y fut grande, lorsqu'en juillet 1712 la France joua son va-tout contre l'armée du prince Eugène ; mais bientôt la paix d'Utrecht, publiée dans les principaux quartiers de la ville, y fit succéder les élans de la joie aux alarmes de la crainte.

La confiscation faite par édit du roi au maire et aux échevins des attributions de la police fut à Doullens, pendant plusieurs années, le principe de nouveaux conflits. Les officiers de la nouvelle administration de police rencontrèrent chez les dépossédés une résistance tenace et des tracasseries qui rendirent leurs fonctions pénibles. Nous citerons ailleurs quelques détails.

L'histoire de Doullens, pendant la plus grande partie du xviiie siècle, est d'une assez grande stérilité. On n'y trouve à glaner, çà et là, que des faits ou peu importants ou même absolument insignifiants, dont on ne tient compte que pour suivre le cours des années, et montrer au lecteur qu'il n'y a eu interruption que dans les découvertes et non dans le travail des recherches. Cette stérilité historique, commune à la plupart des villes de province depuis cette époque, a sa raison dans le nouvel ordre de choses qui s'est établi et a absorbé la commune au profit du pouvoir souverain. Mais, si Doullens paraît avoir moins de souvenirs, peut-être, à recueillir comme éléments historiques que bien d'autres villes, il faut s'en prendre aussi aux lacunes regrettables que présentent ses archives. Pendant que des cités ni plus importantes ni plus riches en parchemins et en manuscrits veillaient avec

---

(1) Arrêt du conseil d'Etat du 6 mai 1710.

(2) Jeanne de Picquigny, dame d'Outrebois, en 1340, femme de Jean de Créquy, devenue veuve et remariée à Henri de Bures, seigneur de Flandre, vendit à Charles V, de France, la terre d'Outrebois, que ce monarque donna en 1367 au chapitre de Notre-Dame de Paris.

(3) Dusevel. *Notice sur Doullens.*

un soin jaloux sur leurs titres, les conservaient scrupuleusement dans des coffres inaccessibles, les transportaient en lieu sûr à la moindre apparence de danger, les mandataires de Doullens, d'ailleurs si vigilants, oublièrent plus d'une fois sur ce point jusqu'aux plus simples précautions de la prudence.

En l'année 1733, une main coupable, guidée par un motif que rien ne saurait légitimer, parvint à soustraire des archives de la ville plusieurs titres importants, et à détacher du Cartulaire en parchemin, dit *Livre rouge*, quelques feuilles écrites. La nouvelle de cet attentat souleva une indignation générale ; et, dans l'impossibilité de découvrir le coupable, on fit appel à la religion. Il n'était pas rare alors d'emprunter sa puissance et son autorité dans la recherche des crimes. Des ordonnances ecclésiastiques portant injonction à tous les fidèles de venir à révélation du délit recherché, étaient publiées au prône par les curés dans leurs églises. Cette ordonnance s'appelait *monitoire* ; et quiconque, après trois publications ou monitions, ne déclarait pas les faits parvenus à sa connaissance, encourait l'excommunication. « Comme cette voie est la seule, dit Fleury, pour trouver la preuve de certains » faits secrets, elle est devenue très-fréquente, même en des causes purement profanes. » Un monitoire de cette sorte, et en latin, fut publié à Doullens, au mois d'août 1733, pour obtenir révélation du coupable qui avait dérobé ou lacéré une partie des archives de la ville. Il n'apparaît pas que la mesure ait eu le résultat désiré, mais elle prouve au moins le prix que, malgré l'imprévoyance, on attachait à la conservation de cet intéressant dépôt.

Et cependant les soins n'en devinrent ni plus intelligents ni plus fidèles. Peu de temps après, la ville ayant engagé un procès important pour la sauvegarde de ses intérêts et la défense de ses droits, commit l'imprudence de confier à son avocat quantité de titres et de papiers originaux extraits de ses archives, au lieu de n'en donner que les copies. Le procès dura longtemps ; la dette de la commune à l'égard de son défenseur se prolongea plus encore, et celui-ci voulut, jusqu'à parfait paiement, rester nanti des pièces à lui confiées. La révolution de 1789, par les dispositions législatives qui proclamèrent le principe de l'égalité comme base de tout ordre nouveau, mit à néant, il est vrai, tous les procès relatifs à des matières privilégiées ; mais elle n'éteignit pas pour cela la dette de la ville. En conséquence, la partie des archives conservée en nantissement par l'avocat Morgan passa, avec une foule d'autres pièces, entre les mains de son fils, qui lui succéda, puis devint procureur général près la cour royale d'Amiens ; et ce fut seulement en 1827 que la ville put rentrer en jouissance de ces pièces bien incomplètes, moyennant une somme de beaucoup moindre que celle dont elles répondaient entre les mains de son créancier. On comprend donc que plus d'un titre précieux manque, même parmi ceux dont les extraits figurent au mémoire dressé par l'avocat Morgan, en 1751.

La ville n'était pas riche, en effet, et elle avait de la peine à se relever de sa déchéance (1). Les blessures que la guerre lui avait faites saignèrent plus d'un siècle, et sa vie en fut

---

(1) Elle comptait alors 368 feux, et ses faubourgs 92, total 460. Expilly. *Dictionnaire géographique, historique et politique des Gaules et de la France.* En 1698, on y avait trouvé 1970 habitants.

amoindrie pour toujours. Un arrêt du Conseil d'Etat, en date du 2 février de la même année, et relatif au pavage qui y fut exécuté, constate qu'elle ne jouissait alors que de 1600 livres de revenus. A côté, le bourg de Beauquesne, tant de fois ruiné et réduit en cendres, avait vu disparaître son importance. Après la réunion de sa prévôté au bailliage d'Amiens (septembre 1738), il perdit jusqu'au pavé de ses rues au bénéfice de Doullens, trop pauvre pour paver les siennes à neuf. Ce triste état des finances de la ville avait fait naître, depuis longtemps déjà, la pensée d'établir un droit de péage sur les voitures, les bestiaux et les marchandises (1). La mesure était bonne ; mais on négligea de lui donner une consécration légale, et le temps était venu où la royauté ne souffrirait plus d'autre autorité que la sienne. Déjà divers arrêts du Conseil du roi avaient exigé la production des titres justifiant la légalité des droits de péage dans l'étendue du royaume, afin d'en opérer la vérification. Doullens, qui n'en avait pas, continuait toujours, malgré les défenses, la perception de ce droit, quand, le 11 janvier 1750, un langage plus sévère l'obligea à l'obéissance :

« Vu par le Roy en son Conseil les arrêts rendus en icelui, les 29 août 1724, 24 avril
» 1725 et le 4 mars 1727, par lesquels il a été ordonné que tous les propriétaires des droits
» de péage et autres seront tenus de remettre au greffe de la commission établie pour la
» vérification desdits droits, les titres en vertu desquels ils jouissent desdits droits de
» péage, sinon en faute de ce faire dans le délai de six mois, qu'ils seront éteints et sup-
» primés ; Vu aussi l'ordonnance du s' Chauvelin, intendant en la généralité d'Amiens,
» du 25 septembre 1745, par laquelle il a été fait défense aux maire, échevins et habitants
» de Doullens de percevoir des droits de péage ou de chaussée en ladite ville de Doullens,
» ladite ordonnance signifiée le 12 octobre, suivant conclusions du s' Machault, maître des
» requêtes, procureur-général de Sa Majesté en cette partie ; Vu aussi l'avis des s" commis-
» saires nommés par l'arrêt du Conseil, du 29 août 1724, et autres rendus en conséquence ;
» Ouï le rapport du s' de Machault, conseiller ordinaire du conseil du Roy et contrôleur
» général des finances ;

» Le roy étant en son conseil, conformement à l'avis des s" commissaires, faute par les
» maire, échevins et habitants de Doullens d'avoir satisfait aux arrêts des 29 août 1724,
» 24 avril 1725 et 4 mars 1727, a supprimé et supprime les droits de péage, sous quelque
» dénomination que ce soit, sur les voitures, bestes de somme, bestiaux, denrées et mar-
» chandises passans par la ville de Doullens et ses dépendances, à peine de restitution des
» sommes qui auraient été exigées, d'une amende arbitraire au profit de Sa Majesté, et
» contre leurs fermiers ou receveurs, d'être poursuivis extraordinairement comme concus-
» sionnaires et punis comme tels, suivant la rigueur des ordonnances.

» DAGUESSEAU, MACHAULT (2). »

(1) La recette annuelle présumée de ce travers, année commune, s'élevait au chiffre de 150 livres ; c'est ce que constate le budget de la ville de 1713.

Voir pièces justif. n° 15.

(2) *Arch. Imp. sect. adm.* R. 2295.

Michel-Ferdinand d'Albert-d'Ailly, duc de Chaulnes, à qui venait d'être confié le gouvernement général de Picardie, d'Artois et pays reconquis, fit son entrée solennelle à Doullens, quatre ans après, et put constater l'état d'amoindrissement auquel la ville était réduite. Elle avait revêtu toutefois un air de fête, organisé une démonstration honorifique pour faire accueil au premier magistrat de la province ; mais c'était moins l'expression de la joie publique qu'un moyen de gagner la bienveillance du haut personnage, et d'appuyer les doléances qui lui furent présentées. Aux acclamations de la foule, aux honneurs rendus, aux protestations de fidélité, il fut répondu par des promesses de protection et de dévouement, expédient banal, et monnaie purement gracieuse restée au service des fonctionnaires qui, dans leurs tournées à travers les populations, sont également jaloux de dépenser leur bienveillance, comme procédés, et d'économiser leur responsabilité, comme engagements.

La ville avait grandement besoin cependant qu'une protection puissante lui vint en aide, car le malheur devait la visiter encore. Eprouvée déjà tant de fois par le fer, le feu et la famine, elle allait trouver dans l'eau un autre ennemi également funeste. La nuit du 21 au 22 janvier 1757, et tout le jour suivant, furent pleins d'alarmes et d'angoisses pour les habitants ; car une inondation produite par des pluies torrentielles et la fonte des neiges envahit en peu de temps les deux tiers de la cité. L'Authie et la Grouche, sorties de leurs lits, étaient devenues deux torrents furieux, roulant des flots mugissants et irrésistibles. Cette dernière rivière surtout, étroite, encaissée dans une vallée resserrée elle-même et tributaire de nombreux ravins, jetait à travers les rues ses vagues d'autant plus terribles qu'elles avaient été plus comprimées dans leur cours. Déjà nombre de maisons étaient renversées ; l'eau, élevée à plus de cinq mètres au-dessus du niveau ordinaire de la rivière, montait, montait sans cesse, et menaçait d'engloutir la ville entière, lorsqu'un pan de muraille, au lieu nommé l'Arche (1), s'étant écroulé, l'élément furieux, agité dans sa masse par un flux et un reflux dû à la compression, bondit par cette issue, entraînant de nombreux débris.

La politique royale en reprenant, les uns après les autres, les priviléges et avantages des villes, avait eu soin d'y laisser subsister les charges et les obligations, sans prendre autrement souci des règles de la pondération et de l'équilibre. En conséquence, Doullens, malgré la pénurie de ses ressources, dut réparer les nouveaux désastres ; et le 20 juin 1759, un arrêté de M. Etienne Maynon d'Invau, intendant de Picardie, ordonna le curement des fossés de la Varenne que l'inondation avait remplis de limon. Nous ne comprenons pas bien la part qui incombait à la charge du roi dans ces réparations, car un état des dépenses de la ville, en date de 1713, cite parmi les *réparations et entretennemens ordinaires de ladite ville, sans les fortifications dont le Roy est chargé ; sçavoir l'enceinte des murailles, les portes, les glands ou escluses des fossés*. Il est vrai qu'une disposition de la charte de commune portant que les eaux de l'intérieur appartenant au roi, celui-ci devait indemniser les habitants des

---

(1) L'Arche se trouvait, comme nous l'avons dit, du côté de la Varenne, sur la rivière d'Authie.

ravages qu'elles occasionneraient. Mais quelles étaient donc les fortifications dont le roi était chargé, en dehors de l'enceinte des murailles, des portes, des écluses et des fossés ? Et pourquoi cet entretien que les bourgeois avaient accepté comme équivalent des priviléges qu'ils avaient acquis à titre onéreux était-il maintenu à leur charge, puisque le roi avait trouvé bon de confisquer une grande partie de ces priviléges ?

Une nouvelle inondation, arrivée le 9 janvier 1771, et produite encore par les rivières de Grouche et d'Authie, ravagea la campagne et affligea la ville par l'ébranlement de quantité de maisons. Plusieurs même furent renversées. Mais la gravité du dommage éprouvé fut encore surpassée par une troisième invasion du même fléau, le 15 août 1776. Cette fois, un orage affreux, accompagné d'une grêle intense et d'un vent violent, occasionna de tels dégats dans la plaine et sur les territoires voisins, où la moisson n'était pas terminée, qu'on fut obligé de mettre la charrue dans les grains pour en faire des engrais (1).

Pour obvier à de nouveaux sinistres, on ordonna la démolition du moulin, dit du roi, afin d'élargir la rivière d'Authie. Ce moulin avait cessé d'appartenir au domaine, par suite de la vente qui en avait été faite, en 1710, moyennant la somme de 3550 livres.

Douze jours après, la châtellenie de Doullens cessait, à son tour, de faire partie du domaine royal, pour passer entre les mains du comte d'Artois, qui la reçut du roi Louis XVI, en sa qualité de comte de Ponthieu. M. Elie de Beaumont, intendant des finances de ce prince, vint en prendre possession en son nom, ainsi que de tous les fiefs qui en dépendaient. A son arrivée, les officiers de la prévôté lui représentèrent que la ville de Doullens ne faisant plus partie du comté de Ponthieu depuis l'an 1225 qu'elle en avait été détachée, ne pouvait conséquemment entrer dans l'apanage de son altesse royale. Ces remontrances n'empêchèrent pas la prise de possession ; et, comme les doutes persistèrent sur la légitimité de cette mesure, de nouvelles lettres patentes du roi, en date du mois d'août 1786, vinrent y mettre fin, en comprenant nommément la terre et la seigneurie de Doullens dans le comté de Ponthieu, donné en supplément d'apanage à son frère (2). C'était la dernière inféodation que subissait la ville.

Le 6 juillet 1782, elle avait donné l'hospitalité à d'augustes personnages : le comte du Nord, depuis empereur de Russie, sous le nom de Paul I*r*, et la princesse de Wurtemberg, son épouse, y arrivèrent dans la soirée. Plusieurs de leurs enfants les accompagnaient, entre autres Alexandre, qui fut également empereur de Russie. Ils descendirent à l'hôtel des Quatre-Fils-Aymon, d'où ils repartirent pour aller cimenter, par de nouveaux rapports avec la cour de Versailles, cette honteuse paix que la France n'avait achetée qu'en souscrivant au démembrement de la Pologne, et en laissant tomber son honneur aux pieds de la tsarine.

Les calamités s'accumulaient sur Doullens. L'hiver de 1783 à 1784 fut d'une rigueur extrême, et M. d'Agay, intendant de Picardie, ne manqua pas dans sa lettre à ses subdélégués, en date du 14 mars, de leur faire remarquer qu'on venait de traverser l'hiver le

---

(1) Daire. (2) Reg. de la prévôté.

plus long et le plus rigoureux de ce siècle. La gelée avait duré 70 jours, et la neige 24. Le 23 février, le dégel arriva enfin, mais dans de telles proportions que la ville eut encore à souffrir de l'inondation qu'il occasionna, au point que dans certaines rues, l'eau monta jusqu'aux enseignes des maisons. C'était la quatrième fois que ce fléau envahissait la cité depuis moins d'un demi-siècle.

Six ans auparavant, le titre de gouverneur de Doullens avait été supprimé, et cette suppression donna naissance à un procès que la ville soutint contre le domaine de la couronne. « Les gouverneurs des places fortes avaient, avant 1776, outre les émoluments qu'ils rece-
» vaient du trésor, la jouissance et l'exploitation des terrains dépendant des fortifications,
» et qui, comme tels, faisaient partie du domaine de l'Etat. Or, le gouverneur de Doullens
» avait la jouissance, non-seulement des herbes qui croissaient sur les fortifications de la
» citadelle, mais encore de celles qui se récoltaient sur le terrain, aujourd'hui en jardinage,
» qui se prolonge de l'emplacement de l'ancienne butte Saint-Martin, au confluent de la
» Grouche et de l'Authie, et qui a retenu le nom de *pré du gouverneur*. Après la suppres-
» sion du titre, l'administrateur général du domaine de la couronne s'empara de ce pré. Ce
» fut en vain que la ville de Doullens se pourvut au conseil d'Etat contre cette mesure, le
» domaine fut maintenu par l'arrêt qui intervint, malgré un excellent mémoire de M. Elie
» de Beaumont, qui existe encore dans les archives de l'Hôtel-de-Ville. Il en devait être
» ainsi, puisque Doullens se trouva dans l'impossibilité de justifier qu'il avait eu, à aucune
» époque quelconque, la propriété ou la possession de cette partie de son territoire (1). »
Nous avons dit ailleurs que M. Labourt a eu tort de voir là un argument tout fait pour prouver que, sur cette butte Saint-Martin, à côté de ce pré *du gouverneur*, avait été placée la forteresse primitive, le *castrum Donencum*. Nous regrettons que tant d'efforts et de raisonnements aient été mis au service d'une erreur. Mais nous n'en devons pas moins savoir gré à M. Labourt de ses utiles recherches. L'erreur se répare à l'aide de documents nouveaux ; et les découvertes premières, malgré les conséquences inexactes qu'on a pu en déduire, restent toujours comme un mérite acquis, et même comme un droit à la reconnaissance.

(1) *Essai sur l'origine des villes de Picardie*, par M. Labourt, p. 355-356.

CHAPITRE X.

(1787—1800.)

Assemblées des notables. — Famine. — États généraux. — Troubles à Doullens. — Cette ville demande à être chef-lieu de district. — Assemblées de la commune. — Justice de paix. — Fermeture des églises. — Volontaires doullennais au siège de Lille. — Doullens perd la dénomination de ville. — André Dumont. — Joseph Lebon. — Réquisitions en nature. — La citadelle fournit des victimes à la guillotine. — Société populaire de Doullens. — Évacuations de prisonniers et de blessés sur l'hôpital. — Nouvelles réquisitions en nature. — Disette. — Épuration administrative. — Mesures contre la disette. — Réouverture des églises. — Biens nationaux. — Réaction. — Fête funèbre commémorative de l'assassinat de Rastadt.

La royauté, en privant l'élément communal du fruit de ses conquêtes, en dépossédant la bourgeoisie de ses libertés et de ses franchises acquises au prix de tant d'efforts et défendues avec tant de courage, n'avait pas songé qu'il est toujours dangereux de mettre d'un côté tous les droits et de l'autre tous les devoirs, ni prévu que le regret, la haine, l'envie fermenteraient au cœur des dépossédés ; et voici que l'heure de la revanche allait sonner, heure terrible non moins que solennelle, où, sur les ruines des institutions séculaires s'élèverait une institution sociale entièrement différente. Les idées n'attendaient plus que l'occasion pour devenir des faits. Le déplorable état des finances fournit cette occasion. Chaque jour voyait éclore des systèmes nouveaux et de brillantes théories qui, après tout, n'étaient que des panacées impuissantes à guérir le mal. Un appel à la nation fut donc proposé ; c'était le vœu de la France entière ; Doullens s'y associa et voulut même en faire parvenir l'expression jusqu'au pied du trône. En conséquence, le 15 mars 1787, le corps de ville prit une délibération par laquelle le roi était prié d'accorder des états provinciaux à la Picardie. Les assemblées des notables étaient déjà un simulacre de représentation nationale. Voici la délibération du corps de ville :

Après un discours de M. Le Correur, maire, « l'assemblée a unanimement arrêté :

» 1° Que la commission intermédiaire provinciale de Picardie sera priée de présenter au
» roi l'hommage des sentiments de respect, de soumission et de fidélité de la ville de
» Doullens, et son vœu particulier pour obtenir dans la province, l'établissement d'États-
» Provinciaux, constitués en tel nombre qu'il plaira à Sa Majesté, dont la moitié sera prise
» dans le clergé et la noblesse, l'autre dans le tiers-état ;

» 2° Qu'une expédition de la présente délibération sera envoyée à M. le Directeur géné-

» ral des finances, et que ce ministre incomparable, l'ami et le protecteur du peuple, sera
» très-humblement supplié de vouloir bien l'appuyer de son crédit auprès de Sa Majesté ;
» 3° Enfin, que la présente délibération et le discours prononcé par M. Le Correur seront
» imprimés et adressés à toutes les villes de la province de Picardie, avec invitation de se
» réunir à la ville de Doullens.

Signé : Le Correur, écuyer, maire ; Marchant, lieutenant de maire ; Darras, Hémart, Dieulouard, D'lapalme, échevins ; Fardel, Paillat l'ainé, assesseurs ; Délecloy, procureur du roi ; Buttin, trésorier receveur ; puis suivent de nombreuses signatures des trois ordres.

Quelques mois après, les assemblées provinciales et départementales furent accordées, et le réglement fait par le roi pour leur formation et composition (8 juillet), portait : « Elles
» seront élémentaires les unes des autres dans ce sens que les membres de l'assemblée de
» la province seront choisis parmi ceux des assemblées de département, et ceux-ci pareil-
» lement parmi ceux qui composeront les assemblées municipales.

» Les assemblées de département seront composées, celle d'Amiens de vingt personnes,
» celles d'Abbeville, de Montdidier, de Péronne, de Saint-Quentin et de Doullens, de seize
» personnes.

» Le département d'Amiens sera divisé en cinq arrondissements ; ceux d'Abbeville, Mont-
» didier, Péronne, Saint-Quentin et Doullens le seront chacun en quatre. »

Les assemblées départementales ou d'arrondissement devaient communiquer le résultat de leurs travaux à l'assemblée provinciale, qui y joignait ses propres observations et envoyait le tout au conseil du roi, chargé de prendre un parti définitif. Les membres des assemblées provinciales et départementales étaient nommés, les uns par le roi, les autres par l'assemblée elle-même. Doullens fut représenté à l'assemblée provinciale, dans l'ordre de la noblesse, par M. le Marquis de Lameth ; et dans l'ordre du tiers-état par M. Couleau de Boisserand, prévôt-royal, lieutenant général de police et ancien maire de la ville.

L'assemblée départementale de Doullens tint sa première séance le 20 octobre 1787. Elle était composée des membres dont les noms suivent :

PRÉSIDENT,

L'abbé de Lestocq, curé doyen de la cathédrale, abbé de Clerfay.

DANS L'ORDRE DU CLERGÉ :

Billet, prieur d'Epécamps ;
Delamarre, curé de Saint-Martin de Doullens ;
Piot, prieur de l'abbaye royale de Saint-Riquier.

DANS L'ORDRE DE LA NOBLESSE :

Malet de Coupigny, seigneur d'Occoche ;
De Bussy-Canaples, seigneur dudit lieu et de Fieffes ;
D'Aumale, seigneur d'Ivrencheux, Dours et Vecquemont.

Dans l'ordre du tiers-état :

Dussart, propriétaire à Acheux ;
Darras, père, premier échevin de Doullens ;
Alexandre, notaire et ancien échevin, id. ;
Bernaux, cultivateur à Septenville ;
Butteux, propriétaire à Domqueur ;
Brandicourt, propriétaire à Domart ;
Hardy, propriétaire à Valheureux ;
Rigaut, notaire à Querrieux.

De graves et utiles questions occupèrent l'assemblée des notables du département de Doullens, et firent l'objet de ses délibérations ; la tyrannie du bureau des traites et le reculement des barrières jusqu'à la frontière du royaume, la suppression de la gabelle, la plantation des chemins vicinaux, l'amélioration des routes, la police des champs et moissons, l'embrigadement des gardes-messiers (remis depuis peu à l'ordre du jour) ; les marais communaux et leur dessèchement ; le défrichement, les incendies, la mendicité, les dépôts d'étalons, les communes, les églises et les presbytères ; les impôts, leur répartition et leur mode de perception, etc. Le chiffre d'impôts pour l'élection de Doullens fut arrêté à 621,919 livres 15^s 2^d, et les corvées à 57,942 l. 2^s 7^d.

La séance du 2 juillet 1788 offrit un véritable intérêt, à cause de la question importante de l'extraction du charbon à Bouquemaison, qui y fut agitée. On déclara que les travaux de sondage avaient été couronnés de succès, et que le charbon trouvé était de bonne qualité, d'après l'essai qui en avait été fait à l'hôtel-de-ville ; que 25,000 livres seulement avaient été employées au sondage sur le capital social, qui était de 4 à 500,000 livres ; que si la fosse s'était trouvée remplie d'eau, si les actionnaires se refusaient à la vider sous le prétexte des frais que coûterait ce travail, c'est parce qu'ils avaient été gagnés par la société de Valenciennes, et que partant il y avait lieu à leur faire retirer leur privilége, pour l'offrir à une autre société.

Les frais de l'assemblée du département de Doullens montaient chaque année au chiffre de 8,300 livres. Cette assemblée ne se divisa pas en commissions, mais elle rédigea toutes les questions traitées sous forme de mémoires, qui étaient envoyés ensuite à l'assemblée provinciale siégeant à Amiens. On peut consulter avec intérêt le procès-verbal des séances de l'assemblée provinciale, qui forme un volume in-4°, et se trouve à la bibliothèque d'Amiens, ainsi que *les procès-verbaux des séances de l'assemblée complette du département de Doullens, tenues en la ville de Doullens,* dans les années 1787 et 1788, qu'on trouve aux archives du département.

Si Doullens avait accueilli avec plaisir le projet d'assemblée des notables, il faut reconnaitre que ses mandataires avaient su s'élever à la hauteur des circonstances et des questions dont la solution importait tant au bien public. On y comprit que des réformes étaient urgentes, et que la nation était seule capable d'en prendre la courageuse responsabilité à l'encontre des privilèges ; mais la résistance apportée par le parlement, dans la séance royale du 19 novembre, à l'enregistrement de l'édit d'emprunt de 420 millions, fit évanouir les premières espérances. Le duc d'Orléans, arrière petit-fils du régent, qui s'était élevé contre le roi, fut exilé le lendemain à sa terre de Villers-Cotterêts, et les conseillers Fréteau et Sabatier, ses imitateurs, furent enlevés et conduits, le premier à la citadelle de Doullens, l'autre au Mont-Saint-Michel.

Les assemblées départementales et provinciales n'eurent qu'une courte durée, et ne produisirent qu'un bien partiel et restreint. On était sur un volcan ; la révolution encore comprimée annonçait sa prochaine explosion par de sourds grondements ; déjà l'édifice social craquait de toutes parts ; et puis, les hivers rigoureux de 1788 et 1789, et le haut prix du blé, qui en fut la conséquence, amassèrent sur le peuple de trop réelles souffrances. Une lettre de M. le comte d'Agay, intendant de la Picardie, en date du 21 mai 1789, vint annoncer à Doullens que des blés arrivaient à Saint-Valery, et qu'une partie du chargement serait mise à la disposition de la ville. Un mois après, le 26 juin, le directeur des vivres de la guerre à Lille informait aussi qu'il était en mesure de fournir du seigle. L'échevinage accepta ces deux offres avec d'autant plus d'empressement que la famine prenait des proportions inquiétantes, et que les boulangers de la ville venaient de déclarer leur *refus de cuire*. Tout semblait donc concourir à hâter les événements.

Cependant, dans la fin des dernières discussions, le mot d'Etats-généraux avait été prononcé : « Ce mot rallia toutes les pensées dans une seule pensée, mit fin à toutes les » incertitudes, donna un but à toutes les hypothèses et à tous les projets, montra la vraie » source de la réforme à ceux qui l'attendaient ou du roi ou du parlement. Il fut relevé, » applaudi, commenté par tout le monde ; il devint un cri de guerre et un étendard de » ralliement. » (1)

Les élections faites d'après les mêmes formes que celles qui avaient été suivies en 1616, furent quelque peu agitées, mais non tumultueuses. Tout Français, âgé de 25 ans, imposé à la capitation et indépendant par position de la volonté d'autrui, était appelé à y prendre part. Le nombre des délégués aux assemblées préparatoires ou graduelles fut fixé d'après la population de la commune ou le nombre d'individus composant la corporation. C'était l'élection à trois degrés ; et cependant chacun, en déposant son vote, croyait accomplir un acte sérieux. Il est vrai que le mot élection avait alors pour les ayant-droit au suffrage universel toute la signification de liberté et d'indépendance que lui reconnaît le dictionnaire de la langue française.

Le cahier des doléances fut, à Doullens comme ailleurs, l'expression des sentiments et des désirs de la nation entière. On y demandait l'abolition des privilèges et des droits féodaux. L'inégalité de l'impôt dans ses différentes branches était surtout l'objet de réclamations

(1) Théop. Lavallée. *Hist. des Français.*

respectueuses encore, mais aussi nettes que raisonnables. Le tiers-état laissait comprendre qu'il avait en haine le vieil état de choses, et qu'il était prêt pour une transformation sociale, disons-le, prêt même pour l'émeute et la révolte. Quelques désordres engendrés par la faim, quoique comprimés, n'en accusaient pas moins le degré d'excitation des esprits ; c'étaient les éclairs précurseurs de l'orage.

Aussi les événements arrivés à Paris, le 14 juillet 1789, eurent-ils leur retentissement jusqu'à Doullens. Le peuple en accueillit le lugubre écho avec une impression fiévreuse. Les membres de la municipalité prirent quelques mesures pour assurer le maintien de l'ordre et la liberté du marché au blé ; la milice bourgeoise s'organisa ; on veilla l'arme au bras ; mais si une armée peut en faire céder une autre moins forte ou moins courageuse, il est une chose que rien ne fait reculer, ce sont les idées de la multitude, échauffées jusqu'au paroxysme ; elles passent à travers les fusils et les baïonnettes. Dans la nuit du 16 au 17 août, un appel à l'émeute retentit au milieu des rues de la ville ; et cette clameur étrange, inusitée, menaçante, communiqua aux habitants, jusque là si paisibles, le frissonnement de la peur et de l'épouvante. Les séditieux, rassemblés dans les ténèbres, voulaient faire aussi leur manifestation, à l'instar du peuple parisien ; et comme ils n'avaient pas de bastille à démolir, ils se ruèrent sur la maison du directeur des aides, et la dévastèrent entièrement. Cette maison était située grande rue Notre-Dame, auprès de l'église du même nom. Le faubourg de la Varenne, assez rapproché du théâtre du désordre, ne manqua pas d'y envoyer son contingent. Grossie par ce secours, la sédition prit des proportions qu'il devenait difficile de contenir ; le pillage fut donc complet, et se termina par un auto-da-fé.

Tous les registres et les papiers du directeur furent enlevés et servirent d'aliment à un feu de joie au milieu de la grande rue Notre-Dame ; et, comme toujours, des chants anarchiques et des danses avinées formaient un hideux accompagnement.

Dans l'après midi, les mêmes scènes recommencèrent : les séditieux se portèrent aux bureaux des traites, des gabelles et de l'entrepôt des tabacs ; ils firent main-basse sur les registres et les papiers pour les anéantir, dans le dessein d'arrêter ainsi toute perception relative à ces impôts. Leur fureur de détruire les conduisit de là au greffe de l'Election et du grenier à sel ; mais ils y rencontrèrent le greffier de ces deux juridictions qui parvint à empêcher la continuation de ces désordres.

On se demande ce que fit la garde bourgeoise pour essayer la répression de ces scènes fâcheuses. Nous ne voyons pas qu'elle ait déployé beaucoup d'énergie contre des coupables parmi lesquels elle comptait plus d'un parent, plus d'un ami ; et puis, disons le mot, sans pactiser ouvertement avec la sédition, elle n'était pas réellement hostile au mandat tragique que celle-ci accomplissait. L'administration des finances avait depuis longtemps amassé dans le cœur des Doullennais, par des rigueurs excessives et par de révoltantes brutalités, des haines qui, pour avoir attendu à se faire jour, n'en menaient que plus rudement leur besogne de vengeance. Plus d'une fois des collisions entre les habitants et les employés des fermes générales avaient été sanglantes ; des procès soutenus par la ville contre ces maltôtiers, et les déclamations furibondes des avocats les avaient signalés au mépris et au mauvais vouloir du peuple. C'était donc avec un secret sentiment de satisfaction que l'on assistait à l'exécution des représailles.

Mais les troubles étant terminés, il fallait bien pourtant les désapprouver, les condamner même à peine d'encourir à leur égard une responsabilité gênante ; c'était aux scènes qui venaient de se produire un apologue obligé et facile ; et comme on avait pris son temps, il n'y avait plus de danger à être brave. Le 23 septembre, c'est-à-dire environ sept semaines après, la municipalité fut assemblée : M. Le Correur, maire en charge de la ville et vicomté de Doullens, fit un rapport sur la fameuse sédition, et l'assemblée arrêta que tous les bons citoyens de la ville seraient invités à continuer d'acquitter, comme par le passé, tous droits et impôts quelconques dus au roi, jusqu'à ce qu'il en eût été autrement ordonné par l'assemblée nationale.

Le ministre de la guerre, informé des scènes violentes qui venaient de se produire, entendait opposer à toute tentative nouvelle de désordre une résistance plus certaine et plus énergique. Par lettres du 29 octobre il donna commandement à M. de Digoine, major commandant de la ville et de la citadelle, de prendre toutes les mesures nécessaires au maintien de l'ordre dans la cité. Et ces précautions avaient leur raison d'être, car les boulangers venaient de se déclarer de nouveau dans l'impossibilité de fournir du pain.

Le maire, de son côté, ne disposait d'autres moyens de répression, que de ceux qu'il trouvait soit dans la garde bourgeoise organisée depuis quelques mois, soit dans ses quatre sergents à verge, et ses quatre hallebardiers, sous les ordres d'un fourrier. Aussi, dans une séance du mois de novembre, demanda-t-il à l'échevinage le vote de vingt réverbères qui seraient placés par la ville et entretenus par les habitants. Il espérait, disait-il, arriver par ce moyen à la reconnaissance des vrais coupables qui troublaient la tranquillité avec une impunité favorisée souvent par les ténèbres. Malgré la valeur de ces motifs, les réverbères demandés n'étaient pas encore placés six années après.

Cependant l'heure était arrivée où les existences particulières, soit d'individus, soit d'institutions, allaient disparaître dans l'unité nationale. L'assemblée en qui reposait toute autorité, détruisait, détruisait : « Un décret abolit la division du royaume en provinces, et
» partagea la France en quatre-vingt-trois départements, subdivisés en districts, cantons et
» communes (15 janvier 1790). On ne tint compte dans cette division ni des coutumes, ni
» des souvenirs, ni des existences locales ; on prit le sol pour base unique ; on enleva aux
» provinces leurs priviléges, leur administration séparée, tout ce qui pouvait rappeler
» l'ancien ordre de choses (1). » Evidemment cette modification devait contrarier des habitudes, léser des intérêts, humilier des rivalités. Aussi des protestations s'élevèrent, des récriminations se firent entendre, des questions de détail vinrent se jeter au milieu du laborieux enfantement de la nouvelle organisation ; et l'assemblée nationale eut besoin de

(1) M. de Beauvillé. *Hist. de Montdidier.*

suspendre plus d'une fois son gigantesque travail pour s'occuper d'un débris qui ne voulait pas souscrire à sa chute, ni accepter la mort. Doullens devait être l'un de ces débris.

La suppression des diverses juridictions dont la ville était le chef-lieu, y causait une grande agitation. On se demandait quelle autre institution les remplacerait, et on ne voyait de compensation à ces pertes qu'autant que la cité deviendrait siége de district. Ses représentants s'assemblèrent immédiatement (29 décembre), et nommèrent des commissaires ou députés extraordinaires chargés de se rendre à Paris pour défendre les intérêts de la ville. MM. Le Correur, maire, et Dequen, membre de la municipalité, acceptèrent le mandat et se mirent aussitôt en devoir de rédiger leur supplique à l'assemblée nationale. Ce document, qui fait honneur à ses auteurs, mérite d'être cité ; et l'exposé des motifs y est si remarquable que nous croyons devoir donner place dans notre récit à ses principales dispositions, sans crainte d'y introduire une longueur inutile. Nous ne pourrions mieux dire, c'est pourquoi nous déposons la plume pour écouter MM. les députés doullennais plaider la cause de leur ville.

« A nos Seigneurs de l'Assemblée Nationale,

» La ville de Doullens en Picardie vient se jeter dans les bras des illustres représentants
» de la nation pour leur demander sa conservation. Cette ville est une de celles qui, au
» milieu des troubles, des guerres et des usurpations qui ont détruit anciennement
» presque tous les droits de la liberté primitive, a conservé celui de se gouverner en
» commune et de ne connaître d'autres juges, d'autres administrateurs que ses officiers
» municipaux.

» En conséquence la justice a toujours été patrimoniale à la ville de Doullens ; longtemps
» elle y a été exercée par des officiers élus librement. Les officiers titulaires qui leur ont
» succédé ont été avoués à cet égard par la commune pour leurs représentants et ont con-
» tinué de remplir toutes les fonctions de judicature tant au civil qu'au criminel.

» Lorsque les justices royales et seigneuriales s'établirent, il fut créé à Doullens une
» prévôté à cause du château et de la seigneurie qui appartenaient aux comtes de Pon-
» thieu, et qui ont été depuis réunis au domaine du roi. Cette prévôté, concurremment avec
» laquelle les citoyens de la commune ont été maintenus dans le droit qu'avaient toutes les
» villes de la Gaule-Belgique d'exercer elles-mêmes toute justice et toute police sur leurs
» concitoyens, a formé une juridiction très-étendue. Elle connaît dans la ville des causes
» réservées aux juges royaux, et dans le ressort de la seigneurie, de toutes matières civiles
» et criminelles.

» Les avantages de vivre sous un gouvernement et sous une juridiction communaux
» ont attiré et retenu à Doullens un grand nombre d'habitants qui ont senti le prix de
» l'égalité et de la liberté paisibles qu'ils y trouvaient.

» Cette ville a toujours été et est encore habitée par 4,000 âmes ; elle est divisée en trois
» paroisses ; elle a tant pour la ville que pour les fauxbourgs, grande et petite banlieue,
» un territoire de deux lieues de diamètre. Plus de quatre-vingts villages et paroisses con-

» sidérables sont immédiatement sous la juridiction de sa prévôté, et deux cent trente sous
» la juridiction de l'Election.

» Il y a eu jusqu'à présent à Doullens, place fortifiée, un état-major pour la ville et la
» citadelle, une Election, un grenier à sel et une juridiction des Traites pour la connais-
» sance des droits des Fermes et Impositions ; une subdélégation de l'Intendance pour l'ad-
» ministration. Il y a encore actuellement une assemblée de Département sous l'assemblée
» provinciale précédemment établie et un bureau intermédiaire subsistant.

» Il est facile de juger par cet ancien état de la ville de Doullens et par ses établisse-
» ments actuels qu'elle n'est pas sans importance : c'est, au contraire, une des villes de
» Picardie du second ordre, la plus renommée, la plus peuplée et la plus étendue.

» On doit remarquer aussi qu'elle est située au milieu d'un pays fertile, arrosée par plu-
» sieurs rivières, environnée d'un grand nombre de bourgs et villages dont elle est le
» centre, le marché et la ressource ; qu'elle est distante d'Amiens de sept lieues, d'Abbe-
» ville de neuf, de Péronne de douze et d'Arras de huit.

» Ce sont ces titres et les considérations que la ville de Doullens présente à l'auguste
» Assemblée nationale, pour lui demander la distinction dont beaucoup d'autres villes moins
» importantes et moins anciennes auront l'avantage de jouir.

» D'abord cette ville est assez considérable et assez étendue pour être le siège d'un dis-
» trict, comme elle est déjà celui d'un Département de l'assemblée provinciale. Il en sera
» formé dans beaucoup de villes qui ne possèdent pas 4,000 habitants.

» Mais ce qui milite encore plus pour cette ville, c'est qu'il est indispensable qu'elle ait
» un tribunal de justice qui remplace les justices seigneuriales, la Prévôté, l'Election, le
» Grenier à sel, la juridiction des Traites.

» L'état de la population de la ville de Doullens demande sans doute qu'elle ait ce tribu-
» nal de justice dans son sein. Il ne serait pas possible qu'un aussi grand nombre d'hommes
» fussent sans juges. Les affaires qui s'y élèvent journellement sont si multipliées que les
» différentes juridictions de l'Hôtel-de-Ville, de la Prévôté, de l'Election, du Grenier à sel
» et des Traites y tiennent alternativement des audiences quatre jours de la semaine.

» Les habitants de Doullens sont d'ailleurs trop éloignés pour aller plaider à Amiens, à
» Abbeville ou à Péronne. (Les suppliants font valoir ici le tort que ce déplacement impo-
serait aux habitants de la ville et des villages environnants)....

» Enfin si la ville de Doullens était réduite comme les simples bourgs et villages à n'a-
» voir que des juges de police, des juges de paix, on la verrait bientôt abandonnée de ses
» principaux habitants ; et le peu qui serait contraint d'y rester, languirait, sans commerce
» et sans industrie dans une humiliante détresse. Une cité qui, presque seule, a su se main-
» tenir dans les droits et prérogatives de son ancienne liberté, ne serait plus qu'un grand
» bourg désert, ruiné et avili....

» Signé : Le Correur, chevalier, maire, | Députés de la commune de Doullens. »
» Dequen, membre de la municipalité, |

C'étaient les députés du département qui avaient mission spéciale de fixer le nombre convenable de districts, et quatre seulement étaient en projet, dont les chefs-lieux devaient être Amiens, Abbeville, Péronne et Montdidier. Les mêmes commissaires doullennais firent paraitre des *observations sur la division des districts du département* dans lesquelles ils reproduisirent les raisons énoncées en leur supplique à l'assemblée nationale. Ils tracèrent en outre les limites à fixer au district qu'ils réclamaient, avec Doullens pour chef-lieu, en tirant une ligne de Caumont à Ailly-le-Haut-Clocher, une autre ligne d'Ailly-le-Haut-Clocher à Albert, et une troisième d'Albert à Bazentin. *Un mot de réplique* (1) parut en réponse, dans lequel on essayait de détruire les motifs que les commissaires doullennais avaient fait valoir en leur faveur. Aux raisons contraires qu'on alléguait, on joignit le ridicule et le persifflage, et la ville de Doullens dut s'entendre dire : « C'est fort bien de répondre et de se » défendre; mais il aurait fallu tâcher d'éviter qu'on se rappelât ces deux vers du bon » La Fontaine :

> Elle, qui n'était pas grosse en tout comme un œuf,
> Envieuse, s'étend, et s'enfle, et se travaille.. ... »

Les députés du département ne se montraient pas favorables aux vœux des Doullennais. Ils consultèrent cependant les diverses communes que Doullens voulait enclore dans son district, et ajournèrent ainsi leur décision. C'était une question de vie ou de mort pour la ville, qui ne s'était soutenue jusque là que par ses établissements publics, et n'avait dû son peu de vitalité qu'au mouvement de population qu'ils y amenaient; les supprimer c'était la ruiner. La lutte fut donc vive et ardente ; les mandataires de la cité firent preuve d'une insistance que rien ne put décourager ; tous les moyens furent mis en œuvre, toutes les protections sollicitées, toutes les influences appelées à contribution. Nous ignorons quel a été l'ensemble des réponses faites par les communes consultées, et si c'est à leur majorité affirmative, ou seulement aux efforts des commissaires doullennais qu'il faut rapporter le succès; mais la joie du triomphe fut grande. La ville, menacée de descendre à la condition de simple commune, resta centre et siége de juridiction ; elle eut son district (arrondissement) et son directoire.

Le décret de l'assemblée nationale, du 14 décembre 1789, réglait le mode d'élection pour constituer la municipalité dont l'organisation était, sauf quelques modifications, ramenée à sa forme primitive. La mairie, que les ordonnances de nos rois avaient fait dégénérer, par mesure fiscale, en une charge vénale, redevenait élective, la première dignité de la commune et une fonction d'autant plus honorable qu'elle était décernée par les suffrages des concitoyens.

Ce fut le 7 février 1790 qu'eut lieu l'assemblée de la commune dans la nef de l'église des Cordeliers, à cause du mauvais état dans lequel se trouvait l'Hôtel-de-Ville. On y procéda à

(1) *Un mot de Réplique pour plusieurs électeurs du District de Doullens, à la Réponse imprimée au nom du Conseil général de la commune de cette ville.* Imprimé à Abbeville.

la nomination du maire, et M. le Correur fut continué dans ses fonctions. Le lendemain et le jour suivant on nomma les huit officiers municipaux et les notables qui, avec le procureur, devaient composer le conseil général de la commune. Le maire et les huit conseillers formaient seuls la municipalité. Puis on prêta le serment civique aux termes des prescriptions royales ; et le maire, les conseillers et les citoyens présents à la cérémonie jurèrent fidélité *à la nation, à la loi et au roi.*

Quelques mois après, pareille démonstration se renouvelait pour la prestation de serment à la constitution (14 juillet). Mais ce n'était pas assez pour les Doullennais dont les sentiments patriotiques demandaient à s'accentuer d'une manière plus solennelle. En conséquence d'une délibération prise par le Conseil de la commune, le 6 du présent mois, un détachement de la garde nationale fut chargé d'aller représenter Doullens, au sein de la capitale, à la fête de la fédération où, parmi quatre cent mille spectateurs, on comptait soixante mille fédérés des départements.

Une autre innovation qui ne dut pas être tout à fait du goût des Doullennais, fut celle relative aux impôts. Jusque là, et depuis longues années, comme nous l'avons vu, ils avaient joui sous ce rapport de priviléges qu'ils avaient su faire maintenir par plusieurs rois ; et la ville et les faubourgs n'avaient supporté dans les derniers temps qu'un taillon payé par les contribuables, sans aucune désignation de biens. Ce fut le 2 juillet que fut dressé le premier rôle des contributions sur l'estimation faite par onze commissaires nommés *ad hoc*, et pris parmi les principaux habitants de la ville.

Après cinq mois environ d'existence, la nouvelle mairie était devenue vacante. La commune s'assembla donc encore dans la nef de l'église des Cordeliers, et nomma maire M. Gorjon de Verville, receveur particulier des finances de l'Election de Doullens. Le lendemain 2 août, le corps municipal, présidé par le nouvel élu, se rendit sur le parvis de l'Hôtel-de-Ville, où M. de Verville fut proclamé maire par M. Chevalier, premier officier municipal, en présence d'un grand nombre de citoyens. Les acclamations de joie, accompagnement obligé de ces circonstances, ne firent pas défaut à la cérémonie ; mais au moins le peuple n'applaudissait que son œuvre, l'élu de son choix, et le dépositaire de sa confiance.

Le district de Doullens, au contraire, n'avait pas été du choix des députés du département de la Somme, ni leur œuvre. A Amiens, on ne reconnaissait pas encore sa raison d'être, et on se montrait assez disposé à demander sa suppression, réclamée également par les *Mémoires* émanés de plusieurs communes de ce district. Le sieur Tattegrain, procureur général syndic du département, fit part à Doullens de ces dispositions ; et, le 18 septembre 1790, le Conseil de la commune s'assembla pour aviser au danger qui menaçait le fruit de tant d'efforts. Sa réponse contenait le refus positif de s'associer à la suppression désirée. Les frais du district s'élevaient au chiffre de 18 ou 20,000 livres.

Cependant les électeurs étaient presque continuellement appelés à exercer leur mandat ; car tout était à reconstituer, et l'élection était la base morale de chaque organisation. La magistrature y était soumise comme l'administration, et on n'avait tout au plus laissé au roi qu'un simple droit de confirmation. Les juges étaient élus pour six ans, et les officiers du ministère public, nommés à vie par le roi. Quant au greffier, on le choisissait parmi les juges. On procéda donc à l'élection des membres qui devaient composer le tribunal de district : M. Dequen obtint la présidence ; et MM. Coulon, Lecointe, Delaune et Dupuis furent nommés juges. Puis, le 5 janvier 1791, le nouveau tribunal fut installé avec un certain déploiement de cérémonies et en présence de nombreux témoins. Les appels de ce tribunal étaient portés à l'un des sept tribunaux les plus voisins, au choix des parties.

Les justices de paix furent instituées à peu près à la même époque, et remplacèrent avantageusement les prévôtés. Doullens fut doté encore de cet autre tribunal, dont les membres étaient également soumis à l'élection. Le but conciliateur de cette institution, comme son nom l'indique, en fit une magistrature honorable, briguée par les noms les plus respectés.

L'assemblée nationale qui renversait tout, pour tout reconstituer, fit cependant des ruines qui ne se relevèrent pas. Au nom de la liberté sans doute, elle exigea des membres du clergé un serment constitutionnel (27 novembre 1790) que réprouvait la conscience, parce qu'il rompait les lois sacrées de la hiérarchie, et était opposé aux principes de la foi et de la discipline, et ce fut une mesure fâcheuse qui devint féconde en divisions, en haines et en discordes. A Doullens comme ailleurs, le clergé régulier et séculier eut ses faiblesses et ses courageuses retractations. Ce n'est pas à nous qu'il appartient d'entrer ici dans des détails qui sont inutiles d'ailleurs et sans valeur historique. Par cette première mesure, les représentants de la nation se plaçaient sur une pente fatale qu'ils devaient descendre tout entière jusqu'à ce qu'ils eussent les pieds dans le sang. La vente des biens du clergé suivit, en effet, de près ; on espérait qu'en les jetant dans le gouffre de la dette publique, on le comblerait ; mais on n'obtint pas le résultat désiré, et il n'y eut que les acquéreurs qui firent de *bonnes affaires*. Puis encore, ce fut la suppression des églises : celles de Notre-Dame et de Saint-Pierre furent fermées et leur mobilier confisqué. Déclarées propriétés nationales, elles ne tardèrent pas à passer entre les mains de spéculateurs peu délicats qui n'eurent pas honte, dans leur vandalisme, d'élever leur fortune sur leurs ruines. Ce fut le 12 septembre 1792 (an IV de la liberté et Ier de l'égalité) qu'eut lieu la vente des églises et cimetières supprimés.

L'église Saint-Martin fut seule conservée et devint, pendant quelque temps encore, le théâtre de scènes religieuses burlesques, pour ne pas dire sacriléges. C'étaient sans cesse des *Te Deum* bruyants et des actions de grâces solennelles ; c'est-à-dire qu'on venait remercier Dieu sur les ruines de ses temples et sur les débris de ses autels. Et comme, à force *d'épurations philosophiques,* la religion n'était plus, en ces tristes jours, qu'un vaporeux patriotisme, l'enceinte d'une église ne s'accommodait plus au vague des idées. Ce fut donc sur la place publique qu'eurent lieu les fêtes politico-religieuses ; l'arbre de la liberté (1) ombrageait l'autel et même le sacrifice ; et la voix du prêtre, déshabituée du langage évangélique,

---

(1) L'arbre de la liberté avait été planté le 25 avril 1792.

jetait à la multitude un enseignement adultère, c'est-à-dire des périodes patriotiques d'autant plus sonores qu'elles étaient vides de Dieu qui, chassé de son sanctuaire, commençait à devenir une abstraction sous le nom d'Etre-Suprême.

Nous avons lu l'éloge funèbre de Mirabeau prononcé du haut de la chaire de l'église Saint-Martin par un vicaire de la paroisse et commençant par ces mots : Mirabeau est mort, Mirabeau vit encore. L'orateur parla des *vertus* de son héros, du *lieu de délices* réservé à ses mérites; mais nous avons vainement cherché dans son discours le mot Dieu. Il est vrai qu'on y trouve les noms de quelques divinités payennes qui étaient déjà alors plus en usage dans le style oratoire. Pour faire l'éloge du tribun, la chaire chrétienne se faisait tribune.

Mais ce serait, nous le redisons encore, céder à une inspiration regrettable que d'entrer ici dans des détails, sous le prétexte d'être plus complet. Sans doute il y eut des faits qu'aucune morale ne pourra innocenter; mais nous croyons aussi que ce n'est pas avec les éléments présents qu'il est donné de bien apprécier les erreurs d'un autre âge. Le matelot qui vogue en paix a-t-il le droit de se montrer trop sévère pour ceux qui se sont égarés dans la tourmente?

Il fallait bien, toutefois, essayer de faire accepter, sinon aimer la révolution nouvelle; il fallait surtout placer à la tête des populations des hommes dont la conscience eût pactisé avec la tendance des événements et qui fussent disposés à entrer sans scrupule dans la voie du schisme. En conséquence M. de Machault, évêque d'Amiens, ayant quitté son siége après avoir refusé courageusement le serment de fidélité à la constitution civile du clergé, les électeurs de la Somme élurent à sa place un évêque schismatique, M. Eléonore-Marie Desbois, curé de Saint-André-des-Arts, à Paris, qui avait reçu la consécration épiscopale de l'évêque de Lydda, usurpateur lui-même du siége de Paris. Le nouvel élu, à peine installé, vint à Doullens, le 30 juin 1791. Il y fut accueilli avec grande pompe. On alla à sa rencontre jusqu'au village de Beauval où un premier compliment lui fut adressé. Son passage vis-à-vis la citadelle fut salué par des décharges de mousqueterie; et, à son arrivée en ville, il dut encore subir deux discours, dont un en latin par un membre du clergé. Puis, la fête se termina par un banquet.

Cependant la nature et la tendance des événements qui s'accomplissaient en France rendaient la guerre inévitable. L'Autriche avait déjà 40,000 hommes dans les Pays-Bas, et ses premiers succès firent crier à la trahison. Le fantôme de l'invasion étrangère se dressait dans les imaginations surexcitées, et on fit un appel immédiat aux volontaires des départements. Ceux qui composèrent le bataillon de la Somme se couvrirent de gloire au combat d'Orchies, dans la nuit du 14 au 15 juillet 1792. Doullens et les environs y fournirent leur contingent. Puis l'ennemi ayant franchi la frontière, et la patrie étant déclarée en danger, la ville abandonna aussi les cloches de ses églises pour être transformées en canons (1), et

---

(1) La petite cloche actuelle de l'église Saint-Martin, ayant été cachée en terre, fut conservée.

un nouvel appel fut fait aux volontaires. Des engins de guerre furent également confectionnés pour être offerts en hommage à la patrie menacée.

Les volontaires doullennais, incorporés au bataillon de la Somme, coururent se renfermer dans Lille que les Autrichiens pressaient vivement. Le danger y fut sérieux ; car bien que l'ennemi n'en eût pas fait le siége régulier, il n'en bombarda pas moins la ville pendant douze jours et y brûla sept cents maisons. Les défenseurs déployèrent un noble courage dans la résistance, et le commandant du bataillon de la Somme écrivait, en parlant de ses compatriotes : « Qu'ils n'entendaient pas se rendre, qu'ils défendraient la ville jusqu'à la dernière goutte de leur sang (1). » Nous avons encore connu, en 1845, lors de l'inauguration de la colonne commémorative de la défense de Lille, quelques-uns des volontaires doullennais qui y avaient pris part (2).

Plusieurs appels furent faits par la patrie menacée au dévouement et au courage des citoyens. Qu'on nous permette à ce sujet un mot de chronique pour dire ce que furent un jour les prétendus volontaires doullennais. La garde nationale, convoquée avec solennité et tout le sérieux qu'imposaient les événements, était réunie sur la place. Il s'agissait d'obtenir l'inscription du sixième de ses membres pour courir à la défense des frontières. Le citoyen Coffigniez, son chef, essaye alors un discours que nous ne rapporterons pas, et par lequel, sous l'inspiration du dieu Mars, il s'efforce de faire vibrer au cœur de ses hommes un élan de patriotisme au niveau des dangers présents. Puis, la harangue terminée, il déclare qu'il est prêt à inscrire les noms des braves disposés à s'enrôler. Hélas ! personne ne voulut être brave ; et, en présence de son insuccès si complet, le digne chef annonça qu'il allait se retirer avec les autres officiers à l'Hôtel commun pour y attendre les enrôlements. Il était alors quatre heures du soir. Coffigniez attendit, en effet ; et, à neuf heures, pas un volontaire ne s'était encore présenté. L'humiliation ne pouvait pas évidemment se continuer plus longtemps ; aussi fut-il résolu que les *volontaires* seraient *choisis* par la voie du sort ; et comme le sort lui-même, dans son aveuglement, pouvait faire de mauvais choix, c'est-à-dire désigner des pères de famille indigents, on s'y prit de telle sorte qu'il ne fit sortir de l'urne que les noms des citoyens assez riches pour se faire exonérer à prix d'argent.

La levée du siége (8 octobre 1792) devait être, à double titre, pour Doullens l'occasion d'une fête patriotique. Elle y fut brillante et accompagnée de toutes les démonstrations en usage à cette époque. L'éloquence des orateurs essaya d'atteindre au diapason de l'enthousiasme populaire : aux discours émaillés des grands mots *de tyrannie couronnée, complots impies, réaction liberticide*, succédèrent les belles et vibrantes strophes de la *Marseillaise*. Les derniers échos de la joie publique s'éteignirent dans la publication faite à Doullens, le 11 octobre, du décret de la Convention nationale (3), en date du 21 septembre précédent,

(1) *Hist. de Montdidier*, t. I, p. 368.
(2) C'étaient MM. C. Dequen, Caj. Dumoulin, Bienaimé, Corsain et Mélanie Paillat.

(3) M. Délecloy, notaire à Doullens, avait été nommé membre de la Convention nationale.

qui abolissait la royauté et proclamait la République française une et indivisible. Tous ceux qui n'avaient point intérêt à désirer l'anarchie n'osèrent plus alors regarder dans l'avenir, parce que la rapidité avec laquelle les événements se précipitaient, laissait entrevoir de monstrueuses scènes. La France allait devenir, en effet, une arène sanglante dominée par l'échafaud de la royauté (21 janvier 1793). Nous avons entendu des hommes embarrassés sans doute des gouttes de sang qui, de cet échafaud, avaient jailli sur leurs noms, affirmer encore que l'assassinat de Louis XVI était une nécessité !

Six jours auparavant, l'attention des Doullennais avait été distraite de ces excès démocratiques par un incident d'une nature bien différente. M. l'abbé de la Caille, de l'Académie des sciences, envoyé par ordre du gouvernement pour reconnaitre la ligne méridienne de Paris à Dunkerque, était arrivé à Doullens. Il choisit pour siége de ses observations une pièce de terre située au canton de la Croix de l'Éperon, au-dessus du chaufour du chemin de Haute-Visée-le-Beau. Mais la curiosité publique eut à peine le temps de s'attacher à ses opérations. De trop graves objets captivaient toutes les pensées ; chacun avait besoin de veiller à soi. Un mot, un geste rendait suspect ; et la délation avait cessé d'être une lâcheté.

A ceux qui veulent que la mort du roi ait été une nécessité, nous répondrons qu'on en fit, en effet, une nécessité efficiente. Par elle, la nation rompait cruellement avec le passé et se compromettait envers l'Europe. Mais aussi, en lui jetant ainsi la tête du monarque en défi, il fallait être décidé à vaincre à tout prix. C'est ce que comprenait bien l'armée lorsqu'elle écrivait à l'Assemblée : « Nous vous remercions de nous avoir mis dans la nécessité » de vaincre. » Pourtant la guerre faisait de grands vides dans la population. De fréquents appels étaient faits en hommes et en équipements. La municipalité de Doullens fit donc publier, le 20 mars, un arrêté du directoire du département de la Somme, en date du 10, par lequel tous les citoyens devaient, dans les trois jours de la publication, déposer à la commune du lieu de leur domicile leur habit, veste et culotte uniformes, pour servir à l'habillement des volontaires, sous peine, en cas de refus, de deux cents livres d'amende, car une nouvelle levée de 300,000 volontaires venait d'être ordonnée (24 février 1793).

Chacun s'empressa de porter son offrande, qui en argent ou en assignats, qui en équipements, qui en armes, fusils, sabres, etc. Mais, comme le patriotisme, qui chez un grand nombre n'était que le manteau de la peur, ne parut pas assez fécond, on se dispensa des injonctions. Des perquisitions à domicile opérèrent un désarmement complet, et permirent de mettre en réquisition les chevaux des particuliers et leur fourrage. Il fallait assurer l'approvisionnement de l'armée du Nord, et tous les moyens furent trouvés bons ; car la loi suprême était alors le salut de la République. Ces mesures n'étaient pas exécutées sans l'accompagnement obligé de violences, de rapines et de brigandages. Des malfaiteurs, connus sous le nom de réchauffeurs de pieds, exploitaient la terreur des campagnes, et chaque commune dut avoir sa garde armée en permanence.

La ville elle-même n'était pas beaucoup plus tranquille : de mauvaises pensées, qui fermentaient au cœur de ceux qui avaient faim, étaient toujours prêtes à faire explosion. Les passions du moment envenimaient à leur tour la situation. Aussi, le 10 septembre 1793, la cité devint-elle le théâtre d'une véritable émeute contre laquelle le commandant Bouchotz lutta énergiquement, et ne dut son salut qu'à l'intervention de la garde nationale.

La désillusion se faisait peu à peu, engendrant la désaffection : on le comprit, et deux commissaires furent envoyés par la Convention pour réchauffer le patriotisme du département de la Somme (août 1793). C'était André Dumont et Joseph Lebon. Leur présence porta à son comble l'effroi général. Le nom seul de ce dernier, abominable pourvoyeur de la guillotine, donnait le cauchemar : on ne connait que trop ses exécutions d'Arras. Il ne pouvait paraître en public sans qu'on regardât à ses mains, tant on les croyait teintes de sang; dans les plis de son front il y avait des arrêts de mort (1).

La présence d'André Dumont à Amiens imprima de l'activité et de l'énergie aux mesures que réclamaient les circonstances. Sous sa pression, la commission provisoire du département arrêta, dans sa séance du 27 septembre, que 12,000 sacs de blé seraient requis immédiatement pour pourvoir à l'entretien de la garnison de Lille. Voici dans quelle proportion chacun des districts devait contribuer à cette réquisition :

District d'Amiens.	2,000
Id. d'Abbeville.	2,000
Id. de Péronne	3,500
Id. de Montdidier. . . .	3,000
Id. de Doullens	1,500
Total	12,000

Nous avons voulu donner ce tableau dans son entier, afin de faire ressortir le degré proportionnel de prospérité agricole que MM. les commissaires ont attribué au district doullennais. Leur arrêt portait en outre que, le jour même de sa réception, les directoires de districts feraient la répartition de leur contingent sur les communes de leur ressort.

Le 6 octobre suivant, nouvel arrêt de réquisition pour l'approvisionnement de la ville de Paris, berceau de la liberté. Douze cents sacs de farine devaient être fournis sans délai, et transportés dans les magasins de la ville de Roye.

District d'Amiens.	200
Id. d'Abbeville	200
Id. de Péronne	350
Id. de Montdidier . . .	300
Id. de Doullens	150

Le poids devait être de 350 livres par chaque sac de farine ; on pouvait aussi donner l'équivalent en blé, et ce, sans préjudice des huit quintaux par charrue, antérieurement requis.

(1) Lebon, dit lui-même André Dumont, voulait toujours *agir révolutionnairement*, c'est-à-dire *assommer*.

Jean-Bon-Saint-André et Laignelot, représentants du peuple dans les départements maritimes de la République, y avaient beaucoup à faire pour doter nos ports de bâtiments de guerre. Ils prirent un arrêté portant réquisition dans chaque district de douze charpentiers et de six tonneliers non classés, pour être envoyés à Brest sur-le-champ. L'administration du département de la Somme ayant reçu 300 exemplaires de cet arrêté, en fit passer 40 immédiatement au district de Doullens, avec ordre de s'y conformer (16 ventôse an II).

Cependant les commissaires de la Convention, Dumont et Lebon ne commencèrent pas leur terrifiante tournée par Doullens. Le zèle de la commune n'avait pas besoin, il est vrai, d'être excité. Ses membres gémissaient même sur le peu de patriotisme du département; et quand la terreur eut appesanti son bras sanglant sur le pays, ils ne purent s'empêcher de donner un libre cours à leurs sentiments. Leur satisfaction s'épancha en élans de reconnaissance qui rebondirent jusqu'à la Convention nationale. Dans leur adresse à cette assemblée, en date du 4 décembre, on y remarque cette phrase : « Au milieu des travaux » glorieux du représentant Dumont, les républicains ne pouvaient manquer de le conjurer » d'achever son ouvrage. Il s'en fallait de beaucoup que ce département fût à la hauteur » de la Révolution avant l'arrivée de ce représentant, l'un de vos membres. » Cette ardeur de zèle avait le tort d'être un peu tardive. Un décret de la Convention, du 31 octobre, venait d'enlever à Doullens la dénomination de ville pour lui substituer celle de commune.

Le patriotisme avait été effectivement réchauffé, à tel point même que la vigilance de la commune de Doullens se trouva en retard. Ce fut d'une autre source, paraît-il, que des dénonciations furent adressées à Paris, à André Dumont (16 frimaire). Vingt-deux personnes étaient désignées tant à Doullens qu'à Amiens et à Abbeville. Heureusement que la délation n'avait pas pris le chemin d'Arras, à l'adresse de Joseph Lebon ; il n'eût pas manqué d'appliquer à Doullens son grand système d'épuration et d'y faire fonctionner son instrument régénérateur. La citadelle n'en ouvrit pas moins ses portes pour recevoir plusieurs pères coupables d'avoir leurs fils en émigration (1). *Quarante-quatre charrettes de prisonniers étaient arrivées d'Abbeville.*

Au nombre des peines dont s'armaient chaque jour les tyrans, il faut compter aussi la destitution ; et tel devait être le sort réservé à M. le Correur, notaire et ancien maire de la ville. Ecoutons André Dumont, page 246 de son *compte-rendu* : « Un arrêté de St-Just et » Lebas avait destitué tous les ex-nobles ; un citoyen, nommé *Lecoreur de Doullens*, ami » de la liberté depuis 1789, avait été compris dans cette mesure. J'obtins qu'il reprendrait » ses fonctions. »

Mais c'était la religion qui, sous le nom de fanatisme, était l'objet des haines les plus vives. Son exercice fut restreint peu à peu ; les signes extérieurs en furent abolis et brisés. Le 1er nivôse an II de la République, on décida *l'échange du bois des calvaires contre du*

---

(1) Le citoyen L. A. J. Broglie, détenu à Doullens, écrivit alors à A. Dumont une lettre pressante dans laquelle on lit : « Je vois tous les jours l'effet de ton » équité porter sur mes co-prisonniers ; je ne peux » croire qu'il n'arrivera pas jusqu'à moi. » Le suppliant ne fut pas rendu à la liberté immédiatement

bois à brûler ; un autre jour, on procéda à l'adjudication de l'enlèvement des croix et autres signes religieux qui ornaient et surmontaient les églises, chapelles et autres lieux saints ; et le 27 du même mois de nivôse, il fut déclaré que la vente faite au profit des pauvres des ornements d'église avait produit la somme de 436 livres. C'en était donc fait de tout exercice du culte ; plus d'offices publics, plus de dimanches ni de fêtes.

Le calvaire de la porte Saint-Ladre ne fut pas abattu cependant sans que les exécuteurs de la profanation rencontrassent une noble et courageuse résistance. Le nommé Chaffart, menuisier à Doullens, s'étant présenté avec ses ouvriers pour renverser ce signe du salut de l'homme, y trouva des dragons appartenant à la garnison de la citadelle qui s'opposèrent à l'accomplissement du mandat impie. Chaffart ayant insisté, les soldats dégainèrent et menacèrent de le hacher à coups de sabre, lui et ses ouvriers. Pour en finir, on fut obligé de consigner les dragons dans la citadelle, et de donner à Chaffart un détachement de gardes nationaux qui, moins religieux et plus dociles, protégèrent la destruction et l'enlèvement du calvaire.

L'église Saint-Martin elle-même, seule conservée, comme nous l'avons dit, avait également fermé ses portes aux fidèles. Son enceinte, dépouillée et récemment profanée par l'infâme culte de la déesse Raison, devint un lieu de réunion pour les fêtes et les assemblées de la commune ; et sa chaire, une tribune à la démagogie et au blasphème. Les prêtres durent prendre le chemin de l'exil ou cacher pendant le jour leur existence dans de sombres retraites, et pendant la nuit l'exercice de leur ministère dans de nouvelles catacombes ; car la convention avait permis à ses commissaires « d'emprisonner par douzaines les ani- » maux noirs », disait André Dumont (1). « Partout, écrivait-il, on ferme les églises, on » brûle les confessionnaux et les saints ; on fait des gargousses avec les livres des » lutrins. » Un cordelier inoffensif, abrité par son serment constitutionnel, ne quitta pas la ville, et resta chargé de porter, moyennant quelques précautions, les dernières consolations religieuses à ceux qui, en mourant, ne pouvaient pas se décider à croire que les hommes avaient supprimé Dieu en détruisant son culte et ses autels.

Mais les émigrés étaient toujours le grand épouvantail, si mieux l'on n'aime dire que les scélérats qui possédaient alors le pouvoir évoquaient à dessein les complots de la réaction, dans l'espoir de légitimer aux yeux du peuple leurs barbares moyens de domination. Quoi qu'il en soit, quiconque avait préféré l'exil aux perspectives de la guillotine, et les amertumes de la terre étrangère aux aménités des égorgeurs nationaux, était poursuivi jusque dans ses biens, traqué jusque dans sa femme et ses enfants. Le directoire révolutionnaire du district de Doullens arrêta, en effet, le 10 janvier 1794, qu'en conformité des lois, les biens appartenant aux pères et aux mères qui avaient des enfants émigrés, seraient sequestrés et placés sous la main de la nation, jusqu'à ce qu'ils eussent établi la preuve

---

(1) Ces paroles respirent plus que le *ridicule,* quoique André Dumont soit *déclaré n'avoir employé que cette seule arme contre les prêtres en général.* Est-ce encore le *ridicule* seulement qui se traduit dans cette phrase : « La plus longue guerre que je fis, fut dirigée » contre le fanatisme. »

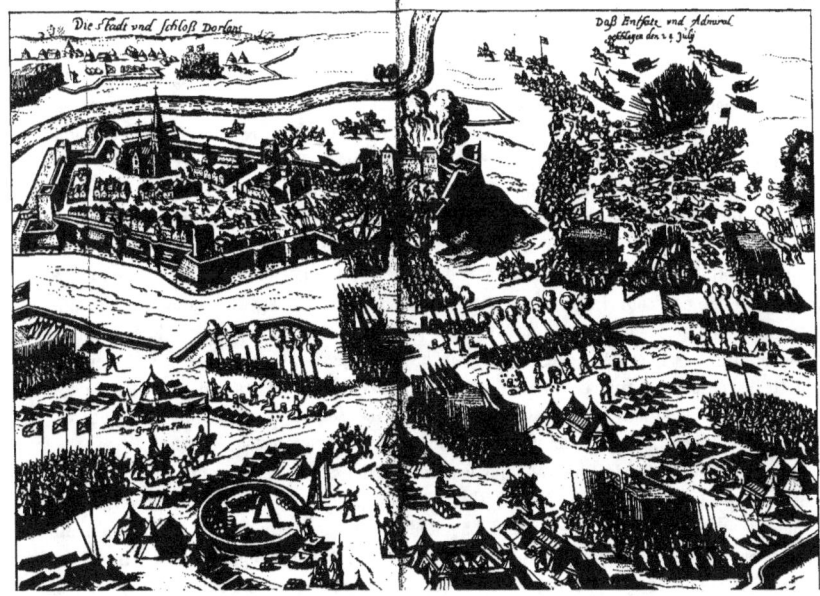

PLAN DU SIÈGE DE DOULLENS EN 1595.
FAC-SIMILE D'UNE GRAVURE TIRÉE DU CABINET DE M. CH DUFOUR.

qu'ils avaient agi activement et de tout leur pouvoir pour empêcher l'émigration. Il y aurait eu moins de lâcheté à les détrousser à main armée sur les grands chemins.

Mais le courage civique revêtait alors d'autres formes. La délation, nous l'avons dit, était l'une des plus communes : M. le comte de France-d'Hésecques, détenu dans la citadelle de Doullens, en fut l'objet. Une lettre de dénonciation, écrite à André Dumont, le 15 nivôse an 2, lui apprenait que la tranquilité publique de Mailly était en danger ; que le maire, le premier officier municipal et le juge de paix se voyaient menacés par la vengeance de l'aristocratie, qui voulait les immoler, et que le foyer du mal était à Doullens : « Comme » le citoyen de France, disait-on, reçoit, à chaque instant, des visites de ses affidés, et » que ceux-ci reviennent à Mailly semer les mauvais principes qu'il leur débite, je crois » qu'il serait bon que tu donnasses l'ordre de lui interdire toute communication à l'extérieur » de la citadelle. »

La crainte était sans fondement, et l'affaire n'eut pas de suite fâcheuse pour M. de France. En voici la preuve dans cette lettre de sa femme au représentant Dumont : « On » ne peut rien ajouter à la reconnaissance dont je suis pénétrée : c'est un sentiment que » mon mari partage par la justice que vous avez rendue à son innocence : sa liberté a rendu » au bonheur toute ma famille qui, comme moi, conservera toujours le souvenir de l'inté- » rêt que vous avez pris à nos malheurs..., Signé : Deharchies-Defrance. »

Peu de temps après, André Dumont se rendit à Doullens. Il y arriva le 23 février, et on lui fit un accueil digne d'un prince. N'était-il pas d'ailleurs un des princes de l'époque ? Sa bienvenue fut saluée par une fête nationale organisée en son honneur. La société populaire de la commune eut pour lui des sourires fanatiques, des hommages adulateurs, un louangeur et stupide verbiage, et elle ne manqua pas de vouloir en faire passer le souvenir à l'immortalité, par le procès-verbal filandreux de ses opérations. Peut-être que ce vent de la flatterie, en passant sur la crinière du lion, fit tomber sa colère ; car on ne voit pas que, malgré les dénonciations, André Dumont ait marqué son passage à Doullens par des rigueurs. Il était loin, au reste, de partager l'ardeur sanguinaire de son collègue.

Nous avons dit qu'il était heureux que les dénonciations qui concernaient Doullens n'eussent pas été adressées à Joseph Lebon. Un jour vint portant où elles lui parvinrent, et de ce jour-là il resta un triste souvenir. La citadelle, convertie en prison nationale, avait ouvert ses portes à un certain nombre de citoyens coupables de compter leurs enfants dans les rangs de l'émigration. C'était un crime qui paraît n'avoir pas été assez apprécié par le général Buchotte, commandant de la place, et chargé de la garde des prisonniers. Humilié d'être geolier, il lui répugnait de devenir bourreau ; en conséquence, il laissait aux détenus, non pas une liberté même restreinte, mais certains adoucissements à leur captivité, et fermait les yeux sur les secrètes relations qu'ils conservaient avec leurs familles. Lebon en eut avis (1) : aussitôt la citadelle de Doullens ne fut plus, à ses yeux, qu'un foyer de conspiration, et la modération du commandant prit les proportions d'un crime capital. La

(1) Nous sommes obligé d'avouer que la dénonciation a été faite par un Doullennais.

patrie était menacée si on laissait plus longtemps à la surface de la République cette scorie dangereuse. Ce virus appelait l'application du grand exutoire national. André Dumont se vit forcé de faire transporter Buchotte dans les prisons d'Amiens, espérant peut-être que cette arrestation suffirait à donner satisfaction aux alarmes des dénonciateurs. Mais il comptait sans l'ardeur sanguinaire de Lebon, qui avait flairé dans le malheureux commandant un gibier de guillotine, et dans la prison de Doullens une belle fourniture à ses exécutions régénératrices. Afin de mieux mettre en relief son patriotisme, il voulut rendre compte au comité de salut public de ses opérations comme de ses desseins :

« Arras, 22 ventôse an 2.

» Du fond de leurs prisons les gens suspects complottent encore la ruine de la patrie.
» J'ai été éveillé ; soudain j'ai envoyé à la citadelle de Doullens sept terribles patriotes qui...
» m'ont ramené pour le tribunal une douzaine de scélérats mâles ou femelles....
» Buchotte, l'indigne commandant que je vous ai dénoncé, est à Amiens par ordre
» d'André Dumont..... mais il ne pourra se dispenser d'expier ici ses intelligences crimi-
» nelles..... Cette expédition inattendue a fait ressortir un grand nombre de vauriens qui
» s'enfonçaient dans les ombres du tableau. J'étendrai les bras dans les départements envi-
» ronnants.... Je ne peux ni ne dois croire à tout ; mais le comité de salut public doit sans
» cesse avoir les yeux ouverts sur ses collègues dans les départements.

» Signé : LEBON. »

Dès lors que le commisération du général Buchotte pour les prisonniers confiés à sa garde prenait aux yeux des Argus patriotes les proportions d'une conspiration contre-révolutionnaire, il devenait nécessaire d'en rechercher soigneusement tous les éléments. Aussi les scellés furent apposés sur les meubles et les papiers du général. La levée en fut faite par le citoyen Scribe (1), avec procès-verbal de l'opération envoyé à Lebon contre un récépissé de sa main. Parmi les pièces saisies figurait un paquet scellé du sceau même du général et de celui du district de Doullens. Que contenait ce paquet ? nous l'ignorons ; mais à des yeux prévenus il ne pouvait être qu'une pièce de conviction ; et avec un peu d'efforts on devait y trouver de précieuses révélations, des témoignages accusateurs, tout un plan criminel de machinations hostiles à la patrie. Joseph Lebon y vit, en effet, tout le détail d'une terrible conspiration sur laquelle l'ignorance d'André Dumont, son collègue, lui parut suspecte. Il lui écrivit immédiatement pour réchauffer son zèle et lui donner des ordres qui impliquaient une menace Voici sa lettre ; il semble qu'elle ait été écrite au pied de la guillotine.

« Arras, le 24 ventôse, l'an 2 de la République française.

» Mes commissaires m'ont ramené de Doullens onze têtes ; déjà deux sont tombées hier,
» les autres vont suivre incessamment. Je tiens le fil d'une terrible conspiration, et c'est
» pourquoi le Comité de salut public, à mon dernier voyage, m'a autorisé à étendre les
» bras de la justice sur tous les départements environnants. Ma besogne est telle ici en ce

(1) C'était un jeune homme qui servait d'aide-de-camp à André Dumont.

» moment que je ne ferai ailleurs que des opérations très-urgentes; telle était celle de la
» saisie des papiers à la citadelle de Doullens ; mais je te préviens, et sans doute tu en es
» instruit, et tu vas y mettre ordre, que les détenus ont de très-grosses sommes et beau-
» coup d'argenterie ; tout cela doit être sequestré d'après le décret ; et tu les assujettiras à
» une nourriture simple et commune, au lieu des dindons, lièvres, etc., qu'ils ont pendus à
» leurs crocs, et qu'ils achètent au-dessus du maximum.

» Je t'avertis aussi que plusieurs de tes alentours sont compromis dans les papiers
» saisis. Une certaine Louvencourt se vantait ici d'ordonner auprès de toi élargissement et
» arrestation, etc.... » Joseph LEBON (1). »

Robespierre, quoique très-occupé à Paris, ne pouvait rester indifférent au travail régénérateur de son pays. Son patriotisme était assez fécond pour fournir une abondante moisson à deux guillotines à la fois. Fouquier-Tinville et Lebon étaient ses obligés sous ce rapport et lui devaient de la reconnaissance. Ce dernier surtout, depuis qu'il avait été à Paris se retremper dans l'énergie des chefs, dans la bâve des plus ardents, avait senti sa fureur s'exalter à outrance. Le sang coulait à flots ; le terrible instrument ne chômait plus, et la citadelle de Doullens avait fourni son contingent de victimes. Cette bonne nouvelle méritait d'être envoyée aux frères et amis comme une compensation à leurs travaux et un délassement à leurs fatigues. Le citoyen Darthé, émissaire de Lebon, avait une plume assez bien taillée pour retracer ces détails ; et son style était en harmonie avec ces épanchements intimes de l'amitié. Sa lettre, quoiqu'un peu longue, adressée à Le Bas, porte trop le cachet de l'époque pour n'être qu'analysée. Tout y est affreux, le fond et la forme.

« A Arras, le 29 ventôse an 2 de la République française.

« Je vais te donner, cher ami, quelques détails sur ce qui se passe ici. Lebon est revenu
» de Paris transporté d'une sainte fureur contre l'inertie qui entravait les mesures révolu-
» tionnaires. Tout de suite un jury terrible, à l'instar de celui de Paris, a été adapté au
» tribunal révolutionnaire ; ce jury est composé de soixante bougres à poil.

» Une perquisition vient d'être faite à la citadelle de Doullens par une commission
» ardente de sept patriotes (j'étais du nombre). On y a trouvé des papiers contre-révolu-
» tionnaires, des provisions de bouche et d'argent énormes. L'infâme commandant se prê-
» tait et favorisait la correspondance des monstres dont la garde lui était confiée. Nous
» l'avons enlevé, ainsi que douze de ces scélérats. La guillotine depuis ce moment ne dé-
» sempare pas ; les ducs, les marquis, les comtes et barons, mâles et femelles, tombent
» comme grêle (2).

(1) Extrait du *compte-rendu par André Dumont à ses commettants*, page 161. Cette lettre et la précédente prouvent qu'André Dumont était devenu suspect à Lebon, qui s'était fait donner l'ordre *de le surveiller*.

(2) Les victimes fournies par la citadelle furent, outre le commandant, le maréchal de Mailly, M. Hémart, conseiller au conseil d'Artois ; Caneau du Rote- leur, ancien échevin de Douai; Thérèse Dufour, de Douai ; Liger, ancien receveur de l'abbaye de St.-Vaast; le comte de Montgon, lieutenant du roi à Arras ; Prevot, notaire à Arras ; Ansart, id. à St-Pol; Theillier de la Neuville ; Massias ; Caffin ; Lambert; Louise Theillier, femme d'Eloi de Corbehem, etc., etc.

» La société populaire vient de se régénérer ; de trois cents à quatre cents membres qui
» la composaient, elle n'est plus que de soixante-trois, y compris une douzaine d'absents
» (les deux *Robespierre*, *Guffroy*, etc.) *Delleville* n'en est plus, *Galland*, *Asselin* père,
» *Beugnet*, président du tribunal révolutionnaire, etc. On m'a rendu justice, je suis des
» soixante-trois. Nous venons d'arrêter que nous dresserions l'acte d'accusation de tous les
» gros aristocrates d'Arras d'abord, et ensuite des autres endroits du département.

» Le tribunal ne peut plus y suffire ; aussi *Lebon* vient-il d'y adjoindre une seconde sec-
» tion. L'esprit public est ici monté au plus haut degré. *Dubois*, ci-devant président du
» département, est démasqué comme un intrigant et un ambitieux, un noble enfin.

» *Lebon* n'est occupé qu'à rédiger des actes d'accusation ; et nous, à cinq, à six, à inter-
» roger, faire des visites domiciliaires dans lesquelles nous faisons toujours des découvertes
» précieuses ; nous ne dormons plus.

» *Guffroy* a révolté tous les patriotes contre lui..... Il enfile le chemin de la guillotine.
» Le fameux *Wallart*, président du district de St.-Pol, vient d'être suspendu et mis en état
» d'arrestation par les ordres de Lebon. *Capron* l'avocat, Henri *Theiller* père et fils, *Ansart*,
» *Ange Joanne*, *Euzèbe Herman*, etc., etc., ont été arrêtés il y a quelques jours, par le
» comité de surveillance de St-Pol. Il n'y a pas un de ces coquins-là qui n'ait mérité d'éter-
» nuer dans la besace. Tu imagines bien qu'il a fallu donner quelques coups de fouet. Je
» lance d'ici nos sans-culottes et leur mets le feu sous le ventre.

» Nous l'avons juré aussi : la Convention a déclaré qu'elle sauverait le peuple, nous la
» seconderons de tout notre pouvoir. Les rapports de St.-Just ont embrasé toutes les
» âmes.....

» Darthé. »

Le malheureux commandant de la citadelle fut effectivement guillotiné à Arras, avec un certain nombre de prisonniers dont il avait la garde. André Dumont, qui l'avait fait incarcérer à Amiens, ne put lui sauver la vie. Il était trop difficile d'arracher des mains de Lebon les victimes qu'elles avaient une fois saisies. Et puis, l'eût-on voulu, on n'en avait pas le temps. L'instruction du procès, le jugement et l'exécution se suivaient le plus souvent sans interruption (1). Le seul délai accordé aux victimes fournies par la citadelle fut celui du trajet jusqu'à Arras ; car l'échafaud ne se dressa jamais dans les rues de Doullens, dont les habitants n'eurent pas à gémir sur les abominables excès qui souillèrent tant d'autres cités. Ce n'est pas que Joseph Lebon n'ait essayé d'y introduire son terrible instrument et d'y venir en personne travailler à l'épuration de la ville ; mais le maire lui ayant fait comprendre qu'une fois entré il pourrait bien arriver qu'il n'en sortît pas, effraya son patriotisme au point de lui faire perdre la pensée de tenter l'épreuve. Joseph Lebon tenait avant tout à conserver sa propre vie pour le bien de la République une, indivisible et impérissable.

André Dumont, au contraire, n'était pas pourvoyeur de guillotine. Son zèle patriotique se

(1) Lebon écrivait à Dumont le 17 nivôse : « Tu peux m'envoyer tout prévenu quelconque, car de suite je le
» livre au tribunal. »

traduisait le plus souvent par l'emphase des paroles et la sonorité des expressions. Il éclatait en menaces, en imprécations ; peuplait les prisons, mais n'était pas altéré de sang. Lorsque sa main s'abattait sur les victimes désignées à la vengeance de la République, c'était plutôt pour les faire oublier que pour les immoler. Peut-être est-ce à cette modération (1) couverte par l'ardeur des paroles (2) qu'il faut rapporter l'enthousiasme que sa présence causa aux patriotes doullennais. Depuis son dernier séjour parmi eux, ils n'avaient cessé de l'exalter à l'égal d'un demi-dieu. La société populaire surtout qui avait été honorée de sa visite, de ses discours et des témoignages de sa sympathie, était rayonnante de bonheur, et sa joie avait besoin de déborder en chauds élans de patriotique reconnaissance. La lettre suivante nous montre à quelle hauteur de style elle s'éleva. Le héros dut être flatté.

« Doullens, germinal, 2° année républicaine.

» Longtemps ce département fut souillé par les ennemis secrets de la patrie ; longtemps
» leurs projets liberticides furent servis par des Chabot, par ces monstres altérés de sang ;
» longtemps nous avons été les jouets de ces vautours, etc... Des travaux étendus appe-
» laient à les remplir un esprit vaste, un véritable ami du peuple.

» Tu fus le messie choisi, et tu vins remplir avec éclat les immenses fonctions attachées
» à cette pénible mission.

» Nous ne te ferons point ici l'énumération des belles actions qui honorent ton apostolat ;
» chaque jour tu en augmentes le nombre ; chaque jour tu fais de nouvelles conquêtes à la
» liberté, et tu en as affermi à jamais la base.

» Pourtant le peuple reconnaît en toi un père ; partout on le voit te recevoir avec
» enthousiasme, te témoigner sa reconnaissance de tes utiles travaux, et te répéter mille
» fois le serment de soutenir la République jusqu'à la mort.

» Longtemps nous avions envié le sort de nos voisins ; longtemps nous avons désiré
» pouvoir te donner une nouvelle preuve de notre attachement, et renouveler en tes mains
» les vœux sacrés de notre baptême politique.

» Ce beau jour, ce jour si désiré a enfin paru sur notre horizon ; le 5 ventôse dernier,
» notre commune a eu le bonheur de te posséder. Après tes intéressants travaux, elle a
» cru devoir t'offrir une fête nationale. La société a cru devoir l'immortaliser par un
» procès-verbal de tes opérations.

» Daigne en recevoir l'hommage. Le peuple de Doullens ne s'écartera jamais des sages

---

(1) Camille Desmoulins a cependant dit et écrit que « André Dumont n'était pas suspect de modérantisme. »

(2) « On me demandait du sang, je renvoyais de » l'encre, » a-t-il dit de lui-même, page 200 de son *Compte-rendu*. — « La mission d'André Dumont dans » le département de la Somme, dit Lacretelle, est une » sorte de phénomène historique. Personne ne parla » avec plus de dureté que lui le langage révolution-
» naire. Il fit de nombreuses et de continuelles arres-
» tations ; mais j'ose le dire, parceque j'en ai acquis
» la conviction sur les lieux mêmes, il sauva la vie de
» ceux envers lesquels il se montrait si redoutable. »
(Précis hist. de la révol. franç.)

» leçons que tu lui as données, et nos efforts réunis déconcerteront toujours les infâmes
» projets des ennemis de la République (1). »

Suivent les signatures.

Dix jours après, la société populaire régénérée de la commune de Doullens publia son réglement. Aux termes de l'un de ses articles, elle s'engageait à ne discuter que les questions qui avaient rapport à l'ordre public, à la liberté et à l'affermissement de la constitution républicaine. Cette association n'était au fond qu'une superfétation entachée du ridicule dont les hommes de cette époque avaient peine à se défendre. Ses membres pouvaient être de bons marchands ; mais ils n'étaient pas à la hauteur des questions qu'ils prétendaient discuter. Leur humeur inquiète, remuante, ne pouvait guère prétendre à d'autre honneur qu'à celui de remplir l'office de la mouche du coche ; et la nécessité de cette société se faisait d'autant moins sentir, qu'en dehors d'elle, Doullens avait encore l'avantage de compter un comité révolutionnaire de la commune. On comprend que ces éléments divers, quoique organisés dans un même but, n'aient pas voulu rester inactifs. Ils rivalisaient de patriotisme, pesaient sur l'opinion publique et ne pouvaient souffrir que leur cité fût privée d'aucune des scènes tantôt tristes, tantôt grotesques, tantôt impies qui devaient inoculer au cœur des habitants l'amour sacré de la patrie. Les fêtes civiques, les cérémonies relatives à la plantation des arbres de liberté y furent les mêmes qu'ailleurs. On en retrouve les détails dans toutes les histoires qui ont enregistré les faits de cette époque. A l'absolutisme de l'ancien régime avaient succédé la dictature des meneurs et le despotisme de la peur. Comme le dit très-bien un historien récent : « Des trois mots qui
» formaient la devise de la République : *liberté, égalité ou la mort*, le dernier seul était
» une vérité. »

Pendant que le peuple français chantait et dansait par ordre de la Nation, la guerre continuait toujours avec les ennemis du dehors. Il fallait armer sans cesse et équiper les nouveaux défenseurs que la patrie envoyait sur ses frontières, et les finances restaient épuisées ; le numéraire était rare, si rare qu'on dut mettre en fusion les cloches des églises pour faire des gros sous à défaut d'or et d'argent. La Convention pensa alors à tirer profit du désarmement général qui avait été exécuté antérieurement. En conséquence, sur la réquisition de l'agent national de la commune de Doullens, en exécution de la loi du 6 mars précédent, et conformément à l'arrêté du représentant du peuple Bollet, en date du 18 avril, deux maîtres armuriers procédèrent à l'estimation des sabres de trente pouces de lame déposés au secrétariat de la municipalité par les particuliers de cette commune (14 mai 1794).

Si le culte de la raison avait été le triomphe de l'athéisme, il devint aussi pour la révolution une honte ineffaçable et un enseignement éternel. Il avait gravement compromis la

---

(1) Ibid. p. 205. André Dumont ne cite pas cette lettre sans quelque gêne, et il ajoute : « Toutes les » têtes étaient tournées, et toutes les adresses de ce » temps-là avaient la couleur du style oriental. »

cause républicaine aux yeux de la population des départements qui voulait rester chrétienne. Robespierre le comprit, et sa haine contre les Hébertistes et les Dantonistes s'en servit comme d'un levier pour battre en brèche ses ennemis. Ce furent ses calculs politiques et son amour de la popularité qui obtinrent de la Convention le décret favorable à la liberté des cultes. Mais les sacriléges avaient porté fruit, et le catholicisme aboli de fait ne se releva pas. En vertu du décret du 7 mai, on substitua à l'inscription : *Temple de la Raison*, placée au frontispice de l'église Saint-Martin de Doullens, ces mots : *Le peuple français reconnaît l'Être-Suprême et l'immortalité de l'âme* (1).

Le 8 juin, eut lieu la fête d'inauguration de la nouvelle religion. On y déploya quelque solennité ; le nom de Dieu y fut prononcé ; mais ceux qui avaient senti germer dans leurs âmes un doux sentiment d'espérance, en voyant poindre une pensée de reconstruction au milieu de tant de ruines, ne tardèrent pas à être détrompés. La fête de l'Être-Suprême ne fut, à Doullens comme ailleurs, qu'une honteuse parodie, une insulte de plus à la divinité, une impiété déguisée, le blasphème en action. Aussi l'église resta fermée ; tout homme religieux fut encore suspect, et l'athéisme continua de se traduire sous toutes les formes.

Le 27 du même mois, un arrêté du maire, des officiers municipaux et de l'agent national de la commune de Doullens, requit les jeunes gens de 16 à 17 ans de se trouver au district, le lendemain à six heures du matin, pour qu'il fût fait choix de trois élèves à envoyer à l'école de Mars.

Cependant, comme toute médaille a son revers, Doullens allait voir aussi les difficultés succéder aux fêtes et aux joies, et engendrer insensiblement le désenchantement. L'armée du Nord, commandée par Pichegru, comptait 70,000 hommes entre Lille et Dunkerque ; 50,000 entre Cambrai et Bouchain, et 40,000 entre Maubeuge et Avesne. Les événements militaires qui s'y passèrent et dans lesquels les revers balancèrent les succès, donnèrent lieu à d'importantes évacuations de blessés et de prisonniers sur Doullens. L'hôpital en fut encombré, et les administrateurs prirent de là occasion pour demander au ministre de la guerre la transformation de l'établissement en hôpital militaire sédentaire. Le ministère accorda ensuite des secours à raison de 1 livre 7 sols 4 deniers par jour pour chaque soldat ; mais de nouvelles réclamations ne tardèrent pas à s'élever sur l'insuffisance de ce secours, et constatèrent un chiffre de dettes de 15,000 livres.

Ce n'était pas tout ; le district de Doullens avait apporté quelques lenteurs dans l'exécution et le versement des réquisitions faites pour l'armée. Le patriotisme des paroles perdait donc à être traduit en actes ; mais la commission de commerce et d'approvisionnement de la République n'entendait pas qu'il en fût ainsi ; en conséquence, elle prit un arrêté qui ordonnait un nouveau recensement des grains et farines de toute espèce existant dans ce district. La disette qui se faisait toujours sentir motivait cet arrêté avec sa sanction

---

(1) Parmi les adresses de félicitations envoyées à la Convention à l'occasion de ce décret, il en était une qui portait cette phrase : « La société populaire de... » félicite la Convention d'avoir rendu à l'Etre-Suprême » *la jouissance de ses droits.* »

pénale. L'article 5 portait la mise en arrestation immédiate de ceux qui auraient fait une fausse déclaration ; et l'art. 8 édictait la même peine contre les agents nationaux du district et ceux des communes qui seraient trouvés coupables de négligence ou de retard, n'importe à quel dégré, dans l'exécution et le versement des réquisitions (8 juillet 1794).

Le même jour, les administrateurs du directoire du district de Doullens recommandèrent de leur côté aux officiers municipaux et à l'agent national de la commune, de tenir la main à l'exécution de l'arrêté du comité de salut public de la Convention nationale du 30 mai, concernant le salaire des ouvriers habitués à travailler à la terre et employés aux travaux de la récolte. On voit par là que les circonstances étaient graves et que des maux réels pesaient sur la patrie : au dehors la guerre sur une grande échelle ; au dedans la rareté du numéraire, la disette, la faim ; mais il faut reconnaître aussi la sagesse et la rigueur des mesures qui furent prises pour soulager les malheurs présents, et assurer le succès de la récolte, objet de tous les désirs et de toutes les espérances.

Doullens reçut bientôt après un nouveau dégré d'importance par l'arrêté du comité de salut public qui y établit un dépôt des prisonniers de guerre de l'armée du Nord. La victoire de Fleurus venait de mettre le sceau à la conquête de la Belgique ; et les 4 à 5,000 prisonniers autrichiens tombés aux mains des Français devenaient un embarras et un encombrement. Doullens en reçut une partie ; mais cet honneur n'était pas de nature à alléger les souffrances qu'y produisait la disette. Il fallait néanmoins se soumettre et proclamer les douceurs de la République (17 juillet).

M. Delecloy, élu par Doullens représentant du peuple, voulait aussi que dans les fastes de la gloire nationale le département de la Somme eût son héros parmi les grands hommes pour lesquels la patrie se montrait reconnaissante. Il fit un rapport à la Convention sur la conduite et les actions d'éclat de Pierre-Alexandre Godart, natif d'Amiens, sergent au 2e bataillon du département de la Somme, et conclut à ce que son nom fût inscrit au Panthéon français sur la colonne des grands hommes (8 août). Et la patrie avait raison de vouloir immortaliser les noms de ses plus courageux enfants ; elle avait raison comme moyen et comme récompense, car ces héros ayant à peine eu le temps d'être soldats, s'étaient placés tout de suite à la hauteur de leur mission, et dès le début avaient mis la victoire à l'ordre du jour.

Ce fut par des acclamations universelles que l'on apprit la nouvelle de la chute de Robespierre. La révolution était donc arrivée au terme de son élaboration intérieure, puisqu'elle brisait elle-même ses plus redoutables instruments. En effet, elle avait vaincu toutes les résistances, renversé tous les obstacles, et aucune voix ne se faisait plus entendre contre sa dictature, aucune protestation n'était restée debout. Elle n'avait donc plus, après avoir immolé les hommes, qu'à faire disparaître les choses. Tout signe, tout emblème, tout symbole capable de perpétuer le souvenir des hommes et des choses du passé dut être anéanti ; en conséquence, le 15 août, la municipalité de Doullens prit un arrêté portant que le surlendemain, 17, il serait procédé à l'adjudication au rabais des ouvrages à faire pour la destruction de tous signes de royauté et de féodalité existant dans la commune.

C'était chose facile ; ce qui l'était beaucoup moins, c'était la solution à donner à la grave question de disette, qui s'imposait avec une attitude menaçante, et grosse de dangers. La loi qui avait fixé un *maximun* au-dessus duquel il était défendu de vendre les denrées, n'avait jamais été exécutée, et c'était une lutte continuelle entre les vendeurs et les acheteurs. On se résolut à prendre des mesures pour assurer l'observation rigoureuse de cette loi. En conséquence, la municipalité de Doullens publia un arrêté émané d'elle, portant que tout homme accusé d'avoir vendu ou acheté les denrées et marchandises de première nécessité au-dessus du *maximun*, serait tout de suite mis en état d'arrestation, et poursuivi conformément à la loi. — Un citoyen convaincu de s'être emparé par la force des denrées de première nécessité, ou de s'être opposé à ce que les citoyens et citoyennes les portassent au marché, encourait la peine de l'incarcération pour un mois. — Tout particulier coupable d'avoir cessé son commerce à cause de la fixation du *maximum* se rendait passible des peines portées en l'article 7 du décret du 1er novembre 1794. — Quiconque serait trouvé détenteur des grains ou farines provenant d'achat, pour plus d'un mois, devait être pour ce seul fait et dès le moment regardé et arrêté comme suspect (15 août). Ces mesures avec leurs injonctions et leurs menaces n'empêchèrent pas les acheteurs dont la bourse était mieux garnie de se ruer sur le marché et d'enlever les denrées à un prix déguisé. L'agitation, l'émeute même étaient l'accompagnement obligé de chaque marché où la force armée resta plus d'une fois vaincue et impuissante.

Dans ce même mois d'août 1794, les portes des prisons s'ouvrirent sur les malheureuses victimes du régime de la terreur. On modifia bien des choses, on adoucit les rigueurs, on limita les réquisitions. C'était la réaction sans doute ; mais c'était aussi une mesure d'utilité réclamée par l'approche de la moisson. La mise en liberté des cultivateurs détenus était surtout et tout d'abord ordonnée ; et, comme on n'y regardait pas de très-près, beaucoup parvinrent à se faire passer pour cultivateurs. On rappela les représentants qui exerçaient avec trop de cruauté leur mandat de commissaires dans les départements, afin de les remplacer par d'autres plus humains. André Dumont retourna aussi à Paris ; et sa modération le fit choisir parmi ceux qui devaient déblayer les prisons de la capitale par l'élargissement de tous les suspects.

La réaction se dessina de plus en plus : les nobles reparurent ; les enfants surtout de ceux qui étaient morts sur l'échafaud se montrèrent en deuil et marqués au front de la consécration du martyre. On croyait le retour de la terreur impossible, et chacun étalait au soleil de la liberté sa joie et ses espérances ; on eût dit des passagers qui, après les orages d'une cruelle traversée, faisaient sécher avec bonheur leurs vêtements sur le rivage. Les administrations départementales furent révisées dans leur personnel, sous la direction des nouveaux commissaires : le 3 novembre 1794, Sautereau, député de la Nièvre, envoyé en mission dans les départements de la Seine-Inférieure et de la Somme, procéda au remaniement et à la réorganisation de la municipalité de Doullens, des tribunaux de district et de paix. Un nouvel agent national fut également nommé ; le maire resta le même, c'était M. Darras-Dupuis.

Sautereau leva aussi toutes les réquisitions imposées en faveur de l'armée du Nord aux communes des districts de Doullens, Péronne et Montdidier, à la réserve de celles dont elles avaient été frappées pour la subsistance de Paris. Il pressa au contraire la fourniture des réquisitions pour la ville d'Amiens, et donna ordre d'exiger rigoureusement la délivrance des arriérés des trois districts ci-dessus. Cet arriéré était de 500 quintaux de blé, dont 200 à la charge de Doullens, 150 pour Péronne et autant pour Montdidier. Les administrateurs de ces districts devaient être contraints à faire leurs fournitures en retard, même par arrestation personnelle et prise de corps, notamment ceux de Doullens et de Péronne, qui n'avaient pas obéi aux arrêtés (14 germinal 1794).

Le clergé hésitait encore à s'associer à cette allégresse générale : il n'avait plus ni biens ni églises ; on avait vendu sur le seul terroir de Doullens, comme biens nationaux, onze cents journaux dix-neuf verges de terre provenant exclusivement des églises et des établissements religieux. Cependant la Convention ne tarda pas à proclamer la liberté des cultes, en déclarant qu'elle n'en salariait aucun ; mais elle prohibait encore tous signes extérieurs (24 décembre 1794).

On commençait donc à jouir d'un peu de calme. La nouvelle administration municipale était composée d'hommes tranquilles, estimés, capables de travailler à la sûreté et au bien-être de leurs concitoyens. C'étaient MM. Darras-Dupuis, maire, Delapalme, Parvillers, Hémart, Gondart, Démoulin, Lavallart, etc. Ils prirent des mesures tant pour soulager les souffrances de la faim et assurer la liberté du marché, que pour faire mettre à exécution les décrets utiles que la Convention, modifiée elle-même dans sa composition, prenait dans l'intérêt du peuple. Ainsi, le 15 mars 1795, la municipalité rappela aux marchands de la commune que dans toute la République les marchandises devaient se vendre au même poids et à la même mesure, et que l'on appliquerait à ceux qui ne s'y conformeraient pas les peines voulues par la loi.

Puis leur vigilance se porta sur les brasseries ; car la disette était si grande que défense avait été faite aux brasseurs de disposer des grains en leur possession jusqu'à ce qu'il en eût été autrement ordonné. Or, les brasseries étaient nombreuses, à cette époque, à Doullens (1). Elles pouvaient absorber une assez grande quantité de grains, et c'était autant qu'elles retireraient à la panification. En conséquence, et armés de l'arrêté du comité de salut public du 23 avril précédent, MM. Darras-Dupuis, maire, et Gondart, officier municipal, se transportèrent au domicile des différents brasseurs pour y apposer les scellés (4 mai) sur leurs ateliers de fabrication.

(1) On y comptait celles de MM. Dumetz, Thurin, Ringard, Lombard, Hardy, V° Ancelle, Grégoire, Legris, Daullé et Goyon, dans la ville ; Lorel et Lavallart, à La Varenne.

Cette mesure urgente et justifiée par les circonstances n'en était pas moins odieuse à ceux dont elle lésait les intérêts et ruinait l'industrie. Aussi rencontra-t-elle dans son exécution des résistances secrètes : plusieurs brasseurs refusèrent d'obéir et continuèrent à moudre des grains pour la fabrication de leur bière. Le procureur-syndic du district vint alors au secours de la municipalité dont l'autorité était méconnue ; et voulant que force restât au décret du comité de salut public, il chargea M. Dusevel-Dumetz, agent national, d'empêcher par tous les moyens que la loi mettait en son pouvoir qu'il y fût porté atteinte (9 mai 1795).

Le précieux tubercule dont Parmentier venait de doter sa patrie, et qui était destiné à tenir, désormais, une place si importante dans l'alimentation de l'homme, rencontrait encore de son côté des préjugés et des répugnances. Et cependant, mieux apprécié et plus répandu, il eût certainement contribué à diminuer les rigueurs de la disette. C'était le moment de le populariser pour faire tomber les préventions. Le 13 mai, la municipalité de Doullens fit publier la proclamation du comité de salut public relative à cet objet, et invita tous les cultivateurs amis de leur patrie à ne négliger aucun moyen de propager la culture de la pomme de terre. Malgré cette recommandation, ce ne fut que peu à peu que ce légume fut accepté comme aliment, et parvint à se faire admettre sur la table des riches.

Tous ces moyens étaient bons, mais impuissants ; et la famine augmentait toujours. On avait beau restreindre et diminuer encore les rations quotidiennes, on n'arrivait pas à donner à chacun sa part ; les expédients se succédaient sans résultat. Pourtant on répétait qu'il y avait accaparement et que la disette n'était que factice. Delà des mesures violentes contre les cultivateurs, qui n'étaient plus libres de tirer de leurs grains tel profit qu'ils désiraient et que les circonstances leur offraient, ni même d'en conserver pour parer aux éventualités de l'avenir. Un arrêté signé de MM. Darras-Dupuis, maire, Dieulouard-Delaire, Gondart et Démoulin, officiers municipaux, Dusevel-Dumetz, agent national, et Faux secrétaire de la commune de Doullens, enjoignit à tous possesseurs de grains en gerbes, d'avoir à les battre sur-le-champ et sans interruption, sous peine d'y être contraints suivant la loi (29 mai). C'était la mise à exécution d'un décret du 21 du même mois.

Mais « l'homme ne vit pas seulement de pain, » et les sentiments religieux des populations auxquels on avait imposé silence sans les étouffer, ne voulaient plus rester sans aliment. Chacun redemandait le culte de ses pères, la liberté de la prière et l'autel du sacrifice. Les apôtres des doctrines nouvelles avaient été impuissants à faire accepter le dogme du néant, et les théophilantropes devaient tomber eux-mêmes sous le poids du ridicule et de la moquerie publique. De toute part on protestait contre le divorce entre l'homme et son Dieu, stupidement prononcé par une assemblée aveugle et passionnée, et on se sentait de plus en plus le besoin impérieux de renouer avec le ciel. La Convention dut subir la pression publique ; et, par décret du 30 mai 1795, elle autorisa la réouverture des églises, en laissant leur entretien à la charge des citoyens. Aussitôt, c'est-à-dire moins de 8 jours après, le 6 juin, les habitants de Doullens déclarèrent aux autorités municipales qu'ils entendaient profiter du bénéfice du décret ; ils en demandèrent l'exécution immédiate avec la réouverture de l'église Saint-Martin, la seule qui eût été conservée (1). Le vœu était trop nettement formulé pour qu'il fût possible de l'éluder ; et puis, les magistrats municipaux n'eussent-ils pas été des hommes de courageuse initiative, auraient eu trop mauvaise grâce à ne pas s'associer aux désirs du plus grand nombre. M. Bardoux, curé de Saint-Denis près Paris, qui avait émigré, vint faire la réouverture de l'église au milieu de témoignages non équivoques de satisfaction et de joie.

Les difficultés ne restaient plus sérieuses que pour les biens nationaux. Il en existait, nous l'avons dit, sur le terroir de Doullens, onze cents journaux qui avaient été aliénés le 6 octobre 1794. A cette question on n'entrevoyait pas de solution possible, au moins immédiatement. La vente s'en faisait avec lenteur et dans de mauvaises conditions ; la conscience publique murmurait des scrupules que rien ne pouvait faire taire ; et les nouvelles fortunes paraissaient chanceler sur leur base inacceptée, désavouée. Là encore on était aux expédients ; et les agents du gouvernement avaient fort à faire pour effacer sur ce point les données de la morale et les principes de la justice. Le représentant du peuple Blaux essaya d'un arrêté en date du 6 juin par lequel il déclarait que toutes les soumissions pour la vente des biens nationaux auraient la même date, sans que la priorité d'inscription pût donner la préférence. Deux jours après, cet arrêté fut publié à Doullens ; mais ce n'était là qu'un détail de forme qui ne modifiait guère la difficulté.

Le système de modération qui avait prévalu mettait tout en œuvre pour se grandir de toute l'horreur qu'avaient amassée dans les âmes les hommes du régime précédent. Les Jacobins surtout, qui avaient pris leur nom de l'ancien couvent où s'était établi leur club, rue Saint-Honoré à Paris, avaient laissé d'odieux souvenirs. Leurs ramifications dans les départements, leur violence extrême, leur moyen de domination par la terreur avaient été le plus puissant auxiliaire de Robespierre, dont ils partagèrent toute la destinée. Les malédictions s'accumulaient sur leur mémoire ; tout le sang versé incombait à leur charge ; et, en rappelant le passé, le nouvel ordre de choses bénéficiait des avantages du contraste. Ce fut dans ce but que le 8 juin 1795, lecture fut faite au peuple doullennais assemblé au parvis de l'Hôtel-de-Ville, des synonymes jacobites. La conclusion était : « Ciel protège ma » patrie ! Représentants purs, purifiez-là des Jacobins et préservez-nous de la réalité de » leurs synonymes. » Cela valait mieux, du moins, que tant de discours précédents, où le ridicule de la forme le disputait à l'odieux du fond ; mieux surtout que les récents enseignements du blasphème et de l'athéisme ; et, pendant ce temps-là, le peuple amusé faisait prendre patience à sa faim.

La Convention nationale allait aussi terminer ses travaux pour faire place au Directoire ; elle venait de faire élaborer par sa commission des Onze, une constitution républicaine

---

(1) Voir : *Demande par les habitants de Doullens aux autorités de la ville, pour la réouverture de l'église Saint-Martin.* Imp. de Quinquenpoix, 1795.

qu'elle adopta le 22 août ; mais elle eut soin de n'en confier la mise à exécution qu'à elle-même, et décréta que le nouveau corps législatif aurait les deux tiers de ses membres pris parmi les conventionnels, quoiqu'au choix des électeurs. C'était déjà un attentat à la souveraineté du peuple. Paris accepta la constitution et rejeta le décret additionnel ; mais son exemple ne fut pas suivi par la grande majorité des assemblées primaires. Celle de Doullens, première section du canton, eut lieu dans l'église Saint-Martin, le 7 septembre.

Ce jour-là, le lendemain et le 16 du même mois, on procéda donc, dans la même église, à la nomination de quatre électeurs pour concourir au renouvellement des deux tiers des membres de la Convention. Furent nommés : MM. Dupuis, juge au tribunal d'Aumale, Laurent, juge de paix, et Wasse, receveur du district. Les élections terminées, la Convention, fière de son dernier triomphe qui perpétuait sa dictature, déclara que sa mission était finie (26 octobre 1795) (1).

Une importante modification venait d'être introduite dans l'organisation communale : la place de maire était supprimée et remplacée par celle d'agent municipal ; celui-ci et un adjoint composaient le personnel actif de la nouvelle administration du canton de Doullens, comprenant six communes ; ils étaient soumis tous deux à l'élection. Les suffrages se portèrent en majorité sur M. Hémery, qui resta agent municipal jusqu'en 1800, époque du rétablissement de la mairie. Son administration paisible, paternelle, prouva que les électeurs avaient été bien inspirés dans leur choix.

La société populaire de Doullens avait, au contraire, conservé ses bruyantes allures ; seulement, elle les mettait au service d'une autre cause ; son patriotisme avait changé de direction, et son éloquence s'agenouillait devant un nouveau héros. Se croyant toujours obligée de prendre les généreuses initiatives, elle vota une adresse de félicitations à la Convention nationale qui, par un décret, avait rappelé le citoyen Devérité au poste de représentant du peuple, après un certain temps d'incarcération (2). Voici la lettre par laquelle elle lui fait hommage de cette adresse :

» Liberté, Egalité, Fraternité,

» Doullens, ce 3 nivôse, 3e année républicaine.

» Citoyen Représentant, -

» Tes vertus civiques, ton amour pour la liberté, ton patriotisme t'avaient mérité la
» confiance de tes concitoyens ; tu avais été choisi comme représentant d'un peuple libre ;
» tes travaux justifiaient nos espérances ; sourd aux accents enchanteurs de tous les
» partis qui malheureusement ont souillé le sanctuaire des lois ; inaccessible aux sollicita-
» tions perfides de la tyrannie, tu n'as connu que tes devoirs, tu as sacrifié tes intérêts, et
» tu t'es toujours montré digne de sa confiance.

(1) M. Delecloy, conventionnel, fut réélu et siégea dans le conseil des Cinq-Cents. Il avait voté la mort de Louis XVI avec sursis.

(2) André Dumont, trompé par une dénonciation envoyée d'Abbeville, avait contribué à cette incarcération : mieux informé, il contribua, après bien des efforts, à l'élargissement du prisonnier et à sa rentrée à la Convention.

» Mais ta fermeté à résister à l'oppression, ta fidélité à servir la cause commune, ton
» incorruptibilité enfin ont alarmé le dernier tyran ; elles lui ont fait tout craindre pour
» ses projets liberticides ; il a dès lors médité ta perte. Eh ! quoi de plus facile pour un
» tyran !... il lui suffisait de le vouloir, personne n'avait le droit de s'y opposer.

» Aussi un tribunal de sang vendu à ce monstre lança contre toi sa foudre. Assez heu-
» reux pour échapper au glaive qui te poursuivait partout, fort de ta conscience, tu
» attendis du fond du tombeau dans lequel tu t'étais enseveli, la chute du tyran et de ses
» cannibales, et le triomphe de la Convention.

» Ton innocence a paru au grand jour, et un décret dicté par la justice t'a rappelé au
» poste honorable duquel la fureur de tes ennemis t'avait arraché.

» Le triomphe de ton innocence a rendu à la patrie un de ses soutiens, et au peuple un
» de ses défenseurs.

» Ton département, ce district ont partagé ton triomphe : nous n'avons cru pouvoir
» mieux le célébrer qu'en votant à la Convention nationale une adresse de félicitation sur
» le grand acte de justice dont elle venait de donner l'exemple à la République entière ;
» daigne en agréer l'hommage.

» SALUT ET FRATERNITÉ. »   Suivent les signatures.

Il y avait donc une réaction contre les hommes et contre les choses de l'époque de la terreur. Il y avait, surtout à Doullens, si rapproché d'Arras, une exécration prononcée contre le nom et le souvenir de Robespierre ; ajoutons qu'il y eut aussi de la joie lorsqu'on apprit le rejet de l'appel formé par Joseph Lebon de la sentence du tribunal criminel d'Amiens, qui l'avait condamné à mort. Ce monstre a qui Barrère ne trouvait que « des » formes un peu acerbes, » subit la peine du talion aux acclamations des Doullennais, qui n'avaient pas oublié que ses bras s'étaient étendus jusque sur la prison de la citadelle pour se replier, chargés de victimes, sur son inexorable guillotine. Puis, insensiblement, les passions politiques s'éteignirent ; on salua le retour de l'ordre et de la prospérité ; le commerce se ranima ; la famine prit fin ; et le peuple, oublieux déjà de la crise traversée, retourna à ses plaisirs et à ses fêtes auxquels les victoires réitérées de l'armée française fournirent de fréquentes occasions (1).

Cependant les royalistes voulaient que la réaction prit d'autres proportions et se traduisit par le rétablissement de la royauté. Leur influence décida même dans les élections de l'an V, du choix de deux cent-cinquante députés monarchistes. Chacun vit bien alors qu'il fallait encore une bataille entre l'ancien régime et la révolution ; mais celle-ci, « qui venait
» de vaincre l'Europe pour vaincre le royalisme, » n'était pas disposée à abdiquer. Elle eut encore le dessus, et son triomphe raviva sa haine, amena de nouvelles rigueurs, fit régner une demi-terreur ; elle voulut forcer la France entière à s'associer à ses sentiments ;

---

(1) Par suite d'une dénonciation de l'ex-représentant Louchet, de Longpré, plusieurs membres de l'administration municipale d'Amiens furent destitués et remplacés. L'un des remplaçants fut le nommé Vasseur, de Doullens, au mépris de l'art. 198 de la constitution.

et le 10 janvier 1798, l'administration municipale du canton de Doullens rédigea le procès-verbal de la prestation du serment de haine à la royauté. Alors retentirent de nouveau des discours violents et pleins de démagogie, inspirés par la crainte de la contre-révolution ou commandés par la peur de nouvelles rigueurs (1). Oui, on avait peur, tant on était fatigué ; aussi la puissance militaire, forte de ses triomphes, couronnée par la victoire, avait-elle seule de l'avenir.

Bonaparte voyait la France entière se jeter à ses pieds ; lui seul était la révolution. Il venait d'être nommé plénipotentiaire au congrès de Rastadt, après avoir signé, de son autorité privée, le traité de Campo-Formio, qui donnait la paix avec l'Autriche. Mais le congrès est encore assemblé que les dispositions des esprits changent : des troupes autrichiennes se présentent ; les envoyés français, Jean Debry, Roberjeot et Bonnier reçoivent l'ordre de partir sur-le-champ ; et, comme on leur a refusé une escorte, ils sont arrêtés dans la nuit du 28 avril 1799, à cinquante pas de Rastadt, frappés à coups de sabre et jetés sur la route. Seul, Jean Debry, quoique blessé, échappa à la mort. La nouvelle de cet attentat inouï dans les fastes du monde civilisé, fit jeter des cris de fureur à la République ; et, pour monter les esprits à la hauteur de la vengeance méritée, une loi du 22 floréal ordonna qu'une fête funèbre aurait lieu dans toute l'étendue de la République.

Le 20 prairial, cette fête fut célébrée à Doullens. Le commandant de la place et les autres officiers, un crêpe au bras, se réunissent au lieu des séances municipales. Un détachement de garde nationale, avec ses tambours couverts de crêpes, est là pour escorter toutes les autorités de la ville, d'abord sur la place où se trouvent rangés sous les armes les vétérans nationaux et les gendarmes, puis dans l'édifice national de l'ancienne église Saint-Martin. L'autel est surmonté d'une urne placée entre deux branches de chêne ; des nuages d'encens s'élèvent, et l'inscription suivante s'étale à tous les yeux : « Le 9 floréal » an VII, à 9 heures du soir, le gouvernement autrichien a fait assassiner par ses » troupes les ministres de la République Française, Bonnier, Roberjeot et Jean Debry, » chargés par le Directoire exécutif de négocier la paix au congrès de Rastadt. »

Le citoyen Thierry monta à la tribune, qui n'était autre que l'ancienne chaire ; et d'une voix émue, indignée, commença un discours funèbre où revenaient sans cesse les mots : monstres, assassins, caverne de voleurs, antropophages, etc. Nous y avons lu ces vers :

> Cieux ! tonnez sur l'Autriche et foudroyez la tête
> Du tyran qui sur nous commanda le forfait !
> Ministres égorgés, suscitez la tempête
> Qui doit exterminer l'assassin de la Paix (2).

(1) Voir : *Extrait du procès-verbal tenu le 21 nivôse an VI de la République française par l'administration municipale de Doullens pour la prestation de serment de haine à la royauté. Discours prononcé par le citoyen Thierry, commissaire du Directoire exécutif près l'administration municipale du canton de Doullens.* Quinquenpoix, an VI, in-4°.

(2) Voir : *Procès-verbal de la fête funéraire, célébrée dans le canton de Doullens, département de la Somme, le 20 prairial an VII, en mémoire des citoyens Bonnier*

Les événements ne répondirent pas à ces paroles sonores. Au dehors, le prestige des armes de la République s'évanouissait ; au dedans le gouvernement n'était plus qu'un désordre contre lequel les populations protestaient par des cris de frayeur. La ville d'Amiens venait d'éclater par cette parole de courroux qui avait fait écho dans le cœur des Doullennais : *Plus d'anarchie ou la mort !*

CHAPITRE XI.

(1800—1830.)

Le Consulat. — Réorganisation administrative. — Concordat. — Députation vers le premier Consul, à Amiens. — Fête du couronnement de l'Empereur. — Doullens cesse d'être place de guerre. — Partage des marais de Hem. Nivellement des fossés de la ville. — Entrée des Cosaques. — Prise de la citadelle. — Contribution en nature. — Le baron de Geismar. — Reprise de la citadelle. — Rentrée de Louis XVIII. — Les Prussiens à Doullens. — Fuite de la maison militaire du roi. — Armée de l'Arc-en-Ciel. — Tribunal. — Passage du roi Charles X. — 1830.

La République n'avait été qu'une forme de la révolution, et cette forme était usée ; la liberté avait enfanté elle-même le désenchantement : « on allait se jeter aveuglément sous » la dictature militaire, la seule chose qu'on n'eût pas encore épuisée. » Telles sont les étapes qui jalonnent fatalement le cercle des évolutions de l'humanité ici-bas. Après le Directoire, vint le Consulat, et une main plus ferme saisit le timon des affaires. Cette main qui devait sauver la France et laisser dans son histoire des traces immortelles, commença par fermer le puits de l'abîme. Bonaparte se mit à l'œuvre pour reconstituer une société nouvelle sur les débris de l'ancienne ; il refit les institutions pour les mettre en harmonie avec les aspirations du pays ; il tira l'or des minerais de la révolution, en le purgeant de ses scories ; il ressuscita le respect en ressuscitant l'autorité. Il substitua à la confusion l'unité qui l'inspira pour toucher à tous les degrés de la hiérarchie administrative, changer les bases de l'organisation municipale, et rattacher au front des fonctionnaires la dignité qu'ils avaient perdue. L'administration des départements fut confiée à des *préfets* ; celle des arrondissements à des *sous-préfets*, hommes du gouvernement et non des localités ; celle des communes à des *maires* nommés par le pouvoir. Doullens, chef-lieu d'arrondissement, eut donc son sous-préfet, M. Ponticourt (1) (8 mars 1800), et son nouveau maire,

et Roberjeot, conformément à la loi du 22 floréal précédent. An VII, Quinquenpoix.

(1) Il était juge en exercice au tribunal de commerce d'Abbeville, lorsqu'il fut appelé à la sous-préfecture de Doullens.

M. Darras, fils. Et comme l'organisation de la justice et des finances fut modelée sur l'organisation départementale, Doullens eut encore son tribunal civil avec son cortége d'avoués et son receveur particulier, tous éléments amovibles et dépendants d'un vaste système de centralisation.

La puissante main qui avait relevé la France n'avait plus qu'à relever les autels pour que les bénédictions des populations devinssent générales. Le concordat ne tarda pas à mettre le sceau à la réaction religieuse ; et cet acte public du premier consul « témoigna de » ses vues d'avenir et de la force de sa volonté. Le clergé fut placé par là, dans une certaine » mesure, sous la main du pouvoir (1), et la cause royaliste qui perdait ainsi son appui » populaire, » cessait d'être dangereuse ; aussi, le décret d'amnistie pour les émigrés suivit-il de près. Le peuple doullennais bénit à son tour le concordat, et l'enthousiasme public l'accueillit comme le gage de la paix religieuse ; cette joie formait l'heureux complément de celle qu'avait fait naître, quelques jours auparavant, la paix dite d'Amiens (25 mars 1802) ; c'était donc la paix au dedans et la paix au dehors,

Sous ce dernier rapport pourtant, on aurait eu tort de se bercer d'espérance : la paix d'Amiens devait être bientôt rompue par l'Angleterre, qui ne cherchait que des *motifs simulés*. « On nous force à conquérir pour conserver ; il faut donc faire la guerre, puisque » nous ne pouvons exister sans elle, » s'écria le premier Consul, et il reprit ses projets de descente en Angleterre. Il fit commencer les armements sur une grande échelle ; et à Doullens, comme dans les autres communes, chefs-lieux de sous-préfecture et de canton, on ouvrit des registres destinés à recevoir des souscriptions volontaires pour la construction de chaloupes canonnières, penniches et bateaux de transport, à l'effet de combattre les Anglais jusque dans leur pays (20 juin 1803).

Ces immenses préparatifs avaient motivé la présence du premier Consul en Picardie ; le 27 juin, il était à Amiens, trouvant sur son passage toute la physionomie d'un triomphe. Doullens était trop rapproché pour ne pas se faire représenter dans le concert de louanges que l'administration murmurait autour du jeune vainqueur de l'Italie : une députation du tribunal civil fut donc envoyée à Amiens, et eut l'honneur d'être admise à l'audience de l'*Enfant chéri de la Victoire ;* mais une indisposition de Madame Bonaparte priva MM. les députés d'accomplir la seconde partie de leur mandat ; ils en furent pour leurs frais d'éloquence, mais n'en témoignèrent pas moins au premier Consul *tous leurs regrets de ne pouvoir présenter leurs hommages à Madame.*

Doullens, placé au centre d'un pays agricole, voyait son marché de plus en plus fréquenté par les cultivateurs ; les belles plaines de Beaurepaire et de Bouquemaison y versaient leurs abondants produits, surtout à l'époque des semailles où les habitants des pays moins bien partagés affluaient pour s'approvisionner. Déjà l'unité de mesure ordonnée depuis

---

(1) « Vous verrez, avait dit Bonaparte, quel parti je saurai tirer des prêtres. (*Mém. de Bourienne*). »

1795, en sauvegardant les intérêts de l'acheteur comme du vendeur, avait fait disparaitre toute raison de défiance et introduit la sécurité dans les transactions. Le préfet du département y apporta encore une amélioration dont le besoin se faisait sentir, par l'établissement de peseurs et de mesureurs publics qu'il obtint du ministre de l'intérieur en faveur de Doullens (1803). Quelques mois après, la question des foires de la ville fut aussi résolue par un décret de la République en date du 13 mai 1804, qui fixa les foires de Doullens au 10 août, au 29 septembre et au 17 novembre. Le même décret assignait le 14 novembre à celle de Domart.

Ainsi, « pendant que la France atteignait au dehors la plus haute position politique, » elle prenait à l'intérieur un aspect tout nouveau de prospérité ; mais aucun détail ne fut » étranger au premier Consul ; inépuisable, infatigable comme sa renommée, il marquait » chacune de ses journées, chacun de ses pas par un travail utile, un nouveau bienfait, une » profonde pensée (1). » Pour un programme si vaste, la dictature consulaire était insuffisante, comme trop modeste. La dictature impériale devait être la dernière transformation de la force révolutionnaire ; elle fut consacrée par le chef suprême de l'Eglise. Le couronnement de l'empereur Napoléon fut célébré à Doullens par des jeux et des fêtes, et principalement par un acte de bienfaisance. Aux termes du décret du 2 juin 1804, la ville maria une jeune fille pauvre et honnête, qu'elle dota d'une somme de 600 francs. La joie était grande, parce qu'on croyait l'ère des révolutions fermée, et la France replacée dans les voies de la monarchie ; ce n'était pourtant que le signe sans la chose signifiée ; c'était, comme on l'a très-bien dit, « le manteau de Charlemagne recouvrant la casaque du » plébéien. »

Doullens qui, sous la Convention, avait cessé de compter comme ville, devait encore être rayé du nombre des places de guerre. Un décret du 26 brumaire an XIII (17 novembre 1804), porte la disposition suivante :

Article 1er.

« Les places de guerre ou postes militaires ci-après désignés sont et demeurent supprimés, savoir :

» Carcassone. (Aude.)
» Amiens. (La citadelle exceptée).
» Doullens. Id.
» Ham. Id.

Article 2.

» Les fortifications et terrains militaires de ces places ou postes, ainsi que les établissements utiles au service du casernement, seront remis au ministre des finances pour être

---

(1) Th. Lavallée.

» aliénés conformément aux lois sur la vente des domaines nationaux, à l'exception
» cependant des murs d'enceinte, dont la conservation serait réclamée par les villes pour la
» perception de leurs octrois. »

La concession fut faite à la ville, moyennant la somme de 5,000 francs, des terrains dépendant de ses anciennes fortifications, en vertu d'un décret du 3 octobre 1811, rendu à Anvers. Les tours et les murailles de Doullens qui avaient eu leur nécessité, alors que la ville était un avant-poste, devenaient sans utilité depuis que le génie victorieux de l'Empereur avait reculé les frontières de la France ; la petite cité, assise au confluent de deux rivières, resserrée comme dans un entonnoir, était écrasée par la citadelle qui, bien loin de la protéger, l'étouffait dans le cercle de ses fortifications ; leur suppression, en lui donnant air et lumière, lui permit plus de mouvement et d'expansion ; ses faubourgs se rapprochèrent par de nouvelles maisons de manière à ne former avec la ville qu'un seul groupe ; et bientôt la fondation de la belle filature hydraulique de M. Scipion Mourgue, établie à Rouval, attira de ce côté un mouvement incessant (1808). De nombreux ouvriers y trouvèrent un travail assuré qui, avec le bas prix du blé, fit luire pour eux des jours sans souffrances. L'hectolitre de blé méteil valait en 1809, sur le marché de Doullens, 9 fr. 28.

Doullens avait encore dans ses marais, appelés les marais de Hem, un élément puissant de prospérité ; les éleveurs trouvaient là, pour leurs bestiaux, de vastes et excellents pâturages. C'était une richesse foncière qu'on n'aurait jamais dû aliéner ; mais depuis que la ville avait été dépouillée de ses prérogatives et de ses droits de banlieue, ces marais, si fréquemment occasion de litige dans le passé, devinrent encore l'objet de vives altercations de la part des communes voisines ; chaque jour de nouvelles contestations s'élevaient sur l'étendue des droits de chacune ; on semblait vouloir faire expier à Doullens l'absolutisme de son ancienne juridiction. Cet état de choses ne pouvait durer ; et M. le préfet du département, excipant de l'article 815 du nouveau code civil, opéra, par arrêté du 20 octobre 1808, entre les communes de Doullens, Hem et Occoches, le partage des cent deux journaux de marais donnés par Henri IV au gouverneur de Doullens, en 1604.

La gloire conquise par les armes de la France sur tous les points de l'Europe, jetait ses reflets sur la prospérité intérieure ; chaque victoire, chaque heureux événement d'une grande portée venait faire écho dans la petite ville ; et la joie publique s'y traduisait à l'église par des chants d'actions de grâce, et sur la place publique par des danses et des jeux de toute espèce. Malheureusement la tranquilité dont on jouissait et dont on aurait aimé à jouir longtemps, allait être chèrement expiée par des revers et des souffrances. L'étoile de l'Empereur pâlit, et la fortune jusque là si complaisante, après l'avoir habitué aux succès, commença pour lui l'apprentissage du malheur. La campagne de 1812 lui fut fatale et ouvrit cette série de revers qui devaient arrêter le géant dans sa marche. La cherté des vivres en avait été le prélude : au mois de mars, sur le marché de Doullens, l'hectolitre de blé méteil s'était vendu 36 fr. 83. Afin de donner du travail aux ouvriers inoccupés, on commença à jeter les bastions dans les fossés de la ville pour établir des boulevards. Ces fossés, des Espagnols vainqueurs les avaient creusés en 1595 ; ce furent des Espagnols, prisonniers de guerre à Doullens, qui, associés aux ouvriers terrassiers, aidèrent à les combler (1). On ne pensa peut-être pas alors à ce rapprochement, nouveau témoignage des nombreux contrastes qui se rencontrent de temps en temps dans les jeux de la fortune.

La France, épuisée par des guerres continuelles, dut s'imposer de lourds sacrifices et livrer jusqu'au dernier de ses enfants. Alors il y eut dans les familles un deuil profond et d'amères douleurs ; tous les sacrifices pécuniaires et l'impôt du sang furent inutiles ; les destinées de l'Empereur étaient accomplies ; et la France, descendue du faîte de la gloire, voyait son sol foulé par l'étranger.

C'était le 20 février 1814, vers cinq heures du soir ; un corps d'environ douze cents cavaliers cosaques, Russes, Saxons et Wurtembergeois, commandés par le baron de Geismar, colonel aux gardes de l'empereur de Russie, se présenta devant Doullens, défendu par quelques soldats du train des armées françaises, de passage dans la ville. Ce détachement qui avait été coupé de son corps d'armée dans les environs de Cassel, errait à l'aventure dans l'intention de faire sa jonction un peu plus loin dans l'intérieur du pays, et encouragé dans sa marche par le peu de résistance qu'il rencontrait. On ne l'attendait pas ; aussi son arrivée inopinée à l'entrée de la rue Saint-Ladre jeta l'effroi dans la ville ; en un instant le désordre fut à son comble ; les femmes et les enfants coururent se renfermer dans la citadelle ; et la précipitation dans la fuite fut telle qu'une jeune fille, aveuglée par la peur, ne voyant pas que le pont était levé, se précipita dans le fossé, où elle trouva la mort.

L'ennemi, à son entrée dans la ville, échangea quelques coups de feu avec ses rares défenseurs, se répandit immédiatement dans les rues aux cris de hourra ! hourra ! et y fit quelques prisonniers. Les Espagnols qui y étaient internés comme prisonniers de guerre, accueillirent en eux des libérateurs, et grossirent aussitôt leurs rangs, mais sans armes. C'étaient toutefois des auxiliaires capables de leur donner d'utiles renseignements.

La journée du lendemain ne fut pas moins remplie d'émotions et d'alarmes. Dès le matin, l'ennemi désarma tous les habitants, afin de leur ôter les moyens de résistance, puis il se rendit maître de la citadelle avec d'autant plus de facilité que ce poste militaire, dégarni de toutes ses pièces d'artillerie et de munitions, n'avait pour garnison qu'une douzaine d'hommes de la garde départementale de la Somme. Ce fut une déception pour ces étrangers ; car privés de canons eux-mêmes, ils avaient espéré en trouver sur les murailles dont ils venaient de se rendre maitres. Dans leur pillage, ils firent main-basse sur la caisse du receveur particulier des finances qui avait été déposée à la citadelle, dans la pensée qu'elle y serait en lieu sûr ; mais ce ne fut encore là qu'une aubaine peu importante : la caisse ne contenait qu'une somme de 2,311 fr. 67.

La prise de Doullens, quoique opérée sans retentissement, avait été presque aussitôt connue à Arras. Le dépôt du 46e de ligne qui y tenait garnison, réuni à un détachement de

---

(1) Les fortifications de la ville furent vendues par lots ; et les acquéreurs, associés aux prisonniers espagnols, les démolirent pour construire des maisons avec les débris. Cette démolition fut terminée en 1815.

gendarmes d'élite, se mit immédiatement en devoir d'aller repousser l'ennemi. Il le joignit sur la route entre les fermes de Beaurepaire et le village de Sainte-Marguerite; c'était quelques heures après la prise de la citadelle. Le combat ne fut guère qu'une escarmouche sans résultat, à défaut d'artillerie de part et d'autre; les Français se retirèrent sur Arras, et les étrangers sur Doullens, avec les prisonniers espagnols qu'ils traînaient à leur suite sur des chariots (22 février).

Il ne se pouvait que la nouvelle des événements ne parvînt à Amiens : plusieurs soldats du 5ᵉ régiment de chevau-légers composant la garnison s'avancèrent en éclaireurs. Sur la montagne de la route de Beauval, ils rencontrèrent un poste de cosaques placé en védette. Des coups de feu furent échangés entre eux, sans engagement sérieux; la prudence et leur petit nombre obligeaient les assaillants à se tenir à distance. Bientôt après, une autre fusillade retentit du côté d'Arras : c'était le dépôt du 46ᵉ qui faisait une nouvelle apparition dans les plaines de Beaurepaire. Comme la veille, il brûla quelques cartouches contre l'ennemi et se retira (23 février).

Pendant ce temps-là, le baron de Geismar frappait la ville et le canton d'une énorme contribution en nature. Des postes placés à l'intérieur interceptaient toute communication jusqu'à ce que la contribution exigée fût fournie. Voici en substance la réquisition adressée en son nom et signée de sa main :

« Le maire de Saint-Pol faisant fonction de sous-préfet, ordonne de transporter à
» Doullens, dans les 24 heures, sous peine d'exécution militaire :

300 vaches;
150 porcs;
4,600 bouteilles d'eau-de-vie;
600 livres de chandelles;
600 livres de beurre;
15,000 boisseaux de pommes de terre;
10,000 boisseaux de pois;
10,000 boisseaux de haricots;

50,000 bottes de foin;
50,000 boisseaux d'avoine;
50,000 bottes de paille;
36,000 quintaux d'avoine;
50 cordes de bois;
100 livres de sucre;
50 livres de café.

» Donné au quartier général, à Doullens, le 23 février 1814.

» Signé : Le baron DE GEISMAR. »

Le lendemain, après l'expiration des 24 heures, c'est-à-dire vers deux heures de l'après-midi, l'ennemi quitta Doullens, et prit la direction d'Albert pour tenter sa jonction avec le corps d'armée que commandait Bulow, dans les environs de Villers-Cotterets; c'était là en effet que les alliés concentraient leurs principaux efforts pour forcer le passage sur Paris. Avant le départ, le baron de Geismar confia la garde de la citadelle, avec la qualité de commandant, à un officier saxon, et plaça sous ses ordres les prisonniers espagnols pour servir de garnison.

Le silence presque complet des archives de la ville sur ces faits rapprochés de nous, nous oblige à faire un emprunt à l'*Histoire de Montdidier ;* car les cosaques du baron Frédéric de Geismar passèrent également par cette dernière ville et en prirent possession. M. de Beauvillé nous donne sur eux des détails qui sont pleinement confirmés par les récits des témoins oculaires au souvenir desquels nous avons fait appel.

» Les cosaques bivouaquaient dans les rues à côté de leurs chevaux tout sellés et bridés ;
» il y avait une litière de fumier de plusieurs pouces d'épaisseur ; ils préparaient leurs
» aliments en plein air, et allumaient dans les rues de grands feux qui faisaient craindre
» à chaque instant pour la sûreté publique. Ces cosaques étaient armés de sabres et de
» longues lances ; leur figure était d'une laideur extraordinaire et leur costume à moitié
» barbare. Leurs chevaux, harnachés avec des cordes, étaient petits, mal faits, mais infa-
» tigables et d'une adresse incroyable ; ils descendaient au galop les côtes les plus rapides.
» En campagne, ils allaient presque toujours à travers champs, franchissant les haies et
» les fossés, ils n'entraient jamais dans un village par la rue, mais le tournaient, arrivaient
» à l'improviste derrière les maisons ; et, à la grande surprise des habitants, paraissaient
» tout à coup à cheval dans les cours et les jardins. Leur chef, le baron de Geismar était
» de grande taille ; il avait les cheveux roux ; ses manières étaient distinguées et il s'ex-
» primait parfaitement en français. Dans les journaux de 1844 on a lu que le baron de
» Geismar venait d'être envoyé en Sibérie, par ordre de l'Empereur, pour avoir trempé
» dans une intrigue de palais ; nous n'oserions affirmer que ce fût même qui était à
» (Doullens) en 1814. Ces nouveaux hôtes étaient plutôt incommodes que dangereux ; et
» en leur fournissant des vivres abondamment on n'eut point à s'en plaindre. Les officiers
» ne plaisantaient pas ; et pour la moindre infraction à la discipline, ils faisaient appli-
» quer à leurs soldats de vigoureux coups de corde à nu, sur le dos. »

Deux jours après le départ de l'ennemi, la citadelle de Doullens fut reprise par un régiment composé d'emprunts faits aux garnisons des villes voisines. Arras fournit le deuxième bataillon d'un régiment de voltigeurs de la garde impériale et un détachement de hussards ; Abbeville envoya une compagnie de canonniers à pied, avec deux pièces d'artillerie ; Amiens dépêcha plusieurs hommes du 5e chevau-légers ; et ces troupes, augmentées par un appoint de gardes nationaux soldés de ces deux dernières villes, se présentèrent devant la citadelle, sous les ordres du général Henrion, dans l'intention de la reprendre promptement. Il ne fallait pour cela qu'une simple démonstration qui servit à abriter l'honneur des défenseurs ; quelques boulets lancés contre la porte d'entrée par le nommé Delcloque, natif de Doullens, ancien sergent d'artillerie, suffirent pour couper les chaînes du pont-levis, et la place se rendit. Plusieurs Français furent néanmoins blessés dans cette affaire. Le lendemain, 27 février, le commandant Saxon quitta la citadelle avec des conditions honorables ; et les Espagnols, de nouveau prisonniers de guerre, furent dirigés sur Amiens.

Le département de la Somme était tellement dépourvu de troupes et d'artillerie que la poignée de cosaques du baron de Geismar y fit la loi pendant un mois. Afin de les forcer à la retraite, le Préfet, M. de Latour-du-Pin, prit, le 21 mars, un arrêté qui ordonnait la levée en masse du quarantième de la population ; mais cette mesure était plus facile à prendre qu'à faire exécuter ; l'enthousiasme public avait disparu avec le prestige de la gloire impériale.

Le 1er avril 1814, Paris capitulait, et les Bourbons remontaient sur le trône de France. Le gouvernement provisoire fut accepté avec un empressement qui donnait la mesure des souffrances qu'avaient amassées dans toutes les familles les exigences cruelles d'une guerre qui ne finissait point ; on était fatigué de payer l'impôt de l'argent et du sang ; c'était donc le désir de la paix qui se traduisait de toute part. Le drapeau blanc flotta sur l'Hôtel-de-Ville de Doullens ; un *te Deum* fut chanté dans l'église Saint-Martin, au milieu de l'enthousiasme général ; et les échos des rues et des places publiques déshabitués du cri de : Vive le roi ! le répétèrent au milieu de la joie et de l'allégresse. L'arbre de liberté, planté en 1792, au milieu de la rue Nationale, entre la rue des Poissonniers et celle des Boucheries, faisait triste figure ; il s'élevait là comme un souvenir gênant pour plusieurs, comme un témoin des jours néfastes de 93, comme une protestation contre les événements survenus depuis. Il disparut sans emporter de regrets.

Le 3 mai, Louis XVIII entra à Paris ; la fête à laquelle donna lieu cet important événement fut célébrée à Doullens, le 8. Alors commencèrent les discours pompeux, les serments de fidélité et les protestations de dévouement. Le maire, M. de Banastre, qui n'avait pas à renier son passé, restait tout naturellement l'homme de la circonstance, avec un nom pur et l'intégrité de son honneur. Les derniers échos de la fête se perdirent dans le bruit des pas des Prussiens, qui arrivèrent le surlendemain. Tout un corps de troupes de leur armée prit ses cantonnements dans les différentes localités de l'arrondissement, et y fut nourri pendant plusieurs mois par les habitants. La ville eut à sa charge un détachement d'infanterie de Silésie. La présence de ces étrangers au milieu de nos campagnes, leurs allures bruyantes qui faisaient contraste avec les habitudes calmes et monotones des villageois, leur attitude de victorieux, le sans-gêne de leurs manières occupent encore une place importante dans les souvenirs de nos pères comme dans les récits du foyer. Généralement on s'accorde à rendre justice à leur modération et à reconnaître qu'ils n'abusèrent point de la victoire.

Le retour de l'Empereur de l'île d'Elbe, sa marche triomphale jusqu'à Paris, menaçait de tout remettre en question ; aussi l'autorité municipale de Doullens fit-elle appel, le 15 mars 1815, aux hommes de bonne volonté pour s'opposer au retour de Napoléon ; ce fut à peu près sans succès ; on était las d'agitation et de guerre ; chaque famille avait fourni le plus pur de son sang. Il y avait déjà tant de places vides au foyer domestique ! Et puis on se trouvait heureux de goûter un peu de repos chez soi, après tant de vicissitudes de toute nature ; l'instrument du travail ne chômait pas dans la cabane de l'ouvrier, et les vivres étaient à un prix accessible à tous : l'hectolitre de blé méteil ne valait que 10 fr. 60.

Voici venir toutefois de nouveaux jours d'agitation et d'alarmes qui mettront en grand émoi la petite cité : c'est d'abord le 25 mars ; il est à peine 8 heures du matin ; le calme de la nuit commence à faire place aux mille bruits du jour ; tout à coup les cris de : Vive l'Empereur! retentissent puissants et nombreux. Ce sont deux régiments, le 1er de chevau-légers et le 1er de dragons qui arrivent au trot. Partis de Paris, ils sont à la poursuite de la maison militaire de Louis XVIII. Le roi, en effet, en présence de l'enthousiasme qui accueillait l'Empereur à son retour, s'était enfui à Gand avec sa famille.

Quelques jours après, nouvelle alerte, nouveaux cris acclamant l'Empereur. Une partie de la maison militaire du roi Louis XVIII arrive à Doullens ; elle est composée d'un certain nombre de mousquetaires et de gardes du corps, des cent-Suisses et d'un fort détachement de grenadiers à cheval qui avaient été renfermés dans Béthune. De Doullens elle se dirige sur Amiens, en passant par les fermes du Valheureux (4 avril).

Puis encore ce sont de nombreux régiments d'infanterie, de cavalerie et de matériel de guerre qui traversent la ville, le 1er mai et les jours suivants. Ils se rendent sur les frontières de la Belgique, car c'est par là que l'Europe armée va faire une seconde fois irruption sur Paris. Napoléon y est en personne pour défendre le passage ; un premier succès ouvre son cœur à l'espérance ; mais bientôt les échos affaiblis d'une bataille plus rapprochée arrivent jusqu'à Doullens ; le sol même en est ébranlé ; c'est la grande voix du canon de Waterloo qui proclame que c'en est fait des dernières espérances de l'Empereur (18 juin).

Dès le surlendemain, on vit arriver dans la ville de nombreux blessés, tristes victimes de la catastrophe ; on en reçut une partie à l'hospice et les autres chez les bourgeois.

Le 8 juillet, Louis XVIII rentrait dans Paris ; mais des amis maladroits montrèrent pour sa cause un zèle trop ardent, violent même, qui refroidit les sympathies populaires, souleva des rivalités en jetant pour ainsi dire le défi aux hommes du régime déchu. Des levées de paysans étaient faites par des nobles qui les promenaient dans la campagne pour intimider la résistance. La guerre civile fut sur le point d'éclater en plusieurs lieux ; une soi-disant armée royale de cette nature, nommée de l'Arc-en-ciel, parcourut la Picardie, répandant une demi-terreur royaliste. Un jour, le 8 juillet, le prince de Croy-Solre, qui la commandait, s'approcha de Doullens pour observer l'esprit et les dispositions des habitants qui, sans doute, lui parurent suspects d'un royalisme froid et trop silencieux. Le drapeau blanc, il est vrai, n'avait pas encore été hissé ; on s'empressa de se mettre en règle ; et le surlendemain il flotta sur le beffroi et la citadelle, pendant que les Doullennais fêtaient par des divertissements la rentrée de Louis XVIII à Paris.

Un autre fête succéda presque immédiatement à l'occasion du rétablissement du roi sur le trône de France. Un grand feu de joie fut allumé par les autorités au milieu de la place Notre-Dame ; l'air si connu et si populaire de *Vive Henri IV* retentit de toutes parts, et ne fut interrompu que par les cris de : Vive le Roi! Vivent les Bourbons! Des danses, qui se prolongèrent jusque dans la nuit, furent l'accompagnement de la fête. Par ces démonstrations, Doullens avait témoigné de son bon esprit, et n'avait plus besoin d'être surveillé par les volontaires royaux.

La ville reprit alors les habitudes de tranquillité réclamée par les intérêts de ses habitants ; et si quelques incidents vinrent encore çà et là faire émotion dans la vie de chaque jour, ils furent du moins sans gravité comme sans danger. Le 18 août 1815, S. A. R. Charles-Ferdinand, duc de Berry, y passa en se rendant à Lille pour y présider le collége électoral ; ce prince fut reçu pendant quelques instants à la sous-préfecture. Vers la fin de la même année, de nombreuses troupes anglaises, entre autres plusieurs régiments écossais (sans-culottes), traversèrent également Doullens ; puis ce fut un corps de Hanovriens de l'armée anglaise qui vint prendre ses cantonnements dans l'arrondissement. La ville reçut un détachement de cavalerie (dragons bleus), 1816. Enfin le roi négocia avec les étrangers la libération du territoire.

Mais il fallut se soumettre à la loi du vainqueur, qui ne se contenta pas de la gloire d'avoir vaincu, mais voulut toucher en deniers le prix de sa victoire. Quoiqu'il fût allié des Bourbons, qu'il réintégrait sur le trône de leurs ancêtres, ses exigences pécuniaires furent énormes. Les impôts reprirent encore une fois un mouvement ascensionnel, et on paya jusqu'à 50 centimes par franc en sus des contributions. Déjà, à l'occasion des dépenses extraordinaires nécessitées par les événements de 1815, une ordonnance royale du 16 août avait prescrit un emprunt de cent millions, auquel Doullens contribua pour sa part. A ces charges vint se joindre la cherté du blé occasionnée par des pluies désastreuses qui retardèrent la récolte jusqu'au mois d'octobre. Ce ne fut, il est vrai, qu'une souffrance de peu de durée ; car l'année 1818 effaça par son abondance toute trace de misère.

Le 5 mai 1819, une ordonnance du roi réorganise le tribunal civil de Doullens ; et le 27 du même mois, l'installation du personnel en est faite par M. Aillaud, procureur-général honoraire du roi au conseil supérieur de l'Ile-de-France, et conseiller à la cour royale d'Amiens.

Pendant ce temps, la joie avait fait place au deuil sur le front du monarque, comme dans le cœur des bons Français ; mais ce ne fut pas pour longtemps encore, car le 14 février 1820, le conseil municipal de Doullens donna connaissance aux habitants de l'assassinat de Mgr le duc de Berry ; l'impression fut profonde, et tous les divertissements cessèrent. Deux mois après, les dépouilles mortelles de l'auguste victime de l'infâme Louvel traversèrent la ville (19 avril). On les transportait à Lille, où elles furent déposées dans l'église Saint-Maurice. Mgr le duc d'Angoulême y vint à son tour, lorsque, après avoir visité le département du Nord, il se rendit d'Arras à Amiens (9 novembre 1821).

Dans l'année 1823, la ville de Doullens reprit ses anciennes armes, et dut cette faveur aux démarches et aux instances de son sous-préfet, M. Gaudefroy.

Cette même année fut remarquable d'abord par une inondation due à la fonte des neiges. Plusieurs soldats du régiment des chasseurs de l'Isère, se rendant de Bernaville à Doullens, le 13 janvier, furent entraînés avec leurs chevaux par le débordement de l'Authie, entre les moulins de Hem et les Haies-Warts (1), et ne durent leur salut qu'au dévouement de

---

(1) Nous avons trouvé, sous la date de 1465, ce nom écrit : Essarts-sous-Doullens.

trois habitants qui les arrachèrent à l'abime. Quelques jours après, le grand bâtiment de la filature de Rouval-les-Doullens devint la proie des flammes ; l'incendie prit de terribles proportions, et fut aperçu d'Amiens. On évalua la perte à un million de francs ; ce sinistre frappait de nombreux ouvriers en les privant de travail ; mais heureusement, le désastre fut immédiatement réparé. L'évêque d'Amiens, Mgr de Chabons, vint en personne bénir le nouveau tribunal, le 23 juin ; et la fin de l'année fut consacrée aux exercices religieux de la mission, sous la direction des prêtres Lazaristes ; c'est à cette mission, commencée le 27 octobre, et terminée le 14 décembre, qu'on est redevable à Doullens de l'institution du bureau de charité composé de vingt-quatre dames, qui s'occupent du soin des pauvres. Le souvenir en est encore perpétué par le calvaire qui s'élève sur la montagne de Haute-Visée-le-Beau, abrité par des peupliers plus âgés que lui parce que déjà ils avaient ombragé une autre croix, abattue pendant la révolution.

Le sacre de Charles X donna lieu à des fêtes publiques (29 mai 1825) que les Doullennais renouvelèrent lors du passage de la duchesse de Berry se rendant de Saint-Omer à Amiens (le 30 août). Un arc de triomphe attendait l'auguste voyageuse à la porte Saint-Ladre. Elle y arriva précédée de 25 jeunes gens de Frévent, qui lui avaient fait spontanément une garde d'honneur à cheval. Après les félicitations des fonctionnaires, elle agréa une corbeille de fleurs que lui offrirent douze demoiselles choisies par le conseil municipal ; et elle remit à chacune d'elles, en cadeau, une médaille du sacre de Charles X.

Mais Doullens ne recevait pas que des honneurs : la ville fut aussi l'objet de mesures utiles. Le 1er mai, on commença la construction du nouveau pont sur l'Authie, à la porte dite d'Amiens ; et le 17 août une ordonnance royale fixa l'alignement des rues, places et autres voies publiques dépendants de la petite voirie. La *Feuille de Doullens*, publiée par M. Quinquenpoix, paraissait depuis le 4 janvier ; et un premier service journalier de diligence reliait la ville à Amiens (7 mai). Le 27 juillet de l'année suivante, le ministre de la guerre approuvait le tracé de la délimitation des zones de servitudes définitives de la citadelle.

Le 16 septembre 1827, les Doullennais avaient revêtu leurs habits de fête. Il s'agissait de complimenter à son passage S. A. R. le Dauphin, Charles-Antoine, duc d'Angoulême, qui revenait du camp de Saint-Omer. Le lendemain, l'émoi était plus grand encore : S. M. Charles X allait faire son entrée solennelle dans la ville. Le roi arriva vers neuf heures et demie du matin, à son retour d'Arras. Entre Sainte-Marguerite et Beaurepaire, à la limite du département de la Somme, on avait élevé deux colonnes d'ordre toscan. Sur celle de droite on lisait :

   Département de la Somme.
   A Sa Majesté Charles X.

Celle de gauche portait ces mots :

   Vive le Roi !
   Vivent les Bourbons !

C'était l'œuvre de l'administration départementale. Au bas de la côte, le roi trouva à sa rencontre la garde nationale de Doullens, la garnison, les deux compagnies de Saint-Sébastien avec leur musique, et les conseils municipaux de plusieurs communes de l'arrondissement, chacun groupé autour d'un drapeau blanc, sur lequel, au-dessous des mots : *Vive le Roi!* était inscrit le nom du corps auquel il servait d'étendard. A l'entrée de la ville s'élevait un arc de triomphe, d'une beauté peu commune, couronné des armes de la ville et de nombreux drapeaux ; il était dû au zèle de M. Hémery, juge au tribunal. Sur la corniche on lisait les mots :

A NOTRE ROI BIENAIMÉ !

C'est là que le conseil municipal reçut et harangua Sa Majesté, qui se dirigea ensuite vers l'hôtel de la sous-préfecture où elle daigna accepter un bouquet de fleurs offert par de jeunes demoiselles de la ville. Tout offrit au Roi la physionomie d'un triomphe ; et, lorsqu'il passa au pied de l'Hôtel-de-Ville pour continuer son voyage vers Amiens, il put lire au frontispice cette belle inscription :

A
CHARLES X,
AMOUR,
FIDÉLITÉ (1).

Ce fut le 5 novembre 1829 que le feu de joie d'usage, en l'honneur de la fête du roi, fut allumé pour la dernière fois au parvis du beffroi, par les autorités de la ville, le corps municipal et les principaux fonctionnaires, tous réunis à cet effet par invitation du maire, M. Maille. Ce magistrat dont le nom restera parmi les plus honorables de la cité, termina son administration par quelques travaux utiles. Au mois de mars 1830, il fit planter toute la partie du boulevard qui s'étend depuis la porte de Lucheux jusqu'à l'Authie, sur laquelle il avait fait jeter, l'année précédente, le pont vert destiné à faciliter la circulation de ce côté de la ville. M. Maille tenait à honneur de tomber avec la Restauration.

Le trône était donc encore une fois miné par le libéralisme envers lequel Louis XVIII avait signé dans la charte des obligations qui furent ensuite peut-être trop méconnues. Aussi le régime avait-il perdu les sympathies de la bourgeoisie aigrie par ses déceptions. En vain le Roi appela-t-il la gloire militaire à couvrir l'impopularité de son gouvernement ; en vain la conquête d'Alger fit-elle vibrer la fibre la plus délicate de l'honneur national, les haines de l'intérieur n'abdiquèrent pas vis-à-vis de la victoire à l'extérieur. Le 29 juillet, on apprit à Doullens que les Parisiens avaient pris les armes contre les troupes royales pour

(1) Un habitant de Doullens composa pour la circonstance le distique suivant :

Exoptatus adest decimus rex Carolus! Ecce
Huc venit, et felix plebs erit usque memor.

— 230 —

s'opposer à l'exécution des ordonnances du 25. Alors Doullens revit les jours d'agitation dont il était déshabitué ; le 31, ses rues sont sillonnées par les 1er, 25e, 38e, 44e régiments de ligne, et le 13e léger, marchant du camp de Saint-Omer sur Paris. 170 carabiniers venant d'Arras traversent aussi la ville pour se rendre à Amiens, en tout plus de 2,000 hommes. Le lendemain, 1er août, plusieurs habitants se disant gardes nationaux réorganisés parcourent les rues, armés de fusils de chasse, aux cris de : *Vive la charte*, pendant que le drapeau tricolore flotte sur la filature de Rouval, et que les ouvriers se divertissent, à cause des événements de la capitale. La garde nationale attend encore un jour pour changer de cocarde, de même que la municipalité pour arborer le drapeau aux trois couleurs. Pendant quelque temps l'agitation continue ; les hommes aux idées libérales mettent leurs actes et leurs paroles d'accord avec leurs espérances ; le vieil esprit d'opposition se retrouve tout de suite en harmonie avec les circonstances. Enfin, le 22 août 1830, M. Housiaux, le nouveau maire, proclama Louis-Philippe 1er, roi des Français. C'était plus qu'un changement d'homme ; à Doullens, comme ailleurs, ce fut un revirement complet dans les idées ; ce fut une nouvelle étape de la révolution.

APPENDICE (1). 1830-1848.

Après les acclamations de joie, les cris de *Vive la charte*, les illuminations, comme après les bals du *Jardin de Tivoli*, vint l'heure sérieuse, celle des changements exigés par les événements. A un ordre de choses nouveau, il fallait des hommes nouveaux. On se hâta d'éliminer les titulaires des différents postes et de leur improviser des successeurs. On procéda comme on procède d'ordinaire dans les révolutions qui offrent toujours un aliment facile à des ambitions silencieusement impatientes jusque là. Ce fut d'abord la garde nationale qui, le soir même de la proclamation faite du roi Louis-Philippe (22 août), élut son commandant et ses officiers. Quelques jours après, 1er septembre, M. Camille Dausse, ancien commissaire de guerre, était nommé sous-préfet en remplacement de M. d'Hamecourt, qui en exerçait les fonctions depuis deux ans. De son côté, M. Scipion Mourgue, fondateur de la belle filature de Rouval, qui le premier avait salué la révolution nouvelle en arborant le drapeau tricolore, recevait sa récompense dans le décret qui l'appelait à la préfecture du département de la Loire.

La municipalité, à son tour, ne demandait pas mieux que de faire preuve d'une adhésion

---

(1) Comme dans d'autres parties de cette histoire, nous avons dépassé la limite de 1830, nous avons cru bien faire, au point de vue de l'unité de notre œuvre, en conduisant notre récit général jusqu'en 1848, sous une forme analytique et très-abrégée. Ces quelques éphémérides ont sans doute peu de valeur, mais elles sont un appendice obligé à l'ouvrage qui a été couronné.

patriotique au régime qui surgissait. Elle s'imagina que, en changeant les noms des rues de la cité, elle briserait la chaîne traditionnelle des souvenirs, et romprait absolument avec un passé dont on ne voulait plus. On abrita donc la mesure sous la nécessité de prescrire un numérotage général des maisons de la ville et de la banlieue ; et les noms des rues de la Liberté, de la Révolution, de la Fayette, etc., furent substitués à ceux que les siècles avaient respectés jusque là, parce qu'ils résumaient en eux les pages principales de l'histoire de la cité (9 novembre).

La garde nationale doullennaise, fière du drapeau aux trois couleurs qui lui fut remis au nom de la royauté nouvelle, épancha son patriotisme dans la joie d'un banquet, où des toast furent portés au roi citoyen et à sa famille, à la charte et aux institutions récentes, à La Fayette, à l'armée, aux héros de Paris, à la mémoire de Benjamin Constant, etc. Le 25 mai suivant, elle nomma un détachement de volontaires chargés de se rendre à Amiens pour y être passés en revue par sa Majesté. Mais l'opinion publique avait, au sein de la petite cité, de tout autres préoccupations. Doullens avait besoin de nouveaux fonctionnaires pour diriger ses destinées ; il lui fallait un député, un sous-préfet et un maire. M. Dantigny apporta dans ses fonctions de sous-préfet une politesse de formes qui rappelait l'ancien régime, et des principes de modération qui lui valurent l'estime de tous. M. Gauthier de Rumilly, nommé député depuis un an, vit renouveler son mandat ; et M. Housiaux, comprenant qu'il avait déjà fait son temps, dut laisser le fauteuil municipal à M. Delapalme. Ce n'était pas précisément la réaction, mais le besoin de repos et de sécurité qui se manifestait. C'est à l'administration de M. Delapalme que se rattache la reconstruction du clocher de l'église Saint-Martin qui avait été détruit par le feu sept ou huit ans auparavant. Il est à regretter qu'on ait donné à ce clocher des formes si grêles et si chétives, mais peut-être avait-on à tenir compte du peu de solidité de l'édifice qui devait le supporter.

Puis, vint le choléra-morbus avec son triste cortège de craintes et d'alarmes, comme s'il eût reçu mission de distraire douloureusement les hommes des préoccupations de la politique. Pendant quelque temps, on avait suivi la marche du fléau et calculé son approche ; chacune de ses étapes avait été signalée ; il fit enfin invasion dans la ville, le 30 mai 1832. Malgré les soins de la prévoyance et les précautions de l'hygiène publique, Doullens compta d'assez nombreuses victimes, et ce fut la classe pauvre qui supporta la plus lourde part de cet affreux impôt de la mort.

L'année suivante (20 juillet 1833), la loi concernant l'organisation des conseils généraux de département fixait à l'arrondissement de Doullens trois circonscriptions électorales : Acheux, Bernaville et Domart, Doullens. Cette dernière nomma M. Dubois-Tassart, l'un des principaux négociants de la ville. Les mêmes électeurs eurent aussi à faire choix de deux conseillers d'arrondissement. Mais l'urne électorale avait à peine eu le temps de se refermer, qu'il fallut la rouvrir pour l'élection d'un député. M. le vicomte Blin de Bourdon était trop voisin de Doullens pour ne pas désirer d'en être le représentant ; et la sympathie respectueuse attachée à son nom lui ménagea un triomphe qui devait se renouveler ensuite, à chaque élection, jusqu'à la fin de sa vie. Dans ce mouvement d'hommes et de choses qui trahissait une époque d'oscillation, les maires à Doullens ne prenaient pas racine ; chaque nuance d'opinion voulait triompher à son tour, mais aucune victoire ne donnait la stabilité, parce que bientôt la force revenait à l'opposition. M. C. Dieulouard, nouveau maire, ceignit l'écharpe municipale (décembre 1834).

Il eût mieux valu cependant s'occuper des intérêts de la cité, qui ne demandait qu'à bénéficier du nouvel ordre de choses qu'on lui avait fait acclamer comme un progrès, et entrevoir comme l'émancipation de la bourgeoisie et l'avénement du tiers-état, qui, depuis la réunion des trois ordres, dans la salle du jeu de paume, constituait véritablement et uniquement, quoi qu'on fît, la France légale, en attendant qu'elle constituât la France réelle. Jusqu'alors Doullens n'avait encore assisté qu'à de mesquines luttes de rivalités politiques qui ne pouvaient guère imprimer d'impulsion à son bien-être, ni de développement à sa vitalité. Voici toutefois que des éléments étrangers paraissent lui venir en aide comme moyens de prospérité. C'est d'abord la formation d'une société (1) pour la création et l'exploitation d'une raffinerie de sucre indigène. Le siége de l'établissement doit être l'ancien collége situé hors de la ville, auprès de la porte Saint-Ladre. La destination industrielle qui venait d'être donnée aux bâtiments, ranimait néanmoins les espérances, et on voulait voir dans la nouvelle usine un centre de fabrication dont la ville profiterait la première. Chacun saluait l'entreprise et lui souhaitait de l'avenir. Hélas ! cet avenir n'était pas plus réservé à la raffinerie de sucre indigène qu'il n'avait été favorable au collége qu'elle remplaçait.

Cette maison d'éducation, dont la construction avait été accueillie avec faveur, vit son berceau ballotté par les événements de 1830. Mais, à la perplexité des premiers jours, avait succédé un véritable espoir, déterminé par un succès inattendu. Tout donc semblait promettre au nouveau collége de longues années de prospérité ; et voici qu'après quatre ans à peine d'existence, il était à bout de sève et de vie. La spéculation lui avait donné naissance, la spéculation causa sa mort.

Un autre projet d'établissement, d'une nature bien différente, promettait aussi d'être un élément de vie pour le petit commerce doullennais, et ce fut avec joie qu'on accueillit l'ordonnance du roi, en date du 22 janvier 1835, portant en substance que les individus condamnés à la déportation et à la détention pour crimes et délits politiques seraient enfermés dans la citadelle de Doullens. Vers la fin de la même année, on construisait une caserne pour le logement des soldats qui avaient la surveillance des détenus ; et, le 12 février suivant, quarante-sept condamnés politiques, venant de Clairvaux, entraient dans la maison de détention, sous la direction de M. Martin Deslandes, chargé de l'appropriation de la citadelle à cette nouvelle destination.

On s'aperçut bientôt que la surveillance n'était pas égale à la ruse des détenus. L'évasion de dix-sept d'entre eux fut pour la petite cité un événement plein d'émotion. Au moyen de

(1) Société Leducq, Lefebvre et Devillers.

draps attachés les uns aux autres, ils se glissèrent le long des remparts, du côté sud, mais tous ne réussirent point à gagner la campagne. Trois d'entre eux furent ressaisis immédiatement ; et cinq autres, parmi lesquels se trouvait Lagrange (1), ont été repris le lendemain et réintégrés dans la prison. Ils ne devaient plus y faire un long séjour, car une ordonnance d'amnistie, en date du 8 mai 1837, ouvrit les portes de la citadelle aux nombreux prisonniers qu'elle renfermait.

Un insuccès décourageant, tel semblait donc être le résultat fatal réservé à toute initiative d'amélioration, à tout élément nouveau qui s'annonçait à la cité avec des perspectives de développement. L'intérêt public se porta néanmoins encore sur la compagnie qui venait de se former pour la recherche et l'exploitation d'une mine de houille à Bouquemaison, village distant de Doullens de 7 à 8 kil., et qui était de son ancienne banlieue. Les principaux fondateurs furent MM. Laurent et le marquis d'Essertaux. Nous avons parlé ailleurs du sondage qui avait été fait au même lieu en l'année 1788, et du résultat prétendu favorable qui avait attiré l'attention de l'assemblée de département de Doullens dans sa séance du 2 juillet de la même année. Depuis cette époque, aucun nouvel essai n'avait été tenté. On se remit donc à l'œuvre avec un espoir qui avait survécu aux dénégations des premiers sociétaires, pour aboutir, comme la première fois, à une déclaration officielle d'insuccès, qui ne fit pas non plus tomber les doutes, et contre laquelle même plus d'une réserve paraît avoir été faite.

Voici enfin un établissement qui semble présenter de meilleures garanties de durée. Nous voulons parler de la maison d'éducation pour les demoiselles que les religieuses, dites de Louvencourt, viennent de fonder à Doullens (1836), comme annexe et succursale de leur couvent d'Amiens. On sait que ces religieuses tiennent leur nom de leur fondatrice, Marie-Joachim-Elisabeth de Louvencourt, née à Amiens, le 1er juin 1747, de Nicolas-Barthélemi, marquis de Louvencourt, seigneur de Béthencourt-Rivière. Leur maison de Doullens, après vingt-huit ans d'existence, et des épreuves diverses, offre encore aujourd'hui une précieuse ressource à la ville et aux environs.

Le 2 novembre 1838, M. Gosse de Gorre était nommé sous-préfet de Doullens, et apportait dans ses nouvelles fonctions autant d'activité que d'intelligence. A peine installé, il voulut présider aux fouilles que M. Mallet d'Amiens fit exécuter à Saint-Sulpice, et qui amenèrent la découverte du pavé mosaïque dont nous parlerons au chapitre qui traite du prieuré de Saint-Sulpice. L'année suivante, troisième jour du même mois, une réunion de cinquante-deux cultivateurs et amis de l'agriculture, s'occupait de la formation d'un comice agricole de l'arrondissement, et nommait son premier bureau.

Nous rappelant cet adage qui est, en effet, la véritable règle à suivre quand on écrit l'histoire : *Scribitur ad narrandum non ad probandum*, et voulant, avant tout, éviter de frois-

---

(1) On sait toute la part que cet homme aux idées ardentes a prise à l'avénement de la République en février 1848.

ser aucune susceptibilité, constatons seulement, en respectant toutes les opinions, qu'après dix années écoulées, l'apaisement s'était fait dans l'esprit public : on avait vu tomber bien des illusions ; et les plus ardents eux-mêmes durent rattacher leur barque au rivage. Le fleuve étant rentré dans son lit, les anciens débris remontèrent à la surface. Ce fut d'abord, et nous venons de le dire, M. le vicomte Blin de Bourdon pour lequel il y eut des dévouements qui semblaient vouloir faire oublier un passé récent. Puis, ce fut M. Morel, président du tribunal civil, qui, déjà membre du conseil général, élu par une circonscription voisine, reçut à Doullens même, par sa réélection, un témoignage flatteur de l'estime et de l'affection qu'il avait su conquérir à si juste titre (1er décembre 1839). Il concourut, avec plusieurs de ses collègues et l'autorité locale, aux tentatives qui furent faites alors (février 1840), pour obtenir l'extension de l'arrondissement de Doullens par l'annexion de diverses communes limitrophes appartenant au Pas-de-Calais. On sait que la pétition ne fut pas accueillie par la chambre des députés. Et les communes intéressées elles-mêmes, qui ont à Doullens leur centre commercial et leur rendez-vous d'affaires, furent les premières à s'opposer à ce projet d'inféodation, par la raison que l'impôt foncier est plus élevé de 5 francs environ à l'hectare dans le département de la Somme que dans celui du Pas-de-Calais.

Restait M. Maille-Campion, demeurant d'une autre époque, et tombé en 1830, avec les hommes et les choses de la restauration. Vivant de ses souvenirs, et heureux de la considération restée fidèle à son nom, il put penser que son rôle administratif était achevé. Mais personne ne voulut croire que son dévouement au service de son pays fût épuisé. Cédant aux vœux du plus grand nombre, l'administration supérieure lui confia l'autorité municipale ; et, deux ans après, les électeurs du canton en firent leur représentant au Conseil d'arrondissement.

Au milieu du calme afférant à la petite cité, peu d'événements sont venus rompre la monotonie de son existence. La nouvelle de l'accident fatal qui avait brusqué la mort du duc d'Orléans, y causa néanmoins un deuil général. Des adresses de condoléances, rédigées spontanément par le Conseil municipal, par le tribunal civil, par le tribunal de paix, par le comité de l'instruction primaire et par la garde nationale, furent présentées au roi (juillet 1842). Une souscription ouverte au mois de mars de l'année suivante en faveur des victimes du récent tremblement de terre de la Guadeloupe, permit encore aux habitants de s'associer à cet autre deuil en le soulageant.

La réélection des membres du Conseil municipal, des 23 et 25 juin 1843 ; l'installation de cinq religieuses de Saint-Vincent-de-Paul à l'Hospice civil (26 octobre) ; la transformation de la *Feuille* de Doullens, qui devint l'*Authie* ou journal des intérêts divers de l'arrondissement et des cantons voisins, rédigé par M. Vion (7 septembre 1844), donnèrent satisfaction à la cité. Mais, si on a eu raison de dire qu'une opposition sage et mesurée est utile à toute administration par le contrôle qu'elle exerce sur ses actes, il est juste d'ajouter que, souvent aussi, elle la sert en l'aiguillonnant. Or, cet aiguillon fit alors défaut à l'administration locale, qui crut remédier à la désertion des séances municipales en faisant déclarer par le Conseil que, désormais, les noms des absents seraient insérés dans le journal avec leurs raisons d'excuse.

La joie universelle causée par les brillantes victoires d'Isly et de Mogador eut aussi son écho à Doullens. Le canon de la citadelle fut chargé de l'exprimer solennellement et officiellement au milieu des acclamations publiques ; et, bientôt après, un acte de haute clémence ouvrait les portes de la prison à quarante-deux détenus, dont cinq napoléonistes, comme on disait alors, et trente-sept républicains. On applaudit à la pensée qui rattachait ainsi l'amnistie au triomphe de nos armes (8 octobre 1844).

Nous ne ferons que mentionner les faits les plus importants de l'année suivante. A partir du mois de janvier, le Comice agricole publia ses travaux dans une *Revue* spéciale imprimée à Doullens même. Des primes furent ensuite accordées à ceux des instituteurs de la circonscription qui firent avec le plus de succès un cours d'agriculture, et des médailles décernées aux élèves qui avaient le mieux satisfait au programme de l'examen organisé par le comice. C'était une louable idée, capable d'exercer une heureuse influence sur l'agriculture, qui ne demandait du reste qu'à entrer dans les voies d'améliorations et de progrès où l'avaient devancée les départements voisins, du Pas-de-Calais et du Nord. Doullens était déjà un centre agricole important. Son marché, toujours abondamment pourvu, réclamait un agrandissement devenu indispensable ; aussi se décida-t-on à lui adjoindre une arrière place pour y déposer les voitures des cultivateurs, en attendant que, par des achats de maisons et de jardins, on pût donner à la place même du marché un plus vaste développement.

Le 10 août, une notabilité militaire dont le nom restera attaché aux graves événements de la révolution de 1848, le lieutenant-général Changarnier arrivait à Doullens pour passer l'inspection du détachement du 17e de ligne qui y tenait garnison. La curiosité publique fut ensuite attirée par la découverte qui venait d'être faite, au lieu dit le *Pied de Bœuf*, d'une ancienne carrière assez étendue, et dont personne n'avait conservé le souvenir. Des noms écrits en lettres gothiques indiquaient une époque reculée et donnèrent lieu alors à bien des commentaires. Nous nous contenterons de rappeler, comme nous l'avons fait dans le chapitre de la banlieue, au mot *Bagneux,* que les dites carrières sont mentionnées dans un aveu du 3 février 1378, où il est parlé d'une terre sise « *as avennes deseure les karrières de Baigneux.* »

Enfin, nous avons dit ailleurs que, le 7 octobre 1845, Doullens envoya à Lille une députation pour assister à la fête commémorative de la levée du siége de cette ville en 1792. Les autres cités du Nord voulurent aussi être représentées à cette fête qui rappelait un brillant souvenir de gloire nationale. Mais ce qui donnait à la députation doullennaise un intérêt tout particulier, c'est qu'elle comptait parmi ses membres quelques-uns des volontaires qui avaient pris, cinquante ans auparavant, une part active à l'héroïque défense de la cité Lilloise.

Nous ne pouvons mieux terminer cette première partie de notre travail qu'en redisant qu'aux funestes jours de juin 1848, alors que l'anarchie ensanglantait la capitale de la

France, un autre détachement de volontaires doullennais fit preuve de dévouement à la cause de l'ordre et de la liberté, en se rendant à Paris pour y défendre, outre l'assemblée nationale atteinte dans son inviolabilité, l'ordre public et la civilisation aux prises, dans les rues de la capitale, avec les barbares du dedans, avec les suppôts du socialisme, avec les partageux du communisme. Le Conseil municipal, dans sa séance du 20 juillet suivant, déclara que ces volontaires avaient bien mérité du pays et particulièrement de la cité, leur vota des remercîments, et fit transcrire à la suite de sa délibération les noms de ces généreux citoyens (1), parmi lesquels nous avons lu celui de M. Thélu, fondateur du prix qui a contribué à déterminer la naissance de cette histoire.

(1) Voici cette liste :

1 Fardel, aîné, capitaine ;
2 Démoulin, Charles, lieutenant ;
3 Andrieu, Eugène,   id.;
4 Morel, Alfred, sous-lieutenant ;
5 Parvillez ;
6 Thélu, fils ;
7 Simon ;
8 Bernard-Paillat ;
9 Thuillier, avocat ;
10 Toulouse, fils ;
11 Vérité, Jules ;
12 Pérignon, François ;
13 Révillon ;
14 Leroy, Théophile ;
15 Dehée-Massy ;
16 Pécourt, Abel ;
17 Lefebvre, Jules ;
18 Thuillier, Eugène ;
19 Nourtier ;
20 Bailly-Normand ;
21 Vérité, François ;
22 Bernard, Abel, sous-lieutenant ;
23 Asselin-Nourtier ;
24 De Byrague ;
25 Beaucet ;
26 Florent Picard ;
27 Risle, tambour.

FIN DE LA PREMIÈRE PARTIE.

PIÈCES JUSTIFICATIVES

DE LA PREMIÈRE PARTIE.

N° 1.

Noscant presentes et futuri quod ego Willelmus Comes Pontivi, Burgensibus meis de Dullendio, hoc presenti scripto, bonâ fide promisi et concessi, et teneor et heredes mei a generatione in generationem usque in sempiternum, quod si carta ipsorum quam ego eis largitus sum de communiâ suâ aliquo casu deperiret, quod absit, sine sumptibus, exactione aliquâ et pacto, ego, et heredes mei successive per transcriptum sub chirographo inter me et ipsos divisum, teneremur eis gratis reficere et largiri. Hujus rei testes sunt Hugo de Fontanis, Alelmus de Morolio, Simon de Donquerre, tunc consiliarii, Firminus de Senarpont, tunc major Abbatisville, Gonterus Patin, Gonterus Clarbou, Hugo Colete, Ingelrannus Capellanus et Dominus Giroldus prior Abbatisville, Bernardus prior de Donno petro, Galterus de Bellavalle, Rogerus supprior. Et ut ratum habeatur, munimine sigilli mei firmari feci. Actum est hoc anno verbi incarnati m° cc° ii°.

1202.

(Arch. de Doullens. Bibl. imp., f. Gren. 231, f° 206.)

N° 2.

Ego Willelmus comes Pontivi et Monsterioli, tam presentibus quam futuris notum facio quod burgensibus meis Dullendii ad voluntatem eorum et consensum unanimem prescripte ville utilitatem et incrementum attendens multimodum, concessi quod Wasquetis suis que sibi et heredibus suis in perpetuum quietè et pacificè habenda concessi.... Ejusdem Ville Major et Scabini tot jugera quot voluerint et non plura ad censum sex denariorum et ad introitum quibus voluerint tradere poterunt ad cortillagia et ad prata tantum modo facienda. Proventus autem introituum ad usus et ad debita ejusdem Ville persolvenda eisdem concessi. De quolibet autem jornaliorum ad census traditorum tenentur mihi et heredibus meis sex denarios de censu annuatim in Festo Beati Joannis-Baptiste, in Nativitate persolvere in perpetuum..... In illis autem nullum habebo relevamentum..... Preterea, omne residuum Wasquetorum ad censum non donatorum juxtà tenorem majoris carte sue, quam de suâ communiâ habent, eisdem in perpetuum quietè et pacificè concessi tenendum et habendum... Hujus rei dispositioni et concessioni interfuerunt G. de Donquerre, ballivus meus, H. Dolehem, E. Hasles milites ; W. Nanus tunc major Dullendii ; W. Logiers, G. de Nemore, T. de Roonval, Jorda-

Mai 1211.

nus, B. de Sancto-Paulo, J. Tesselins, H. de Autie, W. Morans, B. le Godalier, G. Taupins, G. Belains, Wibert d'Areaine, O. de Luceu, J. Basli, G. de Auceri, M. Hengos, M. Pilate et W. de Fontana, scabini, M. de Buscoi, W. Tesselins, J. d'Orreville, J. ad Campum, G. Gascainne, J. Agnus, W. de Senarpont et alii. Actum est hoc anno verbi incarnati m° cc° undecimo mense maio, in templo Beati Martini apud Dullendium.

(Bibl. imp., f. Gren. 231, f° 263.)

N° 3.

1213. Ego Guillelmus comes Pontivi et Monsterioli tam futuris quam presentibus notum facio quod ego dilecto meo Waloni de Senarpont furnum meum quem apud Dullendium habebam, in castellario, quem a ligio homine meo Johanne de Roscera, pare Dullendii, emeram, donavi ipsi et heredibus suis jure hereditario quiete et pacifice in perpetuum possidendum, et quia dictus furnus a retroactis temporibus ab omni consuetudine, talliâ, et exactione omnimoda liber et immunis habebatur, prefatum Walonem et heredes suos prefatâ libertate furni in perpetuum gaudere concessi. Et super eadem libertate ego et heredes mei supradicto Waloni et heredibus suis perpetuam tenemur prestare guarandiam. Super hoc autem furno et ejusdem tuitione libertatis mihi et heredibus meis prenominatus Walo et heredes sui sex denarios de annuo censu et nihil amplius infra natale apud Dullendium et sine lege jure hereditario tenentur persolvere. In testimonium autem veritatis et munimen ipsius presens scriptum sigilli mei appositione tradidi communitum. Actum anno verbi incarnati m° cc° tercio decimo, mense maio.

(Bibl. imp., f. Gren. 231, f° 271.)

N° 4.

1225. Cet accord contient deux parties : 1° Ce que le roi demande ; 2° ce que la comtesse concède.

1° Noverint universi..... quod veniens ad Nos dilecta consanguinea nostra comitissa Pontivi nobis supplicavit ut filios et filias quas susceperat a Simone fratre Renaldi Comitis Bolonie, post interceptiones quas idem Simon fecerat adversus Genitorem nostrum, materne restitueremus successioni ;.... dicta vero comitissa sponte et instanti petitione nobis et heredibus nostris donavit in perpetuum... Castrum de Doullens, villam Sancti Richarii et Avesnas.... et eam recipimus in feminam ligiam de tota terrâ de quâ pater eius tenens et saisitus erat... Actum Chinoni anno millesimo ducentesimo vigesimo quinto.

2° Ego Maria comitissa Pontivi notum facio... quod... de voluntate mea et petitione meâ instanti donavi Domino Regi et heredibus suis in perpetuum.... Castrum de Doulent cum pertinentiis suis in feudis et domaniis, excepto feudo Domini Guidonis comitis Sancti Pauli, quod habet apud Avesnas et apud Doulent... Actum Chinoni anno domini millesimo ducentesimo vigesimo quinto mense iunio.

(P. Ignace. Hist. des May. d'Abbeville, p. 152-153.)

N° 5.

RAOUL DE BEAUVAL, *seigneur de Bretel, s'engage à remettre au maire et aux échevins de Doullens, avant le premier tournoi, la somme de quatre livres parisis qui lui a été prêtée sans intérêt, et dans le cas où il ne payerait pas, à ne rien abattre dans son bois de Deffois, près de Doullens.*

Avril 1243. Ego Radulfus de Bellavalle, dominus de Braieteil, notum facio universis presentibus pariter et futuris, quod ego debeo dilectis meis majori et scabinis, totique communitati de Dullendio, quatuor libras par. quas mihi ad meam magnam necessitatem mutuo gratis crediderunt et tradiderunt, in pecunia numerata. Dictas quatuor libras par. eisdem majori et scabinis et communitati predicte infra hastiludium proximo venturum reddere creantavi. Si vero dictas quatuor libras par. ad terminum statutum non reddidero, ita condictum est quod neque ego, neque heredes mei, amodo et in futurum poterimus nemus meum desuper Dullendium, quod dicitur Li Deffois, extirpare vel essartare, nec eciam alicui vendere aut tradere ad extirpandum et ad essartandum, et eciam quicquid contingat infra dictum hastiludium dictum nemus nullatenus extirpari poterit nec essartari, nec aliquod mercatum cum aliquo potero facere infra terminum predictum, per quod dictum nemus aliquatenus extirpari valeat nec essartari. Preterea sciendum est quod, si dictas quatuor libras ad terminum predictum prout dictum est reddidero, voluntatem meam de dicto nemore meo potero facere ad plenum; condictum est etiam quod, si predicti major et scabini et communitas de Dullendio, infra instans Natale Domini de sedecim libris par. mihi satisfecerint cum predictis quatuor libris par. de cetero, quicquid contingat, ego et heredes mei, dictum nemus nullatenus extirpabimus nec essartabimus, nec eciam dictum nemus alicui vendere aut tradere, sive aliquo modo alienare poterimus per quod dictum nemus, aliquo casu contingente, extirpari valeat nec essartari. Hanc igitur conventionem promisi fide, juramento corporaliter prestitis, me bene et legitime servaturum, quicquid contingat, expresse renuncians omni rei que predictis majori, scabinis et communitati de Dullendio prejudicium generare valeat aut gravamen, et ceteris omnibus et singulis que possunt obici contra instrumentatum et factum. In cujus rei robur et testimonium presentes litteras sigillo meo roboravi. Actum anno Domini m° cc° xl° iii°, mense aprili.

(Copie faite par M. V. de Beauvillé, sur l'original.)

N° 6.

BAUDOIN CAMP D'AVESNE, *chevalier, seigneur de Beauval, confirme l'engagement pris envers les échevins de Doullens par son frère* RAOUL CAMP D'AVESNE, *seigneur de Bretel, de ne point défricher le bois de Deffois.*

Ego Balduwinus Campus avene, miles, dominus Bellevallis, notum facio universis presentibus pariter et futuris, quod ego litteras dilecti fratris et hominis mei ligii Radulphi Campi avene, domini Braieteil, diligenter inspexi sub hac forma.

10 novembre 1243.

Ego Radulphus Campus avene, dominus de Braieteil secus Dullendium, et frater viri nobilis Balduwini Campi avene, militis et domini Bellevallis, notum facio universis presentibus pariter et futuris, quod ego majori et scabinis, totique communitati de Dullendio, spontanee creantavi quod ego et heredes mei quicumque fuerint, nemus meum quod est desuper Dullendium, quod nemus dicitur Li Deffois nullatenus amodo extirpare poterimus nec essartare, nec eciam faciemus idem nemus extirpari aliquo modo neque essartari. Nemus predictum ego et heredes mei quicumque fuerint, nemini vendere, tradere, neque aliquo modo alienare poterimus, per quod antedictum nemus aliquo casu contingente extirpari valeat neque essartari. Hec igitur omnia que in presenti cartula continentur, promisi, fide et juramento a me corporaliter prestitis, me bene et legitime servaturum quicquid contingat, et ad id agendum heredes meos, quicumque fuerint obligavi; expresse renuncians omni rei que predictis majori, scabinis et communitati de Dullendio prejudicium generare valeat aut gravamen, et ceteris omnibus et singulis que possint obici contra instrumentatum vel factum. Ut autem hec rata et stabilia habeantur in futurum, nec ab aliquo possint in posterum impediri, presentem cartulam sigilli mei munimine dignum duxi roborare. Actum anno Domini m° cc° xl° iii° mense novembris, octavo idus ejusdem.

Ego vero convencionem predivisam, ad instanciam et petitionem dicti Radulphi, fratris et hominis mei ligii, volo, laudo, et tanquam dominus, majori et scabinis totique communitati de Dullendio in perpetuum benigne concedo. In cujus rei robur et testimonium, presentes litteras sigillo meo roboravi.

Actum anno Domini m° cc° xl° tercio, mense novembri, quarto idus ejusdem.

(Copie faite par M. V. de Beauvillé sur l'original).

N° 7.

7 août 1361. Baillivo Ambianensi aut ejus locum tenenti salutem. Litteras nostras vidimus sub hac formâ :

Jéhan par la grace de Dieu, roy de France au bailli d'Amiens ou à son lieutenant salut : Comme par traictié de la paix faite entre nous et notre chier frère le roy d'Engleterre, entre les autres choses contenues ou dit traictié, soit convenu que de certaines bonnes villes de nostre royaume, de chascune d'icelles seroient envoyéz pour nous en hostages oudit pays d'Engleterre, jusques à ce que certaines choses contenues oudit traictié fussent accomplies, si comme oudit traictié est plus à plain contenu, et pour ce plusieurs desdictes bonnes villes en démonstrant le grant amour et loyaulté que il ont touzjours eue envers nous, ont envoyé chascune d'icelles deux de leurs bourgois des personnes plus notables d'icelles villes pour lesquelz et ainsi pour leur estat soutenir en Engleterre conviendra grandement frayer et despendre, et espécialement de par notre bonne ville d'Amiens ont esté envoyez deux de leurs bourgois en hostages, auxquelz jusques à ores il ont soustenu leur estat en Engleterre bien et honorablement à leurs propres coux et despenz, sans avoir aucune aide ou confort de aucune des villes voisines, ausquelles nous avons fait pareille grace de noz aides comme nous avons faict à notre dicte ville, lesquelles parce que ladicte ville a envoyé lesdiz hostages, sont deschargiez d'y envoyer, et dure chose seroit que ceuls qui sont grévez d'avoir anvoyé leurs bourgois en Engleterre et soustenu à leurs despenz jusques à ores, eussent toute la charge ou temps à venir sans avoir aucune aide des autres bonnes villes voisines ausquelles nous avons fait pareilles aides. Pourquoy nous, eue sur ce grande et meure délibération aux gens de nostre conseil, et afin de garder équalité entre nos bonnes villes, avons avisé et ordené que afin que lesdis hostages puissent avoir plus convenablement leur estat, et ainsi que ladicte ville d'Amiens n'ait toute la charge pour la sustentation desdis hostages, la ville de Corbie paiera chascun an, tant comme lesdis hostages seront en Engleterre, deux cens livres; Saint-Riquier, cent livres; Monstereul, deux cens livres ; Dourlens, cens livres et nostre dicte ville d'Amiens payera le remanant de leur despense. Si vous mandons et commectons et à chascun de vous, si comme il lui appartiendra, que nostre dicte ordenance faciez tenir et garder sans aucunement enfraindre, en contraingnant à ce les habitants desdictes villes à payer les sommes dessus dictes comme nos propres debtes, chascune en quoy elle est imposée sur les aides que nous leur avons octroyées ou sur autres, si et par tèle manière que les diz hostages qui pour nostre délivrance et le bien publicq ont exposez leurs corps n'aient défaut de leur choiance ; de ce faire vous donnons pouvoir et mandement espécial, mandons et commandons à touz noz justiciez et subgèz que à vous en ce faisant obéissent et entendent diligemment. Donné à Paris, le XIᵉ jour de may, l'an de grace mil CCC soixante et un.

Verum quia per dictas villas de Corbeya, de Sancto-Ricario, de Monsterolio, et de Durlendio super contributione predicta aliqua querimonia orta erat, tam propter hoc quod non consueverant, ut dicebant, contribuere cum dicta villa nostra Ambianensi, quàm propter hoc quod dato quod contribuerent pro presenti negocio, in summis tamen eisdem impositis nimium gravarentur, attento quod dicta villa nostra Ambianensis multa privilegia ac subsidia habebat, quod dicte ville non habebant, possetque futuris temporibus contra eos vergere in prejudicium et exemplum ; quocirca, nos, attento quod casus de quo agitur de presenti privilegiatus est pro nobis, et ab aliis casibus consimilibus dissimilis et exceptus, ac pro equalitate et concordia inter predictas quinque villas amicabilius conservanda, curia nostra parlamenti, de mandato nostro, eidem per dilectum et fidelem cancellarium nostrum exposito, procuratoribus dictarum quinque villarum presentibus et diligenter in omnibus que dicere voluerunt auditis, ex suo nobili officio ordinavit in modum qui sequitur : videlicet quod dicta villa de Monsteriolo, octies vigenti, villa de Corbeya, sexcies vigenti, villa de Sancto-Ricario, sexagenta, et villa de Durlendio sexaginta denarios auri nuncupatos Frans de cuno nostro nunc currentes persolvent, anno quolibet, durantibus tempore atque causa designatis in litteris suprascriptis, et a tempore date ipsarum terminis qui sequuntur, videlicet medietatem pro primo termino ad festum Beati Remigii, et aliam medietatem ad festum Sancte-Pasche proximo venture, et sic de termino in terminum, durante tempore supradicto, residuo super dicta villa nostra Ambianensi remanente, absque eo quod in aliis dicte ville Ambianensi aut dictis aliis villis in exemplum aut préjudicium exinde aliqualiter trahi possit ; mandantes vobis, et committentes si sit opus, quatenus presentem ordinationem, tanquam pro propriis debitis nostris, observari et adimpleri inviolabiliter faciatis, proviso quod, si ab aliqua dictarum quatuor villarum aliquid propter hoc captum vel solutum fuit, illud in deductionem summe sue super primo termino faciatis deduci. Datum Parisiis, in parlamento nostro, ixe die Augusti m° ccc° lx° 1°.

(Arch. imp. Section judiciaire. Parlement de Paris. Jugés. reg. XVI, fol. 20, I° et V°.)

N° 8.

Septembre 1366.

Carolus, Dei graciâ, Francorum Rex.... Considerantes quod cum inclitæ recordationis dominus genitor noster, dum vivebat, circà reformationem ipsius regni ferventiùs intendens.... Ipsius revocationes de Domaniis factas, ratas, gratas habuimus et habemus.... Cum itaquè inclitæ memoriæ rex Ludovicus, Regis Philippi pulchri filius et successor, Villam nostram de Dullendio ab antiquo, de proprio et immediato Domanio nostro et Coronæ Franciæ existentem, unà cum castellaniâ, ejusdem Comiti tunc sancti Pauli dederit et tradiderit, ac ipsas Villam et Castellaniam in manus ipsius Comitis transportaverit... Cum Villa et Castellania prædicta, nec non dilecti nostri Major, Scabini, Burgenses et Habitantes et Communitas dictæ Villæ per aliqua tempora extrà proprium et immediatum Domanium non sine nostris magnis et ipsorum gravibus incommodis perstiterint, tum quia tempore quo dictæ Villa et Castellania in manus Domini Comitis fuerunt transportatæ, et antè, erant ibi sedes et assisiæ notabiles et regales in præpositurâ et ressorto, propter quod plures gentes Castellaniæ et patriæ, ac præpositurae et ressorti ejusdem, ad dictam Villam ac sedem et assisias pro suis causis et factis prosequendis continuè affluebant, quæ propter hujusmodi donationem et transportationem a dictis Villâ, sede, et assisiis fuerunt alienatæ, oportuit ipsas alibi in diversis auditoribus se transferre in nostri et ipsorum Majoris, Scabinorum, Burgensium et Habitantium præjudicium non modicum et gravamen. Supplicantes illi humiliter per nos sibi de opportuno remedio prævidere, notum facimus quod nos, attentis præmissis, et quod Villa et Castellania de Dullendio per regem Ludovicum, ut dictum est, alienatæ, sub dictis ipsius Domini genitoris revocatione et nostrâ confirmatione comprehenduntur, et quod propter hoc, ut priùs, ad nostrum et coronæ Franciæ Domanium redierunt, et etiam sunt reductæ, ac veris, amore, obedientiâ, et voluntate perfectis, quos et quas semper Major, Scabini, Burgenses, Habitantes, Communitas eorumdem Villæ et Castellaniæ ad nos et prædecessores nostros reges, et coronæ Franciæ habuerunt.... Prædictas Villam et Castellaniam unà cum ipsarum pertinentiis universis, de nostris speciali gratiâ, certâ scientiâ, autoritate...., ad nos et successores nostros reges Franciæ perpetuò retinemus ad perpetuum nec non et immediatum Domanium regni et coronæ Franciæ, absque aliquo medio annexamus, aggregamus; adjungimus, applicamus, ponimus et unimus, ac nostris successoribus, et ipsis Domanio et coronæ, sine aliquo medio annexas ... nunc et in perpetuum fore decrevimus per præsentes, mediantibus etiam quingentis Francis auri quos nobis propter hoc liberaliter dederunt, et quos confitemur recepisse in pecuniâ numeratos.... promittimus pro nobis et successoribus nostris prædictas Villam nostram et Castellaniam de Dullendio cum universis pertinentiis, ac Majorem, Scabinos, Communitatem, et Habitantes..... in et sub recto proprio et immediato Domanio regio et coronæ Franciæ perpetuis temporibus tenere.... et tanquam de supradictis Domanio et coronâ Franciæ immediate exeuntes conservare, deffendere, et garantisare ergà et contrà omnes, absque eo quod nos et antecessores nostri Franciæ reges, ratione freragii, partagii et appenagii, dotis, divisionis, transactionis, infeudationis, aut aliâ quâcumque de causâ, a dictis Domanio immediato et coronâ, futuris temporibus amovere, seu separare, vel disjungere ad vitam vel perpetuitatem, quomodolibet valeamus.... supradicta verò omnia, et ipsorum alia privilegia nos et successores nostri Franciæ Reges cum nos primum ad dictam Villam venire contingeri, promittere tenebimur fideliter servaturos. Quod ut firmum, etc. Datum Parisiis mense septembri, anno Domini millesimo trecentesimo sexagesimo sexto, et regni nostri tertio.

(Daire. Hist. du doyen. de Doullens).

N° 8 bis.

CERTIFICAT DE PIERRE LE SEVE, *receveur du bailliage d'Amiens, constatant qu'il a reçu du maieur et des échevins de Doullens la somme de cinq cents francs d'or que cette ville s'était engagée à payer au roi à condition qu'elle ne serait jamais séparée du domaine ni de la couronne de France.*

27 septembre 1366.

Saichent tout, que nous Pierre le Seve, receveur de la baillie d'Amiens, congnoissons avoir eu et receu de Robert le Forestier, nostre cousin et lieutenant, la somme de cincq cens frans d'or, de boin poix, lesquelz cincq cens frans il avoit eu et receu, pour et ou nom de nous, des maieur, eschevins et habitans de la ville de Doullenz, par la main de sire Jehan le Quien, bourgois de la dicte ville de Doullenz, qui au roy nostre sire estoient deuz pour la finance faicte avec le conseil du roy nostre sire, que, le maieur, eschevins et habitans de la dicte ville de Doullenz, la dicte ville et la chastellerie demeuront perpetuelement au domaine de la couronne de France. De laquelle somme de cincq cens frans, nous nous tenons pour bien et à plain paiés pour le roy nostre sire, et en avons quictié et quictons bonnement et à touz jours, les diz Robert, maieur, eschevins et habitans, et ledit sire Jehan et tous autres à qui quictance en peut et doit appartenir, et les en promés à acquictier par tout là où il appartiendra. En tesmoing de ce, nous avons ces lettres scellées de nostre séel. Qui furent faites le xxvii° jour de septembre, l'an M.CCC. soixante-six.

(Copie faite par M. V. de Beauvillé sur l'original).

N° 9.

Août 1435.

Hugo miseratione divina episcopus Prenestrinus, sanctæ Romanæ ecclesiæ cardinalis de Cypro nuncupatus, a sacrosancta synodo Basileensi in spiritu sancto legitime congregata universalem ecclesiam representante in partibus Franciæ legatus de latere deputatus, dilectis nobis in Christo Majori, Scabinis et cæteris civibus oppidi de Dullendio Ambianensis diœcesis, salutem in Domino : Sinceræ devotionis effectus quem ad dictam sanctam synodum Basileensem et nos geritis non indigne meretur ut petitionibus vestris, præsertim quas ex devotionis fervore provenire conspicimus favorabiliter annuamus. Hinc est quod nos vestris supplicationibus inclinati ut in quàdam capella in domo communi dicti oppidi sita, per proprium vel alium sacerdotem idoneum missam et alia divina officia celebrari quoties vobis placuerit, nec non aquam diebus dominicis benedictam facere possitis et valeatis, vestri Diœcesani, aut alterius cujuscumque licentia super hoc munimine obtenta, auctoritate præsentium indulgemus. Datum Atrebati sub nostri appositione sigilli, die ultima augusti, anno Domini M.CCC.XXXV, sacro Basileensi concilio vigente.

(Arch. de Doullens).

N° 10.

18 janvier 1463.

Loys, par la grâce de Dieu, Roy de France, à tous ceulx qui ces présentes lectres verront, salut. Noz bien amez les maire et eschevins de nostre ville de Doullens nous ont faict exposer que la dicte ville qui est douée de belles et notables chastellenie, hommages, prévosté, assises et ressort contigus, et pour la plupart située et enclavée ès comtés de St.-Pol et d'Artois, fut anciennement fort peuplée, habitée et fournie de maisons et habitations, et tellement que les maisons de ladicte ville et des faulxbourgs, à l'occasion du grant peuple qui qui y estoit lors et faisoient résidence, estoit en grant requeste, et par les propriétaires et possesseurs d'icelles tenues chières et baillées à grant cens et surcens et rentes annuelles et héréditables, autres que les foncières, à cause desquelles charges qui estoient grandes, et des guerres et divisions qui ont esté longtemps en ce royaume, et de plusieurs charges qui ont eu cours en la dicte ville, plusieurs s'en sont alez et retraiz ez comté d'Artois et de Saint-Pol et autres lieux voisins ou les aydes n'avoient point de cours, et tellement que la dicte ville est fort dépopulée, et par ce plusieurs des maisons, habitations et esdifices d'icelle sont descheux et tournés en ruyne, et encore sont en voye de plus faire, ainsi qu'il est vraisemblable, se provision n'est sur ce donnée, ainsi que remonstré nous a esté. Pour ce est-il que nous, eu regard et consideration aux choses dessus dites, désirant la décoracion de nostre ville, et obvier de nostre pouvoir à la désolation et ruyne d'icelle et des édifices et maisons par les meilleures voyes et manières que faire se pourra, avons voulu, ordonné et déclaré, voulons, ordonnons et déclarons de nostre grace espécial et auctorité royal, par ces présentes, à ce que les maisons de nostre ville séans ès rues publiques et aboutissans à icelles qui seroient en ruyne, soient réédifiées et amaisonnées (1), que les diz maire et eschevins de nostre dicte ville de Doullens, qui sont à présent, et autres qui seroient le temps advenir, puissent faire crier et publier par quatre fois de xv^{ne} en xv^{ne} au lieu accoustumé de faire criz et publicacions en ladicte ville, que les possesseurs et propriétaires qui sont à présent et seront pour le temps advenir, des maisons, lieux et tènemens qui seroient en ruyne et non maisonnez, sités et assis ez rues publicques de ladicte ville et aboutans à icelles, les ayent à réédifier et amaisonner convenablement, selon la valleur, nature et situation de chascun lieu, dedans ung an prochain, en suivant la devise (2) des dictes lectres ; et au cas que fait ne l'auroient ledict an passé, que les diz maire et eschevins les puissent bailler à cens ou rente annuelle ou perpétuelle, et délivrer à la chandelle, au plus offrant et dernier enchérisseur, le plus prouffitable que faire se pourra, au bien prouffit et utilité desdiz propriétaires où autres qu'il appartiendra, à charge de faire lesdictes réédificacions et maisonnemens. Et avec ce, voulons et ordonnons, de nostre plus ample grace et auctorité royal, par ces dictes présentes, que dores en avant, toutes et quantes fois que aucuns des cens, surcens ou rentes annuelles et héréditables que doivent les maisons et autres héritages et tènemens situez et assis en ladicte ville de Doullens et ès faulxbourgs, seront vendus et transportez de main en autre, que les possesseurs desdicts lieux et tènemens dedans demy an prouchainement, venant l'an et jour de la dessaisine, en payent et restituent à l'acheteur tout ce que loyaument il aura payé pour raison et à cause dudit achat. Si donnons en mandement par ces mesmes présentes, à nostre bailli d'Amiens et a tous noz autres justiciers, ou à leurs lieutenans, et à chacun d'eulx se comme à luy appartiendra, que nostre présente ordonnance, déclaracion et voulenté, entretiennent et facent entretenir et garder de point en point, selon sa forme et teneur, en facent et laissent joyr lesdiz maire et eschevins, présens et advenir, paisiblement, perpétuellement et à tousjours, sans leur faire ne souffrir estre fait, mis ou donné, aucun destourbier ou empeschement au contraire ; lequel se fait, mis ou donné leur estoit, voulons que à plaine délivrance soit mis, et à ce contrains tous ceulx qu'il appartiendra, par toutes voyes deues, nonobstant oppositions et appellacions quelconques. En témoing de ce, nous avons fair mectre nostre scel à ces dites présentes. Donné à Doullens, le xvIII^e jour de janvier, l'an de grace mil IIII^c LXIII, et de nostre règne le IIIe. Ainsi signé. Par le Roy, Vous, les sire du Lau, de Basoges, maistre Pierre Doriole, et autres présens. Rolant.

(Arch. imp. Sect. hist. J.J. Reg. 199, n° 84).

N° 11.

Devis des travaux de fortification à exécuter au château de Doullens.

19 novembre 1534.

A tous ceulx qui ces présentes lettres veront, Jehan Roussel, bourgeoys de Doullens, à présent garde du scel royal de la ville d'Amyens establiy en la prévosté du dit Doullens, pour sceller et confermer les contractz, convenances, obligacions et recongnoissances qui y sont faictes, passées et recongneus entre parties, salut. Saichent tous que, par devant Nicolas Pappin et Arthus Buteux notaires royaulx commis et jurez de par

---

(1) Ou plutôt, maisonnées, construites, reconstruites. (Note de M. de Pastoret).

(2) Id. Devis, partage, division, et aussi volonté.

le roy nostre sire en ladicte ville et prévosté de Doullens, à ce oyr furent présens en leurs personnes messire Anthoine de Bayencourt, chevalier, seigneur de Bouchavannes, cappitaine des villes et chasteau de Doullens; M⁰ˢ Pierre Faure, conseiller du roy et receveur général de ses finances au pays de Picardye, et commis de par ledit seigneur à faire les payemens des réparacions et fortifficacions des villes et chasteaux dudit pays de Picardye; Jaspard de Lauzeray, contrerolleur général des dictes réparacions, fortiffiracions et municions d'icelluy pays de Picardye; Flourent Planchon, maistre des ouvraiges dudit pays de Picardye, d'une part; et honneste homme Hugues Fournel, bourgeoys, manant et habitant de ladicte ville de Doullens, d'autre part : et recongneurent de leur bon gré, sans force, avoir fait entre eulx les marchez, convenances et traicté qui ensuyvent. Assavoir, que le dict Fournel a promis et promect faire les desblaiz des fondacions en telle profondeur et largeur qui sera trouvé raisonnable pour fonder la maçonnerye dudit chasteau de Doullens, et vuider les fossez en telle profondeur et largeur qui luy sera devisé en luy livrant deux engins pour tirer les terres de dedans le chasteau autant et en tel nombre qu'il en fauldra pour faire les terraces et plates formes, le tout suyvant l'ordonnance qui en sera faicte par ledit sieur de Bouchavannes, M⁰ Jehan Planchon et l'un d'eulx. Et le résidu des terres proceddans d'iceulx fossez seront menez ès fosses plus prochaines d'icelluy chasteau et jusques aussi loing dudit chasteau que de soixante toizes ou environ, affin que les canonnières des avans murs d'en hault puissent descouvrir et veoir le fond desdicts fossez affin qu'on ne s'y puisse cacher; mener les douves desdicts fossez en telle roydeur que les terres ne puissent tomber dedans le fons desd. fossez. Et doibt avoir et estre payé le dit Fournel, pour chascune toize quarrée telle que de deux cens seize pieds pour toize, la somme de seize solz tournoys. Et led. Faure a promis et promect fournir au dit Fournel les diz deux engins, et luy payer pour chascune desd. toizes la somme de seize solz tournoys dès incontinent qu'elles seront toizées et mesurées par ledit sieur de Bouchavannes, M⁰ Flourent et ledit contrerolleur ou autres telles gens en ce conguoissans qu'il plaira audit sieur de Bouchavannes y commectre. Et pareillement a promis ledit le Faure fournir, dès le commencement qu'il conviendra faire les desblaiz, audit Fournel la somme de six cens livres tournoys sur et en tant moins desdits ouvraiges. Promectans lesd. parties et chascune d'elles en droict soy, assavoir : ledit Pierre Faure, soubz l'obligacion de tous ses biens quelzconques, faire fournir et accomplir toutes les choses dessus dictes et chascune d'elles, sans deffaillir ou contrevenir en aucune manière, jusques à la concurrence de deniers qu'ilz seront ordonnez estre employez et mis ès mains dudit Faure; et ledit Hugues Fournel, soubz l'obligacion de son corps emprisonner par tout à ses dépens, et de tous ses biens quelzconques, meubles et immeubles, présens et advenir, de faire fournir et acomplir toutes les choses dessus dictes jusques à la concurrence des deniers qui luy seront délivrez par ledit Faure, et non plus avant, sur paine de rendre et payer tous coustz, fraiz et interestz qu'ilz en pourroient ensievir. Renonçans par lesdictes présentes à toutes choses quelzconques, frauldes et autre choses contraires à ces lettres. En tesmoing de ce, nous, à la relacion desd. notaires, avons mis à ces présentes ledit scel royal. Ce fut faict et passé et recongneu en la ville de Doullens, le dixneufiesme jour de novembre, l'an mil cinq cens trente-quatre. *Aprobamus* en ratures *terres* et *toize*.

Papin. — Buteux. — Sur le repli : Fournel.

(Copie faite par M. V. de Beauvillé sur l'original.)

N° 12.

Avril 1594. Henri, par la grace de Dieu, roy de France et de Navarre, à tous présens et advenir, salut : Parce qu'il se retrouve plusieurs gentilshommes, villes et communaultés de cestuy nostre royaulme qui s'estant laissés emporter aux faulx prétextes que les chefs et principaux aucteurs de la religion qui y est *advenue*, ont faict courir qu'ilz n'avoient aucune intention ni but que la conservation de la religion catholique appostolique et romaine sont entrez au party, mais ayans congnu après la grace qu'il a pleu à la bonté divine nous faire par son Sainct-Esprit de nous ramener au giron de son Eglise que leurs prétentions estoient à cest estat et de nous priver de la couronne qui nous est justement deue, et iceulx voulans par leur retour au debvoir que leurs ancestres ont tous jours porté à leurs roys, monstrer n'avoir jamais esté participans aux mauvaises intentions des chefs, comme vrais Français se sont soubmis en l'obéissance qu'ilz nous doibvent, et estans nostre cher et bien amé Antoine de Blottefière, sieur de Villencourt gouverneur de la ville de Doullans et lad. ville manans et habitans d'icelle dudict nombre, nous de nostre grace spéciale, comme leur bon roy avons résolu, oubliant les choses passées, de les traicter comme nos bons et loyaulx subjects. A ceste cause, les voulant remectre en l'estat qu'ils estoient auparavant lad. rebellion, de l'advis et meure délibération des princes, seigneurs et gens de nostre conseil estans près de nostre personne, avons dict, déclaré et ordonné, disons, déclarons et ordonnons que les sieurs de Villencourt et les sieurs ses serviteurs et domestiques et ceulx qui l'ont suivi, ensemble les manans et habitans de lad. ville de Doullens seront et demeureront quictes et deschargés, comme par ces présentes signées de nostre main, quictons et deschargeons de la prinse, port d'armes qui a esté pour eulx faicte durant tous ces troubles, levée de gens de guerre, conduicte et exploits d'eulx faicte, conduicte d'artillerie et boullets, confection de pouldres et salpestre, prinse, surprinse (et siége) de villes, chasteaux et forteresses, destructions, ruines, fortifficacions, démantellemens et démolitions d'icelles, constructions de nouvelles, consommation des munitions et vivres estans ès magazins desd. villes, levées de nouveaux vivres et contributions en nature,... collecte de nos tailles et autres levées d'impositions sur nostre peuple, de leur auctorité, prinses de nos deniers et receptes génératles et particulières, tant de nos taillons, crues que aultres impôts, dixmes, gabelles et ventes de sel, impositions faictes sur ledict sel,... traictes mises sur les marchandises et aultres choses passans en lad. ville ou auxd. lieux du gouvernement d'icelles, et toutes ligues, associations et traictés faicts tant dedans que dehors ce royaulme au préjudice du feu roy nostre très honoré seigneur et frère, et les autres prinses, donations et ventes de biens, meubles et choses mobiliaires, jouissance et perception des fruits revenus des terres et seigneuries, couppes de bois taillis et haulte futaye, à qui ils puissent appartenir, jouissance des héritaiges et perception de nos revenus domainiaux et patrimoniaux, condamnation et prinse d'amende, rançons, buttins, meurtres, crime de lèze-majesté en quoy ils sont encourus, à l'occasion de ce que dessus et généralement de toutes aultres choses qui ont esté par eulx faictes et commises durant et à l'occasion des présens troubles. Voullons qu'elles demeurent abbolyes, estaintes et assouppies, comme de nostre plaine puissance et auctorité royale, nous les assouppissons, estaignons et abbolissons pour la mémoire et demeurent mortes comme non faictes et advenues, sans que lesd. sieurs Villencourt et les sieurs ses serviteurs et domestiques et ceulx qui l'ont suivi, manans et habitans de lad. ville de Doullans ne puissent estre ores ni à l'advenir inquiétés, poursuivis molestés et recherchés en quelque sorte et manière que ce soit, imposant sur ce silence perpétuel à nos procureurs-généraulx, leurs substituts présens et advenir, et à tous aultres, etc. Si donnons en mandement à nos amez et féaulx conseillers, les gens tenant nos cours de parlement, chambre des comptes, cour des aydes et tous autres nos justiciers officiers qu'il appartiendra, que ces présentes ils vériffient et fassent vériffier et du contenu en y celles jouyr et user plainement, paisiblement et entièrement lesd. sieurs de Villencourt, ses serviteurs, domestiques et ceux qui l'ont suivy, manans et habitans de lad. ville de Doullans, sans souffrir ou permectre qu'il y soit contrevenu, car tel est nostre plaisir. Et affin que ce soit chose ferme et stable, à tousjours, nous avons faict mectre nostre scel à ces d. présentes, sauf en autres choses nostre droict et l'aultrui en touttes.

Donné à Saint-Germain-en-Laye au mois d'avril l'an de grace mil cincq cens quatre vingt quatorze, de nostre règne le cinquiesme. Ainsy signé : **Henry**.

(Arch. imp. Sect. jud. ord. Reg. RR., f° 382.)

N° 13.

Henry, par la grâce de Dieu, roy de France et de Navarre à tous présens et advenir, salut : Chacun sçait les artiffices desquelz les ennemys de cest Estat se sont servis dès le vivant du deffunt roy, nostre très-honoré

Décembre 1594.

— 246 —

seigneur et frère que Dieu absolve, pour détourner nos subjets de l'obéissance qu'ils lui debvoient, comme à nous, et la violence de laquelle ils ont usé pour s'emparer des villes et places de ce royaume, afin de disposer plus librement de nosd. subjets et les forcer et ranger à leur félonnie et rebellion. Entre tous lesquelz nos chers et bien amez les habitans de nostre ville de Doullans à leur très-grand regret se sont trouvés engagés et assujettis à nosd. ennemys. Comme ils nous ont faict entendre et congnoistre par les lettres de nostre dict feu seigneur et frère de l'année mil cinq cens quatre-vingt-neuf, s'estant le feu s^r de Saveuse audacieusement et témérairement emparé de nostre chasteau de Doullans, au moyen de quoy ils ont depuis et jusques au dernier jour de may dernier esté perpétuellement assujettis à la mercy de nosd. ennemys, sans avoir moyen de faire congnoistre le desplaisir qu'ils ont receu d'estre si longuement éloignés de l'obéissance de leurs Roys, auxquels ayant voué toute fidélité et ne voulant recongnoistre autre auctorité parmy eulx au mesme temps qu'il leur a esté permis de le desclarer et nous rendre ce debvoir, ils y ont volontairement satisfait et donné toutes assurances que nous pouvons rechercher d'eulx pour la recongnoissance de nostre auctorité; en considération de quoy et de la franche et libre disposition desd. habitans, nous les avons estimés dignes d'estre remis en nos bonnes grâces et gratifiiez de la faveur d'icelles en tout ce que les depputés qu'ils ont envoyés vers nous ont requis pour leur soullagement et conservation. Inclinant aux très-humbles remonstrances desquels, après avoir sur icelles eu l'advis des princes de nostre sang, officiers de nostre couronne et autres notables personnes de nostre conseil estant à présent près de nous, avons de nostre grace spéciale, pleine puissance et auctorité royale, dict, statué, prononcé, et par ces présentes signées de nostre main, disons, statuons, prononçons, qu'en nos ville et fauxbourgs de Doullans il ne se fera aucun exercice de religion que de la catholique, appostolicque et romaine ni es autres lieux et environs deffendus par l'Edict de l'année mil cinq cens soixante-dix-sept et déclarations ensuyvies sur l'exécution d'iceluy. Et affin que lesdits habitans puissent prendre toutes assurances de nostre bienveillance en leur endroict, voullons, ordonnons et prononçons qu'il nous plaist que la mémoire demeure esteinte et abbolie du tout à toujours de ce qui s'est faict et passé et a esté dict, géré, traicté, négocié au préjudice de nostre auctorité et service depuis et à l'occasion des présens troubles par lesd. habitans en général ou particulier, soit pour la prinse ou levée de deniers, vivres et munitions de guerre, ordonnances de paiement des gens de guerre entretenus en lad. ville et cytadelle d'ycelle et autres places du gouvernement et semblablement toutes les autres choses quelles qu'elles soient faictes, comme dict est, desquelles nous les avons eulx et chacun d'eulx, quictés et déchargés, quictons et déchargeons, ensemble ceulx qui ont esté par eulx commandés, employés, ou les ont assistés, favorisés, sans qu'ores ni pour l'advenir ils en puissent être recherchés, poursuyvis, molestés ni inquiétés en général ou particulier pour quelque cause ou soubz quelque prétexte que ce soit, mettant au néant tout arresté contraire, jugements, décrets et ordonnances qui pourroient pour raison de ce avoir esté donnés contre eulx ou aulcuns d'eulx, imposant sur ce silence perpétuel à nos procureurs généraux et leurs substituts présens et advenir et à tous nos juges, officiers et subjects quelzconques, et affin que tous nos subjects congnoissent que nous ne ceddons en rien en grace, bonté et libéralité en leur endroict, à aucuns de nos prédécesseurs, et spécialement à l'endroit desd. habitans que nous sçavons de tout temps estre restés volontairement conservés sous l'auctorité des Roys de France et rejecter toutte aultre domination et puissance; en considération de quoy ils ont obtenu de nos prédécesseurs plusieurs beaux et amples priviléges, ne désirant aussy moings qu'eux mesmes les maintenir et conserver soubz nostre couronne, nous aurons autant de soins qu'ils peuvent souhaiter de tenir nos dictes ville et chasteau de Doullens unis à nostre couronne, sans permettre qu'ils en soient tirés, alliénéz ni démembrés, et oultre ce voullons et nous plaist continuer et confirmer, comme par ces mesmes présentes continuons et confirmons tous lesd. habitans en la libre paisible et entière jouissance des priviléges, franchises, immunités, pouvoirs et autorité de loy, mairie, eschevinage, collége, justice, et seigneurie tant civile que criminelle, usance et coustumes pour jouir et user du tout comme il leur a esté permis et accordé par nos prédécesseurs, et comme ils faisoient bien et duement auparavant les présens troubles, ensemble de l'affranchissement des tailles et crues et autres levées extraordinaires quelzconques, 4e, 8e et 20e et autres impositions durant dix ans prochains ensuyvans et consécutifs aux charges et réservations portées par les précédentes lettres obtenues par eulx de nos prédécesseurs tout ainsy qu'ils en ont jouy par le passé à commencer du jour et date de leur réduction et de la déclaration qu'ils ont faite pour notre service, et du par cy devant et à l'occasion que nosd. ville et chasteau de Doullans ont esté occupés par nos ennemys, ils avoient esté cottisez par nos ennemys, ils avoient esté cottisez par nos officiers au paiement de nosd. tailles, crues, subsides et impositions, nous, en considération de leur volontaire réduction et veu que par la force ils ont esté retenus hors de notre obeissance, voullons et entendons qu'ils jouissent de la descharge génerallé accordée à tous nos bons subjets par arrest de nostre Conseil; ensemble dudict affranchissement, conformément aux dernières lettres qu'ils en ont obtenues du deffunct roy et jusques au jour de l'expiration d'icelles. Et si auparavant et depuis il se trouvoit avoir esté baillé quelque assignation aux gens de guerre qui sont pour notre service en la province de Picardie sur les dictes taxes, faisant apparoir d'icelles et de ce qui restera à acquitter, leur sera pourveu en nostre conseil sur la descharge qu'ils nous en ont requise, nous leur avons en oultre confirmé et continué la jouyssance de l'octroy de trois deniers sur chacun lot de vin vendu en détail esdictes ville faulxbourgs et banlieue de Doullans, de deux sols parisis sur chacun tonneau de bière, et pareille somme de deux sols parisis sur chacun minot de sel vendu et distribué au grenier et magasin à sel dudict lieu et chambres qui en dépendent pour jouyr du tout durant dix ans prochains et consécutifs selon qu'il leur a esté accordé par nosd. prédécesseurs et aux charges et conditions portées par les lettres patentes qu'ils en ont obtenues d'eulx, sans que pour les confirmations et continuations de tous et chacun desdicts priviléges, franchises, libertés, droits et octroys, lesd. habitans soient tenus obtenir de nous aultres lettres qce ces présentes. Et d'aultant comme ils nous ont faict entendre que pendant ces présens troubles, signament depuis qu'ils se sont rangez en nostre obéissance, il leur a convenu faire de grans frays et pour y satisfaire emprunté jusques à la somme de mil cinq escus pour laquelle ils ont constitué rente à plusieurs particuliers de Doullans, pour leur donner moyen de se descharger tant du principal de la dicte somme que des arrérages de lad. rente, faisant par lesdicts apparoir par devant les présidens et trésoriers généraulx de nos finances à Amyens de l'estat desd. frays, emprunts, rente et arrérages, leur sera par eulx permis comme nous voullons et ordonnons et leur mandons qu'ils permettent lever et percevoir la somme de neuf deniers tournois oultre et par-dessus les trois deniers d'octroy dessus dicts sur chacun lot de vin vendu et distribué es villes faulxbourgs et banlieue jusques à la concurrence et entier paiement et acquit des sommes portées et arrestées par ledict estat sans en ce faire aucun reffus et difficulté ne qu'ils soient tenus obtenir autres lettres pour cette permission que ces présentes. Désirant aussy recongnoistre par quelque gratiffication particulière la fidèle submission desdicts habitans, nous avons pour la commodité et utilité de nostre dicte ville et des habitans d'icelle créé et octroyé deux foires de quinze jours chacune qui se tiendront doresnavant par chacun an en nosd. ville et faulxbourgs de Doullens commençant l'une le.... jour de.... et l'autre au jour de.... ensuyvant, esquelles foires pourront aller venir et fréquenter tous marchans regnicolles et estrangers, et y amener telles sortes de marchandises que bon leur semblera, et enlever d'autres, selon qu'il est permis par nos ordonnances sans toutefois prétendre aucune diminution ou préjudice à nos droicts, impôts et debvoirs, si aucuns sont deubz, pourveu aussy que pendant le temps desd. foires, il n'y en ait aultres à quatre lieues à la ronde. Et afin que la malice du temps passé ne puisse apporter aucun préjudice aux usances et commodités, siéges et jurisdictions qui estoient en lad. ville de Doullans auparavant lesd. présens troubles, nous avons remis et restabli, remettons et restablissons en nostre dicte ville de Doullans toutes et chacune les juridictions ordinaires et extraordinaires et les offices tant de judicature que finance y establies par nos prédécesseurs, au cas que pendant lesd. présens troubles ils eussent esté transférez ailleurs pour y estre doresnavant exercées, ainsy qu'ils estoient bien et duement auparavant lesd. présens troubles, voullons noz officiers estre contraincts en cas de reffus, délay ou difficulté, d'y aller exercer leur charge en personne, comme ils y sont tenus ; n'entendons toutefois estre comprins en aulcunes des graces et gratiffications portées par ces présentes, tous ceulx qui se trouveront coulpables de la mort du feu roy nostre cher seigneur et frère, que Dieu absolve, ou d'entreprinse et desseings faicts contre nostre vie et personne, et sont pareillement exceptés d'iceluy tous actes faicts sans adveu et par forme de vollerie et génerallement tous aultres crimes et délictz dont la recherche, punition et cohercion se peult faire entre personnes de mesme party. Si donnons en mandement à nos amés et féaulx conseillers, les gens tenant nostre court de Parlement, chambre de nos comptes, court de nos aydes, présidens et trésoriers généraulx de France au bureau de nos finances establi à Amiens, baillifs, sénéchaulx, prévosts ou leur lieutenans et aultres et nos officiers et subjects qu'il appartiendra, que ces présentes, chacun envers soi, ils ayent à faire lire, publier et vérifflier et du contenu en icelles jouyr et user plainement lesd. habitans et tous ceux à qui il appartiendra, cessant et faisant cesser tous troubles et empeschemens à ce contraire, nonobstant oppositions ou appellations quelconques, pour lesquelles et sans préjudice d'icelles ne voullons estre différé ; Et quelzconques édicts, déclarations, ordonnances, mandemens, deffenses et lettres à ce contraires auxquelles et à la desrogatoire des desrogatoires y contenus nous avons desrogé et desrogeons par lesd. présentes ; Auxquelles affin que ce soit chose ferme et stable à tousjours nous avons faict mettre nostre scel, sauf avant toutes choses nostre droict et l'autruy en touttes. Car tel est nostre plaisir. Donné à St.-Quentin, au mois de décembre, l'an de grace mil cinq cens quatre-vingt-quatorze et de nostre règne le sixiesme.

Ainsi signé : Henry, et plus bas par le roy, Potier.

(Arch. imp. Sect. jud. Parl. de Paris. Reg. RR. 8630 p. 378).

N° 14.

1er juillet 1605. Henry par la grace de Dieu, roy de France et de Navarre, à nos amez et féaulx conseillers, les gens tenans nos courts de Parlement, chambres de nos comptes, cour des Aydes, trésoriers généraulx de France établis à Amyens, et aussy nos justiciers et officiers qu'il appartiendra ; Nous vous mandons que nos lettres de confirmation des priviléges cy attachées soubz nostre controlle, par nous accordées aux habitans de la ville de Doullens, vous ayez à faire lire, publier et enregistrer et du contenu en icelles faire jouyr et user plainement et paisiblement les dicts habitants suivant et conformément aux arrests et réglemens intervenus en nostre conseil, sans permettre ni souffrir qu'il leur soit mis ou donné aucun empeschement au contraire, nonobstant et sans vous arrester à ce qu'elles ont esté présentes dans leur impétration, dont en tant que besoing seroit, nous avons de nostre grace spéciale.... rellevé et rellevons lesdits habitants, car tel est nostre plaisir. Donné à Paris, le 1er jour de juillet, l'an de grace mil six cent cinq, de nostre règne le seiziesme.

Henry.

La lettre du monarque confirmative des priviléges des habitants de Doullens était du 17 avril précédent.

(Arch. Imp. Sect. jud., V. 630.)

N° 15.

ESTAT DE LA VILLE DE DOVLLENS EN L'ANNÉE 1713.

Reuenu par estimation sur le pied d'une année commune.

1° Le marché de Neufuillette, le renuoy deub à la maison Destourmel, et la pension du Curé déduite, valloit de reste à ladite ville 300 livres auant le déguerpissement du fond fait assez legerement et sans assemblée de Conseil de Ville dans les formes, mais à présent neant.

2 Le Marché de Boucquemaison . . . . 50 livres
3 Le Marché du Domaine, proche Doullens . . . . 250 »
4 Les prez et terres non compris audit dernier marché et proche de ladite ville. 50 »

5 Censiues annuelles et droits seigneuriaux.	150	»
6 Champart de Hem et Hardinual	120	livres.
7 Bois dudit Hem	150	»
8 Renuoy du moulin d'Outrebois	60	»
9 Le travers en la ville 150 l. Sçauoir de la Chaussée et Porte d'Hesdin 80 liures. De la porte de Lucheux 50 liu. De la porte de Beauquesne 10 liu. faisant le tout.	150	»
Et en aucunes années	200	»
10 Le Mesurage aux grains	300	»
11 Le Mesurage de chaux et charbon	20	»
12 Le Jaugeage des Bois et Foins.	50	»
13 Le Pesage	30	»
14 Le Fonsage.	90	»
15 Le Deualage	20	»
16 Lesgardise	50	»
17 Les amendes ordinaires.	30	»
18 Loyers de greniers ou places	30	»
19 La pesche des Riuieres de la ville et banlieuë.	50	»
20 La pesche des Fossez de la ville, 150 l. dont la ville ne joüit depuis longtemps, ny les particuliers, partant quant à présent neant.		
21 Le tiers des communes, mises à vsage de Foin.	500	»
Dont la ville ne jouist depuis longtemps, ny les particuliers, partant quant à présent neant.		
22 L'entrée des Bois 150 l. Sçauoir par la Porte d'Hesdin 80 l. de Lucheux 50 l. de Beauquesne 20 l., faisans lesdits 150, et en aucunes années.	200	»
23 L'Octroy de 33 s. 6 d. sur muid de Vin, 400 l. et supposé le retranchement.	200	»
24 L'Octroy de 6 s. 3 d. sur muid de Bierre, 400 l. et supposé le retranchement.	200	»
25 L'Octroy sur le sel vendu ès greniers de Doullens, Corbie et Foresmontier, valoit 800 l. mais a esté supprimé en 1634. Et en attendant le remplacement de la part du Roy, cy quant à present neant.		
Somme. Supposé le retranchement d'octroy et le moindre prix de trauers et entrées des Bois 2,200 livres.	2,200	»
Les art. 1, 20, 21 et 25, tirée quant à present néant portoient.	1,750	»
Et les 2 art. de retranchement d'octroy, et moindre prix des deux fermes portent 500 liures.		

TOTAL ANCIEN 4,450.

(Feuille imprimée communiquée par M. Pouy, commissaire-priseur à Amiens).

Charges par estimation.

1 Au Mayeur.	9	livres.
2 Au Prevost Royal.	6	»
3 Au Greffier de la ville	3	»
4 Au Procureur du Roy ou Fiscal.	3	»
5 Aux Président, Procureur du Roy et Greffier de l'Election	18	»
6 Aux autres Officiers, à raison de 3 livres chacun, cy.	18	»
7 Au Prédicateur de l'Aduent, Caresme et Octave, cy	150	»

8 Au Médecin pensionnaire	60	livres.
9 Aux 4 sergens à verge, à raison de 16 liures chacun.	64	»
10 Aux 6 sergens, hallebardiers, à raison de 3 livres chacun, cy.	18	»
11 Au Fourrier	24	»
12 A l'Argentier	24	»
13 Aux Pères Cordeliers, le iour du Saint-Sacrement et renouvellement d'Eschevinage.	6	»
14 Aux Sœurs de Saint-François ledit iour de renouvellement.	3	»
15 Aux Sœurs de l'Hostel Dieu ledit iour.	3	»
16 Au Clergé pour deux processions	6	»
17 Au Mercier pour fourniture de cire, grands ornemens de poil et autres Marchandises aux iours de Noël et Saint-Sacrement.	18	»
18 A l'Abbaye de Corbie pour renuoy	75	»
19 Au Prieur de Saint-Pierre-Lahors, 3 septiers de bled, 15 liures.	15	»
20 Aux pauvres de l'Hospital, au lieu de Lepreux anciens	50	»
21 Pour vne Messe par semaine	26	»
22 A l'Escolatre qui enseigne le Latin aux enfans publiquement et gratis	25	»
23 A l'Escrivain qui fait le mesme	25	»
24 Pour le vin de présent aux ariuées des grands seigneurs aux 1 aoust, 1 ianuier et 1 may.	50	»
25 Aux Controolleurs des ouvrages et maistre Conseruateurs des glands et escluses des fossez.	25	»

Nota, que le contenu ès articles 10, 21, 22 et 23, ne se paye depuis les guerres à cause que durant icelles l'on ne iouissoit pas bien du marché de Neufuillette, qui est le 1 art. de reuenu et que depuis la paix le fond en a esté deguerpy, montant lesd. 4 art. à . . . . 126 »

Somme 724 l.

Nota, que l'estat des créanciers de ladite ville fust commencé par le sieur Préuost, mayeur dès l'année 1665, sous M. de Machault, intendant, et continué iusqu'en 1667, sous M. Colbert, et de leur ordre, le premier projet lors fait mis ès mains de M. de Demuin, Président, Trésorier de France à Amiens, leur subdelegué pour l'achever.

Somme restante 598 liu.

(Communication de M. Pouy. — Feuille imprimée.)

# DEUXIÈME PARTIE.

CHAPITRE I.

ÉGLISES.

§. I.

Église Saint-Martin.

<small>Ancienne église. — Elle est d'abord seule paroissiale et collégiale. — Ses prébendes données à l'abbaye d'Anchin ; accaparées par le comte de Ponthieu ; restituées ensuite, sont supprimées. — Sa reconstruction. — Ses ruines et restaurations diverses. — Sa description extérieure et intérieure. — Son sépulcre. — Ses fondations. — Détails donnés par un ancien pouillé. — Doyenné de Doullens.</small>

Des trois paroisses que l'on comptait autrefois à Doullens, une seule, celle de Saint-Martin, a survécu. Il en est fait mention pour la première fois dans une charte de Guarin de Châtillon-Saint-Pol, évêque d'Amiens, de l'an 1138 ; mais on doit lui supposer une origine plus ancienne, quoiqu'il soit impossible de lui assigner une date quelconque. L'église, comme l'indiquait sa dénomination de Saint-Martin-hors-des-murs, s'élevait hors de l'enceinte fortifiée du *castrum,* non loin du monastère et de l'*âtre* de Saint-Michel ; et peut-être même servait-elle de sanctuaire à cette maison religieuse déjà prospère. Ce n'est qu'une conjecture, il est vrai, mais que semble autoriser le nom donné à ses prébendiers, qu'on appelait chanoines de Saint-Michel. Cette église était donc à la fois paroissiale et collégiale (1).

L'évêque d'Amiens, Guarin de Châtillon-Saint-Pol, par sa charte de 1138, la donna, avec celle de Saint-Sulpice, à Gotsuin, abbé d'Anchin (2) : *Guarinus.... tibi Gotsuino Acquicinensis cœnobii abbati et successoribus tuis ecclesiam Beati Martini de Dorlenz, cum omnibus pertinentibus suis... perpetuo tenendam concedimus* (3). Mais elle n'avait pas tardé à devenir, comme tant d'autres, l'objet de l'arbitraire et de la convoitise des grands. Guillaume II, comte de Ponthieu, était connu alors par les exactions les plus coupables ; et son administration, qui ne reculait pas devant le sacrilége, lui mérita même le surnom de *Cruel*. Il abaissa un œil cupide sur les prébendes de l'église Saint-Martin, et sa main s'étendit pour les accaparer. Cette spoliation, fruit de la force, privait l'abbé d'Anchin des droits que lui avait conférés la charte de l'évêque d'Amiens ; mais son inique dépossession ne fut pas de longue durée.

La conscience du coupable, agitée par plus d'un souvenir de même nature, fit entendre la voix du remords. Le comte Guillaume et sa femme Hélène de Bourgogne, Guy de Ponthieu et Jean d'Alençon, leur fils ; Jean, fils de Guy et Ide, sa mère, reconnurent leur faute et firent remise des prébendes à l'évêque d'Amiens, Thierry, qui les donna de nouveau à l'abbaye d'Anchin, en 1147 : *Illustris comes Guillelmus cum Eila uxore suâ, et Guido atque Johannes filii eorum, Johannes quoque filius Guidonis cum matre suâ culpam suam recognoscentes, canonicas prœtaxatas in manus nostras reddiderunt, et ut eas monasterio Acquicinctensi donaremus, plurimum rogaverunt. Nos igitur cononicas prœtaxatas a manu laïca per Dei gratiam liberatas tibi et monasterio tuo possidendas concedimus* (4). La charte de l'évêque Thierry portait suppression des chanoines de Saint-Michel, suppression qui ne devait toutefois se réaliser que par la mort successive des prébendiers en exercice : *Defunctis canonicis qui nunc canonicas obtinent, ne alii canonici aliquo modo ibidem subrogentur, penitus prohibemus*. La donation de l'évêque fut reconnue au synode d'Amiens, de la même année, en présence des abbés de Saint-Acheul, de Saint-Martin, de Saint-Jean, de Saint-Fuscien, de Saint-Sauve de Montreuil, de Saint-Josse et de Selincourt.

La restitution faite par le comte de Ponthieu et son fils a été l'une des innombrables bonnes œuvres qui furent comme la préface et la préparation de chacune des croisades. Car toutes les passions se taisaient alors devant une seule ; et bien a pris à Guy II de réparer ses injustices, puisque, peu de temps après, il expirait à Ephèse, où l'avaient entraîné sous les drapeaux de Louis VII, sa bravoure aventureuse et le zèle religieux du temps. Guillaume, son père, qui s'était croisé avec lui, fut plus heureux, et revint mourir dans sa patrie.

A partir de cette époque, il n'est plus guère fait mention de l'église Saint-Martin-hors-des-murs que pour rappeler son inféodation à l'église Saint-Sauveur. En effet, une charte

---

(1) Il y eut encore une chapelle Saint-Martin, près du rempart, au-dessous de l'église.

(2) L'abbaye d'Anchin s'éleva sur un îlot de la Scarpe, en 1077, et dut sa fondation à Vauthier, s' de Montigny. Un tournoi célèbre y réunit, en 1096, jusqu'à 300 chevaliers. (Roger. *Archives de Picardie*, t. I.)

(3) *Inventaire de Corbie*, Arm. 3, liasse 96.

(4) *Gallia christiana*, t. X. — V. Pièces justif., n° 2.

de Thibaut, évêque d'Amiens, en date de 1202, n'a d'autre objet que de confirmer les dona-tions de 1138 et 1147, non plus en faveur du supérieur du monastère d'Anchin, directement, mais en faveur de la nouvelle église Saint-Sauveur, que le prieuré de Saint-Sulpice, annexe d'Anchin, possède à Doullens. Voici les termes de la charte confirmative : *Ecclesiam Beati Martini de Durlendo cum omnibus appenditiis suis et ejusdem ecclesiæ prebendas... confirmamus.* Le pape Innocent III, dans sa bulle de 1208 donne, à son tour, une nouvelle et solennelle consécration à cet état de choses ; puis, aucune fondation, aucun événement n'est plus venu rappeler le souvenir de l'ancienne église paroissiale et collégiale de Saint-Martin-hors-des-murs ; d'où il faut conclure qu'elle disparut dans le xiie siècle, sans qu'il soit possible de dire les raisons ni la date de la suppression.

Ce que nous venons d'avancer repose, on le voit, sur des titres certains, irrécusables. Nous avons cité des textes précis, et indiqué les sources où nous les avons puisés. Donc, il nous est permis de conclure que M. Warmé s'est trompé en disant dans son *Histoire de Doullens,* pages 76, 78, que l'église Notre-Dame avait été la première église paroissiale de la ville. Il n'est cependant pas que cet auteur n'ait eu connaissance de la charte de l'évêque Thierry, en date de 1147 ; mais il veut qu'elle soit reportée à une autre époque, uniquement parce qu'elle contrarie son opinion qu'il n'y eut pas à Doullens d'église Saint-Martin, avant l'année 1211.

Mais, en suivant ainsi le P. Daire, M. Warmé ne voit pas qu'il se met, pages 167, 168, en contradiction avec lui-même. Il y dit, en effet, que la bulle d'Innocent III de 1208, « avait pour but de confirmer *la donation faite par l'abbaye d'Anchin à l'église Saint-Mar-« tin de Doullens,* proposée par Théodore, évêque d'Amiens, à la sollicitation de Guidon, « comte de Ponthieu. » Il y a ici d'abord un contre-sens, car nous venons d'établir que c'est à l'abbaye d'Anchin, au contraire, que le don de l'église Saint-Martin a été fait, en 1147, par Guy et non Guidon, sous forme de restitution et par l'intermédiaire de l'évêque d'Amiens Thierry ou Théodoric, et non Théodore. Mais il y a aussi une contradiction ; car d'après cette bulle, M. Warmé doit conclure lui-même qu'il y avait donc une église Saint-Martin à Doullens, avant 1211, puisque ladite bulle est confirmative d'une donation antérieure à 1208, et relative à cette église. Enfin, si cet auteur veut que la donation confirmée soit reportée à une autre époque qu'à l'année 1147, il faut alors changer non-seulement la date qu'elle porte, mais encore les noms propres qu'elle cite, puisque, en 1147, Thierry était bien évêque d'Amiens, et Guy II, comte de Ponthieu. Redisons donc qu'il y avait à Doullens une église Saint-Martin au xiie siècle, et que cette église collégiale fut la première paroissiale de la ville.

S'il est impossible de préciser quand a cessé d'exister cette ancienne église, il n'est pas facile non plus de déterminer quand l'église actuelle, sous le même vocable, a pris naissance. Le P. Daire veut qu'elle ait été achevée en 1211, lorsque le comte de Ponthieu y reçut le roi Philippe-Auguste. Mais M. Dusevel indique la fin du xve siècle, le règne de Louis XI, et ce serait encore trop tôt, s'il fallait accepter l'époque assignée par une inscription qui se trouve sur l'église elle-même. On lit, en effet, en lettres majuscules gravées en relief sur cinq grès du soubassement extérieur de la muraille du côté nord de l'édifice :

| C'EST . OVVRAGE A ESTE . CŌMECE. | 1585 | DV . TĀS . DE . M⁰ IĀQV̄. MOREAV . IEHĀ QVES. | .NOT . IEHAN BOVLLIET. HA | NĒCN |

Il est vrai que les grès où se voit cette inscription n'occupent pas les places que nous leur donnons ici. La pose du premier et du quatrième a même été faite avec tant de négligence qu'elle laisse lire les lettres dans un sens renversé. Mais il n'en est pas moins vrai que cette légende concorde parfaitement avec celle qui se trouve sur le sépulcre de la chapelle Saint-Nicolas, dont nous parlerons bientôt ; on y lit la même date : 1585, et un même nom : Jéhan Bouliet. De plus, cette date de 1585 se retrouve encore gravée sur un grès placé dans la façade inférieure de l'Hôtel-de-Ville, à deux pas de l'église Saint-Martin.

Au milieu de toutes ces divergences, disons, à notre tour, ce qui nous parait être le plus probable. C'est que l'église actuelle de Saint-Martin, s'il faut admettre avec le P. Daire qu'elle ait été à peine achevée en 1211, a dû se greffer sur l'ancienne chapelle des Templiers, et qu'après être restée assez longtemps dans les chétives conditions de son origine, elle subit plus d'une ruine par l'incendie et la guerre. Nous avons trouvé preuve, en effet, qu'elle fut victime du feu en 1522 et menaça de s'écrouler ; que reconstruite presque en entier quelques années après, elle ne tarda pas à voir son clocher abattu et ses murailles ébranlées par le canon ennemi ; que réparée encore vers la fin du XVᵉ siècle, elle fut insensiblement agrandie par des travaux soit de restauration, soit de raccordement. De là des dates différentes, et surtout celle de 1585.

Un peu plus tard, lors du siège de Doullens par les Espagnols, l'église Saint-Martin eut à supporter de nouveaux désastres. La voûte de la nef s'écroula, les murs furent percés et dégradés par le canon, les vitres cassées et tout l'ensemble de l'édifice fortement endommagé. Les ressources de la ville ayant été elles-mêmes ruinées par la guerre, il fallut se contenter de faire les réparations les plus urgentes ; et, disons-le, ces réparations successives furent exécutées sans intelligence comme sans goût.

On ne peut méconnaître, en effet, que l'architecture de cet édifice appartient à plusieurs époques. Son aspect est bien différent de celui qu'elle dut offrir d'abord, et il accuse plus d'une retouche maladroite. « La partie inférieure du portail, qui se divise en trois porches, est d'un gothique dégénéré, « sans élévation, sans aucune ligne hardie ; « et le haut, d'un style tout différent, » si toutefois il est permis de donner le nom de style « à ces réparations bâtardes, à ce fronton triangulaire et à cette espèce de rosace ou d'œil-de-bœuf de très-mauvais goût » qui surmontent le porche du milieu. Encore, bien que celui-ci ne soit pas remarquable, il a au moins quelque chose du cachet de l'époque, et ne méritait pas d'être surchargé de cette grossière maçonnerie en briques dont l'aspect disgracieux fait naturellement appliquer au prétendu architecte qui l'a fait exécuter, ce vers de Boileau :

Soyez plutôt maçon, si c'est votre métier.

« Le génie de la destruction semble d'ailleurs avoir soufflé sur ces trois porches, pour les
» dépouiller. Toutes les statues qui les décoraient et entre lesquelles on distinguait un
» squelette rongé par les vers, d'une hideuse ressemblance, ont été enlevées ; et pour cou-
» ronner l'œuvre du vandalisme, on s'est imaginé de couvrir d'épaisses calottes de mortier
» les dais gothiques qui surmontaient les niches restées vides (1). » La statue du squelette
se voyait à l'entrée du porche gauche ; c'était un de ces *memento-mori* assez fréquents au
xv° siècle, qu'on avait coutume de placer sous les yeux des hommes, pour leur rappeler sans
cesse la briéveté de la vie. Le vandalisme qui a fait disparaître du portail ces statues, en
le dépouillant de son principal ornement, a encore déchiré une page de l'histoire de Doullens ; car on rapporte que ces images de saints représentaient, sous des costumes remarquables, les patrons et les patronnes des différents corps de métiers de la ville.

Les murailles n'offrent, au dehors, rien qui attire la vue (2); seulement « le bas-côté
» gauche est décoré de piliers butants avec pinacles et pyramides à crochets : des volutes
» en feuillage et des animaux de plusieurs espèces décorent les rampants des archivoltes
» qui surmontent les fenêtres. » Du reste, de ce côté comme derrière le chœur, la circulation n'est pas possible, à cause de l'envahissement des terrains voisins, qui ne s'est arrêté
qu'au pied même de la muraille. Le clocher est une simple flèche en bois, mesquine, peu
élevée, et telle qu'on en rencontre sur les dernières églises des campagnes.

« L'intérieur de l'église, assez remarquable quoique trop éclairé, » dédommage un peu
de la première impression défavorable. Il forme la croix latine dont la longueur, dans
œuvre, est de 40 mètres, et la largeur, de 18 mètres 60 centimètres. La hauteur est
égale à la largeur, et mesure, du pavé à la voûte principale, 18 mètres. La voûte du
chœur n'a que 11 ^{m} 10 de haut, et celles des bas-côtés sont élevées de 13 mètres 60 centimètres.

Ce qui frappe tout d'abord en entrant dans cet édifice, c'est la délicatesse des piliers de
grès à bases polygonales et sans chapiteaux, qui soutiennent les voûtes de la nef et des
bas-côtés. Leur circonférence, à la base, est de 3 ^{m} 12, et dans le fût de 2 ^{m} 42 ; leur hauteur, du pavé au socle des statuettes compte 5 ^{m} 50. « Entre les arcs ogives qu'ils sup-
» portent, on voit des niches ou consoles terminées par de petites pyramides torses, d'un
» très-bel effet ; l'ensemble de cette décoration plait à l'œil par sa grâce et son élégance. »
Disons pourtant que parmi les statuettes nichées au sommet de chacun de ces piliers, il
en est qui se tiennent mal et dont la pose trop penchée nuit à l'effet qu'elles doivent produire. Ce sont les images des saints les plus en honneur dans le pays, telles que celles de
saint Fiacre, patron des jardiniers du faubourg de La Varenne ; de saint Eloi, patron des
laboureurs, dont les chevaux étaient autrefois marqués par le curé de Saint-Martin d'un
fer rouge sur la cuisse, pour les préserver de diverses maladies ; de saint Roch, dont le culte

---

(1) M. Dusevel.   (2) Le bas-côté droit, à l'extérieur, porte les traces des balles des Espagnols, de 1595.

a cessé d'être en usage ; de saint Sébastien, sous la protection duquel sont placées les deux sociétés du jeu de l'arc (1).

« Les socles qui supportent les statues de tous ces saints sont ornés de sculptures repré-
» sentant divers sujets : ici c'est la Gourmandise ; là un ange tenant un masque d'une main
» et de l'autre une discipline ; plus loin, on voit un animal fantastique qui semble vouloir
» dévorer un porc. Au dernier pilier du bas-côté droit, on remarque un personnage jouant
» de la cornemuse ; un autre tenant une boîte ouverte pour indiquer, sans doute, la disper-
» sion sur la terre des esprits du bien et du mal ; et du côté du chœur, un ange portant
» une croix. »

Les voûtes du chœur et des deux chapelles latérales sont en pierre, à nervures croisées ; mais celle de la nef est en plafond. D'après M. Dusevel, elle était également en pierre, ornée de culs-de-lampe ou pendentifs, avant 1595. Des soldats espagnols, après la prise de la ville, ayant voulu s'emparer des cloches, la firent tomber pour simplifier leur œuvre de spoliation. Le chœur se termine par un mur droit et non par une abside, ce qui donne un aspect peu agréable. Le vaste tableau d'autel qui couvre ce mur représente l'adoration des Mages. C'est une toile de 1749 qui, sans accuser de talent, ne produit pas un mauvais effet.

« On rapporte, qu'à l'exemple des anciens peintres, des grands maîtres du xvi° siècle, l'ar-
» tiste à qui on le doit, a donné aux figures d'un mage, de son caudataire, et même de
» l'Enfant-Jésus, la ressemblance de plusieurs Doullennais qu'on lui avait indiqués pour
» modèles. » Ce tableau a pour accompagnement quatre médaillons représentant les quatre évangélistes, placés aux quatre coins du sanctuaire, enchâssés dans les boiseries, et d'un effet qui dénote un peintre peu habile. Enlevé pendant les jours néfastes de la révolution, il a été néanmoins conservé. Il n'en fut pas de même des élégantes clôtures en bois qui séparaient le chœur de la nef et des chapelles latérales : elles ont été vendues et brûlées. L'autel en marbre gris avec rétable en bois n'offre rien de remarquable.

Contre les murs des bas-côtés on voit quelques tableaux : l'un, dû au pinceau de Paolo-Bréa, représentant le *Couronnement de la sainte Vierge* a, dit-on, certain mérite ; un autre, la *Décollation de saint Jean-Baptiste*, provoque le sourire plus que l'admiration, et décèle l'ignorance de l'artiste qui le peignit ; un des satellites d'Hérode porte des lunettes ; ce n'est qu'un anachronisme de douze siècles. Un troisième représente saint Louis prêt à partir pour la croisade. Le reste est ordinaire.

Dans les chapelles latérales, le regard s'arrête un instant sur les statues de la Vierge et de Saint-Nicolas, placées au milieu d'un rétable quadrillé, non sur un socle ou cul-de-lampe, mais sur des colonnes courtes et mal peintes, rappelant saint Siméon-Stylite. La chapelle de la Vierge, dans le transsept gauche, autrefois sous l'invocation de Saint-Roch, puis de Saint-Adrien, fut enfin placée sous celle de l'Immaculée-Conception, le 2 février 1791. Elle est ornée de boiseries en chêne de Hainaut, assez bien sculptées. La statue de la mère

---

(1) Ces détails sont empruntés à M. Dusevel, ainsi que la plupart des citations que nous nous permettons.

de Dieu, d'une bonne exécution, est accompagnée de celles de Sainte-Catherine, patronne des jeunes filles, et de Sainte-Anne, patronne des menuisiers. La chapelle de Saint-Nicolas est en tout semblable à celle de la Sainte-Vierge (1) ; c'est la même disposition, c'est surtout le même badigeon grossier et de mauvais goût. Il est vraiment regrettable que cette église n'ait pas reçu une décoration mieux entendue. L'intérieur, sans être grandiose, plaît tout d'abord ; mais il y faudrait plus d'art et moins de peintures.

« Des vitraux peints, sur lesquels était représentée la légende de Saint-Martin, répan-
» daient autrefois dans ce temple de Dieu un jour douteux, qui invitait à la prière et au
» recueillement. Une partie de ces vitraux était due à Martin de Camnon, verrier habile de
» Doullens, qui vivait au xvi° siècle. » Cette perte n'a été compensée par rien de récent, pas même par le jeu d'orgues, quoique assez beau et bien posé sur des colonnes ioniques à l'entrée de la nef. On croit que c'est une dépouille de l'église Saint-Gilles d'Abbeville.

Malheureusement, c'est dans la sacristie toujours fermée de la chapelle de Saint-Nicolas que se trouve l'objet le plus digne de fixer l'attention : « Sous une niche voûtée avec élé-
» gance, on distingue un magnifique groupe en pierre, représentant le Christ mis au tom-
» beau. C'est un des plus curieux sépulcres du département de la Somme. Les figures ont
» beaucoup d'expression et de naïveté, mais elles manquent de proportion. On distingue
» surtout la Vierge, saint Jean, Joseph d'Arimathie, sainte Marie-Madeleine et quelques
» autres personnages bibliques qui environnent d'ordinaire le tombeau du Christ. Autour
» de l'archivolte, et dans de petites niches, se trouvent des anges tenant les instruments
» de la passion. Le soubassement offre trois bas-reliefs assez curieux, qui représentent
» Jésus-Christ apparaissant à la Madeleine, les disciples d'Emmaüs, et l'incrédulité de
» saint Thomas. On y lit cette inscription en lettres gothiques sur un cartouche :

Ce présent sépulcre a été faict des biens
Jehan Boulier et de Nicolas Roussel. 1585 (2).

Pas un souvenir de confrérie de renom n'a été conservé dans l'église Saint-Martin. Aucun tombeau n'apparaît, aucune date ne s'y fait lire pour rappeler la mémoire soit d'un événement, soit d'un personnage remarquable. Seulement, « contre le mur du bas-côté
» gauche, on voit une pierre sépulcrale ornée de quelques attributs funèbres. C'est celle
» de Louis Brisse, conseiller et procureur du roi au siège de l'élection, ancien maire de
» Doullens, et de Madeleine Sagnier, sa femme. La date de leur mort n'est pas indiquée
» sur cette tombe qui paraît remonter au xvii° siècle (3). »

Cette église Saint-Martin hérita sans doute des fondations qui avaient été faites à sa devancière. Les deux plus anciennes connues furent celles de la *Chapelle Taupin* et de la *Chapelle du blanc Pommier*, la première dédiée à S^t.-Mathieu et la seconde à S^t.-Jean, avec

---

(1) On voit dans le mur de ce transsept des traces de style roman : par exemple, un bout de corniche à dents de scie. (Observation de M. Goze, inspecteur des monuments historiques).

(2) M. Dusevel. Cet auteur a écrit 1583.

(3) Ibid.

charge de six messes basses par semaine. Nous ignorons la date de ces fondations ; mais les noms de maître Jean Blanc Pommier et de maître Taupin, relatés dans une charte de 1312, nous autorisent à leur donner une origine reculée. Jean Taupin était curé de Notre-Dame de Doullens, en 1240. Une autre fondation était connue sous le nom de Chapelle St.-Michel, à cause de son auteur, maître Michel Dubus, et avait charge de deux messes basses hebdomadaires. Plus tard, vers le commencement du xviie siècle, Dom Antoine Fouache, ancien prieur de Saint-Sulpice, et Guy de Sainte-Maure, seigneur de Fougère, époux de Louise de Jussac d'Ambleville, firent de nouvelles fondations qui ont disparu avec tant d'autres dans la tourmente révolutionnaire (1).

L'abbé d'Anchin, qui était, à raison du prieuré de Saint-Sulpice, curé primitif de Doullens, avait le patronage et les dimes de ses trois églises, avec la collation de leurs chapelles. Par des arrangements postérieurs, l'abbé de Corbie lui succéda, en 1562, dans tous ses droits utiles et honorifiques. En conséquence, le curé de Saint-Martin n'était, comme ceux des autres paroisses, qu'un vicaire perpétuel à la portion congrue. Aussi sa cure s'appelait-elle vicairie. Voici ce que contient sur cette paroisse un pouillé ou registre de visites épiscopales, qui remonte à 1690 environ.

SAINT-MARTIN.

« Patron : l'abbé de Corbie, à cause du prieuré de Saint-Sulpice.

» Seigneur : la Paroisse.

» Décimateur : l'abbé ou prieur.

» Revenu : 500 livres (2) ; portion congrue (300 livres), fondations et casuel.

» Communiants : 500, avec la moitié de la citadelle et les annexes.

» Revenu de la fabrique : 1,000 livres, mal administrées. Il y a une cloche qu'on ne » sonne pas, de peur d'ébranler le clocher. Le curé logé à ses dépens.

» Curé : Jean Bucquet ; 1 prêtre, plus 1 qui dessert la citadelle.

» Sur la paroisse : l'Hôtel-Dieu (il était encore près du pont d'Authie.)

» Une chapelle dans la citadelle.

» Il y a la chapelle de Saint-Jean du Blanc-Pommier, à la collation du prieur de Saint-» Sulpice. L'évêque y a conféré de plein droit, depuis quelque temps. Le revenu : 12 livres, » chargé de 6 messes basses (3).

» Il y a aussi une chapelle de Saint-Michel du Bus. Patron : le prieur. Revenu : 240 liv. » chargé de 2 messes basses par semaine, qu'on n'acquitte pas (4). Le titulaire est le » sieur Aveneau, chapelain de Notre-Dame d'Amiens. »

---

(1) Par une exception assez singulière, l'église Saint-Martin perçut pendant un certain temps, les droits de maîtrise de la corporation des brasseurs. (Dusevel.)

(2) En 1726, chiffre officiel et exact : 549 liv. 10 s. — Charges à déduire : 28 liv. 13 s. 10 d. — Curé, François Pruvot.

(3) En 1726, revenu : 18 liv. 16 s. 6 d. — Titulaire : Jean-Baptiste Maréchal.

(4) En 1726, le titulaire de cette chapelle St-Michel-de-Bus était Charles Gay, à qui elle produisait un revenu de 300 livres sur 68 journaux de terre à *La Voye-des-Prés*.

Plus tard, les revenus atteignirent un chiffre plus élevé. Ils étaient pris sur deux maisons et environ cent journaux de terre. La corporation des charpentiers, charrons et taillandiers, la dota aussi d'une rente de 8 livres 10 s., par contrat du 26 mai 1712.

La paroisse Saint-Martin comprit dans son étendue Grouche, situé sur la rivière de ce nom. Aujourd'hui, seule paroisse de la ville, elle n'a plus que quelques annexes sans églises. En vain on l'a replacée sous le vocable de Notre-Dame, et la fête patronale en a été fixée au jour de l'Assomption de la Sainte-Vierge, on ne parvient pas à lui faire perdre sa première dénomination d'église Saint-Martin. C'est la révolution qui, tout en la conservant, lui a valu ce changement de nom. Nous avons dit ailleurs que les patriotes doullennais y tenaient leurs réunions et y célébraient les fêtes de la patrie ; c'est aussi du haut de la chaire, convertie en tribune démagogique, qu'ils distribuaient au peuple les enseignements de l'impiété et du blasphême. Derrière le tableau du maitre autel se trouve encore une inscription qui rappelle la fête de l'Etre-Suprême. Mais déjà cette maison de Dieu avait été bien dénudée. « Ce fut, en effet, à cette époque fatale qu'un grand nombre de groupes et de bas-
» reliefs en pierre, en bois et en albâtre disparurent de son enceinte, sous la main dévas-
» trice des menuisiers chargés de détruire *tous les vains hochets du fanatisme* qu'elle pou-
» vait renfermer encore. Peu s'en était fallu que dans leur stupide aveuglement, les
» nouveaux iconoclastes, qui faisaient brutalement briser les images des saints et les croix,
» n'eussent abattu ce temple, pour en vendre les matériaux au profit de la République.
» On dut sa conservation à quelques vrais patriotes, et surtout à l'agent national de la
» commune de Doullens, M. Dusevel qui, en l'an III, proposa d'en faire une halle, afin de
» la sauver. La proposition de ce fonctionnaire ayant été goûtée, il fut sursis à la démoli-
» tion, et c'est ainsi que la ville de Doullens possède encore un monument précieux sous
» le double rapport de l'histoire et de l'art (1). »

Le doyenné de Doullens était anciennement fort étendu ; il comprenait environ vingt-six paroisses et une dizaine de chapelles. Sa circonscription s'allongeait dans le canton d'Acheux, jusqu'à Rubempré, et embrassait même Pierregot ; elle avait aussi fait des emprunts sur le Pas-de-Calais, jusqu'à Thièvres. Aujourd'hui, le doyenné est réduit aux mêmes proportions que le canton, et ne compte plus que douze paroisses. La paroisse de Doullens n'est pas même aussi étendue que la commune, qui franchit les limites paroissiales d'Authieule, de Grouche et de Neuvillette.

---

(1) M. Dusevel. — C'est à cet auteur, nous le répétons, qu'ont été empruntés en grande partie les détails qui composent cette section de chapitre. A chacun son bien.

§. II.

Église Notre-Dame. (Supprimée.)

Son origine. — Sa consécration. — Ses fondations. — Elle est incendiée en 1522 et soutient un siége en 1595. — Détails donnés par un ancien pouillé. — Ses tours. — Ses cloches.

L'origine de l'église Notre-Dame remonte au XIIe siècle, et nous avons en sa faveur une date assez précise. Le pape Alexandre III étant en France pour y trouver un asile pendant trois ans contre les persécutions de l'empereur Frédéric Barberousse (1), saint Thomas Becket (2), archevêque de Cantorbery, y vint lui-même chercher un refuge dans les dangers dont l'entourait la haine de Henri II, roi d'Angleterre. Ce fut à la fin de son exil, lors de son retour en Angleterre, qu'en 1170, il passa par Doullens et y fit la dédicace de l'église Notre-Dame, dont on venait d'achever la construction. La verrière du chœur, du côté de l'Évangile, contenait une légende qui rappelait ce souvenir (3).

Un siècle après (octobre 1269), cette église devenait, de la part de maître Jean Taupin, son curé, l'objet de la fondation d'une chapelle à bénéfice, et donnait lieu à une transaction avec l'abbé d'Anchin, qui en était le patron décimateur, dans la personne du prieur de Saint-Sulpice. Pour assurer le paiement des douze livres parisis, montant du revenu annuel de sa fondation, maître Taupin concéda plusieurs dimes qui lui appartenaient, entre autres celle du fief de *Tangreville situé entre Doullens et Belval*, plus des redevances sur des maisons *près la porte de Lucheu, id. rue de Guy Kréroul, id. rue des Ogreng, id. au vieux marché ; id. rue de Beauquesne en l'âtre Saint-Michel* (4).

Plusieurs autres chapelles rappelaient les noms de leurs fondateurs : *La chapelle de Saint-Jacques dite de Jacques Ducrocq ou Ducroquet, fondée pour la messe matineuse de M. Saint-*

---

(1) C'est alors que le persécuté écrivit au persécuteur ces belles paroles qui n'ont rien perdu de leur vérité :

Niteris incassum navem submergere Petri ;
Fluctuat, at nunquam mergitur illa navis.

(2) On sait que Thomas Becket, archevêque de Cantorbery, dont l'église honore la sainteté par un culte public, tirait son origine du Vimeu où sa famille, l'une des plus anciennes de la contrée, possédait la terre du Plouy qui passa, sous le règne de Charles VIII, dans la maison d'Acheux ; — que le saint prélat, obligé de s'enfuir d'Angleterre, à la suite de sa noble et vigoureuse résistance aux prétentions de Henri II contre diverses prérogatives du clergé, vint d'abord chercher un asile à Abbeville, et qu'il se retira ensuite dans l'abbaye de Dammartin où l'on conservait comme de véritables reliques les vêtements pontificaux dont il était couvert, lorsqu'il fut massacré au pied des autels (1170) par quelques gentilshommes plus jaloux de faire la cour à leur maître que d'épargner un crime à leur conscience.

(Note de M. Courbet-Poulard, d'Abbeville,)

(3) Un autre souvenir de ces temps anciens, c'est le nom du doyen de cette église qui, en 1208, s'appelait Vauthier. En 1233, le doyen avait nom Robert, et en 1507, Pahen en était le curé.

(4) L'original est aux archives départementales.

Jacques; celle de *Robert Cellarius,* dont le chapelain percevait des cens sur plusieurs maisons de la ville ; celle de *Notre-Dame* dite *Lenglarde* et de *Jacques Duglas.* *Antoine Fouache,* ancien prieur de Saint-Sulpice, y fonda les heures canoniales, le 7 janvier 1629 ; *François-le-Caron,* ancien maieur, la messe du Saint-Sacrement, tous les jeudis, le 9 avril 1634, et le nommé *Fournel, prêtre,* une messe journalière, avec obligation d'instruire vingt-cinq pauvres.

Nous avons dit ailleurs que cette église fut victime de l'incendie qui consuma la ville, en 1522 ; incendie allumé par la main des Impériaux. Son orgue et ses cloches y furent fondus et ses archives brûlées. Toutefois, ses ruines ne tardèrent pas à être réparées. Trois nouvelles cloches habitèrent ses tours, et voici quelle était l'inscription qui se lisait sur la plus grosse : « Antoinette suis nommée par messire Antoine de Bayencourt, écuyer de Boucha-
» vesne, gouverneur des ville et château de Doullens, en 1548, et Françoise de Mailly ;
» Frédéric de Boffle, écuyer, et dame Françoise de Boffle, abbesse de Saint-Michel, et
» Jeanne de Boslon, femme dudit de Boffle, et Firmin Petit, manglier de l'Eglise de Notre-
» Dame en Doullens. »

En 1595, lors de la prise de la ville par les Espagnols, les malheureux habitants qui s'y étaient réfugiés soutinrent un siége contre la barbarie des vainqueurs ; et alors cette église eut encore particulièrement à souffrir. Après un mois employé à réparer les désastres, l'évêque d'Amiens donna des lettres de provision au nouveau doyen, et déclara qu'il entendait nommer, comme par le passé, non un titulaire, mais un vicaire perpétuel, sur la présentation et sous le patronage du prieur (1). *Curam seu vicariam perpetuam ecclesiæ parochialis Beatæ Mariæ Dullendii cujus vacatione occurente presentatio seu ejus patronatus ad Dominum priorem Beati-Sulpitii spectat et pertinet* (30 août 1595).

Nous donnons aussi les renseignements fournis par le pouillé de la fin du xviie siècle :

Notre-Dame de Doullens.

« Patron : l'abbé de Corbie, à cause du prieuré de Saint-Sulpice.
» Seigneur : le Roi.
» Décimateur : le prieur.
» Revenu : portion congrue et 350 livres de casuel et fondations.
» Communiants : 8 à 900. Dépendances : Grand-Milly, Haute-Visée, les faubourgs et
» la moitié de la citadelle.
» Revenu de la fabrique : 750 livres.
» Curé : Sulpice Hémery, de Doullens. Il y a 2 prêtres en outre.
» Sur la paroisse il y a la maladrerie Saint-Ladre, dont le roi est le collateur, et dont
» le titulaire est M. le chevalier de Morezan. Le revenu 200 livres (2).

---

(1) *Arch. Départ. Invent. de Corbie.* Arm. 3, liasse 96 et suiv.

(2) La chapelle Saint-Jacques, qui n'est pas mentionnée ici, produisait, en 1726, 22 livres de revenu, avec charge de 11 livres.

» Il y a aussi la confrérie de Saint-Nicolas qui entretient une chapelle dans le fauxbourg ;
» revenu 120 livres. »

L'année 1717 amena une nouvelle ruine, celle du chœur qui s'écroula de fond en comble. Quatre ans après, cette partie du temple réédifiée devenait l'objet d'une bénédiction solennelle (15 décembre 1721). Les cloches jetaient dans les airs leurs joyeuses volées, mais la plus grosse fut cassée. Elle était, comme nous l'avons déjà dit, de l'année 1548. Refondue peu de temps après, elle porta l'inscription suivante : « L'an 1724, j'ai été
» bénite et j'ai été nommée Marie-Paule-Françoise, par très-haut et très-puissant seigneur
» Paul-François, duc de Béthune et de Charot, pair de France, capitaine des gardes du
» corps du Roy, gouverneur des ville et citadelle de Doullens, représenté par messire
» François Picquet, chevalier, seigneur du Quesnel, lieutenant pour le roy, commandant
» les ville et citadelle de Doullens, chevalier de l'ordre militaire de Saint-Louis ; et par
» très-haute et très-puissante dame Marie de Boufflers-Rémiencourt, abbesse de l'abbaye
» royale de Saint-Michel de Doullens, par les soins de maître Louis-Joseph Guérard, prêtre-
» curé, et de M. Jacques-Sulpice Hémery, conseiller du Roy, président au grenier à sel,
» élu en l'élection, et marguillier en chef de l'église paroissiale de Notre-Dame, première
» et principale de la ville de Doullens (1). »

La tradition rapporte que l'église Notre-Dame fut un monument digne de fixer l'attention des amateurs d'architecture ; et M. H. Dusevel se plaît à nous redire que « ses tours
» étaient très-élevées ; qu'elles se dressaient majestueusement dans les airs, et comman-
» daient le recueillement et la méditation, par les pieuses images qui recouvraient leurs
» faces. » Elles jouissaient d'un privilége d'une autre nature, qu'elles conservèrent longtemps, c'est-à-dire du droit d'asile ; et le criminel qui parvenait à s'y réfugier était protégé contre la vindicte des lois. Grâce aux démolisseurs révolutionnaires, il n'en reste plus aujourd'hui qu'une ruine sans importance et affectée à de profanes usages (2).

§. III.

Église Saint-Pierre. (Supprimée.)

Son ancienneté. — Sa situation. — Elle est d'abord connue sous le nom d'église Saint-Sauveur, et est desservie par les religieux de Saint-Sulpice. — Ses fondations. — Détails donnés par un ancien pouillé. — Sa décoration intérieure. — Sa ruine. — Ancienne organisation ecclésiastique de Doullens. — Cimetière.

L'église Saint-Pierre, dont il ne reste plus aujourd'hui qu'une assez belle ruine, toujours debout pour perpétuer le souvenir du vandalisme révolutionnaire, paraît rattacher son

(1) Reg. aux actes de baptêmes, mariages et décès de la paroisse Notre-Dame de Doullens, pour l'année 1724.

(2) Les pierres du portail sont entrées dans la construction de Rouval.

origine comme paroisse, au xiiie siècle, vers l'année 1231. Elle était connue auparavant sous le vocable de Saint-Sauveur, et s'élevait hors de la ville fortifiée. Les termes dont se servent les titres qui s'y rapportent ne laissent aucun doute à cet égard : *Ecclesia Sancti Salvatoris extra castrum Durlendi, juxta Dorlenz, juxta Durlendum, etc.* Ce sont absolument les mêmes expressions que celles employées pour désigner la situation de l'église du prieuré.

De plus, si nous nous reportons à l'année 1180, nous trouvons une charte de Jean de Ponthieu, contenant une donation en faveur des religieux de Saint-Sauveur de Doullens, donation foncière qui fut immédiatement confirmée par l'abbé d'Anchin et l'évêque d'Amiens : *Concessi Monachis sancti Salvatoris Dorlendi duas carrucatas in Viconiâ, loco qui dicitur Rozel, in perpetuum possidendas* (Je concède à toujours aux religieux de Saint-Sauveur de Dorlens deux charrues de terre, sur le terroir de Vicogne, au lieu dit Rosel) (1). Ces deux derniers noms, après sept siècles, sont restés les mêmes.

Mais ces religieux de Saint-Sauveur (2) n'étaient autres que ceux de Saint-Sulpice, qu'une charte postérieure appelle chanoines, à juste titre, puisqu'ils ont été gratifiés par l'évêque d'Amiens des prébendes de Saint-Martin, comme nous l'avons dit. La présence de ces religieux, et non d'un seul, à titre de vicaire perpétuel ; la dénomination de cette église sous le vocable de Saint-Sauveur, dénomination appliquée aux religieux qui la desservaient, la multiplicité des donations faites en sa faveur, feraient supposer qu'elle était dans des conditions exceptionnelles par rapport au prieuré, qu'elle servait plus particulièrement à l'usage des religieux, et que ce fut seulement par la cessation de ces conditions, et peut-être après sa reconstruction, qu'elle devînt église paroissiale, en changeant le vocable de Saint-Sauveur en celui de Saint-Pierre.

Quoi qu'il en soit de ces suppositions, autorisées, il faut bien le reconnaître, par la teneur des titres de ce temps-là, il n'en est pas moins établi que l'église Saint-Sauveur fut de bonne heure, quoiqu'il soit impossible de préciser l'époque, différente de celle du prieuré et située comme elle, hors de la ville, *extra Dullendium*. Comme elle aussi, elle vit affluer vers son sanctuaire les offrandes des puissants et des riches. Ce fut d'abord et du temps même de sa construction, une dame de Bailleul *(de Baillolio)*, dont le nom, comme le souvenir, fut perpétué par les vitraux coloriés du sanctuaire. Cette bienfaitrice avait même essayé d'attacher un chapitre à cette église. Puis ce fut Jean Mauclerc (3) qui lui octroya le quart des dîmes qu'il percevait sur Authieule : *Malus clericus contulit in eleemosinam ecclesiæ sancti Salvatoris, prope Durlendum, quartam partem decimæ ad eum pertinentem quæ est in territorio Altesilvæ* (1198). Hugues de Camp-d'Avesne, seigneur de Beauval, et dont Jean de Mauclerc était l'homme-lige, confirma, quatre ans après, cette donation, à la charge de 20

---

(1) La Vicogne est un village du canton de Domart, et le Rosel, un hameau voisin, où il n'y a que des fermes.

(2) On disait aussi les religieux de Saint-Sauveur d'Anchin : *monachi sancti Salvatoris Aquicinensis*.

(3) C'était un descendant de Pierre de Dreux, dit Mauclerc, prince du sang royal de France. *Invent. de Corbie, loc. cit.*

sols de cens payables par ladite église (juillet 1202) : *Ecclesia ipsa singulis mihi reddere tenetur XX solidos.*

Cette même année, une charte de Thibaut, évêque d'Amiens, reconnut à l'église Saint-Sauveur de Doullens toutes les possessions dont les religieux d'Anchin avaient joui depuis un demi-siècle et plus ; c'est-à-dire l'église Saint-Martin avec ses appartenances et ses prébendes ; toute la dîme de Vicogne, située en partie sur Beauval et en partie sur le Rosel ; celles de Puchevillers, d'Hérissart, même des terres de la Vicogne que Philippe, comte de Flandre, avait recouvrées sur le seigneur de Beauval, et de plus les deux tiers des droits de *altari* sur l'église de Beauquesne (1), etc. On entendait par droit de *altari* les oblations faites à l'occasion des offices, et particulièrement de la messe.

Hugues de Camp-d'Avesne voulut être aussi le bienfaiteur de l'église Saint-Sauveur ; il lui fit don du tiers de la dîme de tout le territoire de Bellevisoule et de toutes les terres sur lesquelles était assis son terrage au terroir de Beauval. Les dîmes données étaient foncières, ordinaires et novales. Guillaume III, comte de Ponthieu, confirma cette donation par lettres de 1202 (2).

Enfin, en 1206, Jean d'Authieule (Jean de Rosière) lui concéda à son tour les deux tiers de dîme qu'il prélevait sur tout le territoire de Sery : *Joannes Dominus de Altiola, ecclesiæ sancti salvatoris juxta Dorlenz... duas partes decimæ quas se asserebat habere in toto territorio de Sery, resignavit* (3). Sery était le nom d'un canton auprès de Terramesnil, où le prieuré de Saint-Sulpice avait de beaux biens.

L'inventaire de l'abbaye de Corbie, source où nous avons puisé nos renseignements jusqu'ici, cesse de mentionner l'église de Saint-Sauveur au XIII° siècle, et toutes les chartes qu'il rapporte n'ont plus pour objet que celle de Saint-Sulpice. Plus de titres qui nous parlent des *monachi sancti salvatoris*. Pourquoi ce silence ne serait-il pas pour nous l'indice de quelque modification survenue alors et qui fit succéder l'église Saint-Pierre à celle de Saint-Sauveur ? Les dates elles-mêmes autorisent cette hypothèse. Si jusqu'au milieu du XII° siècle, l'église Saint-Martin avait été seule paroisse de la ville, c'est que, comme le dit M. Dusevel, Doullens n'était « encore qu'un fort château (4), à côté duquel s'étaient élevées » nombre de maisons qui avaient formé une bourgade ou une ville. » Mais voici venir la commune qui, par sa banlieue, rattache à elle une population suburbaine et étrangère. De là, pour l'exercice du culte, de nouveaux besoins, à raison surtout de la ruine de l'église Saint-Martin, et qui motivent de nouvelles paroisses. Saint-Pierre vient donc se greffer sur Saint-Sauveur ; le prieur en reste le seul titulaire, patron et décimateur ; un vicaire perpétuel y remplit les fonctions curiales ; et les religieux, rentrés au prieuré, y bénéficient des donations qui se détournent de Saint-Pierre pour affluer à Saint-Sulpice. Le curé de Saint-Pierre, en 1507, avait nom Pierre Jolay, et le titre de doyen de Doullens. C'est ainsi

---

(1) *Invent. de Corbie.* Arm. 3, liasse 96 et suiv.
(2) Ibid.
(3) Ibid.

(4) *Castellum quoddam quod dicitur Dorlens* (charte de 1080).

qu'il s'est qualifié lui-même, en signant les coutumes du prieuré de Bagneux, et celles de Doullens.

Le 23 juillet de l'année 1613, un incendie terrible plongea la ville dans la consternation et la stupeur : soixante-douze maisons devinrent la proie des flammes ; et l'église Saint-Pierre eut considérablement à souffrir.

Parmi les anciennes fondations aumônées à cette église, le P. Daire cite la chapelle dite *des messes mâtineuses*, au XVe siècle ; celle de *Saint-Matthieu-de-Neuville* et celle de *Saint-Thomas-le-Sage* qui, dans l'origine furent sans doute des bénéfices. Un vieux pouillé y mentionne aussi la chapelle de *Saint-Michel*. Le registre de visites épiscopales dont nous avons parlé, et qui date de la fin du XVIIe siècle, nous donne les détails suivants : (1)

SAINT-PIERRE.

« Patron : l'abbé de Corbie, à cause du prieuré de Saint-Sulpice.

» Seigneur : le Roy.

» Décimateur : le prieur.

» Revenu : 550 livres (2) en portion congrue, casuel et fondations.

» Communiants : 600.

» Dépendances : Petit-Milly, Beaurepaire, Bout-des-Près, Saint-Sulpice, Routequeue.

» Revenu de la fabrique : envion 500 livres. Le clocher menace ruine.

» Curé : Jean Marcourt de Doullens, 1 prêtre en outre.

» Sur la paroisse, le prieuré de Saint-Sulpice, uni à la manse abbatiale de Corbie, » 4,000 livres. »

L'église Saint-Pierre était belle jusqu'à être une cathédrale en miniature ; mais ce ne fut pas un mérite pour les vandales de 1793 : on la vendit. Il se trouva des spéculateurs qui n'eurent pas honte d'en faire leur propriété ; et puis, elle fut mutilée. Le chœur a complètement disparu ; toutefois, au dehors, dans le haut de la nef principale, on admire encore une galerie ogivale soutenue par de légères colonnettes d'un effet gracieux ; et à l'intérieur, les jolis piliers qui séparent les bas-côtés accouplés dans le sens de la largeur et non de la longueur de l'édifice, avec leurs moulures, leurs volutes aux angles et leurs feuilles à trois lobes ; mais les vitraux coloriés, couverts d'images de saints et de phylactères aux pieuses sentences, n'ont pas trouvé grâce. Aujourd'hui, cette église sert de grange ; et, malgré ses nombreuses mutilations, malgré ses profanations et ses souillures, ce n'est pas sans un sentiment d'amer regret qu'on pénètre dans son intérieur désolé ; et en présence de ces belles colonnes d'une seule pierre soutenant des arcs-ogives géminés, de cette architecture qui plaît plus qu'elle n'étonne, on se retourne avec indignation vers les démolisseurs pour leur demander compte de tant de beautés détruites,

---

(1) En l'année 1738, Mgr de la Motte, évêque d'Amiens, donna une mission à Doullens, qui eut pour exercice de clôture l'établissement d'une confrérie de la croix en l'église Saint-Pierre.

(2) En 1726, chiffre exact : 564 l. 10 s. — Curé : Chafar.

et protester, au nom de l'art comme de la religion, contre ces ruines forcées de se prêter à la profanation (1).

Telle était donc l'organisation ecclésiastique de Doullens. Une seule église d'abord, Saint-Martin, paroissiale et collégiale ; puis deux autres, Notre-Dame et Saint-Pierre. Après sept siècles d'intervalle, la ville est retombée dans ses conditions premières : Saint-Martin seule lui reste.

Malgré ses trois paroisses, nous l'avons dit, Doullens n'avait qu'un seul curé primitif, le prieur de Saint-Sulpice, qui présentait à la nomination de l'évêque les prêtres qui, sous le nom de vicaires perpétuels, devaient administrer les paroisses, ainsi que tous ceux qui étaient pourvus d'un bénéfice quelconque dans l'une ou l'autre de ces églises. Comme gros-décimateur, il payait à chaque curé-vicaire une pension qu'on appelait alors portion congrue, laquelle, avec les droits casuels et les fondations, composait tous les émoluments de leur cure. Ces cures-vicairies étaient tenues à une messe journalière, à l'intention, sans doute, des comtes de Ponthieu leurs bienfaiteurs qui, entre autres libéralités, leur donnèrent cinq muids de sel à prendre sur la vicomté de Rue. Elles avaient aussi à percevoir sur le moulin de Menchon quatre setiers de blé, deux pains et deux deniers parisis, donnés le 6 décembre 1230, par Jean de Rosières, à la charge d'un anniversaire. Les trois vicaires perpétuels eurent longtemps un même logement au coin de la rue du pont à l'avoine. On l'appelait le presbytère des prêtres communs. Il fut brûlé en 1636. Le prieur, en sa qualité de curé primitif, conservait toujours « le droit de prendre, le jour de la Fête-Dieu, le Saint-» Sacrement à l'église Notre-Dame et de le porter processionnellement. » De plus, il pouvait chanter la messe en l'une des trois églises les jours de fêtes solennelles. En sa qualité de gros décimateur, il était tenu aux réparations du chœur et du cancel de chacune des trois églises; mais il y avait les honneurs de la préséance comme patron. Il assistait à la reddition des comptes de la fabrique, et se faisait payer son droit de présence.

S'il faut en croire une charte d'Evrard de Fouilloy, évêque d'Amiens, mentionnée par le *Gallia Christiana,* sous la date de 1220, Doullens aurait eu, à cette époque, une église du Saint-Sépulcre. N'ayant trouvé ni dans les titres, ni dans la tradition aucune indication qui pût appuyer cette donnée unique, nous nous contenterons de dire que la charte confirmait une donation : *Ecclesiæ sancti sepulcri de Dulenco;* et il est d'autant plus certain qu'il s'agit ici de Doullens que, dans une autre charte du mois de septembre 1222, le même évêque dit, des religieux de Saint-Sulpice : *Fratribus de Dulenco* (2).

Enfin nous rappellerons que chacune des trois églises de Doullens avait son cimetière contigu à l'édifice. Mais depuis 1793 la ville n'a plus qu'un seul cimetière, comme aussi une seule église et une seule paroisse.

---

(1) On voit encore à l'extérieur de cette église, un assez beau tombeau du XVIe siècle, avec la représentation des patrons des défunts. En voici l'épitaphe : *Ci-devant gitent le corps d'Antoine Delansalle, né à Doullens, décédé l'an 1567, et celui d'Elizabeth Barbier, l'an 1578.*

(2) Nous verrions volontiers une faute d'orthographe dans le mot *sepulcri*, employé au lieu de *sulpitii*.

CHAPITRE II.

ÉTABLISSEMENTS MONASTIQUES.

§. 1.

Prieuré de Saint-Sulpice.

Son origine. — Opinion de M. Labourt. — L'église de Saint-Sulpice est donnée à l'abbaye d'Anchin. — Sa consécration. — Confirmation de ce don par le Pape Alexandre III. — Le prieuré ne dépend que de cette abbaye. — Le prieur est curé primitif de Doullens. — Fondations nombreuses. — Procès. — Saint-Sulpice est prieuré-prévôté. — Procès avec la ville. — Difficultés de préséance. — Conflits d'autorité. — Prieurs commandataires. — Prospérité de l'abbaye sous Guillaume d'Ostrel. — Sa situation en 1550. — Troubles à l'occasion des guerres. — Confiscation et procès en revendication du prieuré. — Saint-Sulpice devient une annexe de l'abbaye de Corbie. Réclamation en augmentation de portion congrue par le curé-vicaire de Notre-Dame. — Baux et détails de revenus. — Nouveaux procès. — Décadence du prieuré. — Sa réunion à la manse abbatiale de Corbie. — L'abbaye d'Anchin veut rentrer en possession de Saint-Sulpice. — Procès entre elle et Corbie. — Incendie et ruine des fermes de Beaurepaire appartenant au prieuré. — Baux et détails de dîmes et portions congrues. — Le moulin Fromentel acheté par l'abbaye de Corbie et démoli. — Saint-Sulpice n'est plus qu'une ferme bientôt vendue pour y faire l'établissement d'un moulin, aujourd'hui une papeterie.

Le prieuré de Saint-Sulpice de Doullens fut fondé par un comte de Ponthieu. Comme celle de tant d'autres établissements de ce genre, l'époque précise de son origine n'est pas connue; et cette ignorance s'explique naturellement. « Aux jours de dévastation et de » pillage, beaucoup d'abbayes et de maisons conventuelles perdirent leurs titres et jusqu'à » leurs traditions. Et puis leur origine a presque toujours été un fait inaperçu, solitaire; » par exemple, l'humble cellule d'un religieux ou un petit oratoire. Plusieurs siècles après » l'institution a grandi, et est devenue, ici un prieuré, là un monastère. C'est à ces diverses » phases de leur histoire qu'il faut faire remonter la cause de la confusion regrettable sans » doute mais très-naturelle, qui domine souvent les plus scrupuleuses recherches (1). »

M. Labourt, toujours guidé par son opinion que Doullens n'aurait pris naissance que dans l'intervalle qui s'écoula entre l'invasion des Normands, en 881, et la guerre que se firent, en 929, les comtes de Vermandois et de Paris, veut que l'origine de Saint-Sulpice se

(1) Roger. *Archives de Picardie*, t. I, p. 149-50

rattache à une époque antérieure même à celle de Doullens, et il attribue aux premiers religieux de cette maison le dessèchement partiel du lac domanial (*Dominicum-lacum*), dont parle le diplôme de Clotaire III, de 662. En effet, les religieux de Corbie qui, avons-nous vu, avaient reçu du roi Clotaire III une longue étendue de bois à défricher à travers des lieux que D. Grenier traduit par Talmas, Bagneux et Doullens, paraîtraient avoir eu une raison toute naturelle d'établir, avec l'aide ou non d'un comte de Ponthieu, une annexe à Saint-Sulpice, dans le but de confier à ceux de leurs frères qui y auraient été envoyés la surveillance de leurs défrichements et en particulier du dessèchement du *lac domanial*. Cette idée trouverait même un semblant de confirmation jusque dans le nom de Saint-Sulpice donné à l'établissement naissant. On sait que ce saint était l'oncle de Clotaire I.

Mais, comme on ne fait pas l'histoire *à priori*, et que la séduction des premières apparences doit toujours, quelle qu'elle soit, céder à *l'entêtement des faits*, nous sommes obligé de reconnaître que l'opinion de M. Labourt, malgré l'habileté et les savantes recherches qu'il a mises à son service, n'est nullement fondée. Si Saint-Sulpice avait été une annexe de Corbie, l'évêque d'Amiens ne l'aurait pas arrachée à ce monastère, situé dans son diocèse, pour en faire hommage à l'abbaye d'Anchin, dans l'Artois, appartenant d'ailleurs, comme Corbie, à l'ordre de Saint-Benoit. C'eût été une spoliation coupable, indigne d'un évêque, et qui eût soulevé d'énergiques réclamations. Nous allons voir que le prélat eut d'autres motifs plus légitimes.

Saint-Sulpice ne fut donc dans l'origine qu'une simple chapelle qui, grâce à la générosité des comtes de Ponthieu, ne tarda pas à s'accroître. « Comme ces petits établissements » ne furent appelés prieurés qu'au xie siècle, le supérieur reçut à la même époque le nom » de prieur. » Mais alors aussi les Bénédictins jouissaient d'une grande réputation et prenaient de vastes développements. Plusieurs communautés adoptèrent leur règle et se placèrent sous leur dépendance ; Saint-Sulpice fit comme elles, et se décida à devenir une annexe d'Anchin. L'évêque d'Amiens, Guarin de Châtillon-Saint-Pol, qui aimait beaucoup les enfants de Saint-Benoit et avait fait du bien au monastère de Cluny, où il voulut aller mourir, approuva la résolution des religieux de Saint-Sulpice ; et, pour les mieux doter, il leur donna dans la personne de l'abbé d'Anchin, leur supérieur, les prébendes de l'église Saint-Martin, possédées alors par les chanoines dits de Saint-Michel. Sans doute que l'oisiveté et la liberté laissée à ces prébendiers leur étaient funestes. Le relâchement se sera introduit parmi eux, et le service divin aura cessé de se faire avec régularité ; c'est du moins ce que constatent les mémoires du temps pour les établissements semblables. Une réforme était donc devenue nécessaire, et nous voyons qu'elle se traduisit presque généralement par l'inféodation des prébendes à des ordres religieux. Les chanoines de Doullens stipulèrent la jouissance de leurs prébendes, leur vie durant, et ce fut en effet avec cette restriction que Guarin-de-Châtillon-Saint-Pol donna à Anchin les chanoinies de l'église Saint-Martin.

Nous avons vu que ce prélat fit don de cette église en même temps que de celle de Saint-Sulpice. Rappelons toutefois la teneur de l'acte : *Guarinus... tibi Gotsuino Acquicinensis cœnobii abbati et successoribus tuis ecclesiam B. Martini de Dorlens, cum omnibus pertinentibus ejus et B. Sulpitii ecclesiam extra præfati castri munitionem sitam, salvo jure nostro, perpetuo tenendas concedimus.* Et cette église de Saint-Sulpice, à peine fut-elle ainsi devenue une annexe du monastère d'Anchin, que les nouveaux maîtres en voulurent faire la consécration solennelle. Ce fut l'évêque d'Arras qui fit cette dédicace, en l'absence de celui d'Amiens (1139).

Mais les chanoinies dites de Saint-Michel, données également par Guarin-de-Châtillon-Saint-Pol, devaient cette appellation à une autre cause qu'à leur voisinage de l'abbaye de ce nom. Elles appartenaient sans doute dans l'origine à cet établissement religieux, et c'est pourquoi leur réunion à l'abbaye d'Anchin avait trouvé de l'opposition chez Guillaume de Ponthieu et son fils, dont la famille avait fondé ce chapitre. On avait agi sans leur assentiment et voilà pourquoi aussi, après la restitution faite, nous voyons que le prieur de Saint-Sulpice fit une transaction avec Adde, abbesse de Saint-Michel. Cet accord, en date de 1156, fut confirmé par l'évêque d'Amiens, Thierry, qui avait été lui-même, avant son épiscopat, religieux bénédictin. Nous regrettons que le *Gallia christiana* ne fasse que mentionner cette transaction, sans en donner les détails.

Le pape Alexandre III, qui vint en France et confirma tant d'établissements religieux, ne pouvait pas manquer de recevoir de la part de l'abbé d'Anchin une supplique en faveur de son abbaye et de ses annexes. Ce fut donc sur la demande d'Alexandre, huitième abbé, que le souverain pontife confirma la possession de tous les dons, priviléges et bénéfices accordés au monastère d'Anchin, ainsi qu'au prieuré de Saint-Sulpice de Doullens (1). Plus tard, Guillaume III, quinzième abbé, obtint également du Saint-Siége que ce prieuré restât indépendant de toute autre juridiction que de celle de l'abbaye ; qu'il ne relevât absolument que de l'église d'Anchin, et n'eût à répondre qu'à elle seule. Cette faveur accordée par le pape fut souscrite aussi par les évêques d'Amiens.

Le prieur de Saint-Sulpice devenu, par la donation de l'évêque, curé primitif de Doullens, succéda à tous les droits dont jouissaient les chanoines, même aux droits curiaux, à la charge de remplir les obligations qui y étaient attachées. Nous avons dit ailleurs la nature de ses prérogatives dans les trois églises dont fut dotée la ville. Le prieuré lui-même, comme annexe d'Anchin, participa de son importance et bénéficia de sa réputation, en devenant l'objet de nombreuses libéralités. Et les bienfaiteurs ne se firent pas attendre. C'est tout d'abord Hibert, fils de Robert de Beauval, qui, au don de la dîme de la Vicogne, fait par son père, ajoute une charrue de terre, libre de toute charge (1156) (2). Quelques mois après, l'abbaye d'Anchin voulant terminer un différend avec l'église de Saint-Vindicien, au Mont-Saint-

---

(1) *L'abbaye d'Anchin*, par M. Escalier, ch. VIII, p. 118.

(2) *Vir illustris Hibertus, filius Roberti, eleemosinam patris sui, videlicet decimam totius Viconiæ ad Belval pertinentem apud Croizetes, monasterio Acquicinensi reddidit.... Addidit etiam unam carrucam terræ penitus liberam apud Belval tenendam, et insuper quidquid in agriculturâ monachi de Beato-Sulpitio poterunt laborare, salvo tamen Hiberti terragio.* Invent. de Corbie (ibid). Il s'agit ici d'Ibert de Doullens dont nous avons parlé ailleurs.

— 270 —

Eloi (1), en Artois, fit une transaction et obtint pour Saint-Sulpice tout ce que cette église possédait sur le terroir de Luchuel, près de Doullens, terres, bois, prairies, cours d'eau, moulins, hôtes et autres tenanciers : *Ecclesia Beati Vindiciani concessit... quidquid in territorio de Luceolo, sive in terris, silvis, pratis, aquis, molendinis, sive in hospitibus vel redditibus et uno milite Cazato* (1165) (2).

Mais, avec les dîmes, voici déjà venir les difficultés et les procès. L'abbé de Saint-Josse, qui a seigneurie à Hamancourt, à deux pas du prieuré, se croit lésé par ce voisin et lui conteste des dîmes. Le litige engendre une procédure qui est terminée par une transaction (même année). Un peu plus tard, en 1202, Almoric (ou Amaubry), *troisième prieur* (3), et les frères du même lieu achètent de leurs deniers treize journaux de terre, *(tredecim diurnalia terræ)*, à condition qu'ils seront cultivés pour le compte du prieuré. La nouvelle institution était donc entrée dans une voie prospère.

Parfois, les libéralités faites à Saint-Sulpice revêtent la forme d'une restitution. C'est bien la pensée qui guida Hugues Rage. Sa conscience, agitée par le souvenir gênant de quelque vieille injustice, veut faire la paix avec elle-même, et lui inspire l'abandon des dîmes qu'il possède sur Conteville : *Hugo Rage cum ecclesiam B. Sulpitii extra Dullendium super decimatione terrarum mearum de Conteville aliquandiu injuriose gravassem, quidquid in ea me juris habere dicebam, præfatæ ecclesiæ contuli* (1203). Et puis, le prieuré est trop voisin d'Authieule pour ne pas trouver des bienfaiteurs dans Michel et Aubin, vavasseurs du seigneur (1206), qui donnent des dîmes tant sur des jardins que sur des champs : *Tam in curtellis quam in campis*. Aussi, Hugues Tacon, seigneur d'Aubigny et d'Orville, qui a besoin d'argent, peut venir au prieuré emprunter sept cents livres parisis (1207); mais les religieux de Saint-Sulpice sont prudents, et il leur faut une garantie hypothécaire (4). L'année suivante, ils trouvent encore des ressources pour acheter à Beaudoin de Luchuel treize autres journaux de terre sur le terroir de Ligny, auprès de Beaurepaire (1208) : *In territorio Ligny, juxta domum de Belloreditu*. De son côté, D. Armand, abbé de *Chercamp*, reconnaît devoir au prieur de Saint-Sulpice deux mesures de froment et une mesure d'avoine (1207).

Puis, apparaissent de nouveaux bienfaiteurs. C'est l'évêque d'Amiens, Evrard de Fouilloy, que le *Gallia Christiana* appelle, par erreur, Evrard de Joinville, à cause de son

---

(3) La cellule où saint Eloi se retirait avec quelques ermites pour oublier les intrigues de la cour de Dagobert, fut l'origine de l'abbaye du *Mont-Saint-Eloi*. Détruite par les Normands, et rebâtie en 921, elle reçut des chanoines réguliers de Saint-Augustin, au XI° siècle. Elle devint au siècle suivant, une vraie forteresse, ceinte de tours et de remparts. (Roger. *Arch. de la Picardie*, t. Ier, p. 175).

(1) Les hôtes étaient une espèce de fermiers ou locataires qui étaient vendus ou aliénés avec le fonds qu'ils occupaient. *Miles casatus, qui casum seu fundum possidebat*, dit Du Cange.

(2) Ces mots : *troisième prieur*, que nous avons copiés dans les titres, prouvent encore que Saint-Sulpice ne fut érigé en prieuré qu'en vertu de la donation des prébendes par l'évêque d'Amiens en 1138.

(3) *Hugo, cognomento Taconis, miles,.... quod monachi apud sanctum Sulpitium, juxta Durlendi commorantes, septingentas libras parisiensis monetæ mihi super decimam meam quam apud Bellamquercum habebam benigne commodaverunt.* Invent. de Corbie, *loc. cit.*

cousin de ce nom, archevêque de Reims. Ce prélat commence par confirmer toutes les possessions du prieuré (1215) ; et peu de temps après, il est appelé à consacrer l'église de l'abbaye d'Anchin (1218). L'hospitalité qu'il y reçut et le souvenir des vertus des religieux, le portèrent à montrer sa reconnaissance, par le don qu'il fit de l'autel de Luchuel aux frères de Doullens, avec le consentement des doyen et chapitre d'Amiens... *Fratribus de Dulenco, attendens devotionem, hospitalitatis largitatem quæ in monasterio Acquicinctensi observabantur* (septembre 1222). Les dimes de Bertangles et de Vecquemont vinrent ensuite.

C'est encore Hugues de Camp-d'Avesne qui songe à prendre la croix ; il n'a pas d'argent, il est vrai ; mais il est seigneur de Beauval, et il y bat monnaie par la concession d'une charte de commune (1219). Il sait aussi qu'il doit songer à son âme ; la guerre tout-là-bas sur des plages lointaines a ses dangers, c'est pourquoi, avant de partir, il veut s'assurer un anniversaire dans l'église de Saint-Sulpice, moyennant abandon de sa part de propriété sur le moulin le Molinier, appelé le petit moulin, rue des Maizeaux ou des Boucheries, à Doullens (1). Mais c'est trop peu que la moitié d'un moulin : Jean de Rosières, seigneur d'Authieule et pair de Doullens, le comprend bien ; et si les religieux, devenus ses co-propriétaires, veulent lui garantir aussi un anniversaire dans leur église, il leur cédera sa part sur ledit petit moulin, sis à Doullens, en face de la maison du roi (1236) (2). Saint-Sulpice a donc son moulin à lui, il peut y faire moudre son blé à sa guise. Ce n'est point encore assez : il dîme sur Beauval, et la distance est un peu grande pour faire transporter immédiatement au prieuré tous ses produits ; mais la piété de Beaudoin de Camp-d'Avesne est intelligente, et lui accorde le droit de grange à Beauval : *Jus recipiendi et hospitandi fructus decimarum*... Les religieux sont donc assurés d'avoir blé sec et bonne farine.

Beaudoin de Camp-d'Avesne ne s'en tint pas là : il donna encore à l'église Saint-Sulpice, du consentement de Mathilde, sa femme, 25 sols, 6 deniers parisis et 10 chapons de cens à prendre sur des maisons situées dans le *marché, proche le Biès, dans le chasteau, dans Adain-rue*, etc. (1243) ; et l'année suivante, il ajouta les cens qu'il percevait sur une maison du *grand marché en Darnétal*. Hugues de Camp-d'Avesne avait aussi concédé à la même église une rente d'un muid d'avoine, mesure de Doullens, que l'abbaye du Gard lui payait sur sa grange de Valheureux (3). Après sa mort, l'abbaye se prétendit libérée de sa dette et refusa d'en continuer le paiement. Il fallut une sentence de l'officialité d'Amiens

---

(1) ...... *partem quam habebam in molendinulo quod dicitur Burtholomei Le Molinier in perpetuam dedi eleemosinam ecclesiæ B. Sulpitii extra castrum Durlendi* (Ibid).

(2) *Dedi talem partem quam habebam ad molendinellum quod est apud Dorlens, ante domum regis, in quo etiam dicta ecclesia B. Sulpitii partem suam habet.* Ibid.

(3) *Vir dominus Hugo Camp-d'Avesne, quondam miles, legavit eidem ecclesiæ B. Sulpitii de Durlendo unum modium avenæ annui reditûs ad mensuram Dullendii quam habebat in grangid de Valeireus spectante ad ecclesiam de Gardo.* (Ibid). L'abbaye du Gard prélevait elle-même annuellement sur plusieurs maisons, masures, jardins, terres et prés en la ville et en la banlieue, la somme de 17 l. 5 s. 3 d. parisis, avec 78 chapons de cens payables en la dite ville, et divers droits seigneuriaux sur les dits héritages. (Cart. du Gard, aux arch. départ.)

pour la forcer à s'exécuter (1236). Gérard de Conchy, pénitencier d'Amiens, et Alulphe de Luchuel, vassal du seigneur de Beauval, apportèrent plus de bonne foi dans la reconnaissance qu'ils firent des dîmes que Saint-Sulpice percevait à Beauquesne et à Luchuel (1241) (1) ; mais Alond de Luchuel les surpassa tous par la donation de son terrage sur quarante journaux d'une seule pièce, au terroir de Beaurepaire, près du canton dit Bloix : *In terragio quadraginta jornalium.... in territorio de Beaurepaire, in uná pechia prope Bloixum* (2).

Au mois de mai 1245, Guy de Rosière, marchant sur les traces de plusieurs membres de sa famille, qui affectionnaient Saint-Sulpice, à cause de son voisinage de leur seigneurie d'Authieule, et l'avaient déjà généreusement doté, fit aussi une donation foncière à l'église de ce prieuré : *Ecclesiæ B. Sulpitii prope Dullendium*. En 1310, le 16 décembre, le même établissement devenait propriétaire d'une rente sur la maison de Jean Laguel, située hors de la porte Menchon.

Saint-Sulpice était devenu un prieuré-prévôté avec justice seigneuriale et police rurale, et formait aussi une enclave privilégiée dans l'étendue de la banlieue de Doullens. Ce devait être une cause permanente de conflits ; et, en effet, les deux juridictions voisines se heurtèrent plus d'une fois. En 1365, elles firent retentir les tribunaux de leurs altercations ; un procès sérieux s'engagea, dura deux ans et se termina par une transaction entre le prieur-prévôt, tant en son nom propre que comme procureur de l'abbé et des religieux d'Anchin, et le procureur fondé du maire, des échevins et habitants de la ville de Doullens. Il fut stipulé que le prieur et les religieux pourraient avoir *deux sergents sermentés, gardes blés et bois* ; l'un dans la maison du prieur, à Saint-Sulpice, et l'autre à Luchuel, où il y avait trois maisons et quatre pièces de terre au prieuré ; que lesdits maire et échevins devaient toute justice, haute, moyenne et basse, sur toutes les maisons, prés, vignes, bois et terres appartenant à l'abbaye d'Anchin et au prieuré-prévôté de Saint-Sulpice ou tenus d'eux...., que les habitants de Doullens pourraient *cueillir des noix dans les bois de Saint-Sulpice, aller amazer des herbes dans les grains du prieuré, jusqu'au temps de la prohibition* (15 octobre 1367).

La paix ne fut pas de longue durée. Vers l'année 1400, Jean de la Baterie étant prieur-prévôt, l'évêque d'Amiens vint à Saint-Sulpice ; et, en reconnaissance de l'accueil honorable qui lui fut fait, il exempta le prieuré du *droit de visitation* que ses prédécesseurs et lui y avaient perçu jusqu'alors. Il le maintint également dans toute l'étendue de la juridiction spirituelle qu'il exerçait sur la ville. Ces nouvelles faveurs ne firent qu'aigrir la susceptibilité du maire, des échevins et des habitants, et un nouveau conflit ne tarda pas à s'élever, dans lequel l'échevinage eut recours à des armes peu courtoises. Il prit une mesure qui empêchait les religieux de s'approvisionner de vivres sur le marché de la ville, au prix

---

(1) *Alulfus, filius Fulconis de Luchuel, recognovit quod religiosi B. Sulpitii habere debent quartam partem in villá et in toto territorio de Luchuel...* (Ibid.)

(2) Invent. de Corbie, ibid.

commun. Les marchands étaient forcés de ne leur vendre leurs denrées qu'à un maximum fixé pour eux seuls. La répression de cet acte arbitraire ne se fit pas attendre, et Anselme de Lehicourt, official d'Amiens, se montra sévère dans le jugement qui intervint, par lequel le maire et les échevins de Doullens furent obligés de se rendre au *chœur de la basilique de Saint-Sulpice*, le jour de la Pentecôte, et là, de faire serment devant le crucifix qu'ils reconnaîtraient désormais la juridiction spirituelle du prieuré sur la ville et qu'ils ne s'opposeraient plus à la libre circulation des denrées. De plus, les personnes dénommées en la sentence devaient aller demander pardon, nu-pieds, au prieur et aux religieux. Enfin, un certain Thomas de Bertha, qui avait été saisi par la justice échevinale, fut renvoyé au prieuré, reconnu lieu sacré et inviolable (1).

Ce ne fut pas la seule division dont la juridiction spirituelle du prieur fut l'occasion : il jouissait, en effet, de priviléges dont l'usage et l'exercice réclamaient une prudence qui fut souvent mise en oubli, ou remplacée par un absolutisme ridicule, non moins que par une vanité hors de saison. Outre ses droits de patron et de décimateur, il avait encore la préséance dans toutes les cérémonies publiques ; il nommait le prédicateur des stations, et le bénissait à l'exorde de son sermon ; il fixait l'heure des prières ou actions de grâces pour les événements politiques ou religieux ; il réglait tous les détails du culte paroissial, et imposait sa volonté en tout. Dans les processions surtout, le prieur exigeait des honneurs blessants : il fallait aller le chercher dans l'église qu'il désignait et l'y reconduire avec solennité. Il y avait le premier rang, et les croix paroissiales devaient céder le pas à la sienne ; il ne supportait aucune confusion ni aucun mélange dans la marche. Les divers corps judiciaires et administratifs de la ville, qui assistaient à ces processions, prétendaient, de leur côté, y garder le rang qui leur était dû ; de là brigues, disputes et procès. De là des luttes qui jetaient le trouble dans l'exercice du culte et portaient l'animosité jusqu'au pied des autels. C'était puéril et mesquin ; mais ce n'était pas moins un scandale qui affligeait les sentiments religieux ; et pour couper le mal dans sa racine, pour faire cesser les occasions, on fut obligé de supprimer même certaines processions, qui rappelaient des souvenirs glorieux pour la cité.

On vit aussi luire des jours de calme et de tranquillité que différents prieurs surent mettre à profit pour le développement matériel du prieuré et l'augmentation de ses ressources. Le 10 avril 1423, une terre que les religieux possédaient à Beaurepaire, fut érigée en fief, sous le nom de Champ-Saint-Martin, et donnée à bail pour être tenue en plein hommage du prieuré. Nous avons déjà aussi mentionné le bail de cens que les religieux firent d'*une maison sise rue Saint-Sulpice, au devant et à l'opposite du prieuré, tenant d'un côté aux allées et remparts de la forteresse de Doullens* (30 juillet 1431).

(1) D. Grenier, liasse VIII, 4e paquet, p. 247. — Escalier. (*L'Abbaye d'Anchin*, ch. XX, p. 219.) — Il doit y avoir une erreur de date dans ce récit que nous avons emprunté en partie à M. Escalier ; car si Anselme de Lehicourt était archidiacre d'Amiens en 1254, comme le dit l'*Histoire littéraire d'Amiens*, par le P. Daire, in-4°, p. 580, il ne pouvait pas intervenir dans un fait arrivé vers 1401, époque où Jean de la Baterie était prieur-prévôt de Saint-Sulpice.

Puis ce furent les chefs eux-mêmes qui soulevèrent des divisions intestines. La prospérité de la maison de Saint-Sulpice avait fait naître la pensée d'en diviser l'administration qui, jusque-là, ne résidait que dans une seule main. Le prieur fut chargé exclusivement du spirituel, et le prévôt eut tout le temporel dans ses attributions. Ce dernier avait surtout pour fonction de rendre la justice qui appartenait aux religieux, non-seulement dans l'enclos du prieuré, mais partout où se trouvaient leurs propriétés. Ils jouissaient de ce privilége en vertu de la charte de Guillaume III, comte de Ponthieu, qui avait réservé spécialement le droit de l'Eglise : *salvo jure sanctæ ecclesiæ*. Dom Bertrand de Fosseux, religieux de Saint-Josse-sur-mer, s'étant fait pourvoir en cour de Rome, en 1439, prit possession du prieuré-prévôté, et en concentra entre ses mains toute l'administration. Dom Hesdigueul (ou Hesdinaul), prieur commis par l'abbé d'Anchin, fut obligé de citer l'envahisseur à la barre de la cour du roi, et il obtint la récréance du bénéfice en litige, par un arrêt du 19 janvier 1442 : *Prefata curia nostra partes appunctat in factis contrariis... et inquestâ factâ recredentiam prædictorum prioratûs et prepositure dictis de Hesdinaul et abbati et conventui adjudicavit* (1). Le conflit s'étant renouvelé, l'abbé d'Anchin, qui voulait rester seul maître de son annexe de Saint-Sulpice, obtint du roi Louis XI des lettres, en date du 30 septembre 1464, par lesquelles le prieuré était déclaré une administration révocable.

D'après ce que nous venons de dire, il faut conclure que Saint-Sulpice était alors érigé en bénéfice, au profit de l'abbé d'Anchin. Indépendamment de ce dignitaire, qui ne faisait que toucher ses revenus et jouir des honneurs attachés à son titre, il y avait un prieur claustral, véritable supérieur de la maison, nommé par le supérieur général de l'ordre, et pour un temps limité, probablement pour trois ans, comme ailleurs, c'est-à-dire pour l'intervalle de temps qui s'écoulait entre chaque session générale capitulaire. Les prieurs commendataires venaient rarement à Doullens. « Ils faisaient prendre possession de leur bénéfice
» par un fondé de pouvoir, en percevaient exactement les produits ou les cédaient à un
» tiers, moyennant finance ; le reste leur était parfaitement indifférent. Un prieuré se
» louait comme une maison ou une pièce de terre ; aussi n'était-ce que sollicitations et
» cabales pour l'obtenir. Souvent deux prieurs se prétendaient à la fois possesseurs du
» même bénéfice ; ils plaidaient l'un contre l'autre ; c'était un spectacle déplorable ; l'éta-
» blissement de la commende fut un des fléaux de l'Eglise. »

Ces paroles de M. de Beauvillé *(Histoire de Montdidier)*, ont eu leur rigoureuse application à Doullens. Toutefois, parmi les abbés commendataires, il en eut qui se ressouvinrent de Saint-Sulpice ; et, parmi eux, nous mentionnerons Jean, abbé d'Anchin, qui, le 17 mai 1448, fonda dans la chapelle du prieuré un obit annuel moyennant une rente de deux livres et trente cirons ou cierges. Mais nous aimons surtout à citer Guillaume d'Ostrel. Sous sa protection, le prieuré acquit, en 1472, un nouveau degré d'importance. Ses possessions, déjà si belles, s'étendirent encore, et le nombre des religieux fut porté à douze, afin d'introduire

---

(1) M. Warmé n'a pas compris ce fait, en disant que D. Bertrand de Fosseux a pris en pension D. de Hesdinaul. *Hist. de Doullens*, p. 86.

plus de splendeur dans l'office divin. Ces faveurs de l'abbé d'Anchin étaient dues à l'amour du pays natal. Guillaume d'Ostrel était, en effet, originaire de Doullens ; il s'en souvint, et voulut combler de ses bienfaits le prieuré auprès duquel avait grandi son enfance.

L'abbaye de Corbie était, à peu près en même temps, gouvernée par un autre membre de la même famille, qui avait nom : Pierre II d'Ostrel, et enfin le monastère de Saint-Thierry, auprès de Rheims, avait aussi pour abbé Eloi d'Ostrel. Ainsi la ville de Doullens eut l'honneur de voir trois de ses enfants à la tête de trois puissants monastères de la Picardie et de l'Artois (1). C'est le *Gallia christiana* qui nous a conservé le souvenir de cette particularité, par rapport à Corbie et à Saint-Thierry de Rheims.

En 1520, le prieuré de Saint-Sulpice ne comptait plus que cinq religieux et un prieur. Puis, les malheurs de la guerre diminuèrent encore ce personnel sous D.-Robert Dubois, prieur en 1541.

Un compte présenté en 1550, à l'abbé d'Anchin par le prieur-prévôt, *de tout le bien et revenu du prieuré*, porte l'énumération suivante : la maison et cense de Beaurepaire ; la maison et cense de Sery ; les terres d'Authieule ; le moulin Leroy ; les dîmes de la porte Saint-Ladre ; celles hors de la porte de Beauquesne ; les dîmes de laine et d'agneaux dans la ville, faubourgs et terroir de Doullens ; de Bernatre, avec le patronage de l'église ; d'Occoche, de Maisicourt, de Conteville, de Saint-Acheul ; à Cercamps, six setiers d'ognons ; au Gard, douze setiers d'avoine ; dîmes sur 40 journaux de la maison Saint-Ladre de Doullens ; de trois setiers de blé sur le camp Saint-Martin, derrière le bois de Saint-Sulpice ; de trois onces d'argent, poinçon de Paris.

Cette situation du prieuré, qui paraît tout d'abord avoir été florissante, était déjà devenue bien précaire. Les titres où nous avons puisé nos renseignements constatent, en effet, que l'abbaye d'Anchin ne tirait plus qu'un mince profit de Doullens depuis plusieurs années, tant les ravages de la guerre y avaient laissé de ruines. Cependant, Saint-Sulpice n'en fut pas moins associé aux événements occasionnés en Picardie et en Artois par la présence des Impériaux. Nous venons de le dire, la guerre avait fait de nombreuses victimes, et tous les moyens de compensation étaient trouvés bons. On crut, en particulier, que les revenus du prieuré pourraient soulager les plus maltraités. En conséquence, il fut confisqué au nom du roi de France et donné *pour marques et représailles* à l'évêque et aux chanoines de la malheureuse ville de Thérouanne qui venait d'être ruinée et démolie (1553). On sait que le dernier évêque de cette cité fut Antoine de Créquy, nouvellement préconisé, appelé plus tard au siége d'Amiens et qui devint cardinal. Mais messire Jean de Bayencourt, abbé de Buccilly, qui avait exploité la circonstance et obtenu le prieuré en cour de Rome, voulut s'en faire donner main-levée par le parlement. Un arrêt du 3 avril 1554 rétablit, au contraire, les

---

(1) La coutume de la commune de Doullens, rédigée en 1507, porte aussi la signature de M. d'Ostrel, échevin de la ville. Cette noble famille demeurait, dit M. Dusevel, rue Saint-Ladre, dans la *maison des Croissants*. On trouve aussi dans le rôle établi pour le paiement de la rançon du roi François Ier les noms de *Martin d'Ostréel* et *Guy d'Ostréel*.

chanoines de Thérouanne en possession et jouissance dudit prieuré ; et comme le dépossédé faisait le récalcitrant, un ordre du roi vint le forcer de sortir avec les soldats qu'il avait fait entrer dans l'établissement pour le garder.

Cependant les chanoines de Thérouanne ne résidaient pas à Saint-Sulpice ; ils avaient même été attachés à d'autres chapitres. Le prieuré restait donc vacant de fait, sinon de droit ; les charges et fondations n'étaient pas acquittées, et le premier venu pouvait en faire le point de mire de ses déprédations. C'est pourquoi, le 2 juin 1555, le sieur de Bouchavesne, gouverneur de Doullens, agissant comme investi d'un droit de parenté, commit à la garde de cette maison Jean Quignon, sergent royal, avec charge de pourvoir à l'entretien de deux prêtres pour y célébrer l'office divin, de deux soldats pour y faire faction, et d'une chambrière (1). La présence des Espagnols dans les environs motivait quelques mesures de précaution, il est vrai ; mais le gouverneur doullennais était également bien aise de surveiller les intérêts de l'abbé de Buccilly, qui ne voulait pas se reconnaître définitivement évincé.

Une autre complication ne tarda pas à surgir, et ce fut maître Jéhan Flavin qui lui donna naissance. S'étant fait pourvoir du prieuré en cour de Rome, le 25 juin 1559, il prétendit s'en mettre en possession. Mais la paix qui venait d'être conclue entre la France et l'Espagne permit à l'abbé d'Anchin, Philippe d'Ostrel, d'intervenir et de faire valoir ses droits dont l'exercice n'avait été qu'interrompu. Il obtint effectivement un arrêt du grand conseil, en date du 31 octobre suivant, qui déclara l'abbaye d'Anchin seule maîtresse du prieuré de Doullens et seule en droit d'y nommer un prieur.

Cette réintégration ne devait pas encore être de longue durée ; car les guerres qui avaient amené la confiscation réciproque des biens que Corbie possédait en Flandre et de ceux dont Anchin était propriétaire en France, pouvaient se rallumer et reproduire les mêmes dommages. C'est pourquoi les deux supérieurs de ces établissements concertèrent à l'amiable le projet d'un contrat d'échange. Dans ce but, le sieur de Mainteternes, secrétaire du cardinal de Bourbon, abbé commendataire de Corbie, s'aboucha avec Godefroy de Bocholt, sieur de Grévembrock, et lui vendit (13 novembre 1559) tous les biens de Corbie situés en Flandre, à la condition de 23,000 livres de prix principal et d'une rente annuelle de 2,000 livres, jusqu'à ce que l'acquéreur eût trouvé en France des biens ecclésiastiques amortis d'une valeur égale au capital de cette rente.

L'abbaye d'Anchin désirait également, avons nous dit, échanger ses biens de France. Le sieur de Grévembrock le savait, et comme l'occasion était favorable, il en profita pour se libérer envers Corbie. C'était devenir, en apparence, médiateur entre les deux abbayes ; nous verrons bientôt que c'était aussi faire ses propres affaires. En conséquence, le 1er décembre 1562, deux contrats d'échange furent conclus entre les parties. Par le premier, les abbé et religieux d'Anchin cédèrent aux abbé et religieux de Corbie leurs biens situés en

---

(1) M. Warmé appelle cette mesure de précaution un acte d'organisation émané des religieux de Corbie. L'erreur est grave. (Voir son *Hist. de Doullens*, p. 87.)

France, le dit sieur de Grévembrock acceptant et stipulant pour ces derniers le prieuré obédiencier de Saint-Sulpice-les-Doullens et autres terres. L'acte portait : « Toute la maison » et prieuré de Saint-Sulpice, avec les terres, dixmes et seigneuries dépendantes d'ycelles, » tant en droits de nomination, collation, justice, confiscations, auctorités et prééminences. » De son côté, Grévembrock abandonna à Anchin divers biens, entre autres, la prévôté de Hussen qui produisait 100 livres de rentes, plus 100 mesures de terre d'un revenu de 300 livres, total : 400 livres pour l'échange du prieuré de Saint-Sulpice.

Les bénéfices dont ce prieuré avait alors la collation étaient les suivants : Les trois paroisses de Doullens, Vecquemont, Coisy, Beauquesne, Bouquemaison, Rémesnil, Saint-Acheul, Authieule, Noyelle, Poulainville, et les différentes chapelles fondées tant dans les trois églises de Doullens que dans l'Hôpital et à La Varenne.

Quatre ans après, François Richardot, évêque d'Arras, homologua l'echange (10 septembre 1566), à la condition formelle que Saint-Sulpice ne pourrait être possédé que par Corbie, et que les nouveaux maîtres y feraient célébrer l'office divin, et respecter les pieuses intentions des donateurs (1). Puis, l'abbaye d'Anchin déclara vouloir employer les biens provenant de Saint-Sulpice à la fondation et à la dotation d'un autre prieuré du même nom à Douai, rue des Gissans. L'érection de cette nouvelle maison fut faite aussitôt ; un prieur et deux religieux y furent envoyés avec charge d'y célébrer une messe par jour ; et l'évêque d'Arras confirma encore cet établissement par charte du 23 février 1568.

Le cardinal de Bourbon, abbé de Corbie, s'occupa aussitôt du domaine qui venait de lui échoir à Saint-Sulpice. Après l'accomplissement de toutes les formalités, il donna par bail du 27 septembre 1566, à D. Pierre de Monsgrand, « c'est assavoir, la maison, terre et » prieuré de Saint-Suplys-lez-Doullens, avec toutes ses appartenances et deppendances » sans aucune chose excepter ni réserver. » Ce bail a été consenti pour trois ans, moyennant 500 livres par an.

C'était là un mince produit qui amena la désillusion. Le cardinal comprit tout le préjudice que lui occasionnait l'échange accompli. Les intrigues du sieur de Mainteternes, son secrétaire, furent découvertes, et on ne tarda pas à s'apercevoir que le résultat des contrats passés n'avait été favorable qu'au sieur de Grévembrock ; seul en réalité, il avait fait de bonnes affaires. La lumière se fit également pour l'abbé d'Anchin, et voici comment François de Bar formule les plaintes et les regrets des religieux trompés dans la personne de l'abbé Lentailleur :

« Le seigneur de Bouchaut, homme sans conscience aucune, d'un mauvais esprit contre » la foi, nous força à accepter ces faibles dédommagements en retour de domaines et de » revenus dont il disposa comme s'il en avait reçu le pouvoir de la part des princes. Et » malgré les charges et les malheurs qui avaient cruellement pesé sur l'abbaye pendant les

---

(1) M. Warmé, ayant essayé d'expliquer, sans renseignements authentiques, cette inféodation de Saint-Sulpice à Corbie, s'est gravement trompé. (Voir son *Hist. de Doullens*, p. 88).

» guerres entre le roi de France et le roi d'Espagne, malgré les pertes que nous avions
» essuyées, ce seigneur Bouchaut, intendant du prince d'Orange, et qui était infecté,
» comme son maître, de l'hérésie protestante, nous poursuivait impitoyablement, et nous
» menaçait de rigueurs, si nous refusions ses arrangements. De son côté cependant, il
» n'était pas fidèle aux conventions. Sans égard pour le droit, et contre toute équité, il
» détournait à son profit les biens qui étaient à sa convenance et qui nous appartenaient
» et nous avaient appartenu de toute ancienneté. Ainsi fit-il du prieuré de Doullens, à
» l'égard duquel le temps de la permutation était passé, de telle sorte qu'il nous appartenait
» de plein droit, et ne pouvait plus être aliéné. Cependant, il fallut que l'abbé souffrît
» et que l'évêque d'Arras confirmât cette permutation. Par suite, on trouva dans la Flandre
» un endroit qu'on nous força de prendre en échange et qui valait à peine les dîmes de ce
» prieuré. En effet, les revenus de Saint-Sulpice dépassaient deux mille florins par an, et
» ce fut dans la même proportion que nous avons perdu sur nos biens de France, de même
» que les religieux de Corbie ont perdu sur leurs biens de Flandre. Les fermiers et les
» paysans éprouvèrent de grands dommages, vexés qu'ils étaient par les nouveaux pro-
» priétaires; tellement que peu d'années après cette persécution, ils offrirent d'acheter
» tous nos biens pour nous les restituer, à la condition qu'ils fussent laissés sur l'ancien
» pied par emphytéose (1). »

Nicolas de Wiel, prêtre-vicaire perpétuel de Notre-Dame de Doullens, quoique doyen, espérait que les nouveaux maîtres feraient preuve de générosité. Il n'était pas riche ; et comme les malheurs de la guerre s'étaient abattus sur sa paroisse et son église, il avait vu ses ressources diminuer. En conséquence, il s'adressa au prieur récemment installé à Saint-Sulpice qui, comme gros décimateur, était tenu à lui payer une portion congrue convenable. Pierre de Monsgrand fit le sourd, et il fallut une autre autorité pour le forcer à augmenter la portion congrue du vicaire-perpétuel, doyen de Notre-Dame.

L'année suivante, 14 avril, on donna à bail les bois du prieuré qui avaient noms : *de l'Espine-Foucart, Valengreu* et *Morel*. Les deux premiers contenaient 56 journaux et le troisième 40 environ, total : 96 journaux. Nous avons dit ailleurs qu'en vertu d'une transaction avec l'échevinage, les habitants de Doullens avaient le droit de cueillir des noisettes dans ces bois. Puis, le bail du prieuré étant terminé, on en fit un autre, le 4 mars 1571, dans de nouvelles conditions, c'est-à-dire qu'on stipula une durée de six ans et un paiement annuel de 1,000 livres. A cette occasion un dénombrement fut fourni à l'évêque d'Amiens, à cause de sa terre et châtellenie de Beauval, du fief de Bruquentin, consistant en droits de terrage et champarts (2) sur 219 journaux. Cet évêque était Antoine de Créquy dont nous avons déjà parlé (3).

(1) Escallier. Loc. cit. ch. 26, p. 263.
(2) Terrage, droit féodal qui consistait en blé et légumes que prélevait le seigneur de la terre ; il se confondait souvent avec le *Champart, campi pars,* part du champ, part de la récolte.

(3) Beauval avait passé des seigneurs de ce nom aux de Soissons en 1487, puis à la famille de Créquy, vers le commencement du XVI° siècle.

C'est la première fois que nous apparait le nom du fief de Bruquentin, et nous ne savons à quelle date il faut faire remonter les droits qu'y percevait le prieuré. Il était assis non loin de la porte d'Arras, sur le territoire de Milly-le-Petit, et avait d'après ce qui vient d'être dit, une assez grande importance. Un bail de l'année 1575 nous donne l'étendue et les limites de la *dimerie* de Saint-Sulpice, comprenant ce fief. Elle partait de la rivière de Lucheux jusqu'au bois de Lahaye ; de ce bois, elle descendait jusqu'à Authieule, au chemin d'Orville, et de ce chemin elle revenait à la porte de Lucheux, *avec deux jarbes de terrage, rendage, et champart de chaque cent sur le fief de Bruquentin*.

Cependant le cardinal de Bourbon, abbé de Corbie, n'en restait pas aux plaintes ni aux lamentations. D'accord avec ses religieux, il intenta, au mois de juillet 1577, une action en désistement contre les héritiers du sieur de Grévembrock. Mais il avait affaire au grand conseil de Malines où l'attendaient des influences hostiles. Aussi, malgré ses instances, il ne put obtenir pour résultat de toutes ses démarches que des lenteurs interminables et un ajournement indéfini. C'était à fatiguer la patience la plus robuste.

Au milieu de ces difficultés, la situation du prieuré de Saint-Sulpice ne pouvait guère être prospère. Le 15 octobre 1580, la location du moulin Le Roy, situé rue des Maiseaux, fut renouvelée pour neuf années. C'est par devant Mᵉ Dequesne ou Deguisne, notaire à Doullens, qu'a été fait le bail de ce « ce molin sur eau à vsage de mouldre bled et aultres » graines, nommé le molin Le Roy, séant en ceste ville de Doullens, sur la rivière fluant » de Luchuel, avec la maison et lieu y tenant, membre deppendant du prieuré de Saint- » Soupplys-lez-Doullens. » Un autre bail du 5 décembre 1606 nous donne encore des renseignements. Cette adjudication comprenait la maison et cense de Beaurepaire avec environ 200 journaux de terre à la sole ; la maison et cense de Sery (près de Terramesnil) avec 50 journaux à la sole ; les terres de Saint-Sulpice, 45 journaux à la sole et 10 journaux de prés y tenant : total 2,700 livres par an. Bail fait pour neuf ans.

Mais le prieuré restait toujours désert et abandonné. En 1598, le sieur Martin, accompagné de plusieurs officiers des Fermes de Doullens s'y était transporté et avait rédigé procès-verbal de son état de ruine. Toutefois, ce ne fut qu'en 1607 qu'on y effectua les réparations nécessaires. Celles de l'église et des bâtiments s'élevèrent au chiffre de 6,075 livres, 14 s. 8 d. L'importance de ces réparations était due en partie à la négligence et à l'incurie des grands prieurs qui, après avoir affermé leur bénéfice, n'en prenaient nul souci. Et sous ce rapport, il faut bien reconnaitre que le prieuré tomba dans des mains indignes. A demi-ruiné par les guerres, il resta sans que la pensée du commendataire s'abaissât sur ses débris pour les réparer, sur la pauvreté de son église pour la soulager. C'était fournir un argument à Anchin, qui ne manqua pas de s'en prévaloir plus tard.

Voici cependant un nouveau prieur qui aime les situations nettes et précises. C'est D. Antoine Fouache (1), homme actif, aux allures peu souples, et assez ami de l'indépen-

---

(1) M. Warmé se trompe en donnant Antoine Fouache pour successeur à Gotsuin, qui était abbé d'Anchin en 1138. Voir son *Hist. de Doullens*, p. 86.

dance. Il commence par faire une transaction en date du 28 juin 1610, par laquelle M⁰ʳ Louis de Lorraine, abbé de Corbie, s'engage à lui payer annuellement 700 livres pour le service divin dans l'église du prieuré, c'est-à-dire pour trois messes par semaine, sa nourriture et son entretien, plus 40 livres de cire pour le luminaire obligé. C'était bien ; mais la mort de M⁰ʳ de Lorraine pouvait amener des dispositions différentes. En effet, quatre ans après, il était remplacé par un nouveau grand-prieur ; Claude Rouvel, à la manse duquel Saint-Sulpice venait d'être annexé. L'une des premières conséquences de ce changement fut une lettre d'obédience adressée à D. Antoine Fouache, pour qu'il eût à quitter Saint-Sulpice et revenir à Corbie, laissant le titre de prieur à D. Antoine Hennique (20 décembre 1614).

Ces petites dissensions n'étaient qu'un léger détail, et l'œil des intéressés était toujours fixé sur la cour de Malines qui avait à juger le procès en revendication porté à sa barre. Prévenus de l'instance, les abbé et religieux d'Anchin voulurent y intervenir pour faire dire par les juges que si Corbie obtenait l'annulation du contrat d'échange, il ne rentrerait en possession de ses biens aliénés qu'autant qu'il rendrait ceux qui avaient appartenu à Anchin, et en particulier le prieuré de Saint-Sulpice-les-Doullens (1614).

De son côté, D. Fouache ne se tint pas pour battu. Il aimait Doullens plus que l'obéissance ; il y resta. Il administra même le prieuré avec intelligence et profit ; car les archives de la ville font mention de l'acquisition d'un pré en échange d'un autre, par noble et scientifique personne D. Fouache, *pour rendre la maison* de Saint-Sulpice *plus plantureuse* (1620). Mais il était arrivé ce qu'on a déjà vu : pour mieux se maintenir dans son prieuré, D. Fouache avait obtenu successivement deux provisions en cour de Rome. Le grand-prieur ne pouvait accepter cette usurpation déguisée ; en conséquence un procès s'engagea à la barre du grand conseil du roi, qui, par arrêt du 9 septembre 1630, déclara abusives les deux provisions données en cour de Rome, et ordonna que Saint-Sulpice serait desservi par un religieux obédiencier révocable.

Le 14 avril 1633, on afferma les terres et dîmes des paroisses de Notre-Dame, de Saint-Pierre, de Saint-Martin de Doullens, et celles sur Authieule, Fréchevillers et Hamancourt. Deux ans après, le prieuré fit un nouveau bail de ses autres terres et revenus ; il comprenait, à Saint-Sulpice même, 171 journaux de terres arables et 14 journaux de prés ; à Sery, 210 journaux, plus 7 en bois et prés ; à Beaurepaire, 660 journaux, et 20 en prairies, plus censives et champarts, etc.

Hélas ! on avait encore une fois compté sans la guerre et ses ravages. Les fermes du prieuré, à peine relevées d'une ruine récente, résultat d'une tempête affreuse, se virent envahies par les ennemis, pendant le siége de Corbie en 1636. Elles furent pillées et détruites sans pitié ni merci, et alors le découragement des fermiers fut tel qu'ils abandonnèrent leurs terres sans culture.

Cependant les années n'avaient pas rendu D. Fouache plus docile, et nous le retrouvons encore en lutte en 1660 ; mais il n'avait plus l'administration du prieuré, qui était passée aux mains de D. Paul de Bonnefond. Ces deux religieux, les seuls peut-être qui aient habité alors Saint-Sulpice, ne paraissent pas avoir été observateurs très-exacts de leur règle, et ils firent à leur tour du prieuré une véritable sinécure, à tel point que le grand-prieur de Corbie se vit forcé de leur donner à l'un et à l'autre des lettres d'obédience, afin qu'ils eussent à acquitter les fondations, célébrer le service divin à Saint-Sulpice, et y garder la résidence sous peine de révocation (23 décembre). L'occasion ayant paru favorable à D. Jacques Ferrand, il voulut en profiter, et se fit pourvoir du prieuré en cour de Rome. En conséquence, il fallut encore faire appel au grand conseil du roi, qui, par arrêt du 7 mai 1663, adjugea le prieuré à D. Paul de Bonnefond, précédemment nommé par l'abbé de Corbie, et déclara qu'il n'était qu'une *administration simple et révocable ad nutum.*

Disons toutefois que les prieurs claustraux de Saint-Sulpice avaient bien eu quelque raison d'enfreindre la résidence. La maison avait beaucoup souffert des maux de la guerre, et les prieurs commendataires n'avaient même pas songé depuis à y faire les réparations nécessaires. Elle était devenue à peu près inhabitable. Mais enfin, le 15 mai 1662, le prieur obédiencier fit sommer les habitants d'Authieule de nettoyer la chapelle dans laquelle ils avaient renfermé leurs bestiaux pendant la guerre ; et quelques mois après, Mgr l'évêque d'Amiens fit une ordonnance relative à la construction d'une église avec sacristie à Authieule (9 juillet). Puis on se mit à faire des réparations tant au prieuré qu'à la ferme de Beaurepaire, pour 4,111 livres. Mais ce n'étaient là que de faibles efforts, impuissants à rendre à Saint-Sulpice les beaux jours de sa prospérité perdue. L'heure de sa ruine allait sonner, et il ne devait pas s'en relever. Il fut réuni à la manse abbatiale de Corbie ; et, dans le partage de 1680, il échut, avec le troisième lot, au seigneur abbé.

Alors on vit l'administration du prieuré sortir de la mesquinerie des anciennes habitudes, et on ne recula pas même devant les grandes mesures. Le moulin de la rue des Maiseaux ou des Boucheries, appartenant au dit prieuré, fonctionnait avec peine, parce que celui de Fromentel, assis au-dessous, manquant d'eau, se voyait obligé de relever ses vannes au détriment du premier. Déjà plusieurs procès avaient amené les parties devant les juges, sans obtenir de résultat. La mesure la plus efficace était évidemment de supprimer le moulin inférieur, et Corbie était assez riche pour acheter cette suppression. En conséquence « le
» 6 août 1696, une transaction a été faite par devant Me Prévôt, notaire à Doullens, entre
» les propriétaires du moulin Fromentel, assis à l'extrémité de la rivière de Grouche, atte-
» nant le pont-à-l'avoine à Doullens, et l'abbaye de Corbie.... par laquelle, pour terminer
» tous procès, il a été convenu que, moyennant la somme de 400 livres payée comptant
» aux dits propriétaires, ils se sont promis et se sont soumis d'ôter et supprimer à toujours
» ledit moulin Fromentel (1), les rayes, vannes et aultres engins qui retiennent les eaux
» servant à faire tourner ledit moulin, renoncé au droit qu'ils en avoient, et promis de

---

(1) *Inv. de Corbie,* loc. cit. Nouvelle preuve que M. Warmé s'est trompé en plaçant le moulin Fromentel au lieu dit : *le marais sec.* Voir son *Hist. de Doullens,* p. 147.

» n'en jamais refaire, ni construire entre celui des Maiseaux et celui du Roy assis en la rivière d'Authie, au-dessous du susdit Fromentel. »

Mais disons comment ont pris fin tous les incidents du procès en revendication ; ce sera encore faire l'histoire du prieuré. Plus d'un siècle s'était écoulé depuis que l'instance avait été introduite par les abbé et religieux de Corbie au grand conseil de Malines, et les choses n'étaient pas plus avancées que le premier jour. Car si, en 1672, le parlement de Tournai avait rendu un arrêt portant annulation du premier contrat d'aliénation fait par le sieur de Mainteternes, à la date du 13 novembre 1559 ; de son côté, le prince de Salms, descendant et héritier de Grévembrock, avait obtenu, en 1680, défense d'exécuter cet arrêt, et venait d'arrêter tout à fait la procédure.

Cet insuccès éprouvé par Corbie donne à Anchin la pensée de reprendre le procès pour son propre compte, et de le porter sous une autre forme au grand conseil du roi de France. Excité par D. Bernard Carpentier, l'abbé commendataire demande et obtient commission de faire assigner l'abbaye de Corbie (5 janvier 1703) en désistement des biens qu'elle avait reçus en France en échange de ceux qu'elle avait aliénés en Flandre, notamment du prieuré de Doullens, à la condition que le monastère d'Anchin rendrait lui-même aux héritiers ou représentants du sieur de Grévembrock tout ce qui lui venait de ce dernier.

Telles étaient donc les proportions du procès engagé. Et les contendants étaient de puissants personnages, deux princes de l'église, l'un, le cardinal d'Estrées, au nom de l'abbaye d'Anchin ; l'autre le cardinal de Janson, représentant le monastère de Corbie. Leur haute dignité, l'importance des intérêts en litige et la durée déjà plus que séculaire du différend à juger, donnèrent aux débats une si solennelle gravité, que la solution se fit attendre quelques années encore.

En effet, les demandeurs commencent par surprendre des lettres de rescision des contrats d'échange du 1er décembre 1562, aussi bien que de la charte de l'évêque d'Arras, confirmative des dits contrats ; et, le 13 février 1704, ils en demandent l'entérinement! Mais le conseil du cardinal de Janson excipant de l'absence de son Eminence à Rome, obtient un sursis aux poursuites. Puis, le 29 avril suivant, D. Carpentier qui s'impatiente de ces délais, se fait donner par le cardinal d'Estrées des lettres de provision de Saint-Sulpice, sous le double prétexte que ce prieuré est membre dépendant de l'abbaye d'Anchin, et qu'il est vacant. Et, les 14 et 15 mai, il prend possession, et le 17, il fait saisir les revenus entre les mains des fermiers.

Cependant Corbie ne pouvait pas accepter cette manière de se rendre justice à soi-même. Aussi D. Carpentier est-il assigné au bailliage d'Amiens pour s'entendre condamner en nullité des saisies opérées. (2 juillet). Le 4 du mois suivant, il évoque cet incident au conseil du roi, au nom du cardinal d'Estrées, et il est décidé que Anchin sera reçu partie intervenante. Une année s'écoule encore, et le 3 mars 1706, Corbie présente requête pour obtenir la main-levée des saisies. Le 6, D. Carpentier demande à être réintégré au procès comme intervenant avec Anchin, et le surlendemain paraît un arrêt qui appointe les parties.

à produire leurs dires et moyens dans huitaine, et, en attendant fait main-levée des saisies opérées à Saint-Sulpice, *à cause du temporel de l'abbaye de Corbie.*

Enfin, un arrêt définitif affirmant le bon droit de Corbie, le maintient dans la possession et jouissance du prieuré de Saint-Sulpice-les-Doullens et autres biens étrangers (19 septembre 1707). Une disposition spéciale ordonnait, en outre, le rétablissement des lieux réguliers avec charge et obligation d'y envoyer des religieux en nombre nécessaire pour acquitter les fondations et y faire l'office divin (1).

L'année suivante, l'abbé de Corbie n'avait pas encore fait les réparations ordonnées par l'arrêt ; et bien lui avait pris de temporiser, car les soldats de Marlborough, généralissime de la reine d'Angleterre, brûlèrent les fermes de Beaurepaire, emmenèrent les chevaux et pillèrent l'argent, les meubles et jusqu'aux hardes des fermiers (août 1708). Ceux-ci exposèrent leurs doléances et déterminèrent les officiers du comté à faire le procès-verbal des pertes et des dommages éprouvés par eux, pour arriver à une diminution de prix de la ferme générale de Saint-Sulpice. Nous ignorons si l'abbé de Corbie intervint en faveur des malheureuses victimes de la guerre ; mais nous le voyons adhérer à une transaction qui eut lieu, le 26 octobre 1731, entre l'abbesse et les religieuses de Saint-Michel de Doullens et les propriétaires du fief Bruquentin. Les dames de Saint-Michel ayant perdu leur droit de recompte sur le dit fief, se soumirent à la restitution de 260 livres pour le droit de recompte, depuis quatre ans. L'abbé de Corbie, en qualité de prieur de Saint-Sulpice, en fit autant et paya 150 livres pour le même droit.

Le bail des dîmes de la paroisse de Saint-Martin, nommées dîmes de la porte de Beauquesne, fut renouvelé, le 1er juillet 1737, à la charge de payer au curé de la paroisse 300 livres de portion congrue. Celui des quatre fermes de Beaurepaire le fut également, au 8 mars 1744, moyennant le prix annuel de 4,000 livres. Enfin les dîmes de charnage perçues sur la Varenne et Haute-Visée furent affermées de nouveau, en 1749 ; mais un conflit s'éleva entre les parties prenantes de celles d'Outrebois. Un arrêt du grand conseil intervint et en adjugea 1/12 aux dames de Moreaucourt et autant pour les dîmes novales ; 1/6 au prieur de Bagneux et 1/2 à Corbie, pour Saint-Sulpice (23 juillet 1755).

Les trois curés de Doullens, à leur tour, firent option chacun de la partie congrue de 500 livres, aux termes de l'édit de 1768, et abandonnèrent les dîmes novales. Le 23 décembre de la même année, ils signifièrent officiellement à l'abbaye de Corbie leur choix à ce sujet. C'était simplifier la formation du chiffre de leurs émoluments et rejeter à la charge de l'abbaye la perception toujours gênante d'un impôt, quel que soit le nom qu'on lui donne.

Les religieux de Corbie n'étaient cependant pas exempts de contrariétés. Déjà ils avaient acheté et démoli le moulin Fromentel pour donner à celui des Maiseaux, qui leur appartenait, plus de facilité de fonctionner, par l'abaissement du niveau d'eau en aval. Mais le

---

(1) V. *Pièces pour servir à l'Histoire de Corbie.* Bibl. com. d'Amiens.

locataire de ce dernier moulin n'en élevait pas moins l'eau en amont, et c'était toujours de nouvelles contestations. La circonstance d'une réparation à faire s'étant présentée, le juge de Doullens en profita pour intervenir. Le 31 décembre 1773, il fit une descente officielle sur les lieux, en présence des parties intéressées pour « faire la visite de la solle radière » ou seuil sur lequel reposaient ci-devant les rames dudit moulin des Maiscaux, fixer par » des repères invariables le dessus de la nouvelle sole à établir, qui déterminera le fond du » biès dud. moulin, aussy fixer la hauteur des nouvelles vannes. »

A l'occasion du renouvellement du bail des quatre fermes de Beaurepaire, en l'année 1774, il fut sérieusement question d'y construire une chapelle. Les plan et devis en ont même été dressés ; nous ignorons si ce projet a reçu son exécution. Quelques mois après, une difficulté s'étant élevée entre les religieux de Corbie et Guy de Châtillon-Saint-Pol, au sujet de la dîme de Beauquesne, ce dernier, comte de Saint-Pol et seigneur du fief d'Orville, déclara n'avoir aucun droit sur cette dîme, légitime propriété des religieux : *Comperimus evidenter dictam decimam Bellaquercus cum managio sito in ipsâ villâ jure pertinere ad ipsos monachos prioratûs Sancti-Sulpitii de Dullendio et nos in eisdem nihil juris habere.* C'est le dernier acte relatif à Saint-Sulpice que nous ayons trouvé dans l'Inventaire de Corbie.

Depuis la réunion des religieux de ce prieuré à l'abbaye de Corbie, vers 1680, comme il a été dit ci-dessus, il n'y eut plus de prieur en titre, mais un simple desservant qui vint même longtemps dire sa messe à l'église Saint-Pierre ; car la chapelle du prieuré, avant de disparaître tout à fait en 1790, resta de longues années dans un état d'abandon qui avait dû y faire interdire l'exercice du culte. Un fermier remplaça aussi les religieux dans les autres bâtiments, et bien des ruines s'accumulèrent. Toutefois, la justice de l'ex-prieuré continua de s'exercer par un bailli, un procureur fiscal et un greffier. Puis, après la vente par la nation de toutes les propriétés de Corbie sur Doullens, Authieule, Luchuel, etc. M. Lefebvre, de Doullens, acheta la chute d'eau de Saint-Sulpice, avec un terrain, et y établit un moulin à farine. C'est alors que les ouvriers occupés à creuser les fondations découvrirent une pierre tumulaire portant cette inscription : *Robertus, filius Johannis, fundator* (1).

Plus tard, une papeterie succéda à l'ancien prieuré ; et, en 1838, M. F^d. Mallet, d'Amiens, informé que le locataire de l'usine avait rencontré un pavé mosaïque au fond d'un trou qu'il avait creusé dans le jardin pour y planter un arbre, se rendit à Saint-Sulpice pour y pratiquer des fouilles. N'ayant pu trouver d'ouvriers, il obtint du commandant de place un détachement et le matériel nécessaire. Un travail de quelques heures amena la découverte de plus de vingt mètres superficiels de pavé mosaïque, au nord et contre l'habitation actuelle de M. Horne, devenu propriétaire de Saint-Sulpice.

(1) M. Warmé se trompe encore en disant que ce Robert fondateur a dû être Robert dit le Sage, fils et successeur de Hugues-Capet; car le fils de Hugues-Capet ne pouvait pas être le fils de Jean, *filius Johannis*. Voir son *Histoire de Doullens*, p. 90.

Ce pavé gisant à 1 m ou 1 m 25 de profondeur était d'un dessin très-varié, dans lequel on ne remarquait que trois couleurs : le rouge brun, le noir, le blanc ou jaune pâle. Dans les compartiments qui étaient inégaux, la forme du damier dominait, et les carreaux étaient ou carrés ou triangulaires ; plusieurs portaient des figures ; et l'un d'eux fait partie de la collection céramique dont M. F. Mallet a fait don au Musée d'Amiens. Une marche découverte en même temps que le pavé se prolongeait en biais sous l'habitation, et a dû être détruite lorsqu'on a creusé la cave. Il est à supposer que cette marche devait être placée en avant d'un autel latéral, au sud, à cause de l'orientation de l'église. C'était donc bien là, à n'en pas douter, l'emplacement de l'ancienne église du prieuré qu'un ancien titre appelle : Basilique de Saint-Sulpice, et qui plus tard servit d'étable, pendant les guerres, aux bestiaux des habitants d'Authieule.

Il est regrettable que les eaux pluviales, ayant rempli la tranchée, aient fait cesser les fouilles qui promettaient un heureux résultat. En effet, un peu plus loin et le long de la rivière, en amont, dans un jardin abandonné à des ouvriers, on découvrit encore une pierre portant cette inscription : SI CORP? HO. INVENIT. CV. HONORE IN XO. SVSCIPIATVR. †. « Si quelqu'un trouve ce corps, qu'il le recueille avec honneur en J.-C. » Sous cette pierre gisait un corps sans tête ; et, à peu de distance, la bêche rencontra un certain nombre de cranes sans ossements. Faut-il faire remonter ces étranges sépultures à l'époque du siége de Doullens, ou à un temps plus reculé? C'est ce qu'il nous est impossible de dire (1).

La papeterie de Saint-Sulpice, après bien des vicissitudes, est aujourd'hui en pleine prospérité. Elle fournit au pauvre le moyen d'utiliser ses haillons ; et à l'ouvrier, du travail et du pain. Mais, malgré le clapotage de l'eau fouettée par la roue motrice et les mille bruits aigus des engrenages, malgré l'agencement des jardins et l'ordonnance des plantations, il y a toujours une atmosphère de mystérieuse tristesse qui enveloppe ce lieu, et que rien ne peut modifier. C'est un silence que les mouvements et les bruits de l'industrie humaine sont impuissants à faire cesser ; ce n'est pas une ruine, il n'en reste pas même de trace ; mais c'est une impression localisée et qui semble avoir revêtu un corps ; c'est le *flebile nescio quid* dont parle le poète latin ; c'est un souvenir qui absorbe et s'assimile tous les éléments nouveaux ; c'est le passé qui persiste à se faire jour à travers les choses du présent. Oui « dans ce lieu où l'industrie a planté l'une de ses tentes, on comprend qu'une grande
» révolution s'est accomplie dans les idées et dans les choses. Il y a là deux mondes en pré-
» sence, deux sociétés distinctes : l'une telle que le christianisme l'avait façonnée et vivant
» de ses croyances ; l'autre, qui commence une ère nouvelle, vivant du pain terrestre, et
» assez peu soucieuse des destinées futures de l'humanité. La première, tout imprégnée de
» foi, de poésie et de grandeur, a laissé pour trace de son passage dans les siècles mille
» œuvres écrites, sublimes, mille pages de pierre non moins admirables : la seconde, froide,

---

(1) Renseignements fournis par M. F. Mallet.

» incolore, tendant à se faire matière, que laissera-t-elle? Nos arrière-neveux le sauront ;
» ils jugeront laquelle des deux a plus fait pour le bonheur des hommes (1). »

§. II.

Abbaye de Saint-Michel.

Son origine. — Sa situation première. — Ancien privilége des abbesses. — Anecdote. — Bulle d'Alexandre III, Pape. — Querelles. — Fondations pieuses. — Changement de siège. — Lettres d'amortissement de Philippe-le-Bel. — Les religieuses adhèrent au roi de France contre Boniface VIII. — Dénombrement de biens et revenus. — Pèlerinage au chef de saint Blaise, dans l'église de l'abbaye. — Retrait des lettres d'amortissement de Philippe-le-Bel. — Incendie. — Différend avec la ville. — Administration ruineuse de Gabrielle de Forceville réparée par Elisabeth de Séricourt. — Paroisse de Ransart érigée en l'église de l'abbaye. — Différend avec l'ingénieur du roi. — Inventaire fait par le Maire en 1790. — Caractère moral de l'abbaye. — Affectation actuelle de ses bâtiments. — Liste des abbesses.

L'origine de l'abbaye de Saint-Michel de Doullens se confond avec celle de la ville. OEuvre des comtes de Ponthieu, comme la plupart des établissements religieux du pays, elle daterait, selon les uns, de l'épiscopat de Saint-Geoffroy, élu évêque d'Amiens, en 1104, tandis qu'il faudrait, au contraire, la faire remonter au viiie siècle, d'après les autres. Mais les preuves de sa date véritable ont été perdues dans les ruines accumulées, tant par les incursions fréquentes des barbares, que par l'incendie qui en consuma le chartrier, en 1522. Son berceau fut placé auprès des premières fortifications de la ville ou du *castrum*, sur l'emplacement occupé aujourd'hui par l'esplanade de la citadelle, dans la *rue de Biaucaisne*.

Le plus ancien titre relatif à cette maison de l'ordre de Saint-Benoît, est une charte de confirmation de l'évêque d'Amiens, Guarin de Châtillon-Saint-Pol, en date de 1138. Cette charte fut signée pendant le synode qui se tint dans la cathédrale d'Amiens, le 6 des ides de novembre de la même année ; et les personnes qui y participèrent furent, après l'évêque, les deux diacres, Raoul et Beaudouin, les membres du chapitre, les abbés de Saint-Eloi de Noyon, de Saint-Lucien de Beauvais, de Montreuil, de Saint-Josse, de Saint-Fuscien et d'Anchin. Il appert, en outre, de ce document, que l'abbaye possédait alors dans la ville et sur son territoire, des terres, des hôtes, des fours et des dîmes ; plus l'autel d'Ivregny, de Cercamps, de Roiumsart (Ransart), plus des dîmes sur l'église d'Alcoch (Occoche) ; sur des terres *infra terram Avodi silvæ* ; sur un lieu *quæ dicitur Bastis*, avec quatre hôtes et un four ; dans la forêt de Vicogne, à Ampliers (2). Quatre ans après (1142), l'évêque d'Arras, nommé Aluisius, avait confirmé déjà la jouissance de l'autel de *Ramsart*, en faveur de l'abbaye.

(1) Harbaville. *Mémorial historique*, etc., t. I, p. 28.   (2) Voir Pièces justif., n° 1.

En 1156, l'abbesse avait nom Adde. C'est elle qui fit un accord, cette même année, avec le prieuré de Saint-Sulpice (2). Le *Gallia Christiana*, qui rapporte ce fait, n'y ajoute aucun détail. Mais, comme nous avons vu ailleurs que l'évêque d'Amiens avait donné à l'abbaye d'Anchin les églises de Saint-Sulpice et de Saint-Martin de Doullens, avec le chapitre de cette dernière, il est à penser que cet accord avait pour objet de régler des détails de juridiction ou de dépense. Nous ignorons également quel rang cette abbesse Adde occupe dans l'ordre chronologique des religieuses qui eurent la direction de cette maison ; son nom est le premier qui soit connu, et il en est fait mention au III° jour des nones de décembre dans le nécrologe de Sainte-Marie de Soissons.

Une particularité enregistrée également par le *Gallia Christiana* nous fait connaître que l'abbaye de Saint-Michel avait acquis une certaine importance avant même l'établissement de la commune. C'était à l'abbesse que les clefs de la ville étaient confiées. Chaque soir, après la fermeture des portes, on les lui apportait, et le lendemain matin, on allait les reprendre au monastère. Il est permis d'inférer de là que déjà, à cette époque, les supérieures de cette maison devaient ce privilége à leur naissance, à la recommandation de leur nom et de leur famille, autant qu'à leur mérite personnel.

A défaut des noms des premières abbesses, le P. Daire rapporte une anecdote qu'il emprunte à Nicolas, moine de Soissons, dans la vie de l'évêque Saint-Geoffroy. Nous ferons comme lui, mais plus que lui, nous déterminerons approximativement la date du fait qu'il cite. Saint Geoffroy, trente-huitième évêque d'Amiens, fut élu en l'année 1104, et mourut le 8 novembre 1115 ; c'est donc dans cet intervalle de temps qu'il faut placer l'anecdote à laquelle il a pris part comme évêque ; et l'abbesse dont il est question fut, sinon Adde, qui dirigeait la maison de Saint-Michel, en 1156, du moins celle à qui elle succéda.

Une de ces dames, que l'historien ne nomme pas, condamna, on ne sait pour quelle peccadille, une religieuse à ne la servir à table, pendant le souper, que d'une main, tenant de l'autre un cierge et conservant, avec les yeux baissés, une posture immobile. C'était une puérilité digne tout au plus d'un sourire de pitié, et que nos mœurs ne comportent plus. Mais ce fait, quoique déjà si étrange, prit bientôt d'autres proportions, car la jeune fille confuse, mais obéissante, laisse glisser son cierge, qui tombe et s'éteint. A l'instant, elle est à genoux aux pieds de la supérieure, et on entend sa voix tremblante murmurer une demande de pardon. Celle-ci, au lieu de s'attendrir à la vue de cette posture humble et soumise, ne prête même pas l'oreille aux prières de toute la communauté qui réclame grâce. Exaspérée, elle tombe sur la pauvre fille en larmes, la frappe, et de la main qui devait la relever jusqu'à son cœur, elle la jette cruellement à la porte du monastère. Le siége d'Amiens était alors occupé par un saint évêque, au cœur bon, compatissant, paternel. Sa médiation étant la seule ressource de la victime, elle se rend à ce tribunal, où elle sait que

(2) Nous verrons effectivement bientôt, d'après un dénombrement présenté par l'abbaye, dans le courant du xiv° siècle, que *l'église St.-Michel était au prieur de St.-Sulpice.*

la justice et la charité sont assises. Elle y expose ses regrets, y épanche sa tristesse, y fait appel à la commisération. L'abbesse est citée à son tour par devant le saint prélat, et sa première pénitence sera de s'y rendre à pied. Elle obéit ; mais l'inconvenance de sa défense, l'irritation de ses paroles, son attitude hautaine et irrespectueuse forment un douloureux contraste avec le ton doux et paternel du reproche qui lui est fait. L'homme de Dieu hésite un instant : il est prêt à informer contre elle ; puis, voulant sauver et guérir deux âmes, il choisit dans sa voix les notes les plus pénétrantes, et dans son cœur les sentiments les plus palpitants de mansuétude ; il rappelle les obligations de la charité ; il retrace la gravité de la faute ; il dit les dangers auxquels une sévérité outrée peut exposer les délicates vertus de l'obéissance et de la soumission ; et la supérieure congédiée emporte la défense formelle de prendre aucune nourriture avant d'avoir embrassé la victime de sa brutalité et de ses caprices. L'évêque méritait de rester vainqueur ; l'abbesse, en effet, reconnut sa faute ; la brebis expulsée rentra au bercail, et ses lèvres reconnaissantes continuèrent de donner le doux nom de mère à celle qui n'avait été pour elle qu'une injuste marâtre (1).

A la demande des religieuses, le pape Alexandre III voulut bien prendre cette abbaye sous sa protection et la placer sous celle de Saint-Pierre, prince des apôtres. La bulle, dont l'original existe aux archives du département, est datée de la 15ᵉ année de son pontificat, le XVI des calendes de décembre 1173 (2). Les possessions dont cette maison était en jouissance y sont énumérées, et on voit qu'une des chapelles de son église, celle de Notre-Dame, fut érigée en cure et paroisse de Ransart, du patronage de l'abbesse, qui y plaçait un desservant chargé d'acquitter les messes et d'y remplir les fonctions curiales. Aussi cette chapelle avait-elle des fonts-baptismaux et tout ce qui est requis pour l'exercice du culte paroissial (3).

La bulle du pape, comme la plupart de celles qui confirment des établissements de ce genre, menace de l'excommunication quiconque serait assez osé pour troubler ou molester les religieuses de Saint-Michel, dans la libre et paisible jouissance de leurs droits et possessions. Il peut paraître étonnant que les souverains pontifes eurent besoin d'approuver et de confirmer des établissements si éloignés d'eux, et qui leur étaient si étrangers. Mais, c'est précisément ce qui nous prouve combien les lois les plus simples étaient alors méconnues et rendues impuissantes par la force des armes, et avec quelle animosité on se disputait les possessions d'autrui, puisqu'il fallait, pour arrêter les seigneurs brigands, chercher une force si extraordinaire dans la religion. Ne sait-on pas les vexations de tout genre, les rapines, les pillages sacriléges dont se rendit coupable, à cette même époque, Hugues de Camp-d'Avesne ; et n'avons nous pas vu avec combien peu de scrupule le comte de Ponthieu lui-même fit main-basse sur les prébendes de l'église Saint-Martin ? La sévère sanction qu'on retrouve dans les bulles de ce temps-là avait donc sa raison d'être.

(1) Daire, p. 76.
(2) Voir pièces justif. n° 4.

(3) M. Warmé a fait erreur sur la chapelle de N.-D. paroissiale de Ransart. (V. *Hist. de Doullens* p. 112).

Les Bénédictines de Doullens ne tardèrent pas à voir augmenter leurs possessions ; et l'esprit religieux du temps, développé par les croisades, se manifesta en leur faveur par des largesses et des fondations nouvelles. Ses premiers bienfaiteurs furent les comtes de Ponthieu, l'évêque d'Arras, Aluisius, et les Camp-d'Avesne, seigneurs de Lucheux, Beauval et autres lieux. Hugues de Camp-d'Avesne III venait de prendre la croix pour marcher à la délivrance de la Terre-Sainte, en 1190 ; mais avant de partir, il se ressouvint de sa fille Marie, religieuse en l'abbaye de Saint-Michel de Doullens ; et du consentement de Béatrix, sa femme, d'Enguerrand, son fils, et de ses autres enfants, il lui fait don d'une rente annuelle de XL sols parisis, à prendre sur la grange de la prévôté du monastère de Corbie (1). Il veut que le défaut de paiement de cette rente ouvre un recours contre ce monastère, et entraîne, pour l'administrateur du temporel et toute sa famille, l'excommunication jusqu'à complète satisfaction (2). A la mort de Marie, la rente sera éteinte au profit de la prévôté du monastère de Corbie, sans conteste ni difficulté. Cette donation, faite en mai 1190, fut reconnue au mois d'avril 1222, par Nicolas III, abbé de Corbie (3). L'original de la charte de reconnaissance est aux archives départementales.

Une autre fondation ne mérite pas moins de fixer l'attention, par les termes de sa teneur. En voici l'acte de confirmation, en date de 1207 : « Au nom du Seigneur, Je Guillaume, » par la grâce de Dieu, abbé d'Anchin, à tous ceux qui ces présentes lettres verront, salut » en N. S. : Fais savoir que Beaudoin Solin a donné en perpétuelle *éléémosine* à l'église de » Saint-Michel de Doullens, une accincte (enclos) qu'il avait au château audit Doullens, » tenant à la maison que ledit Beaudoin avait donnée en aumône à l'église de Saint-Sulpice, » ayant regard vers Aléor (que l'auteur de l'inventaire de Corbie croit être la citadelle) ; » suivent les conditions : *accinctam unam quam habebat in castro Dullendii collateram* » *domui quam idem B. ecclesiæ Beati Sulpitii de Durlendio in perpetuam concessit eleemo-* » *sinam* (4). » Cette charte nous a servi pour établir l'existence et déterminer les conditions du *castrum*, c'est-à-dire, du premier *chasteau* de Doullens (ou partie fortifiée de la ville), et nous avons retrouvé ailleurs mention de cette maison donnée à Saint-Sulpice par Beaudoin Solin, *située rue Saint-Sulpice au-devant et à l'opposite du prieuré, tenant d'un côté aux allées et remparts de la forteresse de Doullens*.

Voici venir encore le seigneur de Beauval, Hugues de Camp-d'Avesne. Prêt à s'enrôler dans la cinquième croisade, il veut, avant d'affronter les hasards des combats et d'armer son bras pour cette lointaine expédition, penser à son âme et travailler au rachat de ses propres

---

(1) Le prévôt d'une abbaye était chargé de la gestion du temporel. Cet office était donné à titre de fief héréditaire, tenu à foi et hommage ; ce fief consistait en cens, rentes et divers droits, entre autres sur la grange de l'église ou de l'abbaye. (D. Grenier, 2ᵉ p. n° 2).

(2) Voir pièces justif. n° 5.

(3) M. Warmé a confondu ici Nicolas III, abbé de Corbie, avec Nicolas III, pape (Jean Gaëtan), qui n'était pas souverain pontife, à cette époque, puisqu'il ne fut élu que le 25 novembre 1277. (Voir *Hist. de Doullens*, p. 118-119).

(4) Voir Invent. de Corbie, *loc. cit.*

fautes : *Ob remissionem peccatorum meorum.* En conséquence, il donne, dans ce but, à l'église Saint-Michel de Doullens et aux religieuses du monastère, le droit de *franc moulu* ou de *franche mouture* dans son moulin de Rouval, c'est-à-dire que les religieuses pourront y faire moudre leur blé sans bourse délier : *Liberam molturam in molendino de Rouval.* Et, comme s'il avait crainte que le chapelain ne jalousât cette faveur, il déclare qu'elle lui sera également applicable : *Quam liberalitatem ego similiter concessi capellano memoratæ ecclesiæ.* Cette charte, du mois de juin 1219, est en parchemin, et porte le sceau des Camp-d'Avesne, suspendu par un cordonnet de soie verte et rouge, et représentant un comte, à cheval ; et sur l'autre face, une gerbe d'avoine (1). L'original est aux archives du département. Peu de temps après, et la même année, Evrard de Fouilloy, évêque d'Amiens, confirma cette donation par une charte dont les archives départementales conservent aussi l'original.

Le même seigneur de Beauval, de retour de la croisade, ratifia la vente que Robert de Walhuon et Suzanne, sa femme, avaient faite à l'abbaye, de leur terrage sur le fief de Bourguentures, près de Doullens : *Terragium in territorio Bourguentures juxta Dullendium.* Et il y ajouta la remise du service auquel il avait droit, et dont l'obligation aurait dû passer aux acquéreurs (1224). Le fief de Bourguentures n'était autre que celui de Bruquentin, situé non loin de la porte d'Arras, sur le territoire de Milly-le-Petit. L'original de cet acte se trouve également aux archives départementales (2).

Plusieurs souverains pontifes voulurent bien, accédant aux demandes qui leur étaient faites, confirmer et approuver l'abbaye des Bénédictines de Doullens, avec toutes ses appartenances. Honorius III imita en cela son prédécesseur, Alexandre III, par une bulle en date du VII des calendes de novembre 1220 ; après lui, ce fut Grégoire X en 1274, par une bulle datée de Lyon, et plus tard, Alexandre VII qui, en 1663, accorda des indulgences.

L'année 1230 vit se calmer la querelle qui depuis longtemps divisait les deux abbayes de Saint-Michel et de Berteaucourt, toutes deux de l'ordre de Saint-Benoit, à l'occasion d'une portion de dîme sur des jardins d'Ivregny. Geoffroy II, évêque d'Amiens, qui avait signé cinq ans auparavant l'abandon que la comtesse Marie faisait au roi de la châtellenie de Doullens, fut l'entremetteur de la paix entre les deux abbayes qui déclarèrent s'en rapporter à sa décision, à peine de 20 livres parisis. Par suite de son jugement, Saint-Michel eut la portion de dîme contestée, et Berteaucourt en reçut une autre en compensation (3).

---

(1) Voir pièces justif. n° 7.

(2) Ego Hvgo Campdavesne, D^{us} Belleuallis omnibus notum facio quod R. de Walhuon et Susan na uxor sua vendiderunt sanctimonialibus B. Michaelis de Dullendio terragium quod hereditarie de me tenebant ; quod terragium est in territorio de Bourguentures juxta Dullendium. Et ego H. tale seruicium quod dictus R mihi debebat de dicto terragio dictis sanctimonialibus in meorum remissionem peccaminum in perpetuam eleemosynam benigne quittavi. Hanc quittationem feci tanquam Dominus de me et de meis heredibus. Quod ut ratum sit præsentem paginam sigillo meo confirmavi. Actum anno Dⁿⁱ millesimo ducentesimo vigesimo quarto, mense decembri.

(4) Voir pièces justif. n° 9.

L'église de l'abbaye avait une chapelle de Saint-Nicolas, outre celle de Notre-Dame, mais qui n'était pas érigée en bénéfice. Le nommé Jean Nani, de Doullens, voulut y attacher un chapelain, et la dota, en 1246, de biens et de revenus suffisants. L'abbesse, du nom d'Adèle, accepta la fondation par un acte régulier, qui contient l'énumération des revenus affectés à la dite chapelle. La charte, en date du mois de mai, porte suspendu par un double cordonnet de soie rouge et verte le sceau fruste de l'abbesse, sur lequel elle est représentée crossée, avec cette légende incomplète : *Aalidis abbatis..... Durlendio* (1). A cette époque, l'abbaye n'avait pas encore transféré son siége du lieu où fut son berceau, dans la Basse-Ville, à l'autre extrémité de la cité, là où s'élèvent ses anciens bâtiments.

En 1274, au mois de juin, Gellus, abbé de Saint-André-au-Bois, de l'ordre de Prémontré, fit remise à l'abbesse Agnès et à l'abbaye de Saint-Michel de sa dîme d'Ivregny ; et Robert de Corbie, suivant son exemple, accorda quelques dîmes à la même maison en 1285 (2).

Mais les lettres patentes du roi Philippe-le-Bel, en date du mois de novembre de l'année 1300, nous donnent plus au long le détail des cens dont jouissait dans la ville l'abbaye des Bénédictines. Ce sont des lettres d'amortissement accordées à la demande des religieuses. Le monarque commence par énumérer les choses à amortir : *Notum fecimus quod religiosæ mulieres filie Dei de Dorlhano acquisivisse dicuntur res inferius annotatas.* Suit la désignation : Voir la note (3) au bas de la page.

---

(1) Voir pièces justif. n° 11.

(2) Nous n'avons pas rapporté toutes les fondations faites à l'abbaye, par exemple : celle en blé sur le moulin de la Fosse, à Occoche (1232); sur la grange de Pernes, avec confirmation du *sire de Chasteillon, cuens de St.-Pol* (1265) ; du seigneur de la Houssoye (1279) ; de Robert de Pas qui aumôna 20 sols de cens sur un four, rue Ste-Marie (1279).

(3) 2 sols et 2 chapons de cens sur un journal et demi de terre hors la porte de Lucheux.

2 sols 6 d. et 1 ch. sur la maison de Simon de Neuf-Moulin, rue de Manchon.

6 sols 6 d. 3 ch. sur la maison de Jean Bétars, entre les deux portes de la même rue.

3 s. 2 ch. sur la maison de Jehan Hurdebiers, rue des Ogerans.

2 s. 2 ch. sur la maison de Martin Borne, près du four de l'abbesse, rue de Manchon.

3 s. 2 ch. sur la maison de Jéhan Tassiaux, devant le Constantin.

25 s. 3 ch. sur deux maisons aux héritiers de Halle, devant l'Hostellerie.

2 s. 2 ch. sur la maison de Simon Lorgueilleux, près de la porte de la Varenne.

18 d. 2 ch. sur la terre de Salomon de Beauval, au lieu dit le Neuf-Moulin.

12 s. 2 ch. sur la maison du seigneur de Beauval, provenant de Jacques de Fontaine.

3 s. sur la maison de Simon Blandiaux, rue Taillée, provenant de Jacques Letellier.

18 d. 9 ch. sur la maison de Robert Males, où il demeure.

2 s. 2 ch. sur la maison de Jehan N. qui est sur le bord de l'eau.

2 s. 2 ch. sur la maison de Jacques Vaas, où il demeure.

2 s. 1 ch. sur la maison de Guillaume N. où il demeure, sur le bord de l'eau.

7 s. sur la maison de Bernard Licarens, où il demeure, rue St.-Michel.

12 d. sur la maison de Jéhan du Crochet, vers la porte Hersant.

2 s. 2 ch. sur la maison d'Isabelle d'Aucoch, rue St.-Martin.

11 d. sur le manoir du seigneur de Beauval, *contigü à la rue Notre-Dame.*

Lesquelles choses s'élèvent chaque année jusqu'à la somme de 4 livres 6 deniers parisis et 31 chapons de cens. (Voir pièces justif. n° 18).

Ces lettres de Philippe-le-Bel ont précédé de trois ans l'adhésion que l'abbaye de Saint-Michel fit à la volonté royale contre Boniface VIII. Nous avons dit que les Bénédictines déclarèrent alors s'en rapporter, pour le jugement de l'affaire qui divisait la France et la cour de Rome, au concile général qu'on devait assembler à cet effet, ne reconnaissant point au pape le droit de les suspendre, de les interdire ou de les excommunier pour avoir pris cette délibération, et en appelant à l'avance, si Boniface usait de ces moyens, au prochain concile, et *au futur, véritable et légitime souverain pontife*. Ce langage était hardi, voisin du schisme, peu conforme à la foi ; mais il était imposé. Ce n'était qu'une formule toute faite que les religieuses devaient signer sans la modifier (1).

L'abbaye continua de bénéficier de la piété des grands. En 1314, ce fut *Robert, chevalier, sire de Biauval*, qui lui fit donation de *14 sols de cens sur ung gardin*, tenant au *chimetière* de Saint-Michel. L'acte est en français, et se termine ainsi : *En tesmoignage de laquele cose ie ai ches presentes lettres scellées de mon propre scel faite l'an de grace mil trois chens et qtorze, ou mois d'août*. Puis, ce fut le sieur de la Houssoye qui aumôna de nouveaux cens, en 1321, puis encore, maître Hue d'Amiens, qui donna des censives et rentes en blé, et dont la donation fut confirmée par lettres patentes de Philippe VI, en date du 7 septembre 1346 (2). Les mêmes lettres patentes portaient amortissement des possessions de l'abbaye, moyennant une messe par semaine.

Dans le cours du xiv⁰ siècle, et sans désignation de date précise, les religieuses bénédictines ont fourni un dénombrement de leurs biens et revenus. Nous le donnons en substance au bas de la page (3).

---

(1) *Arch. Imp. sect. hist. Trés. des Ch.* 3, *Cart.* 488, n° 126. M. Warmé, nous l'avons déjà dit, n'a pas compris ce fait historique et national, qu'il réduit aux proportions d'une chicane particulière de couvent. (Voir son *Hist. de Doullens*, p. 175).

(2) L'original est aux Arch. dép.

(3) L'abbaye de St.-Michel de Dourlens tient amorty soubz le Roy le corps de leur église et abbaye, jardins et édiffices clos de murs, dont l'église est au prieur de Saint-Soupplis, par an XII s. et II setiers de blé.

Item ont en la ville et banlieue de Dourlens, 462 journeux et 40 verges de terre qui doibvent dixme et terrage, excepté 28 j. qui en sont francs.

Item X journeux de pré qui doibvent au seigneur de Frohen, un esperon de 3 s.

Item ont en ladite ville et banlieue de rentes, par an, 27 s. 2 d. 85 chapons.

Item ont sur l'église de Chercamps, par an, XII s.

Item ont sur la terre de la Houssoye, 40 s.

Item ont sur l'église St.-Pierre d'Abbeville à bail 28 s. et IX setiers de blé.

Item ont en la ville de N. XII s. de rente.

Item ont encore une partie de dixmage qui vaut 20 setiers de grains.

Item ont encore à Luchuel, 6 setiers de grains.

Item sur la grange, depuis XXIII setiers de blé.

Item à Roissart (Rausart), 1 maison et un pré, qui peuvent valoir 30 setiers de grains.

Item à Bocquemaison, 9 setiers de grains.

Item à Grouches, 8 setiers de grains.

Item pour les enclos ou parques de Luchuel, 4 set. de grains.

Item au tournoi d'Ampliers, en dixme, 28 setiers de grains, dont elles rendent à St.-Josse sur la mer, par an, 20 setiers de grains.

Item ont le 1/4 du dixmage nommé Bourguentures, XX setiers de grains par an.

Item à N. une masse et le 1/3 de dixmage, et les deux parts en mesmes dixmes et hostelages, qui vaut VII n. de grains et III botes qui leur donnent 6 set. et 8 den. et 4 ch. et herbages, si elles ont bestes.

Item X journeux de terre qui doibvent dixmes et terrage et garbedon et XVIII d. de cens au sieur

Nous avouons que le dernier article de cette énumération nous a étonné ; nous ne nous attendions pas à rencontrer dans les Bénédictines de Saint-Michel des religieuses mendiantes ; mais avec un peu de réflexion, on trouve la clef de ce mystère. Les dames de Saint-Michel avaient quitté depuis peu leur ancien siége, sur le bord de l'Authie, dans la rue de Beauquesne, et elles venaient de fonder leur nouveau monastère, au lieu qui a conservé son nom. C'était pour elles une dépense importante, et elles ont cru devoir faire appel à la charité publique. Voilà pourquoi, à cette époque, *sont les dites religieuses mendians ; et c'est à cause de leur fondation qu'elles se pourchassent une fois l'an.*

Plus d'un siècle s'écoule sans que nous retrouvions aucun renseignement de quelque valeur sur la maison de Saint-Michel. Nul doute cependant qu'elle n'ait vu sa prospérité s'accroître, car pendant cet intervalle de temps, en l'an 1512, il est fait mention du bois *Colin*, de la contenance de 70 journaux, appartenant à l'abbaye. L'année suivante, 14 juin, elle reçut le don de 18 journaux de terre sur le fief de Doullens ; et quatre ans après, de 26 autres.

A cette époque, le monastère était administré avec intelligence par Marguerite II de Roque. C'est cette supérieure qui, en 1515, renferma le chef de Saint-Blaise dans une châsse d'argent. Le peuple des environs avait une grande dévotion à ce saint ; et il est de tradition à Doullens que, lorsque revenait chaque année la Saint-Blaise, les dames de la communauté distribuaient des ganses de soie cramoisie, ou du fil de même couleur aux nombreux pélerins, qui les portaient au cou, dans l'intention d'être préservés des maux de gorge (1). Cet usage était commémoratif d'un miracle opéré par le saint évêque, martyr de Sébaste dans sa prison. Il est rapporté, en effet, qu'une femme lui ayant présenté son enfant, dans la gorge duquel était restée une arête de poisson, le serviteur de Dieu le guérit, et que mainte fois depuis, il récompensa par des guérisons semblables la confiance de ceux qui l'avaient invoqué dans leurs maux de gorge.

Le 19 mars 1521, l'intendant général du bailliage d'Amiens reprit les lettres d'amortissement dont Philippe IV et Philippe VI avaient gratifié l'abbaye. La guerre menaçait la patrie ; les finances de l'Etat étaient épuisées ; il fallait que chacun contribuât au soulagement des nécessités publiques. Cette guerre était surtout pour les Bénédictines l'annonce de prochains malheurs. En effet, au mois de novembre de l'année suivante, les Impériaux mirent le feu à la ville et en firent un monceau de ruines.

Le monastère de Saint-Michel fut complètement réduit en cendres, et son chartrier périt dans les flammes. On doit d'autant plus regretter cette perte, que cet établissement étant

d'Ivregny.

Item ont sur la ville de Dourlens 6 s. 1/2 de blé, sur le moulin de la Fosse (à Occoche).

Item ont sur le doyen des chanoines de Picquigny, pour un *aubit* (sic), X s. par an.

Item aussi, un autre dixmeron sur XX journeux de terre, au val St.-Fremin, qui vaut III setiers de grains.

Item sont lesdites religieuses mendians à cause de leur fondacion, et se pourchassent une fois l'an, et ne paient pas de dixmes.

(1) Dans les archives de l'église de St.-Germain-l'Ecossais d'Amiens, on trouve aussi mentionnée cette distribution de fil rouge, le jour de la fête de Saint-Blaise.

l'un des plus anciens de la ville, devait avoir conservé dans ses archives d'intéressants documents, soit sur l'origine de la cité, soit sur son histoire dans les siècles antérieurs. Les religieuses durent émigrer, et la maison eut de la peine à se relever ; car le 24 juin 1560, le maire et les échevins de Doullens rédigèrent encore *un acte d'attestation de la ruine de l'abbaye*.

Les Bénédictines, qui depuis longtemps déjà avaient transporté leur établissement plus au nord de la ville, avaient voulu, sans doute, fuir le voisinage de la rivière et les inondations fréquentes mentionnées dans les anciens titres. Leur âtre ou cimetière fut également établi auprès du nouveau monastère, puis changé encore pour faire place au marché aux bêtes. Mais, ce marché lui-même ayant été transféré dans la grande rue Notre-Dame, une difficulté s'éleva sur la question de savoir à qui appartiendrait le terrain qui venait d'être laissé libre et inoccupé. Le différend se termina par une transaction entre l'abbaye et l'échevinage (22 mai 1586) ; et la place de l'ancien marché, restée indivise, fut donnée à cens au profit commun des parties. Une rue de 27 *pieds de ville fut prise* toutefois sur le dit terrain, pour conduire de la rue Saint-Michel aux remparts, et affectée à l'usage des dames, aussi bien que des habitants (1).

Les religieuses bénédictines étaient soumises à la juridiction de l'évêque, disent les titres ; mais la nomination des abbesses, quoique réservée au roi, n'en réclama pas moins plus d'une fois l'intervention des souverains pontifes. C'était sans doute pour en recevoir l'investiture. Ainsi, en 1589, la nomination d'Anne de Bourdin motiva une bulle du pape Sixte V, en date du X des calendes d'avril. En 1637, celle de Gabrielle de Forceville donna occasion à une autre bulle d'Urbain VIII, du 8 décembre. La cour de Rome chargea les officiaux de Paris, de Soissons et d'Amiens, de la mettre en possession ; mais de nouvelles difficultés s'élevèrent sans doute à ce sujet, car l'abbesse ne fut installée que le 29 octobre de l'année suivante, et des lettres closes de Rome lui apportèrent la *formule du jurement*.

On ne tarda pas à se repentir de ce choix ; car les espérances que tant de solennité avait pu faire concevoir furent démenties. Gabrielle de Forceville n'eut pas plus tôt pris les rênes de l'administration, qu'elle refusa de suivre les errements de sa devancière. Elle se laissa aller à la prodigalité, et elle eut bientôt endetté l'abbaye et gaspillé toutes ses ressources. Son faste et ses dissipations ne respectèrent même pas les vases sacrés ni les reliques des saints (2) ; et, pour se débarrasser de toute résistance, elle alla jusqu'à chasser ses reli-

---

(1) Voir pièces justif. n° 22. D'après l'inventaire de l'abbaye, c'était dans la cour de la grange des rentes ou rentages de la porte St.-Ladre que se faisait le marché aux bêtes, « au lieu des deux autres endroits » précédents ». Le P. Daire dit que, en 1550, la rue St.-Michel avait nom : rue *de Rome*. Il ne faudrait pas en inférer que le monastère n'y avait pas son siège avant cette époque ; car les religieuses n'auraient pas pu dire, 36 ans après, aux échevins de la ville, que la place St.-Michel *faisait partie de leur antienne fondation, et avait toujours été appelé communément le chimetière St.-Michel*. Si le P. Daire ne se trompe pas de date, il faut dire seulement que la ruine de l'abbaye et l'émigration des religieuses auraient fait changer momentanément le nom de la rue, qu'on trouve désignée au XIV° siècle : *in vico B. Michaelis*.

(2) Les quelques documents manuscrits sur Saint-Michel qui existent aux archives départementales font

gieuses. Cet état de choses ne pouvait durer ; aussi, en conséquence d'une lettre de cachet, fut-elle remise, par le gouverneur de la ville, entre les mains d'une escorte de soldats envoyés d'Arras. La bourgeoisie doullennaise, dont elle avait su capter la popularité, voulut interposer sa médiation, essayer même de la sédition ; malgré toutes ces démonstrations, l'abbesse prodigue fut conduite chez les Augustines anglaises du faubourg Saint-Victor, à Paris, où on la tint en charte privée. Après une année de pénitence, elle fut, par arrêt du roi du 21 octobre 1651, rendue à ses fonctions, et solennellement bénie en présence des évêques de Dol et de Calcédoine, de plusieurs abbés, abbesses et autres personnes de distinction.

Le P. Daire, à qui nous avons emprunté ce récit, semble laisser croire que Gabrielle de Forceville avait su profiter de la leçon infligée à ses premiers torts. Mais il parait, au contraire, que l'archidiacre d'Amiens n'en avait pas perdu le souvenir, comme l'atteste la défense qu'il lui fit de ne plus recevoir de novices (4 décembre 1670). De plus, le P. Daire est en désaccord avec le *Gallia Christiana* qui, tout en maintenant à la charge de Gabrielle de Forceville les dilapidations que nous avons mentionnées, et les faits qui ont interrompus on administration, ajoute qu'elle s'enfuit du lieu où elle était renfermée, et mourut misérablement à l'hôpital, à Paris. Nous ne savons auquel des deux auteurs donner la préférence ; mais la lettre que nous citerons bientôt prouve que Gabrielle de Forceville n'était pas encore remplacée définitivement en 1680.

Quoi qu'il en soit de ces récits divers, il est certain d'après les titres que lorsque Mme Elizabeth de Séricourt-d'Esclainvillers fut nommée coadjutrice perpétuelle par le roi Louis XIV, l'abbaye était totalement abandonnée et déserte. Il n'y restait aucune religieuse ; et, comme nous venons de le dire, l'abbesse elle-même était à Paris. Aussi le pillage de la maison fut-il complet. Ceux des habitants qui avaient essayé de la sédition se ruèrent, comme par représailles, sur le mobilier, sur les titres et les papiers, sur tout ce qui pouvait être enlevé, à tel point que la nouvelle coadjutrice ne trouva, à son arrivée, que ruine et solitude. Cette religieuse, qui avait été d'abord Ursuline à Montdidier, était alors, dit le P. Daire, supérieure du monastère de Saint-Nicolas de Breteuil ; et comme les vingt-six religieuses qui composaient le personnel de cet établissement se voyaient dénuées de ressources et dans l'impossibilité de subsister, elle les amena avec elle et les associa à sa nouvelle destinée.

Mais avant tout il fallait provoquer la restitution des objets soustraits ; en conséquence on fit appel à l'autorité ecclésiastique qui fulmina un monitoire contre les coupables, par l'intermédiaire des trois curés de la ville. Vains efforts ! La menace de l'excommunication fut impuissante à faire lâcher prise à la main des spoliateurs ; et l'abbaye ne put guère recouvrer que quelques titres, entre autres l'original de la bulle du pape Alexandre III, en date de 1173, dont nous avons parlé plus haut. Malgré cet échec, la nouvelle coadjutrice se

connaître que le monastère possédait des reliques de la vraie croix, de la grotte de Gethsémani, de la table de la cène, de Ste-Madeleine, de St.-Christophe, de St.-Laurent, de St.-Blaise, de Ste-Geneviève, de St.-Victor, des onze mille vierges, etc.

mit courageusement à l'œuvre. Son administration sage et prudente répara les ruines de la maison, éteignit les dettes qui lui avaient été léguées, et fit revivre la discipline. Le *Gallia Christiana* qui lui consacre un mot d'éloges, lui applique cette parole : *cunctando restituit rem*. Elle fit même plus que restaurer l'abbaye, car c'est sous son administration que les limites de l'enclos claustral furent reculées par l'acquisition d'un jardin appartenant au sieur Bellin ; acquisition qui coûta 500 livres et dont la saisine fut délivrée, le 12 mai 1664, par devant le bailli d'Authieule.

Parmi les ruines que dut réparer madame d'Esclainvillers, il faut citer celles qu'avait faites un incendie récent. Elle fit appel à la générosité royale, et non sans succès, comme la lettre suivante le fait penser.

St.-Germain, décembre 1680.

« Monsieur,

» Il y a quelque temps que Mme d'Esclainvillers, coadjutrice perpétuelle de l'abbaye de
» St.-Michel de Doullens, m'ayant fait présenter un placet au sujet de l'incendie survenu
» en son abbaye, qui lui a causé un dommage considérable, j'en avois rendu compte au Roy
» au dernier conseil, et comme Sa Majesté m'a ordonné de vous escrire de vous informer du
» dommage qu'a faict cet embrasement, j'ai cru, Monsieur, que vous trouveriez bon que je
» vous recommande les intérêts de cette abbaye, et que je vous supplie de lui estre favo-
» rable dans l'advis que vous lui envoyerez là-dessus, affin que Mme d'Esclainvillers puisse
» avoir de quoy faire bastir un petit appartement pour Mme de Sotteville, sa nièce, qui est
» retournée depuis peu avec elle... »

CHATEAUNEUF.

à M. de Breteuil, intendant de Picardie.

Nous avons dit que la chapelle Notre-Dame de l'église de l'abbaye avait été érigée en paroisse de Ransart. C'était là que les habitants des quatres fermes de ce hameau venaient participer aux exercices du culte paroissial, et apporter leurs nouveaux-nés au baptême (1). Mais comme la distance était souvent un obstacle à la sanctification du dimanche par l'audition de la messe, un des fermiers, nommé *Minot*, fit construire à ses dépens, l'an 1625, une chapelle contiguë à sa maison, où le curé, qui avait sa résidence à Doullens, allait dire la messe les dimanches et fêtes, moyennant 100 livres, qui lui étaient payées par le sieur Minot, pour son déplacement. Les autres fonctions curiales étaient remplies à l'abbaye. Mais la ferme de Minot et sa chapelle ayant été détruites en 1640, la messe ne fut plus célébrée chez les fermiers, et Mgr Faure, évêque d'Amiens, supprima la cure de Ransart en 1687. Jacques Levasseur, qui en était le desservant, et tenait à ce poste commode et peu fatigant, s'opposa au décret de suppression. Il obtint, en effet, des lettres de rescision du dit décret ; voulant ensuite faire disparaître tout motif réel et sérieux d'opposition, il constrïi-

---

(1) On vit longtemps l'ancienne cuve baptismale près d'un puits, dans la cour de la mairie. Elle est ronde, avec quatre colonnettes à l'extérieur, et taillée à pans à l'intérieur. Quoiqu'elle n'ait rien de remarquable, excepté le bandeau qui accuse le style roman du XIIe siècle, elle avait droit, vu son ancienne destination, à ne jamais servir d'auge pour les chevaux. Il y eut donc là une profanation que rien n'excuse.

sit à Ransart une nouvelle chapelle, à ses frais, et sur la demande des fermiers qui reconnurent authentiquement que leur paroissse avait eu de tout temps son siége dans l'abbaye de Saint-Michel. Ceux-ci s'obligèrent même à entretenir la nouvelle chapelle de toutes les choses nécessaires à la célébration de la messe, les dimanches et fêtes, et à payer au curé les cent livres d'usage.

Les choses en étaient là, lorsque l'évêque fit sa tournée pastorale vers 1690. Il constate dans son registre de visite que l'abbesse de Saint-Michel était le patron décimateur de la paroisse de Ransart, érigée en l'abbaye. Elle y percevait 580 livres, et la chapelle paroissiale jouissait d'un revenu de 200 livres, Les quatre fermes comptaient 18 communiants.

Toutefois le résultat obtenu par le curé de Ransart ne fut pas de longue durée. Après lui, la chapelle du hameau fut tout à fait négligée et tomba en ruines. L'évêque, informé qu'elle servait de retraite aux chariots et autres instruments aratoires des fermiers, donna ordre de la démolir entièrement, en 1739 ; et la suppression de la paroisse fut de nouveau décidée en droit, quoique non encore passée en fait.

Elisabeth de Séricourt d'Esclainvillers et l'abbesse qui lui succéda avaient eu pendant leur administration les mains liées par des obligations sacrées et des devoirs d'honneur. Il leur avait fallu exonérer la maison de toutes dettes, pourvoir à l'accroissement du personnel, réorganiser l'intérieur avant de songer à la restauration de l'édifice. Ce dernier soin venait d'être légué à Marie de Boufflers de Remiencourt qui, de l'abbaye d'Etrun, avait été nommée à Doullens. Elle fit clore le jardin de Saint-Michel des murs qui existent encore en partie, et paraissait devoir faire bénir son administration, lorsque, après un séjour de quatre ans, elle fut appelée au gouvernement d'une autre maison.

Sa tâche fut achevée par Marie-Anne le Boucher-d'Orsay-de Marolles, tirée de l'abbaye de Sainte-Austreberte de Montreuil, pour donner à son mérite l'occasion de s'exercer à Doullens, dit le P. Daire, d'abord comme coadjutrice, puis en qualité d'abbesse. Son administration rendit à Saint-Michel les plus beaux jours de son ancienne prospérité ; elle renouvela les bâtiments qui menaçaient ruine, restaura la maison abbatiale et les autres lieux réguliers. L'église reçut, à son tour, des décorations qui la mirent en harmonie avec la royale abbaye. Le revenu des Bénédictines était alors de 3449 livres, plus 124 setiers de blé, total : 4200 livres.

Tel est, du moins, le chiffre que nous avons trouvé dans les titres authentiques, tout en reconnaissant que ce chiffre n'est pas tout à fait le même que celui qui figure dans l'état fourni par l'abbaye en exécution de la déclaration de l'assemblée du clergé de France, en date du 12 décembre 1726 (1).

---

(1) Voici les détails de l'état financier de l'établissement en 1726, avec désignation de l'ordre de St.-Benoit, mitigé.
Revenus :
A Hem, sur 15 journaux,
A Bouquemaison, sur 15 id.
A Doullens, sur 15 id.
A Haute-Visée-le-Beau, sur 34 id.
Champarts sur le fief Bruquentin.
Cens sur divers maisons et tènements dans la ville.

Mais le zèle de l'abbesse pour la prospérité matérielle de son monastère n'étouffait pas sa sollicitude pour les avantages spirituels. Elle voulut que le culte du Cœur-de-Jésus, qui avait reçu en France de grands développements, eût aussi son sanctuaire dans la chapelle de la communauté. Une confrérie du même nom y fut établie et ouvrit son sein à toutes les personnes de la ville qui voulurent en faire partie ; afin d'attirer un plus grand nombre d'associés, l'abbesse obtint même du souverain pontife, Clément XIII, une bulle qui octroyait des indulgences à toutes personnes qui s'associaient à la confrérie du Sacré-Cœur érigée en l'église de l'abbaye (18 juillet 1765).

Le gouvernement de la digne abbesse fut cependant troublé par des prétentions d'autant plus dangereuses qu'elles étaient élevées par les gens du roi. La ville avait fait construire des écuries non loin de Saint-Michel ; et pour conduire les chevaux de la troupe à l'abreuvoir de la Grouche, au-dessous du moulin de Manchon, on avait pratiqué une rue ou plutôt un chemin de service le long des murs de l'abbaye, de sorte qu'une parcelle de terrain de 22 verges 3/4 restait isolée entre ce chemin et le rempart. L'abbesse la revendiqua comme propriété du monastère, et voulut en jouir ; mais l'ingénieur du roi, excipant de l'isolement de ce coin de terre et de sa complète séparation de l'enclos du jardin claustral, prétendit qu'il faisait partie du rempart, et s'opposa à la jouissance de l'abbesse. Celle-ci présenta au ministre Choiseul une requête en date du mois de mars 1767, parfaitement rédigée, dans laquelle elle plaida sa cause. Copie de cette pièce existe aux archives départementales. Le ministre fut vaincu par les raisons de l'abbesse et consacra son bon droit, par décision du 23 avril suivant, à la condition que, tout en jouissant du terrain réclamé, l'abbaye laisserait libre le chemin de service pour la conduite des chevaux à l'abreuvoir (1). Ce chemin et une partie du terrain isolé existent encore aujourd'hui à peu près dans les mêmes conditions, et appartiennent à la ville.

Angélique Charlotte de Mascrany, religieuse du prieuré de Charmes, au diocèse de Soissons, fut l'avant dernière abbesse de Saint-Michel. Le P. Daire parle de sa régularité, de son esprit de prudence et de la sympathie qu'elle avait su conquérir au sein de la communauté. Celle qui lui succéda et vit la fin du monastère, Madeleine-Françoise Momonnier, n'eut pas le temps de justifier, par ses actes, de son mérite personnel. D'après la tradition du pays, elle n'aurait pas inoculé à ses religieuses une grande fermeté dans les principes, car, le 11 mai 1791, sept sur douze déclarèrent vouloir rester dans la maison et être prêtes à faire le serment exigé par la nation.

Le 12 mai de l'année précédente, le maire de la ville s'était transporté chez elles pour procéder à l'inventaire du mobilier de l'établissement, des terres et revenus. Son opération a constaté la propriété de 614 journaux de terre, et des cens qui devaient être nombreux,

Dixmes à Gennes, à Occoche' à Orville sur le moulin et des terres, à Ransart, à Neuvillette.

Total 3,130 liv. — Charges et dépenses 5,380 liv. —

Dettes 2,200 livres.

(1) Voir pièces justif. n° 24.

puisque, d'après le cueilloir du 15 février 1782, l'abbaye percevait un droit de champart sur 1090 journaux 55 verges, au fief de Bruquentin. Il y est fait mention aussi d'une houblonnière attenant aux bâtiments de la communauté (1).

La maison des Bénédictines de Doullens eut quelque renom, et fut la digne émule des monastères de Sainte-Austreberte de Montreuil et de Berteaucourt-les-Dames, qui appartenaient au même ordre religieux. Elle traversa de beaux jours pendant lesquels la dignité d'abbesse fut briguée par les plus beaux noms de la province. Le roi, qui en avait la nomination, ne la confiait qu'à celles qui, à l'illustration du sang, joignaient des recommandations puissantes. Mais aussi, comme la noblesse du rang, plus que le mérite et la vertu, guidait le choix du monarque, il arriva que le monastère brilla parfois plus par la splendeur aristocratique que par l'éclat de la piété et de la perfection monacales. Une certaine atmosphère de mondanité enveloppait cette maison, dont les portes trop souvent ouvertes, donnèrent accès à l'esprit du siècle, et la ferveur de l'intérieur s'évapora plus d'une fois par cette issue, non sans quelque préjudice pour la considération du pieux asile. Disons cependant que l'abbaye, quoique peu riche, trouvait moyen de disposer de cent francs par mois en faveur des pauvres.

Les religieuses s'adonnèrent à l'instruction publique ; les jeunes personnes bien nées de la ville et des environs étaient admises chez elles, et il devint de bon ton de pouvoir dire qu'on avait fait son éducation à Saint-Michel. L'abbaye recrutait aussi dans le pays quelques membres qui y faisaient leur noviciat ; mais nous avons vu que l'autorité diocésaine imposa à ce sujet une prohibition formelle ; c'était faire comprendre qu'elle ne reconnut pas toujours à l'abbesse des garanties suffisantes au discernement ni à la direction des vocations naissantes.

Les bâtiments de l'ancien couvent de Saint-Michel existent encore en grande partie et n'offrent rien de particulièrement remarquable. La gendarmerie y trouve son logement, et le reste du rez-de-chaussée est affecté à la mairie, au logement du greffier et d'un sergent de ville. L'étage supérieur fournit un prétoire à la justice de paix. Sur le devant, et en face de la place dite de Saint-Michel, on a élevé le local mesquin du tribunal, qu'on n'ose pas appeler palais de justice. Mais si tout cela est petit, étriqué (2), sans élévation ni harmonie avec ce qui reste de l'ancien couvent, au moins la pensée n'est pas blessée ni affligée. Voici au contraire, tout à côté, un spectacle qui fait mal, c'est l'affectation de la chapelle au double usage d'écurie et de prison. Ce grand bâtiment en briques, toujours triste, d'un aspect austère, semble se dresser comme une protestation continuelle. Son clocher, dépouillé

---

(1) En l'an II de la république, le district de Doullens arrêta que les bâtiments de la ci-devant abbaye de Saint-Michel seraient employés à faire des magasins militaires, en conformité d'un ordre du comité de salut public, du 25 frimaire précédent, qui enjoignait à chaque commune d'avoir un magasin pour l'habillement de 1,000 hommes d'infanterie et de 100 hommes de cavalerie. (M. Dusevel.) Et alors la rue St.-Michel s'appelait : rue des droits de l'homme.

(2) On vient de retoucher et de relever la façade du tribunal qui a maintenant un meilleur aspect.

de ses trois petites cloches, reste silencieux et sans bruit, diadème sans royauté, signe sans la chose signifiée. C'est là, paraît-il, une des nombreuses ruines que le soi-disant progrès a dû faire dans sa marche ; mais reconnaissons du moins que ces moines et religieuses d'autrefois savaient traduire leurs idées par d'assez belles œuvres, puisque les restes d'un couvent de douze femmes suffisent encore pour donner asile à toutes les institutions d'une cité : mairie, police, gendarmerie, justice de paix, tribunal, prison, etc., etc.

L'église de l'abbaye, rebâtie quelque temps après la ruine de 1522, église que le P. Daire dit avoir été d'un fort bon goût, renfermait le tombeau de Wast Waroquier, écuyer, seigneur de la Motte et de Méricourt, lieutenant de cinquante hommes d'armes, tué au siége de Saint-Pol en Artois, qui, après avoir servi l'espace de quarante ans, après avoir pris part à dix batailles et à plus de cent siéges, y fut inhumé en 1537, dans le caveau où se trouvaient Louis, son père, Marie de Vignacourt, sa mère, Anne de Molinet, sa femme, et François Waroquier, écuyer, seigneur de Méricourt, commissaire ordinaire des guerres. Les autres tombeaux étaient ceux des religieuses et abbesses, dont on retrouva même les dépouilles mortelles dans les fouilles pratiquées pour l'affectation nouvelle qu'on devait donner à cet édifice. La cour de la mairie contient aussi la pierre sépulcrale des père et mère de l'une des dernières abbesses. Elle est de marbre noir et armoriée.

La justice temporelle de l'abbaye était exercée par un bailli, un procureur fiscal et un greffier. A l'exception du litige soulevé à l'occasion de la place Saint-Michel, où se tenait autrefois le marché aux bêtes, nous n'avons pas vu que les Bénédictines de Doullens eussent eu de graves démêlés avec l'échevinage ; et cependant, les tracas judiciaires ne leur furent pas non plus épargnés, car nous avons trouvé dans un état de situation du monastère des doléances sur les frais occasionnés par les procès.

LISTE DES ABBESSES

1156. Ade.
1246. Mathilde et Adèle.
1285. Agnès.
1303. Jeanne.
1312. Anne de Saleu.
1370. Marguerite I. N.
1443. Marguerite II. N.
1449. Jeanne Prévot.
1500. Anne de Roques.
1512. Jeanne Le Ver. Famille d'Abbeville.
1515. Marguerite III de Roques.
1548. Françoise de Boffles.
1566. Antoinette de Héricourt. Famille alliée à celle de Boffles.
1580. Jacqueline Levasseur. Famille d'Abbeville.

1589. Anne de Bourdin. Famille alliée aux Tiercelin de Saveuse, qui ont fourni des gouverneurs à Doullens.
1638. Gabrielle de Forceville. Cette famille eut dans Adrien de Forceville un lieutenant de roi à Doullens, en 1616.
1685. Elisabeth de Séricourt d'Esclainvillers.
1712. Jeanne de Séricourt, nièce de la précédente, élève du lieu.
1723. Marie-Rénée de Boufflers de Rémiencourt. Le *Nobiliaire de Picardie* dit que Henri, seigneur de Boufflers, est mentionné dans les titres de l'abbaye de Saint-André de Dourlens, dès l'an 1248, avec Elisabeth de Brimeu, sa femme. Nous n'avons pas trouvé trace de cette abbaye de Saint-André. Il y a sans doute erreur dans ce renseignement qui s'applique probablement à l'abbaye de Saint-André-les-Beaurain.
1727. Marie-Anne Le Boucher d'Orsay-de Marolles. Ancienne famille connue depuis 1238.
1776. Angélique-Charlotte de Mascrani. Famille originaire du pays des Grisons, anoblie par Louis XIII, qui lui permit de porter dans ses armes un écusson d'azur chargé d'une fleur de lis d'or.
1789. Madeleine-Françoise Momonnier.

§. III.

Prieuré de Saint-Pierre.

Sa situation. — Sa fondation. — Litige à son sujet. — Son incorporation au prieuré d'Abbeville. — La ville en achète le manoir.

Outre le prieuré de Saint-Sulpice, Doullens compta encore celui de Saint-Pierre-la-hors, ainsi nommé, de sa situation hors et près de la porte Saint-Ladre. Il paraît avoir été conventuel et de l'ordre des Bénédictins de Cluny. Sa fondation, œuvre d'un comte de Ponthieu, est restée un fait d'assez peu d'importance ; et le silence presque complet des archives de la ville et de la tradition locale, laisse croire que cet établissement n'eut guère de prospérité. Un peu de bruit seulement a été fait à son sujet, en 1367, à l'occasion de redevances féodales que les prieurs de Saint-Pierre de Doullens et de Saint-Pierre d'Abbeville revendiquaient à l'encontre de celui de Saint-Sulpice. Le différend fut terminé par une transaction dont l'original existe encore aux archives de la ville. Cet acte sur parchemin porte les restes des sceaux des trois prieurs.

Mais cet arrangement ne rendit pas la maison plus prospère. Son peu de vitalité, joint aux calamités que les guerres entre la France et l'Angleterre amassèrent sur le Ponthieu, décida son extinction et son incorporation au prieuré de Saint-Pierre d'Abbeville, qui possédait déjà une propriété foncière à Barly.

Après ce transport du prieuré de Saint-Pierre de Doullens, la ville en acheta le manoir, en 1367, moyennant 60 livres parisis de rente annuelle. Le prieur d'Abbeville en avait conservé les droits seigneuriaux, selon l'usage, mais le corps de ville en fit encore l'acquisition, bientôt après, à la condition que la rente à payer serait de 75 livres, au lieu de 60 (1). Le contrat reçut une nouvelle ratification le 15 février 1615.

Ainsi disparut pour ne plus laisser de traces, après une existence d'environ deux siècles et demi, le prieuré de Saint-Pierre-la-hors ; et le lieu de son berceau, à deux pas de la maladrerie, de l'autre côté de la route de Doullens à Auxi-le-Château, ne fut plus qu'un fief de la commune, fière d'y exercer, comme sur ses autres dépendances, les droits de seigneurie, avec toute justice, haute, moyenne et basse.

§. IV.

Filles pénitentes.

Leurs bienfaiteurs. — Lettres d'amortissement de Philippe-le-Bel en leur faveur.

Une charte de 1312 nous révèle l'existence de filles réunies en société à Doullens sous le nom de filles repenties. Elles trouvèrent des bienfaiteurs dans Renaut (ou Regnard), abbesse, Jean Grinchon, Michel Engelard (2) et autres. Mais elles puisèrent leurs principales ressources dans les cens et revenus dont étaient dotées certaines confréries ou *charités* de la ville auxquelles elles paraissent avoir succédé. En effet, outre la maladrerie et l'hôpital, Doullens comptait alors encore plusieurs petites léproseries ou confréries instituées dans le but de soulager les indigents, et qu'on désignait sous le nom de charités, nom qui était même donné à la rue dans laquelle elles se trouvaient en partie situées. Ainsi les titres nous parlent des charités du Saint-Esprit, de la Sainte-Vierge, de Saint-Jacques, de Saint-Eloi, de Saint-Gilles, de Saint-Nicaise, de Saint-Nicolas, etc. Or les ressources de ces petites associations furent abandonnées aux femmes pénitentes, sans doute à la condition de s'occuper des pauvres.

Le 12 novembre 1312, le roi Philippe-le-Bel amortit ces diverses possessions. Ses lettres-patentes commencent ainsi : *Philippus Dei gratia rex.... quum ex parte mulierum peniten-*

---

(1) Dans le siècle dernier, il n'était plus payé que trois setiers de blé, 15 livres.

(2) Une charte de 1318 parle de *monseigneur Jacquemon Engelard*. (Inv. de l'abbaye du Gard.)

tium vulgariter vocatarum repenties de Dolentio nobis fuit humiliter supplicatum quod eisdem concedere dignaremur ut quosdam redditus minutos dudum quibusdam caritatibus seu confrariis quæ in dicta villa fiebant debitos, et supra certis possessionibus assignatos.... tenere possint et perpetuo possidere. Le monarque dit ensuite qu'afin d'agir avec plus de sûreté, il a voulu s'en rapporter à la décision du bailli d'Amiens, renseigné par le maieur et les jurés de la ville de Doullens, et il énumère les divers cens dont on lui demande l'amortissement. Cette pièce contient des noms et des désignations précieux à recueillir pour se rendre compte de l'état topographique de la cité à cette époque. Nous en avons fait usage au premier chapitre de la première partie de cette histoire.

Les lettres patentes de Philippe-le-Bel se terminent par une phrase que nous citerons encore dans le texte latin, parce que l'élégance du style y fait un contraste remarquable avec la teneur ordinaire des chartes de cette époque : *Nos igitur attendentes quod mulieres prædictæ, mundanæ lubricitatis flagitio et luxuriæ fœditate relictis, elegerunt Deo famulari in fructu continentiæ et munditiæ castitatis quas nostris temporibus in regno nostro præcipue augeri cupimus, prædictas possessiones confirmamus, ratas et gratas habentes, etc... Actum apud regalem locum prope Compendium* (Compiègne) *anno Domini* ccc *duodecimo mense novembri* (1).

C'est la seule mention que fassent les titres des femmes repenties de Doullens. Le P. Daire, qui n'en donne pas non plus sur elles d'autres détails, ne nous dit même pas la rue qu'elles habitaient, bien loin de nous apprendre l'importance de leur maison, leur genre de vie, la durée de leur existence comme association.

§. V.

Cordeliers.

Leur fondation. — Leurs bienfaiteurs principaux. — Situation de leur maison. — Louis XIV les transfère dans un nouveau monastère qu'il leur fait construire. — Un mot de critique. — Suppression du couvent.

Le couvent des religieux de Saint-François, à Doullens, était moins ancien que les deux qui appartenaient à l'ordre de Saint-Benoit. Sa fondation ne date que de l'année 1459. « Comme d'après les bulles pontificales, les Bénédictins avaient seuls le privilége d'auto-
» riser la construction de toute église ou chapelle dans l'intérieur de la cité, il en résultait
» qu'aucune congrégation ne pouvait y prendre racine sans leur assentiment ; et l'on com-
» prend qu'ils étaient intéressés à empêcher l'établissement d'un ordre rival, qui aurait
» amoindri la prépondérance dont ils jouissaient (2). »

(1) *Arch. imp. Sect. hist. J. Reg.* 48. n° 126.   (2) M. de Beauvillé. *Histoire de Montdidier.*

Ce fut aux libéralités de Charles d'Artois, comte d'Eu, seigneur de Saint-Valery, ainsi qu'aux bienfaits de la maison de Saveuse et de Jean de Belloy, seigneur de Candas et de Belloy-sur-Somme, marié à Blanche de Saveuse, et capitaine d'Amiens, que les Cordeliers de Doullens durent leur fondation. Le premier de ces bienfaiteurs avait épousé en premières noces, en 1448, Jeanne de Saveuse, morte six mois après, sans enfants. Sa seconde femme, Hélène de Melun (1), ne lui ayant pas non plus donné de postérité, il mit fin à la branche masculine de ce nom ; et, par son décès, le comté d'Artois fit retour à la couronne de France. C'était donc dans un but propitiatoire, et en mémoire de sa femme, que la piété de Charles aidait à l'établissement des nouveaux religieux.

La famille de Saveuse tient une belle place dans l'histoire de Doullens (2). La *Chronique* de Pierre Le Prêtre, abbé de Saint-Riquier, fait l'éloge du membre de cette famille dont il est ici question. Il était, nous dit-elle, « moult renommé en faits de guerre, » et se voyant sans enfants, il fonda trois couvents de Saint-François et de Sainte-Claire, auxquels il avait une particulière dévotion ; l'un, à Arras ; l'autre, à Amiens, « où sont frères et sœurs, et » ung aultre à Dorlens, auquel ne sont que frères. » Il mourut à Amiens, en 1467. Cette famille était alliée à la maison de Sailly, dont l'un des membres, François de Sailly, fut religieux cordelier à Doullens, dès l'origine de l'établissement, et est donné par le *Nobiliaire de Picardie* comme un homme *de sainte vie et de haute vertu*. Elle fournit une femme au brave Antoine de Créquy-Pont-Dormy, qui défendit Doullens, et en construisit le premier château. Plus tard, elle donna le jour à plusieurs gouverneurs de la ville et de la citadelle. Il était donc naturel qu'elle laissât à Doullens, et en particulier au couvent des Cordeliers, des marques de sa munificence.

Quant à la famille de Belloy, nous avons dit que depuis longtemps elle possédait un hôtel à Doullens, sur la rivière, au lieu où fut assis le moulin du roi. Dès le XIIIe siècle, ce nom est connu dans les chartes, et Guy de Candas, seigneur de Belloy-sur-Somme, jouissait, avant 1287, du droit de travers dans la ville.

Ce fut sur les bords de la rivière d'Authie, au lieu occupé aujourd'hui par l'esplanade de la citadelle, que les Cordeliers placèrent leur berceau à Doullens. Ils y restèrent l'espace d'environ deux siècles, et leur maison, par une heureuse exception, échappa à l'incendie allumé par la main des Impériaux, qui fit de la ville, en 1522, un monceau de débris fumants. Environ cent ans après, le roi ayant résolu d'achever l'esplanade de la citadelle, les fit transporter au lieu qu'ils occupèrent dans les derniers temps, et leur construisit, à ses dépens, un nouvel établissement, vers l'an 1637. Le P. Daire nous apprend qu'on voyait dans leur ancienne église le tombeau du sieur Destufaye, grand chambellan d'un duc de Bourgogne, et celui de Jean de Belloy, fils du fondateur du même nom ; il a omis de men-

---

(1) C'est par la mère de cette Hélène, qu'une branche de la famille de Boubers, qui possède aujourd'hui le château de Long, est allée se perdre dans la maison de Melun.

(2) Dans une charte de 1151, relative au chapitre d'Amiens, on lit parmi les noms des témoins, ceux d'Ibert de Dourlens et d'Enguerrand de Saveuse.

tionner celui de Jean Dufresne, écuyer, seigneur de Boisbergue, inhumé vers l'an 1510, qui était trisaïeul de Charles Dufresne Du Cange.

L'histoire des enfants de Saint-François, à Doullens, a été conforme au genre de vie tracé par leur fondateur (1). Silence, obscurité, prière, pauvreté, telles étaient leurs pratiques et leurs habitudes de chaque jour. Point de bruit, point d'éclat, rien de ce qui constitue un événement à enregistrer par l'historien. Pourtant, un jour vint aussi où la ferveur première s'allanguit, où les voix du dehors firent écho dans cette solitude, où des idées étrangères se mêlèrent aux pieuses occupations de la vie claustrale. L'église du couvent s'ouvrit trop souvent, peut-être, aux profanes, et les religieux prirent part à des fêtes et à des solennités qui n'étaient certainement pas prévues par le calendrier de leur ordre. Ainsi nous ne comprenons pas bien pourquoi ce fut en l'église des Cordeliers que la R∴ loge des cœurs choisis à l'O∴ de Doullens voulut faire célébrer sa fête de la Saint-Jean d'hiver, par une messe, le 27e jour du 10e mois de l'an de la vraie lumière, cinq mil sept cent quatre-vingt-huit, c'est-à-dire, selon l'ère vulgaire, le 27 décembre 1788 (2). Nous nous expliquons mieux que les assemblées provinciale et communale y aient tenu leurs séances en 1787-88. L'état de délabrement auquel l'Hôtel-de-Ville se trouvait réduit, n'offrant plus un local convenable, excusait, jusqu'à un certain point, cette affectation passagère d'un lieu saint aux réunions politiques et municipales. Mais il n'en reste pas moins vrai que ces comices, ces assemblées, ces confréries, ces réunions de toute nature, dont l'église des Cordeliers était le fréquent rendez-vous, ne devaient pas avoir pour effet d'inoculer au sein du monastère des éléments de ferveur et d'austérité.

Malgré cela, et peut-être à cause de cela, les religieux étaient aimés dans la ville et bien accueillis par la population. Les portes des meilleures maisons leur étaient ouvertes, et la charité publique ne refusait pas son obole à leur indigence. Aussi lorsqu'aux mauvais jours de la révolution ils durent quitter leur demeure, ils rencontrèrent généralement sympathie et hospitalité. L'un d'eux resta même dans la ville, protégé par sa popularité, remplissant sans bruit, comme sans mystère, les fonctions du ministère ecclésiastique, et finit par être attaché, plus tard, au clergé paroissial. On n'a pas encore oublié à Doullens le nom du P. Personne.

---

(1) En 1726, les Cordeliers de Doullens étaient au nombre de douze, et avaient 30 livres de revenu.

(2) La loge maçonnique de Doullens comptait alors des noms distingués : MM. le marquis de Milly, des Autheux ; le comte de Digoine ; de Bailleul ; Haudry de Soucy, qui devint sous-préfet de Doullens ; de Léger ; Billet, prieur d'Épécamps, qui fut nommé dans l'ordre du clergé à l'assemblée de département ; de la Neuville, frères, dont l'aîné était officier au régiment de Béarn ; de Giambonne ; du Sauget ; de la cour de Fieffes ; de la Tombelle ; de Monmonnier ; de la Mothe ; de Seisseval-de-Rigauville, seigneur de Ri- quemesnil, etc. Plusieurs de ces noms appartenaient à la garnison de la ville. Ce ne fut que le 17e jour du 4e mois de l'an de la vraie lumière 5811 (17 juin 1811), que la loge de Saint-Jean, sous le titre distinctif des Cœurs choisis, à l'Orient de Doullens, a été constituée *légalement*, avec approbation rétroactive de ses travaux antérieurs, par lettres du grand Orient de France, Cambacérès étant grand maître. La dernière assemblée de la R∴ L∴ de Doullens eut lieu le 4 juillet 1816. Cette loge qui datait de 1735, avait son siège rue des Juifs.

L'hôpital de Doullens ayant été converti en hôpital militaire sédentaire pour recevoir les nombreuses évacuations de malades et de blessés de l'armée du Nord, en 1794, on transporta les infirmes de cet établissement dans les bâtiments des anciens Cordeliers, jusqu'en 1796. Puis le couvent disparut, emporté par la tempête révolutionnaire. Vendu comme propriété nationale, il fut démoli et remplacé par l'*Hôtel de Londres*, puis par une maison particulière qui jouit aujourd'hui de toutes les conditions d'utilité et d'agrément que les anciens religieux savaient si bien réunir dans le choix du terrain et dans l'ordonnance des lieux où ils devaient asseoir leur établissement (1).

§. VI.

Sœurs-Grises.

Situation de leur maison.— Elles remplacent les Béguines. — Leur genre de vie. — Elles se chargent de l'Hôtel-Dieu. — Leur maison est transférée rue de la Poterne. — Les religieuses Colétines de Gand y logent, avec le corps de sainte Colette. — Inventaire fait par le maire. — Leur suppression.

Les Sœurs-Grises remplacèrent à Doullens les Béguines (2) qui reconnaissaient Lambert de Bègue pour leur instituteur. Ces dernières avaient placé leur établissement sur le bord de l'Authie, au lieu dit aujourd'hui l'esplanade de la citadelle. Elles formaient une communauté régulière, vivaient du travail de leurs mains et d'aumônes, et se consacraient au soin des malades. C'était une institution utile, très-répandue alors, favorisée par les plus nobles familles, et fort aimée du peuple, qui appelait les religieuses les *Sœurettes*, familiarité de langage qui avait sa raison, sans doute, dans la facilité de commerce et de relations que les maladies et les souffrances établissaient entre les enfants du peuple et ces dignes servantes des pauvres. Les papes Clément V et Jean XXII déclarèrent par des bulles expresses que ces religieuses, malgré leur nom, n'étaient nullement l'objet des anathèmes lancés au concile de Vienne contre les Beggards, Béguins ou Béguines d'Allemagne.

Les Béguines de Doullens ne pouvaient pas avoir de plus dignes remplaçantes que les Sœurs-Grises, qui durent ce nom à la couleur de leur vêtement. Celles-ci étaient, en effet, des Franciscaines hospitalières, d'une vie austère, vivant du produit de leurs quêtes, et se dévouant au service des malades. Elles servirent de modèle à saint Vincent-de-Paul pour

---

(1) L'établissement des Cordeliers traversait la rivière et s'étendait dans le pré situé sur l'autre rive. Il fut mis en adjudication le 8 octobre 1792.

(2) Elles ne les remplacèrent pas au début de leur établissement, puisque ces deux communautés eurent, pendant quelque temps, à Doullens, une existence simultanée. C'est ce qui est prouvé par les règlements de la confrérie de Saint-Nicolas, qui recommandent parmi les pauvres les *Sœurs-Grises* et les *Sœurettes* ou *Béguines*. M. Warmé est encore inexact sur ce point. (V. *Hist. de Doullens*, p. 117.)

l'institution des Sœurs de Charité. Les lettres patentes de Henri III qui les fixent à Doullens sont du 23 octobre 1583 ; mais s'il faut en croire la déclaration qu'elles ont faite en 1726, leur établissement aurait été autorisé par les maire et échevins le 12 septembre 1448. Le seigneur de Grouches-Griboval fut leur principal bienfaiteur et leur donna des censives sur plus de 50 journaux de terre à Luchuel, au lieu dit le *Camp-Saint-Martin*. En 1602, il leur fit encore don de 3 journaux sur Grouches ; l'original de l'acte de donation est aux archives départementales. Les religieuses avaient aussi quelques possessions à Orville.

Pendant quelques années, les Sœurs-Grises eurent une existence assez ignorée, quoique leur maison n'eût pas été trop maltraitée par les Espagnols, lors de la prise de la ville, en 1595. Peut-être ne trouvaient-elles pas à remplir dans des conditions suffisantes leur mission hospitalière. En 1626, l'une d'entre elles, Barbe Desjardins, fit connaître à l'échevinage que sa place était à l'Hôtel-Dieu, qu'elle y ferait mieux que le concierge, à qui le soin en était confié, et qu'elle en prendrait volontiers la direction avec la charge des malades. L'échevinage y consentit, à la condition qu'elle s'adjoindrait une autre religieuse pour partager avec elle l'administration de l'établissement. Mais, quelque temps après, l'ordre des Sœurs-Grises ayant subi une réforme, les religieuses de l'hôpital durent rentrer au monastère.

Sur ces entrefaites, cette maison avait dû émigrer elle-même, et dire adieu au lieu de son berceau, pour faire place à l'esplanade de la citadelle. Elle fut démolie en 1637, et les religieuses qu'on appelait aussi cordelières transportèrent le siége de leur établissement dans la rue de la Poterne, qui prit leur nom. Le roi leur donna une indemnité de mille livres. Ce secours et les largesses dont elles avaient été l'objet, et en particulier celles de Réné de Mailly, en 1621, les mirent en mesure d'acquérir l'emplacement où s'élèvent encore aujourd'hui les restes de leur ancienne maison (1).

L'état fourni par les religieuses en exécution de la déclaration du clergé de 1726, mentionne des revenus sur Brévillers, sur le Camp Saint-Martin acheté le 14 juillet 1636, sur Hem, Orville, Rebreuve, Bonneville, Marieux, Haute-Visée, Grouches, Doullens ; plus 1032 livres de rente payée par l'Etat en dédommagement de leur changement de domicile, rente dont le premier paiement n'a été fait qu'en 1662. Total des revenus en biens-fonds et rentes 2,994¹ 18ˢ 2ᵈ. — Charges, 3,290¹.

Un jour, ces religieuses reçurent une agréable visite qui répandit une sainte joie dans leur communauté. C'était en 1783. Les religieuses Colétines de Gand venaient d'être supprimées, et Mᵐᵉ Louise de France, tante du roi Louis XVI, carmélite de Saint-Denis, avait obtenu leur transport dans le monastère des Clarisses de Poligny, en Franche-Comté. Ce qui rendait l'émigration de ces pieuses exilées plus solennelle, c'est qu'elles emportaient avec elles le corps de sainte Colette, leur réformatrice, décédée à Gand, le 6 mars 1447. Le cortége, composé de dix-neuf religieuses, était conduit par l'abbé de Saint-Sulpice, et demandait l'hospitalité aux communautés des villes où il devait passer la nuit.

(1) En 1698, elles jouissaient de 3,500 livres de revenus.

« Aux approches de Doullens, M. l'abbé de Saint-Sulpice voulut épargner la peine aux
» religieuses d'être fouillées, et leurs ballots visités ; il annonça l'arrivée de son cortége
» aux employés et leur présenta la déclaration de Mme Louise de France, écrite de sa main,
» et conçue en ces termes :

» Je soussignée, dépositaire des Carmélites de Saint-Denis, en France, déclare que les
» deux ballots et les quatre coffres y joints ne contiennent que les effets appartenant aux
» pauvres Clarisses-Colétines de la ville de Gand, lesquelles vont à Poligny, en Franche-
» Comté.

« Fait à Saint-Denis, en France, ce 5 octobre 1783.

« Signé : Sœur Thérèse de Saint-Augustin, dépositaire des Carmélites. »

« Les Cordelières de Doullens se distinguèrent par les actes de la plus tendre charité et
» de la plus fervente piété : ces pauvres filles, enchantées de recevoir les Colétines, et de
» leur prouver qu'elles désiraient participer à leurs sacrifices, quittèrent leurs cellules, pour
» les céder à leurs sœurs, et jouir de la satisfaction de passer la nuit dans le sanctuaire où
» était déposé le corps de sainte Colette. De temps en temps quelques-unes interrompaient
» leurs prières, et parcouraient les dortoirs, pour que rien ne manquât aux devoirs de
» l'hospitalité…. L'abbé de Saint-Sulpice eut une peine incroyable à résister aux prières
» et aux larmes des Cordelières, qui les suppliaient de faire un plus long séjour (1). »

En 1790, le maire de Doullens se transporta au couvent des Sœurs-Grises pour y faire
l'inventaire ordonné par l'Assemblée constituante. Il constata qu'elles jouissaient de 250
journaux de terres et prés, et que leur chiffre de rentes était de dix-huit cent quatre-vingt-
dix livres environ. L'inventaire mentionne les objets mobiliers de leur maison et de leur
chapelle, ainsi que les trois cloches de leur clocher. L'année suivante, les religieuses, au
nombre de douze, et de trois converses, déclarèrent se soumettre au serment exigé, et vouloir rester dans leur couvent, malgré le passif de 8,910 livres 12 sols 6 deniers, qui incombait à leur charge.

La maison des Sœurs-Grises était cloîtrée ; mais elle n'en offrait pas moins une retraite
agréable à des personnes âgées et d'un certain rang qui, n'ayant pas pu parvenir à se marier
convenablement, trouvaient dans cet asile l'avantage d'y vivre avec économie, sans rompre
tout à fait avec le monde ; c'est ce qu'on appelait être *pensionnaire en chambre*. Ce couvent
fut vendu comme propriété nationale ; mais la spéculation en laissa debout une grande partie qui, ainsi que son église, est affectée à des habitations particulières (2). C'est encore
l'une des plus belles demeures de toute la ville, avec de vastes jardins entourés de murs
qui conservent leur ancien nom et quelque chose de leur physionomie première.

(1) *Hist. de l'Emigration des religieuses supprimées dans les Pays-Bas*, p. 31.

(2) C'est là que M. Mourgue commença à filer à bras, avant la création de Rouval.

CHAPITRE III.

ÉTABLISSEMENTS HOSPITALIERS.

§. I.

Maladrerie.

Sa situation. — Son origine. — Bulle d'Alexandre III. — Donations. — Elle est ruinée par les guerres. — Sa restauration.— Sa suppression.— Le corps de ville prend l'administration de ses biens.— Leur réunion à l'Hôtel-Dieu. — Désunion des biens de la maladrerie de Neuvillette. — Réunion à l'Ordre de Saint-Lazare. — La maladrerie de Doullens a le titre de commanderie. — Son annexion définitive à l'Hôtel-Dieu. — Désunion de la maladrerie de Frévent.

La lèpre avait fait en France, au moyen-âge, des progrès assez dangereux et assez étendus pour motiver la fondation de nombreux hôpitaux situés hors des villes, et appelés léproseries, ladreries ou maladreries. C'est là qu'étaient conduits, avec un déploiement de cérémonies religieuses dont les anciens rituels nous ont conservé le détail, tous ceux qui étaient atteints de la contagion. C'est là qu'ils vivaient dans un isolement complet des autres hommes, et soumis à de sévères défenses qui leur interdisaient, non-seulement la fréquentation des églises, tavernes, marchés et autres lieux publics, mais encore tout contact avec l'eau des fontaines, avec l'herbe des champs, avec les haies des chemins. Voulaient-ils, dans leurs promenades solitaires, entrer en colloque avec un de leurs semblables, ce devait être à distance, et en se plaçant sous le vent. Leurs repas se prenaient exclusivement entre lépreux ; et, après leur mort, toujours triste et sans dernier adieu, leur corps, à moins d'une faveur exceptionnelle, reposait loin du lieu de la sépulture commune.

Les canons des conciles des Gaules des viie et viiie siècles nous apprennent qu'il y avait déjà des lépreux en France à cette époque ; mais ce ne fut que dans le xie siècle que les rapports fréquents des Européens avec l'Orient vulgarisèrent cette maladie dans le royaume. Ce ne fut aussi que sous le roi Philippe-Auguste qu'on vit paraître en France les premiers hôpitaux destinés à ceux qui avaient contracté la lèpre.

Une maladrerie a été également fondée à Doullens, au faubourg de La Varenne, hors de la porte qui lui a emprunté son nom de Saint-Ladre (qui est le même saint que saint Lazare), sur le grand chemin d'Auxi-le-Château. Elle existait dès le xii° siècle (1), mais on ne peut préciser la date de son origine, due sans doute au moins en partie, comme tous les établissements de la ville qui remontent à cette époque, aux libéralités des comtes de Ponthieu, quoique le siége de l'établissement eût été donné par Guy *Rubei*. Le titre le plus ancien qui en fasse mention est la bulle par laquelle Alexandre III a reconnu la nouvelle maison et confirmé ses possessions, le 3° jour des calendes d'octobre 1170 (2). On y voit que la maladrerie possédait tous les hôtes situés depuis son siége, jusqu'à la porte Saint-Ladre ; il y est aussi parlé de plusieurs fondations foncières dans les marais, près de La Varenne ; et parmi les noms cités, on remarque celui de Roger, prêtre et chanoine de Doullens (3).

Les religieux qui dirigeaient cette maison furent autorisés, par cette bulle, à y faire construire un sanctuaire surmonté d'un campanart pour deux petites cloches (*squillas mediocres*), et qui serait desservi par un chapelain. Une chapelle y a été, en effet, érigée, et prit le nom de chapelle des infirmes, dénomination restée, jusqu'à ce jour, au lieu où elle s'élevait, il y a près de sept siècles. Enfin, Alexandre III, après avoir interdit de percevoir aucune dîme sur les biens de la maladrerie, les place sous la protection du prince des apôtres, comme sous la sienne propre, et menace de l'excommunication quiconque aurait la hardiesse de contrevenir aux dispositions de sa bulle. Nous avons déjà fait remarquer ailleurs que la sévérité de cette sanction était motivée par les brigandages de gens de guerre et l'arbitraire ordinaire des grands ; c'est ce que le pontife appelle *à furore malignantium* (4).

Outre son siége placé où nous avons dit, et les hôtes jusqu'à la porte Saint-Ladre, le nouvel établissement se trouva immédiatement doté de biens et de cens, à Doullens, à Ransart et à Neuvillette. La maladrerie de cette dernière localité est même citée par la bulle

---

(1) Les premières donations faites à l'établissement furent confirmées, dit la bulle d'Alexandre III, par Robert, fils d'Ibert de Doullens ; or ce dernier vivait vers le milieu du xii° siècle.

(2) Il existe beaucoup de bulles de ce pape, confirmatives de donations pieuses en Picardie. En 1164, il confirma celle que l'évêque Thierry venait de faire à l'abbaye de Saint-Martin-aux-Jumeaux, des églises d'Epécamps, de Bernaville et de Canaples : *Ecclesiam de Spisso-Campo, de Bernardivillá, de Canaples*. (*Gallia Christiana. T. X.*).

(3) Nous reconnaissons être ici en désaccord volontaire avec M. Warmé, qui dit, *Histoire de Doullens*, page 33, que la maladrerie Saint-Ladre rattache son origine à *la fin du* x° *siècle*, et ailleurs, page 91, fixe cette origine *dans le courant du* xi°. De plus, en cette même page, il donne pour date à la bulle confirmative du pape Alexandre III, le 29 *septembre* 1100, c'est-à-dire, lorsque l'établissement *était arrivé à une existence provisoire de cinquante années*. L'erreur ici est facile à découvrir ; car si ladite maladrerie avait cinquante ans de date, en 1100, elle avait donc commencé au xi° siècle, et non au x° ; et puis, le pape Alexandre III n'a pu en confirmer les biens en 1100, puisqu'il n'a été élu qu'en l'année 1159.

(4) *Arch. de la ville, V. P. justif.* n° 3.— Peut-être, à l'occasion des petites cloches dont parle cette bulle (*squillas mediocres*), lira-t-on avec plaisir la note suivante : « Et devons savoir qu'il y a en l'église cinq
» manières de cloches, c'est assavoir : esquelles,
» timbres, noles et nolettes et cloches. La cloche
» sonne en l'église ; l'esquelle au réfectouer, le timbre
» au cloistre ; le nole au chœur ; la nolette en l'hor-
» loge. » (*Rational de l'office divin de Guillaume Durant, évêque de Mende. M. P. Paris, M. SS. Fr. Bib. du roi. T.* 2, *p.* 61).

comme annexe de celle de Saint-Ladre de Doullens, et le seigneur du lieu, Gauthier Marchaye, fondateur de la chapelle hospitalière, dans l'église paroissiale, s'était réservé le droit de prendre, chaque année, trois muids de blé et deux d'avoine, sur le marché de Saint-Ladre (1).

Le second titre relatif à la maladrerie, titre fourni par les archives de la ville, est une charte chirographaire, en langue vulgaire, datée d'avril 1270, et portant donation foncière par l'abbé de Cercamps aux religieux desservant la dite maladrerie Saint-Ladre. Cette pièce offre ceci de particulier, qu'en tête, ce n'est pas une ligne écrite qui a été partagée par la section des deux exemplaires, afin de former souche, mais une suite de losanges séparés à leur point de jonction, de manière à produire sur les deux feuilles des caractères incomplets, à peu près semblables à des dents de scie, qui, au besoin, devaient s'intercaler (2). C'était peut-être comme conséquence de cette donation, que sept deniers de cens étaient dus annuellement par les frères de la maladrerie Saint-Ladre, et payables à Doullens, en *l'hôtel de Chercamps au portier ou à son comant.*

Vers la fin du xive siècle, la lèpre avait beaucoup perdu de son intensité et, partant, de ses dangers. La surveillance était devenue aussi moins sévère ; et, comme toujours il arrive, ce fut une porte ouverte aux abus. Les lépreux en profitèrent pour reconquérir un peu de liberté ; malgré la condescendance qui leur permettait de mendier dans les mois où la contagion était le moins à craindre, ils quittèrent leur domicile et vaguèrent dans Doullens. Bientôt sur l'ordre du bailli, l'échevinage les obligea à se retirer à Luchuel, ou à quitter la ville et la banlieue sous huit jours (1400). Mais pourquoi cette injonction faite aux lépreux de se retirer à Luchuel ? Est-ce que la maladrerie Saint-Ladre n'était pas leur asile ? Ou bien y avait-il à Luchuel un autre établissement de ce genre, à titre provisoire, peut-être, motivé par le mauvais état de la maladrerie ? Nous n'avons pas pu trouver réponse à ces questions.

Quoi qu'il en soit, aux beaux jours du calme et de la prospérité, la maladrerie de Doullens vit succéder pour elle de longues années de troubles et de malheurs. Comme tous les autres établissements de cette époque, elle participa aux conséquences désastreuses des guerres des Bourguignons et des Impériaux, sans que la sanction pénale formulée dans la bulle d'Alexandre III pût arrêter la main du brigandage qui vint secouer sur elle la torche de l'incendie. En 1522, elle fut associée au triste sort de la ville, à tel point que, deux ans après, l'échevinage, dans ses doléances au roi, ne manqua pas de citer la ruine de cette maison au nombre des malheurs que la guerre et l'aveugle rage des Impériaux avaient accumulés sur la cité. Il est vrai que déjà alors les lépreux étaient devenus rares ; peut-être même avaient-ils disparu ; mais la maladrerie ouvrait ses portes aux infirmités de l'indigence et aux fatigues des autres voyageurs.

(1) Plusieurs papes postérieurs ont confirmé par des bulles les biens de la maladrerie.

(2) On reconnaît là l'application de ce mot de Du Cange : *Scribebantur alphabeti majusculæ litteræ vel picturæ exarabantur per quarum medium secabatur pergamenum.*

Les ruines furent en partie relevées, et la maison rendue à peu près en état d'abriter encore les misères de l'humanité souffrante ; mais la guerre était toujours là comme une menace, agitant le présent et assombrissant l'avenir par les souvenirs du passé. Plus de tranquillité ni d'assurance pour les frères hospitaliers et les infirmiers eux-mêmes, qui vivaient en communauté dans cet asile que rien ne protégeait. Sur une ordonnance royale du mois d'octobre 1544, ils l'abandonnèrent donc entièrement, et cherchèrent ailleurs les éléments de sécurité qu'ils n'y trouvaient plus. L'annexe de Neuvillette n'était pas, parait-il, dans de meilleures conditions : elle fut délaissée, à son tour ; et le 18 décembre suivant, le corps de ville fut chargé de retirer à lui l'administration des biens de l'un et de l'autre établissement. Ainsi finirent, après environ quatre siècles d'existence, l'indépendance et l'autonomie de la maladrerie Saint-Ladre-les-Doullens. Avec ses beaux jours disparurent aussi en grande partie ses titres et chartes de fondation. Il en reste assez, toutefois, dans les archives de l'hospice, pour retracer les principales phases de son histoire ; mais on regrette de n'y trouver le plus souvent que des copies et de vagues renseignements rédigés par une main inhabile, et dénués de tout caractère d'authenticité.

La mise en tutelle de cet établissement ne lui rendit pas ses éléments de vie. Tous les titres s'accordent, au contraire, à nous dire que la gestion échevinale fut pitoyable ; près d'un siècle de négligence et d'incurie laissa accumuler les ruines des bâtiments, déjà si maltraités par la guerre à laquelle vint se joindre l'incendie de 1613, et engendra dans l'administration des biens et revenus des désordres de tout genre. Des édits de François Iᵉʳ et de Henri IV, relatifs à la révision des comptes de ces établissements, prouvent que les abus s'étaient généralisés. Louis XIII fit plusieurs ordonnances pour y mettre un terme ; par une commission datée du 30 mai 1626, il chargea deux médecins et un chirurgien de visiter les lépreux de toutes les provinces, et il fut décidé qu'on ne serait admis dans les léproseries que sur les certificats de ces commissaires. Cette mesure n'était guère applicable à Doullens, soit parce qu'il n'y avait plus de lépreux, soit à cause de la ruine du siège de la maladrerie. Elle eut du moins pour effet de décider la réunion des biens de cet établissement à l'Hôtel-Dieu, sous l'administration de l'échevinage de la ville (29 juillet 1626).

Nous avons dit que la maladrerie de Neuvillette avait toujours été considérée comme une annexe de celle de Saint-Ladre-lès-Doullens. C'est même dans ces conditions qu'elle est mentionnée dans la bulle d'Alexandre III ; c'est au même titre encore que, depuis son abandon par ceux qui en composaient le personnel, vers l'année 1544, le corps de ville se chargea de l'administrer. Son inféodation, fait séculaire, et jusque là incontesté, semblait donc devoir se continuer, n'eussent été les réclamations du sieur Dabancourt, lieutenant pour le roi de la ville de Saint-Quentin, et représentant la dame d'Estourmel, seigneur du lieu, à laquelle il était dû 6,000 livres d'arrérages, en censives, dont tout ou partie de cette maladrerie était resté grévé. Vainement l'échevinage de Doullens (1) sollicita un sursis dans

---

(1) Un état des revenus de la ville de 1713 dit que le « déguerpissement du fonds fut fait assez légère- » ment et sans assemblée de conseil de ville dans les » formes. »

les poursuites commencées ; ses réclamations furent mises à néant, et le sieur Dabancourt déclaré adjudicataire des biens saisis, moyennant 18,000 livres. Il s'agissait de cent cinquante journaux de manoir, terres arables, prés et bois (8 mars 1671).

Au mois de décembre de l'année suivante, Louis XIV rendit un édit par suite duquel la maladrerie de Doullens fut réunie à l'ordre militaire du Mont-Carmel et de Saint-Lazare, dans la personne du chevalier de la Moraison. Elle devint aussi un bénéfice auquel la dépendance des maladreries de Neuvillette, Pas, Avesne-le-Comte, Lucheux, Bailleulmont, valut la dignité de Commanderie. D'après les titres, le receveur de cette commanderie en afferma, par bail du 15 octobre 1689, les biens et revenus à Charles Santerre, beau-frère du maieur de Lucheux. « Vingt ans s'étaient à peine écoulés, que l'ordre de Saint-Lazare
» ayant représenté au roi que son bienfait ne s'était traduit, en définitive, qu'en une
» charge, un nouvel édit royal du mois de mars 1693, et une déclaration du 16 avril sui-
» vant, rendirent à leur destination primitive les maladreries et autres établissements de
» ce genre. »

» Le 24 août, même année, parut une autre déclaration déterminant le sort de ces mala-
» dreries, c'est-à-dire conservant leur existence propre à celles qui étaient dotées d'un
» revenu suffisant, et annexant les autres à des hôpitaux plus importants. Toutefois
» l'article 3 stipulait que les seigneurs particuliers qui prétendraient être fondateurs et
» patrons de ces établissements, pourraient être maintenus et réintégrés en la possession et
» jouissance des droits et facultés attribués à cette qualité, en justifiant de ces droits, soit
» par des titres en bonne forme, soit par des actes de possession pendant une durée de cent
» ans au moins, antérieurement à l'édit de décembre 1662 (1). » Ce fut sans doute, l'esprit de cet article qui inspira le jugement rendu en faveur du sieur Dabancourt contre les prétentions de l'échevinage de Doullens. La maladrerie de Neuvillette ayant dû son origine aux seigneurs du lieu, ceux-ci en seront demeurés les patrons-donateurs (2).

Enfin, par suite de l'arrêt du Conseil d'État du 13 juillet 1695, et des lettres patentes du roi Louis XIV, en date du mois de janvier suivant, l'Hôtel-Dieu de Doullens s'annexa définitivement les biens des anciennes maladreries et léproseries de Beauquesne, Bouvincourt, Canaples, Doullens, Fieffes, Bonneville, Naours, Frévent, pour jouir de ces biens à partir du mois de juillet 1695.

Voici un extrait de l'arrêt du Conseil d'État : « Veu par le Roy en son conseil les avis du
» sieur évêque d'Amiens et du sieur Bignon.... Ouï le rapport du sieur de Fourcy, etc. Le
» Roy en son conseil, en exécution des édits et déclarations des mois de mars, avril et
» août 1693, a uni et remis à l'Hostel-Dieu de la ville de Doulans les biens et revenus de la
» maladrerie de la ville et des maladreries de Beauquesne, Bouvincourt, Canaples, Bonne-
» ville et Fieffes, Campepré, Naours et Frévent, pour en jouir du premier du présent mois...

---

(1) Notice sur Long. — *Mémoires des Antiquaires de Picardie*, t. XVIII, p. 397.

(2) Le sieur Dabancourt prétendait, en effet, descendre des fondateurs.

» et les revenus être employés à la nourriture et entretien des pauvres malades dudit
» Hostel-Dieu, à la charge de satisfaire aux prières et fondations dont peuvent être grevées
» les dites maladreries, et de recevoir les pauvres malades de Beauquesne, Bouvincourt,
» Canaples, Bonneville et Fieffes, Campepré, Naours et Frévent, à proportion des revenus
» des maladreries desdits lieux, et en conséquence ordonne Sa Majesté, que les titres et
» papiers concernant les dites maladreries, biens et revenus et dépendances qui peuvent
» être.... aux archives de l'ordre de Saint-Lazare.... soient délivrés aux administrations
» des dits Hôtels-Dieu....
» Signé : DE FOURCY, DAGUESSEAU, RIBEYRE, etc. »

On voit que Lucheux n'est pas compris dans l'édit royal, et ce fut une porte ouverte à des réclamations ultérieures. Quant à la chétive maladrerie de Frévent, elle ne tarda pas à être revendiquée par cette bourgade, qui appuya sans doute sa réclamation sur de bonnes raisons, puisqu'elle obtint gain de cause.

De l'ancienne maladrerie de Doullens il ne reste plus que deux souvenirs ou plutôt deux noms, celui de Chapelle des Infirmes, resté à l'emplacement qui en a été le siége, et celui de Saint-Ladre, conservé à la rue qui y conduisait (1).

§. II.

Hôpital.

Son origine. — Charte de Philippe III. — Sa situation. — Donations. — La maladrerie lui est provisoirement réunie. — Les Sœurs-Grises en prennent l'administration. — Elles sont remplacées par des religieuses de Saint-Augustin. — Diplôme de Louis XIV. — Huit sœurs y sont installées. — Leur administration. — L'établissement est transféré à la porte d'Arras. — Feu de joie de la Saint-Jean. — Procès avec Lucheux. — Procès avec le lieutenant du roi. — Hôpital militaire. — Situation présente.

S'il fallait en croire l'inventaire de l'évêché, on devrait citer l'hôpital de Doullens parmi les souvenirs qui rappellent le XIIe siècle. On y lit, en effet, la mention d'une bulle du pape Célestin III, en 1191, première année de son pontificat, confirmative des priviléges accordés à cette maison hospitalière. Mais c'est une erreur de nom, et cette bulle, dont nous n'avons pas pu même trouver copie, ne se rapportait qu'à la maladrerie Saint-Ladre.

L'origine de l'Hôtel-Dieu est plus récente d'environ un siècle, et sa date précise est parfaitement établie. Les libéralités de l'échevinage lui ont donné naissance, et le diplôme du roi Philippe III du 2 avril 1272 doit être regardé comme sa charte de fondation. Ce monarque était venu à Amiens, appelé par les conséquences du mariage d'Eléonore de Castille

(1) La révolution essaya, mais en vain, de faire appeler cette rue, *rue de la Liberté*.

qui transportait le comté de Ponthieu aux mains d'Edouard I*er*, roi d'Angleterre. Il était là trop près de Doullens pour n'en pas visiter la châtellenie, que le traité de Chinon avait ajoutée à la couronne. Les habitants profitèrent du séjour qu'il fit dans leur ville pour lui demander la reconnaissance de leur nouvel Hôtel-Dieu, et il voulut bien faire droit à leur supplique. A son retour à Amiens, il délivra le diplôme authentique, à la condition que le maieur et les échevins achèteraient une maison pour former le siége de l'établissement hospitalier, et y affecteraient soixante livres parisis de revenus en censives ou métairies (1). Ces deux conditions furent immédiatement exécutées.

On donna pour siége à l'établissement naissant un terrain situé sur la rue du Bourg, près du pont d'Authie, et s'étendant jusqu'à la rivière. C'est là qu'il eut son berceau bien humble et bien modeste, composé de deux petits corps de bâtiments de trente pieds de long, d'une salle de quarante pieds sur vingt, et d'un jardin qui ne mesura d'abord que vingt pieds carrés. Une chapelle dédiée à saint Jean-Baptiste, et du patronage de l'abbé d'Anchin, un étroit cimetière et quelques étables en formaient le complément. Un homme seul y cumula d'abord les fonctions de concierge, d'infirmier et de gérant, sous la surveillance et le contrôle de l'échevinage. Le maieur et les échevins s'étaient expressément réservé à toujours la haute main dans l'administration de la maison fondée par eux et le choix de celui qui administrerait sous leurs ordres : *Ita quod dicta domus esset in perpetuum sub eorum providentiâ et ibi ponerent quando et quam vellent personam.., et amoverent.*

C'est l'accomplissement de la seconde condition imposée par le diplôme de Philippe-le-Hardi : *Ita quod redditus emant usque ad sexaginta libratas terræ, etc.*, qui donna lieu à l'acquisition par l'échevinage des fiefs de Hem, d'Hardinval et d'Auricourt, qui appartenaient à Pierron d'Amiens; acquisition importante, puisqu'elle comportait : « Chest à » sauoir deux chens et seze iourneus peu plus, peu moins, que bos que terres assises en » diuerses pièches (2). » La modicité des ressources de la maison naissante imposa d'abord de chétives conditions d'existence que des donations successives sont venues améliorer.

Parmi les premiers donateurs, on trouve *Marie Feuquier*, qui aumôna *au petit hôpital*, à perpétuité, *ung gardin tout closement, au-dessous du bois Lidefoy, le derrain iour de febu-rier* 1303. Ce jardin mouvant du seigneur de Beauval fut amorti le 3 septembre de la même année. Peut-être faut-il y reconnaître la propriété appelée le *Maulvaut* (3), sur le bord de l'Authie, que l'administration de l'hospice a cédé, il y a peu d'années, à Rouval.

Pendant trois siècles, l'établissement ne paraît pas avoir atteint un degré de prospérité remarquable, et les archives gardent un silence complet sur son plus ou moins de développement. Sans doute, il a souffert aussi des guerres dont Doullens devint plus d'une fois la

---

(1) V. pièces justif. n° 15.

(2) Le roi Philippe III confirma cette acquisition par Lettres en date de février 1273, dont l'original se trouve aux archives de Doullens.

(3) Ce qui en ferait douter, c'est qu'en 1312, maître Jéhan Blanc-Pommier devait à la charité Saint-Eloi, 3 s. et 3 chapons, sur sa terre appelée Maulevaut ; *de terra sua vocata Maulevaut.*

victime, et on dut regretter que la médiocrité de ses revenus ne fût pas en rapport avec les nombreux besoins qu'avaient créés les malheurs de ces temps-là. Un réglement fait pour cette maison hospitalière, à la date de 1617, mentionné par l'inventaire de l'évêché, donnerait à penser qu'elle ne s'était pas remise des maux qu'avait accumulés sur elle la prise de la ville par les Espagnols. Mais ce qui constate, mieux que tout cela, la prolongation de son état chétif et précaire, c'est qu'en 1626, un homme seul y était encore chargé du soin des pauvres et des malades. Il lui fallait un élément étranger pour la faire sortir de ses mesquines proportions et féconder le principe de sa vitalité. Elle le trouva dans la réunion provisoire qui lui fut faite des biens de la maladrerie de Saint-Ladre. Ce fut alors que, sur la demande de Barbe Desjardins, cette religieuse de la communauté des Sœurs-Grises de Doullens fut autorisée par l'échevinage à s'adjoindre d'abord une, puis trois ou quatre de ses compagnes pour prendre le soin des malades et l'administration de l'Hôtel-Dieu, sous la direction et la surveillance du maieur et des échevins qui conservaient la révision de la comptabilité.

La réforme opérée dans l'ordre des Sœurs-Grises fit rentrer au monastère Barbe Desjardins et ses compagnes. Elles furent remplacées quelques années après, en 1659, par des religieuses de l'ordre de Saint-Augustin. L'établissement venait d'entrer dans une phase meilleure, et les nouvelles religieuses obtenaient, à l'occasion de leur installation, une cloche pour le clocher de leur chapelle. Cette cloche reçut le nom de Charlotte, de son parrain, Charles de Mazenche, fils de Ulysse-David de Mazenche, capitaine commandant des ville et citadelle de Doullens (1).

Comme le porte le diplôme royal, l'Hôtel-Dieu n'avait été fondé que pour ouvrir un asile à ceux des habitants qui tomberaient dans l'indigence ou l'infirmité, et les préserver de la mendicité : *Aliquas personas de communie Dullendii.* Le maieur et les échevins fondateurs de l'établissement n'avaient pas pu avoir en vue d'appliquer au soulagement des étrangers les finances de la commune. Mais voici venir de nouvelles donations qui permettront d'ouvrir les portes de la maison hospitalière aux besoins du dehors. C'est d'abord une rente perpétuelle de 60 sols, due à la générosité de Guy de Saint-Maure, lieutenant de roi des ville et château de Doullens (1639). C'est encore une rente de mille livres, don de Mme veuve Leparticelle d'Hémery (2), née Le Camus, qui stipule l'obligation de soulager les malades et voyageurs passant par la ville (4 novembre 1661).

Nous avons trouvé dans l'Inventaire de Corbie un acte qui se rapporte à l'administration des religieuses. C'est un procès-verbal fait à leur requête, le 5 mai 1663, de la contenance territoriale de la ferme de Sery, près de Terramesnil. Le prieuré de Saint-Sulpice y possédait 207 journaux 22 verges de terre, et les onze autres appartenaient à l'Hôtel-Dieu de Doullens.

---

(1) L'Hôtel-Dieu n'avait alors que onze lits garnis, dans une salle donnant sur la rivière.

(2) On sait qu'un Particelle d'Emery fut intendant des finances sous Louis XIII, puis contrôleur général, enfin surintendant en 1647, et disgracié peu de temps après.

Toutefois, malgré le zèle déployé par les religieuses dans l'accomplissement de leur mission charitable, ou plutôt, à cause de ce zèle qui n'était peut-être pas assez mesuré sur la faiblesse des ressources de l'établissement, plus d'un nuage s'éleva entre les sœurs et l'échevinage, à qui elles avaient à rendre compte de leur gestion. De là maint appel à l'intervention, tantôt de l'Intendant-Général de la Picardie, tantôt de l'évêque d'Amiens. Disons à la décharge des deux parties qu'elles subissaient l'une et l'autre une nécessité imposée par les circonstances, celle de recevoir les évacuations de blessés ou de malades que la guerre du Nord envoyait à Doullens, pour y trouver repos ou secours (1).

Le mieux était donc de s'entendre pour agir de concert, et c'est ce qu'on fit, lorsque, en 1668, on réclama du roi Louis XIV un secours extraordinaire pour aider l'Hôtel-Dieu à rétablir l'équilibre entre ses recettes et ses dépenses obligées. Deux ans après, le monarque étant à Arras, au mois de mai, reçut une députation de Doullens, qui lui demanda une nouvelle confirmation de l'établissement hospitalier. Il accorda un diplôme (2) confirmatif de celui de Philippe III de 1272 ; c'est ce que la *Gallia Christiana* mentionne avec une anticipation de date de vingt années, par ces paroles : *Ptochotrophium Dullendii stabilitur*. Par cet acte, le monarque revêtit de sa royale approbation le réglement donné par l'évêque, et nomma les maieur et échevins administrateurs à perpétuité.

On se demande pourquoi ceux-ci tenaient tant à faire consacrer ainsi leur droit de gestion et de surveillance, puisque l'Hôtel-Dieu était de fondation communale. Nous ignorons s'il faut y voir une mesure de sécurité ou seulement une question d'amour-propre. Peut-être l'échevinage voulait-il engager l'avenir, et espérait-il donner un caractère définitif à la réunion des biens de la maladrerie ? Si tel a été son calcul, il resta sans succès, car ces biens allaient être donnés à l'ordre de Saint-Lazare.

Quelques jours après, on songea à l'installation de huit sœurs de charité de l'ordre de Saint-Augustin dans l'Hôtel-Dieu pour l'administrer et se partager le soin des malades. Le 9 juin, parut une ordonnance du roi, qui fut communiquée à l'évêque d'Amiens, et le 27, le prélat donna son avis favorable. En conséquence, le 20 juillet, le maieur et les échevins, accompagnés du procureur du roi, procédèrent à l'installation des huit sœurs hospitalières, et firent un procès-verbal de leur opération. Enfin, le 24 avril de l'année suivante, une ordonnance du Parlement ordonna l'enregistrement et l'exécution du diplôme confirmatif du mois de mai 1670. Ainsi l'administration de l'Hôtel-Dieu se trouva organisée dans des conditions qui offrirent aux malades, devenus plus nombreux, toutes les garanties permises par les ressources.

Mais, malgré les soins, ces conditions restaient toujours très-insuffisantes, car les évacuations de soldats blessés affluaient sans cesse ; la garnison elle-même de la ville atteignait

---

(1) M. Warmé. *Hist. de Doullens*, p. 97 et suiv.
(2) L'original est aux archives de l'hospice, sur parchemin, avec sceau porté par lacs de soie rouge et verte.

le chiffre de 1,200 hommes, et l'Hôtel-Dieu était dans l'impossibilité de supporter les charges que la guerre appesantissait chaque jour.

Les religieuses pourtant faisaient preuve d'un dévouement intelligent, et nous aimons à citer le certificat suivant, qui existe aux *archives de l'hôpital*.

« Nous soussigné, lieutenant pour le roi des ville et citadelle, et gouvernement de Doul-
» lens, certifions qu'il n'y a qu'un hôpital dans la dite ville de Doullens, dans lequel sont
» reçus tous les soldats blessés ou malades des garnisons des dites ville et citadelle, et des
» troupes qui y passent fréquemment pour aller dans les villes advancées et pour en
» revenir. Et que par les mains des religieuses de Saint-Augustin qui y sont établies, ils
» reçoivent tout ce qui est nécessaire pour le recouvrement de leur santé, ou la guérison
» de leurs blessures, autant que le peult souffrir le peu de revenus dudit hôpital, qui ne
» fait que commencer.

« 10 septembre 1677.
« Signé : LEYRAUD. »

C'est aussi sur la demande de l'administration hospitalière que le roi Louis XIV avait autorisé la supérieure de l'établissement à faire choix dans la ville d'un boucher qui aurait le droit de fournir de la viande à l'hôpital, et d'en vendre même aux bourgeois munis de la permission d'en faire usage. La lettre suivante prouve que les religieuses ne cessaient pas de faire appel au roi en faveur de leur établissement.

Saint-Germain-en-Laye, ce 30 janvier 1681.

« MONSIEUR,

» Vous trouverez ci-joinct un placet que les religieuses de l'hospital de Doullens m'ont
» faict ces jours passéz sur la nécessité présente de cette maison, et comme j'ay eu l'hon-
» neur d'en rendre compte au Roy, au dernier conseil, il m'a ordonné de vous l'envoyer
» ainsy que je faicts, pour l'examiner, vous informer du contenu en iceluy et nous en
» mander la vérité...

CHATEAUNEUF.
à M. DE BRETEUIL, intendant de Picardie (1).

A l'intelligence de leur mission, les sœurs hospitalières joignirent la fermeté. Nous avons dit ailleurs qu'elles résistèrent à la tentative faite pour les forcer à accepter, parmi les malades, une femme victime de ses honteuses mœurs, qu'elles défendirent courageusement la cause de l'honneur de leur maison, et tinrent tête à l'émeute populaire, soulevée sans doute par quelques protecteurs du vice (27 octobre 1685). Elles firent plus encore, et s'attaquèrent au lieutenant même du roi, qui détenait les six journaux de terre situés au Malvaux, et appartenant à l'hôtel-Dieu, sous le prétexte qu'ils faisaient partie des fortifications de la citadelle. Cette action en revendication ne fut terminée que quatre-vingts ans après, comme nous le verrons bientôt.

(1) Recueil des lettres adressées à M. de Breteuil... Bibl. com. d'Amiens. — Communication de M. Garnie.

La réunion définitive à l'Hôtel-Dieu de Doullens des anciennes maladreries et léproseries de Beauquesne, Bouvincourt, Canaples, Doullens, Fieffes, Bonneville, Naours et Frévent, réunion consacrée par l'édit du 13 juillet 1695 et les lettres patentes du mois de janvier suivant, apporta à l'établissement de nouveaux éléments de vie et de prospérité. Il est vrai qu'il devait admettre un nombre déterminé de malades appartenant aux localités que nous venons de citer. Les 5,000 livres de rentes dont il jouissait alors, s'il faut en croire une note des archives, lui avait fait oublier la pauvreté de son origine, et un arrêt du Parlement, en date du 3 juillet 1697, acheva de rassurer les religieuses hospitalières, en les maintenant dans la possession et la jouissance de tous les droits appartenant aux ci-devant maladreries. Il fallut donc que les débiteurs et fermiers de ces dernières se soumissent ; et afin de les forcer à payer, la chancellerie donna *commission à tous huissiers de les poursuivre à la requête des révérende mère supérieure et religieuses et communauté de l'Hôtel-Dieu de Doullens.*

Enfin, les religieuses hospitalières s'adressèrent à Louis XIV, pour lui exposer l'état de délabrement dans lequel se trouvait l'Hôtel-Dieu, et les réparations urgentes qu'il réclamait ; elles firent valoir surtout l'insalubrité de la salle des malades, située sur le bord de la rivière, la fréquence des inondations qui y développaient des miasmes pestilentiels, au point que la mort de plusieurs malades n'avait eu d'autre cause que la putridité de l'air. Tous ces motifs, joints à celui de l'exiguité du terrain, trouvèrent bon accueil dans l'esprit du monarque, qui approuva la requête des religieuses, leur zèle et leur dévouement, et ordonna que le siège de l'établissement serait changé. En conséquence de son arrêt du 25 janvier 1699, il fut transféré de l'entrée de la ville vers le midi, lieu de son berceau, à l'extrémité opposée vers le nord-ouest, c'est-à-dire, auprès de la porte d'Arras, où il est encore aujourd'hui. La translation définitive n'eut lieu toutefois qu'en l'année 1706, et les travaux de construction, commencés l'année précédente, ne prirent fin qu'en 1714.

De l'ancien siège de l'hôpital Saint-Jean, il ne reste plus, paraît-il, qu'un pan de muraille, là où se voit encore dans la façade d'une maison une niche contenant la statue de Saint Jean-Baptiste. Le P. Daire nous apprend que, chaque année, lorsque revenait la Saint-Jean, fête patronale de la chapelle, l'échevinage, après en avoir donné avis au commandant de la place, faisait préparer un feu de joie, la veille, devant la porte de la dite chapelle, et le maire l'allumait avec une certaine solennité. Un reste de cette ancienne pratique s'est perpétué jusqu'aujourd'hui. Le feu de joie brûle encore la veille de la Saint-Jean devant la statue qui rappelle le siège de la chapelle ; mais c'est la main d'un enfant ou d'un habitant de la maison qui l'allume, sans aucune cérémonie, comme sans témoins.

Cependant, vainement les religieuses hospitalières furent autorisées à vendre les terrains et les bâtiments de l'ancien hôpital ; le prix de ces aliénations fut de beaucoup inférieur aux dépenses des nouvelles constructions. Il y avait un déficit qui effrayait, et néanmoins les charges de la guerre pesaient de plus en plus, même dans des proportions telles qu'on se vit forcé de transformer les greniers de l'établissement en dortoirs. Malgré les assurances données par l'autorité militaire, de ne demander que douze lits pour les soldats, on en imposait jusqu'à cent pour une nuit, à raison de huit à quatorze sols par homme. Les circonstances étaient plus fortes que les promesses.

Une autre source d'épuisement et de gêne était dans les procès, et l'établissement dut en soutenir sans cesse pour la sauve-garde et la défense de ses intérêts. On en compte cent vingt-trois dans l'espace de cent quatre ans, et les religieuses eurent à lutter contre des adversaires puissants, tels que le prince Philippe de Savoie, abbé de Corbie et commendataire du prieuré de Saint-Sulpice ; plus tard le cardinal d'Albert de Luynes, archevêque de Sens, primat des Gaules, aussi abbé de Corbie et commendataire de Saint-Sulpice ; et enfin l'échevinage de la ville, à l'occasion du terrain sur lequel étaient assis les deux moulins de Rouval. Il fallait donc stimuler la lenteur des fermiers et débiteurs. Aussi faisait-on appel à tous les moyens, et jusqu'aux publications qui étaient imposées aux curés des villages qu'habitaient les retardataires et mauvais payeurs.

Heureusement, la charité particulière vint quelque peu en aide à cette détresse. Parmi les bienfaiteurs, nous citerons dame Marie-Françoise Denis d'Amiens, pour une somme de mille francs (2 janvier 1702), et Louis Brice, conseiller du roi à Doullens, qui légua en 1722, quarante-neuf hectares de terres, prés, enclos et corps de ferme, situés, en grande partie, sur le terroir de Hem.

Nous avons dit plus haut que l'édit de réunion de 1695 ne citant pas la léproserie de Lucheux, ouvrirait la porte aux réclamations. Elles ne se firent effectivement pas longtemps attendre ; mais elles eurent pour effet de faire consacrer régulièrement la mesure contre laquelle on protestait (9 février 1726). Une nouvelle revendication introduisit une instance au conseil d'Etat qui décida, le 17 février 1767, que la réunion consommée serait maintenue (2). Il s'agissait de 1,288 livres de revenus. L'arrêt était accompagné de la lettre suivante, en forme d'ordonnance ;

« Louis, par la grâce de Dieu, roy de France et de Navarre, au premier notre huissier ou
» sergent, sur ce que nous lui mandons et commandons que l'arrêt dont l'extrait est cy
» attaché sous le contre-scel de notre chancellerie, rendu ce jourd'huy en notre conseil
» d'Etat au profit desd. supérieure et religieuses de l'Hôtel-Dieu de Doullens, soit signifié
» à tous qu'il appartiendra, sans qu'aucun n'en ignore, faire en outre, pour son entière
» exécution, à la requête desd. exposantes, tous commandements, sommations et autres
» actes et exploits nécessaires, sans demander aucune permission. Car tel est notre
» plaisir. Donné à Versailles, le dix-septième jour de février, l'an de grâce mil sept cent
» soixante-sept, et de notre règne, le cinquante-deuxième.

» Par le Roy en son Conseil,

» LEGRAS (3). »

(1) M. Warmé. *Hist. de Doullens.* p. 101.
(2) L'original de cet arrêt est aux archives de l'hospice.
(3) Ibid.

La question soulevée par le lieutenant du roi, relativement aux sept journaux de terre sis au lieu dit le Malvaux, reçut aussi alors une solution. Une transaction intervint le 22 mars 1765, et le duc de Choiseul fit connaître par lettre du 24 juin de l'année suivante, la décision du roi portant que les sept journaux en litige ayant appartenu à la maladrerie Saint-Ladre, n'ont pas fait partie des fortifications de la citadelle. La lutte sur cette question durait depuis soixante-dix ans.

En 1791, les religieuses de l'Hôtel-Dieu prêtèrent serment à la Constitution civile du clergé. Elles n'en furent pas moins mises en état d'arrestation, excepté quelques-unes plus âgées, auxquelles on voulut bien faire grâce. La chapelle fut dépouillée comme toutes les autres églises ; on pesa le calice, l'ostensoir, l'encensoir, etc., et le tout fut envoyé au tribunal révolutionnaire. Puis l'administration fut confiée à sept citoyens et sept citoyennes ; mais bientôt il fallut transporter les malades dans l'ancien couvent des Cordeliers ; car le ministre de la guerre autorisa la transformation de l'Hôtel-Dieu en hôpital militaire sédentaire, pour y recevoir une partie des évacuations de malades et de blessés de l'armée du Nord, c'est-à-dire de Maubeuge et de Dunkerque. La maison compta jusqu'à 80 lits, et constata bientôt un chiffre de dettes de 15,000 livres. On payait par journée de militaire 1 livre 7 sous 4 deniers. C'était insuffisant, et le ministre de la guerre fut sollicité d'envoyer de nouveaux secours. Cet état de choses dura peu de temps ; le 26 frimaire an IV, les administrateurs du département ordonnèrent que les vieillards, infirmes ou malades, transportés dans les bâtiments des Cordeliers, seraient réintégrés dans leur maison hospitalière.

L'hospice de Doullens, après avoir été régi depuis la révolution par des dames séculières, est maintenant dirigé par des sœurs de charité de Saint-Vincent de Paul, et administré par une commission légale. Il a reçu dans ces derniers temps d'importantes améliorations qui lui donnent, même à l'extérieur, un aspect satisfaisant. De vastes salles offrent aux infirmes toutes les conditions désirables de salubrité, et pourraient, au besoin, s'ouvrir aux victimes d'une épidémie. Les ressources s'élèvent actuellement au chiffre de 28 à 30,000 francs environ de revenus, et le nombre des lits varie de 70 à 75. Ce sont des conditions ordinaires ; mais l'air d'aisance et de bien-être qui se remarque dans cet établissement, la propreté exquise qui en fait le plus bel ornement, accusent une direction intelligente et une sage administration (1).

---

(1) M. Thélu-Hus, qui fut pendant 25 ans administrateur de cet établissement, voulut encore en être le bienfaiteur. C'est à lui qu'on est redevable de l'horloge placée dans le clocher qui surmonte l'édifice principal.

§. III.

Hôpital Saint-Jean de Jérusalem.

Il succède à l'ancienne maison des Templiers. — Différend avec l'échevinage.

« Comme les biens des Templiers avaient été donnés pour le secours de la Terre-Sainte,
» le pape délibéra longtemps avec le concile (de Vienne) sur l'application qu'on en ferait,
» conformément à cette première destination. Enfin, il fut résolu de les donner aux hospi-
» taliers de Saint-Jean de Jérusalem, dévoués comme les Templiers à la défense de la
» Terre-Sainte et de la foi contre les infidèles.... La bulle de cette application des biens
» des Templiers aux Hospitaliers est du second jour de mai 1312. »

Cette mesure, rapportée ainsi par Fleury dans son *Histoire ecclésiastique*, reçut son exécution à Doullens. La maison du Temple passa aux mains des religieux de Saint-Jean de Jérusalem, ou chevaliers de Malte, qui succédèrent à tous ses biens et aux droits dont elle jouissait dans la ville. Ces nouveaux venus ne tardèrent pas à avoir des démélés avec l'échevinage, à l'occasion des droits de justice qu'ils voulurent s'attribuer sur l'établissement où ils demeuraient et sur les biens qui en dépendaient. L'échevinage excipa des priviléges de sa charte de commune, et obtint gain de cause par devant le prévôt de Beauquesne (1323), à cause de la suppression, à cette époque, de la prévôté de Doullens.

C'est tout ce qu'on sait sur cet hôpital, que le P. Daire a confondu avec l'Hôtel-Dieu fondé par l'échevinage au pont d'Authie. Nous avons dit ailleurs que cette maison était située sur l'emplacement occupé aujourd'hui par l'hôtel des Bons-Enfants.

§. IV.

Confrérie de Saint-Nicolas.

Son origine. — Ses bienfaiteurs. — Son siége. — Son organisation. — Ses priviléges. — Ses règlements. — Ses revenus. — Sa suppression.

M. Demarsy ayant fait une notice aussi complète que possible sur cette ancienne confrérie, notice qu'on peut lire dans le tome VIIIe des *Mémoires de la Société des Antiquaires de Picardie* (1846), nous n'avons qu'à en donner ici l'analyse abrégée.

C'est au xii° siècle (1) qu'il faut faire remonter l'origine de la confrérie ou charité de Saint-Nicolas, sans qu'il soit possible d'en préciser la date, ni de dire les noms des premiers fondateurs. Le P. Daire nous apprend que les confrères obtinrent de Simon (2), abbé d'Anchin, la permission de s'établir dans le faubourg de la Varenne. Une certaine célébrité était réservée à cette société dont le but était de secourir les malheureux. Honorée de plusieurs bulles de papes, qui lui accordèrent des indulgences étendues, elle compta aussi parmi ses bienfaiteurs le fameux Hugues de Camp-d'Avesne, seigneur de Beauval ; Robert de Maizerolles, membre de la confrérie, avant 1202 ; Enguerrand de Bretel; Hues d'Angniécourt ; Jean de Rosière, seigneur d'Authieule, etc. La charte de ce dernier, du mois de décembre 1236, est la plus ancienne pièce où il soit fait mention de la dite confrérie (3), qui faisait célébrer deux messes basses pour ses fondateurs.

Cette charité de Saint-Nicolas faisait partie de celles établies en l'église Saint-Martin, sous les noms de Saint-Jacques, de Saint-Gilles, de Saint-Eloi, de Saint-Nicaise, qni avaient leur siège dans la rue des Charités. Mais plus heureuse qu'elles toutes, auxquelles elle survécut, elle possédait à La Varenne, faubourg de Doullens, une chapelle particulière entourée d'un cimetière. Elle avait un chapelain résident, qui ne pouvait pas être l'un des trois curés de la ville, et dont la nomination appartenait à l'abbé d'Anchin, sauf l'approbation de l'évêque. Comme la confrérie admettait des prêtres parmi ses membres, on choisissait de préférence l'un de ceux-ci pour chapelain.

Il n'y avait que douze ou treize confrères, ecclésiastiques ou laïques, avec un nombre égal de sœurs ; les autres n'étaient que des associés. On n'était admis que sur l'ordonnance de l'évêque ou de son vicaire, et après prestation de serment de garder fidèlement les règles et statuts de la confrérie. On préférait à tout autre celui qui épousait la veuve d'un confrère. L'administration, comme la justice, était confiée à un prévôt, à un bailli et à un receveur.

Outre des biens considérables et plusieurs droits seigneuriaux, notamment des dimes sur plusieurs maisons de la ville, la société jouissait de priviléges reconnus par les papes. Alexandre III lui conféra le droit de cloche. Elle était soumise à la visite du curé de Notre-Dame, deux fois l'an ; mais par exception les offrandes restaient à la confrérie. Le pape Innocent X accorda aux confrères le droit de célébrer l'office de Saint-Nicolas deux fois l'an, dans toute autre église de la ville que leur chapelle, quand même toute la terre serait interdite, à moins qu'ils ne fussent excommuniés eux-mêmes. Le même droit leur était acquis pour l'inhumation des membres de leur société.

« Les deux fêtes de Saint-Nicolas d'hiver et d'été étaient solennisées avec pompe. On se

(1) M. Warmé veut que ce soit au commencement du xiii°, et ailleurs il dit que cette confrérie s'était organisée du consentement de Simon, abbé d'Anchin, prédécesseur de Gotsuin, qui vivait, avons-nous vu, en 1138. Comparez les pages 86 et 107 de son *Hist. de Doullens*.

(2) Simon, abbé d'Anchin, signa en 1174 une transaction avec l'abbé du Gard, relativement à des dimes. (Voir cart. du Gard, aux arch. départ.). Il avait également signé en 1138, mais comme simple religieux d'Anchin, la charte de Guarin de Châtillon-St.-Pol, évêque d'Amiens, confirmative des biens de l'abbaye de St.-Michel de Doullens.

(3) V. pièces justif. n° 10.

» réunissait la veille, le jour et le lendemain, dans l'église Saint-Martin, d'où l'on se ren-
» dait processionnellement dans la chapellle de La Varenne, les prêtres revêtus de leurs
» plus beaux ornements, et chaque confrère en habit noir, un cierge allumé à la main.
» On chantait le répons de M. Saint-Nicolas, et diverses proses particulières. Les confrères
» gardaient, pendant la messe, leurs cierges allumés, et allaient à l'offrande, où ils étaient
» tenus de donner un denier. » De là on se réunissait dans une *maison honnête* pour y
faire un banquet. Le chapelain, le clerc, les confrères, et *trois bons prêtres étrangers*, invités au nom de la *Sainte-Trinité,* prenaient place à la première table ; les douze consœurs occupaient la seconde. Le repas, fait aux frais de la confrérie, était sanctifié par la lecture de la vie de Saint-Nicolas, des statuts et règlements. On le terminait par le chant d'un hymne, et les restes des plats passaient aux mains des pauvres, dont on admettait même à table un nombre égal à celui des confrères absents. De plus, le dimanche suivant, chacun traitait *son pauvre* à sa propre table ; et le jour anniversaire de l'établissement de la confrérie, chaque membre devait donner à treize pauvres honteux, *treize demi-plats* d'une valeur telle que *leur dira leur conscience.*

Le Jeudi-Saint, on faisait la cène et la cérémonie du lavement des pieds, et treize pauvres y recevaient chacun un petit pain, deux harengs et douze sols. Parmi les pauvres, les règlements recommandaient expressément à la charité des confrères *les Cordeliers mendiants, les Sœurs-Grises* et *les Seurettes ou Béguines.* Les indigents recevaient encore six écus d'amende par tout confrère qui manquait sans excuse valable aux réunions obligées. La récidive leur valait le même profit, et au confrère, la discipline ; la troisième absence encourait l'exclusion.

Mais c'était pendant leur maladie et après leur mort que les confrères devenaient eux-mêmes l'objet d'une sollicitude vraiment touchante. Lorsque l'un d'eux tombait malade, il recevait la visite fréquente du prévôt, qui lui donnait les soins du corps, tandis que le chapelain s'occupait de son âme. « Après son décès, le corps restait pendant une nuit dans
» l'église, où l'on récitait des prières ; les confrères ou consœurs l'ensevelissaient et le por-
» taient en personnes jusqu'au cimetière Saint-Nicolas ; les autres tenaient des cierges
» allumés, et le clergé accompagnait en grande pompe ; puis on chantait les *Vigiles et le*
» *Psautier* dans la chapelle de La Varenne ; chacun devait réciter pour l'âme du défunt
» *cinquante Pater* (1) et autant d'*Ave Maria* ; le lendemain, on célébrait une messe haute de
» *Requiem*, précédée des *Commendaces ;* les mêmes commendaces, vigiles, messes et prières
» continuaient pendant huit jours sans interruption ; quarante jours après, on célébrait
» encore une messe. Enfin, on nourrissait un indigent pendant une année, temps pendant

(1) Voici comment le *Pater* se disait en français, au xiii° siècle : Sire père, qui es es ciels : seintefiez soit li tuens nuns : adviegne li tuens regnes : soit faite la toie voluntez ; si com ele faite el Ciel, soit ele faite en terre : nostre pein de cascun jor nos done hui : e pardone nos nos mesfais, si com nos pardonuns à celxs qui meffait nos ont : ne soffrez mie que nos soiunt tempté par le temptateur al diable, e par malueise char mené à mal ; mais deliures nos du mal. Amen. (Monteil. Bibl. t. II, p. 14).

» lequel il devait prier pour le défunt. Les souliers du mort appartenaient au chantre de la
» chapelle. »

Les membres associés n'étaient pas tenus aux mêmes obligations que les confrères. Le P. Daire nous dit seulement qu'à certains jours déterminés, ils devaient offrir jusqu'à 36 *cannes* (1) de vin, à raison de 18^s 8^d, à des personnages éminents, tels que le bailli d'Amiens, quand il venait tenir ses assises à Doullens, dans la salle de la confrérie (2), rue des Charités ; l'évêque d'Amiens, le prévôt de Beauquesne, le procureur du roi, etc.

Vers l'année 1480, on s'occupa de remettre en vigueur les statuts, qui n'étaient plus observés, et en 1726, on rédigea de nouveau les *règles et statuts de la confrérie de Saint-Nicolas, érigée à Doullens, faits contradictoirement par Monseigneur l'évêque d'Amiens, Monsieur Sabatier pour lors évêque régnant*. On peut en lire les dispositions principales dans la *Notice de M. Demarsy*.

Dans plusieurs registres de l'échevinage de Doullens, on remarque que l'adjudicataire du mesurage public devait payer *cent sols pour le banquet et la toile* (probablement la *nappe*) de M. Saint-Nicolas. Vers 1670, la confrérie percevait des censives sur 165 maisons ou autres immeubles, sans compter les cens, surcens, reliefs et champarts. Le total des revenus pour les biens s'élevait à 2,014 livres 13^s 9^d, plus le produit des offrandes à l'église, les dons, les amendes, etc.

« Parmi les articles de dépense, on voit figurer 360 livres pour le curé, et 45 livres pour
» les chantres ; 19 aux enfants de chœur, et 22 au bedeau. Les dépenses faites par les
» confrères montent à 587 liv. ; pour les pauvres, 260 livres ; pour les frais de la cérémo-
» nie du lavement des pieds, 124 livres 6 sols. »

En 1772, les confrères de la charité de Saint-Nicolas, de concert avec les deux prêtres Thuillier et Callé, ouvrirent une école pour enseigner aux enfants pauvres, depuis les premiers éléments de la langue, jusqu'à la rhétorique inclusivement. Le corps municipal les y autorisa, et leur accorda même un secours annuel de 300 livres sur les octrois de la ville. Ce réglement, arrêté avec le maire et les échevins, fut approuvé aussi par l'évêque d'Amiens, qui déclara conserver toute juridiction sur ledit *collége ou école*.

La révolution mit fin à la confrérie, dont la jolie chapelle de La Varenne, flanquée de clochetons, et le cimetière qui l'accompagnait n'ont pas laissé la moindre ruine. Quelques-uns de ses biens (3) seulement ont passé à l'église actuelle de Doullens, où l'on voit une ancienne statue de Saint-Nicolas conservée comme souvenir. C'est tout ce qui reste d'une institution importante et six fois séculaire.

---

(1) Ces *Kannes* ou *Quennes* étaient des cruches ou grands pots d'étain marqués sur leurs couvercles des armes de la ville. On les emplissait du meilleur vin qu'on pût trouver, et le corps de ville les faisait présenter par les confrères de Saint-Nicolas, suivant les circonstances, à différents personnages de distinction.

(2) Cette maison, tant de fois nommée dans les titres, fut démolie en 1686.

(3) Le trésorier de la confrérie rendit pour la dernière fois ses comptes à la commune, le 30 pluviose 1795.

CHAPITRE IV.

§. I.

Organisation municipale.

Elle est un gouvernement complet.— Le maieur, ses attributions, ses prérogatives.— Les échevins ; importance de leurs fonctions. — L'assurement. — Les maieurs de bannières ; leur rôle. — Formalités électorales. — Nombre des échevins. — Abus électoraux. — Ingérence de l'autorité militaire. — Confiscation progressive du privilège électoral. — Vénalité des offices municipaux. — L'élection redevient la base du pouvoir municipal. — Liste des Maires.

La charte de Guillaume III, comte de Ponthieu, garde le silence le plus complet sur le droit qu'avaient les habitants de Doullens d'être administrés par un maire et des échevins ; mais elle suppose une organisation communale déjà établie ; elle l'accepte même telle qu'elle la trouve, puisqu'il y est question d'un maieur, d'échevins et de jurés. C'est donc à Gui II, mort en 1147, qu'il faut faire remonter cette organisation ; et il est regrettable que ce comte se soit refusé à délivrer aux habitants le titre de leur affranchissement ; car peut-être y eussions-nous trouvé les détails intéressants que fournissent tant d'autres chartes de cette nature. A défaut de renseignements particuliers, tout ce que nous pouvons faire, c'est de constater, d'après le pacte fondamental, que dès avant le XIIIe siècle « la muni-
» palité de Doullens était régulièrement constituée comme pouvoir politique et adminis-
» tratif, et que la ville formait un gouvernement complet, où le vicomte n'apparaissait plus
» que comme autorité secondaire. Tout ce qui concernait les intérêts de la cité était réglé
» par des magistrats électifs, désignés sous le nom de maieurs, d'échevins et de maieurs
» de bannières (1). »

(2) Pourrions nous, sans nous exposer à être accusé de trop de hardiesse, faire remarquer que, malgré la date de 1202 apposée au bas de la charte de Guillaume III, tous les doutes ne sont pas levés sur l'époque précise à laquelle cet acte fut rédigé ? D'abord, nous n'avons pas l'original de cette charte, quoique le P. Ignace qui déclare en avoir eu le titre sous les yeux, lui donne aussi pour date l'année 1202. (Voir son *Histoire des Mayeurs d'Abbeville*, p. 96.)

Mais voici une plus grave difficulté. Cette charte porte au nombre des témoins Firmin de Senarpont qui est désigné comme maieur en exercice de la ville d'Abbeville : *tunc major Abbatisville;* or, le maieur d'Abbeville en 1202 était, non pas Firmin de Senarpont qui posséda cette charge en 1199, à titre de remplaçant pour *continuer la mairie du douzième maieur*, dit le P. Ignace (ibid. p. 93), mais bien Hugues-le-Ver, maieur pour la troisième fois (ibid., 96).

Au xiiie siècle, on trouve, il est vrai, la main du roi dans l'administration des communes, mais c'est sous forme de contrôle et pour en régler les rapports avec le souverain. Ainsi, en 1256, saint Louis fait une ordonnance qui fixe au 29 octobre l'election des maires, enjoint à ces magistrats municipaux sortant ou entrant, un voyage à Paris, pour y présenter le compte de leurs recettes et de leurs dépenses ; interdit aux communes de prêter sans autorisation royale ; sauvegarde leurs intérêts dans les dépenses de voyages faits en leur nom et ordonne la mise en dépôt de leurs deniers dans la *huche commune*. Le nom de Doullens se trouve bien aux *Archives de l'Empire* parmi les villes qui, en 1260, ont présenté au roi leur situation financière, en exécution de l'ordonnance que nous venons de mentionner ; mais l'état de cette situation a été perdu (1).

Au maieur appartenait la présidence de toutes les réunions municipales ou communales, des assises judiciaires de l'échevinage, des milices bourgeoises, c'est-à-dire qu'il était premier échevin, premier juge, premier officier de police, premier commandant militaire ; mais il n'avait d'action que simultanément avec les autres membres du corps de ville. Aussi, les lettres de nos rois concernant les affaires de la commune, les missives qui donnent avis de l'approche de l'ennemi, toutes correspondances, en un mot, ayant pour but ou pour effet l'intérêt de la cité, s'adressent aux maieur et échevins, comme ne formant qu'une personne administrative. C'est à eux qu'incombe la responsabilité des actes officiels ; ils partagent les honneurs ; mais aussi ils sont punis, le cas échéant, tous ensemble, dans leurs personnes, pour les délits de la commune.

A part quelques indemnités ou dédommagements de frais nécessités par sa charge, par exemple lorsqu'il allait en voyage pour les affaires de la ville, le maieur remplissait des fonctions gratuites (2). Il est vrai que les honneurs dont elles étaient accompagnées n'en faisaient pas moins le point de mire de bien des ambitions, et le motif secret de nombreuses brigues. On était bien aise de pouvoir draper son importance dans les plis flottants d'une robe qui rappelait la toge romaine, de marcher dans les cérémonies publiques au milieu des échevins qui faisaient cortége ; précédé et suivi des sergents de la ville revêtus de robes et

---

La même observation s'applique à cette autre charte du comte de Ponthieu, datée également de 1202, que nous avons rapportée sous le n° 1 des pièces justificatives de la première partie de cette Histoire. Parmi les signataires, ou plutôt parmi les témoins figure encore *Firmius de Senarpont, tunc major Abbatisville*.

Inutile d'ajouter que M. Warmé fait erreur lorsqu'il dit (*Hist. de Doullens*, p. 33) « qu'immédiatement » après la charte, c'est-à-dire en 1203, parut l'échevi- » nage de la ville ». Nous donnons, au contraire, aux pièces justificatives, n° 6, les noms des maieur et échevins Doullennais en exercice qui furent présents à la rédaction de la charte de 1202.

(1) Voir la notice de M. Dufour, dans le tome V, 2e s., des Mémoires de la Société des Antiquaires de Picardie, p. 585.

(2) La ville lui payait, chaque année, 9 livres. Son greffier n'avait que 3 livres. — Les frais de voyage pour les affaires de la ville avaient été réduits par le roi saint Louis, qui ordonna qu'en général le maieur ne serait accompagné que de son greffier et d'une autre personne remplissant les fonctions d'avocat, et qu'il ne ferait pas plus de dépenses que s'il voyageait pour ses propres affaires. (Ordonnances des rois de France, t. I, p. 82).

portant, les uns des bâtons à tête d'argent aux armes de la cité ; les autres, des épées et des hallebardes (1) !

Et puis, le maieur ne recevait-il pas, aux fêtes principales de l'année, dans l'offrande des vins de présent, plus de *quennes* que tout autre magistrat de la commune? n'allumait-il pas le premier les feux de joie? n'était-il pas le plus respecté dans son autorité, le plus obéi dans ses ordres? Et puis encore, son importance ne trouvait-elle pas à s'étaler, même à Amiens, lorsque, le jour de la Chandeleur venu, il était invité à assister à la messe solennelle de la célèbre confrérie du Puy, et à prendre part au banquet non moins solennel qui suivait, et où il avait place immédiatement après le prévôt (2)? Enfin, les rêves dorés n'étaient pas plus interdits aux maieurs de Doullens qu'aux autres. N'avait-on pas vu les rois anoblir ceux d'Amiens et d'Abbeville? Les circonstances pouvaient donc se présenter également favorables.

Les échevins composaient à Doullens, comme nous venons de le dire, le conseil exécutif de la commune, de concert avec le maieur et sous sa présidence. Leur nombre varia avec le temps (3). Ils partageaient avec le maieur les soins de l'administration municipale, les fonctions de juges et les devoirs d'officiers de police. On les choisissait, surtout dans l'origine, parmi les notables qui offraient, sous le rapport de la probité et de l'intelligence, les garanties réclamées par l'étendue et l'importance de leur mandat. Ils devaient être bourgeois, et justifier d'un séjour de plusieurs années dans la ville. La dignité d'échevin était la plus briguée après celle de maieur, à laquelle elle servait presque toujours d'acheminement ; car malgré le rôle commun et l'égalité imposée à tous les membres composant le corps de ville, il y avait place toutefois pour l'initiative personnelle ; l'intelligence et l'aptitude de chacun pouvaient s'y faire jour et se mettre en relief. L'amour-propre des échevins était flatté d'imprimer l'authenticité aux contrats, d'intervenir dans tous les actes de la vie civile, d'avoir droit à des honneurs publics et au respect de tous. Il ne paraît pas que leur intervention en majorité fût indispensable pour donner aux actes leur consécration légale, car, en 1318, le seigneur de Beauvoir a acheté diverses censives sur plusieurs maisons de la ville, en présence seulement « de Jacquemont Pignerre, maieur ; de maître Jehan Cardon, Guyart de
» Louvencourt et Jacquemont Boutrie, esquevins. » L'article xxviii de la charte n'exige, en effet, pour la validité des contrats que la présence de deux ou trois échevins.

(1) Il y avait quatre sergents à verges et six sergents hallebardiers. Les premiers étaient payés à raison de 16 livres pour chacun d'eux, les autres ne touchaient plus que 3 livres, en 1713.

(2) Le 9 octobre 1409, le maieur et les échevins d'Amiens offrirent au maieur de Doullens qui était allé les visiter, deux *kannes* de vin, payés vii sols, à la taverne de Corbillon. Antérieurement à cette époque, par exemple du 6 octobre 1389 au 1er septembre 1390, le maieur de Doullens avait reçu, dans ses différents voyages d'Amiens, jusqu'à 27 kannes de vin,

payées ensemble 2 l 5 s, aux tavernes des *Rouges cappeaux*, de la *Fauchille*, du *Dragon*, du *Double chercle*, de *la maison Wme des Rabuissons*, du *Lion d'or* et de la *Louche d'or*.

(3) Ils étaient dix-neuf, en 1202, lors de la délivrance de la charte de commune. V. pièces justif. n° 13. En 1212, on trouve parmi les échevins les noms de J. Priens, J. d'Orreville, J. Laignel, E. de Révéalmont ; ce dernier, parent de Oilard de Révéalmont, alors maieur de Saint-Riquier.

D'anciens titres, que nous avons eus sous les yeux, font preuve que les *assurements* étaient reçus par le maieur et les échevins, aussi bien que par le doyen de Doullens. L'assurement était la promesse faite avec serment par deux rivaux ou ennemis de ne se nuire ni dans leur corps ni dans leurs biens. C'était un souvenir de la *tréve de Dieu* appliquée à des particuliers, mais durable jusqu'à la mort et sanctionnée par des peines sévères (1). Un jour, il arriva que les juges municipaux furent bien embarrassés pour décider s'il y avait eu rupture d'assurement entre deux particuliers. Ils consultèrent à Abbeville, qui donna la même réponse qu'Amiens. La voici :

« Il avint à Doullens que deux home asseurèrent li un l'autre. Che fait, li oncles de l'un
» pour un débas que il avoit, et cuidoit que che soit de ses amis, ahert le cousin et del autre
» home injurieusement, par le poitrine. Or fut chiex qui l'autre ahert siévis d'asseurement
» brisié. Duquel fait li maires et li esquevin de Doullens en envoièrent cheens au conseil et
» pour che meisme on eu envoié à Amiens. Et fu rapporté du conseil d'Amiens et accordé
» par li esquevin, le asseurement n'estoit mie brisiés pour che que il n'avoit eu point de
» faits, et que chil en estoit de tout délivrés. » (*Livre rouge d'Abbeville*).

Les maieurs de bannières avaient le troisième rang dans la hiérarchie municipale. Elus par la corporation qu'ils représentaient et dont ils portaient la bannière dans les cérémonies publiques et même à la guerre, le cas échéant, ils jouaient un rôle important dans la cité, en ce qu'ils participaient à l'élection préparatoire du maire et des échevins. La loi municipale leur conférait quelques attributions secondaires dans les affaires de la ville, un rôle de surveillance plutôt que de gestion, et en particulier pour ce qui avait rapport au commerce et à l'industrie, comme les poids, les mesures et la marque de la cité. Ils remplissaient des fonctions annuelles, qu'ils savaient souvent faire proroger par l'échevinage, mais toujours électives et gratuites, sauf quelque indemnité qu'on leur accordait pour frais de représentation dans les jours de grande cérémonie. Leur nombre a varié : mais ils ont été le plus souvent dix représentant les corps des merciers, des drapiers, des brasseurs, des cordonniers, des menuisiers, des bouchers, des laboureurs, des houppiers ou peigneurs de laine, des tisserands et des maréchaux.

Voici une preuve que, en 1626, les choses avaient subi des modifications :

« Assemblée faicte en l'hostel et eschevinage de la ville de Doullens, le dimanche,
» 25° jour d'octobre 1626, par devant nous Jehan Moreau, conseiller du Roy, grénetier du
» magasin et grenier à sel de Doullens, majeur d'icelle ville.

» Hiérosme Ducay et Josse Desheulmen, eschevins ; De l'antien tour, honorable homme
» Robert Lemery, antien majeur, Nicolas Lenain et Martin Pesé, antiens eschevins.

» Les dix majeurs de bannières de la dicte ville, appelés et comparants, sçavoir :

---

(1) La paix est un acte purement volontaire qui se fait par amis, l'assurement était un contrat forcé qui s'accomplissait par autorité de justice. Lorsque des menaces de nature à donner des craintes pour la vie d'un citoyen étaient proférées, le maire et les échevins pouvaient contraindre les parties à se donner mutuellement des garanties que la paix ne serait troublée ni par elles ni par leurs parents les plus proches.

» Arthur Leroux, majeur des maréchaux.
» Jehan Alleclocque, majeur des brasseurs et cuisiniers.
» Christophe Wasse, majeur des cordonniers.
» Jehan Lenglet, majeur des tisserands de draps et thoilles.
» Etienne Ledoux, majeur des houppiers et pareurs.
» Hiérosme Hallot, majeur des briquetiers.
» François de Wandasne, majeur des bouchers.
» Nicolas Marchand, majeur des Febvriers. »

Les deux autres ne figurent pas. En 1715, nous trouvons la corporation des maîtres chirurgiens, et en 1718 celle des bouchers, menuisiers et serruriers.

Quel était le mode d'élection dans les premiers âges de la commune de Doullens ? Cette question doit rester insoluble par défaut de documents particuliers. Les ravages de la guerre et les incendies qui consumèrent les chartriers de la ville, ont rompu, sous ce rapport, toute chaine traditionnelle. Et plût à Dieu que ce fût la seule solution de continuité introduite dans la succession des temps ! Ce n'est que vers le XVIe siècle que nous apparaissent des données, et encore peu complètes, sur ce qui était en usage pour le renouvellement et l'institution de la commune ; mais alors l'intérêt particulier disparait, parce que les formalités qui s'observaient, se trouvent à peu près les mêmes ailleurs. L'analogie est si frappante, à part quelques détails sans signification ni valeur, qu'on est forcé de s'en tenir à une indication sommaire, tant il y a crainte de ne reproduire que des choses connues, et surtout de bien moins dire que M. de Beauvillé, dans son *Histoire de Montdidier*, et M. Louandre dans celle d'*Abbeville*.

Rappelons seulement que dans le principe et pendant près de deux siècles, l'institution municipale accuse un caractère franchement républicain. On dirait que les élections trahissent une disposition de défiance. Toutes les précautions sont prises pour conserver et sauvegarder les résultats de la victoire. Les mêmes personnes ne peuvent exercer plusieurs années de suite les fonctions de l'échevinage. Mais, voici que peu à peu les grandes familles bourgeoises apparaissent, recherchent ces fonctions comme la seule illustration qu'il leur soit donné d'obtenir, s'y perpétuent, les considèrent comme un héritage qu'on peut transmettre à un enfant; puis vient Louis XI qui admet ces familles à acquérir et à posséder des fiefs, et alors c'est une autre aristocratie qui domine la commune, voudrait fausser sa base et devient souvent son ennemie.

La même incertitude se présente par rapport au jour ou s'accomplissait l'élection du maieur. L'ordonnance du roi Saint-Louis, en date de 1256, avait fixé le lendemain de la fête des Saint Simon et Saint Jude, c'est-à-dire le 29 octobre ; mais l'autorité royale était alors si peu respectée quand elle voulait intervenir dans les affaires des communes, à l'encontre de leurs libertés et de leurs usages, que la plupart de celles-ci ne tinrent pas compte de l'ordonnance sous ce rapport.

De même que les officiers municipaux, une fois en charge, devaient remplir leurs fonctions sous peine d'amende (1), de même les dix maieurs de bannières doullennais, régulièrement convoqués, étaient obligés, le jour de l'élection venu, s'ils ne voulaient pas être condamnés à une peine pécuniaire, de se rendre à l'Hôtel-de-ville pour y procéder, avec les anciens maieurs, les échevins et autres officiers de la ville, à la nomination d'un nouveau maieur. Le maire sortant faisait un discours à l'assemblée pour témoigner sa reconnaissance de l'honneur qui lui avait été dévolu et de la confiance dont on l'avait investi ; petit détail encore en usage dans toute administration, et que se garde bien d'oublier celui qui est rééligible ; mais, ce qui ne se fait plus aujourd'hui, c'est le serment qu'on exigeait alors de tous ceux qui prenaient part à l'élection, de ne faire choix *que des plus idoines.* Et comme il y eut dans la suite une chapelle dans l'Hôtel-de-ville, on y faisait célébrer une messe préparatoire. Les distractions devaient y être nombreuses, sans doute ; mais la pensée de vouloir que la religion présidât à l'accomplissement du mandat électoral, ne pouvait être qu'une garantie de plus. Enfin, l'isolement dans lequel les maieurs de bannières étaient gardés à l'Hôtel-de-Ville, comme en charte privée, avant l'élection, avait pour effet de les soustraire à toute influence étrangère, comme à toute tentation de corruption. Tout cela prouve qu'alors le mot élection n'avait pas encore changé d'acception, et voulait dire : choix.

Ces précautions prises et ces préliminaires terminés, le collége électoral, composé, comme nous l'avons dit, des dix maieurs de bannières, des anciens maieurs, des échevins et autres officiers de la ville, élisait trois candidats parmi lesquels le peuple devait faire choix du maire. Le vote était oral et obligatoire, sous peine d'amende. C'était donc le suffrage universel et le vote à deux degrés, mais d'un ordre renversé ; car les restrictions et les garanties existaient dès le premier scrutin. Si le nouvel élu n'était pas présent, on allait le prendre à son domicile et on l'amenait en grande solennité à l'Hôtel-de-Ville, où le maieur sortant, quand il n'était pas réélu lui-même, le proclamait son successeur, et procédait à son installation, dont les détails rappelaient les cérémonies de l'investiture. Le renouvellement des échevins qui avait lieu, soit le même jour, soit le lendemain, se faisait dans les mêmes conditions et d'après les mêmes formalités. Leur mandat durait deux ans, tandis que celui du maieur se renouvelait chaque année. Quand les élections étaient terminées, le greffier paraissait solennellement sur le parvis de l'Hôtel-de-Ville, lieu ordinaire des publications, et là, devant le peuple assemblé, proclamait la rénovation de l'échevinage. Alors, comme aujourd'hui, les jours d'élection étaient des jours de dépenses ; il y avait des frais de sortie et des frais d'avénement ; mais les nouveaux élus payaient ordinairement pour les sortants (2).

(1) Louis d'Abbeville d'Ivregny n'ayant pas voulu accepter la dignité de maieur d'Abbeville en 1498, on plaida contre lui pour « l'induire à recevoir cette » élection, mais il refusa toujours, aymant mieux s'ab- » senter de la ville durant cette année que d'y demeu- » rer en qualité de maieur, » dit le P. Ignace (*Hist, des Mayeurs d'Abbeville*, p. 595).

(2) Afin que le jour du renouvellement de l'échevinage fût un jour de fête et de liesse pour tous, la ville donnait 3 livres aux religieuses de l'Hôtel-Dieu, autant aux Sœurs-Grises de Saint-François, et pareille somme aux Pères Cordeliers.

D'après des titres du xiii° siècle, il conste que dans le principe, l'on comptait, comme nous l'avons dit, jusqu'à dix-neuf échevins. Plus tard on n'en trouve plus que douze, y compris le maieur : c'est ce que prouve la liste des signatures apposées au bas de la coutume locale du 15 septembre 1507. Par lettres du mois d'août 1598, Henri IV les réduisit à sept. Les formalités électorales se terminaient par des serments réciproques. Le maieur jurait *de bien et léalment servir le roi et le public ; les échevins, d'ayder aux affaires de la ville à leur possible ;* et les habitants, d'obéir à leurs mandataires. Le maieur recevait aussi le serment de fidélité de tous ceux qui avaient dans leurs attributions la garde de la ville, et nommait les agents communaux qui n'étaient pas soumis à l'élection. Le roi Henri IV, dans les lettres que nous venons de citer, entoura ces serments de garanties nouvelles, et voulut que désormais ils ne fussent reçus que par le prévôt royal : « Voullons et nous plaist que
» maintenant et doresnavant pour et à l'occasion du renouvellement d'iceulx (échevins),
» estre tenus de prester le serment es mains de nostre prévost royal, de bien et fidellement
» nous servir et nos successeurs en leurs charges et administration des affaires communes
» de nostre dicte ville, et de maintenir les habitants d'icelle en nostre obéissance, auxquels
» habitants le mesme prévost fera quant et quant commandement très-exprès, de par nous,
» de recongnoistre le mayeur, obéir fidellement à tout ce qu'il leur ordonnera de nostre
» part pour le bien de nostre service et repos d'iceulx et conservation de nostre dicte
» ville. »

» Le premier acte du nouveau maire était de recevoir le compte de celui qu'il remplaçait
» dans l'administration de la commune. Dans les anciens titres, on les voit tous deux, en
» effet, établir ensemble la situation financière.... tantôt *devant le conseil de la ville et les*
» *maieurs de métiers et ceux qui virent le vaurent ;* tantôt *ou berfroi par devant tous les*
» *jurés en plain siége.* Cette publicité dans l'apurement du compte était une garantie qui
» allégeait d'autant la responsabilité du nouveau maire (1). » Ajoutons que c'était une décharge pour le maire sortant, qui ne pouvait plus être responsable de sa gestion, une fois ses comptes apurés et reçus ; car c'était l'usage à Doullens aussi bien qu'à Abbeville « *ke kant li maires et li esquevins devoit issir del eskevinage, il content à eskevins et as preu-*
» *d'hommes et a le commuigne, et ils issent sans contredit et sans calenge, ke il ne doivent*
» *estre repris ne occoisonné ne ne doivent respondre de nule cose ki avenue soit, ki apartie-*
» *gne ne à maire, ne a eskevinage.* » (Livre rouge d'Abbeville, f° 43).

Malgré les précautions sévères quelquefois, malgré les mesures de prévoyance prises pour assurer la liberté électorale et sauvegarder la moralité comme l'indépendance des suffrages, le renouvellement de la loi finit par devenir comme de nos jours une occasion de scandales, d'intrigues et de désordres de toute espèce. Pour un maieur honnête et consciencieux qui refusait le mandat dont la confiance publique venait de l'investir, et à la modestie duquel il fallait faire violence même par sentence impérative des juges, combien d'ambitions et

(1) M. Dufour, *loc. cit.*

de rivalités qui ne rougissaient pas d'étaler l'audace de leur compétition et la honte de leurs manœuvres ! Les tavernes s'ouvraient aux réunions préparatoires ; la liqueur enivrante servait d'inspiration et de véhicule à l'influence des candidats, et le domicile particulier n'était plus inviolable aux courtiers d'élections. De là des haines, des dissensions qui se traduisaient jusque dans les rues en voies de fait et en sédition armée. De là aussi des récriminations, des sentences d'annulation et l'ingérence forcée, quoique illégale, des officiers du roi, tant il est vrai que les meilleures institutions subissent l'action délétère du temps, et que le peuple, par ses excès, a toujours fait servir tôt ou tard sa liberté à son asservissement.

Il n'y avait pas toutefois que les compétiteurs qui, par leurs intrigues, troublassent l'exercice du droit électoral et restreignissent la liberté des suffrages. Dans les désordres qui advinrent, l'impartiale histoire doit attribuer à chacun sa part de responsabilité encourue. Nous rappellerons donc que, d'après l'édit donné par Henri IV à Saint-Quentin en décembre 1594, il ne pouvait y avoir à Doullens qu'un maieur et six échevins, sans qu'il fût permis de les continuer plus de deux ans en exercice, et sans que le prévôt royal pût être nommé à cette charge qui était regardée comme incompatible avec ses fonctions. C'était une importante modification dans l'organisation municipale, mais Doullens avait trop à se faire pardonner par le nouveau monarque pour oser tenter la résistance et l'insoumission. Aussi la volonté royale fut-elle observée jusqu'à la déclaration de guerre de 1635. Mais alors, les gouverneurs de la ville et de la citadelle, abusant de leur crédit pendant les troubles, s'ingérèrent de nommer le maieur et le premier échevin ; et, comme ils étaient parvenus à se rendre tout-puissants dans la cité, cette puissance arbitraire fut pour eux toute la loi.

Par cette mesure le corps municipal se trouvait en partie asservi, et les plaintes hésitaient à se faire jour. Mais les bourgeois connus sous le nom de maieurs de bannières n'avaient pas abdiqué la vieille énergie de leurs ancêtres et ils déclarèrent qu'ils n'abaisseraient pas leurs droits et l'indépendance de leur mandat aux pieds de la force protectrice de l'illégalité. En conséquence ils s'adressèrent au roi, lui représentèrent que, ayant été choisis d'après les réglements, ils avaient seuls qualité pour procéder à l'élection des nouveaux maieur et échevins, et qu'ils protestaient contre l'usurpation de pouvoirs commise par le gouverneur militaire (1) qui venait d'investir des fonctions de maire le prévôt royal. Le monarque fit droit à leurs réclamations, et expédia une lettre de cachet du 20 août 1665, pour qu'il fût procédé à une nouvelle élection *avec liberté de suffrage*, selon les édits.

A son tour, L. Guilbert trouvait de son goût le cumul des charges de prévôt et de maire, et il tenait d'autant plus à cette dernière dignité qu'il y voyait une compensation à l'amoindrissement de la première, puisque, comme nous l'avons dit ailleurs, L. Guilbert n'était

---

(1) Augustin de Lameth, marquis de Baule.

que prévôt forain, sans aucune juridiction sur la ville et la banlieue. On comprend que son amour propre et son intérêt étaient trop en cause pour lui inspirer la pensée de céder sans résistance. Il résista en effet, et pour terminer le litige, il fallut l'intervention du Conseil d'Etat qui, par son arrêt du 31 août 1666, déclara que le prévôt Guilbert serait maintenu maire *pour cette fois seulement, et sans tirer à conséquence.*

Toutefois, le dit arrêt faisait observer que le prévôt royal n'avait d'autres droits que ceux d'assister à l'élection, sans y avoir voix délibérative, de recueillir les suffrages et de faire prêter aux nouveaux élus le serment de fidélité. Il ajoutait que trois échevins devaient sortir par chaque année, et que le maieur ne pouvait être continué pour la deuxième année s'il n'avait eu au moins les deux tiers des voix (1).

Tel était donc le mode d'élection de l'administration municipale de Doullens sous le règne de Louis XIV. Malgré toute son autorité, ce roi absolu cédait, comme on le voit, devant les faits arbitrairement accomplis par un simple gouverneur militaire d'une petite ville. Ce fut, sans doute, grâce à l'état de guerre où l'on se trouvait que les choses se passèrent ainsi, autrement les gouverneur et prévôt Doullennais auraient peut-être payé cher leur désobéissance, surtout si le monarque avait beaucoup tenu au système électif.

Non, Louis XIV n'aimait pas les libertés communales ; il en voulait surtout à l'esprit d'indépendance que ces libertés entretenaient dans les provinces. Sa grande voix se fit donc entendre ; et avec ce ton décisif que lui permettait le principe monarchique arrivé à l'apogée de l'absolutisme, il confisqua à la mairie son plus beau privilège, celui d'être conférée par le libre suffrage des habitants (août 1692). Il fallut se soumettre à la sévérité de cet arrêt et dire adieu aux antiques franchises municipales. La lettre suivante à l'Intendant de Picardie donne la mesure de l'intervention royale, même avant cette époque :

MONSIEUR,

« Le sieur de Leyraud, lieutenant de roy de Doullens m'ayant escrit ces jours passez
» que le mayeur de cette ville estant malade depuis six mois, et son lieutenant mort
» depuis peu, il seroit nécessaire d'en mettre un autre à la place de celuy qui est décédé.
» Et pour cet effet m'ayant escrit que le nommé Dué procureur seroit bien un sujet propre
» pour remplir cette charge, j'en aurois rendu compte au Roy, au dernier conseil, qui m'a
» ordonné de vous faire ces lignes pour vous dire de vous informer de la personne dud. Dué,
» et s'il a les qualitéz nécessaires pour remplir cette place....

CHATEAUNEUF.

A M. DE BRETEUIL (2).

Saint-Germain-en-Laye, 20 décembre 1680.

Outre l'accomplissement intégral du programme si connu : *l'Etat, c'est moi*, le monarque

---

(1) Renseignements dus à l'obligeance de M. Pouy, auteur des *Recherches historiques et bibliographiques sur l'imprimerie et la librairie dans le département de la Somme.*

(2) Recueil des *lettres adressées à M. de Breteuil.* (Bibl. com. d'Amiens).

avait encore en vue de créer une nouvelle source de revenus. La mairie devint donc une charge vénale, un moyen de se procurer de l'argent. Erigée en titre d'office, elle resta la propriété de celui qui en avait fait l'acquisition. On créa aussi deux assesseurs, donnant leurs suffrages avec les échevins, qui seuls étaient renouvelés. Sur cette pente, l'absorption devait bientôt succéder à la domination. Les fonctions d'échevins furent, en effet, érigées à leur tour en titre d'office, comme celles des autres officiers de la ville, et alors la mairie ne fut plus qu'un mécanisme entre les mains du roi, n'ayant mouvement et vie que sous son bon plaisir (1702).

Le xviii° siècle n'offre à l'histoire municipale de Doullens, comme des autres villes, qu'une suite de changements et de modifications. L'autorité absolue s'étant emparée de l'administration communale, y introduisit à son gré, toutes les combinaisons qu'elle crut les plus propres à en faire un rouage au profit de l'élément royal. Elle créa dans chaque municipalité deux maires perpétuels, alternatifs et triennaux, qui se relevaient tous les trois ans, comme les soldats qui se succèdent pour monter leur faction (1706) ; puis, ce fut le tour des échevins à subir cette modification en 1709. Cinq ans après, la vénalité des charges était supprimée, et les communes rentraient dans leurs anciens droits électoraux pour la réorganisation des municipalités, sauf indemnité aux titulaires dépossédés (1717). Elles se les virent confisquer de nouveau en 1727. C'était le besoin d'argent qui rendait encore une fois vénales les fonctions de maire et d'échevin ; mais dans ce marché avilissant, les communes pouvaient être adjudicataires, en soumissionnant comme les simples particuliers. Enfin, après un nouvel essai du système de nomination pure et simple par ordonnance royale (1733), on revint bientôt à l'élection (1748). Les communes durent se sentir profondément humiliées de se voir ainsi mises à l'encan, et devenir le jouet de la volonté du maitre.

Le 3 juin 1750, Louis XV réunit au corps de ville dix-sept officiers municipaux. De nouveaux édits ne tardèrent pas à modifier plus d'une fois encore l'organisation communale. On y introduisit un troisième élément, c'est-à-dire que des conseillers furent adjoints au maire et aux échevins, dont le nombre resta très-restreint. Les autres officiers municipaux furent un procureur du roi et un procureur fiscal, un greffier, un receveur des deniers patrimoniaux et des octrois.

Les gens de justice, les corporations libérales, presque aussi nombreuses et plus habiles que les corps des marchands et des artisans, finirent par accaparer les charges de maieur et d'échevin, et l'autorité royale qui, comme toujours, trouvait dans ces hommes des serviteurs dociles et des instruments passifs, se garda bien de parler d'incompatibilité de fonctions. Au contraire, son intérêt exigeant le maintien de leur domination à l'exclusion de l'élément bourgeois plus indépendant de sa nature, elle érigea une dernière fois les dignités municipales en titre d'office ; et, le 28 septembre 1772, M. Couleau de Boisserand, chevalier de Saint-Louis, acheta la charge de maire perpétuel. Après lui, ce fut son frère, qui était déjà prévôt royal ; et, en 1780, M. Lesenne. C'est donc dans ces conditions que la mairie de Doullens resta jusqu'à la révolution. La bourgeoisie, à peu près entièrement exclue de toutes fonctions publiques, avait perdu toutes ses conquêtes.

Il est à remarquer que les actes qui émanaient de la mairie furent scellés dans les premiers temps du sceau des marmousets, puis de celui de la ville. Nous ignorons quand on a cessé de faire usage du premier de ces deux sceaux. Il y avait aussi le *scel aux causes*, que des renseignements assez vagues nous donnent comme distinct des deux précédents. C'était celui de la justice échevinale. Les anciennes chartes se terminaient assez fréquemment par ces mots : « Donné a Doullens, ville empruntée du Roy nostre sire ; » et d'autres fois : « Terre empruntée des maire et eschevins. » Nous avons retrouvé cette dénomination en usage même au xviiie siècle. L'intitulé des actes était sur un ton plus solennel encore. Un titre qui a un peu plus de cent ans de date commence ainsi : « Nous, maire, eschevins » et commune de la ville et banlieue de Doullens, vicomtes et seigneurs hauts-justiciers de » la dite ville et banlieue et seigneurs fonciers des fiefs et seigneuries de Hem, d'Auricourt, » de Hardinval, de la tour de Beauval, du prieuré de Saint-Pierre-la-Hors et de la porte de » Cercamps situées en la dite ville et banlieue.... »

La révolution fit disparaître tout cet étalage de titres, supprima la vénalité des charges, en abolit l'hérédité, et rétablit l'élection, source véritable du pouvoir municipal. Le nouvel ordre de choses fit l'objet des décrets des 12, 19 et 30 décembre 1789, rendus par l'assemblée nationale. La municipalité de Doullens se composa d'un maire, de huit officiers municipaux, des notables et d'un procureur. Puis, en 1795, on ne connut plus de maire, de lieutenant ni de procureur, mais seulement un agent municipal et son adjoint, tous deux électifs et nommés pour deux ans. Puis encore, Bonaparte rétablit des maires, des adjoints et des conseillers, dont il confia la nomination à ses préfets. Dans ces derniers temps, les révolutions de 1830 et de 1848 rendirent au peuple, quoiqu'à un degré différent, l'usage du droit électoral ; mais Doullens eut beau fêter la bienvenue de chaque révolution, applaudir à tout enfantement de la liberté, faire écho à toute proclamation de formules d'égalité, la petite cité oublia toujours qu'elle n'aurait pas le choix de son maire ni de ses adjoints.

LISTE DES MAIRES.

1202.	Michel de Busquoy.	1507.	Leboin.
1206.	Wallon de Senarpont.	1567.	Paul de Lisque, écuyer.
1211.	W. Nani	1574.	Roger-Petit.
1212.	Mathieu Taupin.	1586.	N. Cauvoir.
1236.	Pierre Jordan.	1614.	Jéhan Moreau.
1318.	Jacquemond Pignerre.	1616.	Id.
1366.	Robert.	1624.	Robert de Retin.
1502.	Delabye.	1625.	Nicolas Lemery.
1504.	Le Viésier.	1626.	Jéhan Moreau.
1505.	Leboin.	1634.	François Le Caron.

1637.	Pierre Gosset.	1780.	Lesenne.
1640.	François Boitel.	1789.	Le Correur.
1663.	Prévost de Montaubert.	1790.	Gorjon de Verville et Alexandre.
1665.	L. Guilbert, prévôt royal.	1791.	Daullé.
1676.	J. Vignon.	1792.	Baclet.
1681.	Duez.	1793.	Darras-Dupuis.
1687.	J. Vignon.	1795.	Hémery.
1690.	François Fournet.	1800.	Darras, fils.
1699.	Charles de Montaubert.	1808.	De Banastre.
1700	Louis Brisse.	1820.	Delapalme.
1711.	Prévot de Mironcourt.	1825.	Maille.
1712.	Duez.	1830.	Housiaux.
1713.	Thomas Lucet.	1831.	Delapalme.
1719.	Damy.	1835.	C. Dieulouard.
1724.	Legrand.	1837.	Vast-Voisin.
1742.	Jean Goyer.	1838.	Dequen.
1755.	Gigault d'Olincourt.	1840.	Maille-Campion.
1759.	Jean Goyer.	1846.	Vast-Voisin.
1771.	Gigault d'Olincourt.	1848.	C. Dieulouard.
1772.	Couleau de Boisserand.	1855.	Labourt.
1778.	Id., frère du précédent.	1862.	Marquet.

§. II.

Justice municipale. — Examen de la Charte communale.

Réserves faites par le pacte fondamental. — Réunion de la vicomté à la commune à titre onéreux. — Justice royale et patrimoniale. — La charte laisse trop à l'arbitraire. — Amendes. — Banpissement. — Confiscation. — Démolition de la maison du coupable. — Peine de mort. — Gages de bataille et duel. — Incompatibilité du droit de bourgeoisie avec les obligations du fief. — Franchises diverses et priviléges.

Si la charte de Guillaume III (1) garde le silence sur l'organisation municipale, sur l'étendue des fonctions administratives du maieur et des échevins de Doullens, dont elle ne fait que constater et reconnaître l'existence, il n'en est pas de même par rapport à leurs droits judiciaires. La plupart de ses dispositions n'ont, au contraire, d'autre objet que de déterminer la sphère de leur juridiction, de définir leurs attributions de juges, et d'énumé-

(1) Voir cette charte aux pièces justificatives, n°s 6 et 6 *bis*.

rer les hommes et les choses qui sont soumis à leurs décisions et à leurs arrêts. Elles nous présentent la commune comme une petite république qui a non-seulement autorité et pouvoir de faire pour le bien des citoyens, tous statuts, édits et ordonnances, mais encore qui possède la connaissance, le jugement et la correction de tous cas et délits commis dans l'étendue de son territoire. C'est le tiers-état qui complète sa victoire sur le régime féodal ; c'est la bourgeoisie qui s'affirme elle-même, et qui, pour consacrer le divorce avec ses anciens maîtres, se fait attribuer toute justice et seigneurie.

Le comte de Ponthieu, en conférant aux bourgeois de Doullens les franchises énoncées en la charte de 1202, eut soin de spécifier, dès le premier article, que ces concessions étaient faites *sous les réserves des droits de la Sainte Eglise, des siens propres, de ceux de ses héritiers et des principaux seigneurs du comté.* C'était évidemment retenir d'une main ce qu'il accordait de l'autre ; c'était de plus ouvrir la porte à de nouvelles contestations. Aussi tous les ecclésiastiques, les établissements religieux et les ayant fiefs dans la ville et la banlieue, excipèrent-ils sans cesse de ces termes restrictifs de la charte : c'est ce qui engagea la commune à faire, autant qu'il lui fut possible, l'acquisition des fiefs assis dans ses limites. Elle faisait disparaître par là les occasions de luttes. Ces restrictions admises, le comte savait bien jusqu'où il s'engageait, en autorisant chacun à être fidèle à son juré, et à lui donner, au besoin, aide, force et conseil.

Les différentes concessions qu'il fit dans le pacte fondamental constituaient, au fond, la réunion de la vicomté à la commune à titre de féodalité. Le corps de ville succédait ainsi aux principaux droits du vicomte, et les seigneurs particuliers ne conservaient plus qu'une justice foncière pour le maintien des droits de leurs seigneuries, que la charte entend sauvegarder. Mais ces concessions n'ont pas été faites gratuitement ; elles ne sont, au contraire, que les dispositions d'un contrat onéreux. C'est une vente à prix d'argent antérieurement consentie par Gui, comte de Ponthieu ; et, si le titre n'en a pas été délivré, le paiement en fut effectué : *Cum avus meus Guido, comes Pontivi, burgensibus Dullendii communiam vendidisset, et super illa venditione scriptum authenticum non haberent,* etc.

De plus, comme Guillaume ajoute de nouveaux droits aux octrois faits par son aïeul ; malgré le paiement précédent, il faudra financer encore, et les priviléges accordés ou renouvelés ne sont que l'équivalent de trois aides clairement stipulées au profit du comte. Voilà bien de nouveau une condition onéreuse, un second paiement à faire, et qu'il ne faut pas passer sous silence : *Nec silentio prætereundum est quod tria auxiliia iidem Burgenses mihi tenentur ex debito solvere.* Le corps de ville jouissait donc de la justice royale, à cause de la réunion de la vicomté, et de la justice patrimoniale (1) qu'il avait acquise à titre onéreux. En conséquence, le maire et les échevins exerçaient toute justice et seigneurie, haute, moyenne et basse, dans l'étendue de la ville et de la banlieue. Par leur droit de haute justice, ils jugeaient de toutes les causes réelles et personnelles, qui entraînaient toute espèce de

---

(1) Fille de la terre, la justice devint immuable comme elle. Elle fut appelée *patrimoniale*, parce que le patrimoine était la souveraineté. (Chateaubriand. *Etudes historiques.*)

peines, depuis l'amende jusqu'à la mort. La moyenne justice ne permettait que de prononcer des amendes, et la basse justice n'était qu'une juridiction de police.

Cependant, quoique ces priviléges leur eussent appartenu pour les avoir achetés et payés; quoique la charte qui les consacrait n'eût été que le titre du contrat et le témoignage authentique du marché, le maire et les échevins eurent besoin d'invoquer plus d'une fois en leur faveur les dispositions de ce pacte fondamental, qui formulaient les droits acquis et leur en garantissaient l'exercice. C'est parce qu'ils comprirent toute la valeur de ce titre de propriété qu'ils eurent soin de le faire reconnaître par différents arrêts et d'en demander à plusieurs de nos rois la consécration nouvelle par des lettres confirmatives. Aussi ce caractère particulier et bien établi de la charte communale fit-il obstacle à ce que l'ordonnance de Moulins, qui enlevait aux municipalités la connaissance des affaires criminelles et civiles pour ne leur laisser que le jugement des affaires de police, fût mise à exécution à Doullens.

Il est vrai que certaines dispositions devaient donner lieu à bien des procès, surtout lorsque la coutume locale que la charte garantit également, n'offrait point de données certaines pour élucider la question. Beaucoup de choses étaient remises à l'arbitraire ; car outre qu'il n'y avait pas de code à consulter, ni d'avocats pour discuter contradictoirement les causes, les magistrats appelés à rendre la justice n'étaient pas préparés par une étude spéciale à l'exercice de leurs fonctions. C'est pour cela qu'on les voit, dans les cas embarrassants, *aller à l'avis,* c'est-à-dire demander conseil aux villes voisines, à Abbeville, à Amiens et à Saint-Quentin. Ces consultations sont ensuite transcrites par le greffier sur un livre spécial appelé : livre des *records de loy*. Les jugements rendus sont également insérés dans le *livre rouge*, afin qu'on puisse s'en servir au besoin ; mais cette transcription est surtout ordonnée pour les décisions judiciaires, qu'on ne peut baser sur aucun précédent. Cette recommandation est même l'objet d'un article de la charte : *Si aliqua nova questio a retro temporibus non judicata... orta fuerit, judicio scabinorum terminabitur, et ne quod judicatum est oblivioni tradatur, autenticæ scripturæ commendabitur.*

Ces mesures de précaution formaient, avec les auditions de témoins et les gages de bataille, les seuls éléments de garantie, tant pour la conscience des juges municipaux que pour l'intérêt des justiciables. C'était, comme on le voit, une législation bien imparfaite, très-incomplète, et offrant de nombreuses lacunes. Elle laissait trop de place à l'interprétation individuelle, au sens particulier, comme aussi un champ trop peu limité à la compétence du maire et des échevins qui, pour étendre leur autorité, auraient volontiers absorbé la connaissance de toutes les affaires ; enfin, trop de latitude était abandonnée à l'arbitraire pour l'application de la peine. Voilà pourquoi les appels au Parlement furent si fréquents; il était juge en dernier ressort des décisions municipales ; et, de son côté, le bailli d'Amiens intervenait pour faire respecter l'autorité du roi, et déférer à la cour les affaires dans lesquelles l'échevinage lui paraissait commettre une usurpation de pouvoir.

Entrons maintenant dans quelques détails sur la charte de commune ; et puisqu'elle ne fait que consacrer des droits déjà acquis, et reconnaître authentiquement les usages et coutumes qui avaient force de loi, laissons la pratique, quand nous pourrons la constater, donner au texte son explication, sa portée et son développement. La conformité presque entière qui existe entre la charte de Doullens et celle d'Abbeville nous dispense d'un long travail. C'était pour les deux cités, les mêmes droits et les mêmes usages : *Burgensibus Dullendii concessi communiam habendam secundum jura et consuetudines communiæ Abbatis villæ*, à tel point que ce que la charte doullennaise ne pouvait décider, devait être jugé par la commune d'Abbeville : *quod per hoc scriptum nequeat terminari, per communiam Abbatis villæ terminabitur*. Nous ferons aujourd'hui encore comme le comte de Ponthieu voulait qu'on fit alors, et nous renverrons à Abbeville, c'est-à-dire au second volume de l'histoire de cette ville, par M. Louandre, ceux qui désireraient des détails plus étendus. Notre travail ne doit être qu'une analyse :

Les crimes et délits étaient punis à Doullens par l'amende, le bannissement, la confiscation des biens, la mutilation d'un membre, la démolition de la maison du coupable, la peine capitale.

L'amende variait, suivant la nature ou la gravité du fait ; vingt sols pour un coup de poing ; neuf livres pour toute blessure à main armée. D'après la coutume locale, le coup de pied ou de poing encourait encore la prison ; et l'amende pour blessure faite « de main » garnie, » était de « soixante sols parisis, ou arbitraire, selon l'exigence du cas. » Les injures ou *laidits* étaient également punies d'une amende non déterminée par la charte, mais fixée à cinq sols par la coutume locale et avec prison. Si elles étaient graves, diffamatoires, scandaleuses ou à l'adresse du maire et des échevins, l'amende devenait arbitraire et était accompagnée de prison et d'amende honorable. Nous verrons que l'humiliation de cette dernière peine n'a pas été épargnée au seigneur de Beauval.

On retrouve ici, dans l'application de ces peines pécuniaires si souvent laissées à la fantaisie des juges, un témoignage de l'esprit cupide qui fut si longtemps le caractère de la féodalité. Les seigneurs qui s'étaient arrogé le droit de rendre la justice, avaient fait de ce droit sacré un trafic, une source de lucre, un moyen commode de battre monnaie à leur profit. « Lorsque les communes leur succédèrent, dit M. de Beauvillé, elles suivirent le » mode adopté depuis des siècles, et n'eurent garde de le changer ; elles s'approprièrent » avec empressement le produit des amendes que le maieur prononçait. Ces amendes facul- » tatives variaient suivant la position et la fortune des coupables, et formaient une partie » des revenus municipaux. » Mais l'arbitraire consacré par la charte, quoique passé dans les mœurs et accepté universellement, n'en était pas moins un grave défaut de garantie qu'on appellerait aujourd'hui une *immoralité*.

Le bannissement (1) était la peine infligée à celui qui avait blessé avec des armes, avait

---

(1) La charte de Guérard, sire des Autheux, rapportée au n° 19 des pièces justificatives, nous fait voir que le nommé Williame Morel a été banni, en 1331, *à tousjours sur le hart*, c'est-à-dire, sous peine d'être pendu.

donné asile à quelque ennemi de la commune, s'était rendu coupable d'homicide ou avait attiré sur les habitants de la cité des dommages graves, conséquence de la colère du comte ou de quelque puissant seigneur. Ce châtiment accompagnait presque toujours la destruction de la maison du coupable. Il était temporaire ou perpétuel, c'est-à-dire proportionné à la gravité de la faute. Le maieur le proclamait devant le peuple, et les officiers municipaux conduisaient le banni jusqu'à la limite de la banlieue, où ils le déposaient avec un certain cérémonial et en lui adressant une formule d'usage.

La confiscation des biens était aussi la compagne obligée du bannissement, aussi bien que la peine du larcin, et le châtiment de quiconque avait détourné les marchands de s'établir dans la banlieue. Dans ce dernier cas, la pénalité parait exagérée ; mais c'est parce que la faute est considérée comme une violation de la commune : *Tanquam de violatore communiæ justitiam facient*. Cette disposition se justifie par le besoin qu'avait la ville industrieuse de protéger le commerce qui la rendait florissante, en lui apportant un élément de vie. Aussi les biens du coupable sont-ils confisqués à son profit, et comme dédommagement : *Res suas comprehendere poterunt*, tandis que ceux du larron doivent être réservés pour l'usage du comte : *Res furis ad opus meum asservabuntur*. Dans ce dernier cas, c'était le vicomte qui opérait la saisie, et dans le premier les officiers municipaux.

Une autre pénalité, que nos mœurs modernes ne comprendraient pas, était celle qui se traduisait par la démolition de la maison du coupable. Elle avait sans doute sa raison d'être, car elle était la conséquence de la privation du droit de cité ; et les circonstances dont elle était accompagnée indiquent qu'on voulait lui faire produire une impression salutaire. En effet, le jour de la démolition venu, la cérémonie était annoncée par le son des cloches, afin de convoquer le peuple, et c'était en sa présence que des ouvriers abattaient la maison jusqu'à ce qu'il n'en restât plus pierre sur pierre. Le maieur frappait le premier coup de marteau sur cette demeure condamnée, et parfois semait du sel sur ses débris, comme pour indiquer que c'était un lieu maudit et frappé désormais de stérilité. Sans doute c'était là un spectacle capable d'impressionner ; mais il aurait dû, sous peine d'aller au-delà du but proposé, ne se produire qu'à de rares intervalles, pour le seul cas de meurtre, par exemple. Au contraire, la charte en faisait le châtiment de trop nombreux coupables, puisqu'elle l'admettait encore pour coups et blessures avec des armes, pour l'hospitalité donnée à un ennemi de la commune, pour dommages provoqués contre les habitants par suite de la colère du comte. Lorsque le coupable n'avait pas de maison à livrer à la justice, on le forçait même d'en acheter une de la valeur de cent sols afin que la sentence pût être exécutée. Aussi qu'arriva-t-il ? cet usage eut pour effet d'enlaidir et de ruiner la ville, et il fallut bien vite modifier cette pénalité. Par charte du mois d'août 1212, c'est-à-dire, dix ans seulement après la première, Guillaume III, comte de Ponthieu, décida qu'attendu le dommage causé à la ville par la destruction des maisons pour les cas de meurtres et de blessures, il serait loisible au maire et aux échevins de remplacer la démolition par une autre peine : *Super quo damnum in castello meo incurrebat, concessi quod.... domum suam redimere poterit....*

in utilitate villæ (1). Tout en souscrivant à cette modification, disons que la cause qui la rendit nécessaire ne prouve pas en faveur des Doullennais de ce temps-là. Le corps de ville se hâta d'en profiter : c'était l'occasion de palper de fortes amendes au profit de la commune.

Voici maintenant la consécration de la loi du talion : *Membrum pro membro, caput pro capite*, c'est-à-dire que quand la victime avait été mutilée, quand la mort avait suivi la blessure, le coupable subissait à son tour la mutilation ou payait de sa tête. Mais à toutes les époques, la mutilation put aussi se racheter par l'amende. L'échevinage comprit qu'elle était sans profit pour la commune, tandis que l'amende, tout en punissant le coupable, remplissait la *huche municipale*.

La peine de mort consistait le plus souvent dans la pendaison. Qu'elle eût été infligée à l'homicide, c'était justice ; mais elle devenait aussi le châtiment du vol, c'est ce qu'on peut à peine croire. Art. II : « Il est ordonné que si quelqu'un apparait coupable de larcin....
» ce larron sera premièrement jugé par les échevins, et souffrira la peine du pilori, puis il
» sera livré à mon vicomte et à mes officiers (2). » Puisque dans les affaires difficiles, épineuses, c'était l'usage *d'aller à l'avis*, nous aimons à croire que, dans les affaires criminelles, lorsqu'il s'agissait de pendre, de décapiter, de brûler, d'enfouir tout vif, on faisait de même, et que la vie d'un homme n'était pas moins soumise à des formes, à des lenteurs d'examen que le moindre de ses biens. Les maires et échevins d'alors, quoique leur nomination eût été entourée de plus de garantie, n'avaient pas encore reçu le caractère d'infaillibilité comme aujourd'hui.

Si donc l'accusé était reconnu coupable, il recevait sa sentence de mort à la barre du tribunal des échevins, puis on le conduisait au pilori, qui se trouvait à l'extrémité de la ville, sorte de poteau d'exposition auquel il était attaché par le maieur avec l'aide des sergents du vicomte, qui le traînaient ensuite aux fourches patibulaires, où il était pendu. C'était sur la plate-forme de la porte Saint-Ladre que s'élevaient ces piliers de la haute-justice communale. C'est là, en effet, qu'on exposa au bout d'une pique, une partie du cadavre de l'infortuné Jacques de Coucy-Vervins, gouverneur de Boulogne, qui, soit par trahison, soit par lâcheté, avait livré cette ville à Henri VIII d'Angleterre, le 14 septembre 1544 (3). C'est là aussi que, quelques années après, en 1568, on attacha sur un pieu une

---

(1) Voir pièces justif. n° 8. Nous n'avons pas rapporté la charte du comte Guillaume, parce qu'elle est reproduite dans le diplôme confirmatif du roi Philippe, en date de 1221.

(2) Constitutum est quod si quis de furto reus apparuerit.... fur primo a scabinis judicabitur, et pænam pilorii sustinebit, postea preposito meo tradetur.

(3) M. Dusevel fait erreur de date, lorsqu'il dit dans *la Picardie*, n° d'octobre 1864, page 434, que le supplice de Coucy-Vervins eut lieu en 1539. Le manuscrit Morin de la bibliothèque de Boulogne dit au contraire :

> L'an mil cinq cent quarante et quatre,
> Un Vervins lassé de combattre.
> Par un jour de Sainte-Croix,
> Rendit Boulogne aux Anglois.

Ce fut plus tard que le malheureux gouverneur paya de sa tête le crime *d'avoir pris peur et capitulé*. (Hist. de Henri VIII par Audin, p. 384 du tome II.)

cuisse de François Cocqueville, coupable, comme nous l'avons dit ailleurs, de bien des méfaits, et en particulier du crime d'avoir dévasté par le feu le couvent de Dammartin, et brûlé dans de la poudre à canon le V. Jean de Hecque, religieux de cette maison.

L'échevinage tenait beaucoup à ce signe de sa juridiction suprême, et nous le verrons entrer en lutte sérieuse avec le seigneur de Beauval, qui, lui aussi, était si fier de ses fourches patibulaires, qu'il les avait plantées même au dehors de ses limites.

Dans les affaires obscures et difficiles, criminelles ou civiles, alors que les preuves n'étaient pas assez décisives, on avait recours au duel. C'était, dans les idées du temps, ce qu'on croyait être le jugement de Dieu. Il était précédé d'un défi devant le tribunal ; celui qui le demandait jetait son gant comme *gage de bataille* (1). Le maieur devait fixer le jour du combat. L'ajournement expiré, si la paix n'était intervenue, le vicomte appelait les parties *ad sancta*, c'est-à-dire en présence des reliques, et là, il les exhortait à la conciliation, et commandait que *li un prenne l'autre par le manche sans estraindre ne sans vilainie dire ne faire*. Les champions juraient ensuite qu'ils ne portaient sur eux aucun charme, que leurs armes n'étaient point enchantées par sorcellerie, et qu'ils ne se confiaient qu'en Dieu, leur bon droit, leurs armes et la force de leur bras. La charte admettait les gages de bataille et le duel, mais à condition que le combat aurait lieu en présence du vicomte : *Si res usque ad vadia et duellum processerit, in præsentiâ Domini cujus est præpositura causa debet terminari.*

La charte règle encore la situation délicate des fiefs à l'égard de la commune, et elle a soin de stipuler à chaque décision la réserve des droits du seigneur : *Salvo jure Domini*. Elle ne veut pas que les priviléges accordés, en attirant les étrangers par l'appât de l'affranchissement, servent à la dépopulation des domaines du comte ou des seigneurs possesseurs de fiefs dans l'étendue de la ville et de la banlieue. En conséquence, les bourgeois ne peuvent conférer le droit de cité aux individus qui sont assujettis à un service personnel : *Salvo jure et servitio Domini*, à moins que le seigneur ait bien voulu faire abandon de ses droits, et accorder l'autorisation nécessaire. Si le contraire arrive, celui qui, par erreur, aura été reçu membre de la commune pourra, sur l'avertissement qui lui sera donné, quitter la la ville avec tout ce qui lui appartient, dans le délai de quarante jours ; autrement le seigneur conservera pendant trois ans le droit de se saisir de sa personne et de ses biens. Passé ce délai, la prescription est acquise au transfuge pour sa personne et ses biens, mais non pour la jouissance simultanée du fief et du droit de commune, si le seigneur n'y consent pas. Il en est de même pour tout fieffé par fait d'acquisition ou de permutation. Il doit opter, car les priviléges de la bourgeoisie sont incompatibles avec les obligations du fief. Une exception naturelle et très-juste existe pourtant en faveur de quiconque obtient un fief par mariage ou héritage ; mais le bourgeois n'est pas pour cela dispensé de ses obligations envers le seigneur : *Salvo jure et servitio Domini*.

(1) En 1314, « les batailles et le wage furent deffendues du quémandement du Roy, » mais sous Louis-le-Hutin, le peuple les redemanda.

La bourgeoisie était héréditaire, comme la noblesse, et se transmettait par le mariage. Les étrangers qui voulaient s'établir dans la ville et y acquérir la bourgeoisie devaient prêter serment, et payer entre les mains du maieur ou de l'argentier (1) un droit dont la quotité varia avec le temps ; au xvi⁰ siècle, ce droit était de 22 sous ou d'une paire de gants (2). On conférait quelquefois aussi le droit de cité en reconnaissance d'un service rendu à la commune. Lorsque la qualité de juré était incertaine ou contestée, la charte autorisait à en faire la preuve par témoins. C'est parce que le titre de bourgeois était, à l'origine, un titre de distinction et de privilège, que les nobles eux-mêmes voulurent en être investis. On ne le leur conférait qu'à regret, parce qu'on prévoyait bien que l'administration municipale ne tarderait pas à passer entre leurs mains.

Aucune taille n'est due par les habitants pour ce qu'ils possèdent dans la commune ; mais aussi, s'ils participent aux avantages de l'affranchissement ; si l'étendue de la ville et de la banlieue est comme un champ clos privilégié que le comte lui-même s'engage à faire respecter, prenant l'obligation pour ses successeurs et autres seigneurs de n'y élever aucune forteresse nouvelle : *Infra hos terminos nec ego, nec heredes mei, nec aliquis alius aliquam munitionem præter illam quæ est infra Dullendium firmare poterimus ;* si les bourgeois ne peuvent être assujettis à plaider hors de l'enceinte de leurs murailles, fût-ce même contre le comte ou ses héritiers : *Nec Burgenses à muris Dullendii causâ placitandi adversum me et hæredes meos debent exire,* ils sont tenus, par contre, aux charges publiques, et il faut qu'ils acquittent leurs dettes envers la cité par les impôts, et en particulier par des travaux personnels à l'entretien des fortifications. Il est vrai que les eaux qui existent dans l'intérieur appartiennent au comte, mais il sera obligé à la réparation des dommages qu'elles occasionneront.

Doullens est donc une ville *de loi* ; la charte en fait encore une *ville d'arrêt,* car elle veut que les bourgeois y puissent exercer toute saisie, sans l'avis même du bailli. Le comte cède, de plus, aux habitants son *minage,* c'est-à-dire son droit de mesurage sur chaque mine de blé, mais à la charge d'une redevance annuelle de dix livres de monnaie de Ponthieu, et il spécifie les autres droits qui lui resteront dus, tels que ceux de pesage, de change, de frocs, à moins que les habitants ne justifient par titres de la franchise de leurs maisons. Enfin, une circonscription déterminée est assignée à la banlieue, et tous les waquiers (marais et pâturages) qui y sont renfermés, sont concédés à toujours aux bourgeois pour en jouir librement et paisiblement.

---

(1) L'argentier était le receveur ou trésorier municipal. La ville lui payait en 1713, 24 livres parisis.

(2) Cet usage venait de ce que primitivement le seigneur prenait des gants pour donner l'investiture, ou plutôt de ce que le gant transmis par le seigneur était un signe d'investiture.

§. III.

Beffroi et Hôtel-de-Ville.

Premier beffroi. — Il est remplacé par la tour de Beauval. — Construction de l'hôtel-de-ville. — Érection de sa chapelle. — Sa ruine. — Construction de la façade actuelle. — Séjour qu'y fit le cardinal de Richelieu. — Description du beffroi, de sa cloche et de l'hôtel-de-ville, d'après le plan du sieur Beffara.— Restauration récente.

Nous avons déjà dit, au chapitre premier de cette histoire, qu'un titre de 1275 mentionne un *béfray*, assis à Doullens, au-dessus du *molin Fourmenterech* (depuis Fromentel), situé sur la Grouche. Il s'élevait non loin de la limite de la ville, puisque la rue de l'Espinette, qui conduisait audit moulin Fromentel, n'était qu'un chemin entre des jardins.

Dans la rue du *Bourc*, se dressait une autre tour, fière de son ancienne destination, car elle avait servi de demeure aux puissants comtes de Ponthieu pendant leurs voyages à Doullens, et était encore le domicile du vicomte, quand il daignait honorer de sa présence la petite cité. Siége de juridiction féodale, elle avait entendu plus d'un arrêt sévère ; au dedans, les degrés de son escalier s'étaient usés sous les pas des justiciables, débiteurs, censitaires, tenanciers, hommes de fiefs, gens de la plèbe ; et à l'extérieur, se projetait sur les maisons d'alentour le sombre profil de sa physionomie sévère. Elle avait nom : *Tour de Beauval*, parce qu'elle était devenue le chef-lieu du fief domanial du seigneur de ce nom. Ce seigneur qui, en sa qualité de châtelain de Doullens, y faisait un stage de plusieurs mois pendant lesquels il n'était pas soumis à la justice de la commune, voulut étendre ce privilége jusqu'à éclipser le *béfray*, en donnant à sa tour une élévation supérieure (1286). Nous avons rapporté ailleurs la nature et les vicissitudes des conflits qui surgirent à cette occasion, et qui eurent pour dernier résultat la cession à la commune, non-seulement de la tour en question, mais de l'hôtel de Beauval tout entier.

En effet, le *béfray*, auprès du moulin Fromentel, étant de *grant anchienneté, et moult empirié*, on avait raison de se rendre adjudicataire de l'hôtel et de la tour qui avaient causé tant de tribulations. C'était faire disparaître une des exceptions réservées par la charte : *Salvo jure meo et hæredum meorum et Baronum meorum ;* c'était couper court à tout sujet de rivalité ; c'était en même temps trouver un beffroi nouveau tout préparé, dans la tour duquel, avec l'autorisation du monarque (1363), on pourrait *mettre cloches et faire prison*. De plus, il y avait place pour la salle de justice et les assises du bailli d'Amiens. Toutefois cette transformation du manoir de Beauval n'eut lieu qu'un peu plus tard, en 1386. Vingt ans après, en 1406, l'hôtel-de-ville fut construit à son tour ; on ménagea une chapelle dans laquelle Hugues, évêque de Préneste, cardinal et légat du pape au concile de Bâle, permit de célébrer la messe, suivant licence du 31 août 1435. C'était dans cette chapelle que le jour d'élection venu, les maieurs de bannières entendaient la messe avant de prendre part au vote qui devait donner à la ville un maieur nouveau et d'autres échevins.

L'hôtel-de-ville de Doullens, à peine construit, devint célèbre par le traité qui y fut conclu (1417) entre les habitants et le duc de Bourgogne, dont les troupes occupèrent la ville, sous le prétexte que « le Roy et son royaume fussent bien gouvernéz et gardéz contre » les ennemis (1), » C'est là encore que, en 1507, fut rédigée la coutume locale de Doullens, Jean Le Boin étant maieur de la ville. Puis vint l'incendie de la cité, allumé par la main des Impériaux dont la fureur s'abattit aussi sur ce siége de l'échevinage (1522) ; puis encore on vit les ravages et les ruines amoncelés par les Espagnols vainqueurs (1595). Les habitants n'avaient donc pas que leurs murailles à relever, et ils durent inscrire plus d'une fois en tête de leurs dépenses municipales la restauration de leur hôtel commun et de leur beffroi, surtout après cet autre incendie terrible qui, en 1613, les mit en ruine, dévora les archives, 72 maisons et l'église Saint-Pierre.

Malgré tous ces malheurs, les Doullennais ne perdirent pas courage ; et en cette même année 1613, on commença la construction de la façade actuelle de l'Hôtel-de-Ville, qui porte encore les traces de nombreuses blessures. On sait que parmi les souvenirs qui se rattachent à ce monument, il faut citer le séjour qu'y fit le cardinal de Richelieu, en 1640, pendant le siége d'Arras. Derrière cette haute muraille décrépite, de vastes projets de guerre furent médités, élaborés, conclus, et des ordres dictés, sévères, inflexibles comme le génie du premier ministre de Louis XIII. La victoire y fut même mise à l'ordre du jour. Nous avons dit ailleurs que le roi Louis XIV y coucha plus d'une fois, et entre autres, le 1er avril 1678, avec le Dauphin.

Le 12 juin 1773, le sieur Beffara, architecte de la ville et cité d'Arras, rédigea le plan de l'Hôtel-de-Ville de Doullens, nous ne savons dans quel but, ni à quelle occasion. Peut-être était-ce pour servir d'étude à un projet de reconstruction, car, à cette époque, ce monument était déjà dans un tel état de délabrement, qu'il fallut bientôt après transférer les séances de l'échevinage dans l'établissement des Cordeliers. Quoi qu'il en soit, voici comment cet édifice public se contenait et comment ont pu le voir encore les quelques rares témoins des dernières années du xviiie siècle.

La façade extérieure, en pierres et briques à bossages, était ce qu'elle est encore aujourd'hui, sauf les fenêtres du premier étage, qui n'étaient point condamnées. Au rez-de-chaussée, quatre ouvertures donnaient sur la rue du Bourg, c'est-à-dire : 1° la porte cochère, qui laissait accès dans la cour, et de là à un grand *magasin* pour les troupes ; 2° *le corps-de-garde* qui, depuis, n'a pas changé ; 3° *la porte d'entrée* principale décorée d'un *perron* ou parvis (2) qui rappelait les brétèques des anciens Hôtels-de-Ville, et du haut duquel on

---

(1) Monstrelet. Liv. I, ch. 178.

(2) Ce parvis a été démoli au commencement de ce siècle, et remplacé par des marches en grès qui laissent regretter la grille de fer qui en faisait l'ornement.

faisait au peuple assemblé lecture des édits, ordonnances, proclamations, etc.; cette porte d'entrée s'ouvrait sur un *vestibule au-dessous du beffroi* et sur *l'escalier* de la tour ; 4° la *geole* et cuisine du geolier, avec *chauffoir* pour les prisonniers ; *cachot* à droite ; à gauche, *cachot souterrain*, et derrière, la *cour de la prison*.

Au premier étage, en entrant par l'escalier à gauche, se trouvait un couloir conduisant à la *chambre de la prévôté*, dont nous avons vu encore les ruines, il n'y a pas dix ans ; cette chambre qui servait également aux assises du bailli d'Amiens, après qu'il eut quitté la salle de la confrérie de Saint-Nicolas, rue des Charités, donnait sur la rue du Bourg (1). Derrière elle, était celle de l'*Election*, ayant vue sur la cour de l'Hôtel-de-Ville. A droite de l'escalier, on entrait dans la *chambre de la ville,* qu'il fallait traverser pour monter au beffroi ; puis, tout à côté, se trouvait une petite pièce carrée, sans désignation. Enfin vis-à-vis l'entrée de la *chambre de la ville,* un couloir conduisait à la chapelle (2), à laquelle une trappe donnait accès aux prisonniers pour aller entendre la messe (3).

Le beffroi était et est resté une tour en maçonnerie, terminée par une galerie en fer ; mais ce qui lui donne un aspect étrange, depuis qu'il a été frappé de la foudre, c'est son couronnement par une espèce de dôme en bois, recouvert d'ardoises, et d'une forme allongée. Il renferma trois cloches, dont la plus pesante, enlevée par les Doullennais aux soldats de Marlborough, qui eux-mêmes l'avaient prise à Auxi-le-Château, fut refondue plus tard dans l'ancien couvent des Cordeliers. Cette cloche a encore nom *Jeanne d'Auxi*, et porte cette inscription : *L'an 1774, au mois de septembre, sous le règne de Louis XVI, M. le comte de Lannoy, gouverneur de cette ville de Doullens; M. le comte d'Agay, intendant de Picardie ; M. Couleau de Boisserant, chevalier de Saint-Louis, maire ; Gosset, lieutenant ; Dequen, Duflos, Buttin et Delcloy, échevins ; Petit et Dieulouard, assesseurs ; Le Senne, procureur du roi ; Cottin, greffier, et Butin, receveur.*

« Sans doute cet édifice n'a jamais dû être, à aucune époque, un monument public ca-
» pable de faire beaucoup d'honneur à ceux qui l'ont élevé, ni à la cité dont il fut, pendant
» longtemps, la maison commune ; cependant, si l'on envisage les diverses destinations
» auxquelles il satisfait, si on lui rend, en esprit, le mouvement vital et l'animation dont
» il a nécessairement joui en son temps, » si surtout on tient compte de son origine et des souvenirs anciens qu'il rappelle, on comprendra que Doullens veuille conserver dans son sein ce vieux témoin d'un autre âge, qui a été le foyer municipal de la cité. La question de sa reconstruction avait été posée, en 1846, dans le dessein d'y établir la justice de paix, l'école primaire et tous les autres locaux utiles à la ville ; mais les 120,000 francs demandés pour faire face à cette dépense, effrayèrent le conseil municipal, plus que le danger de voir s'écrouler cette grande ruine qu'on lui montrait vermoulue et délabrée, et il ne consentit qu'à la dépense nécessaire pour l'installation de l'école primaire.

---

(1) Près de la maison Isambart.
(2) Cette chapelle longeait la maison servant aujourd'hui à l'instituteur.
(3) Voir l'*Authie*, n° du 1er novembre 1846.

Ce n'est que depuis deux ans que l'on entreprit la restauration du vieux beffroi. Rajeuni, récrépit, il s'élève maintenant avec une figure moins sévère et presque gaie, doté d'une horloge neuve et de beaux cadrans en lave de Volvic. Un si heureux commencement donne l'espoir fondé que la partie inférieure recevra, à son tour, les améliorations que réclame son humiliation, augmentée encore par le contraste qu'on vient de lui imposer.

CHAPITRE V.

Luttes de l'Échevinage.

Procès pour le droit de fouage. — Le bois de la Prumeroye. — Les fourches patibulaires de Beauval. — Les fiefs de Hem, d'Hardinval et d'Auricourt. — Les moulins Battrel et Fromentel. — Avec les seigneurs d'Authieule, de Riquemesnil, de Beauval, pour la tour du même nom, — de Gézaincourt, de Bouquemaison, de Fréchevillers, de Bretel, d'Occoche, de Luchuel, de Grouche, des Autheux, de Neuvillette. — Avec le prieuré de Saint-Sulpice. — Avec les prévôts de Doullens, pour les droits de justice, — le régisseur des droits réservés pour les mesurage et aunage du marché, — les officiers de police dont l'action est continuellement entravée.

On ne peut nier que les habitants de Doullens n'obtinrent, par leur charte communale, de beaux droits et priviléges, surtout quand on les rapproche de l'état de minorité et de servitude auxquels ils avaient été assujettis jusque-là. On comprend qu'ils durent être fiers de la conquête de leur émancipation, et disposés à la maintenir à tout prix. Mais les seigneurs voisins virent une ironie amère dans la joie de leur triomphe et jurèrent de ne point accepter le préjudice que causaient à leurs fiefs les priviléges octroyés à la commune dans toute l'étendue de sa banlieue. Plus d'un serment de haine fut donc murmuré, et tout de suite commença la lutte de la petite cité contre la réaction féodale. Ne pas dire l'énergie qu'elle dépensa dans une résistance de plusieurs siècles, omettre de raconter ses blessures et d'enregistrer ses triomphes, ce serait laisser dans l'ombre les traits principaux de sa physionomie, voiler ses plus beaux titres de gloire et forfaire à la vérité historique. Déjà nous avons sympathisé aux douleurs de son enfantement, alors qu'elle dut à sa tenacité et à la vigueur de ses efforts l'œuvre de son affranchissement, acquérant ainsi le droit d'appeler sa commune, le fruit de ses entrailles. Nous allons la voir, sentinelle vigilante et courageuse, repousser sans relâche les agressions étrangères.

Nous l'avons dit, la réserve des droits des seigneurs qui possédaient des fiefs dans l'étendue de la ville et de la banlieue, réserve stipulée formellement par la charte de commune, devait être naturellement la première cause de mésintelligence, aussi bien que la plus féconde. La municipalité le comprit ; et pour la faire disparaître, elle traita, autant qu'il lui fut possible, avec ces feudataires étrangers qui dérangeaient l'homogénéité et l'autonomie de son territoire, quoiqu'ils ne fussent que des *seigneurs utiles,* selon le langage du temps, c'est-à-dire qu'ils n'avaient sur leurs fiefs qu'une justice foncière ou censière.

Déjà la charte de Guillaume III avait abandonné à la commune la seigneurie des franches tenues de la ville et de la banlieue, avec les lods et ventes. Elle eut encore le droit de pêche sur la rivière d'Authie, dans toute la banlieue (1) ; les droits d'entrée et de chaussée des trois portes de la ville, de mesurage du poids du sel et du chanvre, jusqu'à concurrence de 25 livres, de jeaugeage, d'amendes, de cris publics, de patronage, etc. Mais elle avait un rival dans le seigneur de Beauval, qui s'était arrogé le droit de fouage dans la ville. Nous avons vu, en effet, que la charte communale, sans nier tout à fait ce droit au seigneur de Beauval, en réservait cependant la justification et la preuve : *si garandiam eis inde fecerit.*

Le fouage était un impôt perçu sur les maisons, sinon de la ville entière, au moins de quelques rues. « Cette taxe, dit la vieille coutume de Normandie, ch. xv, est appelée *fouage,* » parce que ceux qui la paient, tiennent feu et lieu. De là, ajoute Pasquier, dans ses » *Recherches,* liv. VIII, ch. 48, dismes-nous *estre sans feu et sans lieu,* quand nous vou- » lusmes représenter un homme qui n'avait aucun domicile assuré. »

Il paraît que ce fameux principe : *nulle terre sans seigneur,* était poussé bien loin, puisque outre les seigneurs fonciers, il y avait encore les seigneurs *froquiers,* auxquels il fallait payer un droit pour rebâtir sa maison, y replacer un seuil, y ajouter un appentis, *piquer et ouer le flégard,* etc. Les bourgeois de Doullens en étaient là, et on comprend combien cet impôt devait peser sur leurs idées si ardentes d'affranchissement. Et par le fait, leurs maisons n'étaient qu'usuelles, la possession n'en était que précaire, on n'était pas chez soi dans sa propre habitation. Avec les idées de liberté qui s'affirmaient de toute part, il fallait que ce droit odieux reposât sur des titres en règle, et le seigneur de Beauval était accusé d'usurpation sous ce rapport ; on lui contestait le fouage qu'il percevait dans la cité, principalement sur les maisons de la rue des Poulies. Le corps de ville lui prouva que désormais il ne fallait plus compter sans lui ; que le temps de l'arbitraire et de l'usurpation allait cesser et qu'il ne reconnaissait de droits opposés aux siens, que ceux qui étaient justifiés par des titres certains et authentiques. La charte le disait aussi elle-même : *Statutum est quod nec ego Guillelmus, comes Pontivi, nec hæredes mei, nec alii domini.... aliquam exactionem a Burgensibus exigere poterunt ....nisi possessor ex debito credere teneatur.* Beaudoin Camp-d'Avesne dut donc se résigner à une mesure d'autant plus humiliante qu'elle revêtait la forme d'une restitution. Et ce fut une belle victoire que l'échevinage enregistra dans ses annales (1237).

(1) Cette pêche était louée 50 livres, en 1713.

M. Aristide Guilbert, ou plutôt M. Labourt, dans le *Dictionnaire des villes de France*, article *Doullens*, nous parait avoir fait erreur sur ce point, ayant pris le droit de forage pour celui de fouage. Le premier était un impôt levé sur le vin mis en vente, et particulièrement sur le vin vendu en détail. Or, tel n'était pas l'objet de la restitution imposée a Beaudoin de Camp-d'Avesne, puisque le P. Daire dit expressément *droit de fouage*, à la page 10 de son histoire *du doyenné de Doullens*, et qu'ailleurs, page 72, il ajoute que les maisons de la rue des Poulies étaient particulièrement assujetties à cet impôt perçu par le seigneur de Beauval, qu'il nomme par erreur Benoit, quoiqu'il lui ait donné son vrai nom de Beaudoin à la première des pages que nous venons de citer.

Pendant que le corps de ville tenait le seigneur de Beauval, il lui fit encore céder le four qu'il possédait à Doullens, dans le pourpris de son hôtel seigneurial : *Ego Balduinus campus avenæ..... quittavi in perpetuum maiori et scabinis totique communitati Dullendii furnum meum quem habebam apud Dullendium* (1237). Six ans après, le même Beaudoin confirma la vente du bois *Li-deffois*, faite au maire et aux échevins de Doullens, par le seigneur de Bretel son frère, et approuva toutes les conditions du contrat. L'acquisition de ce bois, dans les termes que nous avons rapportés ailleurs, était encore le résultat d'une transaction, et l'échevinage, en terminant ainsi des contestations relatives aux droits de justice, dotait la ville d'un lieu de promenade d'autant plus agréable qu'il était plus rapproché (1243).

Guy de Châtillon Saint-Pol, grand bouteillier de France, devenu par alliance seigneur de Lucheux (1), se montra de moins facile composition. Il percevait déjà sur ses terres

---

(1) Il existe encore à Lucheux, village situé sur la Grouche, à 7 kilomètres Nord de Doullens, une assez belle ruine de l'ancien château-fort des comtes de Saint-Pol, et dont l'origine (1120) paraît remonter à Hugues Camp-d'Avesne, deuxième du nom, qui prit part à la première croisade en 1096; puis vinrent Hugues Camp-d'Avesne III, si connu par ses barbares exploits et par la fondation de l'abbaye de Cercamps (1137), Enguerrand Camp-d'Avesne, son fils, et Hugues IV, connétable, mort en 1205, sans enfants mâles. Sa fille aînée, Elizabeth, en épousant, en 1196, Gauthier II de Châtillon, fit entrer dans sa famille une seconde race des comtes de Saint-Pol. Les descendants de cette nouvelle ligne furent Gauthier III de Châtillon-Saint-Pol, mort en 1219; Guy II, tué au siège d'Avignon en 1225, après avoir fait, deux ans auparavant, avec Elizabeth ci-dessus, un traité par lequel, entre autres conventions, il s'engageait à la laisser jouir du château de Frévent avec un revenu de 600 livres parisis et des droits de chasse et de pêche à Lucheux; Hugues V de Châtillon-Saint-Pol, mort en 1248; Guy III de Châtillon-Saint-Pol, grand bouteillier de France, qui plaida avec la commune de Doullens en 1264, et mourut en 1289; Hugues VI de Châtillon-Saint-Pol, qui devint comte de Blois en 1292, et qui, l'année suivante octroya. « Lettre » de l'assénement, parçon et terre que li comtes de » Bloys, Hue de Chastillon, donna et assigna à Guy de » Chastillon, comte de Saint-Pol, sen frère (qui suit) » pour diz mille livrées de terre en le terre de » Luceu... que lediz comtes de Bloys avoit promis au » dis conte de St-Pol, ou mariaige faisant de lui et de » la fille au duc de Bretaigne, Jehan conte de Ri- » chemont (1293) le merquedi après les brandons (a); » Guy IV de Châtillon-Saint-Pol, qui obtint du roi la Châtellenie de Doullens en augment de son fief de Lucheux, mort deux ans après, en 1317; Jean de Châtillon-Saint-Pol, seigneur de Dourlens et de Lucheux, qui, en 1332, promit de payer pour acquit des dettes du feu comte Hugues, une somme de 10,000 livres *à prendre sur les villes de Lucheux et Dourlens*, et dont la veuve eut pour appoint de douaire 200 *livres chascun an sur le vicomté de Dourlens*; Guy V de Châtillon-Saint-Pol, seigneur de Dourlens et de Lucheux, lieutenant pour le roi *es parties de Picardie, Vermandois et Beauvoisis*, qui, envoyé comme otage

(a) *Cart. de la terre de Guise*. (Bibl. imp. Fonds Gaignières, n° 822).

un droit de travers auquel les habitants de Doullens étaient assujettis, et il n'agissait en cela que comme tant d'autres seigneurs. Mais un jour, par le seul droit du plus fort, et se croyant suffisamment autorisé par les liens de parenté qui l'unissaient à la couronne, il voulut enclore dans son parc une partie du bois appelé bois de la Prumeroye : *Boscum de la Prumeroye adjungere ad parcum suum de Lucheu,* et y exercer les droits de haute justice. Cette fois, il y avait envahissement, car la partie de bois en question était une enclave de la banlieue de Doullens. Le corps de ville, fidèle au maintien de l'intégralité du territoire sur lequel s'étendait sa juridiction de par sa charte, s'opposa énergiquement à l'envahisseur. Les baillis d'Amiens et de Saint-Quentin descendirent sur les lieux, à titre d'experts nommés par le Parlement saisi du litige, et leur rapport fut lu dans une audience de la cour en présence du roi saint Louis qui, interposant sa haute méditation, obtint des habitants de Doullens la concession réclamée par le comte de Saint-Pol, en échange de l'exemption du travers et péage à Lucheux pour tous objets transportés à dos ou en brouette (février 1264) (1).

Le seigneur Etienne de Beauval, à son tour, avait fait élever ses fourches patibulaires, en dehors de ses terres et dans les limites de la banlieue. L'échevinage blessé de nouveau dans l'étendue du domaine de sa justice, intenta un procès en parlement. Dans l'intervalle, Etienne alla de vie à trépas, et Robert son frère et son héritier, voulut mettre fin au procès. Il excusa le fait du défunt, en excipant de ce que « ce ne fust mie cler li termes de » la banlieue de Doullens, » et déclara consentir à une délimitation fixe et bien déterminée. Un accord intervint, d'après lequel le seigneur de Beauval reconnut que « par dedanz les » bonnes de leur banlieue, même en ses terres et es terres à ses hommes, ceux de Doullens » ont toute joustise et tout maniement et toutes amendes, aussi avant come il ont usé et » manié en la ville de Doullens (juin 1266) (2). » La paix ainsi faite, et les droits de chacun réglés, l'accord fut confirmé en présence de *Gautiers Bardins*, bailli d'Amiens, au mois d'août suivant (3).

Voici venir maintenant Pierron d'Amiens, chevalier, sire de Canaples, seigneur de Hem, d'Hardinval et d'Auricourt. Ce feudataire, mauvais voisin, conteste à la commune de Doullens la justice sur les trois fiefs ci-dessus, assis en sa banlieue. La querelle devient

pour le roi Jean, en Angleterre, y mourut en 1360, sans postérité ; Mahaut de Châtillon, sa sœur, comtesse de Saint-Pol, dame de Dourlens et autres lieux, qui transporta aux mains de Guy de Luxembourg qu'elle epousa en 1364, le comté de Saint-Pol et la baronnie de Lucheux. Elle fut la mère du Bienheureux Pierre de Luxembourg, évêque de Metz et cardinal, canonisé par le pape Clément VII. Nous avons dit que, en 1366, la châtellenie de Doullens fut détachée de Lucheux pour faire retour à la couronne. La baronnie de Lucheux passa ensuite aux maisons de Bourbon-Vendôme, d'Orléans-Longueville, de Melun, de Rohan-Soubise, puis, par contrat de mariage du 24 février 1710, à Charles-Philippe d'Albert de Luynes, qu'un de ses descendants possède encore aujourd'hui.

(1) Voir pièces justif. n° 12.

(2) Ibid. n° 13.

(3) Ibid. n° 14. — Les *fourches patibulaires*, ou piliers de pierre surmontés d'une traverse à laquelle on suspendait les criminels condamnés à mort, étaient la marque de la haute justice des seigneurs dont la dignité était représentée par le nombre des piliers.

irritante ; elle va même être portée à la barre du Parlement, lorsque ce seigneur, mieux inspiré, entre en pourparlers avec le corps de ville, et offre de lui vendre les trois fiefs avec leurs dépendances. Celui-ci qui, aux termes du diplôme de Philippe IV, a besoin de doter de censives son nouvel Hôtel-Dieu, conclut le marché ; mais afin de couper court à toute autre difficulté de même nature dans l'avenir, il fait insérer dans l'acte d'acquisition deux clauses nettes et précises, comme mesures de précaution. Par la première, le vendeur reconnait le maire et les échevins de Doullens seuls juges, à cause de leur banlieue, sur les terres par lui vendues, et déclare mal fondé le procès qu'il leur a suscité à ce sujet ; la seconde renferme l'obligation qu'il s'impose d'obtenir des seigneurs de Vignacourt et de Courcelles la renonciation à tous droits sur les dites terres (1272). La saisine en a été délivrée au mois d'octobre de l'année suivante, et portait : « En telle manière que il auront
» dore en avant en morte main sans hommage, sans serviche, et sans toute autre rede-
» vanche..... comme coses qui sont toutes amorties et mises hors de no iuridiction et de
» no poöir. »

Il ne parait pas que le corps de ville ait eu l'intention de conserver la propriété foncière de ces trois fiefs, car on voit que, six ans après, à peine eut-il obtenu la cession des droits étrangers dont ils étaient grévés, entre autres de ceux de Jéhan Bridou, chevalier, seigneur de Hiermont, qu'il revendit le tout avec réserve des droits de seigneurie. C'est une preuve qu'il ne reculait pas devant les grandes mesures pour assurer l'unité de sa juridiction dans le territoire de la ville et de la banlieue. Le contrat de vente est assez intéressant pour que nous en citions quelques extraits :

« Je maire, esqueuins et toute la communité de Doullens, faisons à sçauoir à tous
» chaus qui ches presentes lettres verront et orront, que nous auons vendu yretaulment
» bien et loyaument à no bon ami Jehan Lostelier de Naours laisné, chensier adonques de
» nouveau lieu, par loyal vente, tout le marquié closement et entièrement que nous aca-
» tames à noble homme et sage monsegneur Pierron d'Amiens, cheualier et ségneur de
» Canapes, sans les trois et demi-liges hommes qui sont monségneur le Roy, et sans le
» haute justice et le basse que nous retenons ; chest à sçauoir deux chens et seze journeux
» peu plus, peu moins, que bosque terres que nous auions assises en diuerses piéches es
» terroir de Hardinual, de Hem et de Douriercourt.... Et si li auons vendu toutes les
» ventes, tous les relies, tous les otrois, tous les tonlieus, toutes les issues, toutes les
» entrées que Messire Pierre d'Amiens y auoit ; et si aucun marioit son enfant et il li
» donnoit del terre de chel fief, il paieroit de chacun journel douze deniers de relief.... Et
» si li auons vendu deux mille liures de Paris dont nous auons recheu paiement, plaine-
» ment et entièrement de bonne monnoie bien et loyaument nombrée et conté.... et à
» sçauoir que nous es ville et es terroir deuant dis, retenons toute le haute justice et le
» basse, si come il est deuant dit.... li deuant di Jéhan et si oir aront le prinse et le warde
» par raison de message en toutes les tenanches deuant dites, et partout la où il pren-
» dront la rente, saune aultrui droiture..... si li deuant di Jéhan et si oir ou leur serjant

» prenoient bourgeois de Doullens, li deuant dis Jéhan et si oir doiuent faire leur court à
» Doullens.... et affin que ches coses soient fermes et estaules nous auons baillé ches pré-
» sentes lettres au deuant dis Jéhan scelléez et confirméz du scel du maieur et des esque-
» uins et de toute la communité de Doullens. Che fu fait en l'an de l'incarnation nostre
» Segneur mil ans deux chens soissante et dix-huit el mois de juing (1) »

Trois ans auparavant, une transaction semblable avait mis fin à la difficulté qui s'était élevée entre le corps de ville et l'abbaye de Cercamps. Les religieux de ce monastère prétendaient avoir justice et seigneurie sur deux moulins assis dans la ville, et dont le revenu était affecté à l'office de portier de leur couvent. L'échevinage comprit qu'il avait contre lui la réserve faite en la charte : *Salvo jure sanctæ Ecclesiæ,* et transigea avec les religieux, qui lui vendirent les cens en argent et en chapons, et toute la seigneurie qu'ils possédaient, tant sur les deux moulins Battrel et Fromentel, que sur plusieurs maisons de la ville. Les vendeurs disent dans l'acte que l'abbé « estoit sires des deux moelins, en auoit toute la
» segnerie.... et toutes autres escaanges qui par raison de segnerie y escarront.... et les a
» livrées de no assentement yrétaulment au maieur et à eskeuins de Dullens... qui sont
» et qui dore en auant seront à Dullens, lesquels sont tenus de rendre et paier au portier
» de Chercamp ou à son comant cascun en x lib. parisis, à Dullens (juillet 1275). » C'est depuis cette époque que les maieur et échevins se dirent seigneurs de la porte de Cercamps.

Puis, c'est Hugues de Rosière, seigneur d'Authieule, qui, sous le prétexte que sa terre relève nuement du roi, prétend y avoir toute justice et seigneurie. Mais l'échevinage de Doullens est là, sa charte de commune à la main, et proclamant ses droits contraires. Hugues est libre d'abriter sa fierté sous *le conseil de boine gent et de ses amis,* mais il faut bien qu'il se désiste et reconnaisse ses torts (1280) (2). C'est encore Grars (Gérard) de Rikemaisnil, seigneur dudit lieu, auquel la commune résiste avec succès, et qui est forcé de « recognoistre as bourgeois kil ont en toute la ville de Rikemaisnil et u teroir d'ichele
» ville, toute justice, partout là où leur banliue s'estent. » C'est le seigneur de Beauval, qui, sous le prétexte de vouloir réparer la tour qu'il possède dans la ville, cache la prétention de lui donner plus d'élévation que jamais. Une explication devient ici utile.

Les seigneurs de Beauval, châtelains de Doullens, sous la domination des comtes de Ponthieu, étaient tenus d'y faire, chaque année, un stage que nous croyons avoir été de huit mois. Leur fief y consistait en terres et maisons chargées de censives et de reliefs. Nous avons même vu qu'aux droits froquiers, ils joignirent celui de fouage, dans certaines rues de la ville. Mais, comme il n'y avait point de fief domanial sans chef-lieu où le censitaire acquittait ses redevances, ajoute M. Bouthors, le seigneur de Beauval possédait, dans l'intérieur de Doullens, une maison, qui fut pour la commune une cause incessante de procès et de débats de toute espèce (3). C'est ce Robert, dont nous avons déjà parlé, qui com-

---

(1) *Invent. de l'abbaye du Gard. Arch. départ.*
(2) Voir pièces justif. n° 16.
(3) Depuis la nativité de St.-Jean-Baptiste jusqu'à la Toussaint, la ville avait toute justice sur ce manoir, excepté sur les personnes du seigneur, de sa femme et des siens.

mença la lutte. Autant il avait paru accommodant, dans la délimitation de la banlieue de la ville, d'avec les domaines de sa châtellenie de Beauval, autant nous le verrons tenace dans ses prétendus droits à l'intérieur de la cité. La maison qu'il y possédait, connue sous le nom d'hôtel de Beauval, exigeant quelques réparations, il voulut profiter de la circonstance pour la fortifier, et donner plus d'élévation à la tour qui la flanquait. S'il avait compté que le corps de ville fermerait l'œil sur ce projet téméraire, il ne tarda pas à être détrompé par la vive opposition qu'il rencontra, opposition fondée sur l'article 38 de la charte de commune qui déclarait, qu'à l'avenir, personne n'aurait le droit d'élever dans la ville ni dans la banlieue, d'autre forteresse que celle qui existait alors, et consistait dans la ville elle-même fortifiée : *Prœter illam quœ est intra Dullendium.* Aussi, le procès ne fut pas de longue durée : Philippe-le-Bel, par ses lettres du mois de juillet 1286, fit défense au seigneur de Beauval de donner à sa tour l'apparence d'une forteresse, et de la faire monter au-dessus de la hauteur qu'il détermina (1).

Robert Frestaus (Fertel), seigneur de Gézaincourt, n'en fut pas plus prudent, et fortifia son château, sans tenir compte de la leçon infligée à son voisin. La commune, excipant de nouveau de l'article précité de sa charte, ordonna la démolition ; mais le maieur et les échevins ayant eu l'imprudence de produire une pièce qui leur fit perdre leur cause, le procès fut intenté contre eux, et devint une question de responsabilité. C'était plus embarrassant, et on fit comme dans les cas difficiles, on alla *à l'avis* à Saint-Quentin et à Abbeville. Voici le record de cette dernière ville (avril 1287) :

« Il avint à Doullens que messire Robert Frestaus feist fortereche dedans la banlieue de
» Dorlens, à Gizencourt. Le commune le vault abattre. Me sires Robert aporta avant une
» charte ki dist que li maires et li esquevin de Dourlens tesmoignent par leurs lettres ki
» li quens de Ponthieu avoit donné à son père par se volenté et par l'assens de Dourlens,
» pour le servicbe de le bataille de Flandres, congié de faire mur de XII pies de haut et fosse
» de XL pies de les. Et bien se renoukoit. — Il se conseillèrent à nous et eurent conseil de
» Saint-Quentin de prendre seureté du maieur et del esquevin qui demouré estoient, ke li
» autres estoient tout mort, et de leur advis d'estre à leswart de le ville. Et se il ne le
» voloient faire, con présist leur corps et leur cateus pour estre à droit. Nous leur con-
» seillames et desimes que nous avions à usage, ke kant li maires et li esquevin devoit issir
» del eskevinage, il content as eskevins et as preudhoumes, et à le commuigne, et ils issent
» sans contredit et sans calenge, ke il ne doivent estre repris ne occoisonné, ne ne doivent
» respondre de nule cose ki avenue soit, ki apartiegne ne a maire, ne a eskevinage (2).

Voilà donc les consultants bien avancés : le record de Saint-Quentin leur dit de prendre sûreté des maieur et échevins qui ont fait perdre le procès, quoiqu'ils soient sortis de charge

(1) Voir pièces justif. n° 17. M. Warmé n'a pas compris ce fait. (Voir son *Hist. de Doullens*, p. 174.)

(2) *Liv. rouge d'Abbeville*, f° 43. Copie faite par M. Demarsy, insérée dans les *Coutumes* de M. Bouthors, t. II, p. 173.

depuis cette époque ; de s'assurer, au besoin, de leurs personnes, et de les mettre en prison s'ils refusent d'indemniser la commune ; le record d'Abbeville, au contraire, répond que, d'après l'usage, le maire et les échevins ayant reçu décharge de leur administration en quittant leurs fonctions, ne sont plus soumis à aucune responsabilité, et n'ont plus de compte à rendre. Nous ignorons quelle fut l'issue du procès ; mais la sagesse de la consultation d'Abbeville nous paraît avoir dû l'emporter.

L'abbé de Cercamps voulait reconnaître la justice échevinale de Doullens, dans la banlieue, mais à condition qu'elle ne troublerait en rien l'exercice de la sienne. Il avait déjà eu un premier succès sous ce rapport, et il espérait qu'on le laisserait maître encore de réprimer à sa guise les délits commis sur son fief de Ransart, et de citer les coupables à son tribunal pour les y condamner à l'amende. Le corps de ville ne l'entendit pas ainsi, et cita à son tour l'abbé à la barre du bailli d'Amiens, dans son assise tenue à Doullens, le 21 décembre 1290, pour s'entendre dire que « pour ches lois et ches amendes devant dites » demander, iront li abbés et li conuents, tenir et faire tenir leurs cours par dedens les murs » de Doullens, et ilec sera fait li claim et li respens par deuant les eskeuins de Doullens, et » par le jugement du maieur et des eskeuins de Doullens sera la querelle terminée et » jugiée. » Ce jugement est basée sur cette disposition de la charte : *Nec Burgenses a muris Dullendii causa placitandi debent exire*.

Bouquemaison, situé dans la banlieue de Doullens, relevait de sa justice patrimoniale. Roger, seigneur du lieu, y voyait un privilège exorbitant, en même temps que nuisible aux intérêts de sa seigneurie ; car outre que la connaissance des délits commis sur ses terres lui était confisquée, le produit des amendes ne prenait plus le chemin de son coffre-fort. La tentation était puissante ; Roger y succomba. Il se permit *quelques exploits de justice* sur les terres qu'il possédait enclavées dans la banlieue, résolu de continuer, si le succès lui était acquis. Malheureusement pour lui, l'échevinage ne voulut pas se montrer tolérant. Roger perdit son procès, même à la requête du *procureur du roi*, qui soutint le bon droit de Doullens ; et afin qu'il ne pût, à l'avenir, prétexter cause d'ignorance, la sentence du parlement lui rappela que le corps de ville avait, sur Bouquemaison, connaissance de tous crimes, larcins, effusion de sang, épaves (1) et forfaitures (2) (12 janvier 1312) : *Emolumenta sanguinis, espavæ detrahere et forisfacturæ per judicium majoris et scabinorum ad nos pertinere debere.... et eisdem per judicium curiæ nostræ adjudicata sunt* (3).

Mais, voici que, pour se continuer, la lutte n'a pas perdu de son intérêt. C'est, en effet, quand l'un des combattants est blessé, désarçonné, que la foule des rivaux accourt, pleine d'espoir de partager ses dépouilles. Or, Doullens venait de recevoir une blessure sensible

---

(1) Par ce mot, il faut entendre les animaux errants, sans maîtres ni gardiens, les biens meubles et immeubles sans possesseur connu ; les personnes nées à une telle distance qu'on ne pouvait constater leur origine. Le système féodal livrait les épaves aux seigneurs haut justiciers, après un délai de quarante jours.

(2) La forfaiture était un crime commis par un vassal contre son seigneur.

(3) Voir les *Olim* de M. Beugnot. T. 3, p. 742.

par l'acte arbitraire qui lui faisait perdre son autonomie, en l'inféodant à la châtellenie de Lucheux. La ville reconnut à ce coup la vengeance de Guy de Châtillon, qui prenait sa revanche de l'humiliation imposée à son orgueil, ou plutôt à l'orgueil de son ascendant Guy III de Châtillon Saint-Pol. C'en fut assez pour encourager les hostilités, et ameuter des prétentions à l'encontre des priviléges qu'on ne pouvait toutefois retrancher de sa charte de commune. Mais le blessé n'avait pas abdiqué son énergie ni le maintien de ses droits. Ses adversaires ne tardèrent pas à s'en convaincre.

Les religieux de Saint-Jean de Jérusalem qui furent, à Doullens comme ailleurs, les successeurs et les héritiers des Templiers, se croyaient aussi maîtres absolus chez eux, sous le prétexte qu' « ils étoient en la garde spéciale du Roy. » Le maieur et les échevins ne voulurent pas leur laisser plus longtemps cette illusion, et essayèrent de leur faire comprendre qu'il fallait pourtant tenir compte des droits de justice acquis à la ville. Mais comme ils ne rencontrèrent que refus et dénégations, le prévôt de Beauquesne dut monter sur son siége pour affirmer que, bon gré mal gré, la justice échevinale s'étendait sur la maison du Temple, dit petit hôpital (1323) (1).

Fréchevillers (on disait alors Frogeviller) était aussi dans la banlieue de Doullens. Guillaume de Macon, archidiacre d'Amiens, qui y avait seigneurie, devait le savoir. Il agit cependant comme s'il l'avait ignoré ; mais l'échevinage ne crut pas à sa bonne foi, résista à ses empiétements, et porta le débat à l'assise du bailli d'Amiens. Il y succomba, il est vrai, contre toute attente ; mais ayant interjeté appel à la barre du Parlement, il en obtint la révision de l'arrêt : *judicato contra eos annullato,* et une décision nouvelle qui, tout en laissant à l'archidiacre le soin de connaître, à Fréchevillers, des injures ou querelles légères, *super injuriis et crelleiis citra sanguinem,* maintint le maieur et les échevins dans l'exercice des droits de haute et moyenne justice : *in casibus tam altam quam mediam justiciam tangentibus* (1325). Inutile de dire que le seigneur de Neuvillette n'eut pas plus de succès dans des prétentions semblables qu'un jugement déclara mal fondées (1327). Il s'agissait d'un arbre tombé dans le chemin, c'est-à-dire que c'était une question de voirie, dans laquelle on déniait à Doullens toute juridiction (2).

Encore Fréchevillers, où les religieux de Saint-Josse-sur-Mer ont aussi seigneurie. La leçon donnée à Guillaume de Macon ne leur a point profité ; ils élèvent les mêmes contestations, espérant peut-être qu'il leur sera laissé, comme à lui, quelque bribe de juridiction sur leur fief. C'est à l'occasion d'une femme qui a été battue à Fréchevillers, et qui avait introduit une instance à la mairie de Doullens. Les religieux prétendent que l'affaire est du ressort de leur seigneurie ; mais, après bien des discussions, ils se désistent et paient les

---

(1) Ce fut environ à la même époque que le procureur de l'hôpital Saint-Jean de Jérusalem à Fieffes attaqua, par devant le bailli d'Amiens, la commune de Doullens qui prétendait juger un prisonnier justiciable dudit hôpital, en la ville de Candas. (A. I. sect. adm. S. 5060 suppl. n° 3.)

(2) Ce dernier fait paraîtra moins étrange, si l'on se rappelle que le roi Saint-Louis eut de la peine à abolir la coutume qui défendait de relever une voiture sur la voie publique, sans la permission du seigneur féodal.

frais qu'ils ont occasionnés (1332). Le seigneur d'Authieule était trop voisin pour ne pas subir la séduction de l'exemple : il recueillit aussi la même humiliation ; car le sixième jour de l'assise après la Saint-Remi 1337, une sentence du bailli le condamna pour avoir usurpé les droits de l'échevinage, en faisant confisquer une épée à un particulier, et en incarcérant un habitant de Doullens, débiteur de cens et de droits d'aide, et, de plus, coupable de paroles injurieuses.

Robert, seigneur de Riquemesnil « s'estoit aussi permis un chertain faict en le banlieue » de la dicte ville de Doullens. » Il parait toutefois que ce fait avait eu de la gravité ; car le maire s'était cru obligé d'aller en personne saisir le coupable en son château de Riquemesnil, et de l'amener dans les prisons de la ville. Une sentence de l'assise tenue à Doullens, le 12 février 1337, par le sénéchal du comte de Saint-Pol, condamna Robert à l'amende, en présence des pairs et hommes de fief de sa châtellenie, et de plus à être réintégré par le sergent de la baillie dans la prison de l'échevinage, d'où il était sorti sous caution, en conséquence d'une plainte portée par devant le prévôt de Beauquesne.

Les motifs qui avaient engagé la commune à acheter de Pierron d'Amiens, en 1272, les fiefs de Hem, d'Hardinval et d'Auricourt, la portèrent à faire l'acquisition, au mois de novembre 1346, de tout ce que Jean de Beauvoir, chanoine d'Orléans, pouvait posséder aux villes et terroirs sur lesquels ces mêmes fiefs étaient assis. C'était le vrai moyen de faire cesser toute contestation de voisinage, et de se rendre seul maître, avec l'honneur de posséder à Hem un bois de 58 journaux 64 verges et 1/3, dont le plan figuratif existe encore aux archives de la mairie.

Nous avons vu qu'en 1266, Robert de Beauval avait été condamné à reporter ses fourches patibulaires dans les limites de ses domaines. Son successeur prétendit avoir acquis une possession qui mettait à néant le privilége et la juridiction de la commune, et enlevait toute valeur aux transactions premières. Il remit la décision du litige à l'assise du bailli d'Amiens, par un compromis du dimanche d'après la Saint-Clément, de l'année 1331. L'échevinage soutint ses droits, même à la barre du Parlement ; mais l'auteur de cet injuste procès étant mort, il intervint entre son successeur et la ville un accord par devant le prévôt de Beauquesne, qui fut homologué par arrêt du parlement, en date du mois de décembre 1349. L'arrêt constate que l'accord confirma tous les précédents traités, et il donna par conséquent plein succès à Doullens.

Le village des Autheux n'était pas dans les limites de la banlieue ; mais Guérard, le seigneur, y possédait des terres. Comme ses voisins, il voulut s'y attribuer l'exercice de la haute justice ; moins heureux qu'eux, il n'eut pas l'honneur de voir sa prétention fixer les regards de la cour du parlement. Il s'exécuta lui-même par un désistement en forme, donné devant le prévôt de Beauquesne, en 1350 et 1351. Nous avons cru devoir insérer aux pièces justificatives cet acte qui contient des noms encore vivants dans le pays, et qui fait mention d'un cas de bannissement (1).

(1) Voir pièces justif. n° 19.

Deux ans après, en 1353, les religieux de Cercamps reconnurent amiablement que, dans sa banlieue, la ville avait toute justice et seigneurie, haute, moyenne et basse, prise, connaissance, jugement, exécutions et maniements. C'était plus prudent. Aussi, lorsque peu de temps après, ils eurent besoin de l'autorisation du corps de ville pour relever et curer les fossés autour d'une maison « scise es mares de Riquemesnil en tour lequel mestier est de » nettoyer les fosses pour sainement d'ichelle pour les yaues et deffense des bestes qui y » hurtent et font dammage, sachent tous que nous en parsonne en auons prins congié au » maieur de Doullens,... et il de se courtoisie et pure grace nous en ha octroié congié, et » ensement reconguoissons que ce ne poons ne deuons faire que par congié et expresse » grace du maieur de Doullens dessus dit » (2 août 1359).

Le seigneur Jean de Bretel n'avait pas sans doute l'habitude de consulter les archives de sa famille : il y eût vu, en remontant à un siècle de distance, que Raoul de Camp-d'Avesne avait vendu aux habitants de Doullens, entre autres droits sur son bois de Lidefoy, celui d'y couper des baguettes et d'y cueillir des fleurs. Partant, il n'aurait pas fait appréhender par ses gardes quelques personnes de la ville qui n'avaient commis d'autre délit que d'user de la liberté qui leur était acquise sur le dit domaine. Le maire et les échevins se mirent en devoir de rappeler au seigneur de Bretel ce chapitre de l'histoire de ses ancêtres. Mais la mémoire lui revint tout à coup à la barre du bailli d'Amiens ; et, pour éviter une sentence peu flatteuse, il reconnut qu'il avait agi abusivement et sans droits (9 mai 1354).

Colart, seigneur de Bouquemaison, eut encore la mémoire plus courte, en 1360. Il avait complètement oublié l'arrêt qui, quarante-huit ans auparavant, avait appris à Roger, autre seigneur du même lieu, que la justice de l'échevinage de Doullens était royale et patrimoniale. Il renouvela donc le débat que cet arrêt avait terminé ; présenta requête au bailli d'Amiens, et obtint commission d'assigner la ville à son assise. Celle-ci se laissa traduire devant le bailli d'autant plus volontiers qu'elle était en mesure de rafraîchir les souvenirs de Colart, qui fut effectivement contraint de donner acte qu'il consentait à l'exécution du premier arrêt (28 octobre 1364).

Dans l'intervalle de ce litige, le 14 novembre 1362, une sentence du bailli réintégra le maire et les échevins dans tous les droits de justice et de voirie, à raison desquels le seigneur et les habitants de Beauval les avaient indûment troublés. Il y est dit que ces derniers, contraints de reconnaître leurs torts, ont mis fin à la complainte, « par la remise » d'une écuelle d'étain par manière de signe. »

Ces leçons furent mises à profit par le seigneur et les habitants d'Occoche qui, par un compromis passé entre eux et la comtesse Mahaut de Châtillon-Saint-Pol, prenant la défense de la commune de Doullens, reconnurent que la banlieue de la ville, sa juridiction, sa justice municipale et sa seigneurie s'étendaient jusqu'à Occoche (1er mai 1364). C'était la seconde fois que les Châtillon-Saint-Pol prenaient fait et cause pour la commune. Le 20 février 1341, l'un d'eux l'avait aidée à obtenir l'exécution du traité qui consacrait pour les habitants l'exemption du travers à Saint-Riquier.

Les religieux de Cercamps s'étaient trop bien trouvés de leur ancienne politesse pour négliger de s'en faire un nouveau mérite, car ils avaient encore besoin de la même permission pour les travaux d'assainissement à exécuter à leur maison de Riquemesnil, « où nous ne
» poons ne deuons rien faire ou faire faire, disait l'abbé dans sa supplique, sans la grace,
» licence et congiez des honnestes hommes et sages maieur et eschevins de la ville de Doul-
» lens, comme hauts-justiciers. » Voilà un homme qui savait vivre ; aussi obtint-il ce qu'il désirait (2 août 1464).

Tassart de la Bretaigne, seigneur de la Mothe-Bretel et en même temps de Beauval, avait de tout autres allures. Fier de son fief, qui n'était pourtant qu'une grenouillère, il n'y pouvait supporter la plus légère infraction de ses droits. Un jour, on viola l'inviolabilité de son domaine, et ce jour là tout fut bon à sa main rapace, hommes et animaux. Les premiers furent brutalement jetés en prison pour en extorquer des amendes ; et les bestiaux, c'est-à-dire quelques chèvres et vaches coupables d'avoir brouté l'herbe des marais de la Mothe-Bretel, devinrent la capture du maitre. La fierté du corps de ville ne pouvait s'accommoder des actes de cette justice sommaire, si en opposition avec ses droits et ses priviléges. Une commission du bailli d'Amiens ajourna donc au 23 juin 1365 le sieur Tassart de la Bretaigne, pour s'entendre condamner sur ses faits et gestes. Mais voilà que sa bravade se change en couardise. Il répond qu'il n'est nullement l'auteur des œuvres et exploits dont est complainte, et qu'il désavoue même ceux qui les ont faits ; sur quoi il intervint une sentence par défaut, qui ordonna la réparation du trouble.

Evidemment, le maieur et les échevins de Doullens ne pouvaient se payer de cette fausse monnaie. A leur requête, une assignation nouvelle fut envoyée au seigneur de la Mothe-Bretel, pour qu'il eût à donner des déclarations plus explicites. Celui-ci comprit que la chose devenait sérieuse, et il eut peur encore. Au bas de l'assignation à lui signifiée, « il
» confessa les dis exploits avoir fais, les répara, remist et restablit tout et en tel manière
» que il souffri audit procureur de la commune, en confessant et congnoissant plainement
» sur le lieu contemptieux le droit des dis maieur, eschevins et communité, et se compro-
» mist de à ichiaux faire amende desdis cas toutes fois et quantes fois que il appartenoit (17
» juillet même année). (1) »

En vérité, Doullens avait fort à faire avec des voisins d'une humeur si peu tranquille. Les seigneurs de Beauval surtout apportèrent dans leurs usurpations une obstination fatigante. Il leur fallait une leçon sévère qui leur fit perdre l'envie de recommencer. Ils la cherchèrent, cette leçon, et elle leur fut donnée complète. La procédure qui l'amena est intéressante. Nous avons dit qu'en 1286, Philippe-le-Bel, sur les réclamations de la ville, fit défense à Robert de Camp-d'Avesne de surélever, plus que par le passé, la tour qui flanquait son hôtel de Beauval, à Doullens, chef-lieu de recette de ses redevances dans l'intérieur de la ville. Mais des souvenirs qui remontent presque à un siècle de distance s'oblitèrent facile-

(1) Arch. de Doullens.

ment, surtout lorsqu'on a intérêt à les laisser s'éteindre. Robert de Beauval, chevalier, qui était aussi sire d'Occoche, où il possédait *une partie de la ville et terroir* (1), avait précisément de ces défauts de mémoire, qui n'étaient nuisibles qu'à autrui. Oubliant donc l'injonction royale faite à son ascendant homonyme, et fort de la protection du comte de Saint-Pol, il voulut recommencer à inquiéter la commune par une entreprise du même genre. Elle n'eut pas plus de succès que la première ; mais cette fois ce fut un arrêt du Parlement qui interdit à Robert de construire une forteresse à Doullens. Voici la disposition de cet arrêt, qui statue sur ce chef de contestation ; il est du 6 janvier 1365-1366.

« Item sur ce que les dis de Dourlens s'estoient complains en parlement sur cas de nou-
» velleté dudit messire Robert de Beauval pour sa maison qu'il a à Dourlens, que en leur
» préjudice vouloit enforcier, et pour une petite loge qu'il avait fait ou encommenchié à
» édifier de nouvel en sa dite maison, *accordé* est que la dite maison demourra en l'estat où
» elle est, sans que li dis chevalier la puisse fortifier, mettre à défense, ne faire-y quel-
» conque signe ou apparence de forteresse autre que à présent y a. Et quant à ladite logette
» de nouvel édifiée, elle doit estre démolie et mise jus, se ainsi n'estoit que les dis maire et
» eschevins de leur grace et volenté le veullent donner, délaissier et espargnier au dis
» chevalier, auquel cas il délairait, il ne pourra icelle ordener ne mettre à deffense, ne
» faire y pont, lieu ne quelconque signe de forterece ne si successeur. »

Il y a plus, le seigneur de Beauval et d'Occoche avait, à défaut de raisons, mêlé des injures à ses discussions avec la commune. Il s'était laissé aller à des actes de violence tout à fait condamnables, et avait souffert que ses gens se fissent les complices de ses outrages. Or, comme les égards dus au maieur et aux échevins étaient sauvegardés par un article de leur charte de commune, le Parlement avait encore à caractériser cet autre délit et à le punir. C'est ce qu'il fit par une disposition de son arrêt :

« Item sur toutes les injures et vilonnies que li dis chevalier et tous ses gens ont fait
» aux dis maieur et eschevins et à toutes les personnes de ladite ville de Dourlens, et au-
» tres personnes de la communauté de la dite ville, *accordé* est qu'il ira et sera tenu de
» aler en sa personne, en ladite ville de Dourlens, lau mieux plaira aux dis de Dourlens, et
» par-devant le peuple, dira et recongnoistera que li maieurs et eschevin qui pour le pré-
» sent sont et pour le temps passé ont gouverné, ne en quelque personne du commun d'icelle
» il ne sçeut onques que bien et honneur ; et que si aucune chose en avoit dit, il ou ses
» gens, ce avoit esté par échauffoiture et par ire, sans qu'il y sçeut aucun mal ni vilonnie ;
» et pour ce fera et sera tenu de faire amende aux dis maire et échevins pour eux et pour
» tout le dit commun, à gage plégié et en leur disant qu'il leur amende du tout à leur
» volenté, sans aucune condicion ou espérance de depport ; et accordera à faire amende
» telle comme par eux sera sur ce ordené (2). »

(1) Une masure sise à Occoche s'appelait même *Beaval* ou *Biaval*. (Titre du 3 février 1378).

(2) Ces mots : « telle amende comme par les maire » et eschevins sera sur ce ordené » semblaient provoquer la commisération du corps de ville. L'amende honorable, lorsqu'elle se faisait devant le peuple, était

« Item sur ce que les dis de Dourlens requeroient asseurement dudit chevalier pour eulx
» et pour tout le commun d'icelle ville, *accordé* que ledit chevalier leur promettra et jurera
» solempnellement à tenir et faire tenir par lui, par tous ses amis, complices, varles,
» bastars et autres, bonne paix ferme et loial à tousjoursmais, sur paine de six mil livres
» parisis, avec toute autre paine qui de paix enfrainte se porroit ensiévir. » *(Archives de*
Doullens, liv. noir f° 17 et suiv.)

C'était dur et pourtant il fallait se soumettre : *dura lex, sed lex*. Robert de Beauval se soumit en effet. Il fit amende honorable au maieur et aux échevins de Doullens, le 11 mars 1365-66, en présence de Jéhan de Saint-Omer et de Jéhan de Poix, auditeurs du roi. De plus, il se soumit à l'*assurement* qui lui fut imposé envers l'échevinage et les habitants.

« Toute cette curieuse procédure, dit M. Bouthors, après l'avoir parfaitement résumée,
» nous donne la mesure des embarras que l'existence de cette maison (l'hôtel du Beauval)
» suscitait à la commune. Dans tous les cas, elle témoigne de la force de ces institutions du
» moyen-âge qui, quoique déjà frappées de décrépitude, protégent encore le faible contre
» le fort, parce qu'elles trouvent des magistrats qui ont la volonté et le pouvoir de les
» faire respecter (1).

» Il n'y avait qu'un moyen, ajoute le même auteur, de faire cesser ces fâcheuses colli-
» sions, c'était de transférer à la commune la propriété de la maison qui en était le pré-
» texte et la cause. » Robert de Beauval adopta ce moyen. Faisant taire son ressenti-
ment, il entra quelque temps après, en pourparlers avec le corps de ville, et lui vendit ce fief pour en faire, comme nous l'avons dit ailleurs, un beffroi et une prison. Il garda en outre, ainsi que les autres seigneurs ses voisins, souvenance de la leçon ; car il n'apparait pas que depuis cette époque les luttes avec la commune aient continué d'être aussi violentes et aussi acharnées qu'elles l'étaient auparavant.

En effet, les religieux de Cercamps, qui élevèrent des prétentions exagérées sur leur fief de Ransart, finirent par déclarer qu'ils ne se réservaient qu'une justice foncière sur le dit fief, laissant au maieur et aux échevins toute autre justice et seigneurie sur toutes leurs terres sises en la banlieue, et notamment sur leur maison de Riquemesnil. La transaction, en date du 13 avril 1367, est revêtue de quatre sceaux en cire verte, dont un seul, celui de l'abbé est parfaitement conservé.

Le seigneur de Beauval lui-même fut beaucoup plus modéré dans la défense de ses prétendus droits de la vicomté. Il s'agissait surtout de l'afforage de la ville, c'est-à-dire du

---

en effet très-infamante. Le condamné était conduit par le bourreau sur la place publique, tête nue et pieds nus, en chemise, la corde au cou, tenant en main un cierge de cire jaune et portant sur le dos un écriteau. Là, il lisait la formule qui lui était présentée. Nous n'avons pas trouvé preuve que Robert de Beauval eût été soumis à cet excès d'humiliation.

(1) Bouthors. *Coutumes locales*, t. II, p. 168. — Les *Olim* de M. Beugnot nous apprennent que cette tour de Beauval fut aussi le sujet de dissensions domestiques. A la mort de Robert de Beauval (1312), sa veuve Agnès plaida en cour de parlement, contre Robert, son fils aîné pour se faire adjuger en douaire *la tour de Doullens contre le four Colombel, le manoir de Riquemesnil, le revenu du quay de la tour et le fief de Milly*. (*Olim*, t. III, p. 729).

droit de fixer le prix du vin, et de permettre de porter enseigne. Le seigneur de Beauval, qui se disait toujours vicomte de Doullens, s'était approprié ce droit, ainsi que plusieurs autres, depuis cinquante ans. Il trouvait que ce qui avait été bon à prendre, était bon à garder, d'autant plus que son titre de vicomte était devenu à peu près honorifique ; mais il ne put empêcher la sentence du bailli d'Amiens qui, dans son assise du mois de septembre 1366, tenue à Doullens, déclara que les droits en question feraient retour à la mairie (1).

Le seigneur et la dame de Lucheul (Luchuel) essayèrent aussi de revendiquer contre la commune ce qu'ils appelaient les droits de leur seigneurie ; et si les contestations restèrent sans résultat, on peut au moins leur tenir compte des formes qu'ils apportèrent dans le débat (12 juin 1367). Le seigneur d'Outrebois, Canaples, Saint-Ouen et autres lieux, aurait bien voulu, de son côté, jeter le voile de l'oubli sur certaine obligation qu'il avait à remplir envers la commune. Il s'y prit poliment, car c'était un noble chevalier ; pourtant il dut continuer de payer à Doullens pour rente annuelle au jour des *brandons* un muid de blé sur le moulin d'*Outrebois* (2), sans compter les autres droits auxquels il resta assujetti (9 octobre 1367). Enfin nous avons vu que ce fut en cette même année que le corps de ville se rendit adjudicataire du fief de Saint-Pierre-là-Hors. Depuis, il ne manqua pas d'en rappeler le souvenir dans l'intitulé de ses actes.

Mais voici que tout à côté de Doullens se trouve une commune qui, pour être peu importante, n'en fait pas moins bruit et embarras. C'est celle d'Occoche. Fière d'avoir obtenu depuis peu de temps (3), *jouslice et seignourie viscomtière avec banlieue qui s'estend par toutes les fins et limittes du fief d'Occoche, d'avoir surtout maretz et waquiers scituez et assis es methes dudit fief*, elle se croit autorisée à essayer ses forces avec la commune de Doullens sa voisine. Fi de la justice locale pour le maieur et les échevins d'Occoche ! c'est au Parlement qu'ils veulent porter le conflit ! Mais qu'ils n'oublient pas que la turbulence ne fait pas le droit. C'est ce que leur rappelle la sentence qui les condamne (27 mai 1373). Dans l'arrêt, le procureur fiscal de Doullens est appelé par la cour procureur du roi ; nouvelle preuve que la justice de la commune était royale et patrimoniale, par la réunion de la vicomté (4).

A la poursuite de l'échevinage, l'abbesse de Berteaucourt, patron de l'église de Hem, reconnut aussi qu'elle n'avait sur son fief qu'une simple justice foncière (juin 1376). Colart, seigneur de Grouches, se trouvant à l'étroit dans les limites de sa seigneurie, voulut au contraire essayer, mais en vain, d'élargir sur la commune de Doullens, sa voisine, la sphère d'exercice de sa justice (25 janvier 1377). Le seigneur Jéhan des Autheux fut forcé de reconnaître, par acte authentique, que le corps de ville avait sur ses terres enclavées dans la ban-

---

(1) Arch. de Doullens.
(2) En 1713, la ville comptait encore parmi les revenus « le renvoy du moulin d'Outrebois, 60 l. »
(3) Occoche ne jouissait du droit de commune que depuis l'année 1365 environ. Antérieurement ce village était administré par Doullens.
(4) Arch. de Doullens.

lieue toute justice, seigneurie et tabellion (15 juillet 1379). Robinet de Crésecques, seigneur d'Hamancourt (1), dans la banlieue de Doullens, crut qu'il lui était permis d'agir là comme dans sa belle seigneurie de Long et de Longpré. On lui prouva que les conditions n'étaient pas les mêmes ; qu'à Hamancourt, il devait respecter, malgré qu'il en eût, aussi bien que les religieux de Saint-Josse, seigneurs au même lieu, les droits de la justice échevinale de Doullens, même sur son propre domaine (22 juin 1396). Enfin, le seigneur de Bouquemaison savait bien que déjà deux sentences des juges avaient consacré les droits de la ville sur son fief. Il tenta encore une fois de s'insurger contre les arrêts rendus, mais il se fit dire, par une troisième condamnation, que l'échevinage de Doullens continuerait, comme par le passé, l'exercice de la justice et de la police, ainsi que le *Cri de la fête* à Bouquemaison (10 juillet 1398). Ce qui motiva cette dernière disposition, ce fut la conduite blâmable du *fils de la dame de Bouquemaison*, lequel avait insulté les officiers de la mairie et prétendu défendre aux ménétriers de jouer de leurs instruments dans les divertissements publics. Le droit d'ordonner la fête du lieu était l'un des plus flatteurs des droits de seigneurie. Il était du nombre des droits honorifiques, et rentrait dans la police.

Les droits de justice et de seigneurie de la commune de Doullens étaient parfaitement établis. Ils avaient été reconnus à tous les étages de la hiérarchie judiciaire, depuis le tribunal de l'échevinage jusqu'au parlement ; et les seigneurs voisins en les contestant tour à tour, pendant deux siècles, n'avaient servi qu'à leur donner la force de chose jugée. Ses droits de police n'étaient pas moins incontestables aux yeux du bailli d'Amiens, et la preuve en fut administrée ouvertement en l'année 1400. Des lépreux ayant quitté leur domicile, se montraient en public au mépris des lois et ordonnances dont ils étaient l'objet. Le bailli en est informé, et cependant il ne se sert pas de son autorité propre, pour ramener ces malheureux à l'obéissance. Reconnaissant qu'il s'agit là, au contraire, d'une mesure de police qui est du ressort exclusif de l'échevinage, il adresse au maieur et aux échevins une commission, afin que ceux-ci obligent les lépreux à se retirer à Luchuel, ou à quitter la ville et la banlieue sous huit jours.

Guérard le Prévôt, seigneur de Grouches, était moins scrupuleux et paraissait faire peu de cas des droits de voirie du corps de ville. Témoin le mur de clôture qu'il fit élever à Grouches sur le flégard de sa propriété, sans en avoir demandé l'autorisation. Cette demande coûtait sans doute à sa fierté, mais pour ne pas l'avoir faite, il en coûta bien plus à sa bourse, car le mur fut démoli par ordre de l'échevinage, et par suite d'un jugement rendu par le prévôt de Doullens (9 juillet 1403).

Son homonyme, Robert le Prévôt, avocat à Occoche, fit aussi acte d'autorité privée dans les marais de Hem, et il en fut pour ses frais, plus pour ceux du procès dans lequel il succomba en la prévôté de Doullens (1er août 1407). Ces leçons furent inefficaces pour Beaudoin de Rigauville et Charles de Boulenois ; le premier qui avait fait creuser des fossés

---

(1) Par sa femme, Léonor de Jumelles.

et planter des haies sur sa terre de Fréchevillers, sans se soucier des droits voyers de la commune, fut obligé de remplir les uns et d'arracher les autres en présence du sergent (14 juillet 1409); une sentence de condamnation apprit au second que, quoiqu'il eût seigneurie à Authieule, il ne lui appartenait pas de faucher et d'emporter à sa guise les foins du marais, qui s'étendait d'Authieule à Orville (1410).

Que Jeanne Tasquette, dame de *Brestel*, se soit fait dire par les juges, le 15 mai 1424, qu'elle n'avait aucun droit de seigneurie sur le bois de Li-de-foi, attendu que Raoul de Beauval l'avait aliéné depuis plus d'un siècle et demi, cela se comprend, une femme n'est pas tenue à tant d'érudition ; mais le seigneur d'Occoche aurait dû trouver dans maints jugements contre ses prédécesseurs des motifs suffisants pour respecter les droits de la commune de Doullens. Et pourtant, un jour il fit saisir dans les marais de Hem quelques personnes coupables d'y avoir fait paître leurs bestiaux. Le corps de ville se fâcha ; et pour obtenir une transaction, il fallut que ceux d'Occoche déclarassent « qu'ils ne pœuuent ne
» doiuent prendre ne exploiter ou dit marez, et que ladite prinse, amendise, injures et
» exploitz dessus desclariez et tout ce qui s'en est ensuy est et sera mis à néant et compté
» pour nuls et comme non aenu (12 avril 1429). »

Les questions de voirie à propos des chemins et flégards se représentaient assez fréquemment ; et, sous ce rapport, la commune de Doullens était très-châtouilleuse. Ainsi elle fit dire par les tribunaux au seigneur de Neuvillette, qu'il n'avait pas même le droit de s'approprier les arbres renversés par le vent (octobre 1434) ; et le curé du même lieu lui paya une amende de 60 sols pour avoir abattu un cerisier sur le flégard, au lieu dit le presbytère, sans l'autorisation du maieur et des échevins (19 janvier 1436). Il faut avouer que la commune, par sa susceptibilté, jouait un peu le rôle des nouveaux parvenus.

Pourtant, à côté de l'autorité si ombrageuse de l'échevinage, il en était une autre qui avait également ses exigences, c'était celle du commandant du château (1). Ce dernier, du nom de Robert Fertel, seigneur de Gézaincourt, peu habitué aux lenteurs judiciaires, avait hâte de délivrer le sieur de Gorenflos, détenu dans les prisons de la ville. Abusant de l'autorité dont son maître, le duc de Bourgogne, l'avait fait dépositaire, il força les portes de la prison, pour mettre en liberté son protégé. Mais le corps de ville vint réclamer énergiquement le prisonnier, et prouver qu'à lui seul appartenaient la connaissance du délit et le jugement. Le commandant dut céder et « recognut comme nagaires il se fut embatus et
» entrez es prisons des maire et eschevins de ladite ville, les enfraint et en tira et mis hors
» Jéhan de Goirenflos, dit le Bègue... Sur ce bien conseillé et aduisé, comme il dist, a
» recongnut et déclarié qu'il ne pooit, ne deuoit faire ladite emprinse, et en ce confessant,
» remis et restabli ledit de Goirenflos esdites prisons pour en congnoistre et le pugnir par
» lesdits maire et escheuins, et ce fait, amenda (18 septembre 1436) (2). »

---

(1) Il est bien entendu qu'il ne s'agit pas ici du château construit en 1522 et qui devint la citadelle, mais de la partie fortifiée de la ville.
(2) Arch. de Doullens.

Puis ce fut une bourse « qui sur le flégard et cauchie de ladite ville auoit esté trouuée et
» à ceste cause, comme chose espaue ou estraière, apportée deuers nous, et mise en nostre
» main comme en main de justice, » disait le corps de ville. Nous ignorons les raisons que
faisait valoir le prévôt pour réclamer le dépôt de cette bourse ; mais l'échevinage ne se
laissa pas frustrer de ses droits sur cette matière. Par décision rendue, même en présence
du vicomte, et de son assentiment, il affirma de nouveau, à l'occasion de ce fait, son droit
d'épave dans la banlieue, à titre de seigneurie (13 octobre 1441).

Guillaume de Beauval avait appris, soit par les leçons infligées à ses ancêtres, soit par sa
propre expérience, que le corps de ville était trop châtouilleux à l'endroit de ses priviléges
pour n'en pas poursuivre et punir les violateurs, quels qu'ils fussent. La prudence lui fit
choisir les voies d'accommodement et de transaction, de préférence aux mesures arbitraires.
Seigneur de Riquemesnil et de Neuvillette, il voulait pouvoir fréquenter en ligne directe
l'une et l'autre de ces terres. Le moyen le plus simple était de demander passage au maieur
et aux échevins de Doullens, qui étaient seigneurs hauts-justiciers de l'Authie en leur banlieue. C'est ce qu'il fit, et il obtint l'autorisation de jeter un pont sur la rivière, à Riquemesnil. Par la transaction qui intervint, il s'obligea à payer à la ville quatre sols parisis de
cens annuel, à ne donner au pont que trois pieds et demi de largeur, à le tenir fermé jour
et nuit, et à le rompre à la première réquisition de l'échevinage, à peine de dix livres d'a-
mende, en cas de contravention (12 mai 1456). Ce pont existait encore en 1725, dans la
cour du manoir seigneurial (1). M. Labourt excipe de ce fait contre Malbrancq, qui veut que
la chaussée romaine d'Amiens à Thérouanne ait traversé l'Authie à Riquemesnil. Si la dite
chaussée passait là, répond M. Labourt, pourquoi y avoir fait un pont particulier ?

Edmond Dragon, *capitaine du fort castel de Lucheux*, était aussi propriétaire d'un fief
sis au dit Riquemesnil, du chef de sa femme, Bonne de Riquemesnil. Il aurait bien voulu
secouer la juridiction de la ville ; mais plus habitué au maniement des armes qu'aux conflits d'autorité, il céda et reconnut au maire et aux échevins de Doullens toute justice pour
raison de banlieue : « Un certain fié, dit-il dans sa déclaration, appartenant à mon espouse,
» nommé le manoir de Mons, tenu noblement de la vicomtesse du dit lieu,... icelui fié est
» et a esté en dedans les metz et bournes de le banlieue de le ville de Dourlens... à l'en-
» contre des maire et eskevins ayant de toute éternité eu en tous lieux où leur banlieue
» s'estend le iustiche ; accordant la recongnoissance des coses devant dict par devant ceus
» vers qui est le contens et le plais (20 mars 1460) (2). »

Mais voici un adversaire que l'échevinage dut être bien aise de trouver en défaut, parce
que seul, jusqu'à présent, il avait fait la loi aux autres, sans en subir aucune de la part
d'autrui. On comprend tout de suite que nous voulons parler du prieur de Saint-Sulpice,
avec qui le corps de ville avait eu déjà maille à partir d'une manière sérieuse. Encouragé
par sa dernière victoire, le dit prieur s'était un peu trop habitué, peut-être, à se croire tout

(1) Arch. de Doullens.   (2) Ibid.

permis à l'encontre des voisins qu'il avait réduits à l'humiliation de l'amende honorable et d'une demande de pardon. Il oublia, dans la confiance de sa force, que le vaincu était là, avec sa blessure au cœur, épiant l'occasion de la représaille, et l'heure de la vengeance. Mais comme *tout vient à point à qui sait attendre*, le corps de ville attendit, disposé à faire expier les délais imposés au dédommagement réclamé par sa fierté outragée.

Le prieur de Saint-Sulpice s'était donc permis de faire emprisonner un homme coupable d'avoir pêché dans la rivière d'Authie, avec un engin nommé fouine. Cette peine, déjà sévère, fut encore aggravée par une amende de 60 sols parisis. Il est vrai que le délit avait été commis dans l'étendue du domaine du prieuré ; mais le corps de ville en avait seul en droit la connaissance, à cause de sa banlieue. De plus, le dit prieur, qui jouissait d'un moulin à huile, à Saint-Sulpice même, avait placé la *sole de la vanne du biéz* à telle hauteur qu'il lui avait plu, sans avoir pris la peine de se faire régulièrement autoriser par le maire. En outre, pour donner un compagnon à l'imprudent pêcheur, il avait mis en prison un autre délinquant convaincu d'avoir *chassé marée* à Beaurepaire, avec amende de 7^s 6^d. Mais Beaurepaire, aussi bien que Saint-Sulpice, était dans la banlieue de la ville. Enfin, le prieur, en sa qualité de curé primitif de Doullens, et à raison de l'indépendance qu'il s'était acquise vis-à-vis de l'échevinage, avait fait marcher son bailli à la tête de la procession du Saint-Sacrement, le jour de la Fête-Dieu

C'était plus qu'il n'en fallait pour irriter l'humeur peu endurante du maieur et des échevins. C'était, avec cela, l'occasion depuis longtemps attendue. Aussi, pour premier acte de représailles, ils firent faire au bailli du prieuré connaissance avec la prison de la ville. De là procès entre les parties sur les faits ci-dessus énoncés. Mais les troubles qui agitèrent la France à cette époque interrompirent les poursuites, et le prieur se désista en laissant la commune dans tous ses droits (1).

La ville était nouvellement engagée au comte de Charolais. Pierre Darras, qui venait d'être condamné à la peine de l'emprisonnement, interjeta appel, et intima le maire, les échevins et le vicomte de Doullens en l'assise du bailli du comte de Charolais, à Amiens. Ceux-ci soutinrent qu'ils avaient été mal intimés, et que par priviléges de leur charte, reconnus et approuvés du roi, les baillis d'Amiens devaient tenir leurs assises à Doullens. En conséquence, l'appelant fut condamné à l'amende et aux dépens (1er décembre 1466). C'était tous les mois que le bailli venait à Doullens juger les causes dont était appel. L'audience du prévôt avait lieu, au contraire, le lundi de chaque semaine.

Les corporations religieuses, devenues puissamment riches, avaient peine à se défendre elles-mêmes de l'esprit d'envahissement qui avait été jusque-là l'un des caractères de l'époque féodale. A de grandes possessions territoriales, il fallait unir des priviléges sans nombre, qui mettaient d'un côté tous les droits, et de l'autre tous les devoirs. Doullens eut plus d'une fois, sous ce rapport, des relations de mauvais voisinage avec la puissante et

(1) Arch. de Doullens.

célèbre abbaye de Cercamps. Celle-ci possédait quelques fiefs dans l'étendue de la banlieue, notamment à Bouquemaison, et ne pouvait supporter d'y voir l'exercice de son autorité restreint par des droits étrangers. On en vint donc de nouveau aux luttes et aux altercations. L'affaire avait déjà pris certaines proportions ; l'abbé était même parvenu à se faire octroyer des lettres d'amortissement qui émancipaient son abbaye, en la rédimant de toute obligation envers Doullens, qui objectait en vain son droit de banlieue. Mais le corps de ville, fidèle à ses traditions, intenta un procès à l'envahisseur (21 octobre 1530), et s'opposa vigoureusement et victorieusement aux lettres d'amortissement obtenues. Il savait bien que cette porte, une fois ouverte, tous ses priviléges, si péniblement conservés, s'en seraient allés les uns après les autres.

Cinq ans après, Colart de Beauquesne, demeurant à Bouquemaison, *ayant blessé à sang* deux personnes dans l'étendue de la banlieue, s'était constitué prisonnier. Le prévôt, sous le prétexte qu'il s'agissait d'un étranger à la commune, retint la connaissance du fait ; mais les dispositions de la charte donnaient trop clairement droit au maieur et aux échevins pour que le coupable échappât à leur juridiction. Colart fut donc jugé et condamné par l'échevinage (1533).

Le corps de ville était seigneur justicier des rivières de Grouche et d'Authie dans tout leurs cours à travers la banlieue, aussi bien que des fiefs. A ce titre, toutes les questions relatives aux usines et moulins, aux plantations sur les rives, au règlement des eaux, rentraient dans ses attributions. Il fallait alors, comme aujourd'hui, une autorité supérieure et tutélaire, chargée de veiller aux intérêts de tous, et de fixer à chaque usine ou moulin, un niveau d'eau combiné avec les exigences des intérêts rivaux. De là, pour l'échevinage, la nécessité d'intervenir sans cesse comme arbitre et comme régulateur dans tous les actes qui pouvaient avoir pour effet de modifier le cours ou le niveau des eaux. C'est ce que reconnurent Pierre Ruin de Riquemesnil, le 1er août 1470, et Antoine de Villers, seigneur de Belloy, propriétaire du moulin de Hem (19 juillet 1486). Mais celui du moulin de Wargnies ayant voulu se passer de toute intervention légale, fut condamné à 60 sols parisis d'amende (28 mai 1546).

Ces faits, qui nous paraissent d'une minime importance historique, avaient alors une valeur réelle aux yeux de l'échevinage, parce que leur fréquence indiquait une idée toujours fixe de s'insurger contre les droits et priviléges de la commune, et par conséquent un danger toujours persistant. C'était une guerre continuelle contre l'élément communal, qui se traduisait à chaque occasion, tantôt par la résistance, tantôt par la non reconnaissance ou même par le mépris de son autorité. Mais vainement essaya-t-on de décourager les magistrats municipaux, les attaques n'avaient d'autre résultat que d'enraciner davantage l'amour de leurs droits acquis, ou le zèle pour les défendre. Un nouvel adversaire ne tarda pas à s'en convaincre.

Jéhan Gargan était tout à la fois seigneur d'Authieule et prévôt forain de Doullens, c'est-à-dire qu'en lui l'homme et le magistrat se rencontraient dans une haine égale à l'encontre des priviléges du corps de ville. En effet, Jéhan Gargan n'était maître que hors de chez lui, et chaque brèche faite à son autorité produisait en lui deux blessures. C'était trop, pour peu qu'il eût l'épiderme sensible ou la fierté irritable. Il chercha donc dans sa double qualité des armes contre l'échevinage, et essaya d'abord de s'émanciper dans sa seigneurie d'Authieule, par quelques tentatives arbitraires sur les chemins et flégards. Il savait bien que c'était là une question délicate, maintefois soulevée par ses prédécesseurs, et il se flattait qu'en la renouvelant comme seigneur intéressé et prévôt royal, il obtiendrait une solution favorable. L'illusion toutefois ne fut pas longue, car, cité à la barre des juges compétents, il y succomba dans ses prétentions injustes (1576).

L'échevinage triomphait, mais la lutte n'avait pas pris fin. Jéhan Gargan dégagea la question de toutes prétentions seigneuriales et de tout ce qui revêtait ostensiblement la couleur de l'intérêt propre. Il rentra uniquement en lice comme prévôt ; et l'ordonnance de Moulins à la main, il soutint que l'échevinage de Doullens, comme ceux des autres villes, avait perdu l'exercice de la justice civile. En effet, cette ordonnance datée de 1566, portait, art. 17° : « Les maires et eschevins des villes qui avaient l'exercice des causes civiles, cri- » minelles et de police, continueront ci-après seulement l'exercice du criminel et de la » police,... sans pouvoir s'entremettre de la connaissance des sentences civiles. » Ce changement était une véritable révolution et un coup sérieux porté à la puissance communale. Aussi l'impression qu'il produisit fut grande dans toute la France ; mais on ne tarda pas à reconnaître que la nouvelle ordonnance était inapplicable aux lieux où la justice était patrimoniale ou acquise à titre onéreux. Et c'était précisément la condition dans laquelle se trouvait Doullens, qui avait acheté à prix d'argent, comme nous l'avons vu, sa charte de commune, où étaient inscrits ses droits et la plénitude de sa juridiction échevinale. Ce qui pouvait être en certains lieux privilége, simple abandon ou octroi de tolérance, était ici chose achetée, payée ; et la charte communale n'était elle-même que le contrat de la vente portant quittance : « *Cum Guido, comes Pontivi burgensibus Dullendii communiam vendidisset, super illa venditione scriptum authenticum non haberent, eis concessi*, etc. » Jéhan Gargan succomba donc encore une fois, et ses efforts eurent pour unique résultat de faire consacrer solennellement la parfaite légitimité de la juridiction du maire et des échevins de Doullens. L'ordonnance par provision, en date du 15 mai 1578, portait en effet : « Que » les maieur et eschevins auraient *l'exercice de la justice tant civile que criminelle ainsi que* » *de tout temps ils avoient accoutumé faire en la ville et banlieue de Doullens, même aupa-* » *ravant l'édit de Moulins.* »

Jéhan Gargan ne put s'habituer à cette décision : il y voyait une erreur judiciaire, et ne comprit pas que l'ordonnance de Moulins rencontrât sa non-application à Doullens. Il renouvela donc ses attaques et ses empiétements, espérant inoculer au cœur de l'échevinage la fatigue de la lutte. Le maintien des droits de la justice civile au profit de la commune lui paraissait être une usurpation colorée, à laquelle il déniait la force de chose jugée ; car il n'admettait que comme provisoires les derniers arrêts rendus. Le corps de ville, pour en finir, le traduisit à la barre du parlement, et là, le 18 février 1581, Jéhan Gargan, prévôt royal et seigneur d'Authieule, fut condamné à 75 sols d'amende, pour *avoir piqué, foui, houé sur les flégards de sa terre* d'Authieule, *détourné et arrêté l'eau de la rivière* sans permission du maire. Un autre arrêt du 7 janvier 1585 lui défendit de troubler le maire et les échevins, et ordonna l'exécution de l'arrêt de 1576,

En 1616, Firmin Guilbert était prévôt de Doullens ; il voulut renouveler les tracasseries de son prédécesseur ; mais l'échevinage se fit octroyer des lettres patentes du jeune roi Louis XIII, en date du 2 décembre et portant confirmation de la loi, mairie, échevinage, collége, justice et seigneurie, *tant civile* que criminelle, usance et coutume de la ville et banlieue de Doullens, *avec dérogation à tous édits, déclarations, ordonnances et autres choses contraires*. En présence d'un texte aussi formel, il semble que toute discussion devait être terminée ; et cependant le prévôt ne voulut pas encore amener pavillon. Il continua donc les errements de ses prédécesseurs, imita leur obstination, et fit renouveler contre lui par le Parlement, le 7 septembre 1622, les arrêts précédents, qui consacraient les droits de la commune.

Enfin, le 5 août 1629, il se décida à une transaction : d'accord avec le lieutenant de la prévôté, le procureur du roi et le greffier de la même administration, il déclara reconnaître et admettre que l'échevinage de Doullens n'avait pas cessé de jouir, malgré l'ordonnance de Moulins, de tous les droits de la justice civile et patrimoniale, dans l'étendue de la ville et de la banlieue. Et ce jour-là encore, la commune dut être fière de sa victoire ; la lutte avait duré cinquante-quatre ans. De longues années de paix succédèrent, pendant lesquelles le maieur et les échevins ne se retrouvèrent en face du prévôt qu'à l'occasion d'un banc de l'église Notre-Dame (1686). Les autres adversaires eux-mêmes comprirent qu'il fallait, bon gré mal gré, reconnaître leur vainqueur, et ne plus donner prise contre eux. Un fermier de Hamancourt, pour avoir oublié ce rôle, paya une amende de 75 sols, qui lui rappela l'obligation où il était de ne point creuser de fossés sur les flégards, sans autorisation préalable (1701).

Cette paix avait duré quatre-vingts ans, et semblait devoir se continuer, lorsque de nouveaux troubles vinrent à éclore, annonçant des dangers plus sérieux que jamais. Ce fut encore le prévôt royal et forain qui commença l'attaque. Cette charge était alors aux mains de Prévot de Mironcourt, curé de Bernaville, qui se permit certaines entreprises, c'est-à-dire des empiétements et usurpations contraires aux arrêts rendus, et à la transaction intervenue en 1629. M. de Montaubert, maire-perpétuel de Doullens, le fit assigner pour faits et gestes attentatoires aux droits reconnus et surabondamment établis de la commune.

Malheureusement, ce magistrat mourut le 17 juin 1710 ; et comme le procureur fiscal et royal de la ville était mort lui-même depuis le 9 avril 1708, et qu'on ne lui avait pas encore donné de successeur, la ville était indéfendue. Le sieur de Mironcourt était trop habile pour ne pas exploiter la circonstance.

Déjà l'incompatibilité pratique, sinon légale, qui existait entre ses devoirs de curé et ses fonctions judiciaires, l'avait porté à se décharger de celles-ci sur son frère, procureur du roi au siége même de la prévôté ; il eut encore le crédit de faire recevoir ce frère maire de la ville, le 9 juillet 1711. C'était introduire l'ennemi dans la place, et lui en confier le commandement. Les deux frères manœuvrèrent si bien de concert, et la trahison leur devint si facile que, par arrêt du 7 août suivant, c'est-à-dire moins d'un mois après, le corps de ville fut privé de toute justice civile, criminelle et de police au profit de la prévôté, « sans préjudice néanmoins, porte l'arrêt, des droits particuliers de justice que les dits » maire et eschevins pourroient prétendre dans la paroisse de Hem et Hardinval, défenses » au contraire. » Comme nous l'avons dit, la ville se trouvant sans défense, n'avait fourni aucun contredit ni présenté aucune production en exécution d'un appointement du 15 mai précédent.

Cependant les habitants de Doullens ne pouvaient manquer de former opposition à l'arrêt qui les dépouillait ainsi de leurs plus précieux priviléges, et mettait à néant leur charte de commune. Ils protestèrent en effet par ce motif que, l'arrêt n'atteignant que le maire et les échevins, leurs droits étaient réservés. Ils se mirent donc en devoir d'entamer le procès en leur nom ; mais le maire refusa la communication des archives, et garda la clef de cet arsenal rempli d'armes contre lui. Procès-verbal fut fait de son refus, le 25 juin 1712 ; et cependant, le 9 juillet suivant, les habitants ne furent pas moins déboutés de leur opposition, par la raison qu'ils avaient été censés représentés par le maire et les échevins.

A l'opposition succéda, de la part de la commune, l'attaque formelle et directe de l'arrêt par requête civile. Le prévôt royal et son frère, maire alternatif et substitut du procureur général en la prévôté, furent assignés pour entendre prononcer l'entérinement de la requête. Le procureur général y fut appelé lui-même comme partie. Le procès s'entama solennellement avec production de tous les titres de propriété et de possession de la ville ; et par arrêt du 29 mars 1726 (1), la requête civile fut entérinée, et les parties remises au même état qu'elles étaient avant l'arrêt du 7 août 1711 ; une disposition portait en outre qu'il serait procédé au jugement de l'instance, par les arrêts du 15 mai 1576 et 18 septembre 1622.

A peine cette décision fut-elle obtenue, que les officiers du bureau des finances de la généralité d'Amiens (2) voulurent s'emparer de la connaissance d'un fait de voirie, sous le prétexte de la réunion à leur corps de l'office de grand-voyer (3). Il y avait à Doullens une place appelée de temps immémorial le marché aux bêtes. Un nommé Moreau, désirant y bâtir, alla s'adresser au bureau des finances pour éviter le refus du maieur et des

---

(1) M. Warmé a fait erreur en rapportant cet arrêt qu'il applique à la prévôté tout entière (V. *Hist. de Doullens*, p. 291).

(2) Le *bureau des finances* d'Amiens fut créé par Henri III, en 1579. Il se composait, comme ceux des autres généralités, de deux trésoriers pour l'administration du domaine, de deux receveurs généraux pour les impôts, d'un garde du trésor, d'un greffier et d'un huissier. (*Chéruel. Dict.*)

(3) La charge de *grand voyer* créée par Henri IV pour Sully, en 1599, fut supprimée en 1626. (Ibid.)

échevins. Il en obtint une ordonnance qui lui accordait tout ce qu'il avait demandé. La protestation qu'elle rencontra chez le maire et les échevins donna lieu à une seconde ordonnance qui condamna les opposants à 300 livres d'amende, et imposa aux ouvriers l'ordre de travailler. Pour toute réponse, le maire et les échevins font saisir les outils des travailleurs, et se moquent d'une troisième ordonnance qui élève leur amende à 1,000 livres, avec contrainte par corps, et fixe à 300 livres celle du sergent qui a exécuté leurs ordres.

L'affaire, portée au parlement, fut évoquée au conseil du roi, le 22 avril 1727. Mais voilà que des complications surgissent et viennent emmêler les choses. C'est d'abord une nouvelle anticipation par la prévôté royale sur la connaissance de police et de voirie, incident qui est également évoqué au conseil du roi; c'est ensuite, à propos d'un inventaire de tutelle, l'exagération des droits que le sieur et la dame de Saisseval font dans un dénombrement servi au bureau des finances, des droits et priviléges de leur fief de Riquemesnil, au détriment de ceux de la commune de Doullens. De là opposition formée par le corps de ville, le 16 juin 1745, et un autre procès encore porté au conseil du roi ; et, comme le maire et les échevins ne pouvaient obtenir la remise de leurs pièces, un arrêt du 10 juin 1749 l'ordonna impérativement. Les intérêts de Doullens furent parfaitement défendus par M. Morgan, son avocat, comme ils l'avaient été un peu auparavant par M. Prévost, également avocat au conseil. Mais tous ces efforts, qui coûtèrent fort cher à la ville et appauvrirent ses finances, ne lui rendirent pas ses droits de justice criminelle et de police, dont la suppression augmenta ceux de la prévôté royale. Ainsi s'éteignit cette juridiction de l'échevinage, dont le maintien et la défense avaient coûté tant de sacrifices pendant six siècles (1).

Le sieur François Noël, régisseur des droits réservés, voulut encore confisquer à la ville, au profit de son administration, les anciens droits de *mesurage* et *d'aulnage* sur le marché. Les officiers municipaux lui prouvèrent que ce droit était une des concessions octroyées par la charte de commune, et achetées moyennant une redevance annuelle de dix livres (2); qu'il avait beau équivoquer sur le mot *minagium* employé par la charte, que la vraie signification du minage était donnée par Du Cange : *Minagium, id est, Emporium in quo frumentum distrahitur*, et par Renaudon, dans son *Dictionnaire des Fiefs* : « Le minage est un » droit dû au seigneur pour le mesurage des blés qui se vendent dans l'étendue de sa sei» gneurie. » La ville établit encore qu'elle avait toujours régulièrement payé, soit aux comtes de Ponthieu, soit aux rois, la redevance annuelle pour le droit contesté; que les différents arrêts de Charles IX et de Louis XIV portant création de mesureurs de grains dans les marchés, n'avaient jamais eu leur application à Doullens, quoique la ville eût été imposée à 1,000 livres dans la répartition des 50,000 livres payées pour le rachat des offices

---

(1) Les audiences du tribunal de l'échevinage avaient lieu les vendredis à dix heures.

(2) Sciendum est quod inter me et Burgenses Dullendii hoc modo compositum est quod pro minagio Dullendii... decem libras Pontivensis monetæ de annuo censu mihi donaverunt, ita quod neque ego neque hæredes mei in minagio Dullendii aliquid de cætero poterimus reclamare.

de mesureurs dans la généralité d'Amiens, en 1698. Malgré toutes ces preuves, le sieur Noël, régisseur, assigna en l'élection de Doullens les officiers municipaux, « pour se voir
» condamner à représenter leurs titres, baux et registres de perception des droits de me-
» surage des grains et aulnage des toiles qu'ils ont perçus en ladite ville de Doullens, et à
» lui payer le montant des dits droits depuis le 1er avril 1768, avec les intérêts à partir
» de la demande (1774). » Le régisseur succomba, mais les officiers municipaux n'en furent pas plus tranquilles.

Disons donc encore que c'est avec une légitime admiration que la pensée se reporte sur la vigilance toujours active des officiers municipaux de Doullens, sur leurs luttes incessantes avec les envahisseurs de leurs priviléges, sur leur énergie, que des difficultés chaque jour renouvelées n'ont jamais pu décourager ; sur leur constance obstinée à sauvegarder, même dans les plus mauvais jours, l'intégralité des droits consacrés par leur charte de commune. Et ce n'étaient pas de minimes adversaires, ceux avec lesquels l'échevinage entrait en lutte. « La seule ville de Doullens, dit Merlin, dans son *Répertoire de Jurisprudence*,
» pour conserver quelques-uns de ses droits de commune a été contrainte de plaider contre
» les gens du roi, contre les engagistes, contre les seigneurs justiciers des environs, contre
» les officiers royaux de la ville même. Depuis l'ordonnance de Moulins, qui porta un coup
» si funeste à la juridiction des communes, les officiers municipaux de Doullens ont eu huit
» procès à soutenir au parlement, ont obtenu dix-neuf sentences contre les prévôts et leurs
» seigneurs, ont passé avec eux vingt-cinq transactions, etc. »

Les archives de la ville, malgré les lacunes regrettables dues à la négligence des derniers temps, conservent encore, en faveur de l'ancienne justice échevinale, la preuve de près de cinquante victoires dans ses démêlés avec tout ce qui avait eu puissance et autorité autour d'elle, c'est-à-dire avec les seigneurs voisins, les ecclésiastiques, les gentilshommes, les officiers du roi, les religieux ou communautés. On y trouve témoignage de huit lettres patentes de nos rois, de seize arrêts de la cour ou du parlement, de onze sentences des baillis d'Amiens, de huit arrêts des prévôts de Doullens et de Beauquesne ; de deux reconnaissances des vicomtes de la ville, etc.

On voit par là qu'à toutes les époques, l'échevinage s'est montré à la hauteur de sa mission et de ses devoirs. Aussi, ce spectacle d'une si faible cité, toujours en éveil et constamment sur la brèche pour la défense de ses libertés, n'est pas sans un véritable intérêt pour qui veut étudier son passé. C'est le fait qui domine à travers les siècles toute son histoire ; c'est sa plus belle tradition, son principal titre de gloire, comme son droit incontestable à une sympathique admiration. Nous avons cru que la justice et la vérité exigeaient que sa couleur fût rendue à cette physionomie, qu'on remit en saillie et en lumière ce caractère que rien ne peut dénaturer ; qu'on replaçât à sa hauteur et dans son jour ce tableau échappé à tant de ruines ; que les faits, en un mot, fussent redits avec leur enchaînement obligé, et on nous pardonnera sans doute de nous être arrêté avec quelque complaisance à regarder cette belle figure d'un autre âge.

Autant le corps de ville s'était toujours montré défenseur zélé de ses droits et priviléges, autant il se prêta de mauvaise grâce à l'exécution de l'arrêt qui l'en avait dépouillé. Pendant longtemps sa conduite se traduisit par de continuelles taquineries ; mais ce fut au lieutenant et aux autres officiers de police que ses procédés suscitèrent le plus d'entraves. Un édit du mois d'octobre 1699 avait supprimé la justice de police municipale, et portait création d'un lieutenant général et d'autres officiers dans toutes les villes du royaume. C'était une justice administrative qui mettait la cité sous la main du prince. Toutefois, comme l'office n'avait pas trouvé d'acquéreur à Doullens, l'échevinage continua d'exercer la justice de police ; et ce ne fut qu'en 1703 qu'il eut des successeurs. Mais on peut dire qu'il leur rendit la vie dure et leur fit expier chèrement sa dépossession. Nous avons eu entre les mains un mémoire contenant les doléances de ces officiers ; et plus d'une fois nous avons souri en les lisant, non-seulement parce qu'il n'est pas dans le caractère français de s'apitoyer sur les tribulations de la police, mais aussi parce que nous y retrouvions la manifestation de l'esprit traditionnel de la cité. C'est une étude de mœurs contemporaines écrite il y a un siècle ; mais elle pourrait aussi bien être datée d'hier.

Messieurs de la police soulevaient donc de nombreux griefs à l'encontre de l'administration municipale. Citons en quelques détails. La surveillance des marchés et des foires rentrait dans leurs attributions, aux termes de l'édit de leur création ; et cependant, après six mois d'exercice, ils n'avaient pu obtenir encore, malgré leurs demandes réitérées, ni les poids, ni les mesures, ni les balances, ni la marque de la ville. Le maire et les échevins, faisant fi de leurs réclamations, continuaient à exiger, comme par le passé, un sou de chaque marchand forain, et à s'occuper du marché, comme s'il n'y avait pas eu d'officiers de police. Ils avaient même tout récemment jeté en prison la nommée Marguerite Capron, balayeuse du marché au blé, coupable seulement d'avoir épousé un officier de police, et fait confisquer par les valets de ville deux paniers de poissons mis en vente sans leur permission.

Les *mesureurs* de grains, chaux et charbons ; les *peseurs* de lins, fils, laines et autres marchandises ; les *auneurs* de toiles vendues au marché ; les *dévaleurs* de vins, eaux-de-vie et autres boissons ; les *jaugeurs* de bois et de foins ; les *langueyeurs* et charcutiers ; les marchands de grains, etc., étaient tous justiciables de la police en ce qui concernait leurs métiers ; et cependant le maire et les échevins les excitaient à ne pas reconnaître leurs juges naturels, se chargeaient de leurs affaires, soutenaient leurs procès, qu'ils portaient par devant le tribunal du bailli. Ainsi les officiers de police ayant condamné Jean Gove, charcutier et langueyeur à opter entre ces deux métiers incompatibles, furent cités par l'échevinage à l'assise du bailli, pour abus de pouvoir ; d'autres assignations semblables leur étaient données chaque jour, au mépris de la litispendance des différends de police par devant l'intendant, tantôt à propos de la surveillance des écoles, tantôt à l'occasion du droit de fixer le prix du vin et des denrées, dont le corps de ville ne voulait pas se dessaisir.

Ces luttes incessantes du maire et des échevins contre le lieutenant et les officiers de police étaient un encouragement et une protection même aux désordres. Les meuniers, assurés d'avoir des défenseurs, relevaient outre mesure leur niveau d'eau et occasionnaient des inondations ; les propriétaires particuliers des maisons et jardins sur rue et chaussée creusaient des fossés sur les flégards, y faisaient rouir leur lin et leur chanvre, y blanchissaient leurs toiles, retenaient les eaux, gâtaient celles des fontaines, encombraient les places et promenades publiques, et laissaient à peine un passage suffisant à la circulation. Le maire et les échevins, pactisant ouvertement avec les délinquants, jouissaient de voir la police si embesognée à la répression de ces désordres ; et pour mieux entraver cette répression, ils avaient conservé les quatre hallebardiers, dits sergents de nuit, qui leur prêtaient main forte à toute réquision.

Mais c'était surtout dans les cabarets, dans les lieux publics, qu'à l'occasion des rixes et disputes, les deux administrations rivales se trouvaient souvent en présence et en conflits. Un jour, deux drapiers de la ville, échauffés par le vin, s'attaquent à coups de bouteilles. Le nommé Lesenne, blessé par un éclat de verre, dépose sa plainte à la police qui, ne voyant dans cette affaire que légers horions ou égratignures insignifiantes, en retient l'information ; le maire et les échevins, au contraire, y trouvent matière à un procès important ; et en dépit des réclamations de la police comme des parties elles-mêmes, ils portent l'affaire par devant le bailli. Quelques jours après, la femme Monasse, mercière, et la femme Martin, cabaretière, s'accrochèrent d'abord par la langue, puis par la coiffe et le chignon. La femme Hardy, qui s'était trouvée mêlée à l'affaire pour défendre la mercière, sa sœur, avait été la plus maltraitée, et sa chevelure portait la marque d'irréparables outrages. Elle vint déposer sa plainte à la police ; et le lieutenant désirant conquérir un peu de popularité, trouva qu'elle cotait à trop haut prix sa coiffe et ses cheveux, en évaluant à 30 sols la dénudation de son occiput. En conséquence, il donna rendez-vous aux parties le même jour pour les concilier sans frais. Mais le maire et les échevins les empêchèrent de se rendre à l'assignation ; et, pour les punir de s'être adressées à la police, ils les engagèrent dans un procès qui leur coûta cent livres. Un autre jour Antoine Becquet, Jean Driaulcourt et Jacques Despin, jeunes gens de vingt ans, convaincus de blasphèmes et de voies de fait, sont poursuivis par devant la police, à la requête du procureur du roi, et condamnés à six livres d'amende. Le maire et les échevins se jettent aussitôt à la traverse, revendiquent l'instruction de l'affaire, et lui donnent des proportions tout autres, qui la rendent du ressort du bailli.

Enfin, ce n'était continuellement qu'assignations en distraction de juridiction ; et la police avait fort à faire, car la partie n'était pas égale. Le maire et les échevins menaçaient du logement des gens de guerre tout bourgeois qui avait recours à la police, et le forçaient à se désister de sa première assignation, à peine d'un autre procès très-coûteux. Lorsqu'on refusait, au contraire, de reconnaître la juridiction de la police, on était sûr de trouver en eux des défenseurs, des avocats zélés, qui prenaient, au nom et aux dépens même de la commune, fait et cause pour les particuliers ; et alors les officiers de police étaient malmenés, persécutés, accablés de factums très-peu parlementaires, et écrasés de frais. Et puis encore, il y avait les quolibets, les chansons, les sarcasmes des rieurs, et pas un témoignage de pitié, pas une preuve de sympathie. Aussi,

L'attelage suait, soufflait, était rendu.

Mais comme il fallait bien, en fin de compte, que force restât à la loi, on fit appel aux moyens énergiques : les plaintes furent baillonnées, les tentatives d'indépendance comprimées, punies ; et la police, victorieuse et insultante, s'assit sur les débris de toute liberté ; sa main s'appesantit sur tous les fronts forcément humiliés, jusqu'à ce que la chaîne qui rivait toute résistance se fût brisée dans les convulsions de 1789.

CHAPITRE VI.

ADMINISTRATIONS DIVERSES.

§. I.

Vicomté.

Son ancienneté. — Imperfection de sa justice. — Sa réunion à l'échevinage. — Noms de quelques vicomtes.

Cette juridiction existait longtemps avant la charte de commune. Elle était exercée par un vicomte, qui rendait la justice au nom du comte, et tenait ses assises dans la tour de Beauval. La force avait fait la loi, et, là comme ailleurs, elle l'entretenait ; on dédaignait même de l'écrire, tant on était habitué à l'arbitraire. On se battait donc avec la tradition plus ou moins vague, plus ou moins certaine, pour des possessions cédées, des mouvances de droits de pacage, des droits de fiefs et arrière-fiefs, des censives, des reliefs, etc. Le vicomte, pour statuer sur tous ces différends, faute de titres et de codes, ne pouvait qu'avoir recours sans cesse aux auditions de témoins et aux enquêtes par *turbes*. Les gages de batailles et le duel étaient les seules solutions des cas difficiles et douteux. Aussi la possession des biens se prescrivait-elle par an et jour, par le témoignage des voisins ; et l'on comprend combien il y avait d'avantage pour les puissants à conserver leurs usurpations pendant une année. Les imperfections de la jurisprudence formulée dans les différentes dispositions de la charte de commune, nous laissent soupçonner ce que pouvait être celle des vicomtes.

Non-seulement ces magistrats qui cumulaient, dans l'origine, des fonctions de diverse nature, recevaient les appels des justices seigneuriales, mais ils exécutaient encore eux-mêmes les sentences qu'ils avaient rendues, c'est-à-dire qu'ils étaient tout à la fois des gens de *robe* et *d'épée*. C'est ainsi que la charte communale maintient encore l'intervention du vicomte dans la peine de mort prononcée contre les voleurs : *fur judicabitur a scabinis, postea præposito meo tradetur,* comme sa présence officielle dans les duels judiciaires : *in præsentiâ domini illius cujus est præpositura.*

Nous avons dit ailleurs en quoi consistaient les droits de la vicomté et leur réunion à la commune à titre de féodalité par les comtes de Ponthieu. Nous voyons aussi par la charte de 1202 qu'une faible place fut laissée dès lors à cette juridiction qui devint, pour ainsi dire, un titre purement honorifique. Joubert, seigneur des Autheux, paraît en avoir joui à l'époque où elle fut inféodée à la commune par Guy II, vers 1145. Plusieurs châtelains prirent ensuite cette qualité et en affermèrent les maigres produits. Les seigneurs de Beauval possédaient la vicomté au commencement du XIII° siècle, comme nous l'apprend une charte relative à l'abbaye du Gard, de 1206, où l'on trouve Guillaume de Beauval désigné par la qualification de *fils de Robert, vicomte de Doullens.* Les comtes de Saint-Pol en jouirent à partir de 1315 ; après eux, elle passa à d'autres seigneurs. La coutume de Doullens porte la signature de J. Le Bruccart, *viscomte de Doullens, pour le roy nostre sire,* en 1507. Jeanne Lécuyer, veuve de Pierre Colonia, seigneur et baron de Borneshem, se qualifiait, en 1633, douairière de la châtellenie, vicomtesse. Enfin, Jacques Foucquesolles, chevalier, sieur de Gézaincourt, prit le nom de vicomte de Doullens, en 1723 (1), Nicolas-Réné Gaillart, écuyer, seigneur de Coulonvillers, de Launoy et d'Ambreville, en 1749, et après lui M. de Coupigny, seigneur d'Occoche.

§. II.

Prévôté.

Son origine. — Son ressort primitif. — Sa juridiction foraine. — Ses attributions. — Son homogénéité. — Coutume de la prévôté.— Coutume de Doullens.— La prévôté, érigée en office vénal, s'agrandit par la suppression des droits de l'échevinage. — Personnel de cette juridiction. — Assises du bailli à Doullens. — Il y demeure. — Liste des prévôts.

L'érection de Doullens en chef-lieu de prévôté fut l'une des conséquences du traité de Chinon qui, au mois de juillet 1225, détacha cette ville du Ponthieu et l'inféoda au bailliage

(1) Daire, p. 17.

d'Amiens (1). Le ressort de cette juridiction se composa d'abord d'un démembrement de celui de Beauquesne et reçut, en 1244, une augmentation de territoire qui eut pour principaux centres de division, Saint-Pol, Doullens, Hesdin et Auxi-le-Château. Supprimée en 1315, la prévôté de Doullens fut rétablie à la poursuite de l'échevinage, par Charles V, au mois de juin 1365 (2) ; et pendant le temps de cette suppression, on allait, pour les cas royaux, aux prévôts de Beauquesne, de Montreuil et de Saint-Riquier ; toutefois le bailli d'Amiens continua de venir tous les mois tenir ses assises à Doullens, d'après la disposition de la charte de commune, qui dispensait les bourgeois d'aller plaider ailleurs que dans leur ville : *Nec burgenses à muris Dullendii causâ placitandi debent exire.*

Mais cette même charte, œuvre de Guillaume III, comte de Ponthieu, en réunissant à la commune les droits de la vicomté, avait fait de l'échevinage un véritable corps judiciaire auquel ressortissaient exclusivement la ville et la banlieue pour tous les cas de haute, moyenne et basse justice, et dont les appels étaient portés au parlement. De plus, cette judicature échevinale avait été reconnue, approuvée et confirmée mainte fois par les rois, même par Gui de Châtillon, comte de Saint-Pol et seigneur de Lucheux, en faveur duquel le favoritisme royal avait amoindri et dépouillé Doullens, pour en faire une annexe, un augment au fief de Lucheux. Il n'y avait donc plus place pour l'exercice de la prévôté dans le territoire privilégié de l'échevinage ; aussi en fit-on une juridiction foraine, dont le ressort commençait aux limites de la banlieue, quoique le prévôt eût son siége et ses assises dans la ville. C'était mettre en présence deux juridictions rivales et jalouses, qui ne pouvaient manquer de s'aheurter et de donner le spectacle de nombreux conflits.

Les deux plus anciens titres que nous ayons trouvés par rapport à la prévôté de Doullens, sont deux lettres du roi Charles VI. La première en date du « derrain de fchvrier » 1384 » mande au bailly « d'Amyens ou à son lieutenant, qu'il s'informe bien et dili» gemment et secrètement des prévostés de Beauquesne, Montreuil et Doullens, et leurs » collecteurs, des coupons qu'ils ont fet sur les subjects du comté d'Arthois desnommez esd. » lettres, à cause des jeux de dez, villanies, sermens et aultres cas appartenans à la con» gnoissance des haultz justiciers ou vicomtiers, ou tous ceulx que par information, fame » publique ou véhémente suspicion, il trouvera coupable ou véhémentement suspicionné. Attendu » que Mgr. le duc de Bourgogne n'est tenu plaider ailleurs qu'en parlement. » Nous avons dit ailleurs que la juridiction des prévôts de Beauquesne ou de Doullens s'étendait jusque dans l'Artois royal.

La seconde lettre du même monarque a pour date le 17ᵉ jour de mars 1394. Le roi Charles y mande « au bailli d'Amyens, prévost de Beauquesnes, de Montreuil et de Doul» lens, ou à leur lieutenant, qu'ilz n'eussent plus d'une ordonnance fet le prédécesseur du

---

(1) M. Warmé paraît croire que la prévôté de Doullens fut créée à la sollicitation de Guillaume III, comte de Ponthieu, et par conséquent antérieurement à l'année 1225. C'est une erreur. Voir *Hist. de Doullens*, p. 57.

(2) Voir pièces justif., n° 20.

» du dit bailly d'Amiens, par laquelle il avoit deffendu de porter cousteaux, espées et
» aultres armures invisibles sur peine de les perdre, et XL s. d'amende à appliquer au
» Roy. Donc le duc de Bourgogne, comte de Flandre et d'Artbois, et aulcuns haultz justi-
» ciers dud. bailliage s'estoient complaints, disant qu'au moyen de lad. ordonnance fete
» par led. bailly d'Amyens, on leur voloit oster la juridiction et congnoissance des ports
» d'armes en question qui, de toute anchienneté leur avoit compesté et appartenu, etc. »

« La prévôté, dit M. Bouthors, dans ses *Coutumes locales*, était tout à la fois une charge
» et un revenu. Le prévôt *(quasi præpositus judicando)* embrassait dans ses devoirs la
» sauve-garde des intérêts généraux et la perception des deniers publics ; ses fonctions
» étaient administratives et judiciaires. Comme agent du fisc, il versait au trésor du
» Temple les sommes qu'il recevait. Il rendait compte des recettes de la prévôté, à moins
» qu'il ne l'eût prise à ferme, à forfait, moyennant une redevance annuelle. Comme gar-
» dien de la paix publique, il avait dans ses attributions les rotures, les communes, le
» temporel des églises et de tous les établissements religieux qui, par l'effet de l'amortisse-
» ment, relevaient nuement de la juridiction royale. Les communes n'obtenaient l'octroi
» ou la confirmation de leurs priviléges qu'à la condition d'être placées sous la tutelle immé-
» diate du prévôt royal... Comme conséquence de cette tutelle, elles payaient une foule de
» taxes dont l'ensemble formait l'une des branches les plus importantes du revenu public.
» Les attributions judiciaires des prévôts étaient limitées aux matières personnelles, réelles
» et mixtes dont ils pouvaient connaitre en première instance, pourvu que l'importance du
» litige ne dépassât point une amende supérieure à cette somme. Les autres causes civiles,
» réelles, personnelles et mixtes, ainsi que les affaires criminelles, étaient de la compétence
» exclusive du bailli. »

Les fonctions de prévôt étaient donc de deux natures, financières et judiciaires : il était chargé de percevoir les droits appartenant au roi, dans l'étendue de son ressort ; mais c'était l'autorité judiciaire qui lui donnait sa plus grande importance. Il avait ses gens particuliers, sa prison et ses fourches patibulaires ; à Doullens, sa juridiction s'étendait sur une centaine de villages, principalement sur l'Authie et la Canche, dans le bailliage d'Hesdin. Par lettres du bailliage d'Amiens, en date du 9 septembre 1478, son ressort fut borné au nord et à l'orient, à une lieue de la ville. Il jugeait les cas royaux dans l'étendue de sa circons- cription, c'est-à-dire le rapt de femme : *raptus feminæ ;* le trésor trouvé : *inventio in terrâ pecuniæ ;* l'homicide commis par trahison : *factum furtim homicidium,* cas dont on aug- menta le nombre avec le temps. Sa haute justice s'exerçait sur l'*arson* ou incendie ; sur le *scis* ou meurtre ; sur l'*eschat* ou vol de grands chemins. Il eût bien voulu pouvoir s'arroger quelque juridiction sur la ville, et y prendre le nom de prévôt royal, pour faire oublier le rôle amoindri de sa justice, qui n'était que foraine ; mais l'échevinage craignant toujours qu'avec le nom le pouvoir ne suivît de près, se montra, sous ce rapport, vigilant et jaloux ; aussi voyons-nous que dans la rédaction de la coutume locale, le prévôt n'est appelé que juge et garde de la prévôté de la ville de Doullens.

La prévôté de Doullens, qui, à raison de la diversité de ses divisions territoriales, était loin de présenter un tout homogène, offrait des difficultés particulières dans l'application de la justice. C'étaient, en effet, les coutumes locales qui régissaient cette juridiction, et elles étaient si divergentes que le prévôt dut y rencontrer plus d'une fois de sérieuses difficultés. Il ne fut pas moins embarrassé lorsqu'il fallut rédiger la coutume générale de sa prévôté en 1507 (1). Ainsi, par exemple, il y est dit qu'elle ne reconnait pas d'héritier privilégié en ligne directe, art. 7 ; et cependant les statuts locaux sont loin d'être conformes à cette sage disposition. Aussi fait-elle observer qu'en maint endroit de la prévôté « on use » d'aucunes coutumes locales desrogeant aux générales de la dite prévosté. » L'excellent ouvrage de M. Bouthors sur ce sujet, et principalement sa *Notice sur la Prévôté de Doullens*, nous dispense d'entrer ici dans aucun détail. C'est à cette source qu'il faut se reporter pour connaitre les intéressants développements que peut offrir l'étude du droit coutumier qui régissait les villes et villages assis « es mettes de la prévosté de Doullens. » Nous redirons seulement avec M. Bouthors que les principes posés par les coutumes de cette prévôté et qui sont diamétralement opposés à ceux de la mère patrie, c'est-à-dire à ceux de la coutume du Ponthieu, dont Doullens et ses environs avaient fait partie, laisseraient à supposer que la châtellenie de cette ville aurait été, dans le principe, plutôt une appendance qu'une appartenance de ce comté, laquelle aurait eu sa constitution propre et sa coutume particulière ; sans cela, le droit commun du Ponthieu aurait continué d'y prévaloir.

J. Brunet, garde de la prévôté, n'avait pas seulement mission de rédiger la coutume générale de sa juridiction, il devait encore veiller à la rédaction de toutes les coutumes particulières de sa circonscription. « Les maire et échevins de la ville de Doullens, en » obéissant et acquiescant à la publication et adjournement à eulx fait par ledit juge et » garde de la prévôté d'icelle ville de Doullens en vertu des lettres et commission du siège » du bailliage d'Amiens, en date du second jour du mois d'aoust de cest an mil cinq cens » et sept.... ont donc fait mettre et rédiger par escript les coutumes locales dont l'on use » chacun jour et de tel et si longtemps qu'il n'est mémoire du contraire en ladite ville et » faulxbourgs, banlieue et seigneurie d'icelle ville. » Les articles sont au nombre de dix-huit, en dehors desquels on avait « accoustumé faire et user selon les coustumes générales, » usages et stils du bailliage d'Amiens et prévosté de Doullens. »

Les dispositions concernant le droit civil sont peu étendues ; elles ne font mention que du préciput ou droit de *quiefmez* en faveur du principal héritier en ligne directe, art. XVI, et de l'absence de tout droit de douaire « pour les femmes y mariées, se par fait espécial, il » n'est sur ce convenenchié par lettres ou tesmoings, art. XVII. » Les autres articles ne sortent guère du cadre des droits de relief, amendes de justice et profits seigneuriaux. Le relief, exception faite des fiefs situés sur Hem, Hardinval et Neuvillette, quoique « es » mettes de la banlieue, est de 6 sols (prix de ung sestier de vin). » Le droit de vendue est

---

(1) Voir pièces justif., n° 21.

de 6 deniers, payables tant par le vendeur que par l'acheteur, chacun par moitié, à moins qu'il ne soit dit : vendu francs deniers ; dans ce dernier cas, l'acheteur paie seul le droit. Le *cappon de censives* est de 20 deniers, et les termes de paiement par tiers, de tous cens et rentes foncières, sont Pâques, la Saint-Remi et Noël, sous peine de trois sols parisis d'amende (1). La coutume de la ville et de la banlieue offre donc cette principale divergence avec la coutume générale de la prévôté, qu'elle maintient le droit d'ainesse. Ce privilége odieux, échappé à la révision des coutumes, qui eut lieu vers le milieu du xvi° siècle, n'en continua pas moins jusqu'à la révolution de 1789, et on vit « le principal héritier d'aucun
» défunct prendre et avoir pour droit de quiefmez le principal héritaige (qui lui plaisait)
» délaissé par le défunct, soit maison, masure, gardin ou aultre tènement en acqueste ou
» aultre héritaige. »

M. Bouthors a encore parfaitement raison lorsqu'il nous dit « que la plus grande part
» d'influence dans la rédaction des coutumes revient aux praticiens et aux officiers des
» justices seigneuriales. » Cette observation s'applique avec évidence à Doullens, dont la coutume est signée en majorité par les baillis des seigneuries voisines et par des officiers de différents siéges de prévôté. Et la preuve que la participation des trois ordres à ce grand acte n'a été qu'une pure formalité, c'est qu'il ne s'est élevé aucune contradiction. Le serment prêté par chacun des membres présents s'accommodait même avec le jeu des influences, tant celles-ci étaient amenées de longue main, devenues habituelles et généralement acceptées.

Dans le courant du mois de septembre 1567, le bureau chargé de faire la rédaction et révision des coutumes locales, sous la présidence de M. de Thou, président du Parlement de Paris, voyait comparaître par devant lui à Amiens, le maieur de Doullens, les échevins Jacques Beauduin, Roger Petit, Grégoire Nattier et Philippe Coignet, prévôt. Ces Messieurs déclarèrent que la ville de Doullens était en possession, depuis 1507, de coutumes particulières, mais incomplètes, et le procès-verbal en ayant fait mention, le bureau passa outre, malgré l'absence d'un grand nombre de personnages des trois états, et entre autres des curés des paroisses Notre-Dame et Saint-Martin.

Le prévôt de Doullens avait la connaissance en première instance de toutes les affaires d'une partie de l'Artois royal, c'est-à-dire des lieux de sa juridiction enclavés dans l'Artois, mais indépendants des comtes de cette province. Et cependant, il ne fut pas le chef d'un corps considérable ; car la prévôté, qui devint vénale comme toutes les places de magistrature avec lesquelles les rois battaient monnaie, depuis François Ier, ne se composait que du prévôt, juge qui réunit les offices de vérificateur des défauts, d'enquêteur commissaire examinateur et de conseiller garde-scel, d'un procureur du roi et d'un substitut, d'un greffier, d'un huissier audiencier et d'un sergent royal (2). Ce ne fut que par la suppres-

---

(1) Voir pièces justif., n° 21 *bis*.
(2) Voir pièces justif. n° 25. Au commencement du siècle dernier, la ville payait annuellement au prévôt royal, 6 livres.

sion des droits de l'échevinage que la prévôté prit de l'importance, comme nous l'avons dit ailleurs ; mais encore alors son ressort fut assez restreint.

La ville de Doullens payait en l'année 1466, au domaine du duc de Bourgogne, comte de Charolais, 89 liv. 4 sols 7 deniers parisis « pour domaine qui ne croist ne diminue, et » qui soloit estre compté es prévosté. » La même année, elle payait au même duc, 221 liv. parisis pour « amendes adjugées au Roy. » En l'année 1500, la prévôté percevait 420 liv. 10 s. 8 d.

Un édit du mois d'avril 1749 supprima toutes les prévôtés du royaume dans les villes où elles existaient simultanément avec le bailliage. La mesure ne devait pas s'appliquer à Doullens ; mais Beauquesne qui, dans l'origine, s'etait démembré pour lui donner naissance avait déjà perdu sa prévôté par édit du 10 octobre 1748, qui la réunit au bailliage d'Amiens.

Le prévôt de Doullens tenait ses audiences le lundi de chaque semaine ; un jour, il trouva plus commode sans doute de les remettre au jeudi ; mais comme il s'était permis ce changement de son autorité privée, le corps de ville obtint du bailli que les audiences continueraient d'avoir lieu les lundis à dix heures (9 février 1478). Le bailli lui-même qui, en vertu de la charte de commune, était obligé de siéger à Doullens pour les appels de la prévôté, tint d'abord ses assises rue des Charités, où la confrérie de Saint-Nicolas avait une salle de réunion ; plus tard, il eut un local d'audience dans l'ancien hôtel-de-ville.

Le duc de Bourgogne, Philippe-le-Bon, l'autorisa même à demeurer à Doullens, et à y tenir les plaids du bailliage. L'échevinage d'Amiens fut obligé de recourir au roi pour faire cesser cet état de choses, qui n'était que de l'ingratitude pour la ville d'Amiens ; car chaque année elle offrait à son bailli, à la Toussaint et à Noël, deux faisans, six chapons et six canards ; et à Pâques un cabri, douze pigeons, six chapons et douze poules. Et cependant, il fallut deux mandements du roi, et la menace de cent marcs d'or d'amende pour faire abandonner au bailli le séjour de Doullens.

LISTE DES PRÉVOTS.

1485. Jéhan Foulon.
1507. J. Brunet.
1525. J. Joly.
1549. Philippe Coignet.
1571. Jéhan Gargan.
1588. Jacques Gargan.
1603. Guy de Marœil.
1614. F. Guilbert.
1665. L. Guilbert.
1697. Charles Prévôst d'Héricourt.
1711. Prévost de Mironcourt, curé de Bernaville.
1738. Prévost de Mironval.
1741. Gigault d'Olincourt.
1771. Couleau de Boisserand.

§. III.

Élection.

Son origine. — Ses attributions. — Sa circonscription. — Ses magistrats sont rappelés aux convenances du costume. — Personnel de cette juridiction.

Si la prévôté fut pour la ville de Doullens un élément de vie et de bien-être, il faut en dire autant, et à plus forte raison de son élection, qui, en attirant à elle toutes les affaires de finances, en faisait le centre et le rendez-vous d'un grand nombre de bourgs et de villages. Doullens, comme toutes les cités de second ordre, ne dut même son importance, il faut le reconnaître, qu'aux différentes juridictions dont il était le siége, et qui, à raison des affaires de leur rayon respectif, y tenaient alternativement des audiences, quatre jours de la semaine. Aussi, les députés doullennais avaient-ils raison de dire dans leur adresse à l'assemblée nationale, le 7 février 1790, que la suppression de ces juridictions plongeait la ville dans une *humiliante détresse*.

L'élection, œuvre et conséquence des états-généraux de 1355-56 (1), était une circonscription financière soumise à la juridiction des élus ou sous-commissaires chargés de faire la répartition de l'impôt, et d'en surveiller la perception. « Seront levés l'aide et les » subsides, dit l'ordonnance du 12 mars 1355-56, par les députés des trois états, en chacun » pays. » Les états nommèrent donc des commissaires qui, eux-mêmes élurent des sous-commissaires, appelés *Elus*, à cause de leur origine. S'il s'élevait des difficultés ou réclamations à propos de la répartition, elles étaient jugées par les généraux des finances résidant à Amiens. « Charles V conserva les noms, tout en changeant le caractère de ces » fonctionnaires. Dès 1367, il les soumit à des inspecteurs nommés par le roi (ord. V. 18.) » Enfin, en 1372, il les transforma en fonctionnaires royaux. Au lieu de magistrats élus » par une assemblée nationale, il eut des délégués royaux constitués en tribunal, et chargés » de répartir certains impôts, et de juger les procès qui s'élèveraient à cette occasion (2) » Les attributions des élus furent ainsi agrandies. Ils étaient chargés, conjointement avec l'intendant de Picardie, de l'assiette de la taille, des droits d'entrée des villes (3), des aides et autres impositions et levées de deniers royaux. En un mot, à raison de l'étendue de leur juridiction, ils connaissaient de ce qui forme aujourd'hui en grande partie les ressorts

---

(1) M. Warmé se trompe en faisant remonter l'élection à l'année 1225. (V. *Hist. de Doullens*, p. 34).

(2) Chéruel. *Dictionnaire*, t. 1er, p 342.

(3) Nous donnons aux pièces justif., nos 24 et 24 bis deux tarifs des droits perçus à Doullens, l'un du 27 janvier 1687, et l'autre du 11 février 1759.

variés des contrôleurs des contributions directes, des ingénieurs des ponts et chaussées et des conseils de préfecture (1).

L'élection de Doullens acquit dans ses premiers temps une circonscription considérable ; les villes de Montreuil, Saint-Riquier, Ardres et le comté de Guines y ressortissaient ; aussi les élus au nombre de deux d'abord, furent portés à quatre. Il y avait aussi un receveur des tailles et un receveur des aides. Ils eurent souvent occasion de biffer sur leurs rôles le nom de la ville ; car nous avons vu que les guerres dont elle fut tant de fois victime, portèrent les rois à se montrer indulgents et à faire aux habitants maintefois remise des deniers royaux.

Les magistrats de l'élection de Doullens s'ennuyaient sans doute des proportions restreintes du siége de leur juridiction, ou bien plutôt les guerres qui s'abattaient sur la ville et y portaient l'incendie et la ruine, leur en avaient fait prendre le séjour en déplaisance et à dégoût. Un jour donc, ils résolurent de transporter à Amiens leurs plaids et justice ; mais ils avaient compté sans l'échevinage doullennais, qui tenait à conserver ce siége comme élément de vie pour la cité, et qui sut faire imposer aux membres du tribunal de l'élection l'ordre de mettre fin à leurs idées de transmigration (10 septembre 1523).

Plus tard, ces magistrats, abusant un peu trop, paraît-il, de la liberté de la petite ville, eurent besoin d'être rappelés aux convenances de la tenue et du costume. Ces Messieurs s'étaient habitués à un tel laisser-aller, qu'ils étalaient jusque sur leurs siéges, le scandale de leurs querelles particulières. Et puis, il y avait dans leur mise plus que du sans-gêne : on les voyait paraître en pleine audience en habits de chasse, sans robe ni cravate. C'était plus qu'il n'en fallait pour motiver de la part de la cour des aides de Paris, un arrêt ordonnant aux officiers de cette élection « de se comporter avec respect et modestie les uns envers
» les autres, leur faisant inhibition et deffense d'entrer dans leur chambre et bureau pour
» y rendre la justice sinon en robbe et en bonnez carré, ou en habits décens, ainsi qu'ils
» avoient esté reçues en ladite cour des Aydes, etc. (20 janvier 1672) (2). »

Les taxes à payer étaient personnelles, et l'imposition s'en faisait tant par rapport aux propriétés et fermes, qu'à proportion du commerce et de l'industrie des contribuables. Le contingent de l'élection fixé tous les ans par le conseil du roi, était ensuite réparti sur la paroisse par l'intendant, conjointement avec les élus. Mais le chiffre de l'imposition particulière était déterminé par les collecteurs de chaque lieu, et les instances et réclamations portées devant les élus (3).

District particulier de l'Intendance d'Amiens, avec un subdélégué résidant, l'élection de Doullens, en 1735, empruntait ses éléments à neuf doyennés comprenant 231 paroisses ou communautés affouagées, et 17,014 feux payant ensemble la somme de 145,180 livres de

---

(1) M. de Beauvillé. *Hist. de Montdidier*, t. III, p. 134.
(2) Dusevel et Daire.

(3) Expilly. *Dict.* En 1698, l'électoin de Doullens comptait vingt nobles.

l'imposition concernant la taille établie sur la généralité de Picardie (1). Vingt ans après, l'élection produisit 185,459 livres 14 s. Plus tard, elle perdit de son étendue, sans doute par suite des remaniements de territoires. Toutefois, elle comprenait encore à la fin du siècle dernier cent soixante-trois bourgs et villages qui payaient en 1787, 621,919 livres 15 s. 2 d., en dehors des corvées. Ce chiffre lui donnait le troisième rang d'importance parmi les six élections de la généralité d'Amiens (2).

Le personnel de cette juridiction, qui portait *de sable à une coquille d'argent*, se composait à la fin de son existence, d'un président, d'un lieutenant, de quatre conseillers, d'un procureur du roi, d'un greffier et de cinq huissiers (3). Les audiences se tenaient les jeudis à dix heures. Ces charges étaient les plus recherchées, à raison de leurs appointements ; mais elles avaient un attrait particulier pour les habitants aisés, en ce que les élus étaient exempts de la taille et de toute imposition dans l'étendue des terres de leur juridiction. Aussi voyons-nous qu'en 1755, le sieur Prévot de Mironval se reposait dans ses nouvelles fonctions de président d'élection de sa trop fameuse campagne contre l'échevinage, qu'il était parvenu à dépouiller traîtreusement de ses priviléges, pendant qu'il remplissait l'office de maire. L'élection fut supprimée en 1790.

§. IV.

Traites.

Origine. — Personnel. — Fermiers des impôts. — Tyrannie des fermes générales à Doullens. — Anecdote de supercherie. — Lutte avec la commune.

Doullens était encore chef-lieu d'une juridiction des traites (4) pour la connaissance des droits des fermes et impositions. Le bureau des traites ou douanes, établi par Henri III, était chargé de percevoir les droits sur les marchandises à l'entrée et à la sortie de la pro-

---

(1) Voici les neufs doyennés qui concouraient à former la circonscription de l'élection de Doullens.

Doyennés.	Paroisses.	Feux.
Abbeville	18	1,666.
Labroye	28	1,724.
Doullens	34	2,064.
Encre ou Albert	12	754.
Lihons	30	2,014.
Montreuil	13	1,158.
Rue	21	672.
Saint-Riquier	41	3,123.
Vignacourt	34	3,829.
9.	231	17,014.

(2) On trouve à la bibliothèque d'Amiens un *traité de contribution conclu et arrêté le 23 juillet* 1711, entre les députés généraux des Provinces-Unies et ceux de l'Election de Doullens, signé par Ernest Pester et François de Bons, directeurs des contributions pour le service des Etats généraux des Provinces-Unies, et Louis Prévot de Serainville, président de l'Election de Doullens, député et commis par M. de Bernage intendant de Picardie.

(3) La ville payait, en 1713, au président, au procureur du roi et au greffier, 18 livres. Les autres officiers recevaient chacun 3 livres.

(4) *Transitura, tributum transituræ* ; impôt de transit ou de passage.

vince ; et la juridiction y était exercée à Doullens, comme ville frontière, par un président, un procureur du roi et un greffier, tous trois par commission, c'est-à-dire formant un tribunal extraordinaire et exceptionnel. Un huissier y était aussi attaché. En 1755, Gigault d'Olincourt, avocat, était tout à la fois maire, prévôt royal et président des traites ; il tenait ses audiences en son hôtel particulier.

Toutes ces juridictions spéciales et privilégiées étaient sans doute pour la ville, comme nous l'avons dit déjà, des éléments de vitalité ; car outre une quarantaine de magistrats qu'elles y fixaient, elles y attiraient encore un grand nombre de personnes pour le réglement de leurs affaires contentieuses. Mais il faut avouer aussi qu'elles accusent la multiplicité des impôts qui pesaient sur nos pères. Oui, les charges publiques étaient lourdes et odieuses, tant à cause de leur inégale répartition qu'à raison de leur mode de perception. « Les im-
» pôts étaient livrés à des fermiers, qui payaient à l'Etat une redevance déterminée, et pré-
» levaient sur les recettes des sommes deux ou trois fois plus fortes que celles qu'ils ver-
» saient dans le trésor. De là la haine contre ces maltôtiers (1) ou traitants, comme on appelait
» les fermiers des impôts. » Une chambre de justice fut chargée, en 1661, de faire rendre gorge à ces traitants qui suçaient le sang du peuple (2). Plus tard, le roi fut même obligé, tant ils étaient devenus odieux, d'édicter, par son arrêt du 17 octobre 1714, des pénalités sévères contre ceux qui empêchaient de renouveler les fermes, qui brûlaient les maisons et tuaient les bestiaux des fermiers. Et ces pénalités, il fallut encore en faire l'objet d'un autre arrêt, le 10 octobre 1747. Il est vrai de dire que, depuis 1720, les fermiers des impôts avaient formé, sous le nom de *Ferme générale*, une association qui réalisa des bénéfices scandaleux en pressurant cruellement les populations. La révolution devait évidemment être au bout d'une pareille voie.

Or, Doullens passait pour être l'un des siéges les plus tyranniques des fermiers généraux (3), vampires inexorables dont la cupidité tarissait l'industrie dans tous ses éléments. « Quand on s'en approchait, à voir cette multitude de commis armés jusqu'aux dents, à
» mine rébarbative, au teint hâve, errant sur les chemins ou couchés dans les fossés, ou
» bien encore se glissant dans les sillons des campagnes, et d'autres fois embusqués der-
» rière les buissons, on croyait arriver aux repaires de Cartouche et de Mandrin. Dans le
» fond, on ne se trompait que de nom. Etait-on pressé dans sa marche ? Il fallait acheter,
» au poids de l'or, la permission de poursuivre sa route. Se soumettait-on à la visite ? Voi-
» tures, malles, porte-manteaux, poches, culottes même n'échappaient pas à la cupide ins-
» pection de ces messieurs. Et le bouleversement de toutes vos affaires finissait toujours
» par cette antienne : *N'y a-t-il rien pour boire* (4) ?

---

(1) De *male tolta, quia male tollebatur.*
(2) Testament politique de Colbert.
(3) Doullens, Lucheux et Bertrancourt formaient une partie de la ligne fixée pour payer les droits d'entrée et de sortie de la Flandre française et de l'Artois.

(4) *Voyages dans les départements de la France*, in-8°, Paris 1792. T. 2, p. 23 et 25. — H. Dusevel. *Notice sur Doullens*. — M. Pouy. *Recherches sur l'imprimerie*, etc., p. 223.

» Les vexations des fermes répandent de l'intérêt sur les supercheries auxquelles on était
» forcé de recourir pour les éviter. M. de Blainville, brave militaire, ami de Frédéric,
» major du régiment ci-devant Bretagne, ramenait en France ce corps vainqueur à Oya,
» pour défendre le Hàvre, que la flotte anglaise menaçait. Il fallait passer à Doullens. Ce
» chef, ami du soldat, dont il était chéri, n'ignorait pas que, malgré la rigoureuse disci-
» pline qu'il faisait régner dans ce régiment, plusieurs soldats avaient cédé au désir d'in-
» troduire quelques misérables livres de tabac. Leur arracher ce produit de leurs doulou-
» reuses épargnes, répugnait à son humanité. Les exposer à être pris par les commis, il y
» allait des galères pour eux, et l'honneur de ces braves gens, couverts de blessures, lui
» prescrivait de les garantir. Il crut qu'une fois en sa vie, une légère ruse pouvait s'accor-
» der avec son équité. Il arrive aux portes de Doullens ; le régiment est en bataille ; les
» sacs sont à terre, ouverts ; cent commis se présentent pour les fouiller ; M. de Blainville
» dit à leur chef : L'honneur de chaque soldat m'est cher ; on peut glisser dans quelque sac
» de la contrebande, et ce serait un homme perdu. Pour éviter ce malheur, Monsieur,
» ordonnez à vos gens de se mettre *nuds*, alors toute supercherie de part et d'autre est
» impossible. — Mais, Monsieur, comment faire ? cela ne se peut, la décence ! — La
» décence est fort bonne ; mais l'honneur, mais la liberté d'un seul homme valent mieux.
» *Nuds* : c'est mon dernier mot. » Le chef des commis qui tenait plus, sans doute, à
» la pudeur physique qu'à la rigueur de son métier, aima mieux laisser passer le régiment
» sans le fouiller, que de céder aux sollicitations de Blainville (1). »

L'état de ruine auquel les murailles de Doullens étaient abandonnées vers le milieu du siècle dernier, causèrent aussi aux employés des fermes générales de nombreuses tribulations. La fraude se pratiquait par les brèches, les denrées entraient en ville par escalade, et le chiffre des recettes diminuait sensiblement. De là, des plaintes fréquentes, des réclamations réitérées sur la nécessité de réparer les ruines des murs d'enceinte. M. le maréchal du Muy, saisi d'une de ces réclamations, répondit que si les intérêts du roi étaient lésés par cet état de choses, ils souffriraient bien plus encore par la dépense qu'on réclamait, et que les Fermes générales feraient bien de s'engager à contribuer aux réparations qu'elles déclaraient si urgentes. Cette réponse ne fut sans doute pas du goût des plaignants, car on ne voit pas qu'ils aient offert leur concours dans la dépense, et la fraude continua de leur créer des insomnies et des veilles forcées.

Les habitants, de leur côté, eurent souvent maille à partir avec ces maltôtiers, et les rixes prirent plus d'une fois de telles proportions de violence, qu'elles ensanglantèrent les rues. On vit des révoltes ouvertes, de véritables séditions populaires, des invasions à main armée, qui jetèrent le trouble et la terreur au sein de la cité. Dans le courant de l'année 1776, une querelle faite à deux jeunes gens de Doullens, Duboille et La Houssoye, dans une auberge, à propos de tabac, devint l'occasion d'une agression des employés des fermes

(1) Voyage dans les départements de la France, etc.

qui envahirent la ville armés jusqu'aux dents. Le maire et les officiers municipaux leur intentèrent un procès en parlement, pour obtenir réparation, et leur avocat s'est chargé dans son mémoire de qualifier les agresseurs, Magnein et autres, en termes retentissants : il les appelle « une horde séditieuse, le feu dans les yeux, les menaces à la bouche, la mort » dans les mains ; des brigands appuyés sur la violence, la calomnie, la séduction, etc, » Cette tyrannie attira même l'attention de l'assemblée du département de Doullens, en 1788. On y représenta le préjudice qu'elle causait à la ville, que le commerce désertait chaque jour, par crainte du bureau des traites. Les voituriers tremblaient d'y passer ; et l'ouvrier qui devait la traverser y était rançonné, même pour le peu de vivres qui devait faire sa nourriture personnelle pendant la journée. Comme nous l'avons dit plus haut, le peuple doullennais avait donc ses raisons, et il obéissait à une vengeance longtemps comprimée, lorsque le 16 août 1789, il s'est rué sur les bureaux de ces ennemis de vieille date, pour faire un auto-da-fé de leurs registres, écrits avec les sueurs et les larmes de tant de victimes.

§. V.

Grenier à sel.

Privilège accordé à Doullens. — Sa suppression. — Le sel redevient une source de revenus pour la commune. — Son mode de vente pour la ville et pour les campagnes. — Dépendances du grenier à sel de Doullens. — Personnel.

Les anciens historiens du Ponthieu font tous mention des riches salines des marais de Rue, de Waben, de Noyelles, de Mers, de Sallenelle (1), etc. Elles furent une précieuse ressource pour les pays voisins, en même temps qu'elles offraient d'abondants produits aux comtes de Ponthieu. C'est dans cette source qu'ils puisèrent pour faire des aumônes ou des fondations aux monastères ou autres établissements religieux. Nous avons vu qu'ils avaient doté les églises de Doullens de cinq muids de sel à prendre annuellement sur la vicomté de Rue, et les religieuses de Saint-Michel de quatre autres muids. La ville avait reçu d'eux le droit de s'approvisionner aux dites salines, comme faisant partie du comté et c'est ce qu'on appela le *franc salé* ; mais elle perdit ce privilège par sa distraction du Ponthieu, en vertu du traité de Chinon, en 1225. Philippe-le-Bel ayant établi, en 1290, les gabelles (2) ou impôts sur le sel, elle y fut assujettie comme conséquence de sa réunion au bailliage d'Amiens ; mais le P. Daire nous apprend que ce fut sans imposition, c'est-à-dire que les

---

(1) On y exploitait le sel marin sur une grande échelle, et on sait que ce sel s'obtenait par l'évaporation de l'eau salée qui produisait une cristallisation séléniteuse.

(2) Gabelle vient du saxon *gapel*, *gabel*, tribut, impôt.

habitants ne prenaient que la provision dont ils avaient besoin, sans être obligés, comme dans certains lieux, à en consommer une quantité déterminée, ou à en payer la valeur (1). Plus tard, en 1342, Philippe-de-Valois institua les greniers à sel ; mais il nous est impossible de dire à quelle époque il faut faire remonter l'établissement de celui de Doullens. Nous croyons, au contraire, que c'est vers l'année 1383 que le sel commença à y être imposé ; car c'est à cette date que la chambre des comptes permit aux habitants de s'en fournir aux salines de la sénéchaussée.

Il est certain que le sel formait l'un des principaux revenus de la commune. Elle y avait recours, surtout dans les jours difficiles ; et comme ces jours-là, les guerres les rendirent fréquents, on peut dire, les preuves à la main, qu'elle assujettit le sel à un impôt à peu près habituel, grâce aux concessions des rois. Ainsi nous avons vu que le cinquième des articles présentés à Henri IV, au mois de décembre 1594, demandait qu'il fût permis à la ville de lever sur chaque minot de sel vendu et distribué au magasin de Doullens et chambre en dépendant, la somme de deux sols parisis pendant vingt ans ; le monarque, en accordant pour une durée de dix ans seulement, dit qu'il agit conformément aux précédents octrois, et pour en jouir comme on a cy-devant bien et duement fait. D'où il faut conclure que cet impôt existait déjà antérieurement. Puis, dans une autre charte de 1598, le même monarque consent à ce que le privilége ne date que de cette même année, malgré une jouissance de trois ans déjà. De son côté, le roi Louis XIII renouvela cette concession en 1616 ; Louis XIV en fit autant par lettres données à Saint-Germain, le 19 janvier 1635, à la charge par la ville d'employer les deniers provenant de cet octroi et ceux levés sur le vin et la bière, aux réparations et entretènements des murailles, etc. *sous peine de déchéance.* Enfin le P. Daire nous apprend que de son temps encore, en 1784, l'échevinage avait le mesurage du poids du sel jusqu'à 25 livres, et que l'excédant appartenait au roi.

Dans un édit en date du mois de mars 1725, portant réglement pour l'arrondissement des greniers à sel de la direction d'Amiens, on lit :

Art. VI. « Voulons que le ressort du grenier à sel de Doullens continue d'être de » vente volontaire pour la ville, fauxbourgs et banlieüe de Doullens, et d'impôt pour les » lieux de la campagne cy-après nommez. » Suivent les noms de quatre-vingt-trois villages.

Art. XVI : « Voulons que le sel soit vendu au grenier à sel de Doullens, pour le sel de » vente volontaire, à raison de 40 livres le minot, et pour le sel d'impôt à raison de 41 » livres le minot. »

En 1784, le grenier de Doullens fournissait encore le sel à cent cinquante paroisses et hameaux, en partie de vente volontaire et en partie d'impôt, c'est-à-dire que les habitants de la ville et de la banlieue s'y approvisionnaient de cette denrée au fur et à mesure de leurs besoins ; mais le pays plat était imposé comme le reste de la province, et obligé à

---

(1) Dans ce dernier cas, le sel s'appelait *sel du devoir*.

prendre un nombre déterminé de livres ou à en payer la valeur. Le grenier à sel était situé dans la rue Saint-Pierre; préservé du pillage en 1789, il n'échappa pas à l'incendie du 7 avril 1834.

Mais le nom de grenier à sel ne s'appliquait pas seulement au magasin destiné à pourvoir le public de cette denrée, il signifiait encore un tribunal établi pour juger en première instance les contraventions aux ordonnances concernant les gabelles. Ce fut Philippe-de-Valois qui, le 20 mars 1342, régla la compétence de cette juridiction. Elle se composait d'un président, d'un grenetier, d'un contrôleur, d'un procureur du roi et d'un greffier. Les audiences se tenaient les samedis à dix heures. Le grenier à sel jugeait en dernier ressort pour un quart de minot et au-dessous; les appels de ses sentences étaient portées à la cour des Aides.

§. VI.

Tribunal.

Son origine. — Son organisation. — Palais de Justice. — Liste des présidents.

Ce fut le 5 janvier 1791 qu'eut lieu à Doullens l'installation du tribunal du district. Nous avons dit ailleurs sa composition et les efforts dépensés par les commissaires doullennais pour l'obtenir. La constitution de l'an III ayant supprimé ces tribunaux pour ne conserver que ceux de département, l'administration judiciaire ne reprit vie que par la création du tribunal de première instance, le 8 germinal an VIII (18 mars 1800).

Le 5 mai 1819, parut une ordonnance royale qui réorganisait le tribunal civil de Doullens, et nommait : MM. Morel, président, Hémart et le Fillastre, juges. Depuis cette époque, aucun changement n'est venu modifier les conditions d'organisation de ce tribunal, qui se compose d'un président, d'un juge d'instruction, d'un juge, de deux juges suppléants, d'un procureur impérial, d'un substitut, d'un greffier et d'un commis-greffier. On ne compte que quatre avoués (1) qui, à défaut d'avocats, sont chargés de la plaidoirie, et quatorze huissiers dont huit résident à Doullens, et six dans l'arrondissement. Les audiences ont lieu trois fois par semaine, les mercredi, jeudi et vendredi.

Il a été question plusieurs fois de la suppression de ce tribunal ; mais ce n'était qu'une rumeur sans fondement, colportée dans des jours de crises politiques. Cette mesure ne pourrait être que la conséquence d'un remaniement général des départements ; et dans les conditions de gouvernement établies en France depuis bientôt un siècle, les suppres-

---

(1) Une ordonnance du 14 avril 1820 avait fixé à cinq le nombre des avoués. Ils furent depuis réduits à quatre. C'est la même ordonnance qui fixe à quatorze le nombre des huissiers.

sions qui auraient pour effet de diminuer le nombre des fonctionnaires ne sont pas à craindre.

Le tribunal de Doullens eut son premier siége dans l'ancien couvent de Saint-Michel. Le 23 juin 1823, le nouveau palais de justice fut bénit solennellement par Mgr. de Chabons, évêque d'Amiens, et on y tint immédiatement la première audience. Nous ne parlerons pas de ce prétendu palais construit sans goût comme sans intelligence, et dans des proportions d'exiguité qui le rendent peu conforme à son objet.

LISTE DES PRÉSIDENTS.

1800. Houbart.
1811. Thierry.
1819. Morel.

1856. Pourrier.
1861. Beauchart (1).

§. VII.

Sous-Préfecture.

Étendue de l'arrondissement. — Création de la sous-préfecture. — Tentative inutile d'agrandissement. — Hôtel de la sous-préfecture. — Liste des sous-préfets.

L'arrondissement dont Doullens est le chef-lieu comprend 65,856 hectares, quatre cantons, quatre-vingt-huit communes et une population d'environ 60,000 habitants. La loi du 28 pluviose an VIII lui donne le second rang dans les cinq arrondissements communaux du département. Son peu d'étendue et d'importance (2) fit naître plus d'une fois l'idée de demander l'agrandissement de sa circonscription. En 1840, une pétition émanée des autorités de la ville, de plusieurs membres du conseil général et du conseil d'arrondissement, fut envoyée à la chambre des députés, dans le but d'obtenir la réunion à l'arrondissement de Doullens des communes du Souich, Pommera, Halloy, Ampliers, Orville, Sarton, Thièvres et Famechon, situées dans le Pas-de-Calais. L'intérêt même de ces communes semblait réclamer cette mesure, puisque leur éloignement de sept à huit lieues d'Arras, leur chef-lieu, occasionne à leurs habitants des déplacements coûteux et pénibles, tandis que, par leur réunion à Doullens, elles prenaient rang parmi les communes les plus rapprochées du centre. La pétition resta sans résultat (3), et l'arrondissement de Doullens est demeuré

---

(1) Nous ne parlons pas dans cette histoire, des notaires de Doullens. Nous nous contenterons de donner aux pièces justificatives, n° 23, la liste des notaires connus depuis l'année 1473.

(2) Il ne comprend que la 9° partie environ du département.

(3) Les communes dont on demandait l'annexion ne voulurent pas y souscrire, pour la raison que l'impôt foncier est plus élevé dans le département de la Somme que dans celui du Pas-de-Calais.

le plus petit du département ; aussi, à chaque crise politique, entend-on se renouveler la vague rumeur de sa suppression.

L'hôtel de la Sous-Préfecture, acheté par le département, est situé dans la rue des Juifs. Il est bâti dans des conditions convenables. C'est l'une des plus belles maisons de la ville, spacieuse, entre cour et jardin, comprenant de vastes salles et salons, et suffisant au mouvement administratif de quatre cantons.

LISTE DES SOUS-PRÉFETS.

1800—1815. Ponticourt.	1838—1848. Gosse de Gorre.
1815—1816. Onfroy de Bréville.	1848, 1 mois. J. Siffait, par intérim.
1816—1822. Gorjon de Verville.	1848, 2 mois. Pinguet-Mouton.
1822—1824. Godefroy.	1848, 3 mois. De Montauzé.
1824—1828. Haudry de Soucy.	1848—1849. De Charnailles.
1828—1830. D'Hamecourt.	1849—1861. Léon Rattier.
1830—1832. Dausse.	1861 Bernard.
1832—1838. Dantigny.	

CHAPITRE VII.

CORPS DE MÉTIERS. — INDUSTRIE. — COMMERCE.

Jurande. — Apprentissage. — Egards. — Usage traditionnel. — Réglements écrits. — Classification des corporations. — Modifications. — Armoiries. — Abolition des maîtrise et jurande. — Marais. — Agriculture. — Tartes de Doullens. — Draperie. — Tentative de monopole. — Moulins. — Usines. — Brasseries. — Jardinages. — Vignes. — Petit commerce. — Marchés. — Foires. — Anciens poids et mesures. — Caisse d'épargne. — Comice agricole.

En présence du calme habituel qui enveloppe la cité doullennaise, du silence de ses rues, de la solitude de ses places publiques, on a peine à croire que le commerce y ait jamais été florissant, et que l'industrie y connût de beaux jours. Rien n'est plus vrai cependant ; et les preuves qui nous restent, quoique peu nombreuses, sont suffisantes pour faire regretter sous ce rapport les conditions du passé.

En effet, Doullens nous apparaît, au moyen-âge, doté comme les autres villes de France, de corporations ouvrières, avec leurs maîtrises et jurandes, c'est-à-dire que ces associations étaient régies par un conseil des principaux maîtres élus par les membres de la corporation. Ce conseil se nommait jurande, et il avait dans ses attributions le jugement des différends qui s'élevaient entre les membres de la corporation pour affaires concernant leur métier, la punition des contraventions aux règlements, soit par amendes, soit même par châtiments corporels, la présidence des assemblées de la corporation, la défense des intérêts de chacun des membres, la réception des apprentis et des maîtres. Les appels du tribunal de la jurande étaient portés devant le maire ; de plus, chaque communauté reconnaissait l'autorité d'un maire ou maïeur, chargé de la représenter dans les cérémonies publiques et dans les actes de la vie politique ; et comme aux jours de fêtes elle marchait derrière la bannière du saint sous le patronage duquel elle était placée, le chef s'appelait : maïeur de bannières (1).

L'apprentissage d'un métier à Doullens était ordinairement de deux ans, pendant lesquels l'apprenti travaillait sous la direction et la surveillance d'un maître. Pour certains métiers plus difficiles, ce temps était plus long, comme aussi il était presque toujours abrégé en faveur d'un fils de maître, quand celui-ci n'en était pas dispensé tout à fait. L'aspirant à la maîtrise devait faire chef-d'œuvre, c'est-à-dire une œuvre importante, qui attestât sa capacité, lequel chef-d'œuvre était soumis au maïeur de la bannière, et à deux maîtres au moins du même métier. Sur le rapport de ceux-ci au corps de ville, en présence du procureur fiscal et du greffier, l'aspirant était reçu maître, et l'acte de sa réception transcrit sur le registre de la ville. L'échevinage recevait 3 livres pour son droit ; le procureur et le greffier, chacun 2 livres ; outre cette somme de joyeux avénement, il fallait encore donner *deux seaux d'osier arpojé.*

Chaque corporation avait aussi un ou plusieurs égards, c'est-à-dire un ou plusieurs maîtres choisis pour inspecter tout ce qui avait rapport au corps de métier, comme la nature et la qualité des objets fabriqués et mis en vente. Le défaut de surveillance de leur part ou leur silence sur les défauts remarqués dans les ouvrages de leurs confrères étaient punis par l'amende.

S'il faut en croire d'assez vagues renseignements fournis par les archives de la ville, tout ce qui vient d'être dit ne se serait pratiqué à Doullens, pendant plusieurs siècles, que par usage et non par règlement écrit, car on ne trouva, paraît-il, dans les archives de l'Hôtel-de-Ville ni dans celles des corps de métiers, aucun bref ni statut. Peu à peu cet état de choses se serait établi à l'instar des autres villes ; et dans les cas difficiles on avait recours aux cités voisines dotées de règlements authentiques et approuvés, notamment à Amiens et à Abbeville (2). Cet usage de tradition suffisait toutefois, et on s'y soumettait avec la même

---

(1) Ces bannières (ou pennons) étaient déposées dans l'église où les corps de métiers avaient leurs chapelles et les statues de leurs patrons.

(2) Nous avons vu dans la première partie de cette histoire, que, en 1596, le sieur Téret, dans la *déclaration des biens et revenus de la ville de Doullens*, comprit *le droit de réception à bourgeoisie et à maîtrise.* (Arch. de Lille, c. n° 197.)

facilité que s'il eût eu force de loi. Il n'avait encore rien perdu de son autorité en 1617, époque où Marie de Médicis, reine régente, accorda aux habitants de Doullens des lettres de maîtrises, en vertu desquelles ils purent être reçus maîtres en chaque corps de métier par le maïeur et les échevins. Depuis ce temps, chaque corporation eut sa charte ou règlement particulier dressé par le maïeur, et auquel elle devait se conformer. La classification des industries changea également, car les ravages de la guerre et la torche de l'incendie firent à Doullens de telles ruines que plus d'un corps de métier ne put s'en relever.

En 1626, le 15 novembre, jour d'élection, on comptait dix maïeurs de bannières, représentant les maréchaux, les brasseurs, les cordonniers, les tisserands de draps et de toiles, les houppiers, les bouchers, les febvriers, les pâtissiers, les briquetiers et les taverniers. Ces maïeurs de bannières, choisis par leur corporation respective, étaient élus quelques jours après le maïeur de la ville ; mais un arrêt du conseil du roi, en date du mois de mai 1618, relatif à *l'élection des maïeur et échevins faite depuis très-longtemps par les voix et suffrages des particuliers élus et choisis de chacun des corps de métiers et nommés maïeurs de bannières*, portait la disposition suivante : « Voullons et nous plaist que » doresnavant la nomination et élection des maïeurs de bannières se fera le même jour du » renouvellement desdits eschevins. »

Le 18 septembre 1665, un arrêt du Conseil d'Etat du roi, motivé par le retard que la ville avait apporté à la nomination du maire et des échevins, fut adressé aux maïeurs de bannières pour qu'ils eussent à procéder à l'élection en la forme accoutumée. Alors encore, la classification des industries avait subi de nouvelles modifications, et les dix corps de métiers étaient les suivants : 1° marchands de merceries, chapeliers, médecins, apothicaires, hôteliers et cabaretiers. Il n'y avait pas de maîtrise dans cette corporation. 2° Drapiers, tailleurs d'habits, chirurgiens ; 3° brasseurs, boulangers, cuisiniers ; 4° tanneurs, corroyeurs, cordonniers, *gourliers ;* 5° menuisiers, maçons, charpentiers, couvreurs, charrons, tonneliers, vitriers, cordonniers et *chesliers*. Cette corporation s'appelait le *corps de la hequeste,* parce qu'elle était composée d'hommes qui (hecquaient), travaillaient le bois ; 6° peigneurs de laine (ce corps d'état n'existait plus). 7° tisserands ; 8° armuriers, taillandiers, maréchaux et selliers ; c'était la *corporation des fers ;* 9° bouchers et charcutiers ; 10° rouliers, laboureurs et jardiniers. C'était la *corporation de la rocque,* et elle n'avait pas de maîtrise.

Nous avons trouvé aux Archives impériales, dans les Maintenues de noblesse, les armoiries de chacune des corporations de Doullens, en 1696. Leur dénomination y est encore une fois différente.

« Etat des armoiries des personnes et des communautez dénomméez cy-après, qui ont
» été envoyéez es bureaux établis par M. Adrien Vanier, chargé de l'exécution de l'édit du
» mois de novembre 1696, pour être présentéez à nos seigneurs les commissaires-généraux
» du conseil, députez par Sa Majesté, par arresté des 4 décembre audit an, et 29 janvier
» 1695.

» La communauté des maîtres chapeliers, teigneurs de laines, tisserands, cordiers et sa-
» botiers de la ville de Doullens — *De sinople à une cloche d'or.*

» La communauté des marchands drapiers, lingers et tailleurs d'habits de la ville de
» Doullens — *De sinople à une bouterolle d'argent.*

» La communauté des maîtres tanneurs, corroyeurs, cordonniers et savetiers de la ville
» de Doullens — *De sable à un bourdon d'or.*

» La communauté des marchands meuniers de la ville de Doullens — *De sable à une*
» *perle d'argent.*

» La communauté des maîtres serruriers, armuriers, taillandiers, maréchaux, selliers et
» bourreliers de la ville de Doullens — *D'or à une coquille d'azur.*

» La communauté des maîtres charpentiers, menuisiers, tonneliers, charrons, celliers,
» maçons, couvreurs, pailloteurs et vitriers de la ville de Doullens — *D'or à un chevron*
» *alaizé de sinople.*

» La communauté des maîtres brasseurs, boulangers et pâtissiers de la ville de Doullens
» — *D'or à une pelle de sable.*

» La communauté des pharmaciens, chirurgiens et perruquiers de la ville de Doullens —
» *D'argent à un fermail d'azur.*

» La communauté des bouchers et charcutiers de la ville de Doullens — *D'argent à une*
» *feuille de hou de gueules.*

» La communauté des hôteliers et cabaretiers de la ville de Doullens — *D'argent à une*
» *pomme de sinople.* »

Le nombre des maïeurs de bannières a varié, mais il fut fixé le plus souvent à dix. Vers la fin du xviie siècle ces personnages n'eurent plus qu'une importance secondaire, car Louis XIV, en faisant de la mairie un office vénal, les avait dépouillés de leur principale prérogative, qui consistait à prendre part à l'élection du maïeur de la ville. En 1703, époque où l'édit d'octobre 1699, qui supprimait la justice de police échevinale fut mis à exécution à Doullens, ce furent les nouveaux officiers de police qui reçurent les aspirants de chaque corps de métier. Un édit de 1722 nomma deux nouveaux maîtres dans chaque corporation et reconnut l'existence de la jurande ; mais les corporations avaient déjà perdu beaucoup de leur influence. Elles se réunissaient encore chaque année pour nommer les jurés ou égards, qui devaient visiter les marchandises et ouvrages de leur corps d'état respectif (1), mais ces égards étaient obligés de se présenter à l'audience du juge de police, pour prêter serment et obtenir leur inscription sur les registres de l'échevinage. De plus, le maïeur de la ville avait le droit d'inspecter par lui-même les différentes corporations, et de forcer les égards à l'accompagner. C'était donc encore une indépendance confisquée et replacée sous la main des gens du roi. On sait que l'abolition des maîtrises et jurandes, déclarée en 1776, ne fut rendue définitive que par le décret de la constituante du 13 février 1791.

(1) En 1713, *l'Esgardise* ne produisait plus à la ville qu'environ 50 l. de revenu.

Les archives de la ville n'ayant conservé aucun document sur les anciennes corporations, nous ne pouvons entrer ici dans le détail de chacune d'elles. Nous le regrettons d'autant moins que, comme nous l'avons dit, les jurandes et maîtrises furent à Doullens ce qu'elles étaient à Abbeville, où l'on s'adressait sans cesse pour la solution des difficultés. Ici donc encore nous renvoyons le lecteur à l'histoire de M. Louandre, T. II, et nous nous contentons des données incomplètes que nous avons pu recueillir, en les puisant à diverses sources.

Le comte de Ponthieu, en concédant aux habitants de Doullens la propriété des marais et pâturages compris dans l'étendue de la banlieue, leur avait mis sous la main une source productive. Ils surent en profiter, et bientôt la riche et féconde vallée de l'Authie se peupla de nombreux troupeaux qui fournirent un contingent admiré dans les foires de la Champagne. Nous savons, par un trouvère qui a chanté la célèbre foire du *Landit*, qu'ils avaient une halle à cette foire alors sans pareille dans le royaume, et qu'ils contribuèrent particulièrement, ainsi qu'Amiens, Sens et autres villes, à en maintenir l'éclat et la réputation (1).

L'agriculture, encouragée par l'excellence du sol des belles plaines de Beaurepaire et de Haute-Visée, devint également en haute estime à Doullens ; et ce fut presque un culte autant qu'une noble vanité qui fit suspendre aux portes des maisons, comme de glorieux trophées, des gerbes garnies des plus beaux épis de la moisson (2). L'industrie, de son côté, reçut une impulsion puissante. Les pâtisseries *du cru*, devenues sans rivales, acquirent une renommée proverbiale ; et on dit : *les tartes de Doullens*, comme on disait : *les pâtés d'Amiens*. Les réunions où l'on mangeait ces tartes prirent le nom de *tartaras* ou *tarterins*.

Le Grand d'Aussi parle de ce produit doullennais : « Parmi les choses renommées en » France, au XIII° siècle, dit-il, la liste des *Proverbes* compte les pâtés de Paris, les flans de » Chartres et les tartes de Doullens ». *Histoire de la vie privée des Français*, Paris, 1782, tome II, page 251. Et ailleurs, à la page 348 du tome III, il fait figurer encore les *Tartes de Doullens* entre les pâtés de Paris et les flans de Chartres, dans la liste qu'il donne en entier des proverbes du XIII° siècle.

Mais ce fut surtout la fabrication et le commerce de draps qui élevèrent cette ville à la hauteur des réputations les plus florissantes. Elle devint une *bonne ville de draperie*, et eut l'honneur d'être citée plus tard par le roi Jean, qui la donna comme modèle dans ses statuts aux drapiers de la Normandie. En peu d'années, la fabrication y prit de tels développements que les ouvriers en draps formèrent le premier des corps de métiers et que la *bannière des tisserands* représenta, comme à Abbeville, une espèce d'aristocratie industrielle. Il arriva même que le maieur, les jurés et autres membres dont cette bannière se composait, formèrent une coalition qui décida que, pendant six années, aucun tisserand ne travaillerait au-dessous d'un certain prix. C'était consacrer et favoriser les abus du monopole ;

---

(1) Aristide Guilbert. *Hist. des villes de France.* T. II.   (2) H. Dusevel. *Notice sur Doullens*, 1855.

c'était en même temps créer un danger de sédition au sein de la population ouvrière, quoique la mesure eût un côté favorable à ses intérêts, puisqu'elle ajoutait à la valeur vénale de chaque pièce de drap un droit de quatre deniers au profit des tisserands sans travail.

« Advint donc à Doullens que aucuns maires et aucuns eschevins de le bannière des
» tisserans et aucuns autres tous de chele mesme bannière firent un accort et par fiance
» que aucuns deus ne tisseroit pour moins de chertain nombre d'argent que il y mirent,
» et que chacun deus quand ils tisseroient, ils meteroient IIII deniers en une boiste, et
» l'argent de che le boiste départiroient à chiaux qui avoient deffaut de *wagne*, et ce que
» dont oncques ne se départirent, et dura chil fachon par l'espace de six ans continuens,
» et chaque année le renouveloient, et fut li accortés que quant ils douteroient estre siévi
» de justiche, trois jours devant... chil accort kaioit, etc. (D. Grenier, liasse VIII, p. 247,
» 4° paquet). »

Les chefs de la corporation avaient cru pouvoir exploiter ainsi en leur faveur leur influence occulte et engager l'avenir ; mais leur décision en trahissant des calculs personnels, accusait des manœuvres dont l'effet était de faire hausser, au-dessus de la proportion naturelle, le prix de la fabrication et par conséquent celui de la vente. Aussi fut-elle mise à néant et sévèrement réprimée.

« On jugea à Amiens, que les gens devroient estre bannis pour toujours et les maire
» et eschevins et autres auteurs de cette monopole seroient tenus à dures et longues prisons
» pour en tirer des amendes arbitraires. » Les intérêts de la cité non moins que la prudence repoussaient, en effet, toute innovation de nature à comprimer l'élan du travail et le libre essor de l'industrie. Et puis, l'échevinage eût manqué, par sa complicité, à l'un de ses plus importants devoirs ; car il avait dans ses attributions non-seulement la répression de tout ce qui pouvait jeter un ferment de discorde dans les rangs de la classe ouvrière, mais encore la surveillance et le contrôle sur ce qui touchait à la fabrication. C'est à lui qu'appartenait le droit de tenir la main à l'exécution des statuts de la draperie, qui sauvegardaient les intérêts de tous et dont la fidèle observation pouvait seule maintenir la qualité et le mérite des produits au niveau de la réputation acquise. La vieillesse et la maladie n'avaient pas été non plus mises en oubli au milieu de cette prospérité doullennaise ; et on est heureux d'apprendre qu'on avait établi dans les ateliers ce qu'on appelait des *boîtes*, réserves si utiles pour l'ouvrier qui, après une vie laborieuse, avait perdu ses forces et sa santé.

Malgré les souffrances de la guerre, l'industrie des draps et toiles tenait encore sa place à Doullens, au XVII° siècle (1), si l'on en juge par l'adjudication qui a été faite au nom et au profit de la ville, le 14 juillet 1630 : 1° *du mesurage aux grains* ; 2° de la ferme *des égards*

---

(1) En 1713, cette industrie des draps avait disparu, et la ville n'affermait plus que 1° le *mesurage aux grains* ; 2° le *mesurage de chaux et charbons* ; 3° le *jaugeage des bois et foins* ; 4° le *pesage* ; 5° le *fonsage* ; 6° le *dévalage* ; 7° l'*esgardise*.

aux porcs ; 3° de la ferme du *forage du vin ;* 4° *de l'aulnage aux draps et toiles ;* 5° du *poids au fil de laine ;* 6° de la *décharge et recharge du vin ;* 7° *du mesurage aux chaux et charbons ;* 8° *des sceaux aux draps et toiles.*

Doullens, à cheval sur deux rivières, avait su mettre de bonne heure à contribution leurs eaux utiles ; témoin, sur la Grouche, le neuf-moulin dont nous avons trouvé mention dans la charte de fondation du prieuré de Saint-Pierre d'Abbeville, en date de 1100 : *Molendinum novum situm juxta villam de Dourlens super fluvium de Liquet.* Nous avons dit ailleurs que cette rivière de Liquet n'était autre que celle de Lucheux, dont le nom aura été défiguré par les copistes, qui auront sans doute voulu écrire Luqueux. Des lettres patentes du roi Philippe-le-Bel, en date de 1300, parlent d'une terre de Salomon de Beauval, située au lieu dit le *Neuf-moulin : In loco qui dicitur au neuf-moulin.* Ailleurs, en 1318, *au Noë-molin.* La carte de Picardie, de *Gérard Mercator,* mentionne aussi *neuf-molin* sur la Grouche, en amont de *Dorlens,* et cette dénomination de neuf-moulin est encore donnée aujourd'hui au chemin qui conduisait au moulin dont il s'agit, et même au pont qui est jeté sur la rivière auprès dudit moulin, toujours situé en dehors de la ville : *Situm juxta villam de Dourlens.*

Témoin encore sur la même rivière, dans l'intérieur de la ville, le moulin de Manchon, renseigné dès le xii° siècle, et le plus ancien peut-être de tous ceux de la cité. Nous avons trouvé sur lui quelques détails aux archives de l'Empire. Les confrères de la Charité Saint-Nicolas et les curés des trois paroisses de Notre-Dame, Saint-Martin et Saint-Pierre jouissaient depuis longtemps de la seigneurie du moulin de Menchon, et en percevaient les fruits et revenus. Mais un jour vint où l'on se demanda si le dit moulin n'était pas du domaine du roi. En conséquence, le 23 mars 1666, vu le défaut de production des titres, il est donné commission officielle « de faire assigner en la chambre du trésor les confrères de » Saint-Nicolas, les curés de Notre-Dame, de Saint-Martin et de Saint-Pierre et autres » qu'il appartiendra, pour apporter les titres et lettres en vertu desquels ils jouissent et » possèdent la seigneurie du moulin de Menchon, et les condamner à restituer les revenus » et fruits perçus au profit de Sa Majesté, à dire d'experts. »

Les intimés ne s'exécutèrent pas, à ce qu'il paraît ; car, le 27 août 1670, le procureur du roi de la chambre du trésor requit encore une commission semblable contre eux et finit par obtenir un jugement qui appointait en droit la cause. On sait que l'appointement, dans un procès embrouillé, renvoyait les parties à une décision qui devait être prise ultérieurement sur le vu des pièces.

Nous ignorons quelle a été l'issue de l'affaire, mais nous comprenons que la question ait paru délicate aux juges, surtout si les défendeurs eurent soin d'exhiber en leur faveur la charte suivante contenant les donations de Jean de Rosière, en date du mois de décembre 1236 : « Je Jéhan de Rosière, chevalier, fais savoir à tous présens et à venir que j'ai » auctroié en aumône pour le rachat de mes fautes, un muid de blé, deux pains, deux » chapons, et deux deniers parisis que je possède dans le moulin de la rue de Menchon, et

» tout le domaine qui m'appartient sur le dit moulin, à savoir : à la Charité de Saint-
» Nicolas de Doullens, un demi-muid de blé ; aux trois curés des paroisses de Doullens,
» quatre setiers de blé, deux chapons avec les deux deniers susdits ; enfin, au chapelain
» hospitalier de Doullens, deux setiers, en augment de sa chapellenie, le tout à perpétuité,
» à la condition que chacun des prêtres susdits sera tenu de faire aussi à perpétuité mon
» anniversaire (1). »

Au-dessous du moulin de Menchon se trouvait le moulin le Molinier, dans la rue des Maiseaux, devant la maison du roi, et donné aux religieux de Saint-Sulpice par charles de Hugues de Camp-d'Avesne et de Jean de Rosière, qui en avaient originairement la copropriété (1219-1236). On voit, d'après la teneur de ces titres, que ce moulin avait alors, comme aujourd'hui, de chétives conditions d'existence. Ce n'était qu'un petit moulin : *In molendinulo, ad molendinellum*, dont la démolition fut mise en question à la fin du siècle dernier (2). A l'extrémité de la même rivière, à deux pas de son embouchure, et près de la rue de l'Espinette, était assis le *moëlin Fourmenterech*, depuis Fromentel, désigné comme voisin du vieux *béfray* (1275). Nous avons dit ailleurs qu'il fut racheté par l'abbaye de Corbie et démoli pour améliorer les conditions de celui de la rue des Maiseaux, situé en amont.

Sur l'Authie, se trouvait le moulin du prieuré, à Saint-Sulpice même ; c'était, au XVe siècle, un moulin à huile, et on comprend que les religieux n'aient pas eu besoin de lui faire faire de blé farine, puisque celui des Maiseaux, dont ils avaient la propriété, était affecté à cet usage. De plus, à l'entrée de la basse-ville, la même rivière faisait mouvoir, dès le XIIe siècle, le moulin du Biez (3), qui a donné son nom à la ruelle qui y conduisait.

Les Archives de l'Empire, sect. hist. J. 1034, n° 35, contiennent le procès-verbal d'une enquête assez curieuse, faite au XIIIe siècle, d'après l'ordre du roi, par Geoffroy de Milly, bailli d'Amiens (4), et le maïeur de Doullens, à l'occasion d'une inondation causée par le fait du meunier de ce moulin. Nous y avons lu un nom encore connu aujourd'hui parmi les boulangers de Doullens, celui d'un sieur Robert Bélin (5), *Robertus Bélanus, burgensis Dullendii.*

L'enquête nous apprend que les deux commissaires s'adjoignirent Robert Retel, Gérard des Autheux, hommes-liges du roi, et Gérard Darras, bourgeois de la ville. Parmi les dix-huit témoins entendus, nous avons remarqué Gérard de Busquoy, Jean de Pas, Gérard de Hiermont, et Pierre Jordan, ancien maïeur, tous bourgeois de la ville. Un autre témoin dé-

---

(1) Voir pièces justif. n° 10.

(2) M. Warmé a donc tort de dire que ce moulin « paraît avoir été construit en l'année 1439, par l'ab-» baye de Corbie » (*V. Hist. de Doullens*, p. 146). Cette abbaye, avons-nous dit ailleurs, ne posséda ce moulin qu'en 1562, par suite d'échange de propriétés avec l'abbaye d'Anchin.

(3) On trouve dans une charte de fondation, en date de 1243, des cens accordés sur une maison placée *proche le Biès*.

(4) Geoffroy de Milly était bailli d'Amiens en 1238, d'après une charte du Cartulaire du Gard.

(5) Des lettres d'amortissement, de l'année 1312, en faveur des filles pénitentes de Doullens, parlent aussi de la rue Robert Belin : *In vico Roberti Belani*.

clare avoir été échevin sous Michel de Busquoy, qui était maïeur en 1202. De toutes les dépositions faites, il résulte que le bassin du moulin servait de vivier, *vivarium*, dont la propriété avait été achetée du roi par un manant, et que le maître du moulin, pour se garantir de la crue des eaux, avait rompu les digues du vivier et occasionné la ruine des piliers qui supportaient l'écluse. Il s'agissait de déterminer à qui appartenait la responsabilité du dommage causé par l'inondation, car nous avons vu par la charte de commune que les eaux de l'extérieur appartenaient à la ville, tandis que celles de l'intérieur étaient à la charge du comte de Ponthieu, et ensuite du roi. Les témoins déposèrent qu'autrefois la ville avait effectivement le gouvernement de ces eaux par l'écluse ; mais qu'ayant remis avec toute responsabilité aux maîtres successifs du moulin la clef qui ouvrait les vannes, c'était à ces derniers qu'il appartenait de retenir les eaux, et, le cas échéant, de supporter le dommage : *Debent retinere exclusas et ventalia ad sumptus suos*. Nous croyons que le moulin du Bicz a été remplacé par une usine à tan.

Un peu plus loin, l'Authie faisait également mouvoir, en 1275, le moulin Battrel, assis au confluent de la Grouche, et qui, comme son voisin, le moulin Fromentel, devint l'objet de difficultés entre Cercamps et la ville. Sur la même rivière, à côté de l'hôtel de Belloy et de l'ancienne tour Cornière, s'élevait le *moulin du roi*, moulin à poudre, en 1640, à l'occasion du siége d'Arras, et ensuite moulin à farine. Mais les inondations dont la ville fut victime, au commencement du siècle dernier, et la nécessité d'élargir la rivière, en déterminèrent la suppression (1).

« Les commissaires généraux assemblés le 18 septembre 1710, au château du Louvre,
» en la chambre du conseil du palais des Thuilleries.... Nous étant apparu le procès-verbal
» de la vente faite par le s' de Bernage, intendant en la province de Picardie, le 16 may
» 1710, à titre de propriété incommutable, du moulin du Roy, de Doullens, des avoines de
» Verton, au nombre de 21 setiers, et 62 liv. 1 s., 3 d. dus par la communauté de Beau-
» val par chacun an au domaine de S. Majesté, pour par l'adjudicataire jouir du tout sans
» seigneurie ni mouvance, moyennant 3550 livres et les deux sols par livre. » *Arch. Imp.
S. Adm.* Q. 1538.

L'acquisition a été faite, le 16 mai 1710, « au feu de trois chandelles l'une après
» l'autre » par M⁰ Lenoir, avocat au Conseil, au profit de Jean Lenglet, grènetier au grenier à sel de Doullens, et payée comptant. Le dit moulin du Roi, devenu propriété particulière, eut encore soixante-six ans d'existence ; car ce n'est qu'après l'inondation de 1776 que la démolition en a été ordonnée par arrêt du roi.

Le moulin de Rouval, également sur l'Authie, paraît remonter à une haute antiquité. Il existait au XIIIᵉ siècle, et appartenait alors à la famille Camp-d'Avesne. Nous avons vu

---

(1) M. Warmé se contredit en parlant de ce moulin ; car s'il a été construit seulement en l'année 1640 pour faire de la poudre, et n'est devenu le moulin du roi que plus tard, en devenant moulin à farine, il n'a donc pas appartenu aux comtes de Ponthieu, des mains desquels il a passé au domaine du roi. (Comparez les pages 145 et 260 de son *Hist. de Doullens*).

aussi que, par charte du mois de juin 1219, Hugues de Camp-d'Avesne fit don à l'abbaye de Saint-Michel du droit de franche mouture dans ledit moulin : *Liberam molturam in molendino de Rouval.*

Mais chaque fois que les ennemis s'emparaient de Doullens, ou même l'assiégeaient, ils ne manquaient pas de brûler les moulins situés sur les deux rivières. C'est ce qui arriva notamment en 1522. Rouval devint la proie des flammes aussi bien que la ville, et ce ne fut que treize ans après que deux autres moulins y furent rétablis, et préparèrent, longtemps à l'avance, le berceau de la belle manufacture qui est aujourd'hui l'une des gloires industrielles du pays. La délibération portant autorisation des deux moulins est du 27 octobre 1535. On y lit que Nicolas Bocquet, marchand tavernier à Péronne, ayant présenté une requête au corps de ville, à l'effet de lui *bailler et accorder* l'eau et la terre *venant et passant* au pont de Rouval, sur le cours de la rivière d'Authie, à titre de bail à cens fonciers *annuels, héritables et perpétuels* pour lesdites terre et eau, faire *mettre et édifier deux moulins, l'un à drap et l'autre à huile, pour en faire son profit et en jouir par lui et ses hoirs à toujours ;* le maïeur et les échevins, après vérification faite du lieu, et mûre délibération d'échevinage, accordèrent.... quarante pieds de long et vingt-deux de large... pour asseoir les deux moulins et y faire amasement pour leurs possesseurs, à la charge et *moyennant d'estre tenus pour cascun an, au prouffit de la ville, à cent sols tournois, douze chapons, etc.*, et d'entretenir bien et suffisamment le plâtrier et l'eau dudit pont de Rouval, *tellement que l'on y puisse carrier à cars et carrettes et entretenir le planchier* à ses dépens, pour que l'on puisse passer à pied, *le tout pour le bien de la ville et attendu que par ce moyen il y viendra et habitera plusieurs personnes, et même s'y feront plus grosses marchandises tant de laines que de navettes.* D'après ce titre, l'Authie était donc guéable à Rouval, et le pont n'y était placé que pour les piétons. M. Labourt a prétendu que ce gué et ce pont faisaient partie d'une grande voie de communication, c'est-à-dire que là passait la chaussée romaine d'Amiens à Thérouanne (1).

Ces moulins étaient affectés, comme nous venons de le voir, à différentes branches d'industrie ; et si plusieurs produisirent cette belle farine destinée à soutenir la réputation proverbiale des *tartes de Doullens*, il en était aussi qui servaient à maintenir le niveau de renommée que la fabrication des huiles doullennaises avait su conquérir sur les places des plus grandes cités.

Ces moulins que nous venons d'énumérer existent encore aujourd'hui, si ce n'est le moulin du Biez, et celui du Roi qui fut vendu et démoli, commme nous l'avons dit tout à l'heure. A l'exception des anciens moulins Le Molinier et Fromentel, qui ont conservé à peu près les mesquines proportions de leur bassin, les autres ont grandi en prospérité et sont devenus des usines importantes. Aussi Rouval est aujourd'hui une très-belle filature de coton. Fondée en 1808 par M. Scipion Mourgue, à l'époque où Rouval n'était encore qu'un

---

(1) Les titres désignent encore, en 1300, le moulin de la Fosse, à Occoche, extrême limite de la banlieue, sur lequel l'abbaye de Saint-Michel percevait des cens.

marais peuplé de trois maisons, y compris celle du meunier, elle fut brûlée en février 1823, et reconstruite la même année. Par suite de la révolution et d'affaires peu prospères, elle fut fermée de 1830 à 1832. M. Sydenham, de la famille Bocking, en fit alors l'acquisition et lui redonna vie. Sous son habile et féconde direction l'établissement acquit une telle activité que le Gouvernement, en accordant à M. Sydenham la décoration de la Légion-d'Honneur, ne fit que céder au vœu public. Le succès ne s'est pas démenti depuis, malgré les révolutions et les crises commerciales. Rouval compte 25,000 broches, plus un retordage. Le tout est mû par trois machines à vapeur et par deux roues à eau qui produisent la force encore insuffisante de 150 à 170 chevaux. Près de 500 ouvriers de la ville et des villages voisins y trouvent un travail assuré. Quatre-vingts ou cent d'entre eux demeurent dans Rouval même qui renferme une vingtaine de maisons ; et l'amateur admire avec raison l'édifice principal de cet établissement qui s'élève avec une certaine majesté sévère au milieu des vertes pelouses et des jardins plantureux, bruyant comme une ruche d'abeilles et au sein d'une vallée calme et pleine d'ombrages.

L'ancien moulin de Wargnies, ou Battrel, s'est, de son côté, converti en la belle et importante usine hydraulique à huile, appartenant aujourd'hui à MM. Degove frères, et qui se voit auprès de la porte d'Authie. Enfin, plus haut, en remontant la rivière, le moulin du prieuré de Saint-Sulpice s'est changé en cette usine à papier dont nous avons parlé ailleurs (1).

C'est par ces trois établissements industriels que Doullens a un peu de vie, qu'il conserve des relations avec Paris et les autres grandes cités, et que son nom est encore connu jusque dans le centre et le midi de la France. Mais qu'il y a loin de l'état actuel de l'industrie doullennaise aux temps heureux où nos rois se plaisaient à donner la petite cité comme modèle aux plus grandes villes ! *Quantum mutatus ab illo !* Aujourd'hui elle se débat, souffre et languit sous les conditions qui l'isolent dans l'intérieur des terres et la confinent dans sa vallée, délaissée, déshéritée de toute voie de fer. Ses grandes routes sont peu fréquentées ; et n'étaient les deux ou trois voitures publiques qui la relient chaque jour avec Amiens (2), elle vivrait presque sans relations. Assise à la base d'un triangle formé par Arras, Amiens et Abbeville, elle a vu toute sa vie s'en aller dans les angles, soutirée par le mouvement des lignes ferrées.

Les brasseurs qui, à Doullens, formaient autrefois l'un des principaux corps de métiers, et dont le nombre s'élevait à douze, en 1795, virent leur industrie se réduire à des proportions bien amoindries ; et aujourd'hui, grâce à l'introduction des pommes à cidre, deux brasseries bien établies suffisent à alimenter la ville et les villages les plus rapprochés. Il est

---

(1) Nous devons mentionner aussi la nouvelle scierie à vapeur, de la force de seize chevaux, appartenant à M. C. Démoulin.

(2) C'est le 7 mai 1827, que fut établi le premier service journalier de diligence de Doullens à Amiens. A la fin du siècle dernier, il n'y avait qu'un service de messageries, deux jours par semaine, pour Amiens, et un pour Abbeville. En 1691, la messagère pour Amiens s'appelait : *commère Anne*.

vrai que la bière n'est pas la boisson ordinaire du peuple. Aussi les brasseurs sont-ils suspects de se réjouir quand les gelées tardives font tomber les fleurs des pommiers et détruisent ainsi les espérances des amateurs de cidre.

Les jardiniers et les vendeurs de légumes forment encore, au contraire, une corporation qui reconnaît Saint-Fiacre pour patron ; cette branche de commerce a un peu de vie. Les terrains qui avoisinent la ville sont transformés en jardins cultivés avec assez de soin ; à défaut de canaux que l'encaissement des rivières ne permet guère de percer, ils sont arrosés par les sueurs de ceux qui les exploitent. Car il est vrai de dire que les jardiniers, qui pour la plupart habitent les faubourgs, sont des gens de labeur et de patience. Ils font quelques primeurs pour la ville, mais ils préfèrent les belles et abondantes récoltes de gros légumes dont ils fournissent les marchés et approvisionnent même les étrangers. Malgré le prix élevé de location, cette partie de la population est généralement à l'aise, et il est juste d'applaudir à son bien-être, car il est dûrement acheté.

Pas n'est besoin d'ajouter que la culture de la vigne a complètement pris fin ; il vaut mieux que nous établissions qu'elle a existé, dussions-nous la faire remonter à une époque reculée. Or, aux Doullennais incrédules, qui voient les fruits de leurs treilles mûrir avec tant de difficulté, nous rappellerons que la notice historique placée en tête du Cartulaire rouge de la mairie rapporte sérieusement l'opinion de ceux qui font dériver Doullens de *Dulce alendium*, douce nourriture, à raison de ce que cette ville « est située sur deux » rivières environnées de belles prairies, de bonnes et fructueuses terres, et sy avoit à » l'environ et prochain de belles vingnes.... » Des titres authentiques, et qu'il n'est pas permis de révoquer en doute, nous apprennent en outre qu'en face de la maladrerie de Saint-Ladre, vers le chemin du Souich, se trouvait un champ planté de vignes, qu'on appela longtemps le *champ des vignes*. Enfin nous avons cité la transaction intervenue, le 15 octobre 1367, entre le prieur prévôt de Saint-Sulpice et le corps de ville, par laquelle il a été reconnu que le maire et les échevins de Doullens devaient toute justice sur les maisons, prés, *vignes*, bois et terres appartenant au prieuré. Il faut donc conclure de ce titre que la vigne était encore cultivée à Doullens au xiv° siècle. Elle l'était également dans tout le Ponthieu, particulièrement à Abbeville, dont le faubourg de Menchecourt était peuplé de vignerons ; et à Amiens, dont l'échevinage fit prier le bailli, qui résidait à Doullens, de demander au comte de Saint-Pol des lettres de sûreté et de sauf-conduit pour la vendange des vignes des habitants d'Amiens (12 septembre 1433). Et maintenant que ce point est établi, nous dirons volontiers que les vins du cru de Doullens ont dû être détestables.

L'agriculture, au contraire, a reçu d'heureux développements, et entre de plus en plus dans une voie prospère. Les blés produits par les belles plaines de Beaurepaire, de Ransart et de Haute-Visée sont encore recherchés aujourd'hui comme autrefois ; et s'ils ne servent plus à faire ces tartes si connues dont se régalaient nos aïeux, c'est encore leur réputation bien méritée qui les place en première ligne dans le rayon de l'ancien Ponthieu, et leur conquiert la préférence, notamment à l'époque des semailles.

Quant aux autres branches d'industrie et de commerce, elles sont à Doullens ce qu'on les retrouve dans la plupart des petites villes, c'est-à-dire qu'elles se traînent dans de mesquines conditions qu'on peut à peine appeler de l'aisance. C'est le commerce de petit boutiquier, c'est une vente de détail, c'est la vie au jour le jour, qui se traduisent le plus souvent par un bénéfice évalué en gros sous. Les communications, devenues plus fréquentes avec Amiens, dont la voie de fer a fait, pour ainsi dire, une banlieue de Paris, font miroiter plus que jamais les riches magasins de ces grandes cités ; et qui a une dépense à faire en dehors des achats quotidiens court porter son argent au loin, pendant que la petite ville languit et s'étiole dans l'abandon et le mépris. Et le marchand doullennais, déshérité d'une clientèle suffisante, ne pouvant dire : *Deus hæc nobis otia fecit,* s'en va planter ses légumes.

Les dictionnaires de géographie qui parlent de Doullens, citent parmi ses industries les toiles d'emballage. Mais c'est encore là pour la ville une branche morte, et qui est allée refleurir à Beauval et à Beauquesne. Ces deux gros villages semblent avoir bénéficié de ce qu'à perdu la petite cité ; l'industrie linière, qui s'y est développée dans de grandes proportions, y entretient un remarquable mouvement de vie commerciale, dont Doullens, sous ce rapport, est privé depuis près d'un demi-siècle (1).

Pourtant il faut reconnaître que cette stagnation fait place à une certaine animation les jours de marchés. Le jeudi de chaque semaine, cette animation se localise à peu près sur le marché au blé qui, heureusement pour la ville, est toujours fréquenté. La qualité incontestable des blés du pays y attire un nombreux concours de cultivateurs, et en fait le rendez-vous préféré des produits de la moyenne culture, qui s'y vendent assez souvent avec fausse désignation de provenance. Il en est des terroirs comme des individus ; les plus pauvres essaient de vivre sur la réputation des plus riches ; mais cette ruse parfaitement connue, du reste, et qui serait nuisible à l'époque des semailles, a moins d'inconvénients dans le courant de l'année ; le marché y gagne un plus grand développement, et la meunerie s'y approvisionne avec plus de facilité. Ce qui accuse le mieux l'état de prospérité sous ce rapport, c'est l'agrandissement qu'il a fallu donner à la place, devenue évidemment trop restreinte.

Le mardi et le samedi de chaque semaine sont également jours de marchés, mais complètement délaissés. Plusieurs fois on essaya de leur rendre un peu de vie, et ce fut toujours en vain. Ainsi, le 10 novembre 1819, le maire de Doullens fit publier un avis dans lequel il était dit : « Vu l'importance acquise dans cette commune et dans tout l'arrondissement » par l'industrie oléagineuse, les graines grasses seront reçues sur le carreau du marché » au blé, de dix heures du matin à midi, les mardi, jeudi et samedi de chaque semaine. » On ne profita point de l'avis ; et à l'exception du jeudi, le marché resta désert.

---

(1) Il faut citer aussi Authieule (de l'ancienne banlieue de Doullens), dont le moulin à farine est devenu une filature de lin, mue par une chute d'eau combinée avec une machine à vapeur. Cette usine appartient à M. Rembault.

Les francs-marchés se tiennent le troisième jeudi de chaque mois et ramènent dans toute la ville le mouvement et l'animation. Ce jour-là, la petite cité reprend les allures bruyantes dont elle paraissait déshabituée ; sa physionomie respire l'espérance et la joie : partout il y a de l'entrain et de l'empressement. Les places publiques, préparées à l'avance, se remplissent bientôt, ici de baraques, là, de nombreux bestiaux. En peu d'heures c'est un pêle-mêle général, un encombrement d'hommes affairés, de voitures pesantes, d'animaux bêlant et mugissant. Et le marchand qui s'est arraché de bonne heure aux douceurs du repos, pour orner sa vitrine ou pavoiser sa porte de tout ce qui peut piquer la curiosité et exciter le désir, est là, debout sur le seuil, souriant aux étrangers.

Mais c'est aux jours de foires que Doullens revêt ses plus grands airs de fête. Ces foires sont au nombre de deux : la première, dite de Saint-Michel, a lieu le 29 septembre, et dure un jour ; la seconde, nommée de Saint-Martin, est fixée au mardi qui suit le 11 novembre. Elle peut durer trois jours ; mais, par le fait, elle expire dans la nuit du premier, pour renaître le jeudi de la semaine suivante, sous le nom de *remise de la Saint-Martin*.

Il nous a été impossible de découvrir à quelle époque remontent les foires de Doullens, mais il est aisé de comprendre qu'elles ont eu, au moyen-âge, une importance qu'elles n'ont pu conserver dans les temps modernes. « A une époque où les communications pré-
» sentaient de grandes difficultés, il était nécessaire qu'à des jours déterminés les habitants
» des campagnes pussent venir s'approvisionner dans quelques centres principaux. » Or, Doullens qui comptait alors comme ville d'industrie et principalement comme une *bonne ville de draperie*, qui avait une halle à la célèbre foire du Landit, et fournissait son contingent aux foires de la Champagne, ne pouvait manquer de devenir le centre commercial des populations voisines : c'était le seul moyen de faire des échanges. Vendre et acheter étant le premier besoin de toute société, aussitôt que la ville, échappée aux entraves de la féodalité, aura eu ses aises dans le présent, et espérance dans l'avenir, le mouvement industriel s'y sera développé, la vie commerciale y aura pris de l'accroissement ; et pour répondre aux besoins nouveaux, il s'y sera établi un marché, peut-être ce grand marché *en Darnetal*, déjà nommé le vieux marché en 1269, et dont nous parlent d'anciens titres ; et peu à peu une ou plusieurs foires, qui ne sont elles-mêmes que des marchés plus rares, mais plus importants.

Les fêtes du christianisme furent, à Doullens comme dans la plupart des autres villes, la première occasion des grandes réunions. L'abbaye de Saint-Michel était, avons-nous vu, le plus ancien établissement religieux de la ville. Si l'on se refuse à admettre qu'elle ait ombragé son berceau, on ne peut nier du moins qu'elle ait protégé son enfance. Elle y avait une autorité respectée ; et le rang qu'elle y tenait se prouve par la remise des clefs de la cité, qui était faite chaque soir entre les mains de l'abbesse. Ainsi la tranquillité des habitants, la sécurité de leur sommeil étaient confiées aux soins et à la sollicitude du pieux monastère. De plus, la plus ancienne paroisse, à Doullens, celle qui resta le plus en renom fut l'église Saint-Martin. Le saint évêque de Tours devint le premier patron de la cité doullennaise, comme Saint-Michel avait été celui du premier monastère. Ils eurent chacun leur fête, qui attirèrent un grand nombre de fidèles. On y accourut révérer Saint-Martin dans son église collégiale et paroissiale, comme aussi Saint-Michel dans son *moutier* célèbre par ses reliques, dont le culte amenait une affluence de pélerins. La spéculation exploita bientôt ces réunions au profit du commerce et de l'industrie. Les rois eux-mêmes s'y prêtèrent en attachant à ces réunions des franchises exceptionnelles, et les solennités religieuses devinrent pour le trafic ce qu'on appela *des franches fêtes*.

Telle a été, croyons-nous, l'origine des deux foires de Doullens. L'histoire civile, en ce point, comme en beaucoup d'autres, est venue se greffer sur l'histoire religieuse; et en creusant à la base de la plupart de nos institutions comme de nos monuments, on trouvera que la religion en forme la première assise. Nous dirons donc de Doullens ce que M. de Beauvillé a dit de Montdidier, à savoir que les lettres patentes de nos rois concernant les foires et francs-marchés ne font que reconnaître ce qui subsistait déjà. L'autorité royale confirmait l'existence d'un fait, mais ne le créait pas.

En effet, dans les articles que les maïeur, échevins, manans et habitants de la ville de Doullens présentèrent au roi Henri IV, au mois de décembre 1594, le monarque est prié, art. VIII, « de voulloir accorder auxdits habitans deux foires par an, outre les *franches*
» *festes* Saint-Michel et Saint-Martin, dixiesme novembre, à la charge que chacune desdites
» foires dureront quinze jours, pendant lequel tems tous marchans estrangers et aultres
» s'y pourront trouver et emmener et emporter toutes sortes de marchandises, sans charge
» d'aucune imposition. »

Comme nous venons de le dire, les deux *franches festes Saint-Michel et Saint-Martin* étaient donc en usage, et tellement établies que les Doullennais ne songent même pas à demander pour elles une nouvelle confirmation royale. C'est l'établissement de deux autres foires qu'ils désirent et pour lesquelles ils réclament l'autorisation du monarque et des concessions de franchises. Henri IV voulut bien octroyer les foires demandées, en laissant aux Doullennais le choix des jours, que leur requête ne désignait pas.

« Désirant aussi recongnoistre par quelque gratifficacion particulière la fidèle submission
» desdits habitants, nous avons pour la commodité et utilité de nostre dite ville et des
» habitans d'icelle, créé et octroyé deux foires de quinze jours chacune qui se tiendront
» doresnavent par chacun an en nosd. ville et faulxbourg de Doullens, commençant l'une
» le.... jour de...., et l'autre au jour de.... en suyvant, esquelles foires pourront aller,
» venir et fréquenter tous marchans regnicoles et estrangers, et y amener toutes sortes de
» marchandises que bon leur semblera, et ce sans charge d'aide, selon qu'il est permis par
» nos ordonnances, sans toutefois prétendre aucune diminution ou préjudice à nos droits,
» impost et debvoirs, sy aucuns sont deubz, pourveu aussy que pendant le tems desd.
» foires il n'y en ait aultres à quatre lieues à la ronde. »

Nous n'avons pas trouvé preuve que les nouvelles foires accordées eussent eu grand succès, qu'elles eussent même été établies en fait. Les Doullennais, par la demande qu'ils en firent à Henri IV, témoignent sans doute du développement commercial et industriel de cette époque, comme aussi de l'intelligence qu'ils avaient des intérêts de la cité ; mais ils avaient compté sans la guerre qui, quelques mois après, devait vomir sur leur ville par la bouche de ses canons et y promener par la main des Espagnols l'incendie et la ruine. Les deux franches fêtes de Saint-Michel et de Saint-Martin restèrent donc les deux seules foires de Doullens. Un décret de la République, du 13 mars 1804, en nomme trois qui doivent se tenir les 10 août, 29 septembre et 17 novembre ; mais comme nous l'avons dit, on ne connait plus à Doullens d'autres foires que celles de Saint-Michel et de Saint-Martin, avec la *remise* de cette dernière au jeudi de la semaine suivante.

Il convient de donner ici la nomenclature des anciens poids et mesures en usage à Doullens, avant l'adoption du système actuel.

Le pied local était de douze pouces de Ponthieu, ou 0^m 305.

L'aune de tisserand, pour les toiles écrues, avait 30 pouces 4 lignes, ou 0^m 817.

Le journal contenait 100 verges, et la verge 20 pieds, ce qui donnait 42 ares 208.

La corde de bois, haute de 3 pieds 9 pouces, longue de 7 pieds 6 pouces et épaisse de 4 pieds, formait 3 stères 615.

On se servait pour les grains de deux mesures différentes, l'une destinée au mesurage des blés, seigles, orges, pois, bisailles, vesces, lentilles et autres menus grains ; l'autre réservée exclusivement pour l'avoine. Toutes deux avaient le nom de setier et se divisaient en quartiers, mesures, boisseaux, quartes et demi-quartes. L'*estallon* était aussi connu pour le blé, et le picotin pour l'avoine.

Le setier au blé contenait 16 boisseaux, ou 1 hectolitre 45 litres ; le quartier, 4 boisseaux ; la mesure 2 ; le boisseau, 4 quartes, et la quarte deux demi-quartes.

Le sac ou la somme de blé représentait 20 boisseaux.

Le setier à l'avoine, plus grand, était de 1 hectolitre 69 litres.

On se servait aussi de la mine, qui contenait 8 boisseaux ou 73 litres 5 centilitres.

Le pot avait une contenance d'un peu moins de 2 pintes, mesure de Paris, représentant 1 litre 8.

La pinte se divisait en 4 brocs, et le broc en deux demi-brocs.

On faisait usage également du minot.

Le muid contenait 150 pots, mesure de Paris, ou 2 hect. 98 litres.

Les principales mesures employées à Doullens étaient les mêmes que celles d'Abbeville, à l'exception de la mesure au blé, qui fut réduite à celle d'Amiens, par lettres de Louis XIV, et par arrêts du conseil du roi, en date de 1645, 1664, 1666 et 1670, pour la commodité des habitants et fermiers.

Dans le siècle dernier, les octrois sur les boissons accordés à la ville par plusieurs rois pour l'entretien de ses murailles, furent confisqués au profit du trésor royal, à qui incomba désormais la charge des murs. Ceux-ci furent démolis, et les octrois restèrent, c'est-à-dire qu'à Doullens on continua de payer 3 deniers pour chaque pot de vin vendu en détail, et 2 sous 6 deniers par tonneau de bière.

Une caisse d'épargne et de prévoyance, succursale de celle d'Amiens (1) a été ouverte à Doullens, le 28 septembre 1834. Ce fut une heureuse institution qui prit quelque importance. L'ouvrier y porte ses épargnes, et le petit propriétaire ses modestes produits. Quelques-uns des déposants n'appartiennent pas, il est vrai, à la classe d'individus pour laquelle la caisse d'épargne a été établie; mais leur exemple a du moins l'avantage d'inspirer la confiance et d'exciter les ouvriers à les imiter.

Enfin, mentionnons l'existence à Doullens d'un Comice agricole, *dans le but de travailler au perfectionnement de toutes les branches de l'agriculture.* Assez longtemps cette société qui ouvre son sein aux habitants de diverses communes du Pas-de-Calais, dont les territoires sont en partie enclavés dans celui de l'arrondissement de Doullens, resta dans des conditions précaires. Mais son importance s'accrut dans ces derniers temps, grâce à l'activité et aux intelligents efforts de M. le sous-préfet Bernard. Aujourd'hui, le comice agricole de Doullens, plein de sève et de vie, laisse espérer d'heureux résultats.

CHAPITRE VIII.

§. I.

Jeux. — Usages. — Mœurs.

Cour d'amour. — La confrérie de Notre-Dame du Puy d'Amiens possède des cens à Doullens. — Honneurs rendus aux maieurs doullennais. — Jeu du sans-vert. — Béhourdis. — Fête des *queues de leu.* — Des Brandons. — De sainte Raquette. — Caractère des Doullennais.

L'historien ne remplirait qu'une partie de sa tâche, s'il se bornait à la description des faits de la vie politique, militaire, publique du peuple ou de la ville qui a fait le sujet de son étude. On aime à descendre avec lui dans le détail des mœurs et des habitudes, à connaître

---

(1) Elle a aujourd'hui une existence propre.

tout ce qui peut compléter la physionomie des hommes et des lieux, à rapprocher les nuances, à distinguer les traits qui constituent ou modifient le caractère. En un mot, il faut au tableau un peu de couleur locale. Nous connaitrons mieux, en effet, les Doullennais d'autrefois, après que nous les aurons suivis dans la vie de chaque jour, dans leurs habitudes et jusque dans leurs amusements.

Oui, les distractions qui faisaient les délices de nos pères sont d'autant plus à étudier, qu'elles ont à peu près complètement disparu. Et cependant elles avaient leur importance, leur raison d'être, leur conformité avec les mœurs de l'époque. Les plaisirs eux-mêmes étaient alors pris au sérieux : ils comptaient dans la vie pour une réalité ; l'esprit comme le corps y avait recours, et tout amusement, toute joie était un repos, un délassement, un bien-être, une jouissance. Il était réservé à notre siècle d'entendre dire qu'aujourd'hui *le monde s'ennuie*. Essayons de prouver qu'on ne s'est pas toujours ennuyé à Doullens.

S'il fut une époque souvent difficile et troublée par des désastres de tout genre, ce fut certainement le moyen-âge ; et pourtant les préoccupations de ce temps-là n'excluent pas les jeux ni les distractions intelligentes. On y cherchait plutôt des délassements honnêtes pour faire trêve aux labeurs d'une vie étrangement mouvementée. Doullens, petite cité semblable à une ruche d'abeilles où bourdonnait si activement le travail de l'industrie, sous l'impérieuse loi de la concurrence, avait aussi ses heures de noble repos. Comme la plupart des villes du Nord, elle vit se former dans son sein des associations poétiques et des joutes littéraires. C'était dans la rue de l'*Arbre amoureux* que se réunissaient, au xiiie siècle, les poètes et les chanteurs du pays. Nous ignorons si cet arbre abritait sous son ombrage des danses ou autres plaisirs bruyants ; mais on croit assez généralement que sous ses verts rameaux se tenait une *cour d'amour* où l'on se livrait à des *plaids et gieux*. Là, plus d'un débutant dans la langue des trouvères essaya de redire les hauts faits des chevaliers ; plus d'un amant proposa de galantes charades à la *Dame de ses pensées*.

« Une notable partie des œuvres de cette association littéraire, dit M. Labourt (1), fut
» conservée dans la bibliothèque du Conseiller d'Etat de Mesme et dans celle de l'avocat
» Matharel, où le président Fauchet en prit connaissance. On en trouve une analyse dé-
» taillée dans le recueil de l'*Origine de la langue française ;* et la pléiade est assez brillante
» pour faire honneur à des villes d'une plus grande importance. Le *sire des Authieux,*
» *Guilbert de Bernaville,* le *sire de Bretel,* grand maitre des jeux-partis, *Robert Ducastel,*
» *Cuvillier, Belleperche,* figurent au premier rang de ces poètes qui charmaient nos aïeux,
» et dont les noms sont encore aujourd'hui vivants dans les plus anciennes familles du
» pays (2). »

Nous admettons donc volontiers avec MM. Labourt et Dusevel que Doullens ait eu, au

---

(1) Dict. des villes de France, par M. A. Guilbert, art. *Doullens*, par M. Labourt.

(2) « Simon d'Autie et Beaudoin des Autiex sont » connus par leurs poësies et chansons » dit D. Grenier. *(Int. à l'Hist. gén. de la Picardie.)*

moyen-âge, son *Puy* ou sa *Cour d'amour*. Le nom de l'*Arbre amoureux*, donné à l'une de ses rues, depuis longtemps disparue, mais mentionnée encore par le P. Daire, la qualification de *pont d'amour*, *ante pontem d'amour*, attribuée à l'un de ses ponts, par une charte de l'année 1312, peuvent rattacher leur origine à cette institution, sans constituer toutefois un fait certain ; mais nous ne croyons pas que M. Labourt ait touché juste lorsqu'il a prétendu établir la fusion de la *Cour d'amour* de Doullens, avec le *Puy-Notre-Dame d'Amiens* (1). Que le *Puy d'amour* se soit transformé, à Doullens comme dans plusieurs autres villes du Nord, Cambrai, Arras, Lille, Valenciennes, Douai, Béthune, Amiens, en une confrérie de Notre-Dame-du-Puy, sous l'influence religieuse et gouvernementale, unissant leurs efforts, nous le voulons bien ; mais nous nous emparons des heureuses rectifications données par M. Darsy, dans la séance du 20 avril 1858, de la Société des Antiquaires de Picardie, pour ruiner les bases de l'opinion que voulait faire prévaloir M. Labourt en faveur de l'inféodation de la *Cour d'amour* de Doullens à la célèbre confrérie du chef-lieu de la province (2). Voici ce qu'on lit dans le Cartulaire noir de Doullens, sous la date du jour de la Chandeleur de l'année 1616 :

« L'an 1616, le jour de la Chandeleur, noble homme, Jean Moreau, conseiller du Roi,
» grenetier actuel et alternatif au grenier à sel de Doullens, mayeur d'icelle, ensuite de la
» prière et semonte à lui faite par les officiers de la Confrérie du Puy d'Amiens, peu de
» jours avant la fête, étant le dit Moreau logé en la maison de François Marosier, où est
» pour enseigne le Signe, a été invité par le sieur David Guigne, maître d'icelle Confrérie
» à la dite année, d'assister à la messe solennelle qui se chantera le dit jour de la Cande-
» leur, dans la nef de l'église Notre-Dame d'Amiens. »

Puis vient la mention que le dit maître Moreau ayant assisté à cette messe, rang lui fut donné à l'offrande et pour sortir de l'église ; il fut ensuite conduit au dîner où il eut place entre Monseigneur le duc de Longueville, gouverneur, et le seigneur *du Cange*, lieutenant du gouverneur d'Amiens, et quelques autres personnages de qualité, jusqu'au nombre de sept, « *soulant être ce, en la qualité de mayeur de Doullens.* »

Dix années après, le même mayeur consigna encore de sa main, sur le même registre :
« L'an 1626, le jour de la Purification de la Vierge, ledit Moreau assista à la solennité de
» la fête du Puy, y ayant été invité par le sieur Blasset, maître en ladite année. »

« Lequel Blasset, est-il dit textuellement, est l'un des plus ingénieux sculpteurs du
» roiaulme, et a fait son tableau de sa main. Fut donné rang au dit Moreau par tous les
» maîtres, avec M. Henricq, lors mayeur ou premier eschevin de la ville d'Amiens, et
» marcha en cet ordre à l'église de Notre-Dame. »

Tels étaient donc les honneurs que les confrères du *Puy* d'Amiens rendaient au représentant des habitants de Doullens, lorqu'il assistait à leurs solennités littéraires, et dont celui-

---

(1) *Journal de Doullens*, n° du 9 mai 1858.

(2) *Bulletin de la Société des Antiquaires de Picardie*, année 1858, n° 2.

ci, dans sa satisfaction, voulait perpétuer le souvenir. Mais quelle était la cause de ces honneurs? C'était, dit M. Labourt, l'acquit d'une dette de reconnaissance, parce que la confrérie d'Amiens jouissait de cens et surcens provenant originairement d'une société littéraire fondée à Doullens, dite des *Gieux sous l'ormel* (1). Et se mettant en devoir de prouver cette assertion, il prend pour les donateurs véritables des dits cens et surcens les maieur et échevins de Doullens qui, au contraire, n'en avaient consenti que la saisine, par la raison que ces cens relevaient de la ville. Rétablissons les faits avec M. Darsy :

« Le 28 juillet 1501, noble homme, sire Jéhan Bertin, écuier grenetier de la ville d'A-
» miens, l'un des confrères, *bailla à la confrairie pour la fondation de deux messes perpé-*
» *tuelles, chacune semaine dont elle fut chargié, des cens qui lui appartenoient sur plusieurs*
» *maisons et héritages estans en la ville et banlieue de Doullens.* Au mois de septembre sui-
» vant, le maire et les échevins de la ville, dont relevaient ces cens, consentirent la *sai-*
» *sine,* ou autrement l'investiture, la prise de possession au profit de la Confrérie. Ils firent
» donc un simple acte de juridiction, mais non une libéralité. »

C'est ce que prouvent abondamment et l'intitulé de la pièce : « *Saisine donnée par les*
» *maire et échevins de Doullens aux confrères de Notre-Dame du Puy d'Amiens,* » et les lignes qui la terminent : « *Ce dont ledit Jéhan Bertin s'est tenu content, ainsi qu'il résulte*
» *de sa déclaration faite entre les mains du mayeur et des eschevins de Doullens,* comme
» *seigneurs des franches tenues de Doullens. En conséquence de quoi, les dits mayeur et*
» *eschevins accordent la saisine et possession, taille foncière et propriété* (2). »

Les cens dont il s'agit s'élevaient à 14^l 7^s 6^d, et se percevaient sur treize maisons, un jardin et deux prés assis, savoir : le jardin, *en dehors de la porte Saint-Ladre;* l'un des prés, au lieu dit *neuf-moulin;* l'autre, vers la *poterne de Saint-Souplis,* hors de la ville; cinq des maisons, *rue Saint-Michel;* la 6e, *rue de la Garenne;* la 7e, *au cul-de-sac,* que le P. Daire appelle rue au *Sacq,* en la Varenne ; la 8e, devant l'église Notre-Dame ; la 9e, rue de *Route-queue,* tenant à une ruelle qui mène à *Saint-Souplis;* la 10e, *rue des Juifs;* la 11e et la 12e, rue *Taillie;* enfin, la 13e, rue du *Bourq* (3).

De tout cela, il résulte que nous sommes dans une ignorance complète sur l'importance qu'a pu avoir la *Cour d'amour* de Doullens, sur sa durée, sur la manière dont elle a pris fin, qu'elle ait été transformée ou non en confrérie religieuse. M. Dusevel paraît croire qu'il est permis d'y rattacher l'origine du jeu du *sans vert,* qui existait encore à Doullens, au commencement du XIXe siècle, et il donne, d'après un poète du pays, la description de ce jeu singulier :

« Le *sans-vert de Doullens,* espèce de jeu en raison duquel on est tenu de porter, pendant
» un certain espace de temps, une feuille de rosier ou d'autre plante. Celui qui est surpris
» sans cette feuille aux heures du jour où il doit en être pourvu paie, à titre d'amende, une

---

(1) Nous ne comprenons pas que M. Labourt ait écrit Gieux avec un J.

(2) Arch. dép. Carton N.-D.-du-Puy.

(3) M. Darsy. *loc. cit.* — M. Warmé a reproduit l'erreur de M. Labourt. (V. *Hist. de Doullens,* p. 168 et 349.)

» somme convenue que l'on met à la masse ; et avec le montant de cette masse on fait, à la
» fin du *sans-vert*, un joyeux festin auquel viennent s'asseoir tous ceux qui ont pris part à
» ce jeu. » Le poète doullennais cite ensuite les couplets assez faibles que l'on chantait
pendant ce festin, et que M. Dusevel a reproduits (1).

Mais si les poètes et les chanteurs de la population doullennaise avaient, au moyen-âge, leurs *gieux sous l'ormel* et leurs festins du *sans-vert,* les autres habitants n'étaient pas privés de prendre leurs *esbattements ;* seulement leurs jours de divertissements publics retentissaient d'une joie plus bruyante. Nous voulons parler des fêtes du *Béhourdis,* qu'on peut nommer l'escrime en général. D. Grenier nous dit (2) que ces jeux, en usage dans la Picardie, sont une image ou plutôt des restes des luttes gymnastiques qui firent les délices des Grecs et des Romains. Or, c'était aux eaux thermales qu'avaient lieu d'ordinaire ces sortes de jeux. Pourtant, quoique Bagneux ait été sous les dominateurs de la Gaule un lieu de bains publics, et qu'il ait dû aux eaux du *Pied de Bœuf* son ancienne importance, nous ne nous sentons pas assez hardi pour rattacher à ce souvenir l'existence des jeux du Béhourdis à Doullens dans le xiiie siècle.

Quoi qu'il en soit, les joutes ont été de bonne heure en usage dans la Picardie ; et par ce nom, ajoute D. Grenier, il faut entendre tous les exercices qui furent partagés par le peuple comme par la noblesse. Tout le monde sait combien les seigneurs picards étaient passionnés pour les tournois ; la chronique d'Albéric nous apprend même que l'exercice de la table ronde, qui comprenait des joutes, réunit, à Hesdin, en 1235, les barons de Flandre ; mais nous n'avons trouvé preuve, pour Doullens, à cette époque, que du tournoi ou escrime, dit Béhourdis. En effet, la charte citée par nous, sous la date du mois d'avril 1243, nous dit que Raoul de Beauval s'engage à s'acquitter, envers le corps de ville, avant le tournoi prochain, *infra hastiludium proximo venturum* (3). C'est d'après cette charte que D. Grenier, à la suite de Du Cange, mentionne que le jour du Béhourdis, premier dimanche de carême, faisait époque à Doullens dans les actes publics ; et on disait même le 2e, le 3e et le 4e dimanche du Béhourdis. L'acte de vente des fiefs de Hem, de Hardinval et d'Auricourt, en 1278, acte rédigé par le maieur et les échevins de Doullens, cite aussi le *Bouhourdiich* comme une date remarquable. C'était un jour de divertissement et de régal, et les frais de la fête étaient payés par la commune ou échevinage (4).

Ce nom de *Béhourdis* était devenu si usité, qu'il avait fait presque oublier celui de *Brandons,* qui était l'ancien nom de ce dimanche. Et pourtant la fête des brandons était autre-

---

(1) *Notice sur Doullens,* 1855, p. 26. — Scarron parle aussi du *sans-vert* dans sa *Gigantomachie ;* il dit :

Ainsi quand Corbie fut pris
On dit que quelques bons esprits
Ordonnèrent qu'on fît des grilles
Pour se garantir des soudrilles
Du redoutable Jean de Wert
Qui les avait pris *sans-vert.*

(2) *Introduction à l'histoire générale de la Picardie.* — Béhourt signifiait autrefois une joute, un tournoi.

(3) Voir Pièces justif., n° 5, de la première partie.

(4) Dans un dénombrement de l'abbaye de Saint-Michel, du xive siècle, il est parlé aussi du tournoi d'*Ampliers* comme terme de paiement.

fois célèbre et générale ; l'époque à laquelle elle avait lieu avait une telle fixité qu'on la trouve citée, aussi bien que les tournois, comme date dans les actes civils et ecclésiastiques : *Die dominica in brandones*, dit une charte de 1264 ; *sabbato ante Brandones*, lit-on également dans un titre de 1284. Toutefois, l'usage des Brandons ne se perdit pas en traversant les siècles, et nous en avons vu un reste, il y a peu d'années encore, dans des villages voisins de Doullens. Le premier dimanche de carême venu, des jeunes gens de tout âge s'en allaient de ferme en ferme, quêter de la paille pour *Béhourdir* les prés des fermiers. Puis ils formaient des torches qu'ils allumaient ; et dansant autour des pommiers, ils chantaient : *Béhourdi, Béhourdi, Monsieur Saint-Christophe, envoyez-nous des pommes grosses, des cafignons pour les garçons, des rougettes pour les fillettes.* Le jeu se terminait par une ronde autour des brandons mis en tas, et se consumant dans un seul foyer.

Un autre usage ancien ne peut offrir qu'un spectacle bizarre aux étrangers qui en sont témoins lorsqu'ils traversent Doullens, vers la mi-octobre. « La veille de la fête de Milly, » hameau sans chapelle, qui dépendait autrefois de la paroisse Saint-Pierre, et peut être » considéré comme l'un des faubourgs de la ville dont il délimite le territoire, une foule de » jeunes garçons parcourent les rues, sur le soir, tenant à la main des tiges de bouillon- » blanc trempées dans l'huile, qui jettent une vive lumière. D'ordinaire, l'un d'eux ayant » une espèce de mitre en tête, et la face rougie, est promené dans une charrette par ses » camarades qui crient : Voilà le Saint ! Le vulgaire n'aperçoit dans cet étrange spectacle » qu'un divertissement nocturne ; mais les personnes qui s'occupent d'histoire et d'archéo- » logie ont cru y reconnaître, les uns, un reste de la fête des Brandons, d'autres un débris » traditionnel d'institutions payennes. » Citons d'abord l'opinion vulgaire, telle que nous l'avons recueillie à diverses sources :

Doullens, avons-nous dit, possédait autrefois trois paroisses, celle de Notre-Dame, celle de Saint-Martin et celle de Saint-Pierre. La paroisse de Notre-Dame allait célébrer sa fête hors des murs de la ville, là où il y avait feuillage et gazon, c'est-à-dire qu'ils allaient *s'égaudir* avec les habitants de La Varenne, sur la verte pelouse de ce faubourg où se trouvait la chapelle de Saint-Nicolas, et où le P. Daire mentionne un pré de quatre journaux servant de lieu de promenade et de divertissement. Les habitants de Saint-Pierre se rendaient, pour fêter avec plus d'entrain leur patron, dans le hameau de Milly, qui dépendait de la paroisse, mais sans chapelle particulière. Enfin les paroissiens de Saint-Martin ne fêtaient qu'entre eux et sans aucun compagnon de la banlieue, ce qui leur valut le surnom de *vilains* de la part de ceux de Saint-Pierre. Ils se vengèrent du sobriquet en ridiculisant l'étrange habitude d'aller à Milly célébrer la fête d'un saint qui n'y était pas, et ils allumèrent des torches la veille du deuxième dimanche du mois d'octobre, pour se mettre à la recherche du saint que leurs voisins devaient aller fêter à Milly. La plaisanterie fit fortune, gagna peu à peu toute la ville, et s'est perpétuée jusqu'à nos jours (1).

(1) Voir l'*Authie*, journal de Doullens, n° du 5 octobre 1845.

Sans nous arrêter à la réfutation de cette vague tradition qui ne repose que sur de simples allégations, et n'a pas même le mérite de la vraisemblance (car il faudrait admettre que cette innovation eût obtenu un laissez-passer de la police échevinale, au mépris du danger d'incendie et de collisions probables), il y a plutôt lieu de se demander si cette cérémonie, fortement enracinée dans les habitudes d'une population, ne serait pas un reste de la fête des *Brandons?* M. Dusevel parait disposé à le croire dans ses *Lettres sur le département de la Somme*, p. 70, quoiqu'il ait moins laissé percer cette croyance dans sa *Notice sur Doullens*, 1855, p. 30. Quant à nous, qui ne nous sentons pas de goût aux essais hypothétiques, nous nous contenterons d'une réponse bien courte, empruntée cette fois à M. Labourt : La fête des *Brandons* avait lieu à une époque tellement précise et déterminée, qu'elle servait de date : c'était le premier dimanche de carême, qui ne peut varier que du 8 février au 14 mars. De plus, la fête des Brandons se faisait, soit dans les champs, soit dans les vergers et jardins, en dansant, et en priant pour les biens de la terre. La recherche du saint de Milly a lieu, au contraire, dans la première moitié du mois d'octobre, dans l'intérieur même de la ville et sur le pavé de ses rues. Où donc est l'analogie ?

« Et quant à celle que l'on voudrait trouver, ajoute M. Labourt, qui a su faire dire tant
» de choses aux mots, entre l'illumination du mois d'octobre, à Doullens, et les flambeaux
» que portaient ceux qui, chez les anciens, se faisaient purifier pour être admis aux mys-
» tères, nous n'avons pu la saisir, malgré nos nombreuses investigations (1). » Disons donc que la recherche du saint de Milly est un usage ancien, mais dont on ne connaît pas l'origine.

Si l'on tient pourtant à trouver à Doullens quelque débris de l'antique usage du tournoi ou escrime, qui avait lieu le premier dimanche de carême, devenu le jour des Brandons, il faudrait peut-être le chercher dans la fête de sainte Raquette : « Il existe aussi à Doullens,
» dit M. Dusevel, une coutume assez singulière : le premier dimanche de carême, les rues
» de cette ville sont couvertes de jeunes filles qui célèbrent la fête de sainte Raquette, en
» jouant ensemble à la pelotte ou au volant. Si un bras maladroit vient, par hasard, à cas-
» ser des vitres, les propriétaires ne se plaignent pas, car c'est pour eux un sacrifice offert
» à la sainte dont on fait ce jour-là la fête (2). » Il n'y avait pas que les jeunes filles qui se livraient à ce jeu. La place Notre-Dame et la rue du Bourg étaient littéralement remplies. Les personnes âgées qui ne trouvaient plus dans leurs membres la flexibilité requise par cet exercice, étaient établies juges des jeux, auxquels présidaient toujours la joie la plus innocente.

La culture du *romarin* eut aussi sa vogue à Doullens, et fut un profit pour ses jardiniers. On en voyait des tas considérables mis en vente chaque année à la foire de Saint-Martin ;

---

(1) Voir l'*Authie*, journal de Doullens, n° du 12 octobre 1845.

(2) *Lettres sur le département de la Somme*, p. 78. Nous devons dire que ce jeu avait lieu plus particulièrement le dimanche gras et le mardi suivant. Voir la *Feuille de Doullens*, n° du 22 février 1825.

et, parmi les villageois d'alentour, celui qui voulait offrir un témoignage de bon souvenir, ou tenait à honneur de parer l'image du patron de son église, ne manquait pas d'acheter des romarins de Doullens. Cette pratique simple et naïve s'en est allée, comme tant d'autres, avec les mœurs dont elles étaient une si touchante manifestation.

Aujourd'hui, Doullens est une ville qui s'ennuie. La société est réduite à quelques personnes ; presque toutes les anciennes familles sont éteintes ou ont émigré, et sur toutes ces ruines règne l'élément fonctionnaire ou officiel. De rares dîners d'apparat, peu de réunions, quelques promenades, moyens insuffisants de fusion, voilà ce qui constitue la société. Les habitants sont généralement affables aux étrangers, d'un commerce facile et d'un caractère ouvert et jovial. Ils ont de l'originalité, du trait dans l'expression qui dégénère bien quelquefois en causticité et en satire. Mais le cachet particulier et le plus accusé chez les jeunes hommes, c'est l'esprit frondeur, politiqueur, indépendant dans les opinions ; sous ce rapport, le cœur vaut mieux que la tête. Toujours fils de leurs ancêtres, ils ont hérité jusqu'aux défauts de leurs qualités ; et leurs idées, plus taquines qu'ardentes, se traduisant par une opposition traditionnelle et séculaire, sont toujours prêtes à gouverner l'Etat et à réformer le monde.

§. II.

Compagnie de l'Arc.

Ce qu'étaient les francs archers. — Leur suppression. — Ils deviennent des corporations joyeuses. — Les archers de Doullens. — Leurs statuts. — Leur reconnaissance authentique. — Opinion erronée d'un auteur. — Arbalétriers. — Siége, anciens usages, coutumes nouvelles et schisme des confréres de Saint-Sébastien.

On sait que les francs archers furent la première infanterie régulière du royaume. L'exercice à l'arc remonte, en effet, en France, à une époque assez ancienne. Charles V, par son ordonnance du 3 avril 1369, avait défendu tous jeux qui n'exerçaient point les hommes au maniement des armes, sous peine de 40 sols parisis d'amende, et recommandé spécialement le jeu de l'arc. Charles VI, vingt-cinq ans après, renouvela la même défense et la même recommandation. Charles VII, voulant se créer une infanterie, en 1448, ordonna que chaque paroisse lui fournit un archer à pied, tout équipé et bien entretenu, qui serait *franc* de toutes tailles et subsides, d'où est venu à la compagnie qui en fut formée le nom de francs-archers, corps imposant de 16,000 hommes que Louis XI supprima en 1480, pour le remplacer par 6,000 Suisses et 10,000 Français. Toutefois, il laissa subsister les archers bourgeois et leurs exercices militaires. Malgré cette suppression, l'arc fut encore utile dans la guerre, et nous avons vu que, en 1522, les quarante ou cinquante archers doullennais firent merveille contre 1,200 lansquenets.

Après avoir été composés de corps militaires qui rendirent de grands services dans la défense des villes, les archers se transformèrent en corporations joyeuses, et leurs exercices ne furent plus qu'un jeu ou délassement. Doullens avait dès la fin du xv⁰ siècle, ou plutôt en 1502, une société semblable, dont les membres recevaient une solde régulière. Le 6 octobre 1587, l'Hôtel-de-Ville leur paya 9 écus 4 sols ; en 1594, 27 liv. 4 s. et en 1630, un à-compte de leurs gages, de 6 livres. On les distinguait donc, à ces différentes époques, de la milice communale qui ne recevait aucune paie.

Les archers de Doullens se livraient au tir dans un jardin (1) situé dans la rue qui portait leur nom. Leur compagnie était composée de quarante hommes commandés par un capitaine, avec un lieutenant et un prévôt. Ces dignitaires portaient l'habit écarlate, le chapeau galonné d'argent et l'épée au côté. Les archers reconnaissaient pour patron saint Sébastien, et avaient une chapelle de ce nom érigée en l'église Notre-Dame. En rappelant ici les principales dispositions de leurs statuts, nous connaîtrons suffisamment le détail de leur organisation et de leurs exercices. Ces statuts portaient trente-deux articles, dont le premier obligeait tous les archers à venir, avec l'épée au côté, à l'église Notre-Dame, assister aux offices le jour de saint Sébastien et de l'Oiseau ; le second imposait la même obligation pour le jour de la fête du Saint-Sacrement, et surtout pour la procession ; le troisième interdisait le jurement du nom de Dieu, à peine de 60 sols d'amende, et de renvoi en cas de récidive. L'article quatrième rendait obligatoire aussi l'assistance à l'enterrement d'un chevalier défunt, à peine de 30 sols d'amende ; le cinquième commandait l'obéissance absolue au capitaine ; le sixième voulait que chacun conservât le rang qui lui avait été assigné par les chefs, et le huitième formulait l'ordre de se rendre aux incendies en armes et au son de l'alarme. Par les articles onzième et douzième, il était dit que celui qui abattrait l'oiseau, serait roi, porterait l'écharpe et jouirait de diverses exemptions ; le lendemain, le *connétable* devait lui remettre un prix de 16 livres, sur laquelle somme le **roi** donnerait 60 sols pour le vin, 14 verres de cristal, deux cartes blanches, etc. Nul n'était reçu dans la compagnie a moins d'être d'honnête famille, de bonnes vie et *conversation* et de professer la religion catholique (art. 19). Chaque chevalier devait se pourvoir à ses frais d'un équipement complet, consistant en épée, mousquet, bandoullière à cordon rouge, aurore, bleu et blanc ; poudre et balles pour le service du roi et de la ville ; brassart d'ivoire et flèches (art. 21). Les armes du chevalier restaient à la compagnie (art. 25). Chaque dimanche, après la prédication, on se rendait au jardin pour tirer les verres (art. 26).

Ces statuts avaient reçu l'approbation du roi Louis XII ; mais les titres s'étant trouvés égarés, le roi Louis XV fut prié de délivrer à la compagnie un nouvel édit de confirmation. En voici l'abrégé :

(1) Le jardin des Archers s'appelait : *Pré au denier* et était tenu à 20 s. de cens envers l'église Saint-Martin. (Dusevel).

« Vu les statuts et réglements dressés par les dits grands archers de la compagnie, et
» pour l'exécution desquels ils supplient de leur accorder nos lettres de confirmation....

» A ces causes; voulant marquer aux exposants la satisfaction qu'ils méritent, le zèle
» avec lequel ils se sont distingués, ainsi que leurs prédécesseurs, dans les occasions qu'ils
» ont eues de signaler leur courage et leur valeur pour la défense de ladite ville, et les
» maintenir dans la jouissance des biens, droits, avantages et priviléges dont la dite
» compagnie est en jouissance depuis plusieurs siècles ;

» Nous avons, de notre grace spéciale, pleine jouissance et autorité royale, approuvé,
» confirmé et autorisé, et par les présentes signées de notre main, approuvons, confirmons
» et autorisons l'établissement des chevaliers, confrères de Saint-Sébastien, de la compa-
» gnie des grands archers de Doullens, en Picardie ; ce faisant, voulons et nous plaît que
» la dite compagnie soit maintenue... conduite et disciplinée suivant les statuts et régle-
» ments contenus en trente-deux articles ci-attachés... lesquels statuts et réglements...
» approuvons et confirmons...

» Et afin que ce soit chose ferme et stable à toujours, nous avons fait mettre notre scel
» à ces dites présentes, données à Versailles, au mois de may, l'an de grace 1729, de notre
» règne le xive.   Signé : Louis. »

Ces lettres ont été confirmées par arrêt du parlement de Paris, le 22 novembre suivant, et visées à la mâirie de Doullens, qui les enregistra le 3 décembre.

D. Florent de Naudin, grand prieur de l'abbaye royale de Saint-Médard, de Soissons, vicaire général du cardinal de Bernis, archevêque d'Albi, etc., maître et juge souverain des chevaliers de l'ordre de Saint-Sébastien et de la compagnie du noble jeu de l'arc dans toute l'étendue du royaume, reconnut par charte authentique en date du 23 juin 1786 la compagnie privilégiée des chevaliers et grands-archers de la ville de Doullens, dont le chiffre de quarante membres avait été particulièrement fixé en 1755.

Un auteur qu'on doit supposer instruit, puisqu'il a voyagé et publié ses voyages, dit en parlant des archers de Doullens, les absurdités suivantes : « Il y avait autrefois à Doullens
» une institution fort singulière: plusieurs personnes s'étaient réunies sous la bannière
» de Saint-Sébastien, et s'étaient formées en une compagnie militaire de chevaliers qui,
» tous les dimanches, s'exerçaient au maniement des armes, en attendant que quelque roi
» pénitent, enflammé d'un saint zèle, vînt les chercher pour aller à Jérusalem. Ces pieux
» chevaliers ont attendu longtemps, et attendraient sans doute encore, si la révolution
» n'était venue dissoudre une société dont le but était si louable et surtout si utile. »
Qu'on ose dire encore que les voyages ne sont pas le complément obligé des études, et qu'on ne voyage pas pour mieux savoir !

Doullens comptait, en outre, une compagnie d'arbalétriers dont le jardin touchait au monastère de Saint-Michel, dans la rue Grard-Mouzet. C'était un autre corps de milice bourgeoise qui, comme celui des archers, figurait dans toutes les entrées solennelles des rois, des princes et autres personnages de qualité. Mais cette dernière société est toujours restée la plus florissante. La maison qui en était le siége fut vendue le 8 juillet 1793, comme bien national, moyennant la somme de 1,530 livres en assignats, représentant en numéraire, d'après l'échelle, 960 livres. L'un des archers, M. Nourtier s'en rendit adjudicataire et la remit à la société.

Aujourd'hui encore, c'est la compagnie du jeu de l'arc qui continue cette ancienne corporation. Elle a un président, un vice-président et un secrétaire ; le nombre des membres n'est pas limité ; ils ont un réglement de quarante-quatre articles à observer, et jurent, à leur réception, de ne jamais tuer ni tourterelles ni pigeons blancs. Chaque année, il y a concours entre eux à La Varenne pour deux prix. Celui qui abat l'oiseau (le guai) et gagne le premier prix, obtient un couvert d'argent et est exempt de garde et de logement pendant un an. Les réunions et exercices de cette société ont lieu dans un petit édifice situé rue des *Archers* ou des *Buttes*.

Autrefois les confrères de Saint-Sébastien de Doullens s'exerçaient avec les compagnies étrangères qui leur portaient un défi. Au jour fixé, ils se rendaient chez les agresseurs avec quelque solennité ; si la victoire leur était restée, ils revenaient triomphants et joyeux pendant que leur musique, à leur rentrée en ville, exécutait l'air : *Nous lui avons percé les flancs*. Si, au contraire, ils avaient été vaincus, ils se bornaient, dit la chronique, à faire entendre cet autre air : *Où peut-on être mieux qu'au sein de sa famille ?*

A l'occasion d'une rivalité mesquine, un schisme divisa les confrères, en 1826, et partagea la société en deux fractions. Ainsi périssent les institutions du passé, ainsi s'en vont tous les souvenirs.

CHAPITRE IX.

§. I.

Citadelle.

Son origine. — Son agrandissement successif. — Lettres à M. de Breteuil, intendant de Picardie. — Description de cette place. — Elle est convertie en prison d'État. — Principaux prisonniers. — Détails sur leur captivité. — Affectation actuelle de la citadelle à usage de maison de réclusion pour femmes.

L'histoire de la citadelle de Doullens est trop liée à celle de la ville elle-même, pour qu'il soit possible de l'en séparer. Créée pour protéger et abriter la petite cité assise à ses pieds, la forteresse eut presque toujours avec sa vassale des destinées communes. Elle repoussa les mêmes ennemis que le voisinage de la frontière semblait multiplier sans cesse, et souffrit des mêmes dangers, des mêmes revers, des mêmes malheurs ; obéit aux mêmes maîtres, excepté dans quelques rares circonstances. Nous avons donc cru qu'il convenait d'intercaler dans notre récit les faits qui concernent la citadelle, d'autant plus qu'en les réservant pour un chapitre particulier, nous eussions tronqué la narration des principaux épisodes. Mais si nous n'avons plus à faire l'histoire militaire de cette forteresse, disons un mot de son agrandissement sous Louis XIV, de sa physionomie et du rôle qu'elle a joué dans ces derniers temps, comme prison d'Etat.

La citadelle de Doullens est, sans contredit, l'une des plus vastes de la France ; mais qu'il y a loin de ses imposantes proportions d'aujourd'hui, aux humbles et modestes conditions de son berceau, c'est-à-dire à ce château de terre que « *avoit faict faire le segneur de* » *Pont-de-Remy,* » et que François Ier commença à bastionner ! Ce château, qui forme un trapézoïde armé d'un bastion à chacun de ses angles, et fut achevé par Henri IV (1), est maintenant enclavé dans la forteresse ; c'est ce qu'on appelle la vieille citadelle. Ses deux bastions de droite se nomment : celui en avant, bastion de Beauregard ; celui en arrière, bastion du Gouverneur ; les deux à gauche sont les bastions de la Reine et d'Amiens. La nouvelle citadelle est un ouvrage à courtine et à trois bastions, entrepris par Henri IV, en 1598, continué sous Louis XIII, et terminé sous Louis XIV. Ses trois bastions : Richelieu, Royal et Dauphin ont, dans les nouveaux plans, les noms de Gézaincourt, Couronné, de Beauval, et on nomme les demi-lunes : de la Porte royale, de Rouval, de Gézaincourt, de Secours et d'Amiens. « Les fronts des divers bastions furent construits, les uns suivant le » système d'Erard, et les autres selon celui du chevalier de Ville. Les flancs du front qui » regarde la ville sont perpendiculaires aux lignes de défense et semblent avoir été exécu- » tés d'après les principes de Pagan ou de Vauban. » Le tout forme un octogone assez régulier qui comprend une superficie d'environ cinquante hectares.

C'est vers l'année 1674, alors que le roi Louis XIV avait contre lui la coalition de presque toute l'Europe, que ce monarque chargea son ministre Colbert de la fortification des places de la Picardie, et en particulier de celle de Doullens, qui reçut à partir de cette époque de vastes développements. Voici la première lettre de ce ministre à l'intendant de Picardie, chargé de la surveillance et de la direction des travaux.

» MONSIEUR,

» J'apprends par la lettre que vous avez pris la peine de m'écrire, le 19e de ce mois, que
» vous avez commencé de visiter avec M. de Rouillé (2), les travaux de Saint-Quentin, et

---

(1) Ces bastions primitifs en grès sont arrondis des flancs aux faces, au lieu d'être anguleux, comme les bastions modernes.

(2) Rouillé du Coudray, intendant de Picardie (1672-1674).

» à conférer ensemble sur tout ce qui concerne les fortifications des places de Picardie ;
» comme ces affaires sont à présent de grande conséquence, je vous prie de bien profiter
» du séjour qu'il fera encore sur les lieux, etc.

» Pour Doullens, aussitôt que le sieur Ferry sera de retour de Calais, il doit aller faire
» les plans et devis des ouvrages à faire aux demy-lunes et à la contrescarpe des deux
» citadelles de lad. place de Doullens, afin que vous en puissiez passer les marchez dans
» les formes accoutumées, et y faire travailler aprez que vous en aurez reçu les ordres de
» Sa Majesté.

» Je suis, Monsieur, vostre très-humble et très-affectionné serviteur.

» COLBERT.

» A Versailles, le 25ᵉ août 1674.

» M. DE BRETEUIL (1). »

Louis XIV, dont l'active intelligence s'étendait à tout, ne fit pas attendre longtemps ses ordres. Six jours après, son ministre les transmettait au même intendant de Picardie, en ces termes :

» MONSIEUR,

» J'ai esté bien aise d'apprendre par vos lettres des 25 et 28 de ce mois, qu'après que
» vous aurez pris une connaissance entière de tout ce qui concerne les travaux de Saint-
» Quentin, etc., vous partirez pour aller visiter Péronne, Doullens, et toutes les places
» fortes du costé de la mer : je vous prie de faire tout ce qui pourra dépendre de vos soins
» et de votre application pour faire pousser avec toute la force et toute la vigueur possible
» tous les ouvrages que le roy a ordonné de faire cette année à chacune des dites places ;
» et comme je ne doute pas que vous soyez bien informé à la fin du mois prochain de l'estat
» auquel ils seront, prenez la peine, s'il vous plaist, de m'en envoyer un mémoire exact,
» afin que j'en puisse rendre compte à Sa Majesté.

» Touchant lad. place de Doullens, le roy a résolu d'en faire reprendre le travail dez le
» moment que le sieur Ferry aura dressé les plans et devis des ouvrages à y faire, et que
» vous aurez fait l'adjudication dans les formes accoustumées, c'est pourquoy je donne
» ordre aussy aud. trésorier des fortifications d'y envoyer une somme de 10 m. l. afin de
» pouvoir obliger l'entrepreneur à mettre la main à l'œuvre. Je suis, etc.

» COLBERT.

« Versailles, le 31 août 1674.

» M. DE BRETEUIL. »

La promptitude d'exécution réclamée par le roi rencontra toutefois quelques difficultés, et l'adjudication des travaux paraissait se devoir faire dans des conditions désavantageuses aux finances de l'Etat. Les soumissionnaires s'entendirent entre eux, afin d'empêcher

(1) Le Tonnelier de Breteuil, intendant de Picardie, (1674-1684).

toute concurrence, et d'exploiter à leur profit commun, et sans rivalité, la circonstance, tant il est vrai que les calculs du monopole sont de vieille date, et que la tribu des entrepreneurs avait alors, comme aujourd'hui, l'intelligence de ses intérêts et la pratique des mêmes moyens plus ou moins délicats ; c'est la rouerie bien connue et traditionnelle du métier. Mais on avait compté sans l'œil exercé de l'intendant de la province, qui perça à jour cette trame secrète, et la dénonça au ministre lui-même, afin de mieux abriter sa responsabilité. Il en reçut la réponse suivante :

« Monsieur,

» A l'égard des monopoles que vous avez reconnu que les entrepreneurs veulent faire
» dans l'adjudication des ouvrages de Doullens, il faut sans difficulté les empescher, et
» pour cet effet vous servir des moyens que vous estimerez les plus convenables et les plus
» avantageux pour passer les marchez des ouvrages à juste prix, et ensuite faire travail-
» ler avec une grande diligence. Je rendray compte au roy de là proposition que vous
» faites de prendre des bois pour les palissades et fraizes de la place de Doullens dans les
» bois d'Auxi, qui appartiennent au comte d'Egmont, et en cas que Sa Majesté l'approuve,
» je vous le ferai savoir dans peu.
» Je vois par le mémoire que vous m'avez envoyé la quantité de mines que le sieur
» Castellan a fait faire à la place de Doullens ; il n'est pas à propos que vous fassiez rien
» payer pour ce travail sans en avoir reçu un ordre exprez...

» Colbert.

« Versailles, le 28ᵉ septembre 1674.

» M. de Breteuil. »

L'intendant n'était pas rassuré : malgré sa vigilance il ne pouvait déjouer la conjuration de la ruse ; il avait affaire à forte partie, et voyait bien que les entrepreneurs allaient lui imposer la loi. Pour comble d'embarras, les mêmes difficultés se représentaient dans les autres adjudications qu'il avait à surveiller et à diriger : aussi écrit-il lettres sur lettres pour signaler le danger qui menace les intérêts publics, et peut être craint-il que le résultat qu'il entrevoit n'implique pour lui-même la défaveur. Il demande une règle de conduite, un conseil à suivre, une mesure de garantie à prendre. Le ministre lui indique les moyens qu'il doit employer, et stimule de nouveau sa prudence :

» Monsieur,

« Pour répondre à vos lettres des 26, 29 et 31 du mois passé, il n'y a rien à quoy vous
» deviez vous appliquer avec plus de soin qu'à destruire les monopoles que vous soubçon-
» nez se pratiquer dans les adjudications des ouvrages des places de Picardie, et que je
» sçay de science certaine estre establies depuis assez longtemps. Pour cet effet il est
» nécessaire, lorsque vous serez à Arras, que vous vous informiez exactement du prix de
» tous les ouvrages qui s'y font, afin de les conférer avec ceux desd. places de Picardie,

» n'y ayant pas de moyen plus asseuré que celuy-là pour estre certain de la juste valeur
» desd. ouvrages, et se garantir de toutes les surprises des entrepreneurs...

» ... Cependant je vous prie de tenir toujours la main que les travaux de Saint-Quentin,
» Péronne et Doullens s'advancent avec toute la diligence et la solidité possible.

» COLBERT.

« A Saint-Germain, le 2 novembre 1674.
» M. DE BRETEUIL. »

Nous nous sommes demandé pourquoi l'intendant de Picardie avait indiqué à Colbert le bois du comte d'Egmont, berr d'Auxi, pour s'y approvisionner des bois nécessaires à la construction des fraises et palissades de la citadelle. Le voisinage plus rapproché de la belle forêt de Lucheux offrait, ce semble, plus d'avantages et surtout plus d'économie dans les frais de transport. Nous n'avons pu trouver aucune preuve du motif de cette préférence, mais nul doute qu'elle n'ait eu en sa faveur quelque raison déterminante, puisque le monarque l'accepta et voulut même la consacrer par une lettre de sa main :

« Monsieur de Breteuil, ayant résolu de continuer à fortiffier la place de Doullens, et
» pour cet effet d'y faire employer le nombre de fraizes et palissades qu'il sera nécessaire
» pour mettre les ouvrages en estat d'estre bien deffendus, je vous écris seulement ce mot
» pour vous dire que mon intention est que vous fassiez couper dans le bois d'Auxi, appar-
» tenant au sieur comte d'Egmont, la quantité d'arbres qu'il faudra pour faire lesd. fraizes
» et palissades ; et comme je ne doute pas que vous ne vous conformiez ponctuellement en
» ce qui est en cela de ma volonté, je ne vous feray la présente plus longue que pour prier
» Dieu qu'il vous ayt, Monsieur de Breteuil, en sa sainte garde. Escrit à Versailles, le
» 13e octobre 1674. » LOUIS.

» COLBERT. »

Au dos : « A Monsieur de Breteuil, commissaire départy pour l'exécution de mes ordres
» en la généralité d'Amiens. »

Cependant l'intendant de Picardie avait mené à bien l'adjudication qu'il paraissait d'abord tant redouter ; et le conseil de Colbert lui avait été utile, car il avait trouvé à Arras tous les renseignements propres à le guider dans la sauvegarde des deniers publics contre la coalition des entrepreneurs. Aussi était-il triomphant lorsqu'il informa le ministre du succès obtenu. Celui-ci le félicita à son tour des précautions qu'il avait su prendre, et lui envoya de nouveaux fonds afin de conduire rapidement à leur fin les travaux de fortifications de la citadelle :

» MONSIEUR,

» J'apprends par votre lettre du 29e du mois passé, les conférences que vous avez eues
» avec les sieurs de Barle et de Lalonde, ingénieurs à Arras, et que vous êtes fort satisfait
» des lumières que le sieur de Lalonde vous a données ; je ne doute pas que cela ne serve

» à votre instruction... Vous pouvez sans difficulté faire employer à Doullens l'inspecteur
» que led. de Lalonde vous a offert à 50 ou 60 livres par mois ; mais à l'égard du sieur de
» Ricquemainil, je vous advoue qu'il a esté si peu mis de ma main que jusques à présent
» je n'en ai pas entendu parler. Pour ce qui est de la nouvelle adjudication du remuement
» et transport des terres de Doullens, que vous avez faite à la folle enchère de l'entrepre-
» neur qui en avait passé le marché à 25°, il ne se peut rien de mieux que les seuretez
» que vous me marquez avoir prises pour les deniers du roy, et pour advancer les ouvrages
» avec diligence.

» Sur ce que vous me marquez que les 40 m. l. qui ont esté envoyez jusques à présent
» à Doullens sont consomméz, je dois vous dire que j'ai donné ordre d'y remettre 50 m. l.,
» et qu'ainsy il est nécessaire que vous sachiez du commis du trésorier des fortiffications
» qui est sur les lieux ce que sont devenues les 10 m. l. dont il ne vous a pas esté rendu
» compte, avant que je vous envoye de nouveaux fonds...

» Touchant les bois qui vous sont encore nécessaires pour les fraizes et palissades de
» lad. place, l'intention du Roy est que vous vous serviez de ceux des bourgeois de
» Valenciennes que vous me marquez n'estre éloignés que d'une lieue et demy ou deux
» lieues de lad. place de Doullens ; pour cet effet, il faudra que vous les fassiez visiter au
» plus tôst, et à mesme temps que vous donniez les ordres nécessaires pour faire couper
» ceux qui vous seront propres pour lesd. fraizes et palissades...

» COLBERT.

« Saint-Germain, le 8° décembre 1674 (1).

Nous n'avons trouvé aucun détail important sur les cinq années qui suivirent. Toutefois, les travaux continuèrent sous l'entrepreneur Gruze qui éleva le bastion royal. En 1779, on termina la demi-lune qui couvre la porte d'entrée principale ; et, au printemps de l'année suivante, les travaux avaient repris une nouvelle activité. Ici les détails ne nous manquent plus ; nous les puisons dans le recueil des lettres adressées à M. de Breteuil, intendant de Picardie, pendant les années 1680-81-82-83 (2). Parmi ces lettres, nous n'avons choisi que les plus intéressantes.

« Saint-Germain, ce 21 mars 1680.

» Je suis bien aise d'apprendre par les lettres que vous avez pris la peine de m'écrire le
» 6 de ce mois, que les ateliers de Doullens soient ouverts et que l'on va commencer les
» ouvrages de Péronne et de Saint-Quentin. Et comme vous demandez des fonds à compte
» de ces ouvrages, je donne ordre au trésorier des fortifications de remettre dans ces
» places la moitié de la distribution de ce mois... sçavoir à Doullens 6,861 l., et je ferai
» remettre l'autre moitié au commencement du mois prochain. Je vous prie de tenir tou-

---

(1) Ces différentes lettres ont été insérées par M. de Beauvillé dans son *Recueil de documents inédits sur la Picardie*,

(2) Cet intéressant recueil est à la Bibl. com. d'Amiens. Communication due à l'obligeance de M. Garnier, conservateur de la bibliothèque.

» jours la main à ce que les ouvrages advancent avec la solidité et la diligence néces-
» saires, et que les fonds soient utilement employéz.   De Seignelay.
                                                » M. de Breteuil. »

Huit jours après, c'était le prochain voyage du roi que le ministre faisait valoir pour activer les travaux et stimuler le zèle de tous :

« Monsieur,

» Je vous écrivis par ma lettre du douze du mois passé que le Roy iroit visiter pendant
» le mois de may prochain les ouvrages des places de Picardie dont vous prenez le soin, et
» principalement de celle de Doullens. Mais comme sa Majesté a différé son voyage jusqu'au
» mois de juillet, je vous en donne advis, ne doutant pas que vous ne profitiez de ce temps
» advantageusement pour faire advancer avec une très-grande diligence les travaux
» ordonnés cette année...   De Seignelay.
» Saint-Germain, ce 29 mars 1680.
                                                » M. de Breteuil. »

La lettre suivante annonce à l'intendant l'envoi des fonds qui restaient dus sur la distribution du mois précédent. Nous ne la transcrivons que pour faire juger de l'importance proportionnelle des travaux de la citadelle.

« Monsieur.

» Je donne ordre au trésorier des fortifications de remettre dans les trois places dont
» vous avez le soin, une somme de 20,611 liv., pour reste de la distribution de mars, et
» moitié de celle du présent mois..., sçavoir : Doulens, 10,880 l., Péronne, 2,725 et Saint-
» Quentin, 7,000 l. Je suis persuadé que vous continuerez toujours de faire employer
» l'argent du Roy avec l'économie qu'il est à désirer pour le bon ordre et l'advancement
» des ouvrages desd. places...   De Seignelay.
» Saint-Germain, 17 avril 1680.

On aime à voir le ministre du grand roi recommander ainsi l'économie et le bon emploi des deniers de l'Etat. On applaudit également à la prudence de Louvois qui, dans sa lettre du 22 du même mois, déclare vouloir être informé de la solvabilité du sieur Lenoir, marchand, « qui est ou a esté eschevin de Doullens, » et qu'un entrepreneur présentait pour caution. Mais peut-être avait-on pris déjà trop à la lettre ces recommandations d'économie au détriment de la solidité des travaux. Toujours est-il que des ruines entravèrent la rapidité de l'exécution et motivèrent cette lettre de Colbert.

« Monsieur,

« Je vous prie de tenir la main à ce qu'il (le sieur Buisson entrepreneur) fasse travailler
» promptement à réparer le désordre qui est arrivé à la maçonnerie que l'on fait à Doullens

» pour restablir la bresche du flanc et de la fasce droite du bastion royal de la citadelle de
» ladite ville...   COLBERT. »

« Saint-Germain, 1er may 1680 »

Quelques semaines après, M. de Seignelay voulait savoir « si les fractions advenues aux
» ouvrages du bastion royal » ont eu lieu pendant le temps de la responsabilité de l'entrepreneur Gruze, qui avait été remplacé par Buisson. Ce dernier demanda et obtint plus de 20,000 livres pour la réparation du bastion écroulé. A cette époque, on venait d'achever le profil droit de la grande porte d'entrée. Colbert donna ordre par sa lettre du 8 mai « de
» faire élever le profil gauche aussi haut que le droit, et de remettre à l'année prochaine
» la construction de la voûte qui doit estre bastie sur ces deux profils. »

Mais la question qui motiva l'échange de lettres plus multipliées entre les ministres et l'intendant de Picardie, fut celle du magasin à poudre. Ce magasin se trouvait alors dans le fossé qui sépare à l'intérieur les deux citadelles, et l'intendant voulait le conserver. M. de Seignelay n'était pas de cet avis. Dans sa lettre du 20 mai, il pria l'intendant d'examiner encore cette difficulté avec le sieur Buisson ; et enfin, le 7 juin, il faisait savoir que le roi n'approuvait pas la conservation de ce magasin, « qu'il n'y falloit plus penser, » et qu'on eût à choisir un lieu convenable pour en établir un autre. Un à-compte de 6,337 l. 10 s. venait aussi d'être envoyé à Doullens pour solde des travaux.

Au mois de décembre, le ministre adressait à M. de Breteuil l'état des ouvrages qui devaient être exécutés l'année suivante. Voici la lettre qui contient ses ordres :

« MONSIEUR,

» Vous trouverez cy-joint les estats des ouvrages que le Roy a résolu de faire faire l'an-
» née prochaine pour les fortifications de Doulens, Péronne, Saint-Quentin et de la cita-
» delle d'Amiens... sçavoir pour Doullens : 64 m. l.... Sa Majesté désire que vous fassiez
» commencer le travail dès le mois de mars prochain. Il est nécessaire qu'avant ce temps-
» là vous obligiez les entrepreneurs à rassembler et faire voiturer à pied d'œuvre la quan-
» tité de matéreaux nécessaire...   DE SEIGNELAY.

» Saint-Germain, le 15 décembre 1680. »

Au printemps de l'année suivante, les travaux étaient recommencés ; mais pendant l'année, on ne s'occupa que de la maçonnerie, car le ministre avait écrit dès le mois d'avril que « le roi ne voulait pas faire travailler au gazon de la citadelle qui estoit à répa-
» rer. »

Au milieu de toutes ces dépenses, l'aumônier de la citadelle n'était pas riche. « Je vous
» envoye une lettre, disait le ministre, que j'ay receue du gouverneur de Doulens, par
» laquelle vous verrez que l'on refuse de payer ce qui est deub à un aumosnier qui a des-
» servy depuis quelque temps dans la citadelle de Doullens. » Puis la lettre donne ordre de faire toucher à l'aumônier « la mesme rétribution que l'on avoit accoustumé de donner

» à son prédécesseur » (28 octobre 1680). Deux mois après, un nouveau chapelain était à nommer, et il trouva dans la chapelle une telle pénurie qu'il fallut intervenir auprès du roi pour faire acheter les ornements nécessaires à la célébration de la messe.

Dès le commencement de l'année 1682, le ministre de Seignelay ordonnait les dispositions relatives à la reprise des travaux qu'on devait exécuter « suivant les advis de M. de » Vauban, et qu'il fallait achever, s'il était possible, dans le mois d'août ou de septembre » (23 janvier 1682). » L'entrepreneur était toujours le sieur Buisson, qui avait achevé son œuvre au mois d'octobre, au contentement de l'intendant. C'est ce qui résulte de la lettre suivante :

« Versailles, 30 octobre 1682.

Monsieur,

« Je suis bien aise d'apprendre par la lettre que vous avez pris la peine de m'écrire le
» 18 de ce mois que vous avez trouvé en bon estat les ouvrages ordonnés cette année à
» Doulens... et je ne doute pas que vous n'ayez donné ordre à l'ingénieur de tenir soigneu-
» sement la main à ce que l'entrepreneur prenne les précautions nécessaires pour couvrir
» ceux de maçonnerie qui ne sont pas encore finis, en sorte que le mauvais temps de l'hi-
» ver ne fasse aucun préjudice... De Seignelay.
» M. de Breteuil. »

Enfin, ce fut de Villers-Coterets que M. de Seignelay donna ordre, l'année suivante, de recommencer les travaux aux places de Saint-Quentin, Péronne, Doullens et à la citadelle d'Amiens. « Il est nécessaire, ajoute-t-il, que de concert avec le sieur Buisson et Lemaire » vous fassiez les adjudications au meilleur prix qu'il se pourra pour Sa Majesté (18 mars » 1863). » Puis, un mois après, l'intendant de Picardie recevait cette lettre :

« Fontainebleau, 28 avril 1683.

Monsieur,

« Je vous donne advis que le Roy a chargé le sieur Garand de la conduite des places de
» Doullens, Péronnne, Saint-Quentin et de la citadelle d'Amiens, en la place des sieurs
» Buisson et Lemaire. De Seignelay. »

L'année suivante, M. le marquis de Breteuil quittait lui-même l'intendance de la Picardie. C'est ce qui explique pourquoi, à partir de cette époque, les renseignements nous font défaut pour la suite des travaux exécutés à la citadelle de Doullens jusqu'à l'entier achèvement de cette place à laquelle les calculs belliqueux de Louis XIV paraissaient attacher une grande importance.

Ce qui est surtout digne de remarque dans cette citadelle, c'est la hauteur des bastions et des demi-lunes, la beauté de l'arsenal et du magasin à poudre, l'immensité des souterrains. Mais laissons traiter cette question par un homme plus apte que nous. Voici ce que le comte du Muy, lieutenant-général, écrivait en 1754 :

« La citadelle de Doullens couvrait une partie de la Picardie, lorsque l'Artois apparte-

» nait aux Espagnols. Elle est sur le penchant de la hauteur tenant à la rive droite de
» l'Authie. Elle forme un carré irrégulier et revêtu qui a un chemin de ronde dans tout son
» circuit. Un grand cavalier règne sur les bastions et la courtine du front qui fait face à la
» ville ; une demi-lune revêtue couvre cette courtine ; le front opposé à celui-là fait face à
» la campagne ; il est enveloppé par un ouvrage à couronne revêtu qu'on a construit sur le
» plateau de la hauteur qui le dominait. Cet ouvrage à couronne, qu'on nomme impropre-
» ment la seconde citadelle, a trois bastions entiers, dont les deux extrémités sont liées à
» la pointe des deux bastions de la citadelle. Deux demi-lunes non revêtues couvrent ces
» deux courtines. Les fossés de ces deux demi-lunes ne sont pas assez creusés, non plus
» que ceux des deux courtines.

» Celle des deux demi-lunes qui est du côté de la haute Authie, est plongée par la hau-
» teur qui domine ce front de la première citadelle ; l'autre demi-lune qui est vers la basse
» Authie plonge cette basse partie.

» Il y a deux corps de caserne contenant trente-quatre chambres, dans la seconde cita-
» delle ; dans la première se trouvent un magasin à poudre voûté et une salle d'armes,
» une maison pour le gouverneur et des logements pour les prisonniers, des souterrains
» aérés et fort secs dans tout le pourtour de son enceinte.

» On devrait achever le revêtement du bastion gauche de l'ouvrage à couronne de la
» seconde citadelle que l'on a fort avancée, auquel il reste peu de chose à faire, mais dont
» l'abandon détruira ce qui a été fait (1). »

Depuis que le comte du Muy a émis ce vœu, on a, en effet, ajouté de nouveaux ouvrages à la citadelle, mais sans grande importance. On construisit aussi, en 1763, la redoute située au-delà de la route d'Amiens, pour éclairer et battre, au besoin, le fossé d'Hamancourt.

L'intérieur reçut, de son côté, dans ces derniers temps, d'assez vastes constructions à à usage de casernes qui servirent de logement à la garnison chargée de la surveillance des prisonniers. Avant ce nouvel état de choses, la citadelle était habitée par des vétérans qui en avaient la garde et le service. Elle aurait besoin, pour être mise en état de défense, d'assez importantes réparations, lesquelles furent évaluées, après 1814, à 260,000 francs, et d'une garnison d'au moins 3,500 hommes, fantassins, canonniers, mineurs, etc. Elle peut contenir dans son magasin deux cents milliers de poudre.

C'est depuis deux siècles que cette forteresse, convertie fréquemment en prison d'Etat, jouit d'un autre genre de célébrité. De hauts personnages y furent renfermés à divers titres,

---

(1) Le comte du Muy, né à Marseille en 1711, attaché tout jeune encore au dauphin, en qualité de menin, nommé brigadier en 1743, lieutenant-général en 1748, puis commandant de la province de Flandre. Il refusa le ministère de la guerre sous Louis XV, et l'accepta sous Louis XVI avec le grade de maréchal. Voltaire écrivait à Frédéric, le 8 août 1775 : « Notre roi a pris pour ses ministres des philosophes, à un seul près qui a le malheur d'être dévot (le maréchal du Muy) : voilà le commencement d'une grande révolution. » Du Muy mourut le 10 octobre 1775, et laissa des *Mémoires* précieux sur différents objets de l'administration publique

notamment sous le prétexte de conspiration. Gaston d'Orléans, frère du roi Louis XIII, y fut envoyé par Richelieu, pour avoir entretenu des intelligences avec la maison d'Autriche. On a prétendu que le motif réel du cardinal avait été d'éloigner de la cour ce prince aimable, populaire et brave, dont il redoutait la faveur. Il est vrai que Richelieu détestait Gaston autant qu'il en était haï ; mais cette querelle ne pouvait légitimer la révolte de ce prince, qui fit avec l'Espagne un traité d'alliance et de subsides en règle, par lequel il s'engageait à céder au roi catholique plusieurs places françaises. Richelieu était impopulaire, et le duc d'Orléans l'idole du peuple parisien ; c'est assez, sans doute, pour faire de ce dernier un héros de roman ; mais c'est insuffisant pour l'absoudre aux yeux de la morale des nombreuses conspirations auxquelles il apporta l'appui de son bras et l'autorité de son nom.

Du reste, le prisonnier trouva à Doullens bien des adoucissements à sa captivité. Malgré la décision du parlement, qui avait cassé son mariage avec Marguerite de Lorraine, il put correspondre avec sa jeune épouse qui, pour charmer ses ennuis et tromper les longues heures de ses soirées solitaires, fredonnait, dit-on, les douces et mélancoliques chansons de l'absence. Et puis cette absence ne fut pas de longue durée ; grâce aux prières de la reine-mère, Gaston obtint son pardon, sans être corrigé.

Un autre personnage non moins important, le duc du Maine (Louis-Auguste de Bourbon), fils légitimé de Louis XIV, fit aussi connaissance avec cette prison d'Etat. Accusé d'avoir trempé dans la *conjuration de Cellamare*, et tenté de ravir la régence au duc d'Orléans, son beau-frère, il fut arrêté, le 22 décembre 1718, et conduit au château de *Dourlens*, par Labillardière, lieutenant des gardes du corps, pendant que la duchesse, sa femme, était emmenée à Dijon. Le séjour de la prison le rappela aux idées sérieuses et même aux pratiques sévères de la religion. Mais l'exaltation qu'il y apportait se retrouvait également dans ses plaisirs, et il n'était pas rare de le voir passer des austérités du jeûne, aux joies bruyantes des festins et aux délices de la bonne chère. Et pour jeter quelques distractions à travers les longues heures de sa solitude, les fossés intérieurs de la citadelle, peuplés à dessein de gibier, lui offraient le plaisir de la chasse.

Puis, ce fut le tour du marquis de Breteuil, des comtes d'Ongnies, de Maillebois et de Bésons. Ives-Marie Desmarest, comte de Maillebois, qui avait servi dans les guerres d'Italie, fut créé lieutenant-général, en 1748. Accusé plus tard d'avoir empêché le maréchal d'Estrées de profiter de la victoire de Hastembeck (1757), dans le dessein de perdre ce général, et de calomnie dans sa défense, il fut condamné par le tribunal des maréchaux, et renfermé dans la citadelle de Doullens, d'où il ne sortit qu'en 1784. On ne lui fit pas la captivité bien dure, et les plaisirs de la chasse lui furent également permis.

Il y avait donc alors, malgré la détention, gais propos et joyeuse vie, sur les hauteurs du vieux *château de Dourlens*. Tantôt, les appartements, richement décorés, s'ouvraient à la société de la petite ville ; les tragédies de Corneille et de Racine, redites avec esprit, sur ce théâtre improvisé, excitaient les applaudissements ; et les heureux invités, dans leur reconnaissance, déclaraient n'avoir jamais vu de si aimables conspirateurs. Tantôt, au lieu d'une salle de spectacle, c'était un somptueux sanctuaire, une délicieuse chapelle où les chants de la sainte liturgie, mêlés aux accompagnements d'une musique sacrée, prouvaient que si la tête avait eu ses légèretés, le cœur était resté bon et la foi pure. Puis quand les bruits lointains de la politique, faisant écho dans la prison, tombaient comme une étincelle au milieu de la monotonie de la vie de chaque jour, c'en était fait du calme des pensées et des plaisirs tranquilles. La tête, échauffée par le feu des souvenirs, devenait un foyer brûlant, où se forgeaient des armes terribles ; de vastes complots, de gigantesques projets étaient les seuls rêves du jour et de la nuit ; et l'imagination en délire, l'échiquier sur lequel se jouaient les destinées de l'Europe entière, entre les murs froids et nus d'une prison.

Puis encore, les jours devinrent mauvais, et plusieurs de ceux qui furent amenés à la citadelle de Doullens purent s'appliquer, en y entrant, ce vers du poète :

Voi ch'intrate, lasciate ogni speranza ! (1)

De ce nombre fut le maréchal de Mailly, brave guerrier picard qui, malgré son grand âge, vint se placer, le 10 août 1793, auprès du roi menacé. Louis XVI lui confia la défense du château des Tuileries contre les Marseillais, défense qui fut inutile. Le maréchal se retira dans ses terres, où il fut arrêté le 26 septembre suivant, pour être conduit à Doullens, et de là au tribunal révolutionnaire d'Arras, où il fut condamné à mort. Son dernier cri, en gravissant les degrés de la guillotine fut celui de : Vive le Roi ! Le duc de Broglie et le commandant Bouchost n'en sortirent, comme lui, que pour monter sur l'échafaud.

Sous l'Empire, Bonaparte fit conduire, à son tour, à Doullens, le malheureux Dupont qui, se voyant pris entre deux feux par les Espagnols, signa l'indigne capitulation de Baylen, le 20 juin 1808. Nous ignorons si sa captivité fut prolongée, mais l'empereur n'oublia jamais sa faute ; et, sur le rocher de Sainte-Hélène, il pleurait encore l'humiliation qu'elle avait infligée à l'honneur français.

« Tous ces princes, ducs, marquis, comtes, nobles et généraux, avaient la citadelle
» entière pour prison. Et comme la citadelle offre une superficie de trente-quatre hectares,
» on voit que ces hauts personnages jouissaient d'une certaine faculté de locomotion. »

La détention y devint plus sévère en 1834 ; on construisit « pour les vaincus de la
» royauté de juillet une véritable prison au milieu de la citadelle. Cette prison est formée
» d'une vieille caserne ayant servi autrefois à des vétérans. Le bâtiment, composé d'un
» rez-de-chaussée et d'un premier étage, peut avoir de soixante à quatre-vingts mètres de
» longueur, sur six mètres au plus de largeur... La totalité du bâtiment est entourée, à
» quinze mètres de distance d'un côté, et à six mètres à peu près de l'autre, par un double
» mur, au milieu duquel se trouve le chemin de ronde, garni de sentinelles, et surveillé
» jour et nuit... Les espaces formés, sur le devant et sur le derrière, par la distance du
» bâtiment aux murs de ronde, servent de cours ou préaux... Un autre bâtiment distant du

---

(1) Le comte de Bourbon-Chalus parvint à s'enfuir, au mois de mars 1790.

» premier de cent cinquante mètres au nord-ouest, et entouré également d'un mur de
» ronde, fut d'abord affecté à une infirmerie, puis transformé en un lieu de punition (1). »

Le 22 janvier 1835 parut une ordonnance du roi portant en substance que les individus (politiques) condamnés à la déportation et à la détention seraient enfermés dans la citadelle de Doullens ; et au mois de décembre de la même année, une nouvelle caserne fut construite pour les soldats qui devaient y tenir garnison. Deux mois après, le 12 février, quarante-sept condamnés politiques venant de Clairvaux y furent amenés, parmi lesquels on se rappelle encore les noms de Baune, Caussidière, Lagrange, etc. Le 15 octobre, l'évasion de dix-sept d'entre eux produisit une vive émotion dans la ville. Au moyen de draps attachés les uns aux autres, ils s'étaient laissé glisser le long des remparts du côté sud. On en reprit environ la moitié en peu de jours.

Tout à fait vide après l'amnistie du 8 mai 1837, la prison de la citadelle fut repeuplée après la journée du 12 mai 1839, pour ouvrir encore ses portes, le 8 octobre 1844, en vertu d'une amnistie, à quarante-deux détenus, dont cinq napoléonistes, et les autres, républicains ; le colonel Parquin, non compris dans l'amnistie, resta captif et mourut au mois de décembre de l'année suivante. Plus tard, les conseils de guerre et les hautes cours de Versailles et de Bourges envoyèrent à Doullens un nombreux contingent de condamnés, et alors parurent Martin Bernard, Guinard, Fargin-Fayolle, Barbès, Albert, Raspail, Sobrier, Hubert, etc. Aujourd'hui, la citadelle de Doullens a cessé d'être prison d'Etat ; elle renferme environ cinq cents femmes condamnées à la réclusion.

§. V.

Gouverneurs particuliers.

Cumul des fonctions de gouverneur de la ville et de la citadelle. — Etendue du gouvernement de Doullens. — Priviléges du gouverneur. — Liste des gouverneurs de la ville et de la citadelle. — Commandants de place.

Le château et la ville de Doullens relevaient du gouverneur général de Picardie, qui avait son siége à Amiens. On sait que les gouverneurs provinciaux ne datent guère que du xve siècle, et encore ce ne fut qu'au xvie qu'ils eurent des fonctions bien déterminées. Le gouverneur général de Picardie ne relevait que du roi, et avait dans sa dépendance le maniement des deniers publics et la disposition des troupes de la province. C'était à lui qu'incombait particulièrement la défense des forteresses et des villes de guerre ; et quand il venait visiter la place de Doullens, on lui faisait les présents de vin et de victuailles en usage.

(1) Martin Bernard. *Dix ans de prison au Mont-Saint-Michel et à la citadelle de Doullens.*

Mais au-dessous de ce gouverneur de la province, et placé sous sa dépendance, il y avait dans chaque ville forte et forteresse un fonctionnaire militaire, qu'on appelait tantôt gouverneur particulier, tantôt capitaine ou commandant. Les attributions dont jouissait ce fonctionnaire au sein de la cité avaient été retranchées de la prévôté, qui, dans l'origine, cumulait les fonctions militaires et judiciaires. A Doullens, le gouverneur particulier de la ville (ce nom fut toujours plus usité que celui de capitaine), a exercé souvent les mêmes fonctions dans la citadelle. Peut-être voulait-on, par ce cumul, obvier aux conflits qui surgissent si fréquemment entre des juridictions trop rapprochées. Après les guerres de religion, lorsque la présence des gouverneurs particuliers fut devenue moins nécessaire, les titulaires étaient souvent absents, et cumulaient même les gouvernements de plusieurs places ; ils avaient pour remplaçants des officiers appelés lieutenants de roi. Des règlements fixaient les rapports qui devaient exister soit entre les deux gouverneurs, soit entre celui de la ville et le maieur et les échevins ; et nous avons vu qu'avant d'allumer le feu de joie la veille de la Saint-Jean, devant la chapelle de l'hôpital, le maieur était tenu d'en donner avis au gouverneur, qui demeurait dans l'hôtel devenu aujourd'hui l'auberge des Bons-Enfants.

L'état militaire de la ville et de la citadelle consistait en un gouverneur aux appointements de 9,312 livres, avec 500 livres d'émoluments ; un lieutenant de roi, payé à raison de 1,200 livres, non compris 800 livres d'émoluments ; un major, un aide-major, un directeur du génie, un commissaire provincial, un garde d'artillerie, deux commissaires et un contrôleur des guerres. La garnison, dans les derniers temps de la monarchie, n'était guère composée que de quelques compagnies d'invalides, commandées par un capitaine.

L'état militaire de la ville et de la citadelle relevait de la lieutenance provinciale d'artillerie au département d'Amiens, qui comprenait la ville et la citadelle, Abbeville et Doullens. La maréchaussée, au contraire, qui se composait d'un brigadier et de quatre cavaliers, dépendait du département d'Abbeville, siège de la lieutenance.

D'après la carte dressée, en 1631, par Tassin, géographe ordinaire du roi, le gouvernement de Doullens s'étendait, sur la rivière d'Authie, depuis le village du même nom, jusqu'à Auxi-le-Château ; vers Amiens, jusqu'à la Vicogne et Domart ; vers Abbeville, jusqu'à Longvillers et Mesnil ; vers Saint-Pol, jusqu'à Frévent ; vers Arras, jusqu'à *la Cauchie* (1).

Afin d'éviter des conflits, et peut-être même des rixes sanglantes, on divisa en trois parties le territoire de Doullens, pour la chasse. Toute la partie vers le nord, depuis les routes d'Abbeville et de Saint-Pol, jusqu'à la Grouche, y compris ce qu'on appelait la seigneurie de Franlieu, était abandonnée aux habitants de la ville ; celle qui s'étend de la Grouche à l'Authie était réservée aux officiers de l'état-major et de la garnison, c'était la

---

(1) Plans et profilz des principalles villes de la province de Picardie, auec la carte générale et les particulières de chascun gouvernement d'icelles, par Tassin, 1re partie.

seigneurie de Bruquentin ; enfin, la seigneurie de la Gerbe, au-delà de la citadelle, sur la route d'Amiens, entre Bagneux et Haute-Visée-l'Épine, formait la réserve du gouverneur. Ce dernier avait encore le privilége de la pêche dans les fossés de la ville, où les rivières de Grouche et d'Authie versaient leurs eaux ; et comme ces fossés avaient quarante pieds de largeur, le gouverneur se servait d'une barque pour s'y livrer à la pêche. Ce droit n'appartenait qu'à lui seul (1). Nous avons dit ailleurs qu'à ses émoluments il joignait la jouissance et l'exploitation des terrains dépendants des fortifications et appartenant à l'État, et nous avons vu qu'en 1604, Henri IV accorda en outre au gouverneur Charles de Rambures et à ses successeurs, cent deux journaux de prés communaux dans les marais de Hem (2), Occoche et Doullens. Le nom de prés du gouverneur resté à cette étendue de marais a fait presque oublier la dénomination semblable et traditionnellement donnée au terrain situé au confluent de la Grouche et de l'Authie.

Puisque la ville et la citadelle n'eurent souvent qu'un même gouverneur, nous ne donnerons, à l'exemple du P. Daire, qu'une seule liste succincte de ces fonctionnaires militaires, sauf à les distinguer, quand nous y serons autorisé par des renseignements suffisants.

1427. TOANY. La *Chronique Ms. de Flandre*, par Louis de Brésin, le cite en qualité de capitaine du château, au rapport du P. Daire. La Morlière mentionne aussi *Tillart*, comme premier gouverneur de Doullens. Il ne pouvait encore être question, à cette époque, du château qui est devenu la citadelle, mais bien du *castrum*, c'est-à-dire de la ville elle-même, dans sa partie fortifiée, qu'un bail de 1431 appelle encore *forteresse, avec allées et remparts*.

1436. Robert FERTEL, seigneur de Sombrin et de Prouville, du chef de sa femme, Jeanne de Mailly, placé par le duc de Bourgogne. (Même observation que ci-dessus).

1451. JEAN II, seigneur de Lannoy, chevalier de la Toison d'or. Il avait épousé en premières noces Jeanne de Poix, dame de Brimeu, et en secondes noces, Jeanne de Ligne. Il tirait son nom de Lannoy, petite ville à trois lieues de Lille (3).

1460. Philippe DE SAVEUSE, créé chevalier par le duc Philippe de Bourgogne. Il fut longtemps capitaine de tout l'Artois et de la ville d'Amiens, où il fonda, avec sa femme, Marie de Lully, la maison des Clarisses. Les Cordeliers de Doullens durent également leur établissement à ses aumônes et à celles de Charles d'Artois, comte

---

(1) En 1713 cette pêche avait cessé, à cause du limon qui remplissait les fossés. On trouve dans un état des revenus de cette année, ces mots, sous le n° 20 : « La pesche des Fosséz de la ville, 150 l., dont la ville ne joüit plus depuis longtemps, ny les particuliers, partant quant à présent, néant. »

(2) Le n° 21, de l'état de 1713, porte : « Le tiers des communes, mises à vsage de foin, 500 l., dont la ville ne joüist, comme dessus, partant aussi, quant à présent, néant. »

(3) L'épitaphe de Jean de Lannoy, en 60 vers français se trouve à la Bibl. imp. suppl. f. 5024 f° 530. D'après cette pièce il doit y avoir erreur de date dans le P. Daire qui fixe son commandement à Doullens, en 1451 ; car dans l'épitaphe l'année de la mort est ainsi désignée : En l'an N. S. mil avec quatre cens, dix huit jours en mars, et plus haut :

Je fus bailli d'Amiens, de par le Roy commis
dudit Amiens aussi fus capitaine mis
et tout pareillement de Dourlens et cité...

d'Eu, son gendre. Il fut déplacé, en 1464, par Louis XI, malgré le traité passé avec le duc de Bourgogne, qui stipulait son maintien.

1464. Antoine DE CROY, gouverneur d'Amiens, d'après le P. Daire. Nous n'avons pas trouvé de renseignements relatifs à ce gouverneur, dans ses rapports avec Doullens.

1476. DE LA BELLIÈRE.

1495. Claude DE BOURBON-VENDÔME, seigneur de Ligny, mort en ladite année d'après le P. Daire. Il avait pour femme Antoinette de Bours, dame de Saint-Michel, vicomtesse de Lambercourt. Sous son gouvernement et celui des trois suivants de nombreuses montres et revues furent passées à Doullens.

1523. Robert DE MAILLY, gouverneur de la ville et premier gouverneur du château, qui avait épousé la petite-fille d'Arnould de Corbie, chevalier de France. Il entreprit de faire rétablir, à ses frais, par trois cents ouvriers, les fortifications de Doullens, ruinées l'année précédente, et écrivit au roi François Iᵉʳ qu'il préférait la mort à l'humiliation de se voir refuser des secours de l'Etat pour achever son œuvre. Il mourut en 1524 ; et l'année suivante, la lieutenance pour le roi, de la ville et du château, était confiée à Louis de Vendeuil, seigneur du Crocq, prévôt de Montdidier.

1526. Jean DE MAILLY, dit le Boiteux, fils du précédent, seigneur de Rumaisnil et autres lieux, avait épousé Jeanne de Casenave. Secondé de son fils, il se battit en duel par rapport aux limites de France et de l'Artois, contre le gouverneur d'Hesdin, qui avait également son fils pour second.

1548. Antoine DE BAYENCOURT, seigneur de Bouchavesne. Il eut pour lieutenant Florent de Mailly, en 1550, et Pierre de la Chapelle, en 1552.

1555. BOUCHARS, capitaine et gouverneur du château. François Gouffier, seigneur de Crèvecœur, Bonnivet, etc., fut associé par le duc de Guise au gouverneur de la ville, Antoine de Bayencourt-Bouchavesne, pour la défendre contre les Espagnols, qui vinrent se loger sur la rivière d'Authie, au camp dit : Camp d'Amiens (1557). On sait que le nom de Bouchavesne fut substitué, peu de temps après, à celui de Bayencourt.

1559. Antoine DE BOUCHAVESNE, gouverneur de la ville et du château. Sous lui, le sieur Pierre de la Chapelle, devenu commandant du château, laissa la lieutenance à François de Cocqueville. Ce fut en cette même année 1559 qu'Antoine de Bouchavesne dut rendre au domaine royal la châtellenie de Doullens, dont le roi François Iᵉʳ lui avait fait don. Il eut encore sous lui, Robert de Mailly, en 1560.

1562. Adrien DE TIERCELIN, seigneur de Brosse, placé par le duc de Mayenne. Il avait eu mission de reconduire Marie-Stuart en Ecosse. Sa femme était Barbe Rouault, fille de Thibault, seigneur de Rioux et de Jeanne de Saveuse. Le 25 juin 1562, la ville d'Amiens lui prêta quatre muids de blé.

1567. François DE COCQUEVILLE. Il fut maître de Doullens, depuis le 29 septembre 1567, jusqu'au mercredi de la semaine sainte de l'année suivante. Le nobiliaire de Picardie cite le baron de Ligny, comme gouverneur de Doullens, en 1567. Peut-être est-ce le suivant? Les Bourbon-Vendôme étaient seigneurs de Ligny-sur-Canche, et l'un d'eux, Claude, fit reconstruire, en 1574, l'église Notre-Dame du châtel d'Abbeville.

1570. Antoine DE BOURBON-VENDÔME, vicomte de Lambercourt, tué en duel en 1594.

1576. François DE SAINTE-MARIE, chevalier des ordres du roi, maître d'hôtel ordinaire de Sa Majesté, capitaine et gouverneur de la ville et du château. Eustache de Prouville fut son lieutenant.

1587. Charles DE TIERCELIN, sieur de Saveuse, gentilhomme de la chambre du roi, capitaine de 50 hommes d'armes de ses ordonnances, marié à Marguerite d'Odanfort, s'empara, pour la Ligue, du gouvernement de la ville et du château. Il fut tué deux ans après, en combattant près de Chartres. Son lieutenant fut Antoine de Blottefière.

1594. Antoine DE BLOTTEFIÈRE, écuyer, sieur de Willencourt, qui reçut le gouvernement de Doullens, en récompense de son abandon de la Ligue. Le duc de Longueville, qui lui en voulait, le déplaça l'année suivante.

1595. Léonor DE HALLUIN, sieur de Ronsoy, placé par le duc de Longueville, soutint le siége du château par les Espagnols, vit son frère, le comte de Dinan, tué sous ses yeux; et lui-même, mortellement blessé, mourut quelque temps après, à Arras, prisonnier de guerre. Le sieur de Longueval-Haraucourt commandait la même année dans la ville, et fut également fait prisonnier.

1595. HERNANDO-TEILLO-PORTO-CARRERO, gouverneur pour l'Espagne.

1598. CHARLES-JEAN, sire de Rambures, seigneur de Dompierre, d'Hornoy, de Guémicourt, et du fief de Montigny-les-Gamaches, chevalier des ordres du roi, maréchal de ses camps et armées, colonel d'un régiment de 1,000 hommes de pied, surnommé le Brave Rambures, gouverneur de la ville et du château, et aussi du Crotoy. Il mourut le 13 janvier 1633, et eut pour lieutenant Adrien de Forceville, seigneur de Bezencourt. Sa mémoire resta chère aux religieux minimes d'Abbeville qu'il avait aidés de ses aumônes, et dont le monastère avait été fondé en l'année 1500 par messire André de Rambures, son aïeul.

1614. JEAN V° du nom, sire de Rambures, chevalier de l'ordre du roi, capitaine de cent chevau-légers, succéda à son père, et mourut le 7 octobre 1637, au siége de La Capelle. Il avait fait nommer Philippe de La Haye, abbé de Cercamps. Son cœur repose à Doullens. Son lieutenant fut Charles de Tiercelin, sieur de Saveuse.

1638. François DE JUSSAC-D'AMBLEVILLE, chevalier, seigneur de Saint-Preuil, maréchal de camp des armées du roi, gouverneur de la ville et de la citadelle, décapité à

Amiens, le 9 novembre 1641 (1). Son lieutenant fut Gui de Sainte-Maure, son beau-frère, époux de Marie-Louise de Jussac-d'Ambleville, seigneur de Fougeray. Cette famille de Sainte-Maure, de Montausier, a eu un de ses membres chancelier du roi Philippe-de-Valois, en 1331.

1642. De Monteclair, qui devint lieutenant-général. Il eut pour lieutenant de la Font-de-Boisguérin-Deshoulières, dont la femme est si connue par ses poésies.

1645. Louis de Vantouveaux, commissaire et gouverneur.

1650. N. de Bordamons, lieutenant du roi, s'empara du gouvernement et le quitta aussitôt pour une charge à la cour.

1651. Guy de Bar, seigneur de Puy-Marest et de La Faurie, qui devint gouverneur des ville et citadelle d'Amiens. Son lieutenant fut Simon de Martine, seigneur de Cornillon.

1658. Charles d'Albert-d'Ailly, duc de Chaulnes, pair de France, lieutenant-général des armées du roi, et marié à dame Isabelle Le Féron, le 11 avril 1653. Il eut sous lui Hulix-David de Mazenche, seigneur du lieu de ce nom, et Louis de Vendeuil, seigneur du Crocq, maréchal des camps et armées du roi.

1666. Augustin de Lamet de Hénencourt, marquis de Baule et de Blancfossé, maréchal de camp. Son lieutenant fut Gui de Sainte-Maure, seigneur de Montausier.

1679. Louis Fournel, écuyer, seigneur de Beauregard, de Wargnies, de Cornehotte, du fief de la prévôté de Doullens, dans la paroisse de Frohen, etc., lieutenant de dragons, marié en premières noces à Urbaine d'Albret. Son fils, Charles-Gabriel de Fournel, demeurait à Outrebois et portait de *gueules à un maillet d'or*. Jean Despousses, chevalier, seigneur de Layraud, eut la lieutenance dans la citadelle.

1694. Armand de Béthune, duc de Charost et d'Ancenis, marié à Louise-Marie-Thérèse de Melun-Espinoy. Le major s'appelait Arnoud de Fontenoy, et portait : *d'argent à une pomme de pin d'azur*.

1695. Paul-François, duc de Béthune et de Charost, pair de France, maréchal de camp, capitaine des gardes du corps de Sa Majesté. Lieutenant de roi, François Picquet, en 1724.

1725. Claude de Bernay, seigneur de Favaucourt, chevalier de Saint-Louis, capitaine d'une compagnie d'élite de la maison du roi, avait le commandement de la citadelle. Son tombeau se trouve dans l'église d'Halloy, près de Grandvilliers.

1753. Le comte d'Allemans. Lieutenant, N. de Baroil.

1777. Jean-François de la Rue, comte de Lannoy, chambellan du duc d'Orléans. Il eut aussi pour lieutenant Jean-François Picquet, seigneur du Quesnel.

---

(1) La sentence, en date du 9 novembre 1641, portait qu'une partie de ses biens serait appl'q ée en œuvres pies aux hôpitaux d'Amiens, d'Abbeville, d'Arras et de Doullens. (François de Jussac d'Ambleville, etc., par M. Janvier, p. 102.)

Après le comte de Lannoy, on ne vit plus à Doullens que des commandants de place. Malgré nos recherches et des renseignements puisés à diverses sources, nous ne pouvons donner ici qu'une liste très-incomplète de ces fonctionnaires militaires. Les cosaques, qui se sont emparés de la citadelle en 1814, et en ont brûlé les archives, sont la principale cause des lacunes que présente l'histoire de cette forteresse. Voici les noms qui ont survécu :

1790. Le comte DE DIGOINE, major commandant de la ville et de la citadelle.
1793. BOUCHOTZ, qui alla expier sur la guillotine de Lebon la commisération dont il avait fait preuve en faveur des prisonniers confiés à sa garde.
1798. CASSINE.
1814. CAUVEL.
  » BENOIT.
1815. DE MONTREUIL.
1824. DE VAUBERT DE GENLIS.
1826. REBOUL.
1830. LECLERC.
1850. POUJOL.

CHAPITRE X.

HISTOIRE LITTÉRAIRE ET BIOGRAPHIQUE.

Les sciences et les lettres ne furent point étrangères à Doullens, dans les siècles passés, et elles y produisirent quelques hommes qui ont honoré le lieu de leur naissance. Il est juste de rappeler leurs noms.

Déjà nous avons parlé de la *cour d'amour* de Doullens au XIIIe siècle, et des luttes littéraires et poétiques qu'y soutenaient les poètes et les chanteurs du pays. Nous avons vu figurer aussi dans la représentation des mystères et des jeux-partis, des noms qui se retrouvent encore à Doullens, tels que ceux des sires de Bretel, de Belleperche, etc. Nul doute que des Doullennais n'aient fait partie de ces hommes de la *gaie science*.

Thomas DE DOULLENS, fut chanoine de Saint-Firmin, à Amiens ; il se fit connaître par son mérite ; et en 1245, il était official du diocèse.

Girard II, abbé de Dommartin, en 1360, était de Doullens. C'est ce que nous apprend le *Gallia Christiana*.

Gilles, de Doullens, de l'Election de Picardie, procureur de la faculté des Arts, dans l'Université, en 1389.

Pierre d'Ostrel, naquit à Doullens, rue Saint-Ladre, hôtel des Croissants (1), de Philippe d'Ostrel. Héritier d'un des plus beaux noms de la cité, il y joignit l'éclat du mérite et l'illustration de la vertu. En 1486, il était abbé du célèbre monastère de Corbie.

Corbeiensis adest Petrus Dottrelius abbas
Qui Dullendiaca traxit ab urbe genus.
Tres menses supra viginti rexit aristas.

Pierre d'Ostrel ne jouit pas toujours à Corbie du calme et de la tranquillité de la retraite. Il vit son monastère envahi par des soldats bretons (1492), qui le forcèrent lui-même à aller chercher un refuge à Paris. En 1499, il acquit la terre et le domaine de Varloy. Son nom, resté en bénédiction dans le pays, se rattache à la restauration de l'église de Corbie, qu'il commença en 1501.

Exonerans templum cui nova jura dedit (2).

Il mourut avant d'avoir pu achever son œuvre, en 1506.

Guillaume d'Ostrel, frère du précédent, était, à la même époque, abbé d'Anchin.

Eloi d'Ostrel, autre enfant de la même famille, dirigeait, en qualité d'abbé, le monastère de Saint-Thierry, près de Reims.

A la tête du vocabulaire d'Antoine de Nébrissa, en date de 1511, on lit : *Cujusdam Picardi Dullendiensis ad juvenes exhortatoria monitio.* Ce ne sont que huit vers assez bien frappés, dit le P. Daire, dont l'auteur excite la jeunesse à l'amour de la vertu.

Dans le même siècle, une carte du Barrois, du Verdunois, du Laonnais, de la Tiérache, d'une partie de la Champagne et d'une partie du duché de Luxembourg parut à Doullens.

« Cette carte fut l'œuvre de Lemercier, procureur du roi à Doullens, dans le temps où les
» magistrats se délassaient avec le compas des géographes et se plaisaient parfois à couvrir
» leurs tables et leurs pièces de procédure avec de grandes cartes de vélin ; celle-ci, qui ne
» ferait pas tort à un homme de l'art, fait grand honneur à un procureur du roi. »

Jean Bitharne, canonnier ordinaire du roi, paraît être né à Doullens. Il y résidait, lorsqu'en 1543, il composa le *Livre de guerre tant par mer que par terre, et l'opération du feu grégeois*. Cet ouvrage doit se trouver à la bibliothèque impériale, Coll. Colbert, n° 1688. M. L. Lalanne a donc tort de dire, dans une note de ses *Recherches sur le feu grégeois*, Paris, Corréard, 1845, qu'aucune dissertation sur cette matière n'a été publiée en France,

---

(1) Si cette désignation donnée par M. Dusevel est exacte, il faut admettre que la famille d'Ostrel avait changé de demeure, car nous avons trouvé preuve qu'elle eut son hôtel *devant le puits du Bourg*.

(2) *Gallia Christiana*.

avant 1778. Jean Bitharne est, au contraire, le premier qui a traité ce sujet, comme le fait remarquer M. Pouy, dans ses *Recherches sur l'Imprimerie dans le département de la Somme*, pages 165-66.

Nicolas D'HAUPAS, médecin à Doullens, s'y distingua dans sa profession, tant par son habileté pratique que par ses écrits. On a de lui le *Livre de la contemplation de la nature humaine, contenant la formation de l'enfant au ventre maternel.* Paris, chez Michel Vascosan, in-8°, 1555. Cet écrit, de trois feuilles d'impression, contient vingt chapitres (1).

Nicolas MONASSE, né également à Doullens, où ce nom existe encore, fut religieux du monastère royal des Célestins de Paris. Après avoir professé la philosophie et la théologie, il se livra avec succès à la prédication, et mourut sous-prieur, en 1631.

Le P. GABRIEL, de Doullens, religieux capucin et prédicateur de quelque renom, dans la province de Paris, était versé dans la philosophie et les mathématiques. On a de lui : *Tabulæ Ambianenses in quibus datur nova methodus supputandi motus planetarum. Parisiis*, 1648, in-4° ; et *Tabulæ Ambianenses, seu theoriæ planetarum tam in formâ tychonicâ quam Copernicâ Plano-Geometrica delineatio.* Parisiis. 1658 (2).

Jean-Baptiste PRÉVOST, procureur du roi, natif de Doullens, qui laissa sur sa patrie des mémoires manuscrits, sous la date de 1699. Les registres du bailliage et de l'Hôtel-de-Ville d'Amiens mentionnent souvent ce nom, qu'on trouve à Doullens, dès l'année 1243.

Réné PRÉVOST, né à Doullens, en 1644, fut nommé curé de Saint-Maurice, dans la banlieue d'Amiens, le 25 mars 1705, et mourut le 21 décembre 1736, doyen de la communauté des curés de la même ville. Il laissa un Phèdre et un Térence chargés de notes et nombrés.

» Sous Louis XIV, un Doullennais se fit connaître et comme artiste, et comme ami des
» Muses, par un magnifique recueil où l'on remarque une épitre au grand roi, et des son-
» nets en l'honneur de Monsieur, du prince de Condé, des ducs d'Enghien et de Guise. Les
» écus des princes qui figurèrent au grand carrousel de bague, exécuté à Paris, le 5 juin
» 1662, ornent ce recueil et lui donnent un très-haut prix. M. Paulin Paris, qui le cite
» dans ses manuscrits français de la Bibliothèque du roi, ajoute que l'écriture de ce volume
» et ses armoiries sont parfaitement exécutées (3). »

François-Adrien DAULLÉ, né le 8 septembre 1713, était fils de François Daullé, notaire et procureur à Doullens. Ayant commencé ses études à Amiens, il fut bientôt forcé par son peu de fortune à les interrompre, pour apprendre un métier. Il choisit celui de tailleur d'habits et y acquit de l'aisance. Mais l'ambition étant venue avec le gain, il voulut être échevin, y parvint en achetant les suffrages des maieurs de bannières, et se ruina, tant pour payer les frais de joyeux avénement que pour donner des repas à ses collègues. Réduit à l'indigence et devenu insolvable, il mendia la protection de M. Prévot d'Olincourt, fermier général, son compatriote, qui lui procura une commission dans les fermes. L'ana-

(1) Daire.   (2) Ibid.   (3) M. Dusevel. *Notice sur Doullens*, 1855.

gramme du nom du duc de Chaulnes, qu'il présenta à ce prince, en 1753, et quelques autres pièces de vers, auraient dénoté chez lui, parait-il, une imagination facile et quelque talent pour la poésie.

Joseph DUFRESNE DE FRANCHEVILLE naquit à Doullens le 19 septembre 1704. Ses études, commencées à Amiens, non sans succès, furent achevées à Paris, au collége Louis-le-Grand, sous le P. Porée, jésuite, qui y professait la rhétorique. Destiné d'abord à l'état ecclésiastique, le jeune Francheville dut bientôt abandonner son cours de théologie, pour obéir à son père, ancien lieutenant de cavalerie, pourvu en 1725 de l'emploi de receveur des douanes à Saint-Valery-sur-Somme, qui l'envoya travailler dans les bureaux des finances. A vingt-quatre ans, il conçut le projet d'une *Histoire générale des Finances*, qui devait avoir 40 volumes in-4°. Il n'en parut toutefois que trois volumes, de 1738 à 1740. Le cardinal de Fleury fit arrêter l'impression de l'ouvrage, malgré le concours et les démarches du chancelier d'Aguesseau, protecteur et parent de l'auteur. Celui-ci eût quitté la France dès ce moment, si MM. Daguesseau ne l'avaient retenu quelque temps encore. Il mit alors au jour l'*Histoire des premières expéditions de Charlemagne*, etc. Amsterdam. Paris, 1741, in-8°. Ce n'était qu'un roman, il est vrai, mais l'intérêt qu'il offrait fit sa vogue. Et puis Francheville l'avait dédié à Frédéric II, roi de Prusse ; aussi, sur l'invitation de ce monarque, il se décida à quitter la France pour aller se fixer à la cour de Berlin. Accueilli avec bonté, il se remit à l'œuvre, composa l'*Espion turc*, et fut attaché au service du roi, le 5 octobre 1742, avec le titre de *conseiller aulique*, et une pension annuelle de 240 écus, comme homme de lettres. Il se montra digne de ces honneurs ; car, deux ans après, il publia la *Traduction de la consolation philosophique de Boëce*, 2 vol. in-12. La Haye. 1744. Admis à l'Académie de Berlin, il y lut plusieurs dissertations savantes sur *la Pourpre des anciens*, sur *la manière d'adoucir le fruit du maronnier d'Inde*, etc. En 1756, il entreprit une *Gazette politique* qui ne se soutint pas ; et en 1764 il commença une *Gazette littéraire* qui eut plus de succès.

Francheville était extraordinairement laborieux, et sa science égalait son activité. C'est sous son nom que Voltaire publia les premières éditions de son *Siècle de Louis XIV*. Les mémoires de l'Académie de Berlin prouvent qu'il savait joindre à une littérature facile le mérite plus important d'une érudition étendue. Il mourut à Berlin le 9 mai 1781, des suites d'une apoplexie, laissant une nombreuse famille. Le secrétaire d'Académie, qui fit son éloge funèbre, nous apprend que *sa physionomie, des plus heureuses, portait l'empreinte de son excellent caractère et de la gaieté de son esprit*.

Les principaux ouvrages de Francheville, que nous n'avons pas cités dans cette notice, extraite en partie du *Journal encyclopédique*, juillet 1781, sont :

Histoire de la compagnie des Indes, 1738, in-4°.

Histoire héroïque pour l'instruction d'un jeune prince, 1739, in-12.

Le postillon français, 1739.

Récit édifiant du martyre d'un Arménien, 1741, in-8°.

Relations curieuses de différents pays. 1741, in-8°.
Essais de conversations sur toutes sortes de matières, 1741.
Le Spectateur en Allemagne, 1743, in-12.
L'Observateur Hollendais, 1745, in-8°
La Victoire du roi de Prusse à Friedberg, poème, 1745.
La Victoire du roi de Prusse à Sohr, ode, 1745.
Histoire du Tarif de 1664, 2 vol. in-4°.
Nouveau Catalogue des bons fruits, 1753, in-12.
Le Bombix ou le vers-à-soie, poème, 1754, in-12.
Dissertations diverses sur l'ancienne île de Tarseis d'Ophir ; sur les navigations autour de l'Afrique, depuis l'an du monde 3425, *jusqu'à l'an III de Jésus-Christ ; sur l'origine de l'ambre ; sur les jumeaux de tous les temps ; sur la naissance de Clovis ; sur les Quades ; sur l'art de la teinture chez les anciens ; sur les titres, dignités et rapports entre l'ancienne marque de noblesse et les armoiries modernes.* (Voir *Mémoires de l'Académie de Berlin,* t. I, de la *France littéraire,* 1769. — Daire, *Hist. du doyenné de Doullens,* page 189. — Biblioth. imp. D. Grenier, p. 103 — *Biographie des Hommes célèbres du dép. de la Somme,* 1836).

Gosset, médecin à Amiens, était également originaire de Doullens. « Il préconisait cer-
» certains remèdes universels appelés : Esprit de vin éthéré philosophique circulé de
» Paracelse et autres, de science cabalistique. Il prétendait avoir trouvé un spécifique
» pour la gangrène. Louis XIV, en ayant été informé, avait fait demander, pendant sa
» dernière maladie, Gosset par un exprès ; mais lorsque ce médecin arriva à Versailles, il
» était trop tard, le grand roi n'était plus ! Cette fâcheuse circonstance, dit Gosset, de
» n'avoir pu y être plus tôt, pour soulager Sa Majesté, ne doit rien diminuer de la bonté
» du remède, dont la cour m'a ordonné sept cents livres pour mon voyage.
» Le fait peu connu du voyage de Gosset a sa valeur historique et prouve que le royal
» malade ne négligeait aucun remède, même ceux que Gosset aurait pu lui indiquer, et que
» l'Académie de médecine n'aurait certainement pas approuvés.
» Gosset a publié les *Révélations cabalistiques d'une médecine universelle tirée du vin,*
» *avec une manière d'extraire le sel de rosée, et une dissertation sur les lampes sépulcrales,*
» *par le sieur Gosset, médecin d'Amiens.* Cet ouvrage in-12 de 215 pages, a été imprimé à
» Amiens, aux dépens de l'auteur en 1735. Il se trouve des exemplaires de ce livre rare,
» avec un autre titre portant : A Utrecht, chez Gwende-Water et Jean Van-Poolsum, 1735,
» à la sphère. » (Extrait des *Recherches sur l'Imprimerie et la Librairie, à Amiens,* par
M. F^d Pouy, pages 137 et 138).

Jacques Bienaimé, auteur de plusieurs opuscules en prose et en vers, les uns inédits, les autres imprimés. Né à Doullens, il y mourut en 1823. On a de lui un *Mémoire tendant à faire extraire le charbon minéral à Bouquemaison, près Doullens, par Bienaimé, homme de lettres,* 1809. Quinquenpoix. La poésie était l'occupation favorite de cet auteur. « Il

» célébra, dit M. Dusevel, pendant plus de dix ans, les victoires et conquêtes de Napo-
» léon I*r*. » Les essais poétiques de M. Bienaimé ont été en partie imprimés à Amiens.
Comme c'était presque toujours en latin qu'il rimait sur l'Empereur et ses glorieux exploits,
nous donnons ici le titre d'une de ces pièces, datée de 1802 : *In laudem Bonapartæ primi
consulis, Galliarum, totius universi orbis, gentium demum cunctarum, generosi, modesti,
pacificatoris, supremi, indicibilis, redemptoris simul et regeneratoris. Ad primum Galliæ
consulem.*

Marcel-Jérôme Rigollot naquit à Doullens le 30 septembre 1786. Son père, après avoir
exercé la médecine à Doullens où il s'était marié et où ses services lui avaient mérité le
titre de pensionnaire de cette ville, vint se fixer à Amiens, et il y acquit de la célébrité dans
sa profession. Devinant de bonne heure les heureuses dispositions de son fils, il donna à son
éducation les soins les plus éclairés. C'est dans l'école centrale d'Amiens que le jeune
Rigollot fit ses études. A l'âge de 17 ans il suivait déjà à Paris les cours de l'école de médecine, et bientôt il fut employé comme chirurgien sous-aide à l'hôpital militaire. Quelque
temps après, vers sa 20me année, il fut attaché, au même titre, à la 32me demi-brigade d'infanterie de ligne. En 1809, il abandonna le service des armées et se présenta aux épreuves
du doctorat qu'il soutint d'une manière brillante. Sa thèse est remarquable par un grand
nombre de traits qui caractérisent le médecin instruit et le naturaliste habile et intelligent.
L'année suivante, il revint à Amiens où, pendant trois ans, il pratiqua son art.

Mais la lutte gigantesque que soutint la France en 1813 contre la conjuration de l'Europe entière, appela de nouveau les services du jeune Rigollot, qui rejoignit la grande
armée en qualité de médecin de première classe, et donna ses soins successivement aux
malades et aux blessés des hôpitaux de Gorlitz, de Waldheim et de Dresde. Après la bataille
de Leipsick, il organisa le service de l'hôpital de la Douane, à Mayence, où le typhus faisait
d'affreux ravages. Rentré en France en 1814, il fut attaché aux hôpitaux de Metz, de
Château-Thierry et de Meaux, tout dévoué à ses malheureux frères d'armes que la valeur
et le génie avaient été impuissants à sauver. Exténué lui-même par la maladie et des privations de toute espèce, M. Rigollot rentra à Amiens qu'il ne devait plus quitter.

Nommé médecin du dépôt de mendicité, il y resta jusqu'en 1820, où il fut appelé aux
fonctions de médecin ordinaire de l'Hôtel-Dieu, en même temps qu'à la chaire de matière
médicale de thérapeutique de l'école de médecine d'Amiens, dont il devint directeur en
1834. M. Rigollot était surtout médecin consultant. Doué d'un jugement sûr, d'une décision
prompte, il avait foi dans son art ; et les nombreux élèves qui assistaient à ses visites l'en-
touraient d'une entière confiance mêlée d'une sympathie respectueuse. La société médicale,
les conseils d'hygiène et de salubrité l'appelèrent dans leur sein, et il laissa la preuve
écrite de ses connaissances variées, de ses vues droites et pratiques dans toutes les branches
de l'art de guérir. Son travail sur la refonte de la législation médicale servit même, de
l'aveu du ministre, en grande partie de base à l'organisation nouvelle.

La carrière de M. Rigollot, comme médecin, a donc été bien remplie. Mais à côté du disciple d'Hippocrate, il y avait encore l'homme de lettres, l'archéologue, le numismate, l'appréciateur éclairé et plein de goût des œuvres d'art. L'écrivain s'est révélé par quelques articles fournis à la *Revue encyclopédique*, de 1825 à 1830. Puis de loin en loin, des notices aussi intéressantes que judicieuses accusèrent un talent qui grandissait chaque jour et des connaissances qui se multipliaient en numismatique, en ethnographie, en esthétique. Son essai historique sur les arts du dessin en Picardie lui a fourni l'occasion de faire connaître plusieurs de nos monuments et bon nombre d'œuvres d'art peu appréciées jusque là. Ce travail valut à son auteur des encouragements flatteurs et devint le point de départ d'une *Histoire des arts du dessin en Picardie, depuis l'époque romaine jusqu'au xvie siècle* (ouvrage posthume).

Tant d'œuvres sérieuses avaient marqué la place de M. Rigollot dans les principales sociétés savantes de France. Il appartenait, en effet, comme correspondant, au Comité historique près le ministère de l'instruction publique, aux sociétés des Antiquaires de France, de l'Ouest et de la Morinie, aux Académies de Rouen, d'Arras, d'Abbeville, de Saint-Quentin et de Blois. L'Académie d'Amiens s'honorait de ses lumières et de ses connaissances. A diverses reprises il fut nommé président de la Société des Antiquaires de Picardie, à la fondation de laquelle il avait concouru et dont il resta l'un des membres les plus actifs et les plus capables. La croix de la Légion-d'Honneur récompensa les services divers rendus par lui soit à la science, soit à la cité, comme associé à son administration pendant 23 ans ; et l'Académie des Inscriptions et belles-lettres de l'Institut de France couronna par le titre de correspondant, le jour même où il cessait de vivre, 29 décembre 1854, une existence toute consacrée à de sérieuses études et à tant de travaux utiles.

Voici la liste bibliographique de ces travaux :

1° Essai sur les méthodes de classement employées en histoire naturelle, suivi de propositions sur les classifications nosologiques, présenté et soutenu à la Faculté de médecine de Paris, le 12 août 1809, par M. J. Rigollot. docteur en médecine. Paris, 1809, Didot jeune ; in-4°, 78 pages.

2° Mémoire sur l'ancienne ville des Gaules qui a porté le nom de Samarobriva ; par M. J. Rigollot fils. Amiens, 1827. Caron-Duquesne ; in-8°, une carte, 38 pages.

3° Second mémoire sur l'ancienne ville des Gaules, qui a porté le nom de Samarobriva, suivi d'éclaircissements sur Vermand, capitale de Veromandui ; par M. J. Rigollot fils. Amiens, 1828. Boudon-Caron ; in-8°, 46 pages.

4° Notice sur une feuille de diptyque d'ivoire représentant le baptême de Clovis ; par M. J. M. R. Amiens 1828. Boudon-Caron ; in-8°, une planche, 14 pages.

5° Discours sur les Académies, par M. Rigollot, lu dans la séance publique du 8 septembre 1835.

Mémoires de l'Académie des sciences, arts, commerce, agriculture et belles-lettres du département de la Somme. 1835, 14 p.

6° Essai sur une monnaie d'or frappée sous les mérovingiens et portant le nom de l'église de St-Martin-aux-Jumeaux d'Amiens ; par M. Rigollot.

Ibid. 2 pl., 28 pages.

7° Monnaies inconnues des évêques des innocents, des fous, et de quelques autres associations singulières du même temps, recueillies et décrites par M. M. J. R., d'Amiens ; avec des notes et une introduction sur les espèces de plomb, le personnage de fou et les rébus dans le moyen-âge, par M. C. L. (Leber). Paris, 1837. Merlin ; 1 vol. in-8°, 46 pl, cxxxix et 220 pages.

8° Eclaircissements historiques sur quelques points de géographie ancienne concernant la Picardie ; par M. Rigollot. 10 pages.

9° Note sur les substances contenues dans un miroir métallique trouvé au faubourg de Beauvais et analysé par M. Reynard, pharmacien ; par M. Rigollot. 4 pages.

10° Notice sur des monnaies trouvées à Allonville ; par M. Rigollot.

Ces 3 notices dans les *Mém. de la Soc. d'archéologie du département de la Somme.* Tom. I.

11° Epitres farcies telles qu'on les chantait dans les églises d'Amiens au xiii° siècle ; publiées pour la première fois d'après le manuscrit original ; par M. M. J. R. Amiens, 1838. Caron-Vitet ; in-8°, 38 pages.

A la suite de *Essai sur la vie et les ouvrages du P. Daire,* par M. de Cayrol. Amiens, 1838. Caron-Vitet, in-8°.

12° Notice sur quelques monnaies gauloises inédites. 8 pages, une pl.

Revue numismatique française, 1838. P. 237-242. Pl. 8.

13° Monnaies de Montreuil-sur-Mer. 8 pages.

Ibid. 1839. P. 48-56. Pl. 2,

14° Discours prononcé par M. Rigollot, président, à l'ouverture de la séance générale du 8 juillet 1848. 8 pages.

Mém. de la Soc. des Antiquaires de Picardie. Tom. II. P. 17-24.

15° Mémoire sur le manuscrit de Froissart de la bibliothèque de la ville d'Amiens, et en particulier sur le récit de la bataille de Crécy ; par M. Rigollot. Amiens, 1848. Alf. Caron, in-8°, 54 pages.

Ibid. Tom. III, p. 129 à 184.

16° Essai historique sur les arts du dessin en Picardie, depuis l'époque romaine jusqu'au xvi° siècle ; par M. Rigollot. Amiens, 1840. A. Caron, in-8°, 196 pages et 40 planches.

Ibid. Tom. III. P. 275 à 296.

17° Discours prononcé par M. Rigollot, président, à l'ouverture de la séance publique du 12 juillet 1840.

Ibid. Tom. IV, p. xxix-xxx.

18° Notice sur une découverte de monnaies picardes du xi° siècle, recueillies et décrites par Fernand Mallet et le D' Rigollot. Amiens, 1841. Alf. Caron ; in-8°, 84 pages et 9 pl.

Ibid. Tom. IV. Supplément.

19° Notice sur M. Cocquerel, par M. Rigollot.

Mém. de l'Acad. du dép. de la Somme. 1841. p. 40 à 50.

20° Mémoire sur une monnaie du xii° siècle frappée par l'autorité municipale de la ville d'Amiens ; par M. le D' Rigollot. Amiens, 1842. Duval et Herment ; in-8°, 16 pages et une pl.

Mém. de la Soc. des Ant. de Picardie. Tom. V. P. 335-347.

21° Discours prononcé dans la séance publique de rentrée de l'école préparatoire de médecine et de pharmacie d'Amiens, pour l'ouverture de l'année scolaire 1843-1844. (Hist. de l'école). Amiens, 1843. Duval et Herment ; br. in-8°.

22° Rapport sur le concours de 1842 ; par M. le D' Rigollot.

Ibid. Tom. VI. P. 203-211.

23° Mémoire sur une petite statue de Midas ; par M. le D' Rigollot. Amiens, 1846. Duval et Herment ; in-8°, 16 pages et une pl.

Ibid. Tom. VIII. P. 303-316.

24° Mémoires sur de nouvelles découvertes de monnaies picardes ; par M. le D' Rigollot. Amiens, 1846. Duval et Herment ; in-8°, 24 pages et 2 planches.

Ibid. P. 355-476. Pl. 9-10.

25° Catalogue de l'œuvre de Léonard de Vinci ; par M. le D' Rigollot. Paris, 1849. Dumoulin ; in-8°, XXXIX et 112 pages et une pl.

26° Mémoires sur les monnaies des comtes de Saint-Pol.

Revue numismatique française, 1850. P, 203-230 Pl. 5-6.

27° Recherches historiques sur les peuples de la race teutonique qui envahirent les Gaules au v° siècle, et sur le caractère des armes, des boucles et des ornements recueillis dans leurs tombeaux, particulièrement en Picardie ; par M. le D' Rigollot.

Mém de la Soc. des Ant. de Picardie. Tom. X. P. 121-127. Pl. 6 à 12.

28° Discours prononcé par M. le D' Rigollot, président, dans la séance publique du 19 août 1849. Amiens, 1849. Duval et Herment ; in-8°, 16 pages.

Ibid. Tom. II, p. 1 à 15.

29° Essai sur le Giorgion ; par M. le D' Rigollot. Amiens, 1852. Duval et Herment ; in-8°, 36 pages.

Mém. de l'Acad. du dép. de la Somme, 1851-52-53. P. 229-261.

30° Esquisse de l'histoire de la thérapeutique et de la matière médicale au xix° siècle.

Discours prononcé, le 4 novembre 1835, à la séance de rentrée de l'école préparatoire de médecine et de pharmacie d'Amiens ; par le professeur Rigollot. Amiens, 1854. Caron et Lambert; in-8°, 20 pages.

31° Discours sur la confrérie de Notre-Dame-du-Puy d'Amiens, par M. Rigollot, président ; lu dans la séance publique du 10 juillet 1853.

Mém. de la Soc. des Ant. de Picardie. Tom. XIII. P. 663-680.

32° Mémoire sur des instruments en silex trouvés à St.-Acheul, près d'Amiens, et considérés sous les rapports géologique et archéologique ; par le Dr Rigollot. Amiens, 1854. Duval et Herment ; in-8°, 2 feuilles et demie et 7 pl.

Ibid. Tom. XIV.

33° Les œuvres d'art de la confrérie de Notre-Dame-du-Puy d'Amiens, mémoire posthume du Dr Rigollot, revu et terminé par M. A. Breuil. Amiens 1858.

Ibid. Tom. XV.

34° Histoire des arts du dessin, depuis l'époque romaine jusqu'à la fin du xvie siècle, par le Dr Rigollot. 2 vol. in-8°, avec atlas de 58 planches. Paris, 1863 (1).

Pierre-Théophile-Robert DINOCOURT, né à Doullens, rue Saint-Ladre, le 4 décembre 1781. Son père y était sergent royal. Après des études classiques assez brillantes, le jeune Dinocourt alla à Paris, où il composa un certain nombre de romans et d'ouvrages dramatiques cités. Un traité de morale qui était à la fois une œuvre de courage, fut couronné par l'Académie française. Mais ces succès ne l'empêchèrent pas de mourir pauvre ; et M. Jules Janin, son ami, jeta sur sa tombe quelques mots d'éloges.

Eugène DUSEVEL, né à Doullens, y est revenu mourir en 1848. Il s'occupa de travaux historiques, et fut couronné deux fois par l'Académie d'Amiens, pour deux *Mémoires sur les anciens monuments et l'agriculture de l'arrondissement de Doullens.* Il a laissé des *Fragments historiques et littéraires* (manuscrits) *sur Doullens,* sa patrie.

Hyacinthe DUSEVEL, frère du précédent, inspecteur des monuments historiques du département de la Somme, membre de plusieurs sociétés savantes, auteur d'une *Histoire de la ville d'Amiens,* de plusieurs histoires locales de l'ancienne Picardie, de divers opuscules intéressants sur l'histoire, la biographie des hommes célèbres du département, l'archéologie, etc. (2).

---

(1) Cet article biographique et bibliographique est extrait en partie de la *Notice sur M. le docteur Rigollot,* que M. Garnier a publiée dans la *Revue de la numismatique belge,* t. V, 2e série.

(2) DÉLECLOY, né à Lucheux, notaire à Doullens, trouva dans les circonstances politiques qui agitèrent la fin du siècle dernier, un rôle tout tracé à son ambition. Nommé député à la Convention nationale en 1792, il vota la mort du roi avec sursis ; il fut réélu en 1795 et fit partie du Conseil des Cinq-Cents. Réélu encore, il siégea deux ans, dans le même conseil ; et de 1797 à 1799, il fut nommé membre du Conseil des Anciens. Enfin, il se retrouva sur les bancs du Corps législatif, dans les premières années de ce siècle.

L. A. LABOURT, né Poitevin, procureur du roi à Doullens, de 1823 à 1830, est devenu maire de la ville de 1853 à 1861. Il s'occupa avec persévérance d'histoire et d'archéologie, fit paraître divers *Mémoires,* et

particulier, exclusif même de Doullens. C'est là son individualité persistante à travers les siècles, individualité s'accusant autrefois comme aujourd'hui par des luttes sans nombre. De là donc une trempe de caractère qui exclut l'imagination, une nature positive, peu faite pour le brillant et l'éclat, un esprit froid, observateur, capable de recherches patientes et laborieuses. Une disposition raisonneuse, une pente à la critique peuvent faire des historiens ; combinées avec l'amour du pays, elles firent à Doullens, de remarquables essais d'histoire locale.

Enfin, pourquoi ne dirions-nous pas que le défaut d'imprimerie a été l'une des causes qui ont laissé sous le boisseau la cité doullennaise ? Combien d'initiatives avortées, parce qu'elles n'ont pas trouvé à s'essayer sur place ! Combien de mémoires et de fragments divers sont restés dans un éternel oubli pour n'avoir pu se faire jour ! N'y a-t-il pas des talents timides qui redoutent la grande publicité, et qui ont besoin, pour s'enhardir, d'entendre murmurer d'abord autour d'eux, sans retentissement, les encouragements de voix amies ?

Ce ne fut, en effet, que le 3 décembre 1794 qu'une imprimerie permanente fut établie à Doullens, par M. Maurice Quinquenpoix. On en comprit, paraît-il, l'importance, car l'on en voulut faire l'inauguration avec quelque solennité. M. Delecloy, représentant du peuple, accompagné de toutes les autorités locales, a tiré le premier coup de barreau. Trente ans plus tard environ (1826-1827), une autre presse, celle du sieur Hénée, fonctionnait avec une fécondité merveilleuse chez M. Servatius, à Saint-Sulpice. Mais comme il est écrit que *celui qui fuit la lumière cherche à mal faire*, on ne tarda pas à se demander pourquoi Saint-Sulpice s'entourait de mystère et de silence, et l'œil de la justice y découvrit, malgré les précautions prises, une presse clandestine qui fuyait effectivement la lumière pour faire deux fois mal, d'abord en violant les lois du pays, et puis en éditant de préférence des ouvrages qui n'avaient pas précisément pour but de fortifier les bases de l'ordre social. Il est vrai que le poison était envoyé aux Anglais, et cependant cette circonstance très-atténuante ne fut pas admise par le tribunal.

A cette même époque, le 4 janvier 1825, parut à Doullens le premier numéro d'un journal hebdomadaire, publié par M. Quinquempoix, sous le nom de *Feuille de Doullens*. Elle fut accueillie avec plaisir, et plusieurs Doullennais répondant à l'appel de l'éditeur, y firent paraître quelques fragments d'histoire locale. Nous y avons puisé des données utiles et qu'on ne trouve pas ailleurs.

La *Feuille de Doullens*, arrivée à bout de sève, et veuve de ses abonnés, se transforma, le 7 septembre 1844, et devint l'*Authie*, ou journal des intérêts divers de l'arrondissement, rédigé par M. Vion, licencié ès-lettres, aujourd'hui membre de l'Académie d'Amiens. C'est plus que jamais une feuille d'annonces, le seul produit typographique de Doullens.

Comme on le voit, la pléiade n'est pas sans éclat ; les beaux arts ne paraissent pas avoir élu domicile dans la cité doullennaise ; car l'architecture, la sculpture, la peinture, la gravure, la musique n'y furent jamais, que nous sachions, représentées. Quelques essais de poésies légères et fugitives ou, pour mieux dire, des moralités rimées caractérisent à Doullens comme dans la plupart des autres villes, le mouvement littéraire du moyen-âge. Nos pères, dans leur simplicité naïve, se contentaient du bagage léger des hommes de la *gaie science*, et ne demandaient qu'à être récréés autant par le spectacle de la mise en scène, que par l'allusion des paroles ou le sens moral de la pièce. Plus tard, le développement intellectuel amena d'autres exigences, et la fille du ciel ne descendit plus inspirer la plume des Doullennais. S'il est vrai que les rives de l'Authie fournirent à Mme Deshoulières l'idée de quelques-unes de ses charmantes et fraîches idylles, elles ne furent fécondes que pour elle, et M. Dinocourt lui-même quitta de bonne heure son berceau pour aller s'inspirer ailleurs.

Nous dirons volontiers de Doullens ce que M. de Beauvillé dit de Montdidier, à savoir que l'ancienne société y a influé fortement sur les études. Les établissements religieux, qui dominaient alors, entraînaient les esprits dans un courant d'idées sérieuses et maintenaient autour d'eux un niveau d'uniformité. L'état ecclésiastique était intimement lié à la carrière de l'enseignement, et cette étroite union formait un cercle dans lequel s'encadraient, surtout dans les petites villes, et les mœurs et les idées. Non pas certes, qu'il entre dans notre pensée de souscrire à tous ces grands mots d'asservissement de l'esprit humain, de compression et d'obscurantisme par lesquels se sont traduites et la jalousie de l'impiété et la mauvaise foi de l'esprit soi-disant libéral de ces derniers temps. Non, sous ce rapport, au contraire, nous reconnaissons que plus d'une page de l'histoire moderne est à refaire ; nous voulons dire seulement que les idées et les mœurs sérieuses des âges passés, fallût-il les rattacher au développement de l'élément religieux, laissaient peu de place aux esprits légers et badins, aux intelligences superficielles, comme peu d'espoir de succès à la médiocrité. Et où est le mal ?

De plus, comme on ne peut échapper au caractère général et dominant du pays que l'on habite, comme on se fait, bon gré mal gré et insensiblement à son image ; comme les mœurs générales déteignent toujours sur les individus, il en est résulté que les rares auteurs que Doullens revendique comme ses enfants, et qui y ont vécu, ont emprunté quelque chose à ce qu'on a appelé : *Genius loci*. Outre que les guerres ont créé à la petite cité, à toutes les époques, une existence étrangement mouvementée qui laissait peu de place aux méditations de l'esprit ; outre que l'horizon rétréci de la ville était peu propre à renouveler les objets et les faits qui engendrent les idées, il faut constater que l'esprit municipal a été le caractère

entre autres *Un Essai sur l'origine des villes de Picardie*, qui fut couronné par la Société des Antiquaires de Picardie en 1839 et imprimé dans le tome IV des Mémoires de cette Compagnie. C'était un auteur laborieux et infatigable, qui a rendu à l'histoire du pays de réels services, mais à qui on reproche, avec raison, des hardiesses étymologiques peu acceptables.

CHAPITRE XI.

BANLIEUE.

On appelait, au moyen-âge, banlieue d'une ville ou d'une seigneurie la circonscription dans l'étendue de laquelle se pouvaient publier les *bans* ou proclamations de l'autorité communale ou seigneuriale. *Banni locus idem quod Banleuca*, dit du Cange. Certaines communes avaient une banlieue fort étendue. Voici en quels termes la charte de 1202 détermine les limites de celle de la ville et commune de Doullens : « *Je concède aux bourgeois* » *de Doullens pour en jouir à toujours et paisiblement une banlieue s'étendant jusqu'à* » *l'épine de Folembray, la haye d'Ampliers, au-delà de Séry, Vicogne, la Fosse de Candas,* » *la croix de Longuevillette, le vieil Aucoch et Hunort-fosse.* »

Quoiqu'il ne soit pas facile de fixer aujourd'hui d'une manière exacte la situation de la première et de la dernière de ces désignations, il appert de cette charte que la banlieue de Doullens s'étendait alors du couchant au midi, à une lieue de distance. Ce titre primitif ne parle pas, il est vrai, des limites opposées, vers le nord et l'orient, mais la raison en est toute simple, c'est que ces limites étaient celles fixées par des circonscriptions plus importantes et antérieures, celles des comtés de Saint-Pol et d'Artois ; nous avons vu que Lucheux appartint à ce dernier comté, en 1198. Des chartes postérieures, dit le P. Daire, entrent dans un plus grand détail et désignent nominativement les principaux points de la circonférence de la banlieue agrandie (1). Nous allons dire quelques mots seulement de l'ancienne et première banlieue de Doullens pour compléter notre travail ; il n'entre pas dans notre pensée de donner de grands développements à un chapitre qui peut très-bien être retranché de l'*Histoire de la ville de Doullens.*

Nous avons déjà parlé ailleurs du faubourg de La Varenne, ainsi nommé, dit le P. Daire, d'une garenne, *Warena* (2). Ce nom est très-ancien à Doullens. Des lettres d'amortissement de 1312, nous parlent du four de La Varenne : *Prope furnum de Warenna*, et du pré Cantereine : *Ortus cantereine,* nom resté en usage. M. Labourt ne pouvait manquer de citer cette désignation dans sa *Légende picarde de la Bêtecanteraine,* et de faire le rapprochement

---

(1) Il y eut, en effet, à Doullens, petite et grande banlieue.

(2) D'après Furetière, il y avait autrefois des garennes à eau et des garennes à *connils* (lapins). D. Gre-nier dit, de son côté, que le droit de chasse se nommait autrefois *Varennes*, d'où les villages de ce nom tirent probablement leur origine (10e paquet, n° 6).

assez curieux du *Voyeul Cantereine* de La Varenne, peu distant de *Canteleu, Cantilupus*, et de la rue *Cantereine, à Amiens*, conduisant à l'église Saint-Leu.

La Varenne eut quelque renom, à cause de l'importante et riche confrérie de Saint-Nicolas, qui y eut son siége et sa chapelle, à peu près au lieu où les archers de Saint-Sébastien se réunissent pour *tirer l'oiseau*. Un pré de quatre journaux y fut affecté par la ville, ajoute le P. Daire, aux divertissements et promenades des habitants, et un beau jeu de paume y offre encore aujourd'hui à la jeunesse un exercice trop dédaigné. La fontaine Saint-Ladre, citée en 1312, est à peu près comblée.

Guillaume III, comte de Ponthieu, énumérant les avantages qui devaient être pour les bourgeois de Doullens la conséquence de la concession d'une banlieue, dit : « Je leur con-
» cède, pour en jouir à perpétuité et paisiblement, tous les us et coutumes, tous les
» *Waquiers (Wasqueta)*, inhérents à la jouissance des marais et des eaux : *In pascuis et in*
» *aquis*, qui existent dans l'étendue de cette banlieue. » Le mot *Wasqueta* ne se trouve pas dans le Glossaire de Du Cange. Il désignait évidemment autrefois les communaux. Cependant, ajoute avec raison M. Bouthors, « c'est à une certaine nature de biens communaux
» que cette expression doit s'appliquer. Les Waquiers nous paraissent une partie de pâtu-
» rage exclusivement réservée aux bêtes à cornes, car, même encore aujourd'hui, dans le
» patois picard, on appelle *vaquiers* ceux qui gardent les vaches en troupeau. »

M. Labourt s'empare aussi de ces mots : *in aquis*, qu'il traduit par nappes d'eau, afin d'y trouver ce lac domanial, *Dominicum lacum*, qui a valu, selon lui, à Doullens, sa dénomination. Nous n'admettons pas cette opinion de M. Labourt, et nous ne traduisons pas *in aquis* par nappes d'eau, mais plutôt par cours d'eau ou rivières, ainsi qu'a voulu dire l'abbaye de Saint-Vindicien, au Mont-Saint-Eloi, lorsque par transaction de 1165, elle déclarait céder à l'abbaye d'Anchin tout ce qu'elle possédait sur le terroir de Luchuel, terres, bois, prés, eaux et moulins : *Quidquid possidebat in territorio de Luceolo, in terris, silvis, pratis, aquis et molendinis*.

Authieule.

Authieule, *Autiola, Altesilva, Alteiola*, est le village le plus près de Doullens, de tous ceux que comprenait son ancienne banlieue. On a dit, sans le prouver, que les Romains y avaient, du temps de César, des autels consacrés aux idoles, d'où serait venu le nom d'autels, *Altaris urbs*. « Et il y a encore plusieurs autres villaiges prez led. Doullens, dit le
» Cartulaire rouge de la ville, qui ont estez nommez pour lesdicts faictz et actes que feist
» led. Julius César, comme... Authieulz ou Authelz qui est dict en latin de Altarubia, ou
» les dictz idolles et aultres simulacres furent ensemble mis durant son séjour pour estre
» voeuz généralement par ceux de sa suite lorsqu'il sacrifioit à la mode de ce temps. »

Sans attacher plus d'importance que de raison à cette opinion, nous dirons que l'origine d'Authieule parait remonter à une haute antiquité. On le trouve mentionné sous le nom d'*Atteiola*, dans la Relation des miracles de saint Angilbert, rédigée en 1110, par Anscher le senior, qui raconte la guérison miraculeuse d'une femme de ce village par le saint abbé de Saint-Riquier (1); de plus, des chartes des xii° et xiii° siècles parlent de ce lieu. L'échevinage de Doullens y avait toute justice, et nous avons vu Hugues de Rosière, qui en était le seigneur, obligé de le reconnaître par transaction du mois de juillet 1280, quoique sa terre eût relevé nuement du roi, à cause de sa châtellenie de Doullens.

La famille de Rosière (2) a fourni longtemps des seigneurs à Authieule. Le premier qui nous apparaît dans les titres est Jean, chevalier, que Guillaume III appelait son homme lige en 1203, et qui était pair de Doullens. Il vendit à ce même comte de Ponthieu le four qu'il possédait dans la ville et fut l'un des bienfaiteurs de la confrérie de Saint-Nicolas, du prieuré de Saint-Sulpice, des trois curés de Doullens et du chantre de l'église Saint-Vast d'Authieule : *Præterea contuli in augmentum cantuarii parochie de Autiola quatuor jornalia terre libera de terragio sita versus sanctum Vedastum in horto qui fuit Hamondis prepositi* (6 décembre 1236). Il eut pour fils et successeur Hues ou Hugues, dont nous avons parlé plus haut sous la date de 1280.

Cette famille de Rosière étant tombée en quenouille, la seigneurie d'Authieule passa à Lancelot de Mailly, et Gilles de Mailly paraît l'avoir possédée en 1407. Ce fief consistait en la maison seigneuriale, en cens, prés et terres labourables. Il avait justice vicomtière, droit de blanche bête, de une sur neuf, et d'un setier de vin pour chaque relief d'héritage (c'est-à-dire 6 sols).

Authieule avait sa coutume locale, qui fut rédigée le 18 septembre 1507. On y lit entre autres dispositions, art. 1er : « En ladite ville y a droit de quiefmez à l'aisné. filz ou fille, » mais s'il y avoit ung filz, il prendroit tousjours avant la fille combien qu'il fut maisné » d'icelle fille, etc. » L'article 4 porte : « Il est deu ausdits seigneur et dame, pour chas- » cune carue ahanant terres villaines, quatre garbes de blé et quatre garbes d'avoine, et » pour ce droit que on dit droit de don, que sont tenus payer, chascun an, les laboureurs » qui ont lesdites carues ahanans, en dedans le jour de Saint-Remy, soleil couchant, sur » peine de LX sols d'amende ». L'article X reconnaît aux maire et eschevins de la ville de Doullens le droit de « faire les desrengz et bonnaiges des chemins, wasquiers ou pastis » pourvu que ce soit en présence du seigneur, de ses sergents ou officiers. L'article XII fait voir combien la qualification de serf adressée à un homme libre était chose grave alors, car la connaissance et l'amende de cette injure appartenait au maire et aux échevins de Doullens.

La rédaction de la coutume d'Authieule porte vingt et une signatures, entre autres celles de B. Estocart, bailli ; de Adam Letieullier, curé ; de Fouquesolles, dont nous avons retrouvé un descendant, sieur de Gézaincourt, et se disant vicomte de Doullens en 1723. La seigneurie était alors aux mains « de nobles et puissants seigneur et dame Mgr du Maisnil et Madame

---

(1) *Acta Sanctorum ord. S. Bened. Sæcul.* 3, *part. I*, p. 134, n° 33.

(2) D'argent au chevron de gueules, chargé de trois roses d'or.

» Marie de Grouches, sa femme, et à cause d'elle, seigneurs dudit lieu (1) ». Parmi les fiefs assis sur le terroir d'Authieule, on comptait celui de *Reniamont*, appartenant, en 1585, à Jean Dufrène, écuyer, seigneur de Boisbergue (2), qui fut inhumé aux Cordeliers de Doullens; ceux d'*Heudrimont*, *de Corniamont*, *de Cujamont*, *de Cujaval*, *de La Vicogne* et de *Haute-Visée-l'Épine*, etc., ces deux derniers, cités dans la charte de commune de Doullens. Les titres mentionnent encore sur le même terroir, un moulin à drap, la fontaine de la Cressonnière, et celle de *Belioal*, dénomination que, sans doute, elle doit, dit M. Dusevel, aux associations de brigands connus, dans le XIVᵉ siècle, sous le nom de grandes compagnies et que le peuple appelait fils de Bélial : *Filii Bélial*. M. Warmé trouve, au contraire, que *Belioal* veut dire : belle eau, et nous sommes de son avis.

Le château d'Authieule était situé sur la gauche du chemin qui conduit à Ampliers, et par conséquent un peu en dehors du village, qui a subi lui-même un déplacement par suite des ruines qu'y ont accumulées les efforts des ennemis sur Doullens, à toutes les époques. La principale rue de ce village se nomme encore *l'avenue du Château*. Nous avons vu que les habitants avaient logé, pendant les guerres, leurs bestiaux dans l'église du prieuré de Saint-Sulpice (3), et que le 14 mai 1662, le prieur obédiencier avait été obligé de les sommer de nettoyer ce lieu saint depuis longtemps profané. L'église d'Authieule elle-même était tombée en ruine ; et, le 9 juillet suivant, l'évêque d'Amiens rendit une ordonnance pour la construction d'une église et d'une sacristie. Nous ignorons si cette ordonnance eut son effet, mais il est certain que l'église actuelle, lourde, écrasée, sans style aucun, est d'une construction récente.

Un pouillé de la fin du XVIIᵉ siècle porte les renseignements suivants sur l'église et la paroisse d'Authieule :

Patron : le Chapitre Saint-Nicolas d'Amiens.

Seigneur : les héritiers de M. de Lagrénée.

Décimateur : une partie usurpée par le prieur de Saint-Sulpice et le curé.

Revenu : 200 livres, en dîmes. (Déclaration faite au clergé de France 36 ans après, 365 l.).

Revenu de la fabrique : Nul ; quelques bourgeois de Doullens s'en sont emparés.

Eglise tombée en ruines.

Curé : Augustin de Templeux.

Authieule est aujourd'hui une commune qui compte une superficie territoriale de 458

---

(1) Voir M. Bouthors, *Coutumes locales*. T. II, p. 57.

(2) Il était trisaïeul de Dufresne Du Cange. Ses fils, petits-fils et arrière-petits-fils furent prévôts de Beauquesne, pendant plus d'un siècle.

(3) Nous avons dit ailleurs que M. Warmé s'est gravement trompé dans l'exposé des motifs qui ont annexé, selon lui, Saint-Sulpice avec ses terres sur Authieule, à l'abbaye de Corbie. Les dates qu'il cite, antérieures à 1562, sont également erronées (Voir *Hist. de Doullens*, p. 359). Quant à la ruine d'Authieule, qu'il attribue aux Espagnols, lors de la bataille de 1595, nous répondons que les titres officiels rapportés par nous dans la première partie de cette histoire ne nous permettent pas d'être aussi affirmatif que cet auteur, à la page 360.

hectares, et une population de 322 habitants. A l'exception de sa filature de lin, dont nous avons parlé ailleurs, il n'offre rien de remarquable, si ce n'est toutefois une danse, nommée *branle*, qui attire, chaque année, beaucoup de jeunes gens à la fête de ce village. Le roi et la reine de la fête sont nommés *mare et maresse*, et voient leur royauté éphémère saluée par les détonations de quelque fusil rouillé. L'église, dédiée à Saint-Vast, est aussi le rendez-vous de pélerins qui y amènent leurs jeunes enfants, afin que saint Vast les fasse marcher et délie leurs jambes.

FRESCHEVILLERS.

Ce hameau dont le nom est diversement écrit dans les chartes : *Frocheviller*, *Frogeviller*, *Freschevillers*, est un écart de la commune de Doullens et une annexe de la paroisse d'Authieule. Il consiste en quelques maisons sur la rive gauche de l'Authie. Il dépendait autrefois de la paroisse Saint-Martin de Doullens, et appartenait à l'abbaye de Saint-Josse-sur-Mer. Nous avons parlé ailleurs des démêlés que le corps de ville eut avec cette abbaye, ainsi qu'avec Guillaume de Macon, archidiacre d'Amiens, neveu de l'évêque du même nom, qui y jouissait des droits de tonlieu, de basse justice, de ban et d'amendes.

La ville, terre et seigneurie de Frogeviller rédigea sa coutume locale le 25 septembre 1507. On y lit que « les religieux, abbé et couvent de Saint-Josse-sur-la-Mer en ont la » seigneurie de leur fondacion et ancien amortissement, avec justice vicomtière et des-» soubz ». Les droits de relief et de vendue sont les mêmes qu'à Doullens ; *mais les coups de main garnie* y sont punis par 60 *sols d'amende*. Cet acte porte quatorze signatures, dont celles de Jéhan Gallant, prêtre chapelain à Doullens, et de Pierre Hugues, maitre es arts (1) ».

HAMANCOURT.

Hamancourt, ferme de la justice et de la seigneurie de l'échevinage de Doullens, était tenue autrefois du bailliage d'Amiens. Ses habitants appartenaient à la paroisse Saint-Martin. Elle était astreinte au logement des gens de guerre ; et le duc de Bourgogne y coucha, en 1475. Robinet de Crésecques avait la seigneurie en 1396 (2) ; M. de Framicourt, en 1507, et M. de Rivery la possédait à la fin du siècle dernier. Elle lui était venue par les femmes à travers les familles de Crésecques, de Croy, de Boulainvillers, de Montigny, qui avaient possédé les seigneuries de Long et de Longpré, en même temps que celle de Hamancourt.

La propriété d'Hamancourt est encore connue par sa fontaine de Saint-Julien auprès de laquelle s'élevait autrefois une chapelle, fréquentée par un grand nombre de pélerins, qui

(1) Voir M. Bouthors, *Coutumes locales*, p. 115, t. II.

(2) Il la tenait de sa femme Lienor-le-Jumelle, et pour preuve nous n'avons qu'à citer l'*Aveu et dénombrement de Liénor-le-Jumelle, fille de feu le-Jumelle, jadis écuyer, demoisel de Mairieu et de Hamencourt, de son fief de Hardaingval, tenu noblement du roi, à cause de sa châtellenie de Doullens* (4 décembre 1378). Bibl. imp. Sect. adm. P. 137. Recueil de M. Cocheris. V. Doullens.

venaient y demander la préservation ou la guérison de la gale. Un cordelier de Doullens s'y transportait dès l'aurore, le jour de la fête du saint, pour réciter des évangiles sur la tête des pèlerins, et avait bien soin de leur recommander de ne point danser, l'après-midi, sur la pelouse située vis-à-vis de la fontaine où ils étaient venus se laver si dévotement le matin (1). Aujourd'hui encore, quoique déshéritée de sa chapelle, la fontaine Saint-Julien est restée en honneur. Aux fêtes de Pâques, et dans les premiers jours du mois de mai, on continue à venir demander à son eau vénérée une vertu anti-dartreuse, et la souplesse pour les jambes des enfants qu'on y plonge. Mais c'est encore un souvenir qui s'en va. Pauvre petite chapelle de Saint-Julien, cachée sous le lierre et le feuillage ! Humble sanctuaire de foi naïve, foulé par les pas de générations successives, il ne faisait pourtant de mal à personne ! Mais les dénicheurs de saints ne comprennent pas la poésie des croyances populaires.

Voie des Prés.

Ce hameau qui contient vingt-cinq maisons, sur la rive droite de l'Authie, est de la commune de Doullens quoique incorporé à la paroisse d'Authieule, dont il n'est même, à vrai dire, qu'une rue. Son nom lui vient de ce que, autrefois, cette rue était un chemin ou une voie conduisant dans les prés de ce côté de la banlieue, ou waquiers, c'est-à-dire pâturages. Le village d'Authieule qui a subi un déplacement et s'est rapproché de Doullens, a fini par s'étendre sur cette voie et en a fait une rue qui n'est pas sur son territoire.

Gézaincourt.

Des haies d'Ampliers, *usque ad hayam de Ampliers*, du fief de la Vicogne, *usque ad Viconiam*, affecté, comme Hamancourt, au logement des gens de guerre, la limite de la banlieue de Doullens passait aux haies de Terramesnil, au-delà de la ferme de Sery, *per totam Seri*, appartenant à Saint-Sulpice, et du fief de Béhen ; de là, revenant en deçà des haies de Beauval, elle enclavait le territoire de Gézaincourt.

Gézaincourt, *Gézainecourt, Gézini Curtis*, sur la rivière de ce nom, est un village situé derrière la citadelle de Doullens. Robert Frétiels (2), qui en était le seigneur, accorda

---

(1) M. Dusevel.

(2) On trouve sur ce Robert Frestiaus (ailleurs *Frétiels, Fertel*) le renseignement suivant, aux archives de Lille, 1er cart. d'Artois, pièce 147. « Le roi » Philippe III déclare que Robert, comte d'Artois, » s'étant plaint de ce que le bailli du roi à Amiens » prétendait soumettre à la justice du roi les fiefs de » Robert Frétiaus et de Guyot de Courchelles, bien » qu'il eut été décidé jadis que le comte d'Artois « devait avoir la justice sur les fiefs mouvants du » comté de Ponthieu depuis le milieu de la rivière » d'Authie, et depuis cet endroit *usque ad Aubeletum*, » de Dourlan vers Hesdin, il a été jugé par la cour du » roi que la justice doit appartenir au comte d'Artois, » selon les bornes déclarées, sauf les droits de chacun. » (Janvier 1278.)» *Bulletin de la Société des Antiquaires de Picardie*, année 1857.

Nous allons dire que Robert Frestiaus possédait un fief à Hem, sur l'Authie ; c'est précisément celui dont il est ici question. Quant au fief de Guyot de Courchielles, il était situé *à Beauvoir, sur le quemin qui maine de Aussi à Doullens et passe la rivière d'Authie*. Catal. de M. Cocheris. V. Doullens).

aux habitants une charte de commune, au mois d'avril de l'année 1240. Cette charte, modelée en grande partie sur celle de Beauval, parait plus libérale dans la plupart de ses dispositions. M. Boulhors a fait, du rapprochement de ces deux titres, l'objet de réflexions sages et judicieuses (1). Ne pouvant entrer ici dans les détails nous renvoyons à cet auteur, qui a posé dans quelques pages consacrées à l'examen de la charte de Gézaincourt les jalons d'une étude intéressante. Nous avons parlé ailleurs des démêlés que l'échevinage de Doullens eut avec ce Robert Frestaus (ou Frétiels) « qui feist fortereche dedans la banlieue de » Dorlens à Gezaincourt. » Des lettres du roi Philippe-le-Bel, en date de 1287, déclarèrent que le seigneur du lieu y avait toute justice. La charte de commune y réservait, comme à Doullens, le droit de l'église, du seigneur et de ses héritiers.

Un autre *Robert Frestias* était seigneur du lieu en 1367. Le 16 mars, il servit au roi à cause de son château de Doullens, l'aveu et le dénombrement d'un fief qu'il avait à *Hem*, et à l'occasion duquel *il avoit sept homes que on dist de main-ferme*. Le 12 mars 1377, Jean de Clary, dit Lancelot, écuyer, sire de *Gésainecourt*, fit de même pour son fief de *Gésainecourt*. Le 17 juillet 1582, hommage fut fait de la terre de *Gézincourt*, par Charles de Crouy, prince de *Cimay*.

L'échevinage de cette commune rédigea sa coutume locale en 38 articles, le 29 septembre 1507. « Les soubz signans qui y ont apposé leurs saings ou marques » sont au nombre de onze, parmi lesquels sire Martin Bellet, curé. La seigneurie appartenait alors à noble et puissant seigneur, Adrien de Brimeu, chevalier, seigneur de Humbercourt, Contay et Meghen. La coutume de Gézaincourt est la reproduction presque littérale de sa charte de 1240.

Vers la fin du XVII° siècle, la seigneurie avait passé de la famille de Caderousse et de Polignac à celle de Fouquesolles, et était toujours tenue du roi en pairie à cause du château de Doullens (2). Suivant un titre de 1581, elle relevait aussi du bailliage d'Amiens, par X livres parisis de relief et 100 sols de chambellage. Il y avait une chapelle castrale du patronage du seigneur. Quant à l'église paroissiale, elle avait pour patron et décimateur le prieur de Bagneux. On vit longtemps dans le bois de ce village, un orme antique, sous lequel Henri IV se reposa, dit-on, lors du siège de Doullens.

Le registre de visites épiscopales de l'année 1690 environ, porte :

Patron : Le prieur de Bagneux.
Seigneur : Duc de Caderousse.
Décimateur : Le prieur.
Revenu : Portion congrue.
Communiants : 250. Trois hameaux : Bagneux, Bretel, Longuevillette.

(1) *Coutumes locales*, t. II, p. 22 et suivant.; 169 et suiv.; 182 et suiv.

(2) Nous avons dit ailleurs que, en 1723, Jacques de Fouquesolles se qualifiait vicomte de Doullens; titre qu'ont pris aussi des seigneurs de Villers-Bocage.

Revenu de la Fabrique : 1 journal de terre.

Curé : Antoine Boully.

Plus tard, en exécution de la déclaration de l'assemblée du clergé de France de 1726, ces chiffres furent modifiés, et on trouva :

Portion congrue 300 l.

Du prieur de Bagneux 120 l.

De l'abbé du Gard 40 l.

De l'abbé de Saint-Riquier 40 l.

Casuel 30 l.

Plus 70 l. et 30 setiers de blé.

Aujourd'hui Gézaincourt est une commune qui compte 785 habitants, et une étendue territoriale de 697 hectares. Son église, dédiée à Saint Martin, et nouvellement reconstruite, n'est pas faite pour attirer les regards, qui se portent de préférence sur le château que vient d'y faire élever M. Lallart de Le Bucquières, gendre de M. le vicomte Blin de Bourdon, et sur sa belle chapelle construite d'après les dessins de M. Lassus, architecte de Paris.

BRETEL.

Bretel, (*Braietel, La Mothe-Bretel*), situé sur la rivière de Gézaincourt et annexe de ce lieu, est un hameau de quelques maisons. Son origine paraît très-ancienne, et M. Labourt y a vu une *braie* gauloise, dont les habitants ont quitté peu à peu les bas fonds fangeux pour grimper sur la hauteur et y former un nouveau centre d'habitations. Le cartulaire rouge de la ville répand aussi sur ce lieu une teinte romanesque, lorsqu'il nous parle du géant du bois de Bretel, qui assassinait les voyageurs traversant le *Val-Dollens*. Enfin, Malbrancq en fait, pour ainsi dire, le prolongement de la ville, dont la partie haute s'étendait selon lui, jusque-là. Quoi qu'il en soit, Bretel s'écrivait *Braietel,* en 1202. Nous avons parlé ailleurs de ce fief tenu de Beauval, de ses seigneurs et de leurs différends avec l'échevinage de Doullens, qui y avait toute justice. Le seigneur, en qualité d'avoué de l'abbaye de Corbie, était investi par l'anneau d'or (1), tenu à X livres de relief et à donner le manteau de chambellan (2). C'était Henri *de Biauval* qui, en 1318, possédait le fief de Bretel. Dans un dénombrement servi au roi, le 3 février de la dite année, à cause de sa châtellenie de Doullens, le sieur de Biauval fait mention du *moulin de Braietel qui ad présent est gasté.* (Arch. Imp. sect. ad. p. 137).

La coutume de la ville, terre et seigneurie de Bretel a été rédigée le 29 septembre 1509 par Colart Roussel, bailli du seigneur Pierre Lescuyer, et porte onze signatures. On voit que Bretel avait quatre échevins avec scel aux causes, et qui se renouvelaient chaque

---

(1) L'anneau, comme dans le mariage, était le signe par lequel on épousait une église, une abbaye, un duché etc.

(2) Le manteau de vassal, offert en hommage au suzerain, était abandonné par celui-ci à son chambellan. C'était le droit de chambellage.

année, aux fêtes de Pâques. Le droit de quiefmez ou d'ainesse y est stipulé, et l'art. XXV dit que tout étranger qui prend femme à Bretel doit payer au seigneur, le jour de ses noces, II deniers ; et en cas de délai ou de refus, une amende LX sols. L'usage où l'on est encore, en certains villages de la Picardie, d'imposer, sous peine de charivari, le vin du mariage aux étrangers qui y viennent contracter alliance, pourrait bien être, dit M. Bouthors, un dernier vestige de cette coutume. En 1700, le seigneur de Bretel était le comte de Lannoy, résidant à Arras.

BAGNEUX.

Bagneux, *Bagnolet, Balneolum,* tout petit hameau dépendant de Gézaincourt, ne dut sa célébrité qu'à son prieuré, dont l'abbé avait la seigneurie du lieu. Nous avons déjà dit l'origine de ce prieuré élevé sur l'emplacement consacré à des bains publics chez les Romains, d'après D. Grenier. Nous avons rapporté aussi l'opinion qui attribue à Bagneux, dans ce passé lointain, une importance stratégique. La chapelle qui s'y est fondée originairement sous le vocable de Notre-Dame, fut donnée par Gervin, évêque d'Amiens, à l'abbaye de Molesme, vers l'an 1100, et l'évêque saint Geoffroy, par charte datée du 12 des kalendes d'août 1206, confirma l'érection du prieuré due aux bienfaits de Foulques de Donion, de Doullens, qui du consentement de sa femme, y attacha sa terre de Bagneux.

« Le prieur de Bagneulx avait une partie de tous les droitz des dismes de tous les grains
» venans à meurisons et despoulléz sur le terrain de Fieffes et Bonneville allencontre du
» surplus appartenant au commandeur et au chapellain de Fieffes..., et se devoit amener
» ledit droit par le reddevable sur le lieu que on dit le Cay au dit lieu de Fieffes (1470). »
De plus, le même « prieur de Baigneux donne lettre pour le Candas, comment il doibt un
» sextier d'avoine pour cause d'une voye d'aler à se grange, et se il ne paye au jour de la
» Saint-Remi, il doibt l'amende à l'hospital de Fieffes (septembre 1255). »

Le XVI° jour d'août 1507, furent rédigées les « coutumes locales et particulières du
» prioré de l'église Nostre-Dame-de-Bagneulx, lez la ville de Doullens, ensemble la seigneu-
» rie d'icelluy prioré, ses appartenances et appendances, dont possesse présentement véné-
» rable religieuse personne frère Jehan de Richebourg, à présent prieur d'icelluy prioré
» de Bagneulx. » L'article premier dit « que de grant antiquité le dit prioré est noble-
» ment fondé et amorty sous le roy notre sire et est le dit prioré membre deppendant et
» sous l'église et abbaye Saint-Robert de Molesmes, de l'ordre de Mgr Saint Benoist.... »
On peut voir les autres articles dans les *Coutumes locales* de M. Bouthors, t. II, p. 61. Un état des revenus de cette église, dressé en 1573, prouve qu'ils étaient considérables et se composaient notamment des dimes de Candas, de Fienvillers, de Bernaville, des Autheux, de Vis, d'Outrebois, d'Humbercourt, de Coing, de Gézaincourt, de Longuevillette et autres paroisses (1). Le curé de Bagneux, en 1507, avait nom : Mallet.

(1) Le prieuré de Bagneux avait 2,000 livres de revenu. — On voit encore aujourd'hui un bout de mur qui faisait partie de la chapelle des religieux.

Les eaux qui fixèrent à Bagneux l'attention des Romains et peut-être les hommages des druides, attirent encore les regards des curieux. Ce sont des sources assez abondantes qui s'échappent du coteau appelé le Pied-de-Bœuf (ou pied de Beu), et à des hauteurs variées, et forment un ruisseau capable de faire tourner un moulin à peu de distance de là. C'est un effet hydraulique tout naturel et facile à expliquer par la position de Bagneux au-dessous du niveau de la nappe d'eau souterraine ; mais la proportion que prennent, à certaines époques, ces sources d'ailleurs remarquables, a donné naissance à des fables entretenues par la crédulité publique. Il y a aussi, en ce lieu, des carrières qui remontent à une époque reculée ; car dans un aveu du 3 février 1378, il est parlé d'une pièce de terre sise *as avennes deseure les karrières de Baigneux.*

LONGUEVILLETTE.

Longuevillette, *Longa-villa*, est un hameau autrefois dépendant de Gézaincourt, devenu commune en 1795, et aujourd'hui annexe de Hem. On lui donne une origine très reculée, et on croit qu'il y avait une riche maison de Templiers. La tradition du pays l'affirme, et on montre encore l'emplacement de constructions qui auraient appartenu à ces religieux, entre le village et le bois voisin. Nous regardons cette tradition comme inexacte, et nous pensons qu'il n'y eut jamais à Longuevillette d'autres religieux que ceux de la maison de Fieffes qui y avaient une cense et d'importantes propriétés, données en partie, sans doute, par Gaudefroy de Doullens. Ce seigneur, dans l'abandon qu'il fit, en 1204, aux frères hospitaliers de Fieffes de sa terre de Fienvillers, s'engagea à ne pas élever de forteresse à Longuevillette : *in territoriis de Fienviler, de Longueville, de la Hoche, nullam poterit facere firmitatem.* Nous avons trouvé également, à la date de 1208, un titre qui fait mention de la sixième partie *de la dixme de Longueville, qui appartenoit aux Templiers de Fieffes.* Enfin, parmi les lieux-dits anciens de Longuevillette, on cite *Roquemont*; or, une charte de W. abbé de Saint-Riquier, qui remonte à la fin du xiiie siècle et relative aux frères de Fieffes, parle de dîmes sur les terroirs de *Roselflos, Ville et Rochemont.*

Mais ce qui n'est pas moins certain, parce que nous en avons trouvé la preuve dans le Cartulaire du Gard, c'est qu'au xiiie siècle l'abbaye du Gard possédait la *maison et cense de Longuevillette* (1), *près Doullens, contenant en maison, grange, édifices, cour, jardins, patis et pourpris, 18 journaux avec 94 journaux ou environ de terres labourables y appendant et tant bonnes que mauvaises, dont y en a grande partie en riez et la plupart qui doivent champart et rentes ; en laquelle maison, cense et pourpris la dite église* (du Gard) *a toute justice et seigneurie, selon la coutume du bailliage d'Amiens, auprès de laquelle y a un moulin à vent, qui sert à moudre blé ;* le tout évalué en argent se montant à 300 livres tournois. La dite église du Gard possédait encore *une pièce de bois* située au terroir de

---

(1) L'abbaye du Gard avait près de Fienvillers une maison dite de *Bouqueville*, qui devait dîme aux frères hospitaliers de Fieffes.

Longuevillette, *près les terres de la dite cense,* contenant 100 journaux ou environ, produisant par an 60 livres tournois. 80 journaux de ce bois avaient été donnés à l'abbaye du Gard par Geoffroy, de Doullens, chevalier, du consentement d'Edèle sa fille, mariée à Henri Kiret (Kiéret) vers 1215.

Le prieur de Bagneux était seigneur de Longuevillette. Aussi la coutume locale du prieuré porte-t-elle des dispositions particulières à ce lieu. Mais il paraît que le dit prieur délaissait un peu trop cette annexe de sa seigneurie ; car, le 18 octobre 1668, le sieur Maréchal, conseiller en la cour des aydes, fit une donation dans le but de procurer la messe les dimanches et fêtes aux habitants de Longuevillette, soit par le prieur de Bagneux, soit par le curé de Gézaincourt.

La croix de grès plantée sur le territoire de Longuevillette est très-ancienne. Il est à croire qu'elle a été placée là comme limite de la banlieue de Doullens, lors de la première concession verbale de commune faite par le comte Gui de Ponthieu, vers l'an 1147. Voilà pourquoi la charte de 1202 cite cette croix comme une limite déjà connue : *Usque ad crucem de Longa-villa.* D'autres y voient un asile élevé pour les malheureux paysans auxquels les seigneurs donnaient la chasse pour exercer la vitesse de leurs chevaux. Peut-être pourrait-on dire aussi que cette croix servait de limite aux possessions des religieux de Saint-Jean de Jérusalem, de Fieffes, lesquelles étaient ainsi bornées sur Candas, Fienvillers et Longuevillette ; car on les trouve désignées dans une charte de 1204, par ces mots : *Infra cruces,* et ailleurs : *par dedens les bournes croisiés que on dit les Croix.*

Hem (Hamus.)

Ce village, d'une superficie territoriale de 1,025 hectares et peuplé de 545 habitants, est assis sur la rive gauche de l'Authie, au-dessous de Doullens, et dans son ancienne banlieue. Il est parlé de la commune de ce lieu en 1158, dit le P. Daire. Nous avons vu que la ville de Doullens, par acquisition de 1272, y avait toute justice et seigneurie. Avant cette époque, un franc fief de treize journaux, sis à Hem, était tenu du roi, à cause de son château de Doullens, par 60 sols parisis de relief et vingt sols de chambellage. C'est celui dont nous avons parlé au mot : Gézaincourt, p. 452, appartenant à Robert Frestias, seigneur de ce lieu, et au sujet duquel un procès s'était élevé relativement aux droits de justice que le comte d'Artois réclamait sur le dit fief ; procès qui fut jugé par la cour du roi, en 1278, en faveur du réclamant. Nous avons dit aussi qu'un successeur de ce Robert Frestias, et du même nom, avait servi au roi le 16 mars 1367, l'aveu et le dénombrement de ce fief à l'occasion duquel *il avoit sept homes que on dist de main-ferme.* En 1372, Jéhan de Rollepot avait succédé à Robert Frestias ; et son fils, Robert de Rollepot, présenta au roi l'aveu et le dénombrement dudit fief, le 29 novembre 1378. Plus tard, apparaissent de nouveaux maîtres ; et à la date du 13 avril 1551 on trouve mention de *l'hommage fait au roi par Max. Lefebvre, à cause de damoiselle Marie d'Austerel* (d'Ostrel), *sa femme, pour raison* d'un fief situé en la banlieue de Doullens, terroir de Hem (1). Enfin, Antoine d'Ainval acheta, le 27 novembre 1609, de Marie Le Scellier, femme d'Antoine Lefebvre, seigneur de Milly, cette terre et seigneurie qui, au commencement du siècle dernier, était aux mains de Nicolas de Saisseval, chevalier, époux de Marie-Catherine-Colette Dragon.

Au milieu de ces autorités rivales, la commune de Hem avait vu s'en aller ses droits et priviléges. Doullens, surtout, avait dû les confisquer en absorbant cette enclave de sa banlieue. C'est pourquoi le roi Henri IV octroya à ce village une charte de commune au mois d'octobre 1604. Le premier maire fut, à ce qu'il paraît, M. de Saisseval, qui administrait conjointement avec la commune de Doullens. J. Monart était vice-gérant de la paroisse, en 1507.

L'église, dédiée à la Vierge, et nouvellement rebâtie dans de gracieuses proportions, était autrefois du patronage de l'abbesse de Berteaucourt, qui en avait les dîmes.

HARDINVAL.

Hardinval, *Hardini vallis*, hameau dépendant de Hem, était de la seigneurie de l'échevinage de Doullens. Liénor-le-Jumelle, fille de feu le Jumel, écuyer, demoiselle de Marieu (2) etc., présenta au roi, le 4 décembre 1378, l'aveu et le dénombrement de son fief de *Hardaingval*. L'abbesse de Bertaucourt dîmait sur ce village ; et dans le siècle dernier, la famille de Saisseval y avait, comme à Hem, seigneurie foncière, ainsi que la commune de Doullens.

RICQUEMESNIL.

Ricquemesnil, sur la rive gauche de l'Authie, était autrefois un hameau de dix à douze maisons, qui fut vendu en 1180, à l'abbaye de Bertaucourt, par Christophe de Ricquemesnil ; et le 19 mai 1285, Grars son successeur, reconnut que le corps de ville en avait la seigneurie foncière, consistant en deux fiefs égaux, dont l'un relevait du roi, à cause du château de Doullens, par X livres parisis de relief et 40 sols de chambellage ; l'autre du seigneur de Beauval, par 60 sols de relief et 20 de chambellage.

Il y avait dans ce hameau un fief noble, sous le nom de vicomté, appelé manoir de Mons, qui n'était qu'un démembrement de la seigneurie de Hem. Edmond *Dragon, capitaine du fort castel de Lucheux*, en était le seigneur en 1460, et reconnut que le corps de ville y avait toute justice. Pierre Dragon le possédait, en 1645. Nous avons vu que l'échevinage de Doullens eut plus d'un procès à soutenir contre les différents personnages qui avaient seigneurie à Ricquemesnil.

(1) Arch. imp. sect. adm. p. 137. *Recueil de M. Cocheris.* V. Doullens. — *Communication particulière de M. Pouy, d'Amiens.*)

(2) Elle était femme de Robinet de Crésecques, seigneur de Long, Longpré, etc., et avait aussi, comme nous l'avons dit, seigneurie à Hamancourt.

Occoche.

Après avoir touché barre aux Autheux, la banlieue de Doullens s'en allait enclaver le vieil Occoche, en tout ou en partie, *usque ad vetus Aucoch*, où se trouvait le moulin de la Fosse, mentionné dans les titres. Ce village, d'origine très-ancienne, et qui n'a d'abord été qu'un groupe de quelques maisons, parait avoir fait partie du comté de Saint-Pol. L'un de ses premiers seigneurs fut Hugues d'Occoche dont une descendante transporta la seigneurie à la famille de Bailleul. Puis on vit à Occoche la maison Quiéret et la famille d'Ostrel de Doullens. Une charte de l'année 1300 nous parle aussi d'Isabelle d'Aucoch, de la famille de Beauval, qui possédait dans la ville un hôtel, rue Saint-Martin ; et nous avons vu, en effet, que le seigneur Robert de Beauval, chevalier, qui avait la seigneurie d'Occoche (1), dut reconnaître avec les habitants de cette dernière localité que la banlieue de la ville, sa juridiction, sa justice municipale et sa seigneurie s'étendaient jusqu'à Occoche (1er mai 1364),

L'année suivante, ayant subi l'humiliation de l'amende honorable en présence de l'échevinage doullennais, il voua sans doute une profonde rancune à ses voisins ; et comme en cette même année, le comte de Saint-Pol dut à son tour abandonner Doullens, qui faisait retour à la couronne et redevenait le chef-lieu de prévôté, on profita de cette circonstance pour obtenir en faveur d'Occoche une charte communale, soit dudit comte de Saint-Pol, soit du roi Charles V. La nouvelle commune, dotée d'un échevinage, sous la présidence de son maieur, Jean Grault, commença donc à s'administrer en dehors du corps de ville de Doullens, qui conserva néanmoins sur elle ses droits de banlieue ; et comme ces droits paraissaient devoir être méconnus, le parlement se chargea de rappeler aux échevins et habitants d'Occoche qu'ils n'étaient pas encore indépendants à ce point de leurs anciens maitres (1373).

En 1442, Isabeau de Beauval était devenue veuve, et par elle s'éteignit la branche des Beauval d'Occoche, dans la maison de Leroy, sieur de Chillon, etc. Puis, Pierre Samson Moucques nous apparaît, en 1481, comme seigneur du grand et du petit Occoche.

Le 13 septembre 1507, ont été rédigées « les coutumes locales de la terre et seigneurie » d'Occoch, appartenant à noble homme Guyon Leroy, seigneur de Chillon, de Villeroy et » dudit lieu d'Occoche, à cause de demoiselle Isabeau de Beauval, sa femme ». L'article premier dit « que ladite terre et seigneurie d'Occoche, qui est tenue noblement en deux fiefs, » l'un du roy nostre sire, à cause de son chasteau de Doullens, et se nomme le fief de » Vauchelle, et l'autre de noble et puissant seigneur Monseigneur de Morœul, à cause de » Madame sa femme, et de leur terre et seigneurie de Beauval, qui se nomme le fief » d'Occoch, icelluy seigneur de Chillon a toute justice et seigneurie haute, moïenne et » basse, avec bailly, prévost, procureur, recepveur, sergens et autres officiers pour icelle

---

(1) Beaval ou Biaval était aussi le nom d'une masure sise à Occoche.

» sa dite justice gouverner et garder ; et sy a droit de confiscation comme hault justicier ;
» et sy a ville d'arrest et se font lesdits arretz par ledit prévost » Le maire et les échevins s'opposèrent à cet article, en objectant qu'ils étaient en possession de prérogatives qui en détruisaient en partie les prétentions. Pareille opposition fut faite par eux à divers autres articles. Ces coutumes, rédigées en présence de vingt personnes, ne portent que dix signatures, entre autres celles de Leboin, procureur de la prévôté de Doullens ; de Donnez, curé d'Occoch ; d'Ancel le Baillu, mayeur d'Occoche, et des échevins.

Douze jours après, c'est-à-dire le 25 septembre, furent aussi rédigées « les coutumes » locales notoirement tenues, gardées et observées en la ville, eschevinage et banlieue » d'Occoch.... par les mayeur et eschevins dudit lieu ». On y voit que les maire et échevins ont la justice et la seigneurie vicomtière dans toute l'étendue de leur banlieue et échevinage, qui n'a d'autre limite que celle du fief d'Occoche. Aussi l'article cinquième ne manque pas de dire que « ont lesdits mayeur et eschevins accoustumé d'avoir de tous » temps et anchienneté prisons, chep, pillory et carcan, pour mettre et pugnir les mal- » faicteurs, quant le cas y eschiet ». L'article XII fait mention des chartes des mayeur et eschevins ; mais ce pacte fondamental a sans doute été perdu. Les coutumes de l'échevinage d'Occoche portent seize signatures, parmi lesquelles celle de Rohault, procureur pour office et procureur des religieuses abbesse et couvent Saint-Michel-en-Doullens.

Au XVII° siècle, la seigneurie d'Occoche était passée aux mains de M. Monck de Penille (1), descendant de Monck, duc d'Albemarle (Angleterre). Le 18 janvier 1745, Anne-Charlotte Monck l'apporta, à son tour, en dot au vicomte Malet de Coupigny. Mais au milieu de ces vicissitudes, l'ancien château, vieux manoir sans beauté, avait disparu, pour être remplacé, il y a environ un siècle, un peu plus loin dans la partie élevée du village, par celui qui existe encore aujourd'hui, et que la famille Melin possède à titre d'acquisition faite en 1791.

L'église d'Occoche, qui n'offre rien de remarquable, rattache sa construction à l'année 1519, et est dédiée à saint André. L'abbaye de Corbie en fut le patron, à raison des droits attachés au prieuré de Saint-Sulpice, annexe de cette abbaye depuis 1562.

Occoche possède de beaux marais contigus à ceux de Hem et de Doullens. On sait déjà que Henri IV en avait pris trente-quatre journaux à chacune de ces communes pour en donner la jouissance au gouverneur de Doullens, Charles de Rambures, et à ses successeurs (octobre 1604). Le roi Louis XIV annula cette concession dès les premières années de son règne, et les dits marais en retinrent le nom de Prés du Gouverneur. La population de la commune est d'environ 300 habitants, et l'étendue territoriale de 708 hectares.

Neuvillette (Nova-Villa).

Du Vieil-Occoche, la banlieue de Doullens allait passer à Hunort-Fosse : *usque ad Hunort fosse*. On prétend assez généralement que cette limite de la fosse Hunort n'enclavait pas le

---

(1) Warmé. *Hist. de Doullens*, p. 494.

village, mais seulement trois maisons qui se trouvaient en deçà et situées au midi. Nous avons vu cependant au chapitre intitulé : Luttes de l'échevinage, que le corps de ville fit condamner le seigneur de Neuvillette comme coupable de s'être approprié quelques arbres renversés par le vent (1327-1434), et condamna lui-même le curé du lieu, qui s'était permis d'abattre un cerisier sur le flégard, au lieu dit le presbytère, sans la permission des maieur et échevins de Doullens (29 janvier 1436). Or, le lieu dit le Presbytère avait son siége à côté de l'église et de la maison des malades, vers le nord. Donc, si la banlieue passait à Hunort-Fosse, vers le midi, elle donnait aussi au corps de ville des droits de voirie sur la partie nord.

Le premier document qui nous parle de Neuvillette, est la bulle du pape Alexandre III, en date de 1170, qui confirme les biens de la maladrerie, et la donne comme une annexe de celle de Doullens. Nous avons parlé ailleurs de cet établissement dont on ne voit plus que quelques vestiges, c'est-à-dire des restes de fondations, et le clocher actuel qui fut celui de l'ancienne chapelle. Gauthier Marchaye, seigneur du lieu, est connu pour avoir donné un fief aux religieux, et fondé dans l'église paroissiale la chapelle de la maison hospitalière.

Un fief de ce village dépendait de la châtellenie de Beauval, ainsi que l'explique le dénombrement suivant, fourni en 1404, par Jacques Brédoul, seigneur du lieu :

« Je tiens et avoue tenir noblement en fief et à pleine foi et hommage ma dite terre de
» Neuvillette, de demoiselle Barbe de Châtillon, femme de Jéhan de Soissons, demoiselle de
» la terre, seigneurie et châtellenie de Beauval, tenu du roi notre sire, lequel je tiens par
» 60 sols parisis de relief, d'hoirs et autres, 30 sols parisis de chambellage, 60 sols parisis
» d'aide et vente de quint deniers, quand le cas y échoit, et avec plaid de quinzaine en
» quinzaine, en la cour de mon dit seigneur châtelain de Beauval (1) ».

Nous avons dit ailleurs que le seigneur de Beauval, Guillaume, également seigneur de Ricquemesnil et de Neuvillette, voulant fréquenter en ligne directe l'une et l'autre de ces terres, demanda au corps de ville de Doullens et obtint l'autorisation de jeter un pont fermé sur l'Authie, en 1456.

Jéhan Papin, bailli du fief dont nous venons de parler, rédigea, le 4 septembre 1507, les « coustumes locales et particulières dont on en use en la ville de Neufvillette, en ce
» qui est tenu de Mademoiselle Marie Brunel, veuve de feu Jacques Bresdoul, laquelle terre
» ladite demoiselle tient noblement en ung fief de la terre et seigneurie de Biauval (2). »
Ce fief passa ensuite aux mains de Robert d'Aubourg, qualifié écuyer et seigneur de Neuvillette par l'arrière-ban d'Amiens, de 1557.

Le 24 septembre 1507, B. Le Viesier, bailli d'un autre fief, rédigea, à son tour, « les
» coustumes locales de la ville, terre et seigneurie de Nœufvillette (3), appartenant à noble

---

(1) M. Warmé. *Hist. de Doullens*, p. 482.
(2) M. Bouthors. *Coutumes locales*, T. II, p. 144.
(3) Ibid. M. Warmé a confondu ces deux fiefs. Ibid. 484.

» homme Pierre de Boffles, escuyer ». Et cinquante ans après, Florimond de Boffles est aussi qualifié écuyer et seigneur de Neuvillette par l'arrière-ban d'Amiens.

Nous avons vu encore que le sieur Dabancourt, qui se disait descendre des fondateurs de la maladrerie, et qui en était le créancier, se fit adjuger, en 1671, cette maison hospitalière avec ses biens et le fief que lui avait aumôné Gauthier Marchaye. Puis apparurent à Neuvillette les familles de La Houssoye et Goyer de Sennecourt.

Au milieu du siècle dernier, la ville de Doullens voulant soumettre Neuvillette en qualité de banlieue, au tarif de son octroi, le seigneur et les habitants de ce village refusèrent le paiement de cet impôt, en excipant des termes de la disposition suivante d'un arrêt, en date du 27 septembre 1756 :

« Et seront lesdits droits payés tant par les villes et bourgs y dénommés, que dans tous
» les faubourgs, hameaux et écarts en dépendant, qui sont sujets aux charges et imposi-
» tions desdites villes ».

La contestation ayant été portée devant la juridiction locale, la demande du régisseur de l'octroi fut rejetée, et cette première sentence a été confirmée par l'arrêt de la cour des Aides etc., du 8 juillet 1779 (1).

La commune de Neuvillette compte 700 habitants, et 313 hectares de superficie territoriale.

Ransart.

Ransart, *Roiumsart* dans la bulle d'Alexandre III, confirmative de l'abbaye de Saint-Michel-les-Doullens, ailleurs *Roiensart*, *Ramsart*, est un tout petit hameau voisin de Neuvillette et de sa paroisse, mais appartenant à la commune de Doullens, et ayant été de sa banlieue. Les quatre fermes qui le composent servirent originairement à l'exploitation du vaste domaine que la riche abbaye de Cercamps possédait en ce lieu, avec des droits seigneuriaux semblables aux droits vicomtiers. Or, cette abbaye tenait ces biens des Camp-d'Avesne, dont voici la filiation :

Hue Camp-d'Avesne, comte de Saint-Pol, fondateur de la dite abbaye de Cercamps, en 1137, eut de sa femme Béatrix, pour fils cadet (2) Guy de Camp-d'Avesne, seigneur de Ransart, Frévent et Cercamps en partie, lequel épousa Mahaut, dame de Beauval, et du quint de Doullens, fille d'Ibert de Doullens. De ce mariage est issu Hugues Camp-d'Avesne, seigneur des dits lieux, époux de Mahaut, dame d'Auxi, qui donna naissance à Hugues Camp-d'Avesne, seigneur de Beauval, du quint de Doullens et de Ransart. Ce dernier eut de Mabille, sa femme, Beaudoin, qui suit, et une fille qui devint dame de Ransart et fut mariée à Pierre d'Amiens, seigneur de Canaples. Beaudoin Camp-d'Avesne, dont les enfants plaidèrent en Parlement, comme nous l'avons dit, contre leur mère Agnès, fut le père de

---

(1) M. Warmé. Ibid.
(2) Le fils aîné Anselme, tige des comtes de Saint-Pol, fut seigneur de Lucheux, et cette ligne tomba en quenouille dans la maison de Châtillon.

Robert Camp-d'Avesne, seigneur de Beauval et du quint de Doullens, fils cadet et héritier d'Etienne, son frère aîné. C'est ce Robert qui, en 1265, donna à l'abbaye de Cercamps sa part dans la terre de Ransart.

Nous avons suffisamment parlé ailleurs des démêlés de l'échevinage avec cette abbaye, qui par décision judiciaire basée sur la charte de commune de Doullens, devait tenir sa cour dans la ville pour le jugement des délits commis sur ses terres de Ransart et de Boùquemaison.

Nous avons mentionné aussi, au chapitre de l'abbaye de Saint-Michel de Doullens, la chapelle paroissiale de Ransart érigée en l'église de cette abbaye par lettres de l'évêque d'Arras, Aluisius (1), en date de 1142, et qui ne fut supprimée qu'à la fin du siècle dernier. Elle produisait 500 livres, d'après la déclaration faite à l'assemblée du clergé de France.

Bouquemaison.

Bouquemaison, *villa Bucci*, dont l'origine remonte au-delà du xii° siècle, était encore dans la banlieue de Doullens. L'échevinage de la ville y avait toute justice et seigneurie, avec le droit d'ordonner la fête du lieu et d'y connaitre des crimes de larçin, d'effusion de sang et des actions pour les épaves et forfaitures. L'abbaye de Cercamps avait, pour le reste, des droits seigneuriaux pareils à ceux des seigneurs vicomtiers. La commune de Doullens se rencontra plusieurs fois devant les tribunaux avec les seigneurs fonciers de Bouquemaison. Nous avons rapporté quelques-uns de ces démêlés. On trouve mentionnés dans les titres, le fief *Grebert*, tenu du roi, à cause du château de Doullens par 60 sols de relief et 20 de chambellage ; du *grand* et du *petit Erpin*, ce dernier s'étendant dans la banlieue, et le fief d'*Humières*. L'un de ces fiefs, composé de 25 journaux de terre, appartenait à Jéhan Amant, demeurant à Bouquemaison, qui en présenta au roi le dénombrement, à cause de son château de Doullens, le 4 juin 1372, et le 19 novembre 1378. L'église, sous le vocable de Saint-Pierre, était du patronage de l'abbé d'Anchin, puis de l'abbé de Corbie, comme grands-prieurs de Saint-Sulpice-les-Doullens. L'abbaye de Cercamps, celle de Saint-Michel de Doullens et le seigneur partageaient les dîmes avec la fabrique, qui n'avait guère que 100 livres de revenu. Le curé, en 1507, s'appelait Berrogny ; et en 1690, Antoine du Clay.

Le village, composé vers la fin du dernier siècle, de 630 habitants, en a aujourd'hui 1060, avec une superficie territoriale de 715 hectares. Il y eut une fosse d'où l'on avait commencé, parait-il, à extraire du charbon. Nous avons vu que telle a été la croyance des membres de l'assemblée du département de Doullens, qui, dans sa séance de 2 juillet 1788, accusa la

---

(1) Aluisius ou Alvise avait été abbé d'Anchin avant de monter sur le siège d'Arras. Louis VII l'emmena avec lui à la croisade dans le dessein de le laisser auprès de l'Empereur Manuel en qualité d'ambassadeur. Mais ce pieux évêque, dont St. Bernard fit l'éloge au pape Innocent II, mourut à Philippopolis, en Thrace, le 6 septembre 1148. (Odon de Deuil.)

société d'exploitation de s'être laissé acheter par les actionnaires des mines de Valenciennes. De nouvelles tentatives furent faites, en 1838, mais elles ne produisirent pas de plus heureux résultats.

Haute-Visée-le-Beau.

Haute-Visée-le-Beau, ainsi nommé à cause de sa situation sur la montagne, et traversé par la route de Saint-Pol, est un hameau de cent cinquante-trois habitants, appartenant à la commune et à la paroisse de Doullens. Il dépendit de Notre-Dame, et parait avoir été autrefois plus considérable qu'il n'est aujourd'hui, s'il faut en juger par d'assez nombreuses fondations découvertes par le soc de la charrue, vers le chemin d'Hesdin.

Grouches.

La limite de la banlieue, quittant Bouquemaison, passait au bois de Robertmont, enclavait les bois Labbesse et Colin, ce dernier, de 70 journaux, appartenant à l'abbaye de Saint-Michel ; le bois de la Prumeroye, ou bois du parc et Grouches. Ce village donna son nom à la noble et célèbre famille de Grouches, par Thierry, seigneur de Grouches, Luchuel et Brévillers en 1190, dont les descendants ont contracté alliance avec les Bayencourt-Bouchavesne, les Gribauval, les de la Rivière, de Chepy, etc.

En 1377, le seigneur reconnut n'avoir qu'une justice foncière dans l'étendue de sa seigneurie, mouvante du roi. Le 2 décembre 1378, Robert du Pré, dit le Borgne, écuyer, sire de *Grouches et du Souich*, présenta au roi l'aveu et le dénombrement de son fief de Grouches tenu noblement de la couronne à cause du château de Doullens. Puis les seigneurs eurent noms : de Chambery, de Vorme et de Saint-Florentin. La seigneurie était éteinte en 1680.

« Les usaiges et coustumes de la terre et seigneurie de Grouches, notoires aux manans, » subjectz et habitans du 'dit lieu » ont été rédigés en 1507, par Jéhan Daullé, bailli, quoique cette rédaction ne porte pas de date. Elle est en 21 articles qui contiennent des dispositions dignes de remarque. Ainsi, l'art. XVIII dit que tous les héritages cottiers des père et mère appartiennent à l'aîné des enfants ; et la part des puinés est restreinte aux acquets, selon que le prescrit la coutume du bailliage d'Amiens. L'article XIX ajoute qu'en recueillant un héritage à titre de succession, on n'est point chargé des dettes du défunt. Ailleurs, art. VI, il est dit qu'un coup de main garnie et à sang est puni de 60 sols d'amende, tandis que pour laid dit et simple coup, on ne paie que VII sols, VI deniers (1).

Grouches, qui a donné son nom également à la rivière au-dessus de laquelle le village est situé, dépendait autrefois de la paroisse Saint-Martin de Doullens. Une église y ayant été construite au commencement du XVI° siècle, la paroisse fut constituée, et la nouvelle église placée sous le vocable de Saint-Martin. Le vice-gérant de la nouvelle paroisse s'appelait,

---

(1) Bouthors, *Coutumes locales*, p. 131, t. II.

en 1507, J. Daullé. Aujourd'hui, la commune de Grouches compte, avec ses annexes, 953 habitants et une étendue territoriale de 900 hectares.

Luchuel.

Luchuel, *Lucheul, Luceolum,* annexe de Grouches et assise sur la rive gauche de la rivière, appartenait, au xiiie siècle, à la famille de Grouches. Nous avons vu l'abbaye de Saint-Vindicien, au mont Saint-Eloi, abandonner par transaction de 1165, à Saint-Sulpice, tout ce qu'elle possédait sur le terroir de Luchuel ; puis vinrent les donations de Beaudoin, d'Alond et d'Alulfe de Luchuel. Ce dernier se qualifie, en 1224, vassal du seigneur de Beauval, qui avait, en effet, la mouvance de sa seigneurie. En 1367, les seigneur et dame du lieu ont reconnu que toute justice foncière y appartenait au corps de ville. En 1560, la seigneurie était à M. de Banaste, et plus tard à M. d'Aldebert. L'église, dédiée à Saint-Brice, a été donnée avec les dîmes au prieuré de Saint-Sulpice, par l'évêque d'Amiens, en 1222. Elle eut pour patron l'abbé d'Anchin, puis l'abbé de Corbie. Le curé, en 1507, s'appelait Rainteler. Elle jouissait, au siècle dernier, de 180 l., dîmes en blé ; de 60 l., dîmes d'avoine ; de 25 l., dîmes de lins et chanvres ; de 8 l., dîmes diverses, et de 6 l. de casuel. Le seigneur était Mlle de Luchuel, et le curé Charles Sarrasin.

Au-dessous de l'église, on voyait autrefois une chapelle dédiée à Notre-Dame de Liesse, et non loin de là, il y avait aussi au xive siècle le *moustier Saint-Martin de Luchuel.*

Bout-des-prés est un hameau assis sur la rivière, dépendant de la paroisse de Grouches et en partie de la commune de Doullens.

Milly.

Milly est également un hameau assis sur la Grouche, écart de la commune et annexe de la paroisse de Doullens. Il renferme environ deux cent quatre-vingt-douze habitants, sur la route d'Avesne-le-Comte. Le Grand-Milly est une ferme qui avait pour seigneur Jean Lefebvre, en 1784.

On trouve encore dans ce hameau quelques traces du protestantisme conservé par Louis Duméril, de Grouches, qui, après s'être réfugié à Naours, en fut enlevé en vertu d'une lettre de cachet, et enfermé à Bicètre, près Paris (Rossier, Hist. du Protestantisme).

Beaurepaire.

La banlieue enclavait le hameau de Beaurepaire, *Belrepaire, Biaurepaire, Belloredditus,* composé de quatre fermes du territoire et de la paroisse de Doullens, situé sur la route d'Arras. Tenu autrefois de l'abbaye de Saint-Sauve de Montreuil, il devint la propriété du monastère d'Anchin, puis de Corbie. On y distinguait le fief de Ligny et celui du champ

Saint-Martin, érigé en 1423, et tenu en plein hommage du prieuré de Saint-Sulpice. Nous avons parlé ailleurs plus en détail de ce hameau.

Telle était dans l'origine la banlieue de Doullens, dont les limites furent reculées plus tard, dit le P. Daire. Nous voulons bien accepter de confiance l'assertion de cet auteur qui eût mieux fait pourtant de la baser sur des preuves et de nous donner les dernières délimitations. Aujourd'hui, le territoire de Doullens ne confine plus au Pas-de-Calais qu'au delà de l'annexe de Beaurepaire.

Fin.

PIÈCES JUSTIFICATIVES

DE LA DEUXIÈME PARTIE.

N° 1.

In nomine Patris, et Filii et Spiritus sancti, Amen. Guarinus Dei gratia Ambianensis episcopus, sanctæ ecclesiæ filiis præsentibus et futuris feliciter natis ad bravium supernæ vocationis. Oportet nos, dilectissimi specialiter hujus sanctæ matris ecclesiæ ceterarumque sibi subjectarum ecclesiarum necessitatibus et utilitatibus assidue providere, earumque possessiones et dignitates pro posse nostro tueri· imbecillitatesque viriliter sustinere, ne quibus sustentari debent ecclesiæ, alicujus potestatis violentia dissipentur et conturbentur oppressione. Quocirca ecclesiæ S. Michaelis Durlendensis et sanctimonialium Deo in ea devote servientium necessitati et utilitati paterna caritate providentes, quæ in eodem oppido et territorio Durlendensi possident in terris, et hospitibus, et furnis et decimis concedimus, altare scilicet Yvrenni.... altare de Cercamps.... altare de Roiumsart.... duas partes decimæ casæ ecclesiæ de Alcoch et tantum terræ infra terram Avodi silvæ, ubi possunt seminari tres modii annonæ: duas quoque cambas in villa quæ dicitur Bastis, et quatuor hospites, et furnum unum pro quo monachi ecclesiæ sancti Petri de Abbatis-villa... in silva quoque Viconiæ... in villa quæ dicitur Amplers. Actum hoc et pertractatum in synodo in ecclesia majore Ambianensi, anno Dominicæ Incarnationis M. CXXXVIII, indict. I, VI. Idus novemb. feliciter, Amen. Signum D. Guarini Ambianensis episcopi. Signum Radulfi archidiaconi et præpositi, Signum Balduini archidiaconi, Signum Andreæ decani, Signum Fulconis cantoris. Sign. Guarini thesaurarii. Signum Acardi et Rogeri sacerdotum, Signum Radulfi et Dodomani diaconorum, Signum Rogeri et Adelelmi subdiaconorum, Sign.... et Balduini acolythorum, Sign. Theodorici abbatis sancti Eligii Noviomensis. Sign. Serlonis abbatis sancti Luciani Bellovacensis, Sign. Richarii abbatis Monsterolensis, Sign. Roberti abbatis sancti Judoci, Sign. Eustachii abbatis sancti Fusciani, Sign. D. Symonis Aquicinctis monachi. Arnulfus vices Radulfi cancellarii agens scripsit et subscripsit.

(Gallia christiana, t. X.)

1138.

N° 2.

In nomine Patris, et Filii et Spiritus sancti, Amen. Ego Theodericus Dei gratia Ambianensis episc. tam futuris quam præsentibus in Christo fidelibus in perpetuum. Ad pastoralem sollicitudinem specialiter per-

1147.

tinet jus ecclesiasticum a malis et importunis hominibus liberare, et cum extraordinarie libertas ecclesiæ ducitur, in quantum prævalet ad ordinis lineam reducere. Ea propter, fili Gosvine, abba venerabilis Aquicinctensis monasterii in christo plurimum dilecte, tibi tuisque successoribus et monasterio tuo canonicas sancti Martini de Durlendo, quas hactenus Guillelmus comes de Pontivo et Guido filius ejus hereditaria successione contra statuta canonum tenuerant, ab eis emancipatas canonice contradimus et perpetua libertate sancimus. Siquidem illustris comes Guillelmus cum Eila uxore sua et Guido atque Joannes filii eorum, Joannes quoque filius Guidonis cum matre sua Ida culpam suam recognoscentes, canonicas prætaxatas in manus nostras reddiderunt et ut eas monasterio Aquicinctensi ob remedium animarum suarum donaremus plurimum rogaverunt. Nos igitur canonicas prætaxatas a manu laica per Dei gratiam liberatas, tibi et monasterio tuo perpetuo possidendas concedimus et defunctis canonicis qui nunc eas obtinent ne alii canonici aliquo modo ibidem subrogentur penitus prohibemus, et perturbatores istius eleemosynæ a sacratissimo corpore Jesu Christi, et communione omnium fidelium et introitu omnium ecclesiarum sequestramus, donationem nostram sigilli nostri munimine corroborantes, et assensu et testimonio subscriptarum personarum confirmantes. Signum Radulfi decani et Guarini præpositi, et Radulfi et Balduini archidiaconorum, et Fulconis præcentoris, et Acardi, Adelelmi presbyterorum, et Radulfi, Richerii diaconorum, et Guermundi, Rogeri, Theobaldi, Laurentii subdiaconorum. Ego Simon cancellarius subscripsi et relegi per manum Roberti Gigantis. Actum anno ab Incarnatione Domini M. CXLVII, indict. X. Recognitum in synodo Ambianensi in præsentia personarum nostrarum, Gualteri abbatis de S. Acheolo, Theobaldi de S. Martino, Fulconis de sancto Joanne, Gigomari de S. Fusciano, Eustachii S. Salvii de Monsteriolo, Theobaldi de sancto Judoco, Gualteri de Selincurte.

(Gallia christiana, t. X.)

N° 3.

1170.   Alexander III, servus servorum Dei, dilectis filiis infirmorum fratribus de Durlenz communem vitam degentibus, salutem et apostolicam benedictionem. Hos quos manus Domini graviter flagellavit, et irreparabili lepræ morbo afflixit decet Nos oculo benigniori respicere et a furore malignantium nostræ protectionis maxime roborare. Inde est, dilecti in Domino filii, quod nos pietatis officio moti, et suscepti apostolatus debito exhortati, vestram domum et omnia quæ in presentiarum legitime possidetis aut in futurum multis modis, prestante Domino, poteritis adipisci, sub Beati Petri et Nostra protectione suscepimus. Præterea locum ipsum ex dono Guidonis Rubei vobis concessum, in quo domus vestra sita est, cum omnibus pertinentiis suis ex dono Odardi de Castelet ; altare de Novileta et duas partes decimæ ejusdem villæ ; unum hortum ante portam et quamdam partem terræ juxta illam et alium hortum pro virgulto de Riberpré excambitum ; hoc in presentià Domini Roberti, filii Hiberti recognitum et ab eo confirmatum fuit. Ex dono Bertæ de Sancto Albino in sororem receptæ medietatem tertiæ partis decimæ de Novileta. E dono Odonis et Arnulphi Batel campum Theobaldi. E dono Odonis patris Galteri Le Rat hortum unum in eodem terragio et deventuram ejusdem horti. E dono Henrici Lardant leprosi et in fratrem recepti hortum unum. E dono Johannis Crustole campum unum terræ apud Novileta. E dono quatuor participum Novileta terram de La Chaisnoie. E donno Gualonis de Novileta quatuor jugera terræ in feodo de Novileta. E dono Lamberti Fulgendi omnes hospites a manso vestro usque ad portam... Et alia quæ rationabiliter possidetis vel in futurum justis modis acquirere poteritis vobis et per vos domui vestræ, auctorite apostolicà confirmamus : statuentes ut de fructibus arborum vestrarum et de hortis vestris, sive de novalibus vestris et de nutrimentis animalium vestrorum nullus a vobis decimas presumat exigere. Ad hæc de benignitate sedis apostolicæ vobis duximus indulgendum ut ecclesiam et capellanum et squillas mediocres in dictà ecclesià ad fratres advocandos ad divina officia liceat habere. Decernimus ergo ut nulli omnino hominum liceat hanc presentem constitutionis, confirmationis et protectionis nostræ paginam infringere vel ei aliquatenus contraire. Si quis autem id intemptare presumpserit, iram et indignationem Omnipotentis et Beatorum Petri et Pauli apostolorum se noverit incursurum, et nostra auctoritate apostolicâ, nisi resipuerit et ad emendationem venerit, anathematis maledictum subiturum. Si autem a quibuslibet sanctæ ecclesiæ prelatis de malefactoribus vestris justitiam requisieritis, auctoritate apostolicâ eis precipimus ut vobis celerem et plenariam facere justitiam non differant.

Datum Venitiis in rivo alto III Kal. octobris.

(Arch. de Doullens.)

N° 4.

Prudentibus Virginibus quæ sub habitu religionis, accensis lampadibus, per opera sanctitatis jugiter se preparant ire obviam sponso, sedes Apostolica debet presidium impertiri, ne forte cujuslibet temeritatis incursus aut eas a proposito revocet, aut robur, quod absit, sacræ religionis infringat. Qua propter, dilectæ in Christo filiæ, vestris justis postulationibus clementer annuimus, et prefatam ecclesiam in quâ divino estis mancipio mancipatæ, sub B. Petri et nostrâ protectione suscipimus, et presenti scripti privilegio communimus, statuentes ut quascumque possessiones, quæcumque bona in eâdem ecclesiâ impresentiarum juste et canonice possidetis, aut in futurum concessione pontificum, largitione regum vel principum, oblatione fidelium, seu aliis justis modis, prestante Domino, adipisci poteritis, firma Nobis et his qui post Nos successerint, et illibata permaneant. In quibus hæc prius duximus exprimenda vocabulis : Redditus quos de hostagiis in prescripto loco habetis. — Ecclesiam Sanctæ Mariæ de Ransart cum decimis et omnibus pertinentiis suis — Terræ cultæ et incultæ quas nunc legitime possidetis. — Locum vero in quo monasterium vestrum situm est cum omnibus pertinentiis suis. — Obeunte vero te nunc ejusdem loci abbatissâ, vel tuarum quâlibet succedentium nulla ibi quælibet subreptionis astutiâ seu violentia præponatur, nisi quam sorores communi consensu... scundum Dei amorem et B. Benedicti regulam providerint eligendam. Cum autem generale interdictum terre fuerit, liceat vobis, januis clausis, exclusis excommunicatis et interdictis, non pulsatis campanibus, suppressâ voce divina officia celebrare. Sepulturam quoque ipsius loci liberam concedimus et eorum devotioni et extremæ voluntati qui se illic sepeliri deliberaverint, nisi forte excommunicati vel interdicti sint, nullus obsistat : salvâ tamen justitiâ illarum ecclesiarum a quibus mortuorum corpora assumuntur. Sive novalium vestrarum quas propriis manibus vel sumptibus colitis, sive de nutrimentis vestrorum animalium nullus a vobis decimas presumat exigere, nec archiepiscopo, episcopo vel archidiacono liceat vobis vel debitas vel novas exactiones imponere. Puis, comme d'usage, le pontife menace des peines canoniques quiconque oserait attenter aux dispositions de sa bulle.

· Anno quinto pontificatûs nostri, die decimâ sextâ calendas decembris, 1173.

(Arch. dép. Carton Saint-Michel.)

N° 5.

Ego Nicholaus Dei vocatione abbas Corbeiæ, omnibus notum facio quod Hugo p͞positus Corbeiæ Jerosolimam profecturus, assensu Beatricis uxoris suæ, Ingelranni quoque et aliorum filiorum suorum et filiarum suarum, concessit Mariæ sanctimoniali filiæ suæ XL solidos parisiensis monetæ singulis annis recipiendis in crastino post festum Beati Mathei apostoli et Evangelistæ, ad grangiam p͞psituræ Corbeiæ. Quod si eadem Maria sup. solutione prædictæ pecuniæ quam habere non potuerit conquestionem fecerit ad abbatem Corbeiæ, quicumque p͞psituram Corbeiæ tenuerit, cum omni familiâ suâ excommunicabitur quoadusque satisfuerit factum p͞nominatæ Mariæ super his. Quâ defunctâ ad p͞psituram revertetur... omni contradictione cessante. Testes hi sunt : de monachis ; Florentius Fulco de Fouilloy, Robertus de Curcellis. Jobel filius p͞psiti, Eusta-

1173.

Mai 1190.

chius de Morlancourt, Johel de Villers, Balduinus Nicholaus templarius.... Datum anno Dni M. CXC. mense maio.

(Arch. dép. Carton Saint-Michel.)

En avril 1222, Hugues de Camp-d'Avesne déclara par la charte suivante que les 40 sols parisis ci-dessus donnés par son père à Marie, religieuse de Saint-Michel, resteraient au dit monastère de Saint-Michel :

Concessi ego et hæredes mei quod si nos, quod absit, huic eleemosinæ obviare præsumpserimus, ut litem et questionem ad dictam ecclesiam (Corbeiœ) suscitare prœsumpserimus, dictus abbas et conventus Corbeiœ per censuram ecclesiasticam usque ad satisfactionem condignam nos compellat.

(Arch. dép. Original.)

N° 6.

1202.

Quoniam ea quæ mentes nostras solent effugere, littera fideliter consuevit reservare, ego Willelmus, comes Pontivi, tam præsentibus quam futuris notum facio, quod cum avus meus Guido, Comes Pontivi, propter injurias et molestias a potentibus terræ suæ Burgensibus Dullendii frequenter illatas, eisdem communiam vendidisset, et super illâ venditione scriptum authenticum non haberent, ad petitionem eorumdem Burgensium, de assensu uxoris meæ Aalis, filiæ Regis Franciæ, et patrui mei Guidonis, et consilio hominum meorum, concessi eis communiam habendam, et tanquam fidelibus meis contra omnes homines in perpetuum tenendam secundum jura et consuetudines communiæ Abbatisvillæ, salvo jure Sanctæ Ecclesiæ et meo, et hæredum meorum, et Baronum meorum.

Statutum est itaque, et sub religione juramenti confirmatum quod unusquisque jurato suo fidem, vim, auxilium, consiliumque præbebit et observabit secundum quod justitia dictaverit.

Constitutum est etiam quod si quis de furto reus apparuerit, captis omnibus rebus furis a præposito meo, exceptis rebus furtivis quas probare poterit esse suas qui reclamaverit, res aliæ furis ad opus meum asservabuntur : fur autem primò a scabinis judicabitur et pœnam pilorii substinebit, posteà præposito meo tradetur.

Statutum est quod nullus mercatores ad Dullendium venientes infrà banleucam disturbare præsumat ; quod si quis fecerit et non emendare voluerit, se ipsum, vel res suas comprehendere poterunt idem burgenses, tam de ipso quam de rebus suis, tanquam de violatore communiæ, justitiam facient.

Item. Si inter juratum et juratum, vel inter juratum et non juratum de re mobili quæstio oriatur, ad præpositum meum de eo clamor fiet, vel ad dominum præpositurae illius in quâ manebit qui fuerit impetitus, nisi ipse infrà præposituram meam inventus fuerit : tunc enim tam de eo, quam de rebus suis in meâ præposiurâ existentibus, præpositus meus justitiam faciet, excepto eo quod personam jurati capere non poterit, et quod ab eodem preposito meo vel domino condemnabitur per sententiam. Si condemnatus judicio non paruerit, a Scabinis quod judicatum fuerit exequi compelletur.

Si verò de re immobili quæstio oriatur, ad dominum rei immobilis, cujus nomine res possidetur, de eo clamor fiet, et infrà Dullendium causa tractabitur ; et si res usque ad vadia et duellum processerit, in præsentiâ Domini illius cujus est præpositura causa illa debet terminari.

Si verò non juratus res jurati abstulerit, et quod justitia dictaverit exequi noluerit, si ipsum, vel res suas idem burgenses comprehendere poterunt, detinebunt donec quod justitia dictaverit eidem jurato, exequetur.

Qui pugno aut palmâ aliquem cum irâ percusserit, nisi se aliquâ ratione coram scabinis defendere poterit, viginti solidos communiæ persolvet.

Item. Si quis armis aliquem vulneraverit, domus ejus a scabinis prosternetur, et ipse à villâ éjicietur, nec villam introibit nisi prius impetratâ licentiâ a scabinis : de licentiâ autem eorum introire non poterit nisi pugnum misericordiæ eorum exposuerit, aut novem libris ab eisdem scabinis redemerit ; quod si domum non habuerit, antequàm villam intret, domum centum solidorum, quam communia prosternat, inveniet, et quod in curatione vulneris, vulneratus expenderit, eidem a vulnerante in integrum restituetur : et si pro paupertate solvere non poterit, misericordiæ scabinorum pugnum exponet.

Si autem non juratus juratum vel non juratum vulneraverit, et judicium scabinorum subire recusaverit, a villâ expelletur, et judicio scabinorum delictum punietur.

Qui verò juratum suum læserit conviciis, et per tres testes vel duos convicii a scabinis pæna statuetur.

Qui verò in-honestum de communiâ dixerit in audientiâ, et convinci poterit testibus, judicio scabinorum emendabit.

Item. Qui hostem communiæ scienter receperit in domo suâ, et ei participaverit in aliquo, inimicus communiæ efficietur, et nisi judicio communiæ satisfecerit, tam illius quàm alterius jurati qui judicium scabinorum subterfugerit, domus prosternetur.

Qui autem in audientiâ contrà scabinos aliquid dixerit quod ad utilitatem totius villæ pertineat, si posteà negaverit, duorum vel trium testimonio poterit convinci, et si convictus fuerit, judicio scabinorum emendabit.

Item. Si quis de alio super aliquo clamorem fecerit, et ei a judice justitia fuerit oblata, si posteà, sine auctoritate judicis, adversario suo injuriam fecerit, a scabinis super hoc convictus, ejusque auditâ responsione, quid super hoc agendum sit, a scabinis statuetur.

Præntereà, statutum est quod Vuillelmus Comes Pontivi, nec hæredes mei, nec alii domini terrarum quæ infrà Dullendium sitæ sunt, aliquam exactionem a burgensibus exigere poterunt, nec credent mihi, neque alicui dominorum sine vadio, nisi ex propriâ voluntate, nisi tale fuerit tenementum, cujus possessor certam summam domino suo ex debito credere teneatur.

Si quis mihi, aut alii potenti vel impotenti, infrà Villam vel banlivam in dicto foris-fecerit, infra Villam se expurgare poterit ; quod si facere noluerit vel potuerit, judicio scabinorum emendabit. Si verò in facto mihi deliquerit, similiter emendabit per judicium scabinorum, si exindè convictus fuerit.

Item. Statutum est quod si aliquis dixerit se esse juratum, et hoc sit incertum, per testes probare poterit.

Item. Si aliqua nova quæstio, et a retrò temporibus non judicata, inter juratos ant intrinsecùs orta fuerit, judicio scabinorum terminabitur, et ne quod judicatum est oblivioni tradatur, autenticæ scripturæ commendabitur.

Sciendum est etiam quod quicumque scabinos de falsitate judicii infamaverit, nisi eos legitime convincere poterit, unicuique novem libras et aureum obolum persolvere tenebitur.

Si quis fortuito casu, vel ex præcedente inimicitiâ juratum suum occiderit, et super hoc convictus fuerit, domus ejus, et omnia ad ipsius mansionem pertinentia prosternentur. Si verò burgenses malefactorem poterunt invenire, de eo plenam justitiam facient. Si autem manus eorum evaserit, et elapso anni termino, misericordiam scabinorum petierit, primum misericordiam parentum eum oportebit exigere, et si invenire non poterit, requisitâ misericordiâ a scabinis, liberè et pacificè Villam introire, et in ea manere poterit, et si inimici ejus in eum posteà insurrexerint, de eis tanquam de interfectore scabini justiciam facient.

Nec prætereundum est quod si quis non juratus, vel juratus iram meam, vel alicujus potentis contra Villam promoverit, si indè convictus fuerit, vel se purgare non potuerit, a Dullendio judicio scabinorum expelletur. Si verò homines Dullendii damnum propter hoc passi fuerint, domus jurati iram promoventis prosternatur, et Villam non intrabit donec damna ab illo illata restituantur.

Item. Si quis emerit vel invadiaverit terram, vel redditus aliquos, et per annum et diem, vicinis videntibus, tenuerit, si ille qui reclamaverit sciverit vel scire potuerit, nisi infra annum et diem reclamaverit, de cœterò non audietur.

Statutum est etiam quod nullum Vavassorem, vel liberum feodum in terrâ meâ habentem, Burgenses Dullendii in suam communiam recipere poterunt, nisi de assensu meo et Domini sui. Quod si fortè receperint, et indè a me usque ad triennium fuerint admoniti, ab admonitione facta infrà quadraginta dies, cum rebus suis liberè et pacificè à Villà recedere poterit; alioquin, tam de ipso quam de rebus suis sine tuitione burgensium, meam faciam voluntatem. Elapso autem trium annorum spatio reclamare non poterimus : si utrumque et communiam et feodum non retinebit, nisi de meo assensu et domini feodi, tamen, salvo jure Domini, assignabit feodum cui assignare voluerit.

Si verò alicui juratorum jure successionis, vel per matrimonium, liberum feodum obvenerit, ipsum feodum et communiam, salvo jure et servitio Domini, retinere poterit. Si vero emptione, [pignore, permutatione, vel alio modo feodum obvenerit jurato, feodum et communiam retinere non poterit nisi de meâ voluntate et Domini feodi ; quod si retinere voluerit utrumque, Dominus feodum suum poterit detinere, nisi ipse juratus feodum alicui, salvo jure Domini, donaverit, vel alio titulo assignaverit.

Præltereà statutum est quod si in præsentià duorum vel trium scabinorum contractus emptionis, venditionis, permutationis, pignoris, vel alius contractus initus fuerit, eorum testimonio causa disrationabitur, salvo jure meo in eo qui convictus fuerit. Hoc idem erit si Carta publica aut autentica a majore et scabinis tradita, dictis scabinis non apparentibus fuerit producta.

Nec silentio prætereundum est quod tantum tria auxilia iidem burgenses mihi tenentur ex debito solvere : centum videlicet libras Pontivensis monetæ ad filium meum militem faciendum ; centum libras filiæ meæ conjugandæ ; centum libras ad redemptionem meam de captione. Ad hæc si forté inter me et dictos Burgenses meos querela emerserit quæ per hoc scriptum nequeat terminari, per communiam Abbatis-Villæ terminabitur.

Et sciendum est quod inter me et burgenses Dullendii hoc modo compositum est, quod pro minagio Dullendii, quod jure hereditario mihi competere asserebam, super quo transactum est, decem libras Pontivensis monetæ de annuo censu mihi donaverunt, ità, quod neque ego Willelmus Comes Pontivi, neque hæredes mei in minagio Dullendii aliquid de ceterò poterimus reclamare, neque burgenses neque hæredes eorum in aliquo poterimus exigere.

Præterea pondera Villæ Domini Comitis sunt, eo pacto quod quibuslibet Burgensium bonæ vitæ et fidelis ad custodiendum ea potest committere, et tantum recipere poterit quantum de consuetudine ponderator Abbatis-Villæ recipit ab illis pro quibus ponderat in Villà.

Et aquæ firmitatis Domini Comitis sunt, scilicet, si firmitates per detentionem aquarum diruptæ fuerint, de dammo ad burgenses nullum habebo regressum, et si burgenses munitiones voluerint reparare, poterunt eas, quandò voluerint, evacuere.

Mensæ nummulariorum meæ sunt, ad usum et consuetudinem Abbatis Villæ.

Introitus pannuum non æqui parietibus domorum, et lavatoria, ubicumque sint, et litraval equorum extrà domos, hæc tria mea sunt, juxta consuetudinem censuum Abbatis-Villæ ; vel ea, si voluerint, amovere poterunt, et de censu liberi erunt.

De Frochis Villæ quo modo tenent de Domino Bellævallis, si guarandiam eis indè fecerit, in pace burgenses ea tenebunt, sin autem, censns solitos pro eis mihi persolvent, et a me posteà tenebunt.

Domus autem quæ in Villà liberæ sunt, nisi libertatum suarum guarandiam habuerint, sicut et cœteræ Dullendii domus, censuales habebuntur.

Si quis de falso clamore convictus fuerit, per trigenta denarios emendabit.

Si res extrincorum in sequestro posita, nisi per ballivum reddita fuerit, reddens per septem solidos et dimidium emendabit.

Res jurati, nisi disratienata fuerit, in sequestro non potest poni.

Omnes usus snos et consuetudines, et omnia Wasketa (pâturages, marais) sua, quæ in presentiarum tenent burgenses juxtà circuitum banleucæ in pascuis, eis in perpetuum liberè et pacificè tenendum concessi.

Banleucam verò eis in perpetuum et pacificè tenendam concessi usque ad spinam de Folembray et usque ad hayam de Ampliers, et per totam Seri, et usque ad Viconiam et usque ad fossam de Candas, et usque ad crucem de Longavillâ, et usque ad vetus *Aucoch*, et usque ad Hunortfusse; et infrà hos terminos, nec ego, nec hæredes mei, nec aliquis alius aliquam munitionem præter illam quæ est infrà Dullendium firmare poterimus nec burgenses a muris Dullendii causâ placitandi adversum me et hæredes meos debent exire.

Omnia Burgensibus exposita infrà Banleucam absque Ballivo meo, possunt capere; extrà verò Banleucam, nequaquàm sine assensu Ballivi; et sciendum est quod unumquodque capitulorum prædictorum ab utrâque parte integrè et fideliter debet observari.

Ut autem hæc omnia firma et illibata permaneant sub religione jurisjurandi, ego et Burgenses, nos promisimus ad invicem observaturos; et ad majorem hujus rei confirmationem scriptum hoc sigilli mei caractere dignum duxi confirmare. Factum est hoc præsentibus et astantibus Giroldo, Priore de Abbatis-Villâ, Rogero, Suppriore, Bernardo, Priore Domini Petri, Presbiteris et Monachis; Hugone de Fontanis, Henrico de Fontanis, Guillelmo de Belroum (Beaurain), Ingelranno de Fontanis, Galtero de Halencurt, Willelmo de Cahieus, Willelmo de Frivecurt, Ingelranno de Candas, Alelmo de Morolio tunc meis; Firmino de Senarpont, tunc majore Abbatis-Villæ, Gontero Clabaut, Gontero Patin, Hugone Colete, Waltero de Rogcham, Huberto Lohier, Lamberto le Puillois, Girardo de Hispaniâ, Alardo Voisdie, Renero Collart, scabinis Abbatis-Villæ; Michaele de Busquoy, tunc majore Dullendii, Guidone Krerol, Odone Musart, Roberto ad Capellum, Hugone Nano, Mattheo de Haisnie, Radulpho Le Sellier, Joanne Chordun, Roberto Le Merchier, Roberto de Attrebato, Walo de Senarpont, Menardo le Blaier, Roberto de Rooval, Girardo de Pavie, Vincentio de Belval, Ingelranno de Castelno, Johanne Agno, Radulpho Hurel, Petro de Pas, Waltero Rogier, tunc scabinis Dullendii.

Datum per manum Ingelranni Capellani apud Abbatis-Villam, in domo Beati Petri, Anno Verbi Incarnati millesimo ducentesimo secundo, mense Junio, septimo idus ejusdem mensis.

(Arch. de Doullens.)

(Bibliot. Imp. f. Gren. 231 — f. 200.)

N° 6 bis.

I. Puisque les choses qui sont écrites se conservent mieux en la mémoire, *Je Guillaume, comte de Ponthieu,* fais savoir à tous présents et à venir, que mon aïeul *Guy*, comte de Ponthieu, à raison des injures et vexations que les hommes puissants de sa terre causaient fréquemment aux bourgeois de Doullens ayant vendu à ceux-ci le droit de commune, sans toutefois leur en avoir délivré le titre authentique; sur la demande des dits bourgeois, du consentement de mon épouse, *Alix*, fille du roi de France, de Guy, mon aïeul, comme aussi par le conseil de mes hommes, je leur ai concédé la commune, comme à mes fidèles sujets, pour la garder à toujours contre toutes sortes de personnes, selon les droits et coutumes de la commune d'Abbeville; réserve faite des droits de la Sainte Eglise et des miens; de ceux de mes héritiers et de mes barons.

II. En conséquence, il est convenu et arrêté sous la foi du serment que chacun, en la dite commune, donnera à son juré protection, force, assistance et conseil, selon que l'équité le requerra.

III. Il est aussi arrêté que si quelqu'un apparaît coupable de larcin, toutes les choses trouvées en sa possession seront confisquées par mon vicomte, excepté celles dérobées, réclamées par celui qui pourra prouver qu'elles sont réellement à lui; le reste sera gardé pour mon usage, et sera le larron d'abord jugé par les échevins et soumis à la peine du pilori, puis livré à mon vicomte.

IV. Il est établi que personne ne soit assez osé pour détourner les marchands qui viendront à Doullens dans l'étendue de la banlieue; si quelqu'un le fait et refuse réparation, les bourgeois pourront se saisir de sa personne ou de ses biens, et dans l'un et l'autre cas en feront justice comme d'un violateur de la commune.

V. Item. Si entre juré et juré, ou entre juré et non juré, il s'élève un différend pour chose mobile, la

1202.

question sera portée devant mon vicomte, ou le seigneur de la vicomté habitée par la partie intéressée, à moins que celle-ci se soit trouvée dans l'étendue de ma vicomté, car alors mon vicomte fera justice tant de sa personne que de ses biens qui seront dans ma vicomté; seulement, il ne pourra se saisir de la personne du juré; et quiconque sera condamné par la sentence de mon vicomte ou du seigneur étranger, et refusera d'obéir, il devra être contraint par les échevins de se soumettre au jugement rendu.

VI. Si, au contraire, il est question de chose immobile, qu'on s'adresse au seigneur de la chose immobile, au nom duquel elle est possédée, et sera la cause traitée à Doullens même; et si l'affaire en arrive jusqu'aux gages de bataille et au duel, qu'elle soit terminée en présence du vicomte à qui appartient la vicomté.

VII. Si un non juré a enlevé ce qui appartient à un juré et ne veut pas obtempérer aux arrêts de la justice, que les bourgeois fassent main-basse sur sa personne, ou à son défaut sur ses biens, et qu'ils en fassent bonne garde jusqu'à ce qu'il ait rempli envers le juré les décisions de la justice.

VIII. Quiconque aura frappé quelqu'un par colère, soit avec le poing, soit avec la paume de la main, et ne pourra faire valoir quelque raison d'excuse par devant les échevins, sera condamné à vingt sols parisis d'amende au profit de la commune.

IX. Item Celui qui aura blessé un autre avec des armes verra sa maison abattue par les échevins, et sa personne bannie de la ville, et il n'y rentrera qu'après avoir obtenu l'autorisation des échevins; et malgré cette autorisation il n'y pourra rentrer qu'après avoir exposé son poing à leur miséricorde, ou l'avoir racheté pour la somme de neuf livres (parisis). S'il ne possède pas de maison, il devra, avant sa rentrée dans la ville, s'en procurer une de cent sols, qui sera abattue par la commune; les frais de maladie et de guérison du blessé seront payés en entier par celui qui l'aura frappé; et s'il ne peut les payer, à raison de son indigence, il exposera son poing à la miséricorde des échevins.

X. Si un non-juré a blessé, soit un juré, soit un non-juré, et refuse de se soumettre au jugement des échevins, qu'il soit chassé de la ville, et que sa faute soit punie conformément à l'arrêt des échevins.

XI. Quiconque aura injurié son juré par vilaines paroles, pourra être convaincu du fait par deux ou trois témoins, et s'il est réellement convaincu, la peine lui sera infligée par les échevins, selon la quantité ou la qualité des injures prononcées.

XII. Celui qui, en audience, diffamera la commune, et pourra être convaincu par témoins, sera condamné à l'amende par le jugement des échevins.

XIII. Item. Quiconque aura reçu sciemment chez soi un ennemi de la commune et aura fait société avec lui en quoi que ce soit, sera réputé lui-même ennemi de la commune; et s'il ne satisfait pas au jugement des échevins contre lui, la maison de l'un et de l'autre sera abattue.

XIV. Et celui qui, en audience, aura mal dit des échevins en choses qui regardent l'utilité générale de la ville, et aura ensuite dénié ses paroles, pourra être convaincu par deux ou trois témoins, et, d'après ces témoignages, condamné à l'amende par le jugement des échevins.

XV. Item. Si quelqu'un fait clameur contre un particulier, pour une cause quelconque, et que justice lui soit juridiquement offerte; si ensuite, en dehors des juges, il fait injure à son adversaire et qu'il en soit convaincu par les échevins, ceux-ci, ayant ouï sa réponse, ordonneront ce que de raison.

XVI. En outre, il est arrêté que ni moi, Guillaume, comte de Ponthieu, ni mes héritiers, ni aucun autre seigneur des terres qui sont situées dans les limites de Doullens, ne pourrons exiger des bourgeois aucune redevance nouvelle, et qu'ils ne prêteront rien, ni à moi, ni à aucun des seigneurs susdits, sans caution, si ce n'est de leur propre volonté, et qu'il s'agisse d'un tènement dont le possesseur soit obligé de prêter à son seigneur une somme déterminée.

XVII. Si quelqu'un a offensé par paroles, dans l'étendue de la ville ou de sa banlieue, soit moi, soit tout autre homme puissant ou non, il aura droit de s'en purger dans la ville; mais s'il ne peut ou ne le veut faire, il sera condamné à l'amende par le jugement des échevins. Si, au contraire, l'injure s'est traduite par acte, le coupable, après avoir été convaincu, sera également mis à l'amende par arrêt des échevins.

XVIII. Item. Il est statué que si quelqu'un se prétend juré, et que la chose soit incertaine, il pourra la prouver par témoins.

XIX. Item. S'il vient à s'élever quelque différend nouveau sans qu'on puisse invoquer pour sa décision aucun jugement antérieur d'un cas semblable, que ce différend soit entre les jurés du dedans ou ceux du dehors, il sera terminé par le jugement des échevins ; et afin que ce jugement ne s'oublie pas, il sera transcrit authentiquement.

XX. Il faut qu'on sache aussi que quiconque aura accusé les échevins de rendre des jugements iniques, s'il ne peut légitimement les en convaincre, sera tenu de payer à chacun d'eux neuf livres et une obole d'or.

XXI. Si par cas fortuit ou par haine antérieure quelqu'un tue son juré et est convaincu du fait, sa maison sera abattue avec toutes ses dépendances. Les bourgeois pourront faire eux-mêmes pleine justice du meurtrier, s'ils le trouvent ; mais s'il échappe à leurs mains et qu'après le délai d'un an il réclame la miséricorde des échevins, on exigera de lui qu'il invoque d'abord celle des parents du défunt ; et s'il ne peut l'obtenir, il fera appel à celle des échevins, et ensuite il pourra rentrer en paix et liberté dans la ville et y séjourner ; et si ses ennemis continuent à s'élever contre lui, les échevins en feront justice, comme s'il s'agissait d'un meurtrier.

XXII. Il ne faut pas oublier que si un juré ou un non-juré provoquait ma colère ou celle de quelque homme puissant contre la ville, après en avoir acquis la conviction, et sur son impuissance à se justifier, un arrêt des échevins le bannirait de Doullens ; et si pour cette cause les habitants de la ville avaient souffert quelque dommage, la maison du juré qui aura excité la colère du comte sera abattue, et le coupable ne rentrera dans la ville qu'après avoir réparé tous les dommages causés par sa faute.

XXIII. Item. Si quelqu'un a acheté ou engagé, soit une terre, soit une rente quelconque, et en a joui an et jour, à la vue et au su des voisins, le réclamant qui, l'ayant su ou pu savoir, aura négligé de faire sa réclamation en dedans l'an et le jour, ne sera plus ensuite écouté.

XXIV. Il est arrêté que les bourgeois de Doullens ne pourront recevoir en leur commune aucun vavasseur ou tenancier d'un franc fief en ma terre, si ce n'est de mon consentement ou de celui de son seigneur. Si par aventure ils en recevaient, et que je les avertisse du fait pendant l'espace de trois ans, celui qui en sera l'objet aura quarante jours à partir de l'avertissement pour sortir librement et en paix de la ville avec ce qui lui appartiendra ; et s'il ne part, je ferai ce qu'il me plaira de sa personne comme de ses biens, sans que les bourgeois le protégent ou le défendent. Après les trois ans écoulés, toute réclamation sera sans droit ; mais le tenancier ne pourra garder les devoirs du fief simultanément avec les droits de commune, si ce n'est de mon consentement ou de celui du seigneur du fief ; toutefois, sauf le droit du seigneur, il pourra céder le fief à qui il lui plaira.

XXV. Si un juré obtient un fief libre par droit de succession ou par mariage, il pourra conserver le fief et la commune en même temps, sauf le droit et le service du seigneur. Mais si c'est par achat, par engagement, par permutation, ou par quelque autre moyen qu'un fief échoit à un juré, celui-ci ne pourra posséder ensemble le fief et la commune, si ce n'est de ma volonté ou du consentement du seigneur du fief. Et s'il persiste à vouloir garder l'un et l'autre, le seigneur sera libre de retirer son fief, à moins que le juré ne l'ait donné lui-même à un autre, avec réserve des droits du seigneur, ou ne l'ait cédé à quelque autre titre.

XXVI. De plus, il est établi que tout contrat d'acquisition, de vente, de permutation, d'engagement ou autre fait en présence de deux ou trois échevins sera, en cas de discussion, confirmé par leur témoignage, sauf mon droit contre celui qui échouera. Il en sera de même si les registres publics ou authentiques sont produits par les maieur et échevins en exercice, à défaut des échevins qui ne sont plus.

XXVII. Il ne faut pas passer sous silence que les mêmes bourgeois seront tenus de me payer seulement trois aides, savoir : cent livres, monnaie de Ponthieu, pour faire mon fils chevalier ; cent livres pour le mariage de ma fille, et cent livres pour racheter mon corps de captivité. En outre, s'il s'élève entre moi et mes dits bourgeois un différend qui ne puisse être terminé par cet écrit, il le sera par la commune d'Abbeville.

XXVIII. Et il faut savoir qu'entre moi et les bourgeois de Doullens il a été arrêté qu'au sujet du minage de la ville sur lequel j'affirme mon droit héréditaire, et pour lequel j'ai transigé avec eux, ils me paieront une redevance annuelle de dix livres en monnaie de Ponthieu, et que ni moi, Guillaume de Ponthieu, ni mes héritiers, ne pourrons, à l'avenir, élever aucune réclamation sur le dit minage, ni rien exiger à ce sujet, soit des bourgeois, soit de leurs héritiers.

XXIX. En outre, la garde des poids de la ville du seigneur comte pourra être commise par lui à tel bourgeois honnête et fidèle qu'il lui plaira, et le droit qu'il en retirera sera le même que celui qui est perçu d'ordinaire à Abbeville.

XXX. Et les eaux qui sont dans l'intérieur des fortifications appartiennent au comte qui sera tenu en cas de rupture causée par leur masse aux dites fortifications, à en supporter seul le dommage ; si les bourgeois veulent y faire des réparations, il leur sera permis de faire écouler les eaux lorsqu'ils le voudront.

XXXI. Les droits de change qui m'appartiennent, se règleront selon l'usage et la coutume d'Abbeville.

XXXII. Les entrées de cave empiétant sur la rue, les lavoirs et travaux des maréchaux me devront le cens selon la coutume d'Abbeville ; les bourgeois en les abandonnant seront quittes de cens.

XXXIII. Quant au droit de froc que les habitants tiennent du seigneur de Beauval, ils devront en obtenir de lui les titres de garantie pour en jouir en paix, sinon ils m'en paieront les cens ordinaires et le tiendront de moi désormais. Les maisons de la ville réputées franches devront être considérées comme des maisons ordinaires et soumises au cens, si elles n'ont titre de leur franchise.

XXXIV. Celui qui sera convaincu de faux dans sa plainte devant la justice paiera trente deniers d'amende.

XXXV. Quiconque rendrait la chose d'autrui mise en séquestre, à moins qu'il ne soit bailli, paiera sept sols et demi d'amende.

XXXVI. On ne pourra mettre en sequestre ce qui appartient à un bourgeois qu'après l'affaire instruite.

XXXVII. Tous les usages, coutumes et pâturages dont les bourgeois sont présentement en possession dans l'étendue de la banlieue, je leur en accorde la libre et tranquille jouissance.

XXXVIII. Cette banlieue que je leur accorde à toujours et paisiblement aura pour limites l'*Epine de Folembray, la haie d'Ampliers, Sery, Vicogne, la fosse du Candas, la croix de Longuevillette, le Viel-Ocoche, Hunort-Fosse*; et dans ces limites, ni par moi, ni par mes héritiers ni par aucun autre, il ne pourra être élevé d'autre forteresse que celle qui est dans Doullens, et les bourgeois ne pourront être cités en justice hors des murs de Doullens, par moi, ni par mes héritiers.

XXXIX. Les bourgeois pourront, sans l'intervention du bailli, exercer toutes saisies dans la banlieue, et non hors de ses limites ; et il ne faut pas oublier que chacun des articles ci-dessus doit être observé intégralement et fidèlement par l'une et l'autre partie.

XL. Et afin que toutes ces choses demeurent fermes et irrévocables, par serment solennel que j'ai fait ainsi que les bourgeois, nous nous sommes promis mutuellement de les observer ; et pour plus grande confirmation, j'ai cru devoir munir cet écrit de mon sceau. Fait en présence de Girold, prieur d'Abbeville ; de Roger, sous-prieur; de Bernard, prieur de Saint-Pierre, et d'autres prêtres et religieux ; furent aussi témoins : Hugues de Fontaines, Henri de Fontaines, Guillaume de Beaurain, Enguerrand de Fontaines, Gauthier de Hallencourt, Guillaume de Cayeux, Guillaume de Frivecourt, Enguerrand de Candas, Aléaume de Moreuil, mon conseiller ; Simon de Domqueur et Sylvestre clerc, mes baillis ; Firmin de Senarpont, maieur d'Abbeville (1); Gontier Clabaut (2), Gontier Patin (3), Hugues Cholet, Gonthier de Rogeham (4), Hubert Lohier,

---

(1) En 1199, dit le P. Ignace.
(2) Maieur d'Abbeville, en 1188.

(3) Premier maieur d'Abbeville en 1183-84, puis en 1193, 1195 et 1200.
(4) Maieur d'Abbeville, en 1189.

Lambert Le Puillois, Girard d'Epagne, Alard Voisdié, Réné Colart, échevins d'Abbeville ; Michel de Busquoy, maieur de Doullens en exercice, Guy Kréroul, Odon Musard, Robert au Cappel, Hugues Nani, Mathieu de Haisnie, Raoul Le Sellier, Jean Chardun, Robert Le Merchier, Robert Darras, Walon de Senarpont, Ménart Le Blayer, Robert de Rouval, Girard de Pavie, Vincent de Beauval, Enguerrand de Castelnau, Jean Agnus, Raoul Hurel, Pierre de Pas (1), Gautier Rogier, échevins de Doullens, en charge. Donné par la main d'Enguerrand, chapelain de Saint-Pierre, à Abbeville, l'an de l'Incarnation du Verbe, douze cent deux, au mois de juin, le septième des ides du même mois.

N° 7.

Ego Hugo Campus Avenæ Dñus Bellevallis notum facio omnibus presentem cartam inspecturis, quod ego de assensu Mabillæ uxoris meæ et Balduini filii mei et Guidonis fratris mei, et aliorum hæredum meorum, ob remissionem peccatorum meorum, dedi et in perpetuam eleemosinam concessi ecclesiæ Beati Michaelis de Durlendio et conventui monialium ibidem Deo servienti liberam molturam in molendino de Rouval, quantum ad me et heredem meum pertinet, jure perpetuo ab abbatissa et conventu piæ ecclesiæ tenenda et habendam. Quam libtatem Ego similiter concessi in perpetum de jure guarandire suptæ ecclæ Beati Michaelis et capellano ejusdem. In hujus rei testimoniū præsens autenticu sigilli mei munimine roboravi. Anni Xᵈⁱ incarnati m̄. c̄c̄ xix mense junio.

Juin 1219.

(Arch. dép. Carton Saint-Michel.)

N° 8.

In nomine Sanctæ et individuæ Trinitatis, Amen. Philippus, Dei gratiâ, Francorum Rex. Noverint universi præsentes pariter et futuri quod nos inspeximus Cartam dilecti et fidelis nostri Guillemi, quondam Comitis Pontivensis, quam dedit et concessit Communiæ suæ et Burgensibus suis Dullendii, sub hâc formâ.

1221.

Ego Willelmus comes Pontivi et Monsterolii, tam futuris quam præsentibus notum facio quod Burgensibus meis Dullendii, ad voluntatem eorum, et consensum unanimem, præscriptæ Villæ utilitatem et incrementum attendens multimodum, et sciens quod si quis aliquem armis vulneraverit domus ejus a scabinis debebat prosterni, sicut in communiæ suæ diffusiùs continetur autentico, super quo magnum damnum in castello meo incurrebat, concessi quod si quis aliquem armis vulneraverit sine morte, domum suam, si habuerit, secundum quantitatem forefacti, per considerationem majoris et scabinorum emendabit, et emendationem illam et redemptionem major et scabini in utilitate villæ Dullendii debent expendere. Ut autem hæc concessio mea in perpetuum rata habeatur et firma, ipsam præsenti scripto annotari, et sigilli mei caractere feci communiri, majore cartâ suâ quam de communiâ habent, remanente illæsâ. Ità quod nec ista carta illam, nec illa istam in aliquo infringere valeat vel perturbare, exceptâ istâ emendatione. Actum anno Verbi Incarnati mº ccº, duodecimo mense augusto. Nos igitur, supradictam Cartam sicut superiùs annotatur, ad petitionem majoris et communiæ de Dullendio ratam esse volumus, tali modo quod nullum hominem vel feminam qui servitium nobis debeant in suam communiam poterunt recipere vel retinere, nisi de licentiâ nostrâ. Quod ut perpetuum robur obtineat, sigilli nostri autoritate, et regii nomir.is caractere inferiùs annotato, salvo jure nostro, et salvis exercitibus equitationibus nostris quæ in eâdem communiâ retinemus, præsentem cartam præcipimus confirmari. Actum apud sanctum Germanum in Layâ, anno ab Incarnatione Verbi millesimo ducentesimo vigesimo primo, regni verò nostri anno quadragesimo tertio, astantibus in Palatio nostro quorum nomina

(1) Il y eut un Pierre de Pas qui fut maieur d'Abbeville, en 1208.

supposita sunt et signa. Dapifero nullo (1), Buticulario nullo (2), Signum Bartholomæi Camerarii (3), Signum Matthæi Constabularii (4). Data vacante concellaria.

(Bibl. imp. fonds. Gren. vol. 232, f° 84.)

N° 9.

Mai 1230. Gaufridus divina permissione Ambianensis ecclesiæ minister humilis, omnibus litteras inspecturis, in Domino salutem. Ex insinuatione presentium notum vobis facimus quod cum controversia multa diu agitata fuisset inter.... Abbatissam et moniales B. Mariæ de Bertaudicurte ex una parte, et.... abbatissam et moniales B. Michaelis de Dullendio, ex altera; auctoritate diversarum litterarum super quadam portione minutarum decimarum hortorum de Yyregny ; tandem post multas altercationes, post testium ex utraque parte predictorum receptiones et publicationes ; utraque pars spontaneæ nostræ voluntati de dicta querela se supposuit, promittens sub pœna viginti librarum parisiensium, quod de dicto nostro quidquid diceremus et ordinare vellemus super dicta querela nullatenus resiliret. Nos vero, veritate negotii plenius intellecta, et communicato bonorum virorum consilio, diximus et ordinavimus quod hujusmodi quæstio exsufflaretur; et statuimus quod ecclesia B. Michaelis de Dullendio, de dicimis litigiosis de cetero pacifice gauderet et quiete. Nolentes tamen quod abbatissa et moniales de Bertaudicurte hoc statutum nostrum moleste sustinerent, et rancorem aliquem adversus ecclesiam B. Michaelis reservarent, dedimus eis et ecclesiæ suæ in perpetuum per recompensationem quam de liberalitate nostra eisdem facere volebamus, duas partes tertie partis totius majoris decime territorii de Grandsard in parochia de Balleolo, juxta limen in nostra diœcesi, ad nos de jure spectantes, extractas de manu laicali. Cujus tertie partis totius decime memorate tertiam partem contra illas duas partes percipit presbyter curatus parochie memorate jure parochiali. In cujus rei testimonium presentes litteras confectas ex hujusmodi statuto nostro et dono ecclesie de Bertaudicurte dedimus sigilli nostri munimine roboratas. Actum Domini MCCXXX, mense maio.

(Cart. de Berteaucourt.)

(D. Grenier, 93° vol.)

N° 10.

Décembre 1236. Ego Johannes de Roseria miles universis presentibus et futuris notum facio me contulisse in eleemosynam pro redemptione peccatorum meorum unum modium bladi et duos panes de uno quaternio bladi et duos capones et duos denarios parisienses que habeo in molindino de vico de Mencon et totum dominium quod habeo in dicto molendino, videlicet *Caritati* beati Nicolai de Dullendio dimidium modii bladi; tribus presbyteris parochialibus de Dullendio quatuor sestarios bladi et duos capones et duos denarios supra dictos et capellano hospitalari de Dullendio duos sestarios in augmentum capellanie sue in perpetuum recipienda et habenda ut unusquisque antedictorum presbyterorum teneatur perpetuo facere anniversarium meum. Preterea contuli in augmentum cantuarii parochie *de Autiola* quatuor jornalia terre libera de terragio sita

---

(1) Dapifer (*Grand Sénéchal ou échanson*).
(2) Buticularius (*Bouteiller*).
(3) Camerarius (*Chambrier*).
(4) Constabularius (*Chancelier*). Tous ces officiers du roi signaient les actes publics après lui, jusqu'à Philippe-Auguste qui supprima les deux premières charges. De là, comme dans la charte ci-dessus, les mots : *Dapifero nullo*, — *Buticulario nullo*. La seconde de ces suppressions, surtout, ne fut pas maintenue, puisque le titre de *grand bouteiller* ne disparut qu'à la fin du XV° siècle.

versus sanctum Vedastum in horto qui fuit *Hamondis prepositi*, Et ut hoc sit ratum et stabile presentem paginam sigilli mei munimine roboravi. Actum anno Dni м° cc° xxx°. sexto, mense decembri.

(Archives de l'Hospice de Doullens.)

N° 11.

In nomine Domini. Aalis miseratione divina Beati Michaelis in Durlendio humilis abbatissa ejusdemque loci conventûs omnibus præsentiarum notitiam habituris, salutem et orationes in x^{to} devotas. Cum justa petentibus facilis præberi debet assensus, notum facimus universis quod piæ devotioni et devotæ petitioni dilecti nostri in x^{to} magistri Johannis dicti Nani de Durlendio grato concurrentes consensu, et eum benignius audientes unanimi voluntate et voto pari concessimus ut in nostro monasterio B. Michaelis videlicet in Durlendio, ad altare quod in eodem in honorem B. Nicholai est constructum, capellanus de bonis dicti magistri instituatur, videlicet, de circiter duodecim jornalibus terræ arabilis et ... circiter jornalia tria terræ contigua haie de Ampliers, sita super ripam fluvii Altheiæ, et vigenti jornalia sita secus viam quæ de Durlendio tendit versus Bellamvallem, prope terram magistri Johannis Taupin.... quatcor jornalia terræ in territorio de Ingreumesnil prope terram D^{ni} Roberti de Warennies... de duabus garbis ut novem aliis garbis...., de domo in vico des Ogerens, retro domum Walteri au capel secus domum Johannis de Luceto, de decem solidis, tribus denariis etc. ex dono Bernardi de Bellavalle, etc.

Actum anno Incarnationis Dominicæ millo ducentesimo quadragesimo sexto mense martio.

Le sceau ovale en cire verte porté par deux cordonnets en soie verte et rouge, représente l'abbesse crossée avec ces mots : (*Sigillum*) *Aalidis abbatis... Dullendi.*

Mars 1246.

(Arch. dép. Carton Saint-Michel.)

N° 12.

Ludovicus.... Notumfacimus... Quod cum lis et discordia verteretur coràm nobis inter dilectum et fidelem nostrum Guidonem de Castellione, comitem Sancti Pauli, ex unâ parte, et Majorem, Scabinos, et totam communiam Villæ Dullendii ex alterâ, super hoc quod idem Comes conquirebat quod dicta Communitas impediebat, in damnum ipsius Comitis, quominùs idem Comes possit includere, firmare et adjungere boscum de la *Prumeroye* ad parcum suum de *Lucheu*, maximò cum idem boscus sit et semper fuit de ipsâ hæreditate ipsius Comitis, et habeat in eodem bosco omnimodam justitiam altam et bassam.... tam de jure communi, quam de longo usagio.... dicta Communitas diceret, quod licet dictus boscus esset suus et de hæreditate suâ, nihilominùs tamen Banleuca quam habent, se extendebat per totum boscum de la *Prumeroye* usque ad parcum de *Lucheu*, et de omnimodâ justitiâ quæ in dicto bosco advenerat a tempore quo lex sua sibi data fuerat, usi fuerant pacificè, dicentes quod in dicto bosco habebant cachiam suam ad omnimodas bestias, et ibidem colligebant avellanias et indè usi fuerant a longo tempore et antiquo; quarè dicebant quod dictus Comes non poterat nec debebat claudere dictum boscum (le comte en obtint la clôture).... Tali modo quod omnes homines de Dullendio et de Communitate Dullendii, de omnibus his quæ deferunt et faciunt deferri ad collum et ad broetas de proprio Castello suo existentibus, omni fraude et dolo remotis, remanent quitti et immunes hæreditariè in perpetuum a solutione transversi et pedagii de *Lucheu*... Actum Parisiis anno 1264, mense Februario.

Février 1264.

(Arch. de Doullens.)

N° 13.

Accord entre Robert de Beauval et le maire et les échevins de Doullens, concernant les fourches patibulaires de Beauval, la délimitation de cette commune, et les droits de justice à exercer réciproquement par l'échevinage de Doullens et le seigneur de Beauval.

Juin 1266.

Ge Roberz, sire de Biauval, faz à savoir à touz ceux qui ces lettres verront et orront que comme contenz et plaiz eust esté en la court mon segneur le Roy à Paris entre Estienne, mon frère, segneur de Biauval adonques, d'une part, et les Bourgeois de Doullens, d'autre, sus ce que li devant diz Estiennes se plaignoit que les devant dist bourgeois l'avoient dessaisi et fait dessaisir de une fourches que il avoit faites lever par raison de joustise en son fié, où il avoit toute joustise et toute (droicture) qui eschcoir i pooit, si come il disoit et li devant dit bourgeois disoient que ces fourches estoient levées et dréciées par dedens leur banliue où ils avoient (tout droit) tout jugement et tout maniement, et li Rois la joustise, si comme il disoient et plaid pendant, cil Estiennes alast de vie à mort. Et ge Roberz, hoirs au devant dit Estienne et home de la devant dite terre de Biauval, eusse requis en la devant dite court le Roy à Paris au parlement, à estre resaisiz des devant dites fourches qui estoient levées et dréciées en leur banliue, où ils avoient et hont tout jugement et tout maniement et li Roys la joustise de ce, si come il disoient. Et ne fust mie cler où li termes de la banliue de Doullens fust devers ma vile de Biauval, et n'eust onques esté devisée ne cerquemenée en ces parties. Ge, par le conseil de mes amis et de damoisèle Agnès, ma femme, et de moult autre boine gent, me suz assentiz et accordez que li termes de la banliue de Doullens devers Biauval est à la bonne qui siet ou karrefour de la voie herbeuse qui est deseure la maladrerie de Biauval ou milieu de cele voie et va parmi cele voie herbeuse à la bonne qui est au bout dou sentier qui tourne à aler à Seri, et d'autre part la devant dite banliue va de la devant dite bonne qui est ou karrefour à la bonne qui est ou commencement dou sentier qui est d'ancoste Biauval, et va cil sentiers au fossé dou Candas. Et de cele bonne s'en va de bonne en boune si come ele sont assises, droit au fossé don Candas, tant com li terroirs de Biauval dure. Et demeure li fiez de la Viscoingne dehors les bonnes. Et par dedanz les bonnes de leur banliue, en mes terres, et ès terres à mes hommes pour tous mes fiez en quelconques lieu que mi fié sestandant que ge tieng et que l'an tient de moy, par toute leur banliue. Ge leur cognois et otroi toute joustise et touz maniement et toutes amendes, aussi avant com il hont usé et manié en le ville de Doullens tant com à moi appartient. Et se ancun droit j'avoie ou pooie avoir qui leur droiture amenuissast de tel com il hont en la vile de Doullens, si leur quitte ge dore en avant, sauf ce que ge retiens devers moi le bonnaige des voies et des chemins devers Biauval ès propres terres de mes homes demourans à Biauval..... hommes tenanz par devers le vile de Biauval, si avant com li eschevin de Biauval l'ont à jugier par le point de leur chartre. En tele manière que se li tenant ou autre hors mis les homes demouranz à Biauval soient en amende des chemins et des voies, l'amende est à ceux de Doullens par le jugement des eschevins de Biauval. Et la garde des chans dou propre terroir de Biauval si avant com li poinz de la chartre de Biauval le donne aux eschevins de Biauval et amendes qui de ce istront. Et retiens plain povoir de donner congié de charroier ou de deffendre en aoust de moi et de mes hommes demouranz à Biauval et (de pouvoir) emporter de leurs propres terres. Et se ge en donnoie congié, toutes genz les pueent prandre, et de leurs propres bestes mestre ès esteulles de leurs propres terres, et se ge au donnoie congié, toutes bestes i peuent. Et se aucun plaid d'iretaige movoit de aucunes des terres de mes homes demouranz à Biauval et de mes tenanz ou li eschevin de Biauval ont usé à jugier, qui sont de lenz ces bonnes ou terroir de Biauval li uns contre l'autre, ou à autre gent li homme de Biauval le jugeront, et je en auroie l'amende. Et se aucuns cas de lait dis ou démeslée avenoit dedenz les bonnes ès propres terres de mes homes demouranz à Biauval, ou ès terres de mes tenanz où li eschevin de Biauval ont usé à jugier li un contre les autre ou à un autres gent, li homme de Biauval le jugeroient, et cil de Doullens en auroient l'amende. Et ge Roberz, sires de Biauval, à la requeste dou meheur de Doullens ou de son commant, sui tenuz à conjurer les eschevins de Biauval et de faire jugier l'amende de tous les cas qui y escherroient et toutes les foiz que mestiers sera, si com il est devant dist et ordené. Et pardesus ce, cil de Doullens ne pooent prendre nul des homes demouranz à Biauval, en leurs propres terres de Biauval, ne cil de Biauval, ceus de Doullens. Et demoere à ceus de Doullens toute congnoissance et touz maniemenz de toute joustise de toute gent, hors mis les propres homes demouranz en la vile de Biauval, ainsi com il est devant dit et ordené. Et sil avenoit par aventure que ge, ou mi serjant ou mi home de Biauval maniésions de aucuns autres cas que ceus qui sunt devant dit, ou autrement qu'il n'est devant dit, et pour celui maniement en vossisions estre en saisine contre la vile de Doullens, ge voeil et otroi que cele saisine soit nul et que riens ne nous vaille, et serions tenu de ressaisir. Et ne pooent cil de Doullens drécier fourches entre Biauval et Doullens, ne ge Roberg, sires de Biauval, ne mi hoir, ne poons drécier fourches entre Biauval et Doullens. Et si est asavoir que ge recognois que cil de Doullens hont du jour de la Nativité Saint Jehan-Baptiste, jusques au jour de la Touz sains, toute joustise, tout juigement, tout maniement, toute cognoissance et toutes amendes qui escherront en mon manoir qui siet à Doullens tant com le segneur de Biauval, sa femme et les hoirs en seront segneur de Biauval. Et du jour de la Touz sainz jusques au jour de la Nativité Saint Jehan Baptiste, ge leur recognois que ilz ont toute joustise, tout juigement, tout maniement, toute cognoissance et toutes amendes qui escherront en ce manoir ausi avant com il hont usé en la vile de Doullens, hors mis le segneur de Biauval, sa femme et toute sa mesnie qui serait en chief à lui de sa propre maisnie (1). A toutes ces choses tenir, accomplir et garder, si comme eles sunt devant dites et divisées, ge i oblige moy et mes hoirs a touz jours. En tele manière que la chartre de la commune de Doullens ne soit mal mise par cesti ne empiriée en aucune chose, ne ceste pour celi. Et en tesmoin et en conformement de toutes ces choses ge donnai ces lettres scellées de mon séel. Ce fut fait l'an de l'incarnacion Nostre Segneur mil CC et sexante sis, ou mois de juing.

(Copie faite par M. V. de Beauvillé sur l'original.)

N° 14.

LETTRES DE GAUTHIER BARDIN, *bailli d'Amiens, constatant que les habitants de Beauval, par suite d'un accord avec les habitants de Doullens, conservent leur droit de justice sur la partie du territoire de Beauval comprise dans la banlieue de Doullens.* Août 1266.

A touz ceus qui ces lettres verront et orront, Jehan de Milon, garde de la prévosté de Paris, salut. Savoir faisons que nous, l'an de grace mil trois cens trente et un, le vendredi sept jours en décembre, veismes unes lettres sainnes et entières et dessouz escriptes, sééléez du séel de la baillie d'Amiens; si comme il apparoit, contenant la fourme qui s'ensuit :

Gautiers Bardins, baillis d'Amiens, à touz ceuz qui verront et orront ces lettres, salut. Nous faisons asavoir à touz que li esquevins et la comunités de la ville de Biauval, en nostre présence heurent en convent au maiheur et aus esquevins de Doullens, que il et leurs successeurs, le droit de la ville de Doullens des cas qui escharront ou terroir de la ville de Biauval, dedens les bounes de la banliue de Doullens, qui appartient à la ville de Doullens, selonc la teneur de la lettre que cil de Doullens hont de Robert, seigneur de Biauval, de

---

(1) *De sa propre maisnie,* c'est-à-dire, les gens de la maison du seigneur qui sont compris dans l'exemption de la juridiction de la commune, depuis la Toussaint jusqu'au jour de la Nativité de Saint-Jean-Baptiste. Il est probable que le seigneur de Beauval, en sa qualité de châtelain de Doullens, sous la domination des comtes de Ponthieu, était tenu à un stage de huit mois, chaque année, dans la ville ; c'est pourquoi pendant la durée de ce service, les gens de sa maison jouissaient du privilége de n'être pas soumis à la justice de la commune. — Note de M. Bouthors, page 180. *Coutumes locales.* T. II.

la pais que il ont faite entre euls bien et loiaulment, aussi avant comme à leur seigneur, garderont et jugeront par le conjurement et par la requeste de Robert, leur seigneur de Biauval, ou de celi qui sera sires de Biauval. En tesmoing des quiex choses, ge séellai ces lettres dou séel de la baillie de Amiens, à la requeste des esquevins et de la communité de la ville de Biauval. Ce fut fait en l'an de l'Incarnation Nostre Seigneur mil cc et soissante sis, ou mois daoust.

Et nous en cest présent transcript avons mis le séel de la prévosté de Paris. Fait l'an et le vendredi dessus diz.

(Copie faite par M. V. de Beauvillé sur l'original.)

N° 15.

Avril 1272.

Philippus, Dei gratiâ Francorum rex, notum facimus universis tam præsentibus quam futuris, quod ad nos accedentes burgenses nostri de Dullendio supplicando nobis intimarunt quod sæpe contingit aliquas personas de Communiâ Dullendii ad tantam devenire inopiam aut etiam senectutem, quod eas oportet miserabiliter mendicare, quia non habent in facultatibus unde valeant sustentari, licet forte precedenti tempore aliqui possessiones habuerint valde pingues, et alia bona quibus honorabiliter tunc temporis vescebantur. Sic per infortunium aut aliquo casu contingente prædictis careant, pauperes inde facti quare a nobis humiliter postularunt ut in villa Dullendii domum unam emere aut facere valerent in qua ejusmodi personæ per Majorem Dullendii et Scabinos et consilium villæ qui pro tempore fuerint ponerentur, et ibi usque ad vitæ exitum sustentarentur de aliquibus bonis et redditibus quæ emerint et ad dictam domum pertinerent in perpetuum, ita tamen quod dicta domus esset in perpetuum sub eorum providentia et ibi ponerent quando et quam vellent personam quæ domui præesset temporaliter et bonis, ac eam quando eis placeret, amoverent et aliam loco illius subrogarent. Nos piæ petitioni eorum annuentes ob remedium inclitæ recordationis potentissimi Domini genitoris nostri et charissimæ consortis nostræ Isabellis reginæ Franciæ et aliorum antecessorum nostrorum, concessimus eisdem quæ nobis sunt superius supplicata; ita tamen quod redditus emant ad hoc faciendum usque ad sexaginta libratas terræ quæ in perpetuum pertinebunt ad domum prædictam, ad opus prædictum, et non ad alios usus commutentur, in villenagiis et censivis, salva in hoc nobis et successoribus nostris omni justitia, et salvo jure nostro in aliis ac etiam alieno. Quod ut ratum et stabile permaneat in futurum, præsentibus litteris nostrum apponi fecimus sigillum. Actum Ambianis in vigiliâ Paschæ anno Domini millesimo ducentesimo septuagesimo secundo, mense aprili.

(Original aux Arch. de Doullens.

N° 16.

Juillet 1280.

Jou Hues de Rosière, chevalier et sire de Rosière, faict savoir à tous chiaux qui ches lecttres verront et orront, que comme contens et plais eust esté mus en le court Mgr le roy à Doullens, entre my d'une part et les bourgeois de Doullens d'autre part, sur chou que jou clamoie et demandoie à avoir par tout men fief d'Authieulle.... toute joustice et toute seigneurie. Et li bourgeois de ledicte ville y clamoient et demandoient à avoir toute justice et ban pour le raison de banlieue. Il fut accordé et traictié par le conseil de boine gent et de mes amis, entre my et les dis bourgois, en telle manière que jou recongnois as bourgois devant dis, qu'ilz ont et doivent avoir toute joustice, haulte et basse, pour le raison de banlieue, en toute le ville d'Authieulle.... sauf chou, avec my et mes hoirs, le desreng et le bournage par tout men fief et par toute me ville d'Authieulle.... Ce fu fait en l'an de le incarnation de Nostre Seigneur mil deux chens et quatre vins, ou mois de jule.

(Archives de la ville de Doullens. Cart. noir, f° 52).

N° 17.

Ph. Dei gratiâ Francorum rex, universis presentes litteras inspecturis salutem. Notum facimus quod cum Juillet 1286. Robertus, dominus de Bellavalle, miles, quamdam turrim quam antecessores sui habuerant apud Dullendium, incepisset reedificare et vellet eam alcius elevare, majore et scabinis de Dullendio se opponentibus et dicentibus se previlegiatos esse per regale privilegium quod nullus, infra mettas sue communie poterat fortaliciam facere sine assensu eorum. Tandem visa carta dictorum majoris et scabinorum, auditis rationibus hinc inde, pronunciatum fuit quod dicta turris ins tatu in quo est ad presens, remaneret, absque eo quod idem dominus eam possit alcius elevare nisi solummodo de tabulamento. Poterit tamen idem miles si aliqua pars dicte turris sit inferior admodum alcioris partis adequare, voltas, hostiarias, fenestras et caminos in eadem facere, etiam cum tornellis secundum quod forma edificii requirit, non tamen in modo fortalicie facere cooperiri. In cujus rei, etc. Actum Parisiis anno Domini millesimo cc° Octogesimo sexto. Mense julio.

(Bibl. imp. F. Grenier 232, f° 209.)

N° 18.

Philippus Dei graciâ Francorum Rex, notum facimus universis tam presentibus quam futuris quod religiose mulieres filie Dei de Dorlhano aquisivisse dicuntur res inferius annotatas, videlicet, duos solidos, duos capones censuales supra unum jornale et dimidium terre situm extra portam que vocatur du Lucheu. Item duos solidos, sex denarios, unum caponem supra domum Symonis de novo molendino sitam in vico de Manchon. Item sex solidos, sex denarios, tres capones supra domum Johannis Betars sitam intra duas portas vici de Manchon. Item tres solidos, duos capones supra domum Johannis Hurdebiers de Vallibus qui fuit de Dragon in vico des Orgereus. Item duos solidos, duos capones supra domum Martiny Borne que est contigua furno abbatisse in vico de Manchon. Item tres solidos duos capones supra domum Johannis Tassiaux, que domus est ante constantinum. Item vigenti quinque solidos, quinque capones supra duas domos heredum de Halle, que sunt ante Hostellariam. Item duos solidos, duos capones supra domum Simonys Lorgueilleus, que est prope portam de la Varenne. Item XVIII denarios, duos capones supra terram Salomonis de Bellavalle, que est in loco qui dicitur au neuf-molin. Item duodecim solidos, duos capones supra domum domini de Bellavalle, qui sunt Jacobi de Fonte. Item tres solidos supra domum Symonis Blandiaus, qui sunt Jacobi Letelier in vico qui dicitur rue Taillée. Item XVIII denarios et IX capones supra domum Roberti Males, in quâ domo moratur. Item duos solidos, duos capones debitos a liberis Roberti N. morantes supra domum Johannis que est super aquam. Item duos solidos, duos capones supra domum Jacobi Vaas in qua moratur. Item duos solidos, supra domum Guillelmi N. et unum caponem in quâ idem moratur super aquam. Item VII solidos supra domum Bernardi Licares in quâ moratur, que est sita in vico B. Michaelis. Item XII denarios supra domum Johannis du Crochet, que domus fuit Adulphi Anglici, que est versus portam Hersant. Item duos solidos, duos capones debitos ab heredibus Roberti Morat supra domum Isabellis d'Aucoch, que domus fuit patris sui, que domus sita est in vico B. Martini. Item XII denarios supra managium domini de Bellavalle, quod managium... est contiguum vico B. Mariæ.... Que res usque ad summam IIII libras, VI den. parisis et trigenti unius caponum in anno reddita se extendunt. Supradicte que relligiose nobis humiliter supplicarunt ut res supradictas amortizare vellemus eisdem intuitu pietatis. Nos supradictis devotis supplicationibus annuentes, ob charissime consortis nostre et parentum nostrorum remedium animarum, de regia largitione concedimus ut res supradictas omnes et singulas cum omnibus pertinentiis, prout sunt superius expresse, tenendas ac possidendas valeant perpetuo pacifice et quiete absque coactione vendendi aut extra manum suum ponendi, nec financiam quamcumque nobis aut successoribus nostris perinde prestandi,

Novembre 1300.

salvo jure tam in aliis quam nostris et quolibet alieno. Quod ut firmum et stabile perseveret, presentibus litteris nostrum fecimus apponi sigillum. Actum Parisiis anno Domini m ccc, mense novembri.

(A. I. Sect. hist. J. Reg. 38, n° 20.)

N° 19.

Juillet 1351. A tous chiaulx quy ces presentes lettres verront et orront, nous Guerard, sire des Autheux, chevalier, salut. Comme descort et debat ait esté et fut meu entre les maire, eschevins et communaulté de le ville de Doullens, d'une part, et nous seigneur des Autheux, dessus nommés, d'autre part, en le court du roy notre sire à Beauquesne, pardevant le prévost forain dudit lieu, sur che que le dit maire et eschevins sestoient complains de nous en cas de nouveleté, trouble et empeschement sur saisine, pour che quils disoient quil avoient toute jurisdicion haulte, moïenne et basse et pour le tout, en tout le ville et banlieue de Doullens et especialement en tous les lieux qui nous sont tenus par moïen ou sans moïen, en fief et arriere-fief ou en aultre manière, assiz, scituez et enclavés en ladite banlieue; et que par dedans ladite banlieue, aurièmes prins ou fet prendre et lever, par Broissart Quierot et Tristram Campdavaine, Pierre de Bienhiere, qui trouvé fu par les dessus nommés Broissart et Tristram gisant navré à plaie ouverte et à sang courant dont mort se pooit ensievir, en une pièche de terre qui est Jehan de Rollepot, tenue de nous par moïen; lequelle pièche de terre est assye, scituée et enclavée par dedans et es mettes de la dite banlieue; et que le dit Pierre Bienhière avoient levé et emmené hors de ledite banlieue, et avoient fet waigier audit Pierre le sang qu'il avoit heu (sic) à no prouffit, et lavoient fet et firent obligier de venir lui rendre prisonnier par devers nous, toutefois que on ly feroit sçavoir; et avec ce, pour ce qu'il adjournèrent et appelèrent à nous dessus dit, de thiers jours en thiers jour et de quinzaine en quinzaine, pour le soupechon de ledite navreure Williaume Morel, Aliame Morel et Jehan Porée, en no court à Autheux; lesquelles œuvres et exploits fais par les susdits Broissart et Tristram, nous heuemes (eûmes) pour agréable et ichiaulx advouames par devant ledit prévost; et pour ce que nous avions receu à nos drois, en no court as Autheux, le dit Williaume Morel pour lui purgier ou punir du cas dessus dit; et ensément voliemes ou entendiemes et aviemes volenté et espérance de mouvoir, contre les dits maire, eschevins et communaulté, debat ou question par devant le dit prévost ou ailleurs, de ce que les dits maire et eschevins avoient banny de leur dite ville et banlieue, à toujours sur le hart, ledit Willaume Morel, après ce que en nostre dite court, lavieme reçeu à droit et que ausdits maire et eschevins laviemes fet seignifier et sçavoir par nos lettres, *sachent* tous que pour ce que, à quelzconque personne que ce soit ou puist estre, nous ne vauriemes aucunement leurs droits ne leur juridiction empescher et que auxdits maire, eschevins et communaulté, vauriemes en toutes manières leurs drois, juridiction saisines et libertez garder, tenir et demourer à leurs drois, en le manière quil se peult et doibt appartenir: nous nous sommes bien et suffisamment informés, tant à no conseil à plusieurs bonnes gens du pays qui de ce sçavoient parler, comme par les chartes, lettres et priviléges de la dite ville, que le dite banlieue, au lez pardevant mes (mot passé) des villes des Autheux et les fiefz et autres lieux qui sont tenus de nous par moïen ou sans moïen, va et estend du fossé con dist du Caudas jusques à unes crois con dist le crois de Longuevillette, et de ledite crois à aller au (lez) vers Occoche, parmi le trenque que on dit les arbres de Huigermes; et que pardedens ledite banlieue, ont toute justice es lieux tenus de nous par moïen ou sans moïen, comme dist est, soit es terres de nos hommes ou es terres qui de nos hommes sont tenues en quelsconques lieux que nos fiefs, terres ou nos tenures sestendent nous tenons ou que on tient de nous.... sur quoi nous, auxdits maire, eschevins et communaulté, avons recongnu et recongnoissons que, en tous les lieux dessusdits, il ont et doivent avoir toute justice, tout maniement et toute seigneurie, toutes amendes et exploits, tout aussi et en telle manière comme il ont usé et manié en le ville de Doullens, et quil usent et manient pardedens ladite ville, et que nous ne demandons, es lieux dessus dit, ne poons demander et avoir ; recongnoissons, octroions et accordons que à mauvaise cause feismes faire par les dessus dits Broissart et Tristram, les œuvres et exploís paravant dist, et que à bonne cause s'en complainirent les dits maire et eschevins, et que ledit Williaume Morel ils pooient bannir ; et en outre recongnoissons que le dit Pierre fu trouvé navré et levé delà par lesdits Broissart et Tristram, pardedens ledite banlieue, en le juridiction desdits maire et eschevins, etc. Données el mois de juillet, l'an de grace 1351.

(Coutumes du bailliage d'Amiens, t. II.)

N° 20.

Juin 1365.

Charles, par la grâce de Dieu, roi de France... comme la ville de Doullens, et la Chastellenie d'icelle, quanchiennement estoient du droit domaine de nostre royaume de France, et en laquelle souloit avoir moult grand et noble siége royal en chastellenie, prévosté, ressort de prévosté, assises, scel pour sceller lettres de baillie, auditeurs, par-devant qui les marchiez et convenances passoient, sur quoi on faisoit lesdittes lettres de baillie, et plusieurs autres droits et noblesses, appartenans, ressortissans et appendans à icelle Ville et chastellenie, eussent été donnéez, ou bailléez ou transportéez par le don, transport et octroy du roy Loys, jadis fils du roy Philippe-le-Bel.... au comte de Saint-Pol.... Et pource que lesdittes ville et chastellenie, ainsi donnéez ou transportéez, délaissoient nature et condition de domaine royal par verdict dudict transport, eussent plusieurs des droits (cy-dessus) qui lors appartenoient auxdites ville et chastellenie, et à la prévosté et ressort d'icelle, été ostées, disjointes et séparéez d'icelle ville, chastellenie et prévosté, transportéez.... est à savoir certaine quantité au siége et à la prévosté de Beauquêne : autre partie et quantité au siége et prévosté de Montreuil sur la mer, et autres partie et droits tant à la prévosté de Saint-Riquier, comme en plusieurs autres lieux, villes, siéges, et auditoires.... Par la délibération de nous et de nostre conseil.... nous avons retrait, rejoint, réuni, remis et réappliquié lesdittes ville et chastellenie de Dourlens, au droit et au domaine de nous, de notre royaume et de la couronne de France ; et par les gens de nos comptes à Paris, et autres de notre Conseil, a esté depuis délibéré et ordonné que tout ce qui avoit été mis et transporté desdites chastellenie de Dourlens, prévosté, et ressort d'icelle, avec lesdittes villes et prévostéz de Beauquesne, de Montreuil, de St.-Riquier et d'ailleurs, seroit et demeureroit à icelles jusqu'à la fin du temps que lesdittes prévostez avoient derreinemeut esté bailléez à ferme.... Et pour ce que lesdits mairé, eschevins, bourgeois et habitants de nostre dite ville de Dourlens ont moult esté grevéz et dommagiéz.... par les transports, séparations et alliénations des susdittes, et que de tout leur cœur, propos et volonté, ils ont toujours depuis constendu estre remis et retournéz.... à notre domaine, comme par devers leur droit, naturel et souverain Seigneur.... Nous, recordans et ayant en mémoire le bon et vrai propos de nostre dit seigneur et père, et le nostre, et aussi de tout son conseil et du nostre, qui ont toujours esté et encore sont tels, que lesdittes ville et chastellenie de Dourlens, qui remises sont à notre domaine.... avec les droits, noblesses, assises, prévosté, ressort, lettres de baillie, scel, auditeurs, et touttes autres choses et droits quelconques, qui auxdittes ville, chastellenie, prévosté et ressort, pouvoient et devoient appartenir, en quelque manière que ce fût on pût être, soient rassembléez, remises et réunies ensemble tout en la manière que par devant.... avons ordonné, déclaré, et accordé, et par ces présentes, ordonnons..... que tout ledit siége royal en chastellenie et prévosté, ressort de prévosté, assises, lettres de baillie, auditeurs, scel de lettres, signes et touttes les autres noblesses, droits et franchises, qui à nos devanciers roys de France, et auxdits de Dourlens pouvoient et devoient appartenir, par raison dudit siége royal, et desdittes chastellenie, prévosté et ressort, soient remis, retrais, et réunies avec lesdittes ville et Chastellenie, et dés maintenant..... les rejoignons, remettons et rassemblons du tout ; sauf et réservé que les fermes desdites prévostéz de Beauquesne, de Montreuil, de St.-Riquier et autres..... demeureront aux prevost et fermiers d'icelles jusqu'à la fin de leurs dittes fermes. Et aussi réservé que pour ce que anchiennement on souloit en l'assise de Dourlens, et en la prévosté d'icelle ville, juger par savants hommes.... il soit jugié ordinairement par les baillis et prévost qui par nous y seront ordonnéz d'orénavant.... Si donnons en mandement.... Donné à Paris, au mois de juin, l'an de grâce 1365, et de nostre regne le second.

(Daire. Hist. du Doy. de Doullens.)

N° 21.

Coutumes de la Prévôté de Doullens.

Octobre 1507. *Observation.* Le prévôt de Doullens a fait deux rédactions des coutumes de sa prévôté. La première, en 12 articles, a été rapportée par M. Bouthors, dans le second volume de ses *Coutumes locales*, pages 55-56. Comme elle est facile à trouver, nous ne la faisons pas figurer ici. Nous préférons transcrire la seconde rédaction telle qu'elle a été présentée au bailliage d'Amiens le 2 octobre 1507, et représentée au même bailliage le 15 janvier 1509. Nous la copions au feuillet cccxlv, tome premier, du *Grand coustumier général contenant toutes les coustumes génèralles et particulières du royaume de France et des Gaules, corrigées et annotées par messire* Charles du Molin, *ancien advocat en la cour du parlement de Paris.* 2 vol. in-f° 1567. Paris.

Ce sont les coustumes que lon tient pour génèralles et dont lon vse chascun iour en la préuosté de Doullens, mises et redigées par escrit, par nous, Pierre Brvnet iuge d'icelle preuosté et autres notables personnages qui ont signees et approuuees lesdites coustumes. Et ce en vertu de commission donnee de monseigneur le bailly d'Amyens ou son lieutenant, où sont inserees certaines lettres patentes du roy nostre dit seigneur, par luy décernees pour le fait desdites coustumes.

Article Ier. Par la coustume generalle notoirement obseruée au siége de ladite préuosté, toutefois qu'aucunes cryées se font d'aucuns héritages féodaux ou cottiers situez ès mettes de ladite préuosté, elles se font par le sergent exécuteur de tous les héritages féodaux et cottiers tous ensemble par quatre quinzaines ; c'est à sçauoir à l'église parochiale du lieu, là où lesdits héritages sont assis, et en la plus prochaine ville du marché du lieu où sont situez lesdits héritages, à la bretesque et au lieu publicque là où lon a accoustumé faire crys et publications. Et s'il n'y a qu'héritages cottiers lesdites cryées se font de huytaine en huytaine aux lieux dessus dits. Et sont icelles cryées ainsi faites en les signifiant aux obligez et condemnez, et aux seigneurs doĩt iceux heritages sont tenues pour bien et deuëment faites en ladite preuosté.

Art. II. Par la coustume generalle de ladite preuosté droit de relief en héritages cottiers est semblables aux cens, c'est à sçauoir qu'il est deu tel droit de relief pour lesdits héritages cottiers d'hoir à autre au seigneur dont ils sont tenus, qu'iceux heritages doyuent pour censiue chascun an.

Art. III. Item par ladite coustume droit d'ayde est deu au seigneur par les suiets tant feodaux que cottiers en deux cas, comme par la generalle du bailliage d'Amyens sauf qu'en ladite ville, terroy, banlieuë et chastellenie de Doullens, ledit droit d'ayde n'est deu d'héritage cottier.

Art. IV. Item il y a coustume telle en ladite preuosté que quand héritages cottiers et tenus en censiues se vendent, donnent ou transportent à aucun autre qu'à son héritier apparant, le sixiesme denier de la vente appartient au seigneur dont lesdits heritages cottiers sont tenus et doyuent censiues. Lequel droit dudit sixiesme denier en ce cas de vente se paye tant par le vendeur que par l'acheteur par chascun d'eux par moytié, s'il n'est traité du payement desdits droits. Mais s'il est dit que lesdits héritages sont vendus francs deniers, l'acheteur seulement est tenu au payement dudit sixiesme denier de ventes auec les droits de venterolles, et si c'est héritage féodal donné, vendu ou aliéné à autre personne qu'à son héritier apparant il est deu au seigneur pour l'apprehension le cinquiesme denier.

Art. V. Item par ladite coustume quand aucun se porte pour appellant de nous ou de nostre lieutenant, les appellations tant de bouche comme par escrit ressortissent de plein droit et sans nul moyen de relieuement, ès assises de Doullens qui se tiennent en ladite ville par monseigneur le bailly d'Amyens ou son lieutenant.

Art. VI. Item et pareillement y ressortissent les appellations de cours suietes d'icelle preuosté : mais il les faut releuer par commission de mondit seigneur le bailly ou son lieutenant en dedans xl iours ensuyuans lesdites appellations.

Art. VII. Item et par la coustume generalle de ladite preuosté tous héritages cottiers venans de pere et de mère sont portables après leur trepas à leurs enfants autant à l'vn comme à l'autre : mais tous les fiefs appartienent à l'aisné fils ou principal héritier, sauf le droit de quint aux puisnez.

Art. VIII. Item par la coustume de ladite preuosté sentences et appointements donnéz par le iuge et garde de ladite preuosté ou son lieutenant sortissent leur effet, s'il n'est appellé desdites sentences et appointements endedans le huytiesme iour desdites sentences et appointements prononcéz.

Art. IX. Item par la coustume si les parties sont presentes aux dites sentences et appointements prononcés, si elles veullent appeller elles sont tenues d'appeller illico : hoc est le iuge estant en son siége, ou protester d'appeller en dedans ladite huytaine.

Art. X. Item au siége de ladite preuosté en tous autres cas et matière, les coustumes generalles du bailliage d'Amyens ont lieu, et selon icelles se reiglent tous les conseillers et practiciens d'icelle preuosté.

Ces coustumes ont esté publiées, leuës, consenties et accordées pardeuant nous Anthoine de sainct Deliz licencié ès loix, seigneur de Heucourt, coseiller du roy nostre sire, lieutenant general de monsieur le bailly d'Amyens, commissaire du roy nostre sire en ceste partie, en la présence des aduocats, procureur du roy et autres conseillers du siége dudit bailliage, des prélats, gens d'église, nobles, praticiens et autres notables pour ce assemblez en l'auditoire dudit bailliage. En tesmoing de ce nous auons signé lesdites coustumes de nostre seing manuel et les fait signer par Iean Boytel greffier dudit bailliage le second iour d'octobre l'an mil cinq cens et sept. De Sainct Deliz. — Besançon. — Boytel.

N° 21 bis.

Coutume locale de la Ville et de la Banlieue de Doullens.

Les maire et eschevins de la ville de Doullens, en obeissant et acquiessant à la publication et adjournement à eulx fait par le juge et garde de la prevosté d'icelle ville de Doullens, en vertu des lettres et comission du siége du baillage d'Amiens, en datte du second jour du mois d'aoust de cest an mil cinq cens et sept, esquelles lettres de comission sont inserées certaines lettres et mandement patent du roy nostre sire, faisans mention de mettre et redigier, ou faire mettre et redigier par escript les coustumes generales et locales dudit bailliage d'Amiens. Iceulx mayeur et eschevins, comme haulx-justiciers soubs le roy nostredit sire, ont fait mettre et redigier par escript les coustumes locales dont l'on use chacun jour, et de tel et si long-temps qu'il n'est mémoire du contraire en laditte ville et faulxbourgs, banlieuë et seignourie d'icelle ville : ainsi que cy-après s'ensieult.

I. Fait à présupposer comment de grant antiquité lesdits maire et eschevins sont noblement fondez, douëz et amortis soubs le roy nostre sire, et ont loy, mairie et eschevinage, cloche à ban, et banlieuë grande et spacieuse, et oultre ont plusieurs beaux droits, previllege, prérogatives et préminenches, et toute justice et seignourie haulte, moyenne et basse, soubs le roy nostredit seigneur : Et à ceste cause leur appartient la congnoissance, pugnition et correction de tous cas faits, commis et perpetrez, és termes de leurditte juridiction et banlieuë, sans ce que aucun ayant seignourie ès mettes de laditte banlieuë, puisse congnoistre desdits cas et délits perpetrez ès mettes de laditte banlieuë, saulf le roy nostredit seigneur, et ses officiers, mesme pooir et authorité de faire pour le bien politique, tous édits, statuts et ordonnances au gouvernement du bien publicq ; et si y a avec ce en laditte ville, visconte et ville d'arrest.

1507.

II. Item. Sont aussi ceulx maire et eschevins, à cause de la ditte fondation, seigneurs des francquestenuës scituées en laditte ville, faulxbours et banlieuë, dont l'on ne rend, ne paye aucuns cens, ne redevances, et en ont seulement lesdits maire et eschevins, les ventes et reliefs à leur singulier prouffit, qui sont de ung sestier de vin pour ledit relief, et autant de ventes, estimé ledit sestier de vin à six sols pour chacun tenement, touteffois que les cas y échient.

III. Item. Par la loi et coustume de laditte ville, lesdits maire et eschevins, à la requeste de leurs subgets, pœuvent faire faire commandement à tous les redevables, à leurs subjets et demourans en la ditte ville, faulxbours et banlieuë, par l'un de leurs sergens à vergue, que en dedens sept jours et sept nuyts du jour du commandement fait, ils ayent payé aux créditteurs les sommes à eulx demandées; et se les redevables rechoivent ledit commandement paisibles, sans eulx opposer en dedens les sept jours et sept nuyts, les creditteurs pœuvent après lesdits sept jours et sept nuyts passez, licitement eulx retirer pardevers lesdits maire et eschevins, et ledict retraict enregistré ou registre dudit échevinage, dont il échiet trois sols de loy et amende au prouffit de laditte ville, que doit le débiteur, le sergent desdits maire et eschevins pœult incontinent aller exécuter le debteur, ou debteurs, à la requeste du creditteur, pour les sommes dont il aurait ainsi reçu lesdits cemmandements paisiblement : mais se le debteur s'oppose au commandement en dedens les septième jour et septième nuyt, il y sera reçeu et aura assignation de jour pardevant lesdits maire et eschevins, sans namptir..

IV. Item. Il y a coustume en la ditte ville, faulxbours et banlieuë, que se aucun fiert aultrui de main garnie, il commet envers lesdits maire et eschevins, amende de soixante sols parisis, ou aultre amende arbitraire, selon l'exigence du cas ; et se l'est de piez ou de main non garny, il n'y a que vingt sols parisis d'amende, avec pugnition de prison.

V. Item. Et se aucun injurie aultruy de bouche ou de simple laidit, il n'y a que cinq sols d'amende, avec pugnition de prison ; mais s'il y a injures atrosses, scandaleuses et diffamatoires, les amendes sont arbitraires, selon l'estat des personnes et exigence des cas, avec pugnition de prison et réparation contiguë honnourable, prouffitable et civille envers partie et justice, ensemble des interest, selon que les cas les requièrent, l'ordonnance desdits maire et eschevins ; et le tout au prouffit de laditte ville.

VI. Item. Il y a coustume, que tous ceulx qui doivent cens et rentes foussieres sur les maisons, masures, gardins et tenemens scituez et assis en laditte ville, faulxbours et banlieuë, les propriétaires et possesseurs d'iceulx héritaiges et tenemens, sont tenus de payer chacun an, lesdits cens et rentes aux termes de Pasques, Saint-Remy et Noël, aux seigneurs dont leursdits héritaiges sont tenus, ou à leurs receveurs ou commis, à chacun d'iceulx termes le tierch ; et s'il y a cappons, ils se payent au Noël, apreciez pour touteffois à vingt deniers chacun cappon : lesquels cens ou rentes, se payent ausdits termes, sur paine de trois sols paris de loy ou amende, pour chacun terme, au prouffit de celluy ou ceulx à qui lesdits cens sont deubs.

VII. Item. Et mesme par laditte coustume, iceulx seigneurs ausquels sont deubs lesdits cens et rentes foussières, sont dits seigneurs utilles d'iceulx héritaiges ; à ceste cause leur en appartiennent et sont deubs les ventes et reliefs touteffois que les cas y eschient : c'est assavoir, les reliefs d'hoir en aultre, qui sont tels que de ung sestier de vin, estimé à six sols, et les ventes touteffois que les dits héritaiges sont vendus, transportez ou alienez, qui sont tels que de six deniers de la venduë et prisiée d'iceulx héritaiges, au prouffit desdits seigneurs ; saulf toutes foyes que par laditte coustume l'on pœult donner et transporter à aucuns de ses enffans puisnez, en avancement de mariage, ou autrement, aucuns de ses héritaiges, par paysans seulement ausdits seigneurs, pour chacun tenement, ung sestier de vin tel que dessus.

VIII. Item. Il y a coustume en laditte ville, que tous tenemens retournez és mains des seigneurs dont ils mœuvent, et sont tenus par le trespas des propriétaires, ainchois que l'on puisse licitement prouffiter ne prendre les prouffits d'iceulx cens et tenemens ainsi demourez és mains desdits seigneurs par deffault d'homme et de relief, il convient que iceulx seigneurs és mains desquels iceulx tenemens sont ainsi retournez, facent cryer à haulte voix par les sergens à vergue desdits maire et échevins, et par trois mairies, és jours que l'en renouvelle la loi et eschevinage de laditte ville, iceulx cens et tenemens ainsi retournez ; et après icelles trois criées ainsi faittes et entretenuës deuëment, sans quelque interval, se aucun ne s'oppose, ou vient opposer ausdittes criées, iceulx seigneurs ès mains desquels ce est ainsi retourné, poeuvent et leur loist licitement, en prendant lettres desdittes criées, baillier de nouvel à leur prouffit iceulx tenemens, à nouveaux cens ou rentes, à telle personne ou pour tel prix que bon leur semble, et en user et possesser tant et jusques à ce que aucun vray héritier dudit héritaige ainsi cryé, se apperra ou apperroit : lesquels héritiers, attendu les coutumasses desdittes criées ne poeuvent, ne porront rentrer audit héritaige sans relevement du roy nostre sire, et payer tous les arierages et mises raisonnables.

IX. Item. Pareillement par laditte coustume, se aucuns ayans cens sur aucun tenement, dont il rende à aultruy aucune redevance, que on dit cens rendus en icelle ville, ne relieve d'hoir à autre sondit cens, à celluy duquel il le tient, et lui paye son droit de relief de six sols, icelluy seigneur duquel il tient ainsi ledit cens, poeult pareillement en deffault d'homme et de relief, faire cryer par lesdittes trois mairies, ledit cens retourne en sa main ; et après lesdittes trois mairies passées, en user à son prouffit comme de sa chose, se aucun ne s'oppose ausdittes criées, comme dit est.

X. Item. Oultre il y a coustume, que touteffois que aucun tenant aucun tenement ou censive en laditte ville et faulxbours, d'aucun seigneur ou d'autre personne, délaisse ou est reffusant payer les cens ou rentes fonssieres que lui doit ledit tenement, celluy ou ceulx à qui ledit cens est deu poeuvent par laditte loy, en deffaulte de payement, faire prendre et hoster hors des gons, par l'un desdits sergens desdits maire et eschevins, les huys ou fenestres d'icelles maisons ou tenemens, et les porter en l'eschevinage de laditte ville, sans les poior reprendre, ne faire de nouvel par les debteurs, sur paine et amende de soixante sols parisis, à appliquier ausdits maire et eschevins : mais se le loüagier ou proprietaire d'icelles maisons ou tenemens, s'oppose à laditte exécution, il y doit être reçu en namptissant, et avoir jour sur et servant pardevant lesdits maire et eschevins, pour y contredire se bon luy semble.

XI. Item. Il y a coustume, que les prez à faucq et terres labourables situées ou terroir de laditte ville, ne doivent aucun droit de relief aux seigneurs dont ils sont tenus, mais en sont saisis les héritiers de plain droit par laditte coustume : toutes voyes se lesdits prez et terres se vendent ou transportent à aultruy, il en est deu ventes au seigneur, tel que de sixième denier de la venduë.

XII. Item. Néanmoins és terroirs de Han et Hardainval, qui sont és mettes de laditte banlieue, les prés et terres labourables doivent reliefs ; assavoir chacune pièce de pré, ou gardin, six sols ; et chacun journel de terre, douse deniers.

XIII. Item. Aussi en la ville et terroir de Neufvillette, en ce qui est tenu de la maison Saint-Ladre dudit Doullens, les héritaiges cottiers, tant manoirs, prez, que terres labourables, doivent pour droit de relief deux sols quatre deniers.

XIV. Item. Il y a coustume telle en laditte ville, faulxbours et banlieuë de Doullens, que quand héritaiges cottiers, et tenus en censives, se vendent, donnent ou transportent à aucun aultre que à son héritier apparent, le sixieme denier de la vente appartient au seigneur dont lesdits héritaiges cottiers sont tenus et doivent censive : lequel droit dudit sixième denier, en cas de vente, se paye tant par le vendeur que par l'achepteur, par chacun d'eulx par moittié, s'il n'est traicté du payement desdits droits ; mais s'il est dit que lesdits héritaiges sont vendus francs deniers, l'achepteur est seulement tenu au payement dudit sixiesme denier de ventes.

XV. Item. Il y a aultre coustume, s'aucun eschange se fait de maisons, terres, ou aultre héritage, de pièce à aultre, en laditte ville et faulxbours seulement, sans aucune saulte de deniers, lealement et sans fraulde, il ne y échiet par laditte coustume, nulles ventes aux seigneurs dont iceulx héritaiges sont tenus, pourveu que les tenemens échangiez soient tenus tout d'un mesme seigneur ; et n'en a icelluy seigneur de ung sestier de vin estimé à six sols, comme dessus.

XVI. Item. Il y a coustume en laditte ville et faulxbours, que le principal héritier d'aucun deffunct, pœult prendre et avoir pour droit de guiefmez, le principal héritaige qui luy plaira, délaissé par le deffunct, soit maison, masure, gardin, ou aultre tenement, en acqueste, ou aultre héritaige ; et le surplus des héritaiges et tenemens cottiers se partissent également entre les enffans d'iceulx deffuncts, autant à l'un comme à l'autre, en ligne directe : Toutes voyes iceulx deffuncts ne pœuvent faire aucun don ou disposition de leur héritaige, que leur héritier principal n'ait son droit de guiefmez à son choix, premièrement lequel guiefmez ne se pœult, ne doit vendre sans y observer et garder l'une des trois voyes ; c'est assavoir nécessité juret, ottroy d'hoir, ou remploy.

XVII. Item. En laditte ville, faulxbours et terroir de Doullens, la coustume est telle qu'il ne y a aucun droit de doüaire coustumier appartenant aux femmes y mariées, se parfait espécial il n'est sur ce convenenchié par lettres ou tesmoings.

XVIII. Item. Par laditte coustume de laditte ville, faulxbours et terroir, tous loüages sont exécutables, et se pœuvent saisir les biens trouvez audit loüage, pour ung an seulement, tant que payement soit fait dudit loüage ; et est le loüagier-locateur préféré en laditte exécution, à tous autres créanchiers : et se doivent payer lesdits loüages aux termes accoutumez en laditte ville ; assavoir, Saint-Remy, Noël et Pasques.

Et quant au surplus desdittes coustumes, ils en ont accoustumé faire et user selon les coustumes generales, usaiges et stils des bailliage d'Amiens et prévosté de Doullens, és mettes desquels laditte ville, faulxbours et banlieuë sont situez et assis.

Lesquelles coustumes dessus escriptes, ont este veuës et leuës audit eschevinage, en la presence des prelats, gens d'église, nobles, officiers et praticiens de laditte ville, pour ce esvocquiez et adjournez audit eschevinage, qui ont affirmé par serment par devant lesdits mayeur et eschevins, lesdittes coustumes estre telles en laditte ville, faulxbours et banlieuë que dessus : Sy les ont signées de leurs signatures, avec lesdits mayeur et eschevins ; et en approbation de ce, y a esté apposé le scel aux causes de laditte ville, le quinziesme jour de septembre l'an mil cincq cens et sept. Ainsi signé : *Loys Vignon*, abbé de Cercamps, seigneur de Boucquemaison et Ruy ; *Leboin*, mayeur de Doullens ; *Paignet*, conseiller élû de Doullens ; *Journel*, grenetier ; *Dudry*, eschevin, *Catellet*, *Le Viesier*, *J. Brunet*, juge et garde de la prevosté et eschevin de Doullens ; *Le Viesier*, à son tour mayeur de Doullens ; *Plantart*, bailly de Frechevillier, près Saint-Josse ; *Delabye*, à son tour mayeur de la ville ; *Guillaume Le Vaasseur*, prestre de Saint-Sulpis ; *Jehan-Jolay*, eschevin et bailly de Grouches ; *Journel*, juge et garde de la prévosté de Beauquesne et eschevin de Doullens ; *M. Dosterel*, eschevin de laditte ville ; *Lemeusnier*, procureur en la prévosté de la ville ; *Pecoul*, eschevin ; *Le Viesier*, procureur au siége de la prevosté, bailly du soüch et procureur de M. de Myraumont ; *Leboin*, procureur du roy en l'élection de Doullens et greffier de laditte ville ; *Jehan Estocart*, échevin de laditte ville ; *Tranchoir*, eschevin ; *Robert Frachart*, eschevin ; *De Restain*, procureur au siege de la prevosté ; *Honoré Blondeleu*, eschevin ; *J.-B. Le Caron*, eschevin de la ville ; *Hochecorne*, procureur au siége de ladite prévosté ; *Papin*, procureur et conseiller au siége de laditte prevosté et procureur des religieuses, abbesse et couvent de Berteaucourt ; *Roussel*, bailly de Brestel ; *Rohault*, eschevin de laditte ville, procureur au siege de la prevosté et greffier de l'élection dudit lieu ; *Berrogny*, curé de Boucquemaison ; *Lesperon*, visce-gerent de le cure de Saint-Martin ; *Pahen*, curé de Nostre-Dame en Doullens ; *P. Jolay*, pour le prieur de Bagneulx, et comme doyen et curé de l'église Saint-Pierre en Doullens ; *Rainteler*, curé de Luchuel ; *J. Daullé*, visce-regent de Grouches ; *A. Croulé*, curé d'Authieult ; *J. Mallet*, curé de Beignieux ; *Caron*, procureur des religieuses de Saint-Michiel en Doullens ; *Jo. Monart*, visce-régent de Ham ; *Fournet*, visce-regent de Ramsart ; *P. Lannoy*, sergent royal ; *Jehan Bresdoul*, pour saditte terre de Nevillette ; *De Framecourt*, seigneur de Hamencourt ; *J. Bryse*, sergent royal ; *J. Mournel*, sergent royal ; *Papin*, procureur d'Abbeville, bailly de Harponvillle et.... dudit Harponville, et *J. Le Bruccart*, visconte de Doullens, pour le roy nostre sire.

(Arch. de Doullens, imprimé.)

N° 22.

Transaction entre la ville et les Dames de St.-Michel pour le terrain appelé antiennement la chimetière St.-Michel, et où se faisoit le marché aux bestes avant qu'il fut transféré rue Nostre-Dame, duquel terrain ladite abbaie et ladite ville resteront seigneurs par moitié.

A tous ceulx qui ces présentes lettres verront : Maieur et eschevins de Doullens, salut : sçavoir faisons comme nous eussions obtenu des lettres patentes du roy nostre sire pour mestre et establir le marché aux bestes en la grande rue de Nostre-Dame, au lieu de la place tenant les remparts et forteresse de ceste ville et de la maison et abbaie de St.-Michel, pour paver et accommoder le dict marché quy montera à grands frais eussions intention de bailler dore en avant au prouffit de ladicte ville ladicte place où se tenoit et se tient ledict marché et pour ceste cause en eussions faict faire les publications par les églises et paroisses de ceste ville, et y procédant par nous ; au faict desdicts bans se seroit présenté maistre Louis Guilbert, bailli du temporel des Dames, abbesse, prieure et religieuses dudict St.-Michel, qui formellement au nom desdictes Dames et religieuses auroit empesché lesdicts bans estre faicts, sur la remontrance que lesdicts lieu et place faict partie de l'antienne fondation, et que ladicte place et lieu avoit toujours esté appellé communément le chimetière St.-Michel ; nonobstant lesquelles remontrances, et attendu que de tout temps qu'il n'est mémoire du contraire, nous estions en possession de jouir de ladicte place et que ledict marché s'y estoit toujours faict, nous aurions ordonné que ledict marché seroit baillé en cens et de quoy ledict Guilbert pour icelles Dames se seroit porté pour appelant, sur lequel appel après en avoir par nous congrégés et assemblés en l'hostel de l'eschevinage de ladicte ville avec meure délibération de nostre conseil, et lesdictes Dames aussi assistées dudict Guilbert, et ayant esté pour cest effect congrégées et assemblées en leur chapitre, avons du consentement de maistre Philippe Legain substitut du procureur fiscal de la dicte ville pour l'absence dudict procureur, faict l'accord et promeche entre nous et lesdictes dames ainsy qu'ils s'ensuyt : c'est assavoir que nous et ycelles dames demeurerons seigneurs par moitié et indivis d'icelle portion de terre, laquelle sera baillée en cens au prouffit de ladicte ville et icelles Dames chacun par moitié tant en seigneurie que censives, droits seigneuriaux, reliefs et autres droits qui pourront cy après escheoir, et seront néantmoins les saisines et dessaisines reçues et baillées par nous maieur et eschevins et nos successeurs, après toutefois qu'il nous sera apparu la moitié des droits seigneuriaux, reliefs et autres droits d'arrérages de censives, avoir esté payés à icelles dames par leur quittance, ou de leur procureur ou receveur, à la charge, et qui a esté accordé, de vingt-sept pieds de ville pour servir de rue qui sera commune à elles et aux habitants, comme l'entrée sur une, ainsy qu'elle est à présent, conduisant le long du levant desdictes Dames pour aller auxdits remparts ; et pour supporter les grands frais qu'il nous conviendra faire à paver la rue où sera establi ledict marché à bestes, lesdictes Dames ont accordé et accordent pour ceste fois seullement que les deniers procédant de la première année des baux qui se feront dudict antien marché demeureront au prouffit et pour tourner en paiement desdicts frais ; a esté aussi accordé que les aultres droicts et cens seront communs à chascune des parties, promettant par nous, par nos foy et serment et lesdictes dames dames avecq nous, sous les vœux de leur religion tout ce que dessus tenir et entretenir soubs l'obligation des biens et revenus temporels de ladicte abbaie que nous et elles avons submis et obligés respectivement l'un envers l'autre sans y aller au contraire En tesmoing de quoy nous avons et elles avecq nous signé la présente et en approbation d'ycelle y avons faict apposer le scel de ceste ville et lesdictes dames le scel de ladicte abbaie, et comme en approbation de vérité. Donné à Doullens en nostre eschevinage et audict couvent le jeudy 22e iour de may 1586 après midy. Ainsy signé : Jacqueline Le Vasseur, Florence de Saulx, Jeanne de Buigny, Anne de Breton, Antoinette Lucas, Valentine de Battrel, Anne de Villers, Anne Bourdin, Marie Parent, Marguerite Mallet, Nicolas Cauvoir, Pecoul, Gigaut, Parent, Guilbert, Legain.

22 Mai 1586.

(Arch. dép. Carton St.-Michel.)

N° 23.

On a confondu quelquefois les notaires et les tabellions ; il y eut cependant une différence entre ces deux sortes d'officiers, jusqu'au xvi° siècle. Les notaires écrivaient les minutes des actes et des contrats, les gardaient et en délivraient les grosses. Les charges des tabellions furent réunies à celle des notaires, en 1560, puis supprimées, ainsi que celles de gardes-notes, pour faire place à de nouveaux offices sous la dénomination de notaires-garde-notes et garde-scel, en 1597. De plus, il y avait dans l'ancienne monarchie trois espèces de notaires : 1° les notaires royaux, qui furent aussi appelés dans certains cantons : auditeurs du roi. Ils étaient créés par le roi dans les justices royales ; 2° les notaires seigneuriaux, nommés par le roi dans les justices seigneuriales ; 3° les notaires apostoliques, choisis d'abord par les évêques, puis par le roi, pour les actes relatifs aux bénéfices et biens ecclésiastiques. Voici la liste des notaires de Doullens.

1473. Colas Desnocs.
 » Roger Dumoulin.
1474. Ancel de Bacouel.
 » Robert Rohaut, auditeur à la prevôté.
1509. Philippe de Wauduin, id.
 » Guillaume Beuzin.
1517. Adrien Laloé, id.
 » Gerard Potentier.
 » Nicolas Pappin.
 » Armand de Reptain.
 » Pierre de Biencourt, l'aîné.
 » Pierre de Biencourt, le jeune.
1545. Artus Buteux.
 » François Buteux, destitué comme rebelle.
 » N. Denis.
 » N. Boudequin.
 » Jean Héreng, mort cette même année.
 » Jean Lescouvé.
1550. Artus Fournel.
 » Hugues Le Viésier, mort cette année.
 » Jean Séguin, protestant, destitué comme rebelle.
 » Jean Séguin, réintégré en 1576.
 » Isambert de Calonne, mort cette année.
1551. Nicolas Laloé.
 » Philippe de Troy, proc. à Auxi-le-Château.
1566. Jacques Hunet, destitué pour rebellion.
 » Martin Deguisne.
1570. Charles Dablain.
 » Barnabé Bidaire.
 » Jean Leclerc, prêtre, notaire apostolique.
 » Jean Picard, clerc, id.
1571. Bénoit Prévost.
1574. Louis Guilbert.
1574. Antoine Cabaret, doyen de chrétienté d'Airaines.
1581. Jean de Chuines, garde-notes.
 » Pierre Daitz.
1582. Jean Desheulmen.
1583. Guilbert Daitz.
 » Martin Fouache.
 » Adrien de Hen, après son père.
1584. Jean Roussel, procureur.
 » Gabriel Maisge.
1858. Matthieu Lemerchier.
 » Guillaume Guilbert, procureur.
1587. Claude de Doullens, premier de son office.
 » Firmin Guilbert.
1595. N. Ducay.
 » Olivier Blondin.
 » Nicolas Lallement.
1597. Nicolas Daitz.
 » Louis Denis, not. apost, après Antoine, son père.
1602. Hubert Vignon.
1603. Nicolas Dupont, frère de Jean.
 » Christophe Despréaux.
 » Jean Durot.
 » Matthieu Merles.
1606. Benoit Prévot.
 » Jean Daitz.
 » Charles Darras, not. apost.
1607. Adrien Roche.
1609. Josse Desheulmen, échevin, proc. et garde des sceaux royaux.
 » Jerome Ducay, échevin.
1616. Antoine Lemerchier.
1618. Antoine Vignon.

1620. Charles de Buigny, après P. Desquennes.
1621. François Prévot.
 » Nicolas Prévot.
 » Louis Lemerchier, après Charles son père.
1628. Jacques Prévot, procureur, greffier au magasin à sel.
1632. Guillain de Béthencourt, après P. Deguines.
 » Antoine de Hodencq, après Claude id.
1633. Philippe Catelet, après Adrien, son père.
 » Salomon Hourdel, après Jacques Durot.
1637. Réné Prévot.
1639. Jacques Prévot, époux de Marie Parmentier.
1646. Antoine de Buigny.
1647. Jacques Hierosme, après Charles Pesé.
 » Nicolas de Vacconsin.
1650. Charles de Buigny.
 » Adrien Briseur, notaire et tabellion.
1651. Jean Godquin.
1652. Claude Vignon.
1654. Jacques Vignon, après Jean Moinet.
1660. Pierre Cosette.
1661. Pierre Foubert, après Toussaint, son père.
1664. Arnoud Dupont.
1678. Jean Duez.
 » Pierre de Longavesne, après Etienne, son père.
 » Daniel ou David Regnault.
1680. François Prévot.
1683. Jacques Vignon.
 » Jean Baye, après son père.
 » Nicolas Creton, après François, id.
1684. Jean du Pontreué, après Pierre Demanens (1).

1684. Antoine de Berneuil, après son père.
1686. Charles de Flesselles.
1687. Gabriel Bédel.
1688. Jean Fournier, prêtre, not. apost.
1695. Pierre Simon.
 » Claude Mesnel (2), après Charles, id.
 » Jean Duez.
1698. Antoine Mesnel, après François Vignon.
1715. François Daullé.
 » Pierre Gosset.
1727. Adrien-Bonaventure Alexandre.
 » Charles-François de Machy, après son père.
 » Antoine Delattre, après Réné Savary.
1728. Augustin Delawarde, après Claude id.
 » Pierre Sorel, après Nicolas Dennel.
 » Louis Varlet, après J.-B. Caron.
1734. Charles Buttin.
 » Claude Levasseur, après Alex. Plichon.
1747. Pierre-Etienne-François Gosset.
1748. Pierre Leroy.
1768. J.-B. Marie, Adrien-Bonaventure-Alexandre.
1770. J.-B. Delécloy.
1781. J.-B. Barou, après son père.
1794. Le Correur, père.
 » Moy.
1815. Le Correur, fils.
 » Thuillier.
1825. Le Monnier.
 » Dieulouard.
1830. D. Cabour.
1832. A. J. Warmé.
1844. A. Briois.

N° 24.

ÉLECTION DE DOULLENS.

Tarif des droits qui se doivent percevoir dans la ville, fauxbourgs et banlieüe de Doullens, sur les vins et autres boissons.   27 janv. 1687.

Entrées.

Pour un muid de vin, 4 l., 18 s., 6 d.
Pour 3 muids de vendange, comme pour 2 muids de vin.

---

(1) Charles de Pontreué résigna sa cure d'Outrebois en 1760.

(2) Cette famille bourgeoise de Doullens portait : *de sinople à une cloche d'argent.*

Les Ecclésiastiques ne payeront que 4 liv. 11 s. 6 d.
Pour un muid d'eau-de-vie, 5 liv. 8 s.

Augmentation.

Pour un muid de vin vendu en gros, 16 s. 3 d. pour le seul droit d'augmentation.
Pour 3 muids de vendange, comme pour 2 muids de vin.
Pour un muid de vin gasté le 1/3 du vingtième pour l'augmentation.
Pour un muid de vin muscat, d'Espagne ou autre liqueur, 6 liv.
Pour un muid d'eau-de-vie, le 20ᵉ du prix de la vente, et encore les parisis sol et 6 d. pour livre dudit vingtième.
Pour un muid de gros et petit cidre 5 s.
Pour un muid de poiré, 2 s. 6 d.
Pour 3 muids de fruits, comme pour un muid de boisson.

Exempts de l'Augmentation.

Les Ecclésiastiques, pour le vin et les boissons du cru de leurs bénéfices et titre sacerdotal.
Les OEconomes établis pendant la régale, pour le vin et boissons du cru des bénéfices dont ils sont œconomes.

Détail.

Pour un muid de vin vendu en détail à pot, 9 liv. 11 s. 3 d.
A assiette, 9 liv. 17 s. 3 d.
Pour un muid de vin muscat, d'Espagne ou autre liqueur, tant à pot qu'à assiette, 20 l. 3 s. 9 d.
Pour un muid d'eau-de-vie, le 1/4 du prix de la vente et le 1/3 du quatrième.
Pour un muid de gros et petit cidre à pot, 27 s.
A assiette 30 s., 2 d.
Pour un muid de poiré à pot, 13 s. 6 d.
A assiette, 15 s. 1 d.
Pour un muid de bierre blanche, petite ou double, tant à pot qu'à assiette, 30 s. 2 d.
Plus, les droits de façon et les droits annuels.

(Bibl. communale d'Amiens).

N° 24 bis.

Tarif des droits *que le roi a ordonné et ordonne être levés et perçus pendant le temps de six années consécutives dans les villes, fauxbourgs et banlieues, bourgs et dépendances ci-après détaillés :*

GÉNÉRALITÉ D'AMIENS.

Février 1759. Dans les villes, fauxbourgs et dépendances d'Amiens, Saint-Valery, Abbeville, Corbie, Calais, Ardres, Doullens, Montdidier, Montreuil-sur-mer, Péronne, Saint-Quentin et Boulogne-sur-mer, sera perçu :
Par muid de vin, mesure de Paris, entrant et façonné pour y être consommé, 30 s.
Par muid de bierre ou cidre, entrant et fabriqué, id. 15 s.
Par muid de poiré, id. 7 s. 6 d.
Par velte d'eau-de-vie ou de liqueur composée d'eau-de-vie, id. 8 s.
Par muid de vin de liqueur, jauge de Paris, id. 6 liv.
Et pour les vaisseaux, à proportion de leur contenance et des droits ci-dessus.
Par bœuf ou vache qui entrera pour la consommation des habitants, 40 s.

Par veau, génisse ou porc, id. 13 s. 4 d.
Par mouton, brebis et chèvre, id. 5 s.
Et pour les pièces et morceaux de viande, à proportion.
Par voiture de foin ou de bois œuvré, à œuvrer ou à brûler, attelée de 3 chevaux, 10 s.
Par voiture attelée de 2 chevaux, 7 s. 6 d.
Par voiture attelée d'un cheval, 5 s.
Et pour les autres sommes ou charges, à proportion.

(Bibl. com. d'Amiens).

N° 25.

A Versailles, le 23 avril 1767

Il résulte, Madame, des éclaircissements que j'ai pris au sujet d'un terrain que vous avez réclamé entre les murs de l'abbaye de Saint-Michel et le rempart de la ville, à Doullens, que ce terrain dépend de cette abbaye ; ainsi je donne des ordres pour que vous ne soyez inquiétée dans la possession de ce terrain, sans néanmoins préjudicier aux engagements en vertu desquels l'abbaye doit laisser libre la rue entre la clôture actuelle et le terrain dont il s'agit, pour communiquer au rempart.

J'ai l'honneur d'être, avec un très-parfait attachement, Madame, votre très-humble et très-obéissant serviteur.
Le duc DE CHOISEUL.

(Arch. dép. carton Saint-Michel.)

N° 26.

PRÉVÔTÉ. (DERNIÈRE CIRCONSCRIPTION.)

Agenviller et Halencourt, Secours.
Autheux (les).
Authieule, Banlieue.
Bagneux, Hameau de Gézincourt.
Baillon, H. de Warloy.
Barlette, H. près de Fienvillers.
Barly.
Bealcourt et Mons, S.
Beaurepaire, ferme.
Beauval.
Boisbergue.
Bonneville, S. de Fieffes.
Bouquemaison.
Bretel, H. de Gézincourt.
Brevillers (partie Artois).
Candas et Valheureux, S.
Canteleu, F. paroisse de Neuvillette.
Courcelles.
Doullens.
Drucat, Cense, paroisse de Wavans.
Fieffes.

Fienvillers et Longuevillette en partie.
Frechevillers.
Frohen, grand et petit.
Gezincourt.
Grimont, H. d'Heuzecourt.
Grouches.
Hamancourt, paroisse de Doullens, H.
Hardinval, P. de Hem.
Harponlieu-lès-Grouches, F.
Haute-Visée-le-Beau.
Haute-Visée-l'Epine, près d'Authieule, F.
Hem.
Hestroye, près d'Autheux, F.
Heuzecourt.
Hulleux, près Beauval, F.
Lalau, H. de la P. de Hem.
La Vaquerie.
La Vicogne.
Le Meillard, grand et petit.
Le Mont-Regnault, F. P. d'Heuzecourt, dit Montergnaut.

Longvillers.
Longuevillette, S. de Gézaincourt.
Luchuel.
Maquefer, F. P. des Autheux.
Maizerolles, partie Artois.
Maizicourt, partie Artois.
Milly, H. P. de Doullens.
Mons, H. près Béalcourt.
Montigny-lès-Jongleurs.
Neuvillette, banlieue de Doullens.
Occoche, grand et petit.
Outrebois.
Quesnel, F. P. de Remaisnil.

Riquemesnil, IL près de Hem.
Souich, grand et petit, partie Artois.
Saint-Acheuil, F. de l'abbaye de Corbie.
Saint-Sulpice, F. proche de Doullens, dépendante de la même abbaye.

L'ancien ressort comprenait en outre :
Balicourt, Beaumez, Beauvoir-Rivière, Berantireux, Bois-l'Abbé, Bonneuil, Bonnières, Bouchier, Boves, Canchy, Fransures, Franviller, Ginfin, Gratis, Humbercourt, Laumesnil, Louvencourt, Lucheu, Merlette, Monchaux, Montrelet, Naours, Orion, Oupie, Prouville, Raineville, Ronfort, Rumaisnil, Saint-Fourcy, Saint-Roch et Sizencourt.

Daire, Hist. du Doy. de Doullens.

TABLE DES SOMMAIRES.

PREMIÈRE PARTIE.

CHAPITRE I.

Situation de Doullens. — Ses rivières. — Son sol.. — Son aspect. — Ses rues et places principales. — Son premier château ou *castrum*. — Son ancienne étendue. — Traits principaux de sa physionomie intérieure au xiiie et au xive siècle. — Ses dernières fortifications, — leur entretien, — leur démolition. — Ecuries. — Puits et fontaines publiques. — Réverbères. — Télégraphe électrique. . 3

CHAPITRE II.

§. 1er.

Origine et étymologie de Doullens. — Opinions diverses. 18

§. II. — Époque gauloise.

Monuments gaulois. — Dolmen de la forêt de Lucheux. — Id. du buisson le Haravesne. — Id. de Béalcourt 21

§. III. — Époque gallo-romaine.

Monuments romains. — Voies. — Egout. — Médailles. — Opinions diverses 23

§. IV. — Époque mérovingienne (406-662.)

Invasion barbare. — La Neustrie. — Le Ponthieu. — Diplôme de Clotaire III. — Bagneux. . . 28

§. V. — Époque carlovingienne (771-1100.)

Doullens appartenance de la couronne. — Orville. — Invasions normandes. — Discussion sur le *castrum donincum* cité par Flodoart. — Doullens conquête du comte de Vermandois, puis du roi de France, fait enfin partie du Ponthieu. — Seigneurs du nom de Dourlens. 32

CHAPITRE III.

(1100—1300.)

Vicomté de Doullens. — Philippe d'Alsace et Philippe-Auguste. — Doullens donné en dot à Alix de France. — Etablissement de la commune. — Sceau de la ville. — Id. de l'échevinage. — Délimitation des comtés de Ponthieu et de Boulogne. — Entrevue à Doullens de Philippe-Auguste et de Guillaume III, comte de Ponthieu. — Bataille de Bouvines. — Trahison de Simon de Dammartin. — Confiscation de son comté. — Traité de Chinon. — Doullens n'appartient plus au Ponthieu. — Prévôté de Doullens. — Le bois de Lideffois. — Exemptions de travers. — Voyage de Philippe-le-Hardi à Doullens. — Caractère dominant de l'histoire de cette ville. 41

CHAPITRE IV.

(1300—1400.)

Doullens prend part aux démêlés de Philippe-le-Bel et de Boniface VIII. — Les Templiers y ont une maison. — Sa châtellenie est inféodée à celle de Lucheux. — Sa prévôté supprimée. — Conséquences des batailles de Crécy et de Poitiers. — Les Doullennais s'opposent aux Anglais. — Jacquerie. — Election. — La ville contribue à l'entretien des otages retenus en Angleterre à la place du roi Jean. — Lettres de ce monarque. — Tour de Beauval. — Doullens fait retour à la couronne. — Nouveau sceau de la ville. — Le Ponthieu réuni à la couronne. — Le duc de Bretagne brûle Lucheux. — Beffroi. — Voyage de Charles VI à Doullens. — Causes qui y amènent le duc de Bourgogne. . . . 55

CHAPITRE V.

(1400—1500.)

Message de Jean-sans-Peur au bailli d'Amiens, résidant à Doullens. — Guerre en Picardie. — Henri V d'Angleterre couche à la ferme de Hamancourt. — Doullens se soumet au duc de Bourgogne. — Passages en cette ville du roi Anglais. — Philippe-le-Bon. — Château de Domart pris sur les Bourguignons. — Entrevue à Doullens des ducs de Bedfort et de Bourgogne. — Passage de Glocester. — Moutier de Naours repaire de brigands. — Le château de Domart pris de nouveau. — Tentative sur Doullens. — Paix d'Arras. — Messages d'Amiens à Doullens. — Louis XI rachète les villes de la Somme. — Ses lettres patentes relatives à Doullens. — Edit des postes, signé à Lucheux. — Traité de Conflans. — Fréquents passages du duc de Bourgogne. — Prise et ruine de Doullens. — Ses habitants se retirent à Amiens. — Louis XI vient souvent à Lucheux. — Doullens rendu à Louis XI pour la dernière fois. — Rixes de sa garnison avec celle d'Amiens. — On y fête l'avénement du roi Louis XII. 67

CHAPITRE VI.

(1500—1594.)

Rédaction de la coutume. — Rivalités de François Ier et de Charles-Quint. — François Ier traverse Doullens. — La garnison défait un corps de lansquenets. — Abandon du siége de la ville. — Les Parisiens y envoient une garnison. — Ses fortifications détruites. — Incendie de la ville. — L'ennemi n'ose plus y entrer à cause du nouveau château. — Robert de Mailly relève les fortifications. — Doléances des Doullennais à François Ier. — Voyage de ce monarque. — On fortifie le château et on augmente la garnison. — Evènements militaires autour de Doullens, que le roi donne ordre de fortifier. — Edit de paix. — Henri II à Doullens. — Combat près de Beauquesne. — Ravitaillement de Doullens. — Récit d'Ambroise Paré. — La châtellenie donnée au gouverneur. — Nouvelles doléances des Doullennais. — Cocqueville se rend maître de la ville. — Son supplice. — Les Doullennais ne veulent pas du prince de Condé. — Ils adhèrent à la Ligue. — Lettres de priviléges. — Tentative sur Doullens. — Bureau des traites. — Le duc d'Aumale s'empare de la ville, et le sieur de Saveuse du château. — Lettres du roi. — Edit d'Union. — Nouvelle tentative sur Doullens. — Défaite du s^r de Saveuse près de Chartres. — Démolition du château de Beauquesne. — Malgré les efforts du duc d'Aumale, Doullens fait sa soumission à Henri IV. . . . , . . . 92

CHAPITRE VII.

(1595.)

Articles présentés au roi Henri IV par les Doullennais. — Lettres de ce monarque. — Destitution du gouverneur du château par le duc de Longueville. — Mort de ce duc. — Amiens fournit les munitions en prévision du siége de Doullens. — Combat près de Beauquesne. — Défaite des Français. — Siége du château et de la ville. — Victoire des Espagnols, leur cruauté. — Incendie de la ville. — Plusieurs de ses habitants se réfugient à Amiens. 124

CHAPITRE VIII.

(1596—1642.)

Impression produite par les cruautés des Espagnols à Doullens. — Confiscation des biens et revenus du domaine et de la ville. — Détails d'administration sous le nouveau gouverneur. — Etat misérable des villages circonvoisins. — On se prépare à la guerre — Projets d'Hernand-Teillo. — Il s'empare d'Amiens. — Tentative sur Doullens par le maréchal de Biron. — Siége d'Amiens par Henry IV. — L'archiduc passe à Doullens avec une armée de secours. — Reprise d'Amiens. — Sa garnison se retire sur Doullens, dont le siége est commencé et aussitôt abandonné. — Paix de Vervins. — Lettres du roi. — Charles de Rambures, gouverneur. — Incendie. — Lettres de Louis XIII. — Reprise de la guerre. — On fortifie le château. — Inondation. — Peste. — Jéhan de Rambures. — Trahisons. — Richelieu à Doullens. — Le seigneur de St.-Preuil. — Mme Deshoulières. . . . 147

CHAPITRE IX.

(1642—1784.)

Excursions et pillages. — Lettres de priviléges de Louis XIV. — Mazarin à Doullens. — Nouvelles lettres de priviléges. — Citadelle achevée. — Hôtel du Dauphin. — Lettres du roi. — Louis XIV à Doullens. — Querelles entre les habitants et la garnison. — Mesures pour la conversion des calvinistes. — Octroi de priviléges aux habitants de la banlieue. — La mairie héréditaire. — L'armée de Marlborough à Doullens. — Nouvelle alerte. — Palissades de défense. — Monitoire. — Archives de la ville. — Droit de péage supprimé. — Inondations. — La châtellenie de Doullens donnée au comte d'Artois. — Suppression du titre de gouverneur. 170

CHAPITRE X.

(1787—1800.)

Assemblées des notables. — Famine. — Etats généraux. — Troubles à Doullens. — Cette ville demande à être chef-lieu de district. — Assemblées de la commune. — Justice de paix. — Fermeture des églises. — Volontaires doullennais au siége de Lille. — Doullens perd la dénomination de ville. — André Dumont. — Joseph Lebon. — Réquisitions en nature. — La citadelle fournit des victimes à la guillotine. — Société populaire de Doullens. — Evacuations de prisonniers et de blessés sur l'hôpital. — Nouvelles réquisitions en nature. — Disette. — Epuration administrative. — Mesures contre la disette. — Réouverture des églises. — Biens nationaux. — Réaction. — Fête funèbre commémorative de l'assassinat de Rastadt. 186

CHAPITRE XI.

(1800--1830.)

Le consulat. — Réorganisation administrative. — Concordat. — Députation vers le premier consul, à Amiens. — Fête du couronnement de l'Empereur. — Doullens cesse d'être place de guerre. — Partage des marais de Hem. — Nivellement des fossés de la ville. — Entrée des Cosaques. — Prise de la citadelle. — Contribution en nature. — Le baron de Geismar. — Reprise de la citadelle. — Rentrée de Louis XVIII. — Les Prussiens à Doullens. — Fuite de la maison militaire du roi. — Armée de l'arc-en-ciel. — Tribunal. — Passage du roi Charles X. — 1830 218

Appendice. 1830-1848. 230

Pièces justificatives. 237

DEUXIÈME PARTIE.

CHAPITRE I.

Églises.

§ I.ᵉʳ — Église Saint-Martin.

Ancienne église. — Elle est d'abord seule paroissiale et collégiale. — Ses prébendes données à l'abbaye d'Anchin ; accaparées par le comte de Ponthieu ; restituées ensuite, sont supprimées. — Sa reconstruction. — Ses ruines et restaurations diverses. — Sa description extérieure et intérieure. — Son sépulcre. — Ses fondations. — Détails donnés par un ancien pouillé. — Doyenné de Doullens. . 251

§ II. — Église Notre-Dame (supprimée.)

Son origine. — Sa consécration. — Ses fondations. — Elle est incendiée en 1522 et soutient un siége en 1595. — Détails donnés par un ancien pouillé. — Ses tours. — Ses cloches. 259

§ III. — Église Saint-Pierre (supprimée.)

Son ancienneté. — Sa situation. — Elle est d'abord connue sous le nom d'église Saint-Sauveur et est desservie par les religieux de Saint-Sulpice. — Ses fondations. — Détails donnés par un ancien pouillé. — Sa décoration intérieure. — Sa ruine. — Ancienne organisation ecclésiastique de Doullens. — Cimetière 262

CHAPITRE II.

Établissements monastiques.

§. 1er — Prieuré de Saint-Sulpice.

Son origine. — Opinion de M. Labourt. — L'église Saint-Sulpice est donnée à l'abbaye d'Anchin. — Sa consécration. — Confirmation de ce don par le pape Alexandre III. — Le prieuré ne dépend que de cette abbaye. — Le prieur est curé primitif de Doullens. — Fondations nombreuses. — Procès. — Saint-Sulpice est prieuré-prévôté. — Procès avec la ville. — Difficultés de préséance. — Conflits d'autorité. — Prieurs commandataires. — Prospérité du prieuré sous Guillaume d'Ostrel. — Sa situation florissante en 1550. — Troubles à l'occasion des guerres, confiscation et procès en revendication du prieuré. — Saint-Sulpice devient une annexe de l'abbaye de Corbie. — Réclamation en augmentation de portion congrue par le curé-vicaire de Notre-Dame. — Baux et détails de revenus. — Nouveaux procès. — Décadence du prieuré. — Sa réunion à la manse abbatiale de Corbie. — L'abbaye d'Anchin veut rentrer en possession de Saint-Sulpice. — Procès entre elle et Corbie. — Incendie et ruine des fermes de Beaurepaire appartenant au prieuré. — Baux et détails de dîmes et de portions congrues. — Le moulin Fromentel acheté par l'abbaye de Corbie est démoli. — Saint-Sulpice n'est plus qu'une ferme bientôt vendue pour y faire l'établissement d'un moulin, aujourd'hui une papeterie. 267

§. II. — Abbaye de Saint-Michel.

Son origine. — Sa situation première. — Ancien privilége des abbesses. — Anecdote. — Bulle du pape Alexandre III. — Querelles. — Fondations pieuses. — Changement de siége. — Lettres d'amortissement de Philippe-le-Bel. — Les religieuses adhèrent au roi de France contre Boniface VIII. — Dénombrement des biens et revenus. — Pélerinage au chef de Saint-Blaise, dans l'église de l'abbaye. — Retrait des lettres d'amortissement de Philippe-le-Bel. — Incendie. — Différend avec la ville. — Administration ruineuse de Gabrielle de Forceville, réparée par Elisabeth de Séricourt. — Paroisse de Ransart érigée en l'église de l'abbaye. — Différend avec l'ingénieur du roi. — Inventaire fait par le maire en 1790. — Caractère moral de l'abbaye. — Affectation actuelle de ses bâtiments. — Liste des abbesses 286

§. III. — Prieuré de Saint-Pierre.

Sa situation. — Sa fondation. — Litige à son sujet. — Son incorporation au prieuré d'Abbeville. — La ville en achète le manoir. 301

§. IV. — Filles pénitentes.

Leurs bienfaiteurs. — Lettres d'amortissement de Philippe-le-Bel en leur faveur. 302

§. V. — Cordeliers.

Leur fondation. — Leurs bienfaiteurs principaux. — Situation de leur maison. — Louis XIV les transfère dans un monastère qu'il leur fait construire. — Un mot de critique. — Suppression du couvent. 303

§. VI. — Sœurs-Grises.

Situation de leur maison. — Elles remplacent les Béguines. — Leur genre de vie. — Elles se chargent de l'Hôtel-Dieu. — Leur maison est transférée rue de la Poterne. — Les religieuses Coletines de Gand y logent, avec le corps de Sainte-Colette. — Inventaire fait par le maire. — Leur suppression 306

CHAPITRE III.

Établissements hospitaliers.

§. Ier — Maladrerie.

Sa situation. — Son origine. — Bulle d'Alexandre III. — Donations. — Elle est ruinée par les guerres. — Sa restauration. — Sa suppression. — Le corps de ville prend l'administration de ses biens. — Leur réunion à l'Hôtel-Dieu. — Désunion des biens de la maladrerie de Neuvillette. — Réunion à l'ordre de Saint-Lazare. — La maladrerie de Doullens a le titre de commanderie. — Son annexion définitive à l'Hôtel-Dieu. — Désunion de la maladrerie de Frévent 308

§. II. — Hôpital.

Son origine. — Charte de Philippe III. — Sa situation. — Donations. — La maladrerie lui est provisoirement réunie. — Les Sœurs-Grises en prennent l'administration. — Elles sont remplacées par des religieuses de Saint-Augustin. — Diplôme de Louis XIV. — Huit sœurs y sont installées. — Leur administration. — L'établissement est transféré à la porte d'Arras. — Feu de joie de la Saint-Jean. — Procès avec Lucheux. — Idem avec le lieutenant du roi. — Hôpital militaire. — Situation présente 314

§. III. — Hôpital Saint-Jean-de-Jérusalem.

Il succède à l'ancienne maison des Templiers. — Différend avec l'échevinage. 322

§. IV. — Confrérie de Saint-Nicolas.

Son origine. — Ses bienfaiteurs. — Son siége. — Son organisation. — Ses priviléges. — Ses réglements. — Ses revenus. — Sa suppression. 322

CHAPITRE IV.

§. Ier — Organisation municipale.

Elle est un gouvernement complet. — Le maieur ; ses attributions, ses prérogatives. — Les échevins ; importance de leurs fonctions. — L'assurement. — Les maieurs de bannières ; leur rôle. — Formalités électorales. — Nombre des échevins. — Abus électoraux. — Confiscation progressive du privilége électoral. — Vénalité des offices municipaux. — L'élection redevient la base du pouvoir municipal. — Liste des maires 326

§. II. — Justice municipale. — Examen de la charte communale.

Réserves faites par le pacte fondamental. — Réunion de la vicomté à titre onéreux. — Justice royale et patrimoniale. — La charte laisse trop à l'arbitraire. — Amendes. — Bannissement. — Confiscation de biens. — Démolition de la maison du coupable. — Peine de mort. — Gages de bataille et duel. — Incompatibilité du droit de bourgeoisie avec les obligations du fief. — Franchises diverses et priviléges 337

§. III. — Beffroi et Hôtel-de-Ville.

Premier beffroi. — Il est remplacé par la tour de Beauval. — Construction de l'Hôtel-de-Ville. — Erection de sa chapelle. — Sa ruine. — Construction de la façade actuelle. — Séjour qu'y fit le cardinal de Richelieu. — Description du beffroi et de l'Hôtel-de-Ville, d'après le plan du s' Beffara. — Restauration récente. 345

CHAPITRE V.
Luttes de l'Échevinage.

Procès pour le droit de fouage. — Le bois de la Prumeroye. — Les fourches patibulaires de Beauval. — Les fiefs de Hem, d'Hardinval et d'Auricourt. — Les moulins Battrel et Fromentel. — Avec les seigneurs d'Authieule ; — de Riquemesnil ; — de Beauval, pour la tour du même nom ; — de Gézaincourt ; — de Bouquemaison ; — de Fréchevillers ; — de Bretel ; — d'Occoche ; — de Luchuel ; — de Grouche ; — des Autheux ; — de Neuvillette ; — avec le prieuré de Saint-Sulpice ; — avec les prévôts de Doullens, pour les droits de justice ; — le régisseur des droits réservés pour les mesurage et aunage du marché ; — les officiers de police dont l'action est continuellement entravée. . 348

CHAPITRE VI.
Administrations diverses.
§. I. — Vicomté.

Son ancienneté. — Imperfection de sa justice. — Sa réunion à l'échevinage. — Noms de quelques vicomtes 375

§. II. — Prévôté.

Son origine. — Son ressort primitif. — Sa juridiction foraine. — Ses attributions. — Son hétérogénéité. — Coutume de la prévôté. — Id. de Doullens. — La prévôté, érigée en office vénal, s'agrandit par la suppression des droits de l'échevinage. — Personnel de cette juridiction. — Assises du bailli à Doullens. — Il y demeure. — Liste des Prévôts. 376

§. III. — Élection.

Son origine. — Ses attributions. — Sa circonscription. — Ses magistrats sont rappelées aux convenances du costume. — Personnel de cette juridiction. 382

§. IV. — Traites.

Origine. — Personnel. — Fermiers des impôts. — Tyrannie des fermes générales à Doullens. — Anecdote de supercherie. — Lutte avec la commune 384

§. V. — Grenier à sel.

Privilége accordé à Doullens. — Sa suppression. — Le sel redevient une source de revenus pour la commune. — Son mode de vente pour la ville et pour les campagnes. — Dépendances du grenier à sel de Doullens. — Personnel. 387

§. VI. — Tribunal.

Son origine. — Son organisation. — Palais de justice. — Liste des présidents. 389

§. VII. — Sous-Préfecture.

Etendue de l'arrondissement. — Création de la sous-préfecture. — Tentative inutile d'agrandissement. — Hôtel-de la sous-préfecture. — Liste des sous-préfets. 390

CHAPITRE VII.

Corps de métiers. — Industrie. — Commerce.

Jurande. — Apprentissage. — Egards. — Usage traditionnel. — Réglements écrits. — Classification des corporations. — Modifications, — Armoiries. — Abolition des maîtrise et jurande. — Marais. — Agriculture. — Tartes de Doullens. — Draperie. — Tentative de monopole. — Moulins. — Usines. — Brasseries. — Jardinages. — Vignes. — Petit commerce. — Marché. — Foires. — Anciens poids et mesures. — Caisse d'Epargne — Comice agricole. 391

CHAPITRE VIII.

§. Ier — Jeux. — Usages. — Mœurs.

Cour d'amour. — La confrérie de Notre-Dame-du-Puy d'Amiens possède des cens à Doullens. — Honneurs rendus aux maieurs Doullennais. — Jeu du sans-vert. — Béhourdis. — Fête des queues de leu. — des Brandons. — de Sainte-Raquette. — Caractère des Doullennais. 407

§. II. — Compagnie de l'Arc.

Ce qu'étaient les francs-archers. — Leur suppression. — Ils deviennent des corporations joyeuses. — Les archers de Doullens. — Leurs statuts. — Leur reconnaissance authentique. — Opinion erronée d'un auteur. — Arbalétriers. — Siège, anciens usages, coutumes nouvelles et schisme des confrères de Saint-Sébastien 414

CHAPITRE IX.

§. Ier — Citadelle.

Son origine. — Son agrandissement successif. — Lettres à M. de Breteuil, intendant de Picardie. — Sa description. — Elle est convertie en prison d'Etat. — Principaux prisonniers. — Détails sur leur captivité. — Affectation actuelle de la citadelle à usage de maison de réclusion pour femmes. . . 417

§. II. — Gouverneurs particuliers.

Cumul des fonctions de gouverneur de la ville et de la citadelle. — Etendue du gouvernement de Doullens. — Priviléges du gouverneur. — Liste des gouverneurs de la ville et de la citadelle. — Commandants de place 429

CHAPITRE X.

Histoire littéraire et Biographie 435

CHAPITRE XI.

Banlieue 447

Pièces justificatives 467

TABLE DES LIEUX

CITÉS DANS CE VOLUME.

A.

Abbeville, 39, 43, 49, 56, 71, 73 et suiv. 87, 94, 104, 110 et suiv. 151, 155, 161, 162, 194, 200, 201, 224, 257, 339, 430.
Acheux, 69, 188, 231.
Agrapin (l') ruisseau, 13.
Ailly-le-Haut-Clocher, 194.
Albert, 69, 194, 223.
Alger, 229.
Allonville, 83, 98, 108.
Ambreville, 376.
Amiens, 24 et suiv. 29, 35, 60, 61, 70 et suiv. 91, 98, 103, 108, 116, 118 et suiv. 140, 147, 151, 155, 158, 164, 167 et suiv. 175, 194, 200, 201, 206, 210, 211, 216, 218, 219, 221, 224, 227, 228, 231, 304, 314, 339, 393, 409, 430.
Ampliers, 3, 286, 390, 447.
Anchin, 252 et suiv.
Applaincourt, 114.
Ardres, 60, 383.
Arleux, 79.
Arques, 161.
Arras, 24, 29, 39, 66, 68, 69, 78, 80, 82, 85, 87, 91, 97, 132, 140, 141, 157, 168 et suiv. 201, 206, 222, 224, 227, 230, 304, 317, 346, 409, 433.
Aubigny, 166, 270.
Autheux, 113, 177, 357, 362, 455.
Authie (rivière) 3, 4, 13, 19, 24, 35, 50, 93, 108, 112, 157, 164, 168, 170, 183, 184, 227, 349, 365, 398 et suiv,
Authie (village), 3, 141, 147.
Authieule, 3, 6, 259, 277, 279 et suiv. 353, 368 et suiv. 448 et suiv.

Auxi-le-Château, 51, 74, 98, 104, 107, 161, 162, 166, 171, 178, 347, 377, 430.
Avesne-le-Comte, 103, 313.
Azincourt, 70.

B.

Bagneux, 26, 31, 32, 58, 235, 268, 411, 455.
Bailleulmont, 313.
Bâle, 80, 345.
Bapeaume, 84, 158, 168, 169.
Barly, 39, 131, 302.
Bazentin, 194.
Béalcourt, 23.
Beaumetz, 24.
Beauquesne, 39, 41, 42, 48, 50, 58, 70, 73, 75 et suiv. 83, 85, 98, 101, 107, 108, 116, 122, 126, 133, 134, 141, 151, 156, 165, 179, 182, 264, 277, 313, 319, 377, 381, 402.
Beaurain, 98, 107.
Beaurepaire, 9, 178, 219, 223, 265, 270 et suiv. 401, 465.
Beauvais, 29, 86.
Beauval, 5, 26, 62, 78, 133, 158, 197, 223, 264, 270, et suiv. 353 et suiv. 399, 402.
Belgium (le), 23, 24, 29.
Belloy-sur-Somme, 85.
Berlin, 438.
Bernatre, 275.
Bernaville, 24, 39, 75, 95, 166, 227, 231, 369, 455.
Bertangles, 26, 271.
Berteaucourt, 290.
Béthencourt-Rivière, 233.
Béthune, 179, 226, 409.

64

Boisbergue, 120, 305.
Blanquetaque, 87.
Blois, 120.
Bommy, 104.
Bonneville, 307, 313, 319.
Bonnières, 69, 106.
Bouchain, 209.
Boulogne, 24, 74, 106, 342.
Bouquemaison, 179, 188, 219, 233, 272, 277, 355, 358, 363, 366, 463.
Bourges, 75.
Bout-des-Près, 265.
Bouvaincourt, 313, 319.
Bouvines, 48, 49.
Boves, 77.
Bray-sur-Somme, 75, 77, 114.
Brest, 201.
Bretel, 8, 20, 26, 52, 358 et suiv. 454 et suiv.
Breteuil, 91.
Brétigny, 60, 61, 64.
Brévillers, 307.
Bruxelles, 149.

C.

Calais, 61, 69, 74, 75.
Cambrai, 29, 102, 108, 127, 148, 155, 209, 409.
Campepré, 313.
Campo-Formio, 217.
Canaples, 313, 319, 351.
Canche (rivière), 48, 69.
Candas, 447.
Cappy, 75.
Carcassonne, 220.
Cassel, 25, 222.
Cateau-Cambrésis, 111.
Caumont, 194.
Cercamps, 12, 39, 82, 109, 179, 275 et suiv. 355, 358, 462 et suiv.
Chartres, 121, 395, 433.
Château-Thierry, 440.
Chinon, 49.
Clairvaux, 232.
Clerfay, 187.
Cléry, 129.
Coigneux, 3.
Coing, 3, 455.

Coisy, 277.
Conflans, 83, 84.
Contay, 73.
Conteville, 270, 275.
Conty, 77.
Corbie, 31, 61, 76, 77, 79, 82, 86 et suiv. 96, 98, 100, 120, 131, 166, 169, 275 et suiv. 436.
Coulonvillers, 376.
Coulle (la) rivière, 4.
Coullemont, 4.
Crécy, 59, 69, 81.
Crévecœur, 79.
Crotoy (le), 82, 86, 119.

D.

Dammartin, 343.
Daours, 85, 187.
Dijon, 427.
Doingt, 35, 36.
Domart, 39, 56, 67, 69, 74, 75, 77, 78, 168, 188, 220, 231, 430.
Domqueur, 25, 188.
Dompierre, 108, 148.
Douai, 39, 179, 277, 409.
Dourier, 4, 25.
Dresde, 440.
Dunkerque, 209, 321.

E.

Encre (Albert), 39, 106, 108, 114.
Encre (rivière), 157, 166.
Epécamps, 187.
Ephèse, 252.

F.

Famechon, 390.
Ferté (la), 53.
Fieffes, 31, 187, 313, 319.
Fienvillers, 455.
Flesselles, 166.
Fleurus, 210.
Flixecourt, 103.
Folleville, 106.
Forceville, 69.
Franvillers, 165.
Fréchevillers, 69, 280, 356, 364, 451.
Frévent, 69, 104, 105, 166, 313 et suiv. 430.

G.

Gand, 226, 307.
Gard (le), 58, 180, 271, 456.
Gézaincourt, 26, 94, 354, 364, 452 et suiv.
Gorlitz, 440.
Gravelines, 109, 130.
Grouche (rivière), 3, 4, 14, 35, 183, 184, 259, 397.
Grouche (village), 4, 307, 362, 464.
Guines, 60, 383.

H.

Halloy (Oise), 434.
id. (Somme), 390.
Ham, 129, 142, 220.
Hamancourt, 69, 86, 270, 280, 263, 369, 451.
Hangest-sur-Somme, 98.
Haravesne, 22, 180.
Hardinval, 113, 315, 351, 357, 370, 379, 458.
Harfleur, 69.
Haute-Visée-le-Beau, 6, 261, 283, 307, 401, 464.
Havernas, 167, 177.
Hébuterne, 85, 166.
Hem, 104, 113, 160, 221, 227, 307, 315, 320, 351, 357, 362, 370, 379, 431, 457 et suiv.
Hérissart, 264.
Hesdin, 76, 78, 81 et suiv. 87, 96, 101, 104, 106, 167, 411.
Hiermont, 352.
Huleu, 133, 134.
Humbercourt, 4, 121, 126, 127, 153, 455.
Hussen (Flandre), 277.

I.

Ivregny, 69, 290, 291.
Ivrencheux, 187.

L.

La Capelle, 155, 166, 433.
La Chaussée, 430.
La Fère, 116, 123.
Lanches, 171.
Lanroy, 431.
Laon, 35.
Launoy, 376.
Leipsick, 440.

Létoile, 31.
Li-Deffois, 20, 52.
Ligny-sur-Canche, 433.
Lihons, 75.
Lille, 74, 77, 149, 178, 198, 209, 227, 235, 409.
Loire (rivière), 80.
Long, 98, 363.
Longjumeau, 112.
Longpré-les-Amiens, 26.
Longpré-les-Corps-Saints, 98, 363.
Longuevillette, 447, 455, 456.
Longvillers, 430.
Louvencourt, 69.
Lucheux (rivière), 4, 397.
Lucheux (village), 4, 22, 53, 57 et suiv. 65, 68, 69, 76, 83, 88, 90, 112, 127, 128, 178, 313, 320, 330.
Luchuel, 272, 284, 307, 311, 362, 465.
Lys (rivière), 38.

M.

Madrid, 102.
Mailly, 166, 203.
Maisicourt, 275.
Malines, 279, 282.
Marais-Sec, 11.
Marieux, 27, 31, 307.
Maubeuge, 209, 321.
Mayence, 440.
Meaux, 440.
Menchecourt, 401.
Mers, 387.
Mesnil, 430.
Metz, 440.
Meudon, 42.
Milly, 4, 6, 179, 261, 290, 413, 465.
Molesme, 455.
Montceaux, 119.
Montdidier, 75, 76, 86 et suiv. 94, 194, 200, 211, 432, 445.
Montléry, 83.
Mont-Saint-Michel, 189.
Montreuil, 58 et suiv. 70, 71, 74 et suiv. 82, 96, 98, 104, 107, 109, 119, 377.
Moreaucourt, 283.
Mortagne, 79.

N.

Nancy, 89.
Naours, 31, 77, 166, 313, 319, 352.
Nédonchelles, 25.
Nesle, 132.
Neuvillette, 259, 310, 312 et suiv. 364, 379, 460 et suiv.
Nonvion, 82.
Noyelle-sur-Mer, 277, 387.

O.

Occoche, 160, 187, 221, 275, 286, 358, 363, 376, 431, 447, 459 et suiv.
Oisemont, 56.
Orchies, 197.
Orion, 10.
Orville, 3, 31, 34, 51, 156, 270, 307, 364, 390.
Oudenarde, 178.
Outrebois, 31, 152, 180, 283, 434, 455.

P.

Paris, 73, 74, 76, 113, 122, 192, 197, 215, 225.
Pas, 27, 51, 97, 99, 313.
Pavie, 101.
Pernois, 103, 104.
Péronne, 35, 69, 75, 76, 82, 91, 96, 114, 120, 175, 194, 200, 211, 418 et suiv.
Picquigny, 77, 78, 85, 141, 146, 154.
Piergot, 259.
Poitiers, 59, 69.
Poligny, 307.
Poix, 77.
Pommera, 390.
Ponches, 24.
Ponthieu (le), 33, 35, 39, 59, 64, 79, 94.
Pont-Remy, 87, 119.
Poulainville, 26, 277.
Puchevillers, 264.

Q.

Querrieux, 157, 188.
Quesnel (le), 177.

R.

Ransart, 286, 296, 310, 355, 361, 401, 462.
Rastadt, 217.
Ravennes, 94.
Rebreuve, 307.
Rémesnil, 277.
Ricquemehil, 357, 365, 458.
Rocroy, 171.
Rosbecq, 66.
Rouen, 74, 81, 119.
Routequeue, 6, 178, 265.
Rouval, 4, 6, 26, 228, 230, 290, 400 et suiv.
Roye, 75, 76, 86 et suiv. 166, 200.
Rozel (le), 263.
Rubempré, 259.
Rue, 42, 78, 81, 82, 107, 387.

S.

Sallenelle, 387.
Sarton, 3, 390.
Sens, 395.
Septenville, 188.
Sériel, 57.
Sery, 279, 316, 447, 452.
Soissons, 123.
Somme (rivière), 69, 78, 100.
Souich, 69, 390.
Saint-Acheul, 275, 277.
Saint-Denis, 83, 122, 214.
Saint-Germain-en-Laye, 50, 334.
Saint-Léger-les-Authie, 3.
Saint-Maurice, 26.
Sainte-Marguerite, 225, 228.
Saint-Omer, 74, 228.
Saint-Ouen, 168.
Saint-Quentin, 76, 79, 86, 126, 175, 312, 333, 339, 418 et suiv.
Saint-Pol, 25, 51, 69, 76, 104, 154, 300, 377.
Saint-Riquier, 29, 49, 51 et suiv., 58, 60, 61, 65, 70, 71, 74, 75, 77, 79, 82, 110, 133, 377, 383.
Saint-Sulpice, 3, 6, 178, 265, 366.
Saint-Thierry (Rheims), 275.
Saint-Valery, 43, 60, 73, 78, 80, 81, 113, 165, 189, 438.
Sus-Saint-Léger, 69.

T.

Talmas, 26, 31, 42, 156, 166, 268.
Térouanne, 24, 26, 98, 99, 101, 103, 104, 107.

Thièvres, 3, 24, 259, 390.
Terraménil, 264, 316.
Tournay, 95, 282.
Tours, 56, 121.
Toutencourt, 85, 165.

V.

Valenciennes, 409.
Valheureux, 188, 226, 271.
Varenne (la), 6, 183, 190, 277, 283, 310, 323, 412, 447 et suiv.
Vaucelles, 169.
Vecquemont, 187, 271, 277.
Verton, 399.
Vervins, 158.

Vicogne (la), 26, 31, 69, 363, 286, 447.
Vignacourt, 85, 166, 352.
Villers-Cotterets, 189, 223.
Villers-l'Hôpital, 69.
Vincennes, 112.
Voye-des-Prés, 452.

W.

Waben, 56, 387.
Waldheim, 440.
Wargnies, 166.
Warloy, 436.
Waterloo, 226.
Wateville, 105.

TABLE DES NOMS PROPRES

CITÉS DANS CE VOLUME.

A.

Abdon (abbé), 34.
Adde (abbesse), 10, 269, 300.
Adèle (id.) 291, 300.
Aétius, 29.
Agay (d') 184, 189, 347.
Agnès (abbesse), 291, 300.
Agrippa, 26.
Aillaud, 227.
Ainval (d') 458.
Albert (d'Autriche), 154 et suiv.
Albert (d'Ailly d'), 434.
Albert, 429.
Albret (d'), 69, 434.

Alcaire, 29.
Aldebert (d'), 465.
Alençon (d'), 69, 117, 252.
Alexandre III (pape), 9, 260, 288, 290, 310, 323.
Alexandre (de Russie), 184.
Alexandre VII (pape), 290.
Alexandre (abbé), 269.
Alexandre 174, 187, 337.
Aliénor (de Vermandois), 42.
Alix (de France), 42.
Alleclocque, 330.
Allemans (d'), 434.
Alvise (évêque), 289, 463.
Amant, 463.
Amaubry, 270.

Ambleville (d'), 258, 433.
Amiens (d'), 292, 315, 351, 357.
Amort, 206.
Angniécourt (d'), 323.
Angoulême (d'), 227, 228,
Anjou (d'), 115, 116.
Anne (d'Autriche), 160.
Anscher-le-Sénior, 448.
Antonin, 24.
Arc (Jeanne d'), 77.
Argenvillers (d'), 137, 144.
Armagnac (d'), 70.
Arnault, 161.
Arnould (de Flandre), 34, 38.
Arscot (d'), 108, 153.
Artois (d'), 184, 431.
Asselin, 206.
Attila, 29.
Aubigny (d'), 137.
Aubourg, (d'), 461.
Auge, 206.
Aumale (d'), 163, 187.
Autheux (des), 10, 41, 357, 398, 408.
Authieule (d'), 57.
Auvergne (d'), 180.
Aveneau, 258.
Aymon, 30.

B.

Baclet, 337.
Balagny (de), 121, 122, 148.
Bailleul (de), 263.
Baisieux (de), 137.
Banaste (de), 225, 337, 465.
Bar (de), 66, 69, 277, 434.
Barante (de), 80.
Barbès, 429.
Barberousse, 260.
Bardins, 351.
Bardoux, 213.
Barle (de), 421.
Barlotte (de la), 141, 142.
Barre (de la), 96.
Barrère, 216.
Baterie (de la), 272.
Baugières, 206.

Baule (de), 172, 174.
Bavay (de), 137.
Bayart, 100.
Bayencourt (de), 102, 107, 110, 111, 261, 275, 432, 464.
Beauchart, 390.
Beaudoin (de Flandre), 34.
Beauduin, 380.
Beaumont (de), 184, 185.
Beaune, 429.
Beauval (de), 39, 40, 52, 62, 269, 292, 349 et suiv. 353 et suiv. 360, 376, 397, 411, 459.
Beauvillé (de), 56, 87, 88, 224, 274, 330, 340, 405, 445.
Beauvillier, 132.
Beauvoir (de), 328, 357.
Béket (Saint-Thomas), 260.
Becquet, 374.
Bedfort (de), 75, 76.
Beffara, 346.
Bègue (de), 306.
Belin (de), 134, 137, 139, 140.
Belin, 12, 296, 398.
Bellay (du), 97, 100, 103.
Belleforière (de), 122.
Belleguise, 57.
Belleperche, 408, 435.
Bellet, 453.
Bellière (de la), 432.
Belloy (de), 12, 15, 53, 304.
Benoit, 435.
Bergier, 24.
Bernard, 391, 407.
Bernard (Martin), 429.
Bernage de), 399.
Bernaux, 188.
Bernaville (de), 408.
Bernay (de), 434.
Bernis (de), 416.
Berrogny, 463.
Berry (de), 83, 227, 228.
Bertha (de), 273.
Berthe, 93.
Bertin, 410.
Bésons (de), 427.
Bétars, 11.
Béthune (de), 262, 434.

Bienaimé, 439.
Bigache, 166.
Bignon, 313.
Billet, 187.
Binet, 26.
Biron (de), 154, 155.
Bitharne, 436.
Blainville (de), 386.
Blanchart, 146.
Blanchefort, 75.
Blanc-Pommier (du), 258
Blangy (de), 137.
Blasset, 409.
Blaux, 214.
Blin de Bourdon, 231, 234.
Blottefière (de), 126, 128, 433.
Bochetel, 105.
Bocholt (de), 276 et suiv.
Bocquet, 400.
Boffles (de), 261, 300, 462.
Bois de Neufbourg (du), 133.
Boisserand (de), 187, 335, 337, 347, 381.
Boissière (de la), 136, 137.
Boitel, 17, 114, 337.
Bollet, 208.
Bonaparte, 217. 336, 428.
Boniface VIII (pape), 292.
Bonnefond (de), 281.
Bonnier, 217 et suiv.
Bon-Saint-André, 201.
Bordamons (de), 434
Borne, 11.
Borel, 70.
Boslon (de), 261.
Bossu (de), 134.
Bouchars, 432.
Bouchavesne (de), 432.
Bouchost (de), 199, 203 et suiv. 428, 435.
Boufflers (de). 262, 297, 301.
Bouillon (de), 132, 134, 135, 137, 139, 140, 146.
Boulainvillers (de), 75.
Bonlenois (de), 363.
Bouliet, 254.
Boully, 454.
Bourbarré (de), 97
Bourbon (duc de), 66.
Bourbon (bâtard de), 87, 108, 111, 118.

Bourbon-Vendôme, 432, 433.
Bourbon (de), 90, 276 et suiv.
Bourdin (de), 294, 301.
Bouquet (Dom), 25.
Bours (de), 432.
Bouthors, 38, 58, 63, 353, 361, 378 et suiv. 448, 453 et suiv.
Boutrie, 328.
Brandicourt, 188.
Bresdoul, 461.
Brésin (de), 431.
Bretagne (duc de) 64, 83.
Bretaigne (de la), 359.
Bretel (de), 323, 364, 408, 435.
Breteuil (de), 74 et suiv. 296, 318, 334, 419 et suiv, 427.
Bridou, 352.
Brimeu (de), 71, 73, 77, 80, 89, 90, 107, 301, 453.
Brisse, 257, 320, 337.
Broglie (de), 428.
Brossard de Grosménil, 177.
Bruccart, 376.
Brunel, 461.
Brunet, 93, 379, 381.
Buchez, 43.
Bullet. 13.
Bullow, 223.
Buisson (de), 137.
Buisson, 423 et suiv.
Buquet, 11, 258.
Bures (de), 13, 96, 98, 104.
Busquoy (de), 336, 398, 399.
Bussu, 171.
Bussy-Canaples (de), 187.
Bussy-Rabutin (de), 168.
Butteux, 102, 188.
Buttin, 187, 347.

C.

Caderousse (de), 453.
Callé, 325.
Calvimont (de), 175.
Camnon (de), 257.
Camp-d'Avesne (de), 12, 37, 39, 42, 52, 263, 264, 271, 289, 323, 349, 358, 398, 400, 462 et suiv.

Camprolent (de), 171.
Candas (de), 53, 304, 373.
Cange (du), 29, 30, 39, 49, 70, 371, 409, 447.
Canonville (de), 137.
Canteleu (de), 70.
Capron, 92, 208.
Capucement, 103.
Cardon, 328.
Carpentier, 282.
Casenave (de), 432.
Cassine, 435.
Castellan, 420.
Caumartin, 179.
Caussidière, 429.
Cauvel, 435.
Cauvoir, 336.
Cellamare (de), 427.
Célestin III (pape), 314.
Cérez, 149 et suiv.
Cerny (de), 164.
César, 23.
Chabannes (de), 75.
Chabons (de), 228, 390.
Chabot, 207.
Chaffart, 202.
Chalency (de), 144.
Chambery (de), 464.
Champeroux, 93.
Changarnier, 235.
Chapelle (de), 65.
Chapelle (de la), 108, 113, 137, 138, 432.
Charlemagne, 33, 34.
Charles-le-Chauve, 20, 34, 35.
Charles V (le Sage), 62, 64, 414.
Charles VI, 65, 66, 69 et suiv. 377, 414.
Charles VIII, 91, 92.
Charles IX, 112.
Charles X, 218 et suiv.
Charles-le-Mauvais, 59.
Charles-le-Téméraire, 84 et suiv.
Charnailles (de), 391.
Charolais (de), 81 et suiv.
Chastre (de), 137.
Châteauneuf (de), 174, 296, 318, 334.
Châtillon (de), 13, 14, 53, 57, 110, 112, 121, 167, 251, et suiv. 268, 284 et suiv. 350, 356, 461.
Chaulnes (de), 137, 165, 167, 171, 183, 438.

Chaussée, 137.
Chaussée (de la), 162.
Chauvelin (de), 182.
Chepy (de), 94, 144.
Chéruel, 51.
Chevalier, 193,
Childéric, 29.
Chimay (de), 134.
Choiseul (de), 298, 321.
Clarence (de), 73.
Clary (de), 40, 453.
Clay (du), 463.
Clément V (pape), 306.
Clément XIII (id.), 298.
Clèves (de), 105.
Clodion, 29.
Clotaire III, 20, 31, 268.
Clovis, 29.
Cocqueville (de), 112, 113, 342, 432 et suiv.
Coffigniez, 198.
Coignet, 380 et suiv.
Colbert (de), 173, 418 et suiv.
Coligny (de), 110 et suiv.
Colonia, 376.
Colonne, 134.
Commines (de) 87 et suiv.
Conchy (de), 272.
Condé (de), 107, 111, 114 et suiv.
Constance-Chlore, 24.
Constantin-le-Grand, 27.
Conty (de), 128, 132, 137.
Contraire, 138.
Contréra, 157.
Corbinière (de la), 145.
Cossé (de), 113.
Cottin, 347.
Coucy-Vervins (de), 342,
Coulon, 196
Coupigny (de), 187, 376, 460.
Craon (de), 69, 75, 77, 90.
Créquy (de), 94, 108, 275, 278, 304.
Crésecques (de), 363, 451.
Crévecœur (de), 91.
Croy (de), 82, 98, 107, 226, 432, 453.
Cuvier, 25.
Cuvillier, 408.

D.

Dabancourt, 312, 313.
D'Aguesseau, 182, 314, 438.
Daire, 8, 26, 41, 57, 273 et suiv. 287, 295, 304, 319, 322, 325, 350, 387 et suiv. 431, 447.
Daitz, 17.
Dammartin (de), 48 et suiv. 84.
Dampont, 96.
Damy, 137, 337.
Daniel, 132.
Dautigny, 231, 391.
Danville (de), 108.
Danville, 25.
Darras, 187, 188, 212, 213, 218, 337, 366, 398.
Darsy, 409 et suiv.
Darthé, 205, 206.
Daullé, 337, 437, 464.
Dausse, 230, 391.
Debry, 217.
Decagny (l'abbé), 35.
Degove, 401.
Debarchies de France, 203.
Deguisne, 279.
Delabye, 336.
Delamarre, 187,
Delapalme. 187, 212, 231, 237.
Delattre, 88.
Delaune, 196.
Delclocque, 224.
Delecloy, 187, 210, 347, 446.
Delesseau, 120.
Delleville, 206.
Demarcy, 322.
Démoulin, 212, 213,
Denis, 320.
Dequen, 192, 193, 196, 337, 347.
Desbois, 197.
Des Bureaux, 179.
Desheulmen, 329.
Deshoulières, 170, 434.
Desjardins, 307, 316.
Deslandes, 232.
Despin, 374.
Despousses, 434.
Deville, 139.
Dieulouard, 187, 213, 232, 337, 347.

Digoisne (de), 191, 435.
Dinan (de), 142 et suiv. 433.
Dinocourt, 444.
Domqueur (de), 75.
Donion (de), 455.
Donnez, 460.
Dourlens (de), 39, 40, 456.
Dragon, 364, 458.
Drapier des Fougerais, 179.
Driaulcourt, 374.
Duboille, 386.
Dubois, 206.
Dubois (abbé), 275.
Dubois-Tassart, 231.
Dubuisson, 81.
Dubus, 258.
Ducastel, 408.
Ducay, 329.
Duez, 331, 337.
Duflos, 347.
Dufresne Du Cange, 305, 450.
Duguesclin, 64.
Duméril, 465.
Dumont, 200 et suiv.
Dupont, 428.
Dupuis, 196, 215.
Durannelle, 151.
Dussart, 188.
Dutilleux, 47.
Dusevel, 12, 20, 22, 23, 27, 28, 148, 178, 213, 253 et suiv. 408 et suiv. 440, 444, 450.

E.

Edouard Ier d'Angleterre, 53, 315.
Edouard III d'Angleterre, 64, 89.
Egmont (d'), 161, 419.
Elbœuf (d'), 108, 173.
Eléonore (de Castille), 53, 314.
Elizabeth (de Vermandois), 41.
Elizabeth (d'Angleterre), 116.
Engelard, 302.
Enghien (d'), 179.
Epinoy (d'), 108.
Esclainvillers (d'), 295, 301.
Essertaux (d'), 233.
Estauges (d'), 137, 138.
Estocart, 449.

Estourmel (d'), 212.
Estouteville (d'), 127, 128.
Estrée (d'), 282.
Estufaye (d'), 304.
Eu (d'), 81, 304.
Eugène (prince), 178, 180.
Euzèbe, 206.

F.

Fardel, 187.
Fargin-Fayolle, 429.
Fauchet, 408.
Faure, 102, 296.
Faux, 213.
Fermanville (de), 76.
Ferrand, 281.
Fertel, 80, 354, 364, 431, 452.
Ferry, 419.
Feuquier, 315.
Flameng, 149 et suiv.
Fleury (de), 181, 322, 438.
Flodoart, 8, 19, 35.
Fontenille (de), 173.
Fontenoy (de), 434.
Forceville (de), 294, 301, 433.
Fosseux (de), 71, 75, 274.
Fouache, 258, 261, 279 et suiv.
Foucquesolles (de), 376, 449, 453.
Fouilloy (de), 49, 266, 270, 290.
Foulon, 381.
Fouquier-Tinville, 205.
Fourcy (de), 313.
Fournel, 102, 103, 114, 261, 434.
Fournet, 337.
Framicourt (de), 451.
Francheville (de), 438 et suiv.
François Ier, 13, 95, 100, 102, 103, 105, 106, 418.
François III.
Frédéric (de Prusse), 438.
Fréteau, 189.
Froissart, 865.
Fuentès (de), 127 et suiv. 139, 140, 142, 147 et suiv.
Furstemberg (de), 104.

G.

Gabriel de Doullens, 437.
Gaillart, 376.

Galland, 206, 451.
Galles (de), 168.
Gallien, 27.
Gamaches (de), 137.
Garand, 425.
Gargan, 114, 367 et suiv. 381.
Gassion, 171.
Gaudefroy, 227, 391.
Geismar (de), 223.
Gellus (abbé), 291.
Geoffroy (Saint), 287, 453.
Geoffroy II (évêque), 290.
Germain (Michel), 34, 36.
Gervin (évêque), 455.
Gigault-d'Olincourt, 17, 337.
Gilles de Doullens, 436.
Girard (abbé), 436.
Glocester (de), 76.
Godart, 210.
Gondart, 212, 213.
Gordien-le-Pie, 27.
Gorenflos (de), 364.
Gosse-de-Gorre, 233, 391.
Gosset, 337, 347, 439.
Gotsuin, 252.
Gouast, 109.
Gouffier, 432.
Gove, 373.
Goyer, 337.
Graton, 174.
Grault, 459.
Grégoire de Tours, 29.
Grégoire X (pape), 390.
Grenier (Dom), 20, 23, 25, 26, 31, 33, 395, 411.
Gribeauval (de), 129, 144.
Grinchon, 302.
Grouche (de), 307, 430, 464.
Gruze, 422, 424.
Guarin de Chatillon-Saint-Pol, 37.
Guérard, 262.
Guffroy, 206.
Guigne, 409.
Guilbert, 333, 337, 369, 381.
Guilbert (Aristide), 350.
Guilbert (de Nogent), 44.
Guillaume Ier (de Ponthieu), 38.
Guillaume II   id.   44, 252.

Guillaume III (de Ponthieu), 8, 10, 38, 42 et suiv. 47 et suiv. 264, 326.
Guillaume (abbé), 289.
Guilleur, 146.
Guillon, 155.
Guinard, 429.
Guines (de), 151.
Guise (de), 98, 99, 110, 111, 117, 120 et suiv.
Guitry, 137.
Gusman (de), 157.
Gui (de Ponthieu), 39, 42, 44, 45, 252, 326.
Guyenne (de), 84.

H.

Halle (de), 10.
Hallier (du), 167.
Hallot, 330.
Halluin (de), 112, 130, 143.
Hamécourt (d'), 230, 391.
Haqueville (d') 137.
Haraucourt (d'), 129, 140, 144, 433.
Harcourt (de), 74.
Hardy (de), 12.
Haucourt (d'), 166.
Haudry de Soucy, 390.
Haupas (d'), 437.
Hecque (de), 343.
Helgaut (de Ponthieu), 38.
Hémart, 187, 212, 389.
Hémery, 215, 228, 261, 262, 337.
Hénée, 446.
Hennique, 280.
Henri II, 106, 109, 110.
Henri III, 114, et suiv. 307.
Henri IV, 122 et suiv. 155 et suiv. 333, 418.
Henri II, (d'Angleterre), 42, 260.
Henri III,   id.   50.
Henri V,   id.   69, 73, 74,
Henri VIII, id.   98, 105, 106, 342.
Henricq, 409.
Henriette (de France), 168.
Henrion, 224.
Herbert (de Vermandois), 35, 36.
Héricourt (d'), 300, 381.
Herman, 206.
Hesdinaul (de), 274.
Hésecques (d'), 203.

Hiermont (de), 398.
Hodancourt (de), 169.
Honorius III (pape), 290.
Horne, 284.
Hornius, 25.
Houbart, 390.
Housiaux, 230, 231, 337.
Houssoye (de la), 146.
Hozier (d'), 47.
Hubert, 173, 429.
Hugues-le-Grand, 35.
Hugues-Capet, 39.
Hugues de Chypre, 80, 345.
Humbercourt (d'), 71, 73, 80, 94.
Humières (d'), 78, 114, 123, 128.
Huppy (de), 161.

I.

Innocent III (pape), 48, 253.
Isabelle (de Hainaut), 53, 58.
Id.   (de Bavière), 71.

J.

Jacques Ier (d'Ecosse), 74.
Janin, 444.
Janson (de), 282.
Jean (de Ponthieu), 39, 42, 57.
Jean (de France), 59 et suiv. 395.
Jean-Sans-Peur, 67 et suiv.
Jean-Sans-Terre, 48.
Jean XXII (pape), 306.
Jean de Picquigny, 60.
Jeanne (abbesse), 300.
Joana, 206.
Joinville (de), 270.
Jolay, 264.
Joly, 381.
Jordan, 336, 398.
Joubert, 376
Jovelet, 146.

K.

Kiéret, 457, 459.
Kréroul, 12.

L.

Labillardière, 427.

Labourt, 13, 19, 20, 25 et suiv. 185, 267, 337, 350, 365, 400, 408 et suiv. 447.
La Caille (de), 199.
Lacretelle, 207.
Lafont-de-Boisguérin (de), 431.
Lagrange, 105, 233, 429.
Lagrénée (de), 450.
Laguette, 105.
La Haye (de(, 433.
La Hire, 79.
La Houssoye (de), 386, 462.
Laignelot, 201,
Lalanne, 436.
Lalonde (de), 421.
Lambert, 111 et suiv.
La Meth (de), 186, 333, 434.
La Morlière (de), 431.
Lancastre (de), 66.
Langlet, 399.
Lannoy (de), 347, 431, 455.
La Tour-du-Pin (de), 224.
Laurent, 215, 233.
Lauzeray (de), 102.
Lavallart, 212.
Lavocat, 206.
Le Baillu, 450.
Leboin, 93, 336, 460.
Le Camus, 316.
Le Caron, 336.
Lecat, 78.
Leclerc, 114, 435.
Le Correur, 186, 191 et suiv. 201, 337.
Ledoux, 330.
Lefebvre, 284, 457, 465.
Le Féron, 434.
Le Fillastre, 389.
Leglay, 148.
Legrand-d'Aussi, 395.
Legrand, 337.
Logras, 320.
Lehicourt (de), 273.
Le Jeune, 73.
Le Jumel, 458.
Lemaire, 425.
Lemerchier, 152.
Lemercier, 436.
Lémery, 329, 336.

Lenain, 162, 329.
Longlet, 399.
Lenoir, 399, 423.
Le Prêtre, 88, 304.
Leroy (de), 459.
Leroux, 146, 330.
Leroux-de-Lincy, 106.
Lescuyer, 376, 454.
Le Sellier, 458.
Le Senne, 335, 337, 347, 374.
Lestocq (de), 187,
Leticulier, 449.
Létoile (de), 138.
Levasseur, 296, 300.
Le Viésier, 336, 461.
Leyraud (de), 173, 174, 318, 334.
Liéramont (de), 137, 139.
Ligne (de), 431.
Lisque (de), 177, 336.
Longchamps (de), 137,
Longueval (de), 130.
Longueville (de), 120, 127 et suiv., 143, 162, 409, 433.
Lorges (de), 97, 98, 346.
Lorraine (de), 280.
Lothaire, 34, 38, 39.
Louandre, 56, 330, 340, 395.
Louis-le-Bègue, 34.
Louis-le-Gros, 20, 43.
Louis VII (le jeune), 42, 252.
Louis VIII, 49.
Louis IX (St.-Louis), 50, 53, 327.
Louis XI, 12, 81 et suiv., 330, 414.
Louis XII, 93, 94, 415.
Louis XIII, 59, 163 et suiv., 388, 418.
Louis XIV, 14, 172 et suiv., 313 et suiv., 330, 346, 414, 418.
Louis XV, 335, 415.
Louis XVIII, 225 et suiv.
Louise (de France), 307.
Louis-Philippe Ier, 230.
Louvel, 227.
Louvencourt (de), 155, 205, 233, 328.
Louvois (de), 174 et suiv., 423.
Lucet, 337,
Luchuel (de,) 270, 272, 465.
Lully (de), 431.

Lussien (de), 137.
Luxembourg (de), 61, 62, 74, 89.
Luynes (de), 163, 320.

M.

Machault (de), 182, 197.
Macon (de), 356, 451.
Magnein, 386.
Maille, 229, 234, 337.
Maillebois (de), 427.
Mailly (de), 96, 100 et suiv., 107, 261, 307, 428, 431, 432, 419.
Maine (du), 119, 126, 427.
Maisnil (du), 449.
Maisons (de), 93.
Mainteternes (de), 276, et suiv.
Malbrancq, 8, 30, 39, 363.
Mallet, 233, 284, 285, 453.
Mansfeld (de), 122, 157.
Marc-Aurèle, 27.
Marchant, 187, 330.
Marchaye, 461.
Marcourt, 265.
Maréchal, 457.
Marges (de), 11.
Margueritte (abbesse), 300.
Marie (de Bourgogne), 90.
 Id. (de Médicis), 393.
 Id. (de Ponthieu), 48 et suiv.
Marlborough, 179, 347.
Marles (de), 140.
Marœil (de), 381.
Marosier, 409.
Marquet, 337.
Martin, 118, 374.
Martine (de), 434.
Mascrany (de), 298, 301.
Masson, 34.
Matharel, 408.
Mathilde (abbesse), 300.
Mauclerc, 11, 263.
Maximilien (d'Autriche), 91.
Maximin Ier, 27.
Mayenne (de), 117, 120 et suiv.
Maynon-d'Invau, 183.
Mazarin, 171.
Mazenche (de), 316, 434.

Meilleraye (de la), 167 et suiv.
Melun (de), 161. 304, 434.
Mendoze (de), 135, 151.
Mercator (Gérard), 397.
Merlin, 372.
Mérovée, 29.
Mesme (de), 408.
Météren, 143.
Meyer, 19.
Michelet, 56, 61.
Milly (de), 398.
Minot, 296.
Mirabeau, 197.
Mironcourt (de), 337, 369, 381
Mironvat (de), 381, 384.
Molinet (de), 300.
Momonnier (de), 298, 301.
Monart, 458.
Monasse, 146, 374, 437.
Monchy (de), 156.
Monck (de), 460.
Monsergent (de), 114.
Monsgrand (de), 277, 278.
Montagne-Montéguy (de la), 174.
Montaubert (de), 337, 369.
Montauzé (de), 391.
Montbrun (de), 97.
Montéclair (de), 168, 434.
Montescot (de), 113.
Montfort (de), 48.
Montmorency (de), 103, 104.
Montreuil (de), 435.
Moreau, 15, 163, 254, 329, 336, 370, 409.
Morel, 234, 389, 390.
Moreuil (de), 68, 77, 459.
Morézan (de), 261, 313.
Morgan, 181, 371.
Morlière (de la), 25, 40.
Morvillers (de), 71.
Motte (de la), 130.
Mourgue, 221, 230, 400.
Muy (du), 15, 386, 425, 426.

N.

Nani, 291, 336.
Nattier, 380.
Navarre (de), 66.

Naudin (de), 416.
Nébrissa (de), 436.
Neufbourg (de), 137.
Neufchâtel (de), 180.
Neufmoulin (de), 11.
Nevers (de), 131 et suiv. 140, 146, 148.
Nicolas (abbé), 289.
Nicole, 149 et suiv.
Noël, 371.
Nord (du), 184.
Nourtier, 417.

O.

Occoche (d'), 10.
Odanfort (d'), 433.
Olincourt (d'), 381, 385.
Omer (de St.), 361.
Onfroy de Bréville, 391.
Ongnies (d'), 427.
Orléans (d'), 67, 73, 74, 189, 234, 427.
Ormesson (d'), 172.
Orsay (d'), 297, 301.
Ostrel (d'), 274 et suiv. 436, 457, 459.
Othon, 48.

P.

Pagès, 120, 165.
Paillat, 187.
Palma-Cayet, 138.
Papin, 93, 102, 461.
Pardieu (de), 130.
Paré (Ambroise), 109.
Parent, 120.
Parmentier, 213.
Particelle-d'Hémery, 316.
Parvillers, 212.
Pas (de), 398.
Pasquier de Bettembos, 92.
Patte, 127, 138, 140, 148.
Paulin-Paris, 437.
Péeters, 15.
Perdrier (de), 137.
Personne, 303.
Perthuis (de), 141.
Pesé, 329.
Petit, 114, 261, 347, 380.
Philippe (d'Alsace), 41, 264.

Philippe Ier, 8, 37, 39.
Philippe II (Auguste), 42, 43, 48, 58, 253.
Philippe III (le Hardy), 10, 53, 314.
Philippe IV (le Bel), 9, 53 et suiv., 63, 291, 302, 303, 354, 387, 397.
Philippe VI (de Valois), 292, 388, 389.
Philippe-le-Bon (de Bourgogne), 74 et suiv.
Philippe-le-Hardy (id), 66, 67.
Pichegru, 209.
Picquet, 262, 431.
Pienne (de), 128.
Pignerre, 328, 336.
Pillon, 146.
Pingrel, 17.
Pinguel-Mouton, 391.
Piot, 187.
Planchon, 102.
Plainville (de), 133.
Poix (de), 361, 431.
Pont-Dormy (de), 99, 100, 418.
Ponticourt, 218, 391.
Pont-Leroy, 33.
Porée, 438.
Portail, 110.
Porte (de la), 17.
Porto-Carrero, 142, 147 et suiv., 433.
Pottier, 126.
Poujol, 435.
Pourrier, 390.
Pouy, 15, 334, 436, 439.
Pré (du), 464.
Prévost, 281, 300, 437.
Prévost (le), 363.
Prouville (de), 118, 142, 432.

Q.

Quesnot, 254.
Quignon, 276.
Quinquempoix, 228, 446.

R.

Rage, 270.
Ragnacaire, 29.
Raintelair, 465.
Rainvillers (de), 174.
Rambures (de), 74, 81, 137, 160, 161, 431, 433.
Ramel (du), 128.

Raoul (de Bourgogne), 35, 36.
Raspail, 429.
Rattier, 391.
Ravestain (de), 85.
Reboul, 435.
Régnard, 302.
Renaud (de Boulogne), 48.
Renaudon, 371.
Rendumet (de), 108.
Renée (de France), 94.
Retin (de), 336.
Ribeyre, 314.
Ricamé (de), 96.
Richard (d'Angleterre), 42, 43, 66.
Richardot, 277.
Richebourg (de), 153.
Richelieu (de), 164, 166 et suiv., 346, 427.
Ricquemesnil (de), 422, 458.
Rigaut, 188.
Rigauville (de), 363.
Rigobert, 30.
Rigollot, 440 et suiv.
Rincheval (de), 141.
Rivery (de), 451.
Rivoire, 47.
Roault, 460.
Roberjeot, 217.
Robert (d'Artois), 50.
Robert (de Mézerolle), 323.
Id. (de Corbie), 291.
Robespierre, 205 et suiv.
Roche-Guyon (de la), 108.
Rocque (de), 293, 300.
Roger, 47, 336.
Roger de Doullens, 310.
Roissieu (de), 149.
Rollepot (de), 457.
Ronsoy (de), 128, 129, 142 et suiv.
Rose, 137.
Rosière (de), 10, 264, 266, 271, 323, 353, 397, 398, 419.
Rosne (du), 131 et suiv., 138, 146.
Rossier, 175.
Rouault, 432.
Rouillé (de), 418 et suiv.
Roussel, 257, 454.
Roussy (de), 84.

Rouvel, 280.
Rubéi, 310.
Rubempré (de), 83.
Rue (de la), 434.
Rumilly (de), 231.

S.

Sabatier (de), 325.
Sabatier, 189.
Sagnier, 257.
Sagnelay (de), 175.
Saisseval (de), 133, 134, 137 et suiv., 371, 458.
Saleu (de), 300.
Salisbury (de), 76.
Salms (de), 282.
Sanche de Luna, 134.
Sansac (de), 107.
Sansonne (de), 97,
Santerre, 313.
Sarrasin, 465.
Sautereau, 211.
Saveuse (de), 74, 82, 118, 121, 301, 304, 431, 433.
Savoie (de), 107, 108,
Scribe, 204.
Seignelay (de), 175.
Senarpont (de), 10, 48, 336.
Sennecourt (de), 462.
Séricourt (de), 301.
Servatius, 446.
Siffait, 391.
Sigebert, 19.
Sigefroy, 30.
Simon (abbé), 323.
Sobrier, 429.
Soissons (de), 461.
Solin 289.
Sotteville (de), 296.
Saint-André (de), 109.
Saint-Angilbert, 448.
Saint-Aubin, 10.
Saint-Eloi, 32.
Saint-Denis (de), 137.
Sainte-Colette, 307, 308.
Saint-Florentin (de), 464.
Sainte-Marie (de), 6, 114, 118, 433.
Sainte-Maure (de), 258, 316, 434.
Saint-Léger, 32.

Saint-Pol (de), 58, 60, 65, 68, 76, 84, 90, 96 et suiv,, 129 et suiv., 139, 140, 146, 154 et suiv., 161, 376.
Saint-Preuil (de), 167 et suiv.
Saint-Ravy (de), 140, 144.
Saint-Sévère (de), 77.
Saint-Sulpice (de), 12, 307.
Saint-Valery (de), 39, 40, 49.
Stuart (Marie), 432.
Sulffolk (de), 98.
Sully (de), 123, 137.
Sydenham, 401.

T.

Tabart, 146.
Tacon, 270,
Tanneguy-Duchâtel, 74.
Tanneguy de Villeneuve, 91.
Taquette de Bretel, 364.
Tassiaux, 10.
Tassin, 430.
Tattegrain, 195.
Taupin, 258, 260, 336.
Templeux (de), 450.
Téret, 149 et suiv.
Theiller, 206.
Thélu, 1, 236.
Thibaut, 253, 264.
Thierry, 217, 252, 269, 390.
    Id.   (Augustin), 46, 60.
Thoix (de), 137.
Thomas (le prince), 166.
    Id.   (de Cantorbéry), 99.
    Id.   (de Doullens), 435.
Thou (de), 380.
Thuillier, 325.
Tillart, 431.
Tiercelin (de), 121, 432, 433.
Tillet (du), 57.
Toany, 431.
Trigny (de) 133 et suiv.
Trimouille (de la), 90, 98 et suiv.

U.

Urbain VIII (pape), 294.
Ursins (des), 71.

V.

Valois (de), 19, 36.
Vannier, 393.
Van-Loon, 139, 145.
Vast, 337.
Vauban (de), 172, 425.
Vaubert-de-Genlis (de), 435.
Vendeuil (de), 432, 431.
Vendôme (de), 69, 95 et suiv.
Ventouveaux (de), 434.
Ver (le),300.
Verseilles (de), 78.
Verville (de), 195, 391,
Vignacourt (de), 300.
Vignier, 105.
Vignon, 337.
Villars (de), 131 et suiv.
Villeray (de), 144.
Villers (de), 367.
Vion, 234, 446.
Volin, 151.
Voltaire, 438.
Vorme (de), 464.
Vrely (de), 137.

X.

Xaintrailles (de), 79.

Y.

Yorck (d'), 69.

W.

Wagnart, 144, 148, 161.
Walbert, 30.
Walckenaer, 24, 25.
Walhuon (de), 290.
Wallart, 206.
Wandasne, 330.
Warembon (de), 134.
Warmé, 2, 11, 33, 47, 56, 98, 107, 253.
Wasse, 215, 330.
Wast-Waroquier, 300.
Wert (de), 166.
Wiel (de), 278.
Wurtemberg, 184.

TABLE DES MATIÈRES

CONTENUES DANS CE VOLUME.

A.

Abbaye de Cercamps — sa fondation, 39 ; confirmation de priviléges, 82 ; un traité de paix y est conclu, 109.

Abbaye du Gard, 58 ; elle fournit des palissades à Doullens,180; ses propriétés à Longuevillette, 456.

Abbaye de Saint-Michel — son origine, 10, 286 ; retrait des lettres d'amortissement, 95 ; ancien privilége des abbesses, 10, 287 ; sa chapelle N.-D. de Ransart, 288, 296 ; ses fondations et cens, 289 et suiv.; son adhésion à Philippe-le-Bel, 292; sa chapelle Saint-Nicolas, 291 ; ses reliques, ibid. et suiv.; sa ruine, 293 ; sa restauration, 296 ; son extinction, 298 ; liste des abbesses, 300.

Abus électoraux, 172, 333.

Accord de Jean-sans-Peur avec la ville, 71 et suiv.

Administration municipale, 212, 326 et suiv.

Id. des Espagnols à Doullens, 149 et suiv.

Afforage. Restitution de ce droit, 64, 361.

Agriculture, 395, 402.

Alliance de Philippe-le-Bon et d'Henri d'Angleterre, 74.

Amendes, 340.

Amende honorable, 360.

Amnistie, 235.

Appels en hommes et équipements, 199.

Arbalétriers, 416.

Archers, 414 et suiv.; leur origine, leur suppression et reconstitution en sociétés joyeuses, 415 ; leurs statuts, ibid ; leur schisme, 417.

Archives de la ville — soustraction, 181 ; nombreux titres de procès qu'elles renferment, 372.

Armée de l'Arc-en-ciel, 226.

Armoiries de la ville, 43, 47, 64, 227.

Id. des corporations, 394.

Arrondissement de Doullens — son étendue, 390 ; projet d'agrandissement, ibid. et 231.

Articles présentés à Henri IV, 124 et suiv.

Assassinat de Jean-sans-Peur, 74.

Id. du duc de Guise, ses suites, 120.

Id. d'Henri III, 122.

Id. du duc de Longueville, 128 et suiv.

Id. d'Henri IV, 162.

Id. de Louis XVI, ses conséquences, 199.

Assemblée du département de Doullens, 187; sa composition et ses travaux, ibid.

Assises du bailli d'Amiens à Doullens, 51, 381.

Assurement, 329, 361.

Authie (l'), journal. Fondation et transformation, 234, 446.

B.

Bailly, sa résidence à Doullens, 68, 73, 78 ; il y tient ses assises pour les appels des procès des habitants, 51, 381.

Banlieue, 147 et suiv.

Bannissement, 340.

Bataille de Bouvines, 48, 49.

Id. de Crécy, 59.

Id. de Poitiers, 59.

Id. d'Azincourt, 69.

Id. de Montléry, 83.

Beffroy — son siége primitif, 11, 345 ; son second siége dans la tour de Beauval, ibid., 65 ; sa reconstruction, 66, 345.

Biens du clergé vendus, 212.

Biens des émigrés, 196; ceux de leurs enfants séquestrés, 202, 214.
Biographie des doullennais célèbres, 435 et suiv.
Bois de Bretel, 52; il est acheté par la ville, ibid.
Boulevarts, 221, 229.
Bourgeoisie, 344.
Brasseries, 212, 401.

C.

Caisse d'épargne, 407.
Calvaires enlevés et vendus, 201.
Calvinistes — coup de main de ceux d'Amiens sur Doullens, 116; mesures de conversion, 176 et suiv.
Caractère des doullennais, 176, 372 et suiv.; 414.
Carême — sa pratique sévère, 177.
Charbon. Sondage, 188, 233.
Charte de fondation de l'abbaye de Corbie, 31.
 Id. de commune, 43, 46, 137 et suiv.
 Id. de priviléges, 48, 106, 116, 159, 161, 163, 165, 171, 172, 177.
Chasse, 174, 430.
Chasses royales à Orville, 34.
Château ou *castrum* primitif, 8.
Château de Beauquesne, 39, 42; son siége et sa prise, 122.
 Id. de Bernaville, 39.
 Id. de Berneuil, ibid.
 Id. de Domart — son origine, ibid; sa prise par les gens du roi, 75; Amiens contribue au siége, ibid; sa reprise par les les Bourguignons, 77.
 Id. de Doullens — son origine, 99, 100; ses fortifications, 102 et suiv.; ses réparations, 111; il est pris par Coqueville, 112.
 Id. de Pas, rasé, 97.
Châtellenie de Doullens, indépendante du Ponthieu, 33; appartenance de la couronne, ibid; elle est conquise par les comtes de Vermandois, 35 et suiv.; reconquise par le roi de France, 38, 39; donnée en dot à Alix de France, 42; sa confiscation par la couronne, 49, 50; elle est donnée à Guy de Châtillon, 58; elle fait retour à la couronne, 53; elle est donnée à Antoine de Bayencourt, 102; elle est réintégrée à la couronne, 110; et donnée au comte d'Artois pour faire partie du Ponthieu, 184.
Châtellenie de Lucheux, 53, 58.
 Id. de Rue, donnée en dot à Alix de France, 42.
 Id. de Saint-Riquier détachée du Ponthieu, 49.
Choléra-morbus, 231.
Chronique erronée de l'abbaye de Saint-Riquier, 29, 30.
Citadelle, sa situation, 5; sa construction, 160, 164, 173, 417 et suiv.; sa description, 426; sa prise par les Espagnols, 130 et suiv.; par les Cosaques, 222; sa reprise, 224; elle devient une prison, 232, 426; principaux prisonniers, 427 et suiv.; ses gouverneurs et commandants, 429 et suiv.
Cloche d'Auxi-le-Château, prise par les doullennais, 179.
Cloches de l'église N.-D., 261, 262.
Collége, 232.
Combats près de Beauquesne, 107, 108, 132 et suiv.; de la garnison de la ville, 85, 95, 165 et suiv.
Comice agricole, 233, 235, 407.
Commandants de place, 435.
Commerce, 403.
Commune, son origine, 44 et suiv.
Concordat, 218.
Confiscation du privilége électoral, 335.
 Id. des biens des coupables, 341.
 Id. par les Espagnols, 149 et suiv.
Confrérie de N.-D. du Puy; elle a des cens à Doullens, 409 et suiv.; honneurs qu'elle rend aux mayeurs doullennais, ibid.
 Id. de Saint-Nicolas; origine, 323; siége, organisation, ibid; revenus, 324; suppression, 325.
Conseils généraux, 231.
Consulat, 218.
Contributions, premier rôle, 195.
Cordeliers — leur fondation, 303; leurs bienfaiteurs, 304; leur changement de siége, ibid; leur suppression, 305; leur couvent devenu hôpital militaire, 306.
Corps de garde, 16.
Corps de métiers, 391; apprentissage, 392; classifications, 393; armoiries, 394.

Cosaques — Ils s'emparent de la ville et de la citadelle, 222, ils imposent des contributions, 223 ; escarmouches, ibid ; leur départ et leur genre de vie, 224.
Cotisations des villes de Picardie contre les Anglais, 76.
Cour d'amour, 408 et suiv.; elle est indépendante de la confrérie N.-D. du Puy d'Amiens, ibid.
Coutumes, 93 ; de la prévôté, 379 ; de la ville, ibid.
Croix-Salomon, 17.
Cruautés des Espagnols, 143 et suiv.

D.

Déesse Raison, 209.
Démêlés de Philippe-le-Bel et de Boniface VIII, 56.
Démolition des maisons des coupables, 341.
Dénomination de ville enlevée Doullens, 201.
Dénonciations, 201, 203.
Députation au 1er consul, 219.
  Id. à Lille, 235.
Destitution du gouverneur de Blottefière, 127, 128.
Destruction des signes de la royauté, 210.
Discussion sur l'ancienneté de Doullens, 27, 31.
  Id. sur le mot *Durvicoregum*, 24, 25.
  Id, sur le *castrum donencum*, cité par Flodoart, 35 et suiv.
Disette, 189, 211, 213.
District de Doullens ; sa création, 192 et suiv.; efforts faits pour l'obtenir, ibid., 194, 195 ; sa composition, 196.
Doléances des doullennais à François 1er, 101 ; à Charles IX, 112 ; à Henri III, 116 ; à Henri IV, 159.
  Id. des habitans d'Humbercourt, 153.
Dolmen, de Lucheux, 22 ; du Haravesne, ibid.; de Béalcourt, 23.
Doyenné (ancien) de Doullens, 259.
Draperie, 395 et suiv.; sa réputation, ibid.; tentative de monopole, 396 et suiv.
Druidisme, 21.
Duel (jugement de Dieu), 343.
Duel du sire de Rambures, 161.

E.

Echevinage. — Ses luttes 53, 54, 348 et suiv., il s'oppose à ce que la ville soit donnée pour place de sûreté au prince de Condé, 114 ; son organisation, 326 et suiv.
Ecorcheux. — Leurs ravages, 75.
Ecuries, 17.
Edit de Nantes. — Conséquences de sa révocation, 176, 177.
Edit de Piste, 33, 35.
  Id. des Postes, 83.
  Id. de Paix, 106.
  Id. d'Union, 119.
Egardise, 392 et suiv.
Eglise Saint-Martin, 48 ; on y fait l'éloge funèbre de Mirabeau, 197 ; les réunions civiques, 202 ; sa réouverture, 213 ; son ancienneté, ses fondadations, 253 et suiv. sa description, ibid.
Eglise Notre-Dame, 12 ; son incendie, 90, 261 ; sa suppression, 196 ; son origine 260 ; ses fondations, ses tours, ses cloches, 261 et suiv.
Eglise Saint-Sauveur, 8, 11 ; son ancienneté, 263 ; ses fondations, ibid. et suiv. ; elle devient l'église Saint-Pierre, 264.
Eglise Saint-Pierre, 11 ; sa suppression, 196, 265 ; ses fondations, sa description, ibid.
Election. — Origine, 60, 382 ; attributions, ibid. ; circonscriptions, 383 ; rappel de ses magistrats aux convenances, ibid. ; personnel, 384.
Election de J. de Rambures aux Etats-généraux, 162.
Elections municipales, 172, 194, 234, 330 et suiv.; aux Etats généraux, 189 ; au Directoire, 225 ; au Conseil général, 234.
Emeute, 190, 200.
Emigrations à Amiens, 87 ; à Saint-Valery, 165 ; à Abbeville, ibid.
Entrepôt de munitions de guerre, à Amiens, 155 ; à Doullens pour le siège d'Arras, 167.
Esplanade, 9, 175.
Etats provinciaux demandés par Doullens, 186.
Etat militaire de la ville et de la citadelle, 430.
Etendue primitive de la ville, 8.
Etymologies diverses, 19, 20.
Evacuations de soldats sur la ville, 209.
Evasion de détenus, 233.

F.

Famine, 102, 119.
Faubourgs, 6.

Fermes générales des impôts, 385 et suiv.
Fêtes, de la fédération, Doullens y est représenté, 195 ; de l'Être suprême, 209 ; funèbre de l'assassinat de Rastadt, 217 ; du couronnement de l'Empereur, 220 ; pour la Restauration des Bourbons, 225 ; pour le sacre de Charles X, 228 ; pour l'avènement de Louis-Philippe, 230.
Feuille de Doullens, (journal), 446.
Fieffés, leurs obligations, 343.
Filature de Rouval, sa création, 221 ; son incendie, 228, 400 ; sa description, 401.
Filles pénitentes. — Leurs bienfaiteurs, 302 ; leurs biens amortis, ibid.
Foires, 220, 404 et suiv.
Fontaines publiques, 17.
Forêt de Lucheux, 22.
Fortifications, 8 et suiv. ; leur démolition, 16, 88, 98 ; elles sont rétablies, 100, 104 ; elles sont supprimées et vendues, 221 et suiv.
Fossés d'enceinte, 13, 148.
Fouilles à Saint-Sulpice, 233.
Fourches patibulaires, 342.
Fours, 9, 10, 48.
Franches fêtes, 405.
Francs-Maçons, 305.

G.

Gages de bataille, 343.
Garde nationale, 230 et suiv.
Garnison, soldée par Paris, 97 ; ses pertes, 109, 121 ; son chiffre, 160, 164 ; ses combats, 83, 95, 165, 178.
Guerre des Albigeois, 48 ; avec les ducs de Bourgogne, 68, 69, 84, 85, 90 et suiv. ; avec les Anglais, 69 ; avec l'Autriche, 91 et suiv. ; dans la Picardie, 165 et suiv.
Gouverneurs, 429 et suiv. ; étendue de leur gouvernement, 430 ; liste des gouverneurs, 431 et suiv.
Gouverneur espagnol, 148.
Grenier à sel, 387 ; mode de vente, ibid. ; sa dépendance, 388 ; sa suppression, ibid. ; son personnel, 389.

H.

Halle de Doullens à la foire du *Landit*, 395.
Histoire littéraire, 445 et suiv.

Hôpital. — Sa situation, 10, 53 ; son origine, 314 ; donations, 315 ; il s'annexe la maladrerie, 316 ; administration des religieuses, ibid. et suiv. ; il est transféré à la porte d'Arras, 319 ; procès, 329 ; il reçoit des soldats blessés, 321 ; situation présente, ibid.
Hôpital Saint-Jean de Jérusalem, 322.
Hôtels, 10 et suiv. ; du Dauphin, 173.
Hôtel-de-Ville — sa construction, 66, 345 ; sa chapelle, 80, 345 ; son frontispice, 162, 346 ; incendie, ibid. ; description intérieure, 346 ; sa cloche, 347.

I.

Iles formées par l'Authie, 13.
Impôts, 155, 172, 227.
Imprimerie, 446 ; id. clandestine, ibid.
Incendie de Lucheux, 65 ; de Doullens, 78, 162 ; de Beauquesne, 165, 179 ; de Vignacourt, 166 ; de Talmas, ibid. ; de Huleux, 179 ; de Bouquemaison, ibid.
Industrie drapière, 395 et suiv ; linière, 403.
Inondations, 164, 183 et suiv. 227.
Invasions, des barbares, 28, 29 ; d'Attila, ibid ; des Normands, 35.

J.

Jardinage, 402.
Jetons frappés à l'occasion du siége, 145.
Jeux, 407 et suiv. ; du sans-vert, 410 ; du béhourdis 411 ; des brandons 412 ; des *queues de leu*, ibid. de Sainte-Raquette, 413.
Jurande, 313 et suiv. son abolition, 394.
Justice expéditive de J. de Rambures, 162.
   Id. municipale, 337 et suiv. nombreux procès, 367 et suiv.
   Id. de paix, sa création, 196.

L.

Lettre de Louis XI pour bruler la ville, 86 ; discussion à propos de cette lettre. 87 et suiv.
Lettres de Lebon, 201 et suiv.
   Id. de Darthé, émissaire de Lebon, 206.
   Id. à l'intendant de Picardie, relatives à la citadelle, 418 et suiv.
   Id. de privilèges, (voir chartes, id.)
Ligue (ou Sainte-Union), 114, 115 ; elle est signée à Doullens ibid. ses troubles, ibid.

M.

Mairie, son organisation, 326 et suiv. elle devient vénale, 334 et suiv. liste des maires, 336.

Maladrerie — situation et origine 309, 310 ; donations, ibid ; ruine, 311 ; restauration et suppression, 312 ; réunion à l'Hôtel-Dieu, 313 ; à l'ordre de Saint-Lazare, ibid ; à l'Hôtel-Dieu définitivement, ibid.

Manifeste de Jean-Sans-Peur, 70 et suiv.

Marais, leur partage, 221 ; riches paturages, 395. Une partie en est donnée à J. de Rambures et à ses successeurs. 160.

Marchés, 12, 235, 403.

Mayeurs de bannières, 329 et suiv.

Merdinchon, égout, 27.

Méridien. Il passe à Doullens 3 ; étude faite à Doullens pour en reconnaître la ligne, 199.

Messages, de Jean-Sans-Peur, 68 et suiv. à Henri III, à l'occasion de la prise du château, 118 ; à Henri VI, pour la défense de la ville, 145.

Minage, 344, 371.

Mission, 228.

Monitoire 181, 295.

Montagnes, 4, 5.

Mort du connétable de Saint-Pol, 89 ; de Charles de Saveuse, 121 ; de M. de Saisseval, discussion, 137, 138 ; de l'amiral de Villars, discussion, 138, 139 ; de Saint-Preuil, 169 ; du duc d'Orléans, 234.

Moulins, 9 et suiv. 150, 168, 184, 397 et suiv.

Municipalité — organisation, 326 et suiv. vénalité, 335.

Munitions de guerre, 101, 105, 106, 118, 129, 163.

Mutilation des coupables, 342.

Mystères joués à Doullens, 92.

O.

Octrois, 152, 153, 406.

Id. de privilèges, 113, 116 (voir chartes de).

Ordonnance de Moulins, 368 et suiv.

Organisation ecclésiastique (ancienne, 266.

Otages pour le roi Jean. Doullens contribue à leur entretien, 61.

P.

Paix d'Amiens, 219 ; d'Arras, 78 ; de Cateau-Cambrésis, 111 ; de Vaucelles, 109 ; de Vervins, elle rend Doullens à Henri IV, 158 ; d'Utrecht, 180.

Palissades de défense, 180.

Panorama de la ville, 5.

Papeterie, 285.

Passages, de Charles VI, 66 ; de Philippe-le-Hardi, duc de Bourgogne, ibid, 67 ; d'Henri V d'Angleterre, 73, 74 ; de Philippe-le-Bon, duc de Bourgogne, 76 ; du duc de Glocester, ibid ; du duc de Bedfort, ibid ; du comte de Salisbury, ibid ; de Jacques Ier, roi d'Ecosse, 73 ; de Louis XI, 82, 88 ; de Charles-le-Téméraire, duc de Bourgogne, 84 et suiv ; de François Ier, 95 ; d'Henri II, 107 ; du duc d'Anjou, 116 ; d'une armée de secours pour Amiens, 157 ; d'Henriette d'Angleterre et de son fils, 168 ; de Louis XIV, 173 ; des princes de Russie, 184 ; de la maison militaire de Louis XVIII, 226 ; du duc de Berry, 227 ; de ses restes mortels, ibid ; du duc d'Angoulême, 227, 228 ; de la duchesse de Berry, ibid ; de Charles X, ibid. 229.

Pavage, 182.

Péages, 182.

Pêche, 431.

Pendaison, 341.

Pensionnat, 233.

Perquisitions domiciliaires, 199.

Peste, 102, 164.

Physionomie extérieure et intérieure de la ville, 6.

Pillages, à Berteaucourt, St.-Ouen et Domart, 168 ; à Lanches-St.-Hilaire, 171 ; à Barly, ibid ; à Lucheux, St.-Sulpice, Beaurepaire et Routequeue, 178.

Places, 6.

Poids et mesures, 212, 220 ; comparés au système actuel, 406.

Police, procès, 373 et suiv.

Pommes de terre, culture recommandée, 213.

Portes, 8 et suiv.

Prévôté, son origine, 50, 376 ; elle n'est que foraine, 51, 377 ; sa suppression, 58, 377 ; elle est rétablie, 63 ; ses attributions, 377 et suiv.; elle est érigée en office vénal, 381 ; sa suppression et liste des prévôts, ibid.

Prévôté de Beauquesne, 50, 51 ; sa suppression, 381.

Prieuré, de St.-Sulpice, sa situation, 8 ; son origine, 267 ; incendie de ses fermes, 178 ; il est donné à l'abbaye d'Anchin, 269 ; ses prérogatives, fondations et procès, ibid. et suiv.; il est donné à l'évêque et aux chanoines de Terrouanne, 275; il est cédé en échange à l'abbaye de Corbie, ibid. et suiv. ; beaux et dîmes, ibid ; réparations, 281 ; ruine, ibid ; il devient un moulin à farine, 284 ; une papeterie, 285.

Prieuré de St.-Pierre-la-Hors. Sa situation, 40, 301 ; son extinction, 302.

Id. de St.-Pierre d'Abbeville, 8, 40.

Id. de Bagneux, 32 ; procès, 58.

Prise d'Arras, 91 ; de Doullens, par le duc d'Aumale, 117; par les Espagnols, 132 ; par les Cosaques, 222 et suiv ; de Beauquesne, 122 ; du château de Lucheux, 127 ; d'Amiens, 156.

Prison, dans la citadelle, 201 et suiv.

Prisonniers, 210, 426 et suiv.

Procès soutenus par l'échevinage, 348 et suiv.

Projets de reprendre la ville aux Espagnols, 154 et suiv ; d'Hernand-Teillo sur Amiens, 156 ; de descente en Angleterre, 219.

Protestantisme, 110, 111.

Publication de guerre à l'Espagne, 127.

Puits, 17.

R.

Rachat par Louis XI des villes de la Somme, 81.

Ravages des Flamands, 107 ; des Navarrais, 60.

Réaction contre la terreur, 211, 216.

Récit d'Ambroise Paré, 169 et suiv.

Reconstruction partielle de la ville, 82.

Records de lois, 339.

Refuge à Amiens des doullennais, 87, 146.

Rendez-vous de guerre fixé à Doullens, 165, 167.

Réorganisation administrative, 218, 230 et suiv.

Réouverture des églises, 213.

Reprise d'Amiens, 158.

République Française — Sa proclamation, 199.

Réquisitions, 199, 200, 208, 209, 211.

Réverbères, 18, 191.

Révision administrative, 211.

Révolution de 1830. Comment elle est accueillie à Doullens, 229 et suiv.

Réunion du Ponthieu à la couronne, 64 ; de la châtellenie de Doullens au Ponthieu, 184.

Rivières, 3, 4 ; devenues éléments de défense, 13 et suiv.

Rixes de la garnison, 91, 174.

Romarin (culture du), 413 et suiv.

Rues, 6, 10 et suiv; changement de noms, 231.

S.

Sceaux, des marmousets, 47 ; de la ville, 43.

Sédition populaire, 176, 190.

Séjour, de Mme Desboulières, 170 · des Prussiens, 225.

Sel, 49, 65. (Voir Grenier à sel).

Sépulcre de l'église St.-Martin, 257.

Serment constitutionnel, 196 ; de haine à la royauté, 217.

Siége de Doullens par le comte de Bures, 96 ; par les Espagnols, 130 et suiv. ; d'Hesdin, 97 ; de Térouanne 103 et suiv. ; d'Auxi-le-Château, 104 ; de St.-Pol, ibid ; de Montreuil, ibid ; d'Amiens, 156 et suiv ; d'Arras, 167.

Situation topographique de la ville, 3, 4.

Société de la commune ; son adresse à l'Assemblée nationale, 201 ; ses flatteries à André Dumont, 203, 207 ; ridicule de son rôle, 208 ; sa lettre à Devérité, 215.

Sœurs-Grises, leur établissement, 306 ; leurs fondations, 307 ; elles se chargent de l'hôpital, ibid ; les Colétines de Gand et le corps de Ste-Colette logent chez elles, 308 ; inventaire de leur couvent, ibid ; leur suppression, ibid.

Sol de Doullens, 5.

Soumission de la ville à Louis XI, 90 ; à Henri IV, 123.

Sous-préfecture, 390 ; liste des sous-préfets, 391.

Stérilité historique, 180.

Suppression du titre du gouverneur, 185 ; de la place de guerre, 220.

Synonimes Jacobites, 214.

T.

Taille, 70.

Tartes de Doullens, 395.

Templiers. Leur maison, 56, 57 ; leur chapelle, 254.

Tentative sur Doullens, par les gens du roi, 78 ; par les impériaux, 99 ; par Cocqueville, 113 ; par les soldats du prince de Condé, 116 ; par le Vidame d'Amiens, 121 ; par Biron, 156 ; Marlborough, 179.

Tour de Beauval, 9, 10 ; son acquisition par la ville, 61 ; elle est transformée en beffroy, 65 ; sa démolition, 66 ; procédure à son sujet, 354, 359 et suiv.

— 527 —

Tourbe ; tentative d'extraction, 4.
Trahisons sur la ville et sur Amiens, 167.
Traité de Conflans, 83 ; de Péronne, 84 ; de Paris, 94 ; de Madrid, 101 ; de Cambrai, 102 ; de Bergerac, 115 ; avec l'Espagne, 171, 173.
Traites, leur origine, 117, 384 ; leur personnel, 385 ; leur tyrannie. ibid.
Travers à St.-Riquier, 53, 65, 110 ; à Lucheux, 53, à Doullens, ibid.
Trésor caché, 57.
Trève entre Charles VII et Philippe-de-Bourgogne, 77 ; entre Louis XI et Edouard d'Angleterre, 85, 86 ; de Bommy, 104.
Tribunal — sa création, 219, 389 ; sa réorganisation, ibid, 227 ; sa bénédiction, 228 ; liste des présidents, 390.

V.

Vallées de Doullens, 4.
Vente des biens du clergé, 196 ; des églises, ibid.
Vers chronologiques sur la prise de la ville, 145.
Vicomté — ses droits, 41 ; sa réunion à l'échevinage, 47, 64, 375 et suiv.
Vignes, 78, 402.
Visite du duc de Chaulnes, 183 ; de l'évêque schismatique Desbois, 197 ; d'André Dumont, 203.
Voies romaines, 24 et suiv.
Voirie, (procès de), 364.
Volontaires amiénois au siége de Doullens, 131, 140 ; id. doullennais au siége de Lille, 198 ; en 1848, à Paris, 236.

EXPLICATION DES DEUX PLANCHES

CONTENUES DANS CE VOLUME.

1º PLANCHE DES SCEAUX.

Sceau 1 et 2.

C'est le premier sceau de l'échevinage doullennais, dit sceau des marmousets, qui paraît remonter à l'origine de la commune, c'est-à-dire vers le milieu du xiie siècle. Sur une face, le maïeur à cheval, l'épée au poing, avec cette légende : *Sigillvm mojoris et jvratorvm Dvrlendii.* Sur l'autre face, les douze têtes des jurés ou échevins, posées 3, 5, 4 ; et autour cette inscription : *Hii sunt scabini bis terni terque bini.* Ces personnages sont couronnés et portent des haches d'armes. (Arch. de l'Empire).

Sceau 3 et 4.

C'est le même que le précédent. Le maïeur est couvert d'une cotte de mailles. Les figures sont mieux faites ; mais leur pose, quoique dans le même ordre, offre quelque différence. Ce sceau se trouve aux Archives départementales, sur une charte de l'année 1321, octobre.

Sceau 5.

Ce sceau en losange ou fuseau, représente Adèle, abbesse de St.-Michel de Doullens, crossée. Il est en cire verte, porté par deux cordonnets en soie verte et rouge, appendu à une charte de 1246, mois de mars, par laquelle maître Jean, dit Nani, de Doullens, fait une donation foncière dans le but d'attacher un chapelain à l'autel Saint-Nicolas dudit monastère de Saint-Michel. (Arch. dép. carton St.-Michel).

Sceau 6.

C'est le sceau de Gaudefroy de Doullens, comme l'indique la légende : *Sigill. Gavfridi de Dovlans.* Le champ de l'écu est chargé de deux barres.

Gaudefroy ou Geoffroy, chevalier et noble homme de Doullens, possédait la terre et seigneurie de Fienvillers. Il avait pour fils Enguerran, et pour filles Edèle et Pavie. En 1204, au mois de septembre, il donna sa terre de Fienvillers aux religieux de Saint-Jean de Jérusalem de Fieffes, et cette donation fut confirmée par Guillaume III, comte de Ponthieu, Hugues de Camp-d'Avesne et Robert de Mézerolles, qui firent abandon de leurs droits sur cette terre. Il fit également don à l'abbaye du Gard de 80 journaux de terre ou de bois, situés à Longuevillette, près Doullens, par acte de 1215.

Son fils Enguerran, chevalier, est connu dans les chartes, sous la dénomination d'Enguerran de Candas. Il reconnut, par titre du mois de janvier 1224, la vente de terres sises au Candas que Richard de Candas avait faite aux frères hospitaliers de Fieffes, la même année.

Sa fille Edèle avait la seigneurie de Fienvillers (*Edela de Feodo-Villari*). Elle fut mariée à Henri Kiret (ou Kiéret) dont la famille avait seigneurie à Occoche. Elle consentit aux donations faites par Geoffroy, son père, tant à l'hôpital de Fieffes qu'à l'abbaye du Gard. En septembre 1225, elle donna à la maison du Temple de Fieffes trois journaux de terre sur Fienvillers; et au mois d'avril 1235 elle en obtint l'autorisation d'établir un four à son usage et à celui de sa famille dans sa maison de Fienvillers, moyennant trois journaux de bois qu'elle abandonna sur le terroir du dit Fienvillers. (Arch imp. sect. adm. S. 5039 (suppl.), n°s 1, 2, 8, 11 — Cart. du Gard, t. 1er).

Sceau 7 et 8.

C'est le sceau de Guy de Doullens. Sur une face se trouve l'écu chargé de deux bandes couvertes d'un guillochis pour les rendre plus apparentes, avec cette inscription: *Sigill. Gvidonis de Dorlens*. Sur l'autre face chargée d'une fleur de lis florencée, on lit: *S. Dni de Frohans*. Ces armes doivent être celles des anciens vicomtes de Doullens, qui, plus tard ont été seigneurs des Autheux et de Villers-Bocage. Ils portaient: *d'argent à deux bandes d'azur*.

Guy de Doullens était fils de Robert de Mézerolles que nous avons cité comme membre de la confrérie de Saint-Nicolas de Doullens, avant 1202. De la famille de Gaudefroy de Doullens, comme ses armes le prouvent, il était seigneur de Frohen.

2° PLAN DU SIÉGE.

Dans la partie supérieure, à droite, on lit: *L'armée de secours et l'amiral battus le 24 juillet;* et au-dessous de cette inscription on voit le combat qui eut lieu auprès de la cense de Huleu, vers Beauquesne, entre les Espagnols assiégeants et l'armée française qui venait au secours de la place sous les ordres du maréchal de Bouillon et de l'amiral de Villars. Les Français y furent en partie taillés en pièces et en partie mis en fuite.

Dans la partie gauche du plan, au-dessous de ce titre: *La ville et château de Doullens,* on voit la ville et le château investis par les Espagnols et pris d'assaut. Dans le bas, le comte de Fuentès sort de sa tente, escorté de deux hallebardiers et précédé d'un porte-étendard.

Voici la traduction, mot à mot, des vers allemands:

Le comte de Fuentès devant Doullens
Ville et château, se fortifie,
Bombarde, prend un ravelin;
Le prince de Bouillon se renforce
De troupe de pied et de quinze cents chevaux,
Mais bientôt il est refoulé,
Perd le meilleur de sa cavalerie;

L'amiral y était aussi.
Fuentès fait recommencer le siége,
Donne l'assaut et l'escalade avec ardeur,
Enlève château et ville à la fois,
Egorge vieux, jeunes, femmes, enfants, pauvres et riches.
L'an du Seigneur 1595,
Le 31 juillet.

ERRATA.

Page 45, note 2°, *au lieu de* n° 13 tome II, *lisez :* n° 6, 2° partie.
Page 52, ligne 11, *au lieu de* au futurs, *lisez :* aux futurs.
Page 71, ligne 17, *au lieu de* parce qu'elle, *lisez :* par ce qu'elles.
Page 112, ligne 15, *au lieu de* Henri III, *lisez :* Charles IX.
Page 156, ligne 9, *au lieu de* avait, *lisez :* avaient.
Page 165, ligne 3, *au lieu de* 1524, *lisez :* 1624.
Page 170, note 1re, *au lieu de* XVIIIe siècle, *lisez :* XVIIe.
Page 172, ligne 11, *au lieu de* bannière, *lisez :* bannières.
Page 175, ligne dernière, *au lieu de* 1774, *lisez :* 1674.
Page 189, ligne 20, *au lieu de* dans la fin, *lisez :* dans le feu.
Page 327, note, ligne 6, *au lieu de* Firmius, *lisez :* Firminus.
Page 383, note 3, *au lieu de* électoin, *lisez :* élection.

RAPPORT

AU NOM DE LA COMMISSION

DU PRIX OFFERT PAR M. THÉLU

A L'AUTEUR DE LA MEILLEURE HISTOIRE DE DOULLENS,

Lu dans la Séance publique de la Société des Antiquaires de Picardie,
le 7 Décembre 1863,

Par M. J. GARNIER,

Conservateur de la Bibliothèque d'Amiens, Secrétaire perpétuel de la Société des Antiquaires de Picardie, Archiviste de l'Académie d'Amiens, Correspondant du Ministère de l'Instruction publique, etc.

AMIENS,

LEMER AÎNÉ, Imprimeur-Libraire, place Périgord, 3.

—

1864.

(Extrait du tome XIX des Mémoires de la Société des Antiquaires de Picardie.)

RAPPORT

AU NOM DE LA COMMISSION DU PRIX OFFERT PAR M. THÉLU

A L'AUTEUR DE LA MEILLEURE HISTOIRE DE DOULLENS.

Au mois d'avril 1858, un de nos collègues, M. Thélu, offrit à la Société un prix de 1000 fr. pour être décerné à l'auteur de l'histoire de la ville de Doullens qu'elle en jugerait digne. La Société s'empressa de féliciter M. Thélu de cette généreuse et patriotique pensée, le remercia de ce témoignage de confiance qu'il lui donnait, et accepta sa proposition sans se dissimuler les difficultés du rôle de juge qu'elle aurait à remplir.

La question mise au concours pour l'année 1861 a produit un seul mémoire dont M. Vion, dans un judicieux rapport, nous a fait connaitre alors, au nom de la Commission dont il était l'organe, les mérites et les imperfections.

Le prix n'ayant point été décerné, le sujet a été proposé de nouveau pour 1863.

Une commission composée de MM. Breuil, Darsy, Rembault, Vion et du rapporteur a été chargée de l'examen des mémoires ; j'ai à vous exposer notre jugement et les motifs qui l'ont dicté ; je dois donc, pour vous mettre à même de l'apprécier, vous faire connaître les travaux des concurrents. Je serai bref autant que possible, et tâcherai d'être complet. Notre critique sera calme et modérée ; mais, pour n'être point violente, elle n'en sera pas moins sincère. Nous ne craignons jamais d'ailleurs, vous le savez, d'émettre notre pensée tout entière, et je puis dire avec Juvenal :

> *Mentiri nescio ; librum, .*
> *Si malus est, nequeo laudare....*

Deux mémoires nous ont été envoyés ; l'un a pour titre : *Introduction à l'histoire de la ville de Doullens ;* l'autre : *Histoire de la ville de Doullens.*

Le titre du premier eût suffi seul pour montrer qu'il ne remplit pas les conditions du programme. Ce n'est pas même une introduction, mais un exposé critique des sources, un inventaire des auteurs qu'il convient d'étudier pour écrire l'histoire que nous avons demandée. Plein de respect pour les chercheurs d'un autre siècle, l'auteur ne veut point qu'on les oublie ; ses pages sont écrites *pro mortuis ;* il ne veut point qu'on se serve des richesses qu'ils ont amassées, sans les nommer : *suum cuique.* Telle est sa double devise. Quelques mots sur la manière dont il convient d'écrire cette histoire, prouvent un homme habitué à l'étude, qui a lu, médité, comparé. Ses appréciations des ouvrages publiés sur Doullens ou qui touchent incidemment à cette ville, sont marquées au coin d'un jugement sûr et convaincu. De tout cet examen il résulte que le P. Daire, avec son recueil de faits éparpillés et qui n'offre pas toujours toutes les garanties d'authenticité désirable, est celui des ouvrages imprimés qui mérite encore le plus d'attention, et que les publications qui ont suivi, empruntées pour la plupart à Daire, avec ou sans développements narratifs, manquent de solidité et ne sont guère que de seconde main; il fait exception toutefois pour une dissertation sur l'origine de Doullens que M. Labourt a prise en partie dans Dom Grenier, mais qu'il a su se rendre personnelle. C'est au savant bénédictin que je viens de nommer qu'il faut nécessairement avoir recours, dit l'auteur du mémoire, pour un travail historique scrupuleux, pour une histoire vraiment digne de la générosité de M. Thélu. Admirateur passionné de Dom Grenier dont le trésor, ainsi devons-nous nommer cette collection si riche, si précieuse pour la Picardie, dont le trésor, dis-je, paraît avoir fait l'objet de ses études spéciales, l'auteur y trouve non-seulement les éléments d'une histoire, mais une histoire complète de Doullens, si l'on reproduit dans l'ordre méthodique les documents nombreux qui s'y trouvent réunis. Malheureusement, pour des motifs dont nous n'avons pu prendre connaissance, il a été impossible à l'auteur de s'occuper de cette production. Nous devons le regretter, mais l'analyse que je viens de vous présenter a dû vous convaincre qu'il n'avait point été répondu à la question.

L'auteur du second mémoire a pris pour devise ce vers de Virgile :

Vis ergo, inter nos, quid possit uterque, vicissim
Experiamur.....

Essayons qui de nous racontera le mieux.

Son travail n'a pas moins de 300 pages d'une écriture très-fine et très-serrée.

Il se demande d'abord ce que doit être l'histoire qu'il entreprend d'écrire et il répond, avec le rapporteur de notre ancienne commission, que la meilleure histoire sera celle qui, au mérite d'être aussi complète que possible, joindra l'exactitude dans les faits et dans les dates et l'intérêt dans le récit. Ce programme, la Commission l'accepte volontiers, elle le fait sien, car si la première condition est désirable, la seconde est de rigoureuse nécessité et la troisième, à nos yeux, a la plus grande valeur. Cette triple condition a-t-elle été remplie; parcourons le manuscrit et voyons.

L'ouvrage se divise en deux parties : la première est l'histoire proprement dite de la ville, la seconde celle de ses monuments et de ses institutions; des pièces justificatives nombreuses accompagnent l'une et l'autre.

Le premier chapitre consacré à la situation de Doullens, à son état au xiiie et au xive siècle, est exact. L'auteur y paraît maître de son sujet, mais il manque de simplicité et vise trop au pittoresque.

Le chapitre II traite de l'origine et de l'étymologie de Doullens. Les opinions émises en ce qui concerne l'époque gauloise et l'époque romaine y sont examinées sagement et nettement, l'auteur incline à croire que Doullens avait vie au temps de César, mais il ne trouve nulle part la certitude. Ce n'est guère, en effet, qu'à l'époque mérovingienne que paraît Doullens, si encore on le reconnaît, avec Dom Grenier, dans le *Dominicus lacus* du diplôme donné en 660 par Clotaire à l'abbaye de Corbie. En 931,

Flodoart cite un lieu du nom de *Donincum* dont le roi Raoul s'est emparé. Est-ce Doullens? Est-ce Doingt, près Péronne? L'auteur discute ce point difficile et nous semble l'avoir résolu en faveur de Doullens, en même temps qu'il fixe le véritable emplacememt du *castrum*.

Mais les temps d'indécision sont passés, l'histoire, toute géographie d'abord, comme l'a dit Michelet, va parler maintenant.

Celle de Doullens se trouve, pour les premiers temps, liée à celle du Ponthieu. C'est un comte de Ponthieu, Guillaume III, qui lui accorde en 1202 la charte de commune dont Guy II, son aïeul, lui avait traîtreusement refusé la concession vers 1130, après en avoir reçu le prix. Vingt ans plus tard, en 1225, après le traité de Chinon, Doullens fait partie du domaine royal. A dater de cette époque la ville a une vie propre, une importance réelle; elle est le siége d'une prévôté tout en conservant les droits de justice que sa charte lui garantissait, ce qui cependant ne la met point à l'abri des attaques et des prétentions de voisins puissants et jaloux.

Au xiv° siècle son nom n'est guère mêlé aux évènements qu'avec celui du comte de Saint-Pol. En 1305, en effet, Louis-le-Hutin a cédé Doullens à Guy de Châtillon, et l'inféodation de sa châtellenie à celle de Lucheux amène forcément la suppression de sa prévôté jusqu'en 1366 que Charles V la rend à la couronne, lui donne des armes et lui permet d'élever un beffroi. Ce chapitre est bien fait, on peut seulement lui reprocher quelques longueurs.

Le chapitre v comprend le xv° siècle. Alors l'histoire de

France est toute en Picardie, soit qu'il s'agisse des luttes avec l'Angleterre ou des luttes plus désastreuses peut-être avec les ducs de Bourgogne. La ville de Doullens est cédée, par le traité d'Arras, à Philippe-le-Bon, rachetée bientôt, cédée encore, puis reprise par le roi. On comprend tout l'intérêt qu'offre alors Doullens que l'auteur semblerait avoir grandi à plaisir, si une lecture attentive ne donnait la conviction de la valeur de cette place tant de fois prise et reprise et que Louis XI veut enfin qu'on fasse bien brûler, comme il avait fait de Montdidier, pour empêcher l'ennemi de s'en servir.

Les cinq ou six années d'une bonne paix que ce roi demandait pour le soulagement du peuple sont encore loin. Le théâtre de la guerre a été transporté mais ne tarde point à être replacé sur les frontières de la Picardie. Doullens joue un grand rôle dans cette rivalité entre la France, l'Angleterre et la Bourgogne unies contre elle ; ses fortifications détruites sont relevées, sa garnison rendue plus puissante pour résister aux partisans qui parcourent ses environs et les rançonnent. Notons ici les efforts de la ville pour repousser le protestantisme, son refus de recevoir le prince de Condé comme gouverneur, son adhésion à la Ligue, à l'Édit d'union, puis enfin sa soumission au roi malgré la présence et la résistance du duc d'Aumale.

Ici les chapitres grandissent ; les faits se pressent et s'accumulent. Le chapitre vii est tout entier consacré à l'année 1595. La guerre a été déclarée à l'Espagne et Fuentès s'est emparé de Doullens.

Le chapitre viii nous conduit de 1596 à 1642. Nous

assistons aux tentatives des Espagnols contre Amiens dont ils s'emparent, et à la reprise de cette dernière ville. Doullens est enfin débarrassé des Espagnols par la paix de Vervins et le gouvernement en est confié par le roi à Charles de Rambures, puis à Jean son fils, qui en relèvent les murs et le fortifient pour le mettre à l'abri des attaques auxquelles il est exposé de nouveau, car la guerre avec l'Espagne a recommencé.

Ces trois chapitres sont habilement traités, l'histoire générale y a une large place assurément, mais tout alors s'agitait autour d'Amiens et de Doullens et cette dernière ville d'une position si modeste aujourd'hui, était l'un des boulevards, l'une des clefs du pays.

Il est à regretter que, dans un récit de cette importance, l'auteur ait cru devoir se dispenser d'indiquer au fur et à mesure les sources où il a puisé, et qu'il les ait seulement groupées en masse, laissant au lecteur le soin d'y chercher les preuves dont il avait besoin. Nous considérons une semblable manière comme insuffisante. Chaque fait, chaque épisode doit, eu égard à sa diversité, être appuyé de l'indication de l'historien imprimé ou manuscrit qui l'a donné. L'histoire ne s'invente point, elle se trouve dans les monuments et quand on sait, comme l'auteur du mémoire que nous examinons, se les approprier et en faire si bon usage, il y a nécessité d'en constater l'authenticité, de se mettre comme à couvert sous l'autorité de ses devanciers, et le lecteur trouve plaisir, par cette vérification facile, à affirmer avec lui ce qu'il peut aussitôt garantir.

Nous croyons que l'auteur n'a point suffisamment

étudié les registres de l'échevinage d'Amiens. Nous ne doutons pas qu'il n'y eût trouvé de nouveaux faits à ajouter aux faits déjà fort nombreux qu'il rapporte. La part de la ville d'Amiens au siége de Doullens a été en effet des plus actives. Argent, munitions, hommes de guerre ont été fournis par elle ; elle y a contribué de tous ses moyens. En lisant nos registres aux délibérations, on y suit toutes les péripéties de ce mémorable événement. Amiens partage toutes les inquiétudes de Doullens, tant les destinées de l'une et de l'autre ville sont alors étroitement unies. Aussi aurions nous aimé à retrouver là nos volontaires, partant spontanément, comme deux siècles plus tard d'autres allaient, avec ceux de Doullens, défendre la frontière plus éloignée que le traité d'Utrecht nous avait donnée.

Nos historiens locaux Pagès et De Court ont bien exploité cette mine, mais l'objet spécial dont ils s'occupaient ne leur a point donné lieu de mettre en relief tout ce qui intéressait plus directement Doullens ; l'auteur de l'histoire en eût tiré certainement un excellent parti.

Dans le chapitre ix, de 1642 à 1784, le rôle de Doullens est peu de chose ; comme partout, à peu d'exceptions près, l'individualité des petites villes s'efface et se perd dans l'unité administrative. Le souvenir de son importance ne disparait pas tout à fait cependant; le roi fait reconstruire la citadelle à laquelle s'attache le nom de Vauban, et elle devient l'un des magasins de l'armée française.

Le chapitre x va de 1784 à 1800, le xi° de 1800 à 1830. Nous ne les analyserons point ; ils n'ont rien d'ailleurs qui soit de nature à fixer particulièrement notre attention.

Si notre règlement n'eût limité nos études à l'année 1789, nous eussions, tout en rendant justice à la modération de l'auteur, à l'exactitude dont il a toujours donné la preuve, nous eussions, dis-je, fait remarquer qu'il n'a pas toujours alors tenu la balance d'une main ferme, et qu'il l'a laissée pencher souvent du côté où l'on sent que sont ses affections. Mais nous n'avons pas à nous prononcer. A chacun du reste son appréciation. La liberté que nous demandons, nous la voulons aussi pour les autres et la leur laissons. Nous les féliciterons même, quel que soit leur jugement, quand ils auront, comme on l'a fait ici, exposé les faits dans tous leurs détails, sans rien négliger de ce qui permet à chacun de se former une opinion selon sa tournure d'esprit et sa conscience.

Si nous avons pu suivre la vie politique de Doullens, son existence civile n'a point été négligée

Nous trouvons dans la seconde partie un chapitre traitant des trois églises de Doullens dont une seule subsiste aujourd'hui : Saint-Martin. L'auteur discute les origines de ces églises et son argumentation nous paraît heureuse ; il établit clairement la date de chacune et l'organisation ecclésiastique de la ville.

Le chapitre II renferme les établissements monastiques. L'histoire du prieuré de Saint-Sulpice, le plus important, est traitée avec soin, les développements sont suffisants ; il en est de même pour l'abbaye de Saint-Michel. Nous aurions désiré cependant une plus grande exactitude dans les dates. Nous ferons aussi remarquer qu'il n'y est point question d'un accord fait par Geoffroy, évêque d'Amiens, en 1230, entre les abbayes de Saint-Michel et de Bertaucourt, et que cite Dom Grenier dans son 93ᵉ volume. Cet accord n'a peut-être point un grand intérêt, peut-être aussi mettra-t-il sur la voie de quelques recherches à faire.

Le chapitre iii comprend les établissements hospitaliers au nombre de quatre. On y trouve de précieux détails; mais l'auteur oubliant ici qu'il avait arrêté son histoire en 1830 y poursuit quelquefois au-delà de ce terme ses indications. C'est un manque d'unité dont nous ne lui ferons point un grand crime, car cette négligence que nous signalerons encore plus loin est facile à réparer.

L'organisation municipale qui fait l'objet du chapitre iv est convenablement étudiée.

Les luttes de l'échevinage remplissent le chapitre v; il est riche en faits et en petits détails, mais ils sont choisis avec un discernement qui leur donne une valeur historique réelle.

L'auteur a placé ensuite sous le titre administrations diverses, la vicomté, la prevôté, l'élection, les aides, le grenier à sel, le tribunal et la sous-préfecture. On lira ce vıᵉ chapitre avec intérêt. Déjà, dans la première partie, nous avions vu ces institutions naître successivement ; les origines sont ici établies de nouveau, et les attributions bien définies et avec clarté.

Nous trouvons ensuite les corps de métiers, l'industrie et le commerce. Ce chapitre est sans importance. Doullens, nous le savons, n'a point eu anciennement de commerce considérable, d'industrie spéciale, partant une activité bien grande sous ce rapport. Cependant un établissement remarquable à son origine et à plus d'un point de vue, la filature de Rouval, pouvait donner lieu à quelques détails statistiques, à quelques comparaisons qui n'étaient point à rejeter. Nous aurions voulu aussi trouver là des renseignements sur le mouvement de la population Doullennaise aux diverses époques ; ces détails ont aussi leur utilité.

Nous ne dirons rien du chapitre viii relatif aux jeux, aux mœurs, aux usages, à la compagnie d'arc. Il ne nous offre rien de particulier ; seulement les archers de Doullens, malgré leur antique origine, ne nous paraissent point avoir eu la célébrité que MM. Janvier et Coët ont trouvée à ceux d'Amiens et de Roye.

Le chapitre ix contient, avec leur suite chronologique, les attributions des gouverneurs de la ville et de la citadelle, la description de cette dernière et les noms des principaux prisonniers qui y furent renfermés. La liste des gouverneurs aurait pu être plus complète. Il convenait aussi de la continuer jusqu'en 1830, terme de l'histoire, par la liste des commandants de place qui sont pour ainsi dire leurs successeurs. Il aurait fallu aussi plus de précision dans les dates ; et, quand il y a tant de différence entre cette liste et celle qu'a donnée le P. Daire qu'on lira toujours, quoiqu'il en soit, il n'eût pas été inutile de relever ses erreurs et d'en donner la preuve. Une partie de ces observations peut s'appliquer à la liste des maires qui pouvaient être désignés plus exactement.

Le chapitre x, histoire littéraire et biographie, n'ajoute rien à ce qui avait été dit ; ce n'est qu'une compilation dont le P. Daire et la biographie de la Somme ont fait les frais. Il y avait plus à dire. Il ne fallait point oublier qu'il s'agit ici d'une histoire locale. L'énumération des ouvrages de Du Fresne de Francheville est tout à fait incomplète. Dinocourt méritait mieux que deux lignes. Tous ses romans ne sont pas des chefs-d'œuvre, mais il ne fallait point oublier que l'Académie française l'a couronné pour un traité de morale qui était en même temps une œuvre de courage. J'en dirai autant pour MM. Eugène Dusevel et Rigollot dont les travaux ne sont pas indiqués. Bienaimé, un économiste, un poète agréable, n'est pas même nommé, et cependant on a grossi cette liste du nom de Delecloy qui n'est pas né à Doullens, mais à Lucheux, et de celui de Labourt qui est poitevin. On a défiguré quelques noms : Moupas pour Hautpas, Manasse pour Monasse, Dinocourt est écrit à tort Dinaucourt. La bibliographie de la France, les travaux de Ersch et ceux de MM. Quérard, Louandre et Bourquelot n'ont pas été suffisamment consultés.

Nous ne trouvons point là de chants populaires, pas un mot du patois doullennais. Ces questions aujourd'hui à l'ordre du jour devaient être examinées, dût la réponse sur le premier point être négative.

Enfin, le chapitre xi et dernier comprend une histoire abrégée et bien faite de la banlieue de Doullens.

Tel est, Messieurs, le travail qui nous a été soumis.

Si je ne parle point des plans et des dessins qui l'accompagnent, c'est qu'ils sont peu nombreux et reproduisent des gravures déjà connues.

Quant aux pièces justificatives, inédites pour la plupart,

elles ont été copiées sur les originaux et offrent toutes les garanties d'exactitude et de correction désirables.

Le style sera l'objet de quelque critique. J'ai dit en commençant que l'auteur visait au pittoresque, ce défaut s'est rencontré plus d'une fois; la phrase est toujours claire, mais de temps en temps elle manque de la simplicité qui convient à l'histoire, on y rencontre aussi des alliances de mots et des images qui frappent plus par l'étrangeté que par le bon goût.

> *Purpureus, latè qui splendeat, unus et alter*
> *Assuitur pannus,......*

Laissons aux romanciers *la riche fertilité des campagnes, le piédestal titanique sur lequel repose fièrement la citadelle ;* ne disons pas de la ville de Doullens qu'elle est une *bourgeoise..... riant au soleil et à tous les passants ;* les gazons des glacis d'une forteresse ne sont point *un tapis de verdure jeté sur les membres d'un colosse pour adoucir les tons de ses murailles.*

Ces défauts, Messieurs, peuvent disparaître facilement, l'auteur, nous le croyons, a dû hâter la copie de son manuscrit et nous l'adresser aussitôt qu'elle lui a été remise; il a manqué du temps nécessaire pour une lecture attentive qui eût rendu son œuvre plus simple et plus châtiée. Peut-être aussi faut-il attribuer à cette précipitation ce qu'il y a d'incomplet dans les derniers chapitres. Vienne le loisir, ce travail de correction sera fait, les lacunes que nous avons signalées seront remplies, et l'histoire, déjà fort remarquable que nous avons reçue, sera un bon livre.

En résumé, l'ouvrage présente une chronique fidèle,

une intelligente interprétation des documents qui ont été réunis, une bonne distribution et une narration toujours intéressante.

Votre commission a donc été unanime à reconnaître qu'un travail aussi étendu, fruit de sérieuses et solides recherches, appuyé sur les documents originaux ou sur les historiens les plus accrédités, avait droit à la récompense proposée.

Nous avons la conviction que notre jugement sera ratifié et que la publication de l'ouvrage que nous couronnons aujourd'hui sera favorablement accueillie. Nous en serons doublement heureux, Messieurs, pour M. Thélu d'abord, qui n'a point hésité à nous donner un témoignage d'estime et de confiance; pour nous ensuite qui l'aurons justifié. Nous ne pouvons en effet désirer maintenant une récompense plus flatteuse que de voir applaudir au judicieux emploi qu'a fait M. Thélu de sa fortune, et à la généreuse et féconde pensée qu'il a conçue de doter sa ville natale d'une histoire vraiment digne de ce nom.

Ces conclusions présentées à la Société dans un rapport verbal ont été par elle adoptées dans sa séance du 11 novembre. Le billet cacheté contenant le nom de l'auteur a été ouvert et a fait connaître que le mémoire couronné est dû à M. l'abbé DELGOVE, curé de Long, membre non résident de notre compagnie.

Amiens. — Imp. LEMER aîné, place Périgord, 3.

www.ingramcontent.com/pod-product-compliance
Lightning Source LLC
Chambersburg PA
CBHW070838230426
43667CB00011B/1840